陕西出版资金资助项目

RECORDS OF NATIONAL
156 PROJECT
ENTERPRISES
IN SHAANXI

国家156项工程在陕西企业纪实

上

主编 ● 桂维民

西北大学出版社

·西安·

《国家156项工程在陕西企业纪实》编辑委员会

总 顾 问　　　张勃兴　张　斌　潘　季　李忠杰

顾　　　问　　　王亚杰　任宗哲　尹清辽　张宗科

编辑委员会　　　主　任　　桂维民

　　　　　　　　副主任　　李雪梅　梁月兰　张　卫

编　　　委（按姓名笔画排序）
马　来　马　驰　马朝琦　于　文　王丹飞　王正斌　王亚杰
王松敏　王冠扬　王敏学　文纯祥　尹艺红　尹清辽　白选民
冯　涛　宁江荣　任　洁　刘　浩　刘惠纯　严伟民　李军利
李雪梅　杨　江　肖云儒　吴斯全　吴相国　余晋萱　张　卫
张茂松　张　杰　张爱娟　张培合　张　静　陈月明　宋亚朝
梁月兰　郝志俊　宣　凯　晋海燕　桂维民　彭　强　贾天威
董小军　蒋明义　曾飞龙　谭凤双　薛引娥　薛晓燕

主　　　编　　　桂维民

执 行 主 编　　　严伟民

副　主　编　　　梁锦奎　靳秀珍　马　驰　张　卫　冯　涛　陈月明　尹艺红

Preface I 序一

■ 张勃兴

"156项工程陕西项目"值得大书特书。

"156"，特指国家第一个五年计划期间由苏联援建的156项重点工程，实施这一重大建设工程的意义深远。从国家来讲，这156项重点工程奠定了工业化的基础，提升了国家的综合国力，同时也提升了中国的国际地位；对于陕西省而言，第一个五年计划期间，国家将苏联援建的重大项目中的一部分在我省兴建，是一项重大战略决策，使陕西这样一个农业省跨入了工业化快速发展阶段，改变了工业进程与经济布局。

"一五"计划开始前，我省国民生产总值中工业产值仅占近15%，其中重工业产值所占比例更低。但在"一五"计划完成之后，全省工业产值的比例增加到近40%，实现了飞跃式发展。

如果没有156项重点工程，国家与陕西的经济史、工业史、军工史都要重写。有了这些先进的重大项目，大大提升了全省科学技术、文化教育、工业和军工制造业集群的实力。此后增加的相关大型工业企业、科研院所、大专院校等，进一步改变了陕西的面貌和在我国的地位，也增强了我国战略大后方的经济实力，所以说，156项重点工程以及相关的建设项目功不可没！

156项重点工程从开始建设已经过去65年，如今，世界工业发展史已进入第四次工业革命时代。当年一些企业的部分设备已有近百年历史，有的原是捷克或德国的，二战胜利后成了苏联的战利品，援助中国建设156项重点工程开始后，苏联又把这些设备转售中国，现已成为历史记忆的实物载体，变为宝贵的工业遗产。

关于如何保护工业遗产，我曾在2009年写过一篇文章加以论述。文章中是这样说的：

工业遗产包括工业化进程中的矿山与工厂建筑物、生产设备及其大环境等，是历史进程的产物。工业化初期的许多建筑物和设备是历史发展的见证，虽然绝大部分已经完成了工业服务价值，但依然可以帮助人们回忆起那段历史！

早在19世纪末，英国就出现了"工业考古学"，成为保护工业遗产的先声。20世纪70年代，完整的工业遗产学逐渐形成，当时国际上还成立了工业遗产保护委员会。2003年7月，在俄罗斯下塔吉尔市召开了国际工业遗产保护委员会大会，通过了工业遗产保护领域的纲领性文件——《下塔吉尔宪章》。

成功保护工业遗产的国家首推英国和德国。在世界遗产名录里就列入了建于1779年的英国大铁桥。从一个地区来说，最具代表性的是德国的鲁尔工业区。从1860年起，经过100多年的生产、利用，鲁尔工业区已完成了历史使命，被关闭的煤矿、钢铁冶炼厂等改建成工业遗产保护区，形成十分靓丽的旅游景观。起初，在开始实施建筑物与设备拆除计划时，有不少人恋恋不舍，希望能够将其作为宝贵遗产保留下来，很快一处具有世界规模的工业遗产保护区诞生了，原厂矿地区建起博物馆，通过视频再现当年的生产状况，还广植树木花草，绿化环境，供人们休闲娱乐，这里成为鲁尔工业区的一大亮点。类似的例子在欧美国家有很多。

上海也采取了类似手法，已将江南造船厂原厂区的历史性建筑加以保护，辟为旅游区。辽宁省同样加强了这方面工作，沈阳市在拆除数百个大烟囱时，有意识地保留了若干个，给市民留下一些工业化初期的痕迹作为纪念。

陕西工业化进程虽然开始得较晚，留下来的遗产不多，但也有一些值得保护的东西。在黄土高原上的延安，遗留有晚清兴建的中国大陆第一口石油井；抗战期间，有一批工厂从沿海迁来陕西；爱国将领杨虎城也兴办了多项利省利民的工程。所有这些都值得保护和纪念。特别是在中华人民共和国成立初期，国家156项重点工程在我省建成24项，其中有些设备是苏联缴获法西斯德国的战利品，很有保护价值。再有，在三线建设时期，陕西建设了400多项工程，有些建在深山中的高精尖项目早已搬出，厂区荒芜，可以保护利用。还有，铜川是我省老煤炭工业基地，为我省工业化作出了重要贡献，现在一些矿山因资源枯竭关闭，我们可以学习鲁尔工业区的经验，兴建博物馆，建成工业遗产保护区，以广观瞻，教育后代。

工业遗产的保护是一项功在当代、利在千秋的伟大事业。我们要用科学的态度和对历史高度负责的精神，认真做好这项工作。希望通过这本书的出版，能够引起大家对建设156项重点工程时期那段激情燃烧岁月的美好回忆！

是为序。

2021年8月28日

- 作者系中共陕西省委原书记，陕西中国西部发展研究中心（西北大学中国西部发展研究中心）荣誉理事长

Preface II 序二

■ 桂维民

习近平总书记在中俄建交70周年纪念大会上的讲话中指出：我们不会忘记，"在新中国建设百废待兴的岁月里，大批苏联专家援华，用智慧和汗水帮助新中国奠定了工业化基础，也书就了两国人民友谊的佳话"。这段历史是我们党奋斗历程和伟大成就的生动体现，记录了共和国"一五"时期大国工匠的风采。经过几年的共同努力，全景式反映这一史实和佳话的《国家156项工程在陕西企业纪实》一书终于付梓了，实在是可喜可贺！这是我们陕西中国西部发展研究中心（西北大学中国西部发展研究中心）（以下简称中心）向中国共产党百年华诞的一份献礼。

缘　起

2016年夏天，中心常务理事、文旅产业研究院院长严伟民同志告诉我，西安东郊韩森寨地区的幸福林带正在进行大面积拆迁改造，涉及几家"一五"时期苏联援建的军工企业将异地搬迁，一些老厂房、老设备、老街坊、老建筑正在被拆除。为了留下这段历史的记忆，他正筹划拍一部《156在陕西》的纪录片。我认为这是一个很有意义的宏大计划，值得我们中心高度重视并全力推动。

"156项工程"即20世纪50年代苏联及东欧国家帮助中国建设的156个工业项目，实际上后来陆续增加并完成了215个重大项目（统称为156项工程），在陕西布局的有24个，如果算上"一五"期间东德援建的耀县（今耀州区，全书同）水泥厂和调整、迁建的2个航空企业，共26个项目（以下统称"26个项目"。24个项目中，853厂因故撤销，改建为西安红旗机械厂，即西安航空发动机厂）。韩森寨地区的幸福林带，当时就建设了占地302.36公顷，生产兵器、雷达的6

家军工企业。

考虑到这几家军工企业安全防护的需要，当时规划设计了幸福林带，用于隔离生产和生活区。按照国家关于城镇人口密集区危险化学品生产企业搬迁改造的要求和西安市的近期规划，随着城市规模的扩大和功能的调整，这几个企业已不适宜在原地继续发展，2010年市上在渭北工业园开工建设了兵器工业园区，陆续对北起华清路、南至新兴南路、东到酒十路、西至东二环的17.63平方公里范围实施整体改造。搬迁腾出后的土地，主要建设林带和大型商业服务设施、高档写字楼、商住和生活游憩区。这样，苏联援建的这些工业建筑和街坊的绝大部分都要拆除，苏联生产的以及二战后曾从德国、日本缴获后搬迁过来的机械设备，都将被淘汰销毁。

2016年8月，我与担任中心执行理事长的陕西省商务厅原厅长李雪梅，中心常务理事、兵器工业总公司西北工业集团原党委书记谭凤双，中心常务理事、北方工业集团公司原党委书记陈月明，中心常务理事、陕西省国防科工办原副书记刘普选，中心时任秘书长、西安市委原副秘书长白选民，中心常务理事、文旅产业研究院院长严伟民和副院长马驰等同志，对幸福林带改造及东方、华山、西光等156项重点工程项目企业进行了调研。大家一致认为，这些苏联援建的企业，是体现西安特色的现代工业文明遗产，是共和国"红色经典"历史记忆的重要组成部分，不仅蕴藏着深厚的工业文化内涵，更铭刻着共和国军事工业发展的历史足迹，很有必要对这些有60多年历史的老厂房、老设备、老产品进行甄别鉴定，从中选择保护一些具有代表性的旧址遗存，为历史留下一笔不可再生的现代工业文明遗产。

于是，我以省政府参事以及本中心的名义，给省、市政府分别递交了《关于利用西安幸福林带改造提升之际建设"156工业遗产博物馆"的建议》以及我们中心文旅产业研究院设计的《建立幸福路"156工业遗产博物馆"的项目策划书》，提出幸福林带兵器工业遗产群是西安这座历史文化名城走向工业文明的重要标志，拆除了、毁掉了，就太可惜了，不应把"金矿当作煤矿"而一次性消耗掉，建议有关方面按照"城市更新"的理念，对幸福林带改造的思路和内容做些调整，发掘这些"156项工程"在陕西企业的历史人文价值，由政府主导、统筹规划，变废为宝、综合利用，挖掘内涵、综合开发，调动各方面的积极性，在原地建设"156工业遗产博物馆"，为西安增添一个爱国主义教育基地和军民融合题材的工业遗产文旅项目。

同时，我还向中心名誉理事长、陕西省委原书记张勃兴做了汇报。老领导非常重视，当即就给时任省长胡和平写了一封信，强调工业遗产保护是一件功在当代、利在千秋的大事，需要政府的重视和支持。省长很快做出批示，请分管副省长过问并推动这件事。当时西安的主要领导也分别对幸福林带工业文化遗产保护问题做出了明确的指示。

苏联及东欧国家帮助中国建设的"156项工程"，是中华人民共和国建设史上的浩大工程，也是世界工业化进程中的历史性工程。"156项工程"都是在"一五"计划时确定的，有的延续到了"二五"期间。在"二五"计划中，中国和苏联又商谈确定了一批项目，这些项目并不包含在"156项工程"之内。从全国看，陕西是"156项工程"落地最多的省份，涉及煤炭、电力、电器、兵器、航空、船舶等重要工业制造领域，可以说，如果没有156项重点工程，陕西的发展史、城建史、工业史包括军工史都会为此而改写。正是因为有了这些项目，才奠定了陕西工业化和城市化的基础，咸阳、宝鸡、铜川等地才崛起为工业城市。

溯　源

随着昨天变成回忆，过去的经历可以化为新的力量，一切为了明天，让我们再次出发！

2018年1月26日，中共陕西省委党史研究室、陕西省工业和信息化厅、陕西省国防科技工业办公室和中心联合召开国家在陕156项工程工业遗产保护工作座谈会。会议指出，不平凡的建设历程锻造了创业者的时代风采，是存史资政、激励后人、不忘初心、继续奋斗的宝贵财富。为更好服务陕西追赶超越，凝聚新时代陕西科学发展的强大合力，应启动以记录"156项工程"在陕企业为主题的图书编撰和纪录片《156在陕西》的摄制工作，积极推动工业遗产保护工作。

随后，我们中心和西北大学出版社开始着手《国家156工程在陕西企业纪实》的具体编撰组织工作。

在推进这件事情的过程中发现，以往我们对国家"156项工程"陕西企业研究很不够，至今还找不到比较系统、准确的相关资料，因其中的军工项目涉及保密，现存资料大多是不公开、碎片化的，甚至连"156项工程"究竟在陕西落地了多少企业、叫什么名字，往往也是以讹传讹，更不要说每个企业的历史沿革和发展概况了。加之历史久远，保留下来的档案资料有限，许多亲历者已相继去世，第一手资料十分匮乏。3年来，历经曲折，几易其稿，终于成书，庶几全景式反映出波澜壮阔的"156项工程"落地陕西这个重大的历史事件。

从"156项工程"落地陕西可以看出，它为我国在国民经济布局中建设一个独立完整的工业体系，作出了历史性贡献。在其数十年的行进和变迁之后，我们有必要站在新时代的高度，以更加客观和全面的态度，对"156项工程"在陕西的历史事实做出准确的复盘和深入的研究，对当时多重复杂的背景因素给予客观的梳理和分析，对这些项目的作用、经验、教训以及在陕西乃至全国工业化进程中的历史地位给予科学的总结和评价。

(一)"156项工程"为陕西奠定了工业基石

中华人民共和国成立前,陕西工业十分落后,基础非常薄弱,除有几万户个体手工业外,只有数十家设备陈旧、破烂不堪的小工厂和一些手工业作坊,生产水平极为低下,重工业方面可谓是"手无寸铁"。我国"一五"计划的制定和实施,得到苏联政府的直接援助,"156项工程"采取的是旷古未有的特殊方式,即在中国自己力量的基础上,由苏联和其他一些东欧国家提供大规模的援助,从设计、图纸、勘测、建设、设备制造到安装、调试、生产的一条龙援助,这对快速奠定我国工业化雏形是难能可贵的。"156项工程"在陕西的项目得到了苏联的大力支援,在资源勘探、厂址选择、技术设计、人员培训、设备安装以及机器设备和其他货物的采购等方面,对这些重点建设工程给予了具体指导和帮助。在"一五"期间,苏联多次派专家和技术人员到陕西地区各重点企业工作。来陕西工作的苏联专家先后达100多名,他们为陕西的经济建设作出了重大贡献。在建设过程中,苏联提供了各种工厂的设计图纸、产品设计图纸、工艺设计和其他技术资料,进行了大量的技术转移,对提高陕西工业的技术水平和新产品的生产能力,特别是在基础性环节中发挥了十分重要的作用。

到20世纪50年代末,中国开始进入以模仿为基础的自行设计阶段。后来中国的很多新产品,其实是苏联产品的仿制版、更新版或改制版。"二五"时期,我国为新建项目制造配套设备的能力显著提高,减少了对苏联一些设备的需求。这为提高我们的设计、建造和建设能力,为陕西省乃至我国工业领域的自主创新打下了重要基础。

"一五"时期,国家同时还布局建设了35个大中型配套项目,陕西地方基本建设投资3亿元,安排建设项目202个,涵盖机械、纺织、石油、化工、电力、煤炭、建筑材料等基础工业,构建起陕西工业的基本框架,有的还形成了行业体系,奠定了陕西的工业化基础。如位于西安西郊的电工城、位于西安东郊韩森寨的兵工城以及西安东郊和咸阳的纺织城,都是当时国内举足轻重的行业基地。"一五"期间,陕西工业产值的比重由起初不足15%,提高到"一五"末的近40%。

(二)"156项工程"使陕西铸就了"国之重器"

在陕西建设的26项重点工程,成为三秦大地上的"共和国长子",在自己的手中掌握了一批自主创新的核心技术,分别创造了我国工业史上的诸多第一,铸造了维护和平的国之重器。例如:国营昆仑机械厂是国内唯一的航空机关炮专业研究制造厂,1957年试制成功中国第一个23-HP产品；国营黄河机器制造厂是我国唯一一家炮瞄雷达生产企业；国营远东公司是我国第一个航空发动机附件厂；国营西北光电仪器厂是中华人民共和国建立后投资的第一个现代化大型国防光学仪器厂，1964年制造出中国第一台特大型电视变焦镜头，成功地向全国人民转播了国庆盛况；国营陕西柴油机厂，是我国规模最大的中高速大功率船用柴油机专业制造和柴油发电机组成套企业，产品广泛应用于舰船主机、船舶电站、陆用电站、海洋工程以及核电站应急发电机组等领域；国营宝成仪表厂1955年试制成功我国第一个陀螺仪表YⅡ-46型电动转弯倾斜仪，1957年试制成功我国第一个航空仪表电阻式温度传感器，解决了空军的急需；国营惠安化工厂是亚洲最大的，也是设备最先进的单基发射药厂，钱学森高度赞扬他们研制的固体推进剂使我国航天事业的发展整整提前了两年时间；西安高压电瓷厂是国内最大的电瓷、避雷器生产企业；西安电力电容器厂不仅是当时我国最大的综合电力电容器厂，而且是亚洲最大的电力电容器厂，1964年试制成功中国第一套11万伏和22万伏电容式电压器，先后为我国第一条330kV和550kV超高压交流输电工程、第一条800kV特高压交流输电工程、第一条1100kV特高压交流输电工程、第一条±100kV直流输电工程、第一条±500kV超高压直流输电工程、第一条±800kV特高压直流输电工程、第一个西北至华北联网背靠背直流输电工程以及"三峡工程""西电东送"等国家重点工程项目提供了成套输配电设备和服务；"一五"后期调整增加的西安航空发动机公司，是中国大中型军民用航空发动机研制生产重要基地，研制了我国第一台涡扇航空发动机；从甘肃调整过来的西安飞机工业公司，是我国大中型军民用飞机的研制生产基地，研制了我国第一架轰六飞机、第一架"中国飞豹"、第一架运七和新舟60飞机等。"156项工程"在陕项目开启了陕西工业化转型的大幕，构筑起国防力量的"倚天利剑"。

经过几十年的发展，陕西已成为我国国防工业产品研发和生产门类最齐全的省份，核工业、航空工业、航天工业、兵器工业、船舶工业以及电子信息六大类集于一身，极大地提高了我国的军工生产能力，为巩固国防、打赢多次战役起到了特殊作用。在举世瞩目的中华人民共和国成立50周年阅兵受阅的装备中，陕西省承担了23项武器装备总系统或分系统的研制生产任务，占全部项目的48%，其中陕西省抓总项目9项，占全部项目的19%。此后研制的新型武器装备还参加了2015年中国人民抗日战争暨世界反法西斯战争胜利70周年阅兵、2017年庆祝中国人民解放军建军90周年阅兵，彰显了我国最先进最具有威慑力的大国重器，成为维护国家主权、捍卫民族尊严的坚强盾牌。

(三)"156项工程"为陕西培养了优秀的建设人才

从1953年下半年至1954年底,为支援陕西国防工业建设,先后从各大区和省内各地市分三批调入各级领导干部1 700多名。其中省军级干部7名,地师级干部150多名,县团级干部700多名。这批干部分别担任国防工业建设项目初期的主要领导人和中层干部,为陕西"一五"建设作出了重要贡献。国家还从西北大学、湖南大学、四川大学和中南兵工学校、重庆财经学校等大专院校,分配来近千名经济管理专业大、中专毕业生,充实各建设单位,为各重点企业构建起现代企业管理体系和专业人才队伍。同时,由东北、华东、华北等地老军工企业抽调业务、技术管理干部800多名进入各建设单位。各企业还选派500多名技术干部和技术工人赴苏联对口援建厂家进行技术培训,为新建企业训练生产技术骨干。这些管理干部、科技人才和技术工匠胸怀祖国、淡泊名利,甘于奉献、为国争光,在行业或相关行业的建设和发展中作出了突出贡献。从第一个五年计划"156项工程"在中国大地铺开直到现在,"156项工程"在陕企业共有全国劳动模范、群英会代表、全国五一劳动奖章获得者23人,陕西省劳动模范、先进工作者45人。他们是那个时代大国工匠的典型代表,是民族的精英、共和国的功臣、工人阶级的楷模。他们在实施"156项工程"中体现出胸怀大局、无私奉献、艰苦奋斗、百折不挠的"创业精神",情系人民、军工报国、争创一流、勇攀高峰的"军工精神",执着专注、精益求精、一丝不苟、追求卓越的"工匠精神"。这些是以爱国主义为核心民族精神的生动体现,是鼓舞后人不忘初心、牢记使命,继续勇敢前行的强大精神动力。

(四)"156项工程"为陕西注入了"城市化"的动能

"156项工程"在陕26个项目的建设,为陕西的城市化进程注入了动能和活力。"156项工程"落地西安的就有17项,成为全国接受援建项目最多的城市,这为西安从消费性城市转变为工业化城市奠定了坚实的基础。为了适应国家建设的需要,1954年,长安县(今长安区,全书同)部分乡镇划入西安,西安的城区、郊区开始以地胜命名,有新城、碑林、莲湖等9个区。1958年以后,长安、蓝田、临潼、鄠县(后改称户县,今鄠邑区,全书同)、阎良、盩厔(今周至,全书同)又相继划入西安,形成现在省会城市的行政区域。为了把"156项工程"落实在科学规划上,1953年10月3日,时任政务院副总理兼国家计委主任李富春带苏联专家来西安考察,研究确定项目布点方案;11月5日,苏联专家组组长秋洛什尼柯夫及专家波波夫提出西安各工厂布置的具体方案；11月中旬，李富春率中苏两方基本建设设计组来西安，对西安城市的发展进行总体规划，明确城市东、西、南郊为新的建设区，北郊为仓储和文物保护区，明城墙内为行政商业区。"一五"时期，国家在西安布局的限额以上基本建设单位中，属于科学研究、高等教育、文化卫生事业的就有10个，如第204研究所（原第三研究所）、西安交通大学、西北工业大学、西安石油学院、西安地质学院、西安机械制造学院、西安航空工业学校、西安221技工学校、西安电影制片厂、西安医学院第一附属医院，等等。正是由于"156项工程"的项目，西安才建起了东郊军工城和纺织城、西郊电工城、南郊文教城、阎良飞机城，拉开了西安作为现代化城市的框架和功能布局。从1949年到1960年，西安现域口径人口增长139万余人，其中迁移增长34.9万人，占增长总数的25.11%。其中，1956年增长最快，有50.9%来自迁移增长。在迁移人口中，绝大多数是"156项工程"及其后续、关联项目建设和投产过程中的生产技术人员和随迁家属。这大大改变了西安的人口结构和素质结构。在陕西的其他地方，也都是每建起一个企业，随后与之配套的交通运输、文化教育、医疗卫生、商业服务等就都得到了相应的发展，对安置人员就业、提高当地人民生活水平发挥了重要作用。实际上都是以工兴业、产城融合，往往以企业为核心，在一片荒凉的空地上迅速矗立起一座座新城。很多当年的一个企业，现已成为所在城市的一个新区，有的因此而成为一座新兴的工业城市。比如铜川以煤兴城，阎良以飞机兴城，虢镇、兴平、鄠邑区等也都是因"156项工程"的项目而建成的依托大中城市的卫星城。

鉴 往

回顾"156项工程"在陕西走过的历程，每一步都不是轻而易举的，每一步都付出了艰辛的努力，自"一五"开始，一路走来，三秦儿女在中国共产党的领导下披荆斩棘、埋头苦干，创造了伟大的奇迹、积累了宝贵的经验，深化了我们对中国特色社会主义建设规律的认识。

（一）中国共产党是领导社会主义现代化建设的主心骨

实现国家工业化，是中国人民百年以来梦寐以求的理想，是中国彻底改变贫穷落后面貌的必然要求，也是中国共产党始终牢记的历史使命。1945年，在中共七大上，毛泽东作《论联合政府》报告，指出："在新民主主义的政治条件获得之后，中国人民及其政府必须采取切实的步骤，在若干年内逐步地建立重工业和轻工业，使中国由农业国变为工业国。"1949年中华人民共和国成立前后，中国共产党开始把建设工业化国家作为现实的任务。1949年政协会议通过的《中国人民政治协商会议共同纲领》规定："应以有计划有步骤地恢复和发展重工业为重点……以创立国家工业化的基础。"1953年，过渡时期总路线的宣传提纲提出了现代化的工业、农业、国防和交通运输四个目标。1954年9月，毛泽东主席提出准备在几个五年计划之内，将我国"建设成为一个工业化的具有高度现代文明程度的伟大的国家"。周恩来总理在全国人大第一届一次会议的《政府工作报告》中提出，要建设"现代化的工业、现代化的农业、现代化的交通运输业和现代化的国防"。

至于怎样实现工业现代化？期望得到谁的帮助？毛泽东也有过设想。1944年，毛泽东在同美军观察组成员谢伟思的多次谈话中都曾表示：在中国，工业化只能通过自由企业和在外国资本帮助之下才能做到；中国可以为美国提供"投资场所"和重工业产品的"出口市场"，并以工业原料和农产品作为美国投资和贸易的"补偿"。

但到抗日战争胜利后，国共矛盾迅速激化，世界范围内的冷战开始。中国共产党本来就是在苏联共产党和共产国际的帮助下成立的，长期持有世界革命的共同理念，也得到苏联很多实际的帮助。1949年1月，应中共中央邀请，苏共中央政治局委员米高扬和来华帮助修复东北地区铁路桥梁的苏联铁道部部长科瓦廖夫，一同来到当时中共中央所在的河北省平山县西柏坡。主要任务是了解中共对于建立中华人民共和国的设想和对苏联的态度。在会谈中，毛泽东等领导人介绍了中共建设新国家的构想，同时表达了希望得到苏联援助的强烈愿望。1949年上半年，毛泽东先后提出了"另起炉灶"，"打扫干净屋子再请客"和"一边倒"三条方针。这些方针，对中国随后几十年的外交关系和战略地位产生了深远的影响，也奠定了苏联援助中国"以156项工程为主的215个项目"的根本基础。所以，在中华人民共和国成立之际，中国毫不犹豫地选择了"一边倒"的外交，与苏联结成联盟，迫切希望能在苏联的帮助下实现中国的工业化，并很快形成了从苏联引进资金和技术的建设方针。

1949年12月6日，毛泽东出发前往苏联进行历史性的访问。1950年1月10日，周恩来率领中国政府代表团乘火车赴莫斯科代表毛泽东同苏联政府谈判。1月22日，毛泽东在与斯大林的第三次会谈中，强调在中苏即将签订的条约中，最重要的问题是经济合作。从那时中苏两党的主要领导人开始商讨到中华人民共和国成立之后的经济建设；从中苏两党的共识变为两个国家的大型系统工程……一定意义上说，"156项工程"已不再是一个单一的工业命题。

国家"156项工程"在陕西26个重点项目建设，是在党中央、国务院的亲切关怀和指导下进行的。"一五""二五"时期，刘少奇、周恩来、朱德、陈云、邓小平、彭德怀、陈毅、贺龙、聂荣臻、叶剑英、李富春、李先念、张闻天、郭沫若、彭真、薄一波、罗瑞卿、谭震林、李雪峰、陆定一等党和国家领导人都曾来陕西视察，对重点工程项目的选点布局、建设规模、工程质量、产品质量以及职工生活等作了重要的指示，使工程得以顺利进行，也极大地鼓舞了广大建设者的干劲，有力推动了国民经济建设的健康发展。

1954年7月下旬，中共陕西省委召开第一次代表大会，明确提出：省委将领导重心进一步转向工业建设，全力以赴地支持国家社会主义建设。目前加强党对工业建设的领导应抓住以下环节：首先抓紧对大工业基本建设的监督与支援工作；继续有计划地抽派坚强干部，充实工业建设的领导骨干。党委会要定期讨论、检查工业建设问题；加强与改进厂矿和基本建设队伍中的政治思想工作。

党中央统揽全局、果断决策，各级党委和政府坚决服从党中央集中统一领导，政令畅通，全国一盘棋，哪里任务急难险重，哪里就有党组织坚强有力的工作，哪里就有党员当先锋作表率。中国共产党的领导始终是全体中国人民最可信赖的依托，始终是人民群众的主心骨。

（二）人民群众始终是创造历史的真正动力

党源于人民，植根于人民，服务于人民，人民群众的拥护和支持是党能够取得胜利的根源和基础。党和人民宏伟大业的完成，需要人民这个最坚实的"靠山"，我们在遇到艰难困苦的时候，背后有股强大的力量在鼓舞着、支持着、推动着。人民，只有人民，才是创造历史的真正动力。20世纪50年代是一个不平凡的年代。历经沧桑的人民，刚刚获得解放，渴望尽快改变国家的落后面貌，期待国家早日富强起来。党中央决策部署，绘制蓝图，东西南北齐动员，一致行动。关中大地吹响建设的号角，从西安到宝鸡，从渭水之滨到灞河两岸，选厂布点，征地迁村，建设队伍云集，运输车辆飞奔，八百里秦川变成忙碌的工地，标志着众多的大型工业项目即将在这里崛起。

一声令下，参与"156项工程"在陕企业的全体人员立即出发，从四面八方奔赴建设工地。而所到之处都是白手起家，生活条件也很差，边搭建边生产。就是在这样的状况之下，广大劳动者以国家建设为重，克服种种困难，顽强地生产工作，体现了无私奉献、艰苦奋斗的崇高精神。很多人都是把一生乃至全家的一切都献给了国家的建设事业。广大知识分子积极配合苏联专家工作，虚心向专家学习，不断提高专业技术能力。在苏联专家撤走之后，又单独挑起科技攻关的责任，使一批项目得以最终完成，没有半途而废。他们之中涌现出许许多多英雄模范人物，但更多的人是一辈子甘当无名英雄。

"一五"期间，国家安排在陕西关中地区建设的项目都是白手起家，需征用大量土地，拆迁众多农户住房。据统计，仅西安东郊田王、韩森寨和鄠县余下等8个重点建设项目，国家批准建设征地达2.7万多亩，涉及1 500多农户、7 000多农民需要搬迁。当时，土改刚刚完成不久，农民视土地如生命，做好农民的思想工作，安置好搬迁农民，成为当务之急。庆华电器制造厂国家批准征地7 200余亩，数百户农民将要与故土分离。灞桥区党委和政府牵头，与工厂一起组成征地工作组，一方面做群众的思想工作，打破"宁舍寸金不舍寸土"的旧思想；一方面按政策公平合理地评议和补偿土地、房屋等各项费用，帮助拆、运、盖，做好安置工作，使村民生活无忧。经过细致的工作，500多户村民为国家建设搬家，为百年大计让路，按计划实施了搬迁，如期完成土地征购工作。咸阳、宝鸡、铜川等地的建设项目在地方党委和政府的支持下，按政策兑现补偿费用，解除农民后顾之忧，都如期完成土地征购和村民搬迁工作。

惠安化工厂选址鄠县靠近秦岭北麓的余下地区，曲峪、潭峪、皂峪三条河道流经厂区，雨季来临，常遭洪灾威胁。经与苏联专家、水利部门协商，决定修建排洪工程。陕西省和鄠县政府精心组织，调集14个县近2万民工，历时605天，耗资1 157万元，用工262万工时，完成3条干流、5条支流治理，整修河道、河堤46公里，解决了山洪隐患问题。庆华电器制造厂为防治骊山洪水危害，投资96.7万元，治理了6.2公里长的洪庆河，并沿骊山西麓修筑3条排洪沟，在厂区修筑4条排水明渠。

实现蓝图显伟力，人民群众是靠山。人民是历史的创造者，群众是真正的英雄。人民群众是我们力量的源泉。"156项工程"在陕项目的顺利实施，正是坚持一切为了群众，一切依靠群众，从群众中来，到群众中去，充分调动人民群众的积极性、主动性、创造性，使其汇聚成建设伟大工程、推进伟大事业、实现伟大梦想的磅礴力量。

（三）举国之力办大事是社会主义国家的突出优势

集中力量办大事作为我国社会主义制度的优势，有其独特的内涵和运行机制，主要表现在坚持全国一盘棋、资源的集中使用、调动各方面积极性和立足于独立自主、自力更生。1954年的下半年，中苏双方审定的24个重点项目初步设计任务书陆续批准下达，除个别企业开工较晚外，绝大多数建设项目在1955年前后开工。"一五"时期，陕西宏大的社会主义建设工程拉开序幕，创造了诸多的"史无前例"：建设规模史无前例，用材用料史无前例，施工队伍之多史无前例。一时间，各路人马齐集建设工地，关中大地兴起规模空前的建设热潮。

坚持全国一盘棋是集中力量办大事的前提。任何时候资源总是有限的，有限资源首先要满足关键领域和行业的发展需要；缺乏资源或资源不足，难以办成事，甚至无法办成事。集中力量办大事，就是要将有限的人力、物力、财力资源用于急需的领域、行业，以确保重大项目的突破。"156项工程"在陕项目的建设就集中了当时有限的人力、物力和财力资源，形成了资源集中的优势，所有的建设工程都是采取集中力量打歼灭战或者大会战的方式进行的。国家从各个地方抽调所需人员，特别是从东南沿海的大城市，从东北老工业基地，从大中城市抽调人员。

国有经济掌握关系国计民生的关键领域和基础性行业，是国家经济发展的支柱，在集中力量办大事的过程中发挥中流砥柱的作用。当年以公有制为主体的经济结构，使国家能够集中有限资源用于急需的领域、行业，为资源的调拨、使用提供了方便。如我国土地资源的国家、集体所有，为重大工程建设所需土地资源的征用提供了方便；矿产资源的国家所有，为合理开发利用矿产资源、保证重大工程对矿产资源的需求提供了保障。

集中力量办大事，使"156项工程"在陕项目以较短时间在一些关键领域、重大技术上实现了突破和创新。为陕西和全国的工业化、城市化、现代化赢得了速度，赢得了时间，使我们仅用几十年的时间，就在很多方面走过了西方发达国家上百年甚至数百年的发展历程，实现了跨越式发展。

（四）走自己的路，建设中国特色社会主义

尽管"156项工程"是世界工业化进程中的历史性工程，是中苏两党两国友谊发展达到顶峰的标志，但由于这种友谊没能经受住历史的考验，这批浩大的工程，经历了中苏之间从蜜月、争吵、破裂，再到恢复正常关系的曲折过程。

当年由苏联援助的"156项工程"，为我们的经济建设既提供了丰富的经验，也留下了深刻的教训。一方面，以156项重点工程为核心的工业化建设，构建了我国比较完整的工业体系雏形，我们取得了管理经济、管理工业、管理企业的大量经验，提高了中国共产党治国理政的本领和水平，提高了大量干部的知识水平、领导素质和管理能力。伴随着工业化进程，我国高等院校的建设也有了很大的发展，特别是专业化水平大大提高。这些都是必须肯定和总结的。

另一方面，单纯学习苏联的经验，照搬苏联的模式，也带来了不少弊病。例如这些项目，实行的都是苏联的计划经济体制，是高度集中的管理模式，比较僵化，缺乏活力。这也就造成了我国经济和一些大型国有企业的缺陷，而且一直难以改变，在改革开放的进程中显得活力不够。再如从项目结构的布局上，突出了重工业。朝鲜战争的爆发，使加快发展重工业、改善武器装备成为当务之急。但无论如何，重工业的比重还是明显太重，农轻重关系明显失衡，因此导致了人民消费品生产能力严重不足，人民群众勒紧裤腰带过苦日子，生活水平长期没有明显改善。再如大

规模建设征地对农村生产资料的侵占，土地补偿和移民安置存在一些不合理的地方，工业化进程中对农产品价格的剪刀差，扩大了工农差别和城乡差别，这也是需要吸取的教训。

世界各国走向现代化是大势所趋，但走向现代化的道路并非只有一条。在中国大地上，他人的经验，可以知晓借鉴，为我所用，但无须照抄照搬、顶礼膜拜。工业化、城市化、现代化的实现途径和具体道路，必须与中国的实际相结合，走自己的路。从"一五"开启的156项重点工程落地到现在，在中国大地上不断探寻适合自己的道路和办法，这是前所未有的伟大实践，拓展了发展中国家走向现代化的途径。我们应该把这一段历史学习好、总结好，把所取得的成功经验传承好、发扬好。

一切伟大成就都是接续奋斗的结果，一切伟大事业都需要在继往开来中推进。中国共产党带领中国人民在站起来、富起来、强起来的征程上迈出一个又一个坚实步伐，在国家富强、民族振兴、人民幸福的康庄大道上书写一页又一页崭新篇章。我国正处于实现中华民族伟大复兴的关键时期，经济已由高速增长阶段转向高质量发展阶段。我国社会主要矛盾发生变化，人民对美好生活的要求不断提高，经济长期向好，市场空间广阔，发展韧性强大，正在形成以国内大循环为主体、国内国际双循环相互促进的新发展格局。

同时，我国经济正处在转变发展方式、优化经济结构、转换增长动力的攻关期，实现高质量发展还有许多短板弱项。陕西正处在从工业化中期向后期跨越的关键时期，发展不平衡不充分问题突出，面临着一些新的困难和挑战。回顾"156项工程"的历史，总结经验和教训，可以鉴往察今，资政创新。我们应该从我国进入新发展阶段大局出发，落实新发展理念，紧扣推动高质量发展和构建新发展格局，以一往无前的奋斗姿态、风雨无阻的精神状态，为全面建设社会主义现代化国家、实现第二个百年奋斗目标作出新的更大的贡献。

2021年9月9日

● 作者系陕西中国西部发展研究中心（西北大学中国西部发展研究中心）理事长，陕西省第十一届人大常委会原秘书长

Contents / 目录

上 册

序

序一	·张勃兴	1
序二	·桂维民	3

第一篇 / 概述

世界工业化进程中的历史性工程	·李忠杰	3
国家"156项工程"陕西项目的建设与贡献	·文纯祥　靳秀珍	35

没有"156项目"，就没有大西安	·梁锦奎	45
新时代陕西工业发展与展望	·赵 东	55

第二篇 / 创业历程

国家156项重大工程在陕西项目分布		67
我国第一个航空发动机附件厂	国营西安机械厂	69
我国第一个航空机载设备厂	国营庆安机器制造厂	75
我国第一个航空电气设备厂	国营秦岭电工厂	85
我国第一个飞机刹车制动厂	国营陇西铸造厂	97
我国第一个航空陀螺仪器厂	国营宝成仪表厂	107
我国第一个现代化大型国防光学仪器厂	国营西安西北光学仪器厂	122
为我国兵器工业制式化现代化建功立业的企业	国营华山机械厂	133
亚洲最大的大型火工品生产厂	国营庆华电器制造厂	144
我国常规炮弹大型研制生产企业	国营西安秦川机械厂	154
我国第一个大型引信专业制造厂	国营东方机械厂	170
亚洲最大的单基发射药生产厂	国营西安惠安化工厂	178
我国第一个航炮专业研究制造厂	国营西安机器制造厂	188
我国雷达工业的先行者	国营长岭机器厂	195
我国第一个自动跟踪炮瞄雷达厂	国营黄河机器制造厂	207
我国海军舰船动力的发源地和"长子"	国营陕西柴油机厂	217
我国鱼雷研制生产的主要基地	国营东风仪表厂	226
我国最大的电瓷避雷器生产厂	西安高压电瓷厂	234

我国高压输变电路设备重要研发基地	西安高压开关厂	244
我国绝缘材料的大型骨干企业	西安绝缘材料厂	255
亚洲最大的综合性电力电容器厂	西安电力电容器厂	261
陕西首个中温中压热电厂	西安灞桥热电厂	272
陕西首个高温高压热电厂	户县热电厂	281
陕西首个年产120万吨的现代化煤矿	铜川矿务局王石凹煤矿	290
亚洲最大的现代化水泥企业	耀县水泥厂	300
我国第一架轰炸机与第一架民用客机从这里起飞	西安飞机制造厂	304
我国航空发动机的重要研发制造基地	西安红旗机械厂	313
苏联与东欧国家援建项目建设情况		318
苏联与东欧国家援建项目到1985年底固定资产投资完成统计表		319
苏联与东欧国家援建项目到1985年底实有设备统计表		320
苏联与东欧国家援建项目1985年工业生产统计表		321

第三篇 / 口述实录

情系西安忆"一五"	·张勃兴	325
赴苏参加"156"项目签约谈判	·张 斌	329
从邯郸市委书记到西安黄河厂厂长	·郭子平	331
黄河子校一年出了两个状元	·胡静彦	335
当子校老师的自豪和欣喜	·席时宁	337
为秦川机械厂奠基的老厂长康健生	·李立民 文纯祥	339

攻克技术难题的经历	·宫殿壁	349
从闯关东到支援大西北	·王兰田	351
参与产品试制工作的记忆	·张西源	353
工会要把职工放在心上	·赵清明	355
我是秦川厂的朝鲜族医生	·郑玉善	357
从四野到华山厂	·孙殿奇	359
我是军代表	·周忠义	361
老兵工的精神不会过时	·周伯海	362
华山厂建厂房盖街坊的回忆	·翁林汉	364
最困难的时候不让一个人掉队	·陈学明 李 方	365
东方厂的"二次创业"	·李增前	367
参与"重弹"试制的难忘记忆	·宋银生	369
庆安厂里的苏联专家	·张 基	370
以科研攻关为己任	·詹孝慈	372
技术革新成效显著	·罗良友	374
回忆陕西秦岭航空电气公司的创建	·李中垣	376
老厂长杨林森二三事	·黄 鑫	380
我革新了电机轴加工工艺	·刘润林	384
航空电源事业发展的记录者	·成敏霞	386
建厂那些激情燃烧的岁月	·宁 江	387
我是"赶上海突击队"队长	·孟金生	390
防滑制动技术进入世界先进行列	·邵养鹏	392
见证惠安60年沧桑	·江家宽	393
钱学森称赞惠安化工厂	·贾棠荣	399
我厂"保军转民"的优势与短板	·熊义源	400

在西安电工总筹备处工作的记忆	·张德立	402
我在昆仑厂"军转民"的工作经历	·边文质	406
实现从仿制到自行设计的突破	·张洪钧	408
创业精神最可贵	·王彦传	410
搞新品试制的艰难经历	·陈长河	411
我参与了新中国第一架飞机的设计	·陈一坚	412
我在西飞技校搞培训工作	·陈炳华	414
祖孙三代的航空梦	·钟雅瑜	415
援建耀县水泥厂的三名东德专家	·苏胜柱	417
初离上海赴宝鸡	·吴玉宝	420
创业的路就在我们脚下	·刘美华	427
我的中国心	·吴大观	430
一年出生了600多个娃，该办个幼儿园了	·王彦传	437
捷克斯洛伐克设备的故事	·耿建华	439

下　册

第四篇 / 工匠撷英

国家"156项工程"在陕西企业
　　——全国群英会代表、劳动模范、五一劳动奖章获得者光荣榜　　443

国家"156项工程"在陕西企业

  ——陕西省劳动模范、先进工作者光荣榜　　　　　　　　　　　　450

国家"156项工程"在陕西企业

  ——陕西省"十大杰出工人"光荣榜　　　　　　　　　　　　　457

国家"156项工程"在陕西企业

  ——陕西省"杰出能工巧匠"光荣榜　　　　　　　　　　　　　462

国家"156项工程"在陕西企业

  ——陕西省三秦工匠光荣榜　　　　　　　　　　　　　　　　520

第五篇 / 国之重器

中国"9910"行动

  ——国庆50周年阅兵装备陕西科研生产巡礼　　·白阿莹　　　541

用一生熔铸"中国心"

  ——记"中国航空发动机之父"吴大观　　　　　·钟祖文　　　558

回首凝眸看"东方"

  ——新型特种装备研制纪实　　　　　　　·王　舜　赵建华　561

"飞豹"昂首冲霄汉

  ——中国第一代超音速歼击轰炸机研制纪实　　·高壮斌　　　568

飞向太阳

  ——阅兵战机技术保障中的风雨历程　　　　　·付兆平　　　577

一种精神的诠释

  ——阅兵飞机电源装置攻关写实　　　　　　　·陈　浩　　　585

"飞豹"诞生记

　　——中国首架自主知识产权歼击轰炸机　　·马　驰　　593

"铁甲华佗"

　　——新型步兵战车电气控制系统再生记　　·秦时月　王美萍　　603

重新起飞的日子

　　——阅兵航空机载设备研制纪实　　·郭　节　　612

铁马萧萧唱"大风"

　　——记重型反坦克导弹发射车生产攻关的日日夜夜　　·润　鸣　张新民　张佩玉　　620

夕阳的风采

　　——记歼击机燃油系统主任设计师冯云鹏　　·惠碧成　　628

惠安化工厂的故事

　　——为中国航天事业研制第一代复合固体推进剂　　·张爱娟　　635

吹尽黄沙始到金

　　——记耀县水泥厂前副厂长赵瑞春　　·沈　颖　　641

我国航空工业有突出贡献专家陆颂善　　·周　莉　　650

一位航天老专家的兵工情怀　　·张爱娟　　657

第六篇 / 遗产保护

发挥区域优势加快工业遗产保护和利用步伐　　·张锦秋　　665

国家"156项工程"在陕企业工业建筑遗产保护与利用探索　　·马　驰　　667

东方机械厂工业遗产情况　　684

华山机械制造厂工业遗产情况　　687

秦川机械厂工业遗产情况	691
庆安机器厂工业建筑遗产情况	693
惠安化工厂工业建筑遗产情况	697
户县热电厂工业遗产情况	699
秦岭电工厂工业遗产情况	701
陇西铸造厂工业遗产情况	703
宝成仪表厂工业遗产情况	707
王石凹煤矿工业遗产情况	710
王石凹工业遗址公园	718
耀县水泥厂工业遗产情况	720
西安市区国家"156项工程"工业遗存情况	723
西安市幸福路地区工业遗产保护工作大事记	726
第四批中国20世纪建筑遗产项目	729

附录

◎ 历史文献   734

关于苏维埃社会主义共和国联盟政府援助中华人民共和国中央人民政府 发展中国国民经济的协定的议定书	734
对于1953年5月15日关于苏联政府援助中华人民共和国中央人民政府 发展中国国民经济的协定的议定书	735
中华人民共和国政府和苏维埃社会主义共和国联盟政府科学技术合作协定	737

中华人民共和国中央人民政府对苏联政府备忘录和苏联国家计划委员会
　　关于中国五年计划任务的意见书的回文　　　　　　　　　　　　　738

中华人民共和国中央人民政府　苏维埃社会主义共和国联盟政府
　　关于贷款给中华人民共和国的协定　　　　　　　　　　　　　　739

中华人民共和国中央人民政府　苏维埃社会主义共和国联盟政府之间的贸易协定　741

中苏两国关于中华人民共和国与苏联之间缔结条约与协定的公告　　　　743

◎国家"156项工程"名录　　　　　　　　　　　　　　　　　　746

国家"156项工程"在陕西项目名录　　　　　　　　　　　　　　　746

苏联援建中国156个重点项目名录　　　　　　　　　　　　　　　748

◎大事记　　　　　　　　　　　　　　　　　　　　　　　　　752

国家"156项工程"重点项目大事记　　　　　　　　　　　　　　752

国家"156项工程"陕西重点项目暨重点配套经济建设大事记　　　805

◎陕西"一五"时期限额以上项目名称　　　　　　　　　　　　825

跋

留住城市记忆是文化自信的题中之义　　　　　　　　·王亚杰　　826

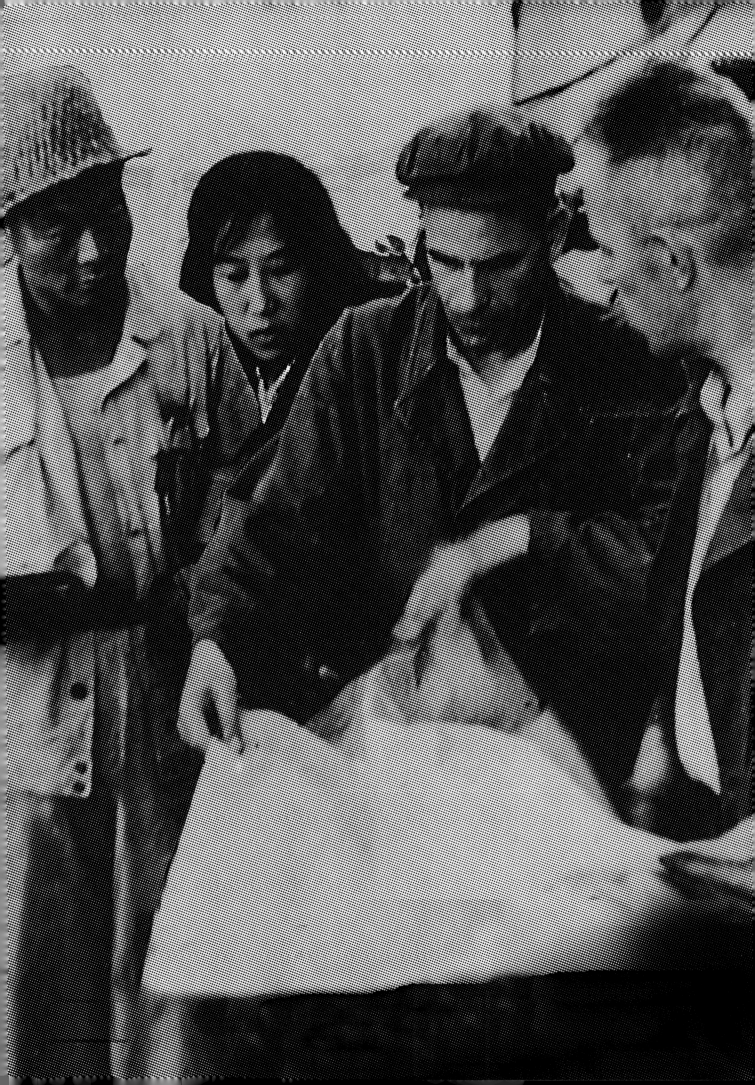

第一篇 概述
Summary

正是"156项工程"的实施,使得陕西的现代工业从无到有,异军突起,迅速奠定了现代经济的基础,加速了现代城市建设,成为新中国着手描绘"最新最美的画图"的缩影。

导语

"156项工程"拉开了中华人民共和国经济发展史极为壮丽的宏大序幕。其折射出来的是区域经济、地缘政治、国家外交、社会转型等一连串的重大时代课题。

陕西作为中华民族重要发祥地，曾拥有千年的历史辉煌，但是唐末之后，又经历了千年的衰败。元代张养浩在《潼关怀古》中伤心地写道："望西都，意踌躇。伤心秦汉经行处，宫阙万间都做了土。"鲁迅1924年来陕西讲学，曾打算顺便做一番实地考察，写一本《杨贵妃》长篇小说，然而满目的凋零景象破坏了他原有的文学想象，令他"一个字也写不出来"。直到中华人民共和国成立前，陕西还基本处在原始的农耕经济时代，与海陆空交通便利的东部省份相差整整一个时代，成为"一穷二白"的典型缩影。

正是"156项工程"的实施，使得陕西的现代工业从无到有，异军突起，迅速奠定了现代经济的基础，加速了现代城市建设，成为新中国着手描绘"最新最美画图"的缩影。

本篇内的《世界工业化进程中的历史性工程》《国家"156项工程"陕西项目的建设与贡献》和《没有"156项目"，就没有大西安》三篇文章，梳理了国家"156项工程"的总体脉络，讲述了"156项工程"在陕项目的实施过程，评估了"156项工程"对西安经济、社会和科技、教育发展的历史作用，值得一读。

《新时代陕西工业发展与展望》一文回顾了"156项工程"对陕西工业此后70年发展的基础性作用和推动，并对新时代陕西工业的发展提出了具有超前性和可操作性的对策建议及展望。

需要指出的是，在苏联援建"156项工程"的基础上，还有很多后续项目，两者相加，计划总数是304个。最后完成和由中国接续完成的共215个。在陕西布局的有24个，如果算上"一五"期间东德援建的耀县水泥厂和调整、迁建的2个航空企业，共有26个项目（24个项目中，853厂因故撤销，改建为西安红旗机械厂）。这个统计有助于我们准确地把握历史实态。

世界工业化进程中的历史性工程

□ 李忠杰

20世纪50年代，苏联帮助中国实施建设了"156项工程"（也称156个项目），这是很多人熟知的。但其实之后还有很多后续项目，156加上后续项目，计划总数是304个，最后完成和由中国接续完成的共215个。如何统称这些项目是个难题。为了照顾原有的156项工程的权威名称，但又不将撤销的项目包含在内，我在本文中暂且统称为"以156项工程为主的215个项目"。

一、重大抉择

这些项目，是中华人民共和国建设史上的浩大工程，也是世界工业化进程中的历史性工程。这些工程的实施，为建设一个独立的比较完整的工业体系和国民经济体系作出了历史性贡献。经过数十年的历史行进和变迁之后，我们有必要站在新的时代高度和认识高度，以更加客观和全面的态度，对这些工程的历史事实做出准确的复盘和研究，对当时多重复杂的背景因素给予客观的梳理和分析，对这些工程的作用、经验以及在中国和世界工业化进程中的历史地位给予科学的认识和总结。

实现国家工业化，是中国人民百年以来梦寐以求的理想，是中国彻底改变贫穷落后面貌的必然要求，也是中国共产党始终牢记的历史使命。

随着抗日战争和解放战争的胜利，如何实现中国工业化的问题，成为中国共产党日益关心和考虑的现实问题。1945年，在中共七大上，毛泽东《论联合政府》的报告指出："在新民主主义的政治条件获得之后，中国人民及其政府必须采取切实的步骤，在若干年内逐步地建立重工业和轻工业，使中国由农业国变为工业国。"

1949年中华人民共和国成立前后，中国共产党把开始建设工业化国家作为现实的任务。1949年政协会议通过的《中国人民政治协商会议共同纲领》规定："应以有计划有步骤地恢复和发展重工业为重点……以创立国家工业化的基础。"1953年，过渡时期总路线的宣传提纲提出了现代化的工业、农业、国防和交通运输四个目标。1954年9月，毛泽东提出准备在几个五年计划之内，将我国"建设成为一个工业化的具有高度现代化程度的伟大的国家"。周恩来在政府工作报告中提出，要建设"现代化的工业、现代化的农业、现代化的交通运输业和现代化的国防"。

至于建立什么样的对外合作关系？期望得到谁的帮助？毛泽东也有过设想。1944年，毛泽东在同美军观察组成员谢伟思的多次谈话中都曾表示：在中国，工业化只能通过自由企业和在外国资本帮助之下才能做到；中国可以为美国提供"投资场所"和重工业产品的"出口市场"，并以工业原料和农产品作为美国投资和贸易的"补偿"。

但到抗日战争胜利后，国共矛盾迅速激化，世界范围内的冷战开始。中国共产党本来就是在苏联共产党和共产国际的帮助下成立的，长期持有世界革命的共同理念，也得到苏联很多实际的帮助，所以，在中华人民共和国成立之际，毫不犹豫地选择了"一边倒"的外交方针，与苏联结成联盟。因此，也就迫切希望能在苏联的帮助下实现中国的工业化，并很快形成了从苏联引进资金和技术的建设方针。

1949年1月，应中共中央邀请，苏共中央政治局委员米高扬和来华帮助修复东北地区铁路桥梁的苏联铁道部部长科瓦廖夫，一同来到当时中共中央所在的河北省平山县西柏坡。他们的主要任务是了解中共对于建立中华人民共和国的设想和对苏联的态度，只听，不表态。

在会谈中，毛泽东等领导人介绍了中共建设新国家的构想，同时表达了希望得到苏联援助的强烈愿望。刘少奇明确指出："如果没有苏联和其他人民民主国家的帮助，中华人民共和国成立后中国工业基础的建立是不可想象的。这种帮助将对我们起决定作用。"中方提出苏联援助的几种形式：传授你们的社会主义经济改革的经验，向中国提供相应的书籍，以及派出各经济部门的专家和技术人员，向中国提供资金。中方表示："想早一点知道，苏联究竟能给予我们多大规模的帮助，以供我们在制定国民经济计划时考虑。"

中方明确提出需要3亿美元贷款、300辆汽车，以及各种必要的物资、机器、石油产品和造币用的银子等。如果苏联可以提供这笔贷款，希望能从1949年起在三年内分期提供，中国会连本带息如数归还。

任弼时具体谈到了苏联帮助东北工业开发的问题，列举了提供帮助的几种方式：苏中经济联合体、苏联贷款、由苏联办租让企业。任弼时说，苏联如果对中国的铀矿感兴趣，可以考虑合作开发或请苏联来办专门的租让企业。他还请求苏联向中国派遣不少于500名国民经济各领域的专家。

1949年6月至8月，刘少奇率中共代表团秘密访问苏联，向斯大林等苏共中央领导人全面介绍了中共建设新国家的纲领、方针政策、各项举措和行动计划，商谈了双方建立外交关系和结成联盟的问题。

为了获得苏联3亿美元的贷款，中方同意斯大林提出的条件，包括中国向苏联提供其需要的茶叶、桐油、大米、钙砂、猪鬃及植物油等。双方商定组织一个借款条约共同起草委员会。中方还请苏联先派铁路、电力、钢铁、煤矿、油矿、军事等方面的专家一同来中国，与中国共同商定全部或主要货单。

1949年8月14日，刘少奇与科瓦廖夫及苏联专家220人一起离开莫斯科回国。此后，中苏两国专家开始共同研究苏联帮助中国建设的具体项目，并在1950年至1952年年底确定了50个项目。

1949年12月6日，毛泽东前往苏联进行历史性的访问。1950年1月10日，周恩来率领中国政府代表团乘火车赴莫斯科会同毛泽东同苏联政府谈判。1月22日，毛泽东在与斯大林的第三次会谈中，强调在中苏即将签订的条约中，最重要的问题是经济合作。

1950年2月14日，中苏两国正式签署《中苏友好同盟互助条约》，同时签订了《关于贷款给中华人民共和国的协定》，苏联以年利1%的优惠条件贷款给中国3亿美元，用以偿付由苏联交付的机器设备和器材，中国以原料、茶叶、现金、美元等分10年付还贷款及利息。双方为此商签了一个秘密议定书。稍后，双方还达成在中国创办石油、有色金属、航空和造船4个合营公司的协议。

对于援助拟选项目，由苏联先派设计组来华，根据实际情况进行设计后再予确定，将新建工厂与改装原厂的计划结合起来。1950年至1952年年初，苏联帮助设计的项目共有42个。

1951年，中共中央做出编制第一个五年计划的决定，并成立了编制计划领导小组。

中央财经委员会着手试编第一个五年计划，1952年7月形成第二稿，即《1953年至1957年计划轮廓（草案）》。经中央政治局讨论，以此作为向苏联提出援助要求的基本依据。

1952年八九月间，以周恩来为首席代表的中国政府代表团出访苏联，就五年计划轮廓草案同苏方交换意见，争取苏联政府的援助。中方将有关"一五"计划的三个文件交给苏方，请苏方专业人员帮助完善。斯大林在同周恩来等人会见中，对中国的五年计划提出一些原则性建议，并表示苏联愿意对中国的五年计划尽力在资源勘探、企业设计、设备供应、提供技术资料、派遣专家及提供贷款等方面给予帮助。1953年4月，经过苏联领导人与专家近半年的讨论，米高扬向留在莫斯科的李富春通报了苏共中央、苏联国家计委对中方三个文件的意见和建议。

1953年5月15日，中苏两国政府签订《关于苏维埃社会主义共和国联盟政府援助中华人民共和国中央人民政府发展中国国民经济的协定》，规定苏联援助中国新建和改建91个工业项目。加上1952年已确定的50项，共141个项目。

1954年9月，赫鲁晓夫首次访华前主持召开了苏共中央主席团会议，决定对华大幅增加援助，在前述141项工程的基础上再增加15项工程，并提升技术含量。主席团委员伏罗希洛夫发言称这是苏联经济难以承受的，赫鲁晓夫则说非如此不能使中国人感受到友谊。1954年中华人民共和国5周年国庆前夕，赫鲁晓夫率领庞大的代表团来华，主动提出交还旅顺基地并废除斯大林时代一些不平等的协定，承诺增加对华援助项目并供给先进装备。1954年10月，苏联政府增加了15个援助项目，由此形成我国"一五"时期苏联援助建设的156项重点工程。

1955年3月，中国政府又同苏联政府签订了新的中苏协定。这个协定包括军事工程、造船工业和原材料工业的16个项目。随后，通过口头协议又增加2个项目。后经多次调整，确定154项。因156项公布在先，故仍称"156项工程"。从时间段来说，这些工程项目主要是在1950年毛泽东访苏、1952年周恩来访苏和1954年赫鲁晓夫访华时分三批确定的。

156项工程实际施工150项。改革开放后，国家计委基本建设综合局经过对国家计委、中央档案馆、国家经委的大量档案进行长期调查研究，第一次将156项工程的形成、变化和建设规模、建设进度等情况综合整理出来，于1983年6月8日写成《"一五"156项建设情况（实际正式施工项目为150项）》，确定实际施工的项目为150项。

无论是156个还是150个，都是在"一五"计划时期确定的，是属于"一五"计划的项目。这些项目的施工,有的延续到了"二五"计划期间。在"二五"计划中,中国和苏联又商谈确定了一批项目。这些项目并不包含在 156 项工程之内。现在,人们通常只知道 156 项工程,而不知道之后还有一批工程。对此,需要予以注意,虽然我们现在都以 156 项工程为标志,但连同"二五"计划期间的项目,实际远远不止 156 项。

156 项工程之后项目的决策和确定大致经历了以下过程:

1956 年 4 月 7 日中苏再次签订协议,增加 55 个援助项目,其中新增工业建设项目为 49 个,另外包括 3 个研究所、2 个电站的二期工程、1 个国防工业的重复项目。1956 年 9 月又签订了 12 项。

截至 1957 年 3 月,中国与苏联签订了协议的建设项目共计 255 项,其中工业部门的项目 244 项,非工业项目 11 项。以上项目中除去重复计算的 13 个项目,经双方同意撤销的 10 个项目及 1957 年年底可建成的 63 个项目外,留待第二个五年计划继续建设或需修改协议的共计 169 个项目。

1957 年 5 月至 6 月,国家计委与苏方商谈,苏联同意中国提出的"勤俭建国,自力更生为主"的方针,按照中方愿望,同意撤销一批项目、缩小一批项目的建设规模、推迟一批项目的建设进度。对于留待第二个五年计划时期建设的 169 个项目决定做以下处理:(1)按原协议的规模和进度建设不变的计 28 项。这些项目,凡设计可以改由中国进行的将改由中国国内自行设计,凡设备能由中国自行制造的分交时留国内自行制造。(2)解除苏方承担设计和设备供应义务的为 51 项,其中约有 10 项将由中国自行设计和制造设备,苏方将根据中国的请求对这些项目的建设给予提供技术资料、派遣专家、进行设计的鉴定、进行研究工作等技术援助。其余 41 项取消,不再建设。(3)缩小规模和推迟建设进度的共有 90 个项目,其中缩小规模的 9 项,推迟建设进度的 52 项,既缩小规模又推迟进度的 29 项。以上变动的项目当中,1955 年以前签订协议的项目(即 156 项)改变较少,共撤销了 17 项;1955 年以后的协议项目改变较多,共撤销了 32 项。

这样,第一个五年计划期间中苏协议由苏联援助中国的 255 个项目中,保留 181 项,即苏联继续援建 181 项,其中第一个五年内建成 63 项,第二个五年建设 118 项。1958 年、1959 年,中国又与苏联签订了几个供应成套设备的协定,共计有 100 多个建设项目。所以,整个 20 世纪 50 年代与苏联签订协定由苏联帮助中国建设的成套设备建设项目共计 304 项,单独车间和装置 64 项。

到 1960 年中苏关系破裂、终止经济合同,这 304 项中全部建成的有 120 项,基本建成的29项，废止合同的89项，由中国自行续建的66项；64项单独车间和装置中建成的29项，废止合同的35项。

所以，如果完整地概括两个五年计划期间苏联帮助中国建设的工程项目，并且不包括单独的车间和装置，由计划确定的，总共应该是304项。建成和基本建成的149项，由中国自行续建的66项，加起来是215项。废止的有89项。215项是真正对中国工业化发挥了作用的。因此，对于20世纪50年代苏联帮助中国建设的工程项目，我认为，最好称之为"以156项工程为主的215个项目"。

这样称谓，既突出了最主要的156个项目，又概括了所有建成的项目。这种概括是否准确，还可以进一步查阅资料、听取专家意见，然后再行修正和确定，最重要的是把数字核准。总之，不要以为只有156项。至于到底是按计划的304项概括，还是按实际建成的215项概括，也可商量。我认为，既然有89项废止了，再算在一起恐怕不是很妥当，所以，以215项为宜。

另外，东欧国家也对中国给予了援助。根据目前见到的资料，20世纪50年代，中国和东欧各国签订协定引进成套设备建设的项目有116项，其中完成和基本完成的有108项，解除义务的有8项；单项设备的有88项，其中完成和基本完成的有81项，解除义务的有7项。对于东欧国家的援助项目，目前研究和反映得很少，也需要研究，至少要把数字核准。

二、浩大工程

苏联帮助中国建设的"以156项工程为主的215个项目"，当之无愧是中华人民共和国建设史上的浩大工程，也是世界工业化进程中的历史性工程。

第一，数量庞大，计划确定的一共有304项，实际完成的215项，还有单项设备和装置66项，建成29项。此外还有东欧国家援助的一批项目。

从援助建设一开始，项目数量就是很大的。1952年确定了50个项目。随后，又一下确定了91个项目。连苏方人员都说："两个国家在一次谈判中解决91个企业长达7年的建设问题，这在历史上是创举。"

总投资额也十分庞大。1952年年底商定的50个项目，仅关内和东北35个项目估算就有 34 亿元，其中国外订货占 30%。当时正值朝鲜战争期间，所以 1950 年使用的 6 000 万美元借款中，有 2 000 余万用于海军、空军的军事订货。

按照 141 个项目确定时的情况，苏联还要派遣专家来中国帮助解决总体利用黄河、汉水的水利和水力资源的规划勘测工作；派遣四个专家组帮助中国政府制定电气化、黑色冶金与有色冶金、机器制造工业、造船业的远景计划；增派 50 名地质专家帮助组织地质勘探工作和地质人员的训练；在选择农业机器型号方面提供建议和技术资料；对由中国设计部门完成的建设长江大桥的设计进行鉴定；帮助中国进行内蒙古、东北、西南林区的森林航测。中国政府为偿付以上设备和技术援助，将按质按量对苏联供给钨精矿 16 万吨、锡 11 万吨、钼精矿 3.5 万吨、锑 3 万吨、橡胶 9 万吨以及羊毛、黄麻、大米、猪肉、茶叶等。

按照协定，到 1959 年 141 个项目完工时，中国钢铁、煤炭、电力、石油等主要重工业产品，大约等于苏联第一个五年计划的水平，接近或超过 1937 年日本的水平，即钢产量超过 500 万吨，煤达到 1 亿吨，发电量在 200 亿度以上，石油 250 万吨左右。

1954 年赫鲁晓夫访华之后，新增 15 个项目。至 1954 年年底，共确定 156 项建设项目。这些项目成为 1955 年正式审议通过并颁布的第一个五年计划的公开宣传重点，但很多具体项目和内容长期保密，这给后人准确了解情况和从事研究也带来困难。

"一五"期间，中国经济和文教建设的投资总额为 766.4 亿元。156 项实际施工的 150 项中，预计总投资为 187.8 亿元（原预计总投资 202.7 亿元，三门峡水利枢纽停建及军工项目缩小投资，少用 14.9 亿元），实际完成 196.3 亿元，完成 104.5%。

第二，跨越了两个五年计划，历时 10 余年。

从 1950 年就开始设计项目，部分项目到"二五"计划之后由中国自行建成。"一五"计划期间建成 63 项，"二五"计划期间及其之后建成 152 项。

最早的工作从 1950 年就开始了。1950 年至 1952 年年初，苏联帮助设计的项目共有 42 个，均由苏联专家考察、设计，然后再予确定。其中第一批 16 个设计组是 1950 年毛泽东、周恩来在苏联时聘请的；第二批 3 个设计组是朝鲜战争爆发后，为建立北满基地而聘请的；第三批设计组是 1951 年聘请的。

经过初步设计并与苏联协商，至 1952 年年底，陆续商定了苏联帮助中国恢复与建设的重点项目有 50 个。此后，对有关项目多次根据实际情况进行了调整，有减少，有合并，有增加。在制定"二五"计划过程中，又继续商定了一批新的项目。到 1969 年，156 项工程实际实施的 150 项全部建成，历时 19 年。

第三，涉及的行业众多，覆盖了国民经济最基础的重要工业领域，系统性、配套性也比较强。

1953 年 5 月 15 日两国签订的协定规定，由苏联在 1953 年至 1959 年内，用技术设备援助中国建设与改建 91 个企业。这 91 个企业的行业分布为：

两个钢铁联合企业（包括采矿、选矿、炼铁、炼钢、轧钢等分厂），生产能力为年各产钢 120 万—150 万吨。

8 个有色冶金企业，年产锡 3 万吨、铝 1.5 万吨、钼精矿 1 万吨、钨精矿 3 万吨、钼钛精矿 13 万吨。

8 个矿井、1 个煤炭联合厂，年产煤能力共 1 990 万吨；3 个洗煤厂，生产能力共为年产 450 万吨。

1 个石油炼油厂，年处理原油 100 万吨。

32 个机器制造厂，其中包括 5 个重型机器制造厂，生产能力共为年产冶金、矿山、石油设备 7.5 万吨及金属切削机床 3.6 万吨；1 个汽车制造厂和 1 个拖拉机制造厂，年产载重汽车 6 万辆及拖拉机 1.5 万辆；1 个滚珠轴承厂，年产轴承 1 000 万个；还有一部分国防工业企业。

16 个动力机器及电力机器制造厂，其中包括蒸汽透平及透平发电机的制造，生产能力各为年产 36 万千瓦并能扩大到 60 万千瓦，以及水银整流器、避雷器、绝缘材料、高压瓷瓶、自动电话交换机、电容器、高级无线电器材等制造厂。

7 个化学厂，其中包括两个氮肥厂，一个合成橡胶厂（利用炼油厂的废气做原料），年产氮肥 18 万吨及合成橡胶 1.5 万吨；还有几个国防工业企业。

10 个火力电站，设备能力为 41.3 万千瓦。

2 个生产磺胺、盘尼西林和链霉素的医药工业企业和 1 个食品工业企业淀粉厂。

后来实际施工的 150 个工程，按类别则划分为：国防工业 44 项，其中兵器工业 16 项，航天工业 2 项，船舶工业 4 项；冶金工业 20 项，其中钢铁工业 7 项，有色金属 13 项；能源工业 52 项，其中煤炭工业 25 项，电力工业 25 项，石油工业 2 项；机械工业 24 项；化学工业 7 项；轻工业 3 项。

第四，分布的区域广阔，包括东北、华北、西北、中南、西南等区域以及其他部分地区，均是着眼全局及根据基础条件来布局的。

最早的 42 个项目的地域分布为：东北 30 个，其中电力、钢铁、煤炭、制铝等占 20 个，其他 10 个是机械、化学、造纸等；关内 6 个，是太原、重庆、西安、郑州的 4 个电站及太原肥料厂及染料厂；新疆 5 个，是电厂和医院；内蒙古 1 个。156 项工程中 70%安排在东北、西北和西南地区，主要分布在哈尔滨、齐齐哈尔、吉林、长春、沈阳、抚顺、包头、西安、洛阳、太原、兰州、成都、武汉、株洲等城市，改变了过去 70%左右的工业企业集中在东南沿海的布局。

按照区域计算，东北三省有 59 项，仅黑龙江省就有 22 项，"南厂北迁"的 13 个大中型骨干企业和 156 项重点工程中的 13 项安排在哈尔滨市。西北地区有 40 项，仅陕西省就有 24 项，其中有 17 项安排在西安市。电子工业占 8 项，其中就有 4 个项目集中安排在四川省。

106 个民用工业企业中，有 50 个设在东北地区，32 个设在中部地区；44 个国防企业中有 35 个布置在中、西部地区，其中 21 个安排在川陕两省。

哈大铁路沿线、京广铁路的北京—武汉段、陇海铁路的郑州—兰州段这三条发展轴线上就集中了 65 项之多，占总数的 40%以上。

之所以这样布局，主要是考虑到了以下因素：（1）就近资源供应。冶金化工企业安排在矿产资源和能源充足的地区；机械工业安排在原材料产地附近。（2）有利于改变经济落后地区面貌。（3）军事上的需要，把新企业布置在后方。据称，"审查厂址时，要把厂址标在地图上，并用直线标出它与中国台湾、韩国、日本等地美军基地的距离，说明美国什么型号的飞机可以攻击到它。"

第五，多数为成套设备，设计、图纸、勘测、建设、设备制造和安装、调试、生产一条龙帮助建设。

1952 年确定的 50 个企业，加上 1953 年"5·15"协定确定的 91 个项目，总计 141 个企业。这 141 个企业的建设与改建，由苏联完成 70%—80%的设计工作、50%—70%的设备制造，其余设计与设备制造工作由苏联专家帮助中国企业完成。苏联帮助培养这些企业所需的中方干部，并提交组织生产所需的制造特许权及资料。

中国政府则在现有企业中组织生产一部分配套用的和辅助性的半成品、成品和材料，这些半成品、成品和材料的清单及其技术规格，以及有关安排生产的建议，在批准初步设计后由苏联提交。

苏联协助中国建立工业企业设计部门，并协助这些部门完成其所承担的上述企业的技术设计与施工图的 20%—30% 的设计工作。苏联提供上述企业所需的按价值计 50%—70% 的设备，其余设备由中国制造，为此苏联派专家来中国提交技术资料，并对组织生产提出建议。以上内容中，产品制造特许权为苏联无偿提供。

第六，在最尖端的核武器技术上，也因特定原因，一度提供技术，帮助制造。

1954 年赫鲁晓夫首次访华时，毛泽东便提出能否在核武器制造方面提供帮助。赫鲁晓夫大吃一惊，说中国的全部电力都投入进去搞核武器都不够，只答应代培一些核技术人员。

1956 年后，东欧发生波兰、匈牙利事件，赫鲁晓夫在苏联地位不稳。聂荣臻提出，应利用这一机会交涉核技术援助，周恩来请示毛泽东后马上做出安排。这次，赫鲁晓夫不顾军方坚决反对，决定向中国提供原子弹生产技术，帮助建立核工厂。而作为政治交换条件，毛泽东必须访苏对他表示支持。

1957 年 10 月，中苏签订《国防新技术协定》，随后毛泽东访苏，并不顾苏联反对，坚持在《莫斯科宣言》中写入"以苏联为首的社会主义阵营"等文字。

从 1957 年年末起，苏联开始履行协议，对华提供了 P-2 导弹作为样品。翌年，又向中国提供了所需的核工业设备，并派出近千名专家，建成了湖南和江西的铀矿、包头核燃料棒工厂以及酒泉研制基地、新疆的核试验场，中国正式进入了核工业建设和研制核武器的新阶段。

1958 年以后，由于苏联和中国国内形势以及国际形势都发生了变化，中苏意识形态分歧发展，赫鲁晓夫对中国的"大跃进"及对苏态度愈益不满，因此对中国的核武器制造从帮助转为加强限制。已建设起的原子反应堆和核工厂，但一些关键技术未及时提供，来华专家也有很大保留。

1959 年 6 月，苏共中央致函中共中央，声称出于国际形势，原子弹样品"推迟两年"再提供，帮助中国制造原子弹的计划告吹。此后，中国主要依靠自己的力量于 1964 年成功地完成了原子弹爆炸试验。但不能否认，前期苏联的帮助起了基础性作用，甚至有的苏联专家还悄悄留下了关键技术和图纸。

三、历史作用

无论中苏关系多么复杂、多么纠结，几十年过去后，站在更加客观的立场上来看，苏联援建的这些"以 156 项工程为主的 215 个项目",以及东欧国家援建的项目,都对中国的工业化进程和社会主义建设发挥了重要的作用。

第一,"以 156 项工程为主的 215 个项目",作为两个五年计划的骨干工程,首先确保了我国第一个五年计划的顺利完成,也对"二五"计划发挥了积极作用。

我国第一个五年计划具有开创性的经济发展形式,是改革开放前完成得最好的五年计划,是我国经济社会发展最好的时期之一。"一五"计划的制定和实施,奠定了我国计划经济的基础,所积累的经验也对以后制定和实施一系列五年计划提供了借鉴。

"一五"计划的胜利完成和所取得的建设成就,很大程度上是由于 156 个工程相继建成和投产,这一点发挥了重要作用。此后的"二五"计划完成得不太好,但也有相当一批新老项目建成,其作用也是积极的。

按照原来的计划,156 项工程大多数要在"二五"时期建成投产。为了确保进度,中国政府采取了很多措施,动员各方面的力量,为建设苏联设计的项目创造条件。苏联方面则成功地组织了成套设备的设计、制造,向中国供货,并尽可能加快设计和设备供应的进度。所以,到 1957 年年底,156 项工程中有 68 个全部或部分投产。苏联外交部远东司司长库尔久科夫签名的 1957 年 3 月 29 日的记录材料表明,苏联将援建中国 211 个企业和 27 个单独车间,并提供价值为 96 亿卢布的设备。1951—1956 年,有 26 个企业建成投产,31 个企业部分建成,另有 17 个单独车间和工厂也建成投产。东欧援建的 64 个项目中有 27 个全部或部分投产。

到 1957 年年底,"一五"计划胜利完成,"一五"计划的各项指标大都超额完成。一大批旧中国没有的现代工业骨干部门建立起来,我国工业生产能力得到大幅度提高,工业布局不合理的局面得到初步改善,从而建立起了社会主义工业化的初步基础。

五年内,完成基本建设投资总额 550 亿元,新增固定资产 460.5 亿元,相当于 1952 年年底全国拥有的固定资产总值的 1.9 倍。产业结构发生新的变化。工业总产值比 1952 年增长 128.6%,平均每年增长 18%,其中,重工业的比重由 26.4% 提高到 48.4%。

五年中,合计钢产量 1 656 万吨,等于旧中国从 1900 年到 1948 年 49 年间钢总产量 760 万吨的 218%;煤产量达到 1.31 亿吨,比 1952 年增长 98%。

第二,"以 156 项工程为主的 215 个项目",大大提高了我国的工业生产能力,构建了我国独立的比较完整的工业体系框架。

这 215 个项目与我国自力更生完成的 1 000 余个限额以上建设项目相配套,使中国大地上空前地形成了崭新的工业体系，建立了中国社会主义工业化的初步基础。

这215个项目构建了我国比较完整的工业体系的框架。"一五"计划期间相继建成投产的595个大中型工程，是以156项工程为骨干的。这批项目中属于基础设施和重工业行业的占了绝大多数，医药和轻工业项目加在一起才仅仅3个。这种投资结构虽然在短期内不容易看出对提高人民生活水平的直接影响，但奠定了中国工业化的基础。

通过这215个项目的实施，我国工业企业的机械化、电气化水平有了显著提高，工业生产能力也因之显著提高。投产项目中有飞机、汽车、新式机床、发电设备、矿冶设备等制造企业，也有合金钢和重要有色金属冶炼企业。工业产品种类大量增加，机械设备的自给率超过60%，钢材的自给率提高到86%，合金钢的品种也趋于完备。

以钢铁工业为例。1952年国内只能生产180多种钢和400多种规格的钢材，1955年优质钢和合金钢的生产已达到240多种，高炉和平炉的利用系数基本达到苏联当时的水平。经过改造和扩建，鞍钢提高了生产能力，增添了新的产品品种，基本上可以满足国内"一五"时期和"二五"初期制造铁路机车、轮船、汽车、拖拉机等对钢材、钢板和钢管的需要，有力地支援了苏联援建的武汉钢铁公司、包头钢铁公司、长春第一汽车制造厂、洛阳拖拉机制造厂等156项工程和其他工程的建设。

随着这215个项目的投产，我国一改基础工业薄弱的状况。在短短几年里，就相继生产出第一辆汽车、第一台拖拉机、第一架飞机和坦克等。1956年7月12日，从长春第一汽车制造厂的总装线上开出了第一辆国产解放牌汽车；1957年10月25日，吉林三个化工项目一次试车成功，当年就为国家提供了7 900吨染料和染料中间体、4.3万吨化肥和2.83万吨电石，同时生产出了37种产品。1956年12月19日，吉林铁合金厂经过22个月的紧张建设竣工投产，工厂7个车间46个工程单位的生产装置及其附属设备一次试车成功，6个产品全部投产。

当然，这里说到的一系列"第一"，都要有一定的限制词，即都是"1949年后工业恢复时期的第一"。因为如果从中国近代以来的工业发展史看，好多并不是"第一"。早在19世纪末洋务运动和20世纪30年代，中国就已经能够基本依靠自己的力量生产飞机、军舰、汽车、坦克、机床、步枪，等等，出现了很多历史的"第一"。但后来战争频繁，特别是抗日战争及其之后的内战，大大破坏了中国的工业生产能力。东南沿海的大部分工厂设备被迫内迁，大伤元气。"二战"结束后，东北的工业设备全部被苏联拆走。国民党撤离大陆时又将很多工厂设备迁至台湾。所以，1949年后的最初几年都属于国民经济恢复时期，工业生产能力还没有恢复，很多产品不能生产，说这时"一穷二白"，是符合事实的。但由此而说中国自近代以来都是"一穷二白"，那就不准确了。穷，差不多；说"白"，而且指的是什么都不能生产，这就不符合历史事实了，也不利于中国人民完整准确地了解自己国家的历史。

第三，"以156项工程为主的215个项目"，改变了我国极不平衡的工业布局，带动了北部、中西部广大区域的发展。

这215个项目有一大部分是在我国中、西部地区建设的，并且广泛分布在新疆、陕西、甘肃、江西、江苏、云南、山西、四川、内蒙古、河北、河南、湖北、湖南、重庆、北京及东北3省等近20个省、市、自治区。这种分布对调整我国工业布局起到了非常大的作用。

中华人民共和国成立前，中国70%的工业分布在东南沿海，而且主要集中在几个大城市。在进行156项工程选址时，从战备、原材料供应、带动欠发达地区经济这三个原则出发，有意地避开了东南沿海。虽然因有的地区经济基础实在薄弱，给项目上马带来了巨大困难，但对于中国这个地域辽阔、发展极不平衡的大国来说，争取形成比较均衡的工业布局，这在战略上是需要的，也是非常重要的。

通过"以156项工程为主的215个项目"的实施，中国的工业和国民经济体系初步改变了过于倚重东南沿海的局面，带动了中西部地区、北方地区的发展，其影响非常深远。

当年在中西部地区建设的很多大型企业，一直作为国家和当地的支柱产业，在全局性和地方性经济发展中发挥着举足轻重的作用。许多企业经过多年的发展已经成为大型企业集团。

建起一个企业，随后与之配套的交通运输、文化教育、医疗卫生、商业服务等就都得到了相应的发展，对安置人员就业、提高当地人民生活水平发挥了重要作用。

由于实际上是产城结合，所以往往以企业为核心，在一片荒凉的空地上迅速矗立起一座新城。很多当年的一个企业，现在已经成为所在城市的一个区，有的因此而成为一座新兴的工业城市。这在世界工业化进程中是比较普遍的现象。

第四，"以156项工程为主的215个项目"，迅速提高了我国的军工生产能力，为巩固国防、打赢多次战争起到了特殊作用。

在156个项目中，有44个国防工业项目，它们主要分布在四川、陕西和东北地区。这批企业相继投产后，我国仿制了苏联多种制式的手枪、步枪、轻机枪、重机枪、迫击炮、高射机枪、榴弹炮等。

1955年，苏联又向中国提供了一批图纸和样品。第二年，根据这些资料，我国生产出了56式半自动步枪、冲锋枪、56式轻机枪、40毫米口径火箭筒。这些都是当时世界上先进的步兵武器，即使在苏联本国也刚刚用来装备部队。

1956年，我国仿照苏联米格T7生产出了歼-5歼击机，一跃成为当时能够制造喷气式战斗机的少数国家之一。1959年，我国又仿造苏式T54A型坦克生产出了59式坦克。

1958年，我国从苏联购进了5套SM-2型地对空导弹，并从1959年开始仿造。中国打下美国的U-2型高空侦察机，用的其实是苏联的导弹。但由于这时中苏关系开始破裂，苏联撤走了专家，带走了资料，这项研制导弹工作用了5年时间才得以完成。

44个国防工业项目的产品在使中国军队装备实现统一化、制式化过程中发挥了决定性作用。利用这些仿造的产品，再加上从苏联购买的一部分武器，中国在1955年年底共装备了106个步兵师，9个骑兵、守备、内卫师，17个地面炮兵师，17个高射炮师，4个坦克、机械化师，33个航空兵师，一跃成为世界上的军事大国。

国防工业的发展为当年取得抗美援朝、抗美援越、中印边境自卫反击战的胜利，为防止国民党残余对大陆的袭扰，为实现国防现代化奠定了重要的基础。同时也拉动和促进了相关领域及科技事业的发展。

第五，"以156项工程为主的215个项目"，实现了大量的技术转移，提高了中国的设计、建造和建设能力，为中国自主创新打下了重要基础。

"以156项工程为主的215个项目"实施过程中，进行了大量的技术转移。在建厂和生产时，必不可少地需要有施工图纸等。所以，在帮助中方建设各个项目时，苏联提供了各种工厂的设计图纸、产品设计图纸、工艺设计和其他技术资料。很多设计图纸和有关技术资料是通过中苏科学技术合作委员会协商和转交的。据1957年时的中方统计，当时中方已经得到了3 646种技术资料。这些资料对提高中国工业的技术水平和新产品的生产能力有重大意义。

通过援建项目的成套设备、工艺资料和其他技术资料，苏联直接向中国提供了重型机器设备、机床、量具刃具、动力设备、发电设备、矿山机械、采油设备、炼油设备、汽车、履带式拖拉机、仪表、轴承、开关、整流器、胶片、重型火炮、坦克、坦克发动机、米格喷气式战斗机、飞机发动机、火箭等产品的设计及其制造技术，以及合金钢、石油产品等加工技术。东欧国家向中国提供了仪表、无线电零件等产品设计和制造技术。

其中，大多数产品是中国过去没有或者即使有也比较落后的类型与规格。

"以156项工程为主的215个项目"所需的设备，有一部分是由中国自己生产的。156项工程由国内机器制造厂分交供货的比重，按重量计算是52.3%，按金额计算为45.9%。薄一波在1958年2月宣布，156项工程建设所需设备中，由国内制造的部分将由1957年的42%左右，提高到1958年的60%左右。由国内分交制造的设备中，大部分由苏联供给产品图纸。1952—1957年，中国生产的5.1万台金属切削机床中，有4.35万台是按照从苏联得到的工艺资料生产出来的。

根据中苏两国的科技协定，提供技术没有技术转让费和任何专利费，建成后任由自主生产，只交纸张和复印费。这种做法在今天来看，简直是不可思议的。

当然，在转移某些军事技术时，苏联是有所保留和限制的，不愿意提供最先进的技术以及核武器制造技术。比如，苏联最初打算向中国提供T-54型坦克制造技术。中方认为这种产品落后，与苏方交涉后，苏方终于同意提供T-54A型（即T-59型）坦克制造技术。

"以156项工程为主的215个项目"的建设，显著提高了中国工业的制造能力。通过技术实践和消化苏联提供的技术资料等，中国的企业和设计机构形成了重要产品的设计能力以及厂矿项目的设计能力。到1957年，中国的设计院所已经能够设计建设一些大型的、技术比较复杂的工程。

正是因为自身设计能力的提高，中苏商定"二五"时期苏联援华项目时，中方承担的设计和制造任务比"一五"时期增加了许多。比如，在1958年8月8日确定的47个苏联援助项目中，37个项目是中国自行设计而由苏联供应主要设备，44个由苏联提供技术资料。在1959年2月7日商定的78个援助项目中，中方利用苏联的设计资料和技术资料，承担了大部分勘察设计工作和大部分配套设备的制造任务。

到"二五"时期，中国为新建项目制造配套设备的能力显著提高，减少了对有些苏联设备的需求。到20世纪50年代末，中国开始进入以模仿为基础的自行设计阶段。后来中国的很多新产品，其实是苏联产品的仿制版、更新版或改制版。

第六，"以156项工程为主的215个项目"，培养了大批中国的科学技术和工程设计施工人才，形成了一支长期起作用的科技骨干队伍。

为实施"以156项工程为主的215个项目"，大批苏联专家来华。1950年3月27日，中苏两国在莫斯科秘密签订《中苏关于苏联专家在中国工作的条件之协定》。以此协定为基础，苏联应中方要求，按照具体的合作协定和意向，逐年选派了不同领域、不同层次的顾问和专家，填补中国人才资源上的空缺并加强薄弱领域，使大规模的工业建设得以迅速展开。

1954年11月25日，苏联部长会议通过《关于援助中华人民共和国建设工业企业、向中国派苏联专家和关于另外接受中国工人来苏联企业学习的决议》，要求苏联一些工业部必须完成中国企业的设计工作，在企业建设、安装、调试和投入生产中提供设备、电缆制品和技术援助。比如，规定交通建设部、交通部派出设计师和建设者；发电站部派13名专家勘测长江水利资源；建设部、冶金和化学企业建设部派出11名专家，为中国11个托拉斯的建设提供技术援助；黑色冶金部和国家计划委员会必须鉴定鞍山钢铁公司轧钢设备的使用能力，以帮助中方确定该公司整个冶炼周期的设计能力；黑色冶金部必须预先考虑在中国一家冶金厂生产T-54坦克装甲板的能力；建设部、化学工业部、发电站部必须如期完成造船厂和鱼雷生产厂的建筑、卫生设施、交通和电力部分的设计任务以及设计方案的特别部分，以便及时做出这些工厂的配套设计。

该决议规定，除按1953年5月15日协定规定的数额外，苏联方面每年额外接收2 000名中国技工来苏联工厂进行生产实习；苏方培训机构必须提高培养外国工人和专家的水平，让技能娴熟的人员授课，以保证已经商定的课程顺利实施；苏方在能保障学员正常生活和学习的地区挑选一批先进的企业作为培训地点，培训时间可延长到半年。

据有关资料，1949—1960年来华工作的苏联专家总计至少应超过1.8万人。同时中国向苏联派遣公费留学生约为9 300人，公派技术人员约8 000人，苏联政府承担了他们一半的学习费用。此外，通过科技合作系统，1 500名中国工程师、技术人员和学者去苏联了解科学技术的成就和生产经验。

苏方机构和人员参加了地质勘测、厂址选择，搜集基础资料，确定企业的设计任务书，进行各个阶段的设计，提供机器设备，指导建筑施工、设备安装和调试，提供产品设计和技术资料，培养技术管理骨干等工作，直到中方人员掌握生产技术。中方重视在各个环节向苏联学习，使得科研、设计、生产工艺和设备制造等方面的能力随着设备和技术的引进、消化而逐步得到提高。

苏联来华专家的工资由中国支付，且标准很高。但中国去苏联学习人员的费用，苏方减免一半。所以，中方还是合算的。来华专家与中方之间也有各种矛盾，这也成为后来双方"吵架"的一个小原因。

四、主要动因

由一个国家帮助另一个国家建设"以 156 项工程为主的 215 个项目"（计划总数超过 304 个），而且采取如此特殊的方式，这在中国工业化历史上是绝无仅有的，在世界工业化历史上也是绝无仅有的。无论从哪个角度来说，这都是中国历史和世界历史、中国共产党历史和中华人民共和国历史上的一件大事，值得完整准确地加以记载，也需要科学、客观和实事求是地加以分析和研究，否则很容易盲人摸象、各执一端、以偏概全。

为什么会实施这样一个庞大的工程？应该说，是由多方面的原因决定的。既不是单纯的外交关系问题，也不是单纯的经济援助问题；既不是简单的友谊问题，也不是简单的利益问题。

第一，实现工业化、现代化，改变中国贫穷落后的面貌，是中国发展进步的必然要求，是全国人民的共同愿望，也是中国共产党人的历史使命。

中华民族在几千年的历史进程中创造了辉煌的文明，但到近代却落后了，在汹涌澎湃的近代文明大潮中，我们成了落伍者；在剧烈竞争的世界舞台上，我们成了挨打者。落后贫困的境地，任人欺凌的耻辱，激起了中华儿女顽强奋斗的信念和决心。救亡和进步，成为近代中国的两大历史性任务，在此基础上实现中国工业化和现代化，进入世界先进民族之列，复兴中华民族，就成为无数志士仁人不懈追求的理想和目标。

近代中国的许多政治力量和先进人士都曾提出过工业化和现代化的构想，做出过巨大的努力，甚至付出了生命的代价，但可惜的是，都没有能够成功。

中国共产党在自己的奋斗过程中，逐步明确地提出了实现国家工业化、现代化的目标。1945 年，毛泽东在中共七大上作《论联合政府》的报告，明确宣布："中国工人阶级的任务，不但是为着建立新民主主义的国家而斗争，而且是为着中国的工业化和农业近代化而斗争。"

由于长期贫穷落后，到 1949 年中华人民共和国成立时，我国还是落后的农业国，工业基础极其薄弱，工业净产值仅为 45 亿元，占国民经济比重只有 12.6%。全国钢产量只有 15.8 万吨，居世界第 26 位，不到美国当时钢产量的 1/50；全国发电量 43 亿千瓦时，居世界第 25 位；全国煤炭产量 3 243 万吨，居世界第 9 位；全国石油产量 12 万吨，而美国是 27 035 万吨，我国主要石油产品均需进口；全国水泥产量 66 万吨，是印度的 1/3；全国粮食产量为 11 318 万吨，尚不足以解决温饱问题；全国人均国民收入 27 美元，不及亚洲平均水平（44 美元）的 2/3。

即使与亚洲新兴独立国家印度相比，我国也多有不及。在 13 种主要工业产品中，印度有 8 种均高于中国，钢与生铁的产量甚至高出 5—7 倍；我国人均国民收入不足印度 57 美元的一半。

中国企业生产技术十分落后，很多企业采用手工方法生产。工业内部手工业产值比重较高，主要从事生产资料生产的重工业所占比重很低，1949 年在全国工业总产值中，轻工业占 73.6%，重工业仅占 26.3%。

此外，农业劳动生产率很低，基本上靠天吃饭。文化也十分落后，全国人口中文盲和半文盲率高达 90%，工业建设所急需的工程技术人员、技术工人短缺，劳动力的文化素质普遍很低。

中华人民共和国的建立，进一步把实现工业化的任务提上了日程。1953 年，毛泽东亲自修改审定的《关于党在过渡时期总路线的学习和宣传提纲》指出："我们党和全国人民的基本任务就是要改变国家的这种经济状况，在经济上由落后的贫穷的农业国家，变为富强的社会主义的工业国家。这就需要实现国家的社会主义工业化，使我国有强大的重工业可以自己制造各种必要的工业装备，使现代化工业成为我国唯一的工业。实现国家的社会主义工业化，就可以促进农业和交通运输业的现代化，就可以建立和巩固现代化的国防。"

所以，中华人民共和国成立后，中国共产党立即开始向这样的目标前进。20 世纪 50 年代初，依据苏联的经验，中国设想用 15 年的时间基本实现工业化，于是制定和实行了 1953—1957 年的发展国民经济的第一个五年计划，作为社会主义工业化启动的第一个中期计划。

第二，中国共产党从一成立就与苏联和苏联共产党有特殊的关系，具有同样的世界革命理念，是同一个阵营中的战友，这是在研究苏联援建中国项目动因时必须首先了解的一个重大历史背景。

中国共产党是在苏维埃俄国共产党和共产国际（又名第三国际）帮助下成立的。共产国际是由苏俄共产党发起，于 1919 年在莫斯科成立的。共产国际不是一般的国际联合组织，而是"全世界共产党"，凡参加共产国际的，都要接受它的 21 个条件，作为它的一个支部，受它集中统一的领导和指挥。

1921年中共一大还未决定参加共产国际，就在第一个决议中规定："党中央委员会应每月向第三国际报告工作。"1922年的中共二大专门通过了《中国共产党加入第三国际决议案》，从此，中国共产党就名副其实地成为共产国际的一个支部了。中共从一大到六大，都是在共产国际指导下召开的。1928年中共六大则完全是在苏联莫斯科召开，斯大林和布哈林还参加了六大主席团，直接指导大会的召开。

中共六大党章的第一句话就是："定名：中国共产党为共产国际之一部分，命名为：中国共产党，共产国际支部。"历次党章还规定："不分性别、国籍，均可接收为党员，成为我们的同志。"即那时的党员可以不分国籍，外国党的党员可以成为中共的党员，中共的党员经过一定程序，也可以成为外国党的党员。这方面的规定，直到七大党章才予以取消。

既然是共产国际的一个支部，那么中国共产党的一切重要决定都要首先报告共产国际批准，对共产国际的指示必须严格执行，实际上就是报苏联共产党批准，接受苏联共产党的指示。

这样的组织联系是建立在世界革命理念基础之上的。

马克思、恩格斯早在《共产党宣言》中就号召"全世界无产者，联合起来"，后来列宁和共产国际又号召"全世界无产者和被压迫民族联合起来"。列宁明确要求："一个国家的无产阶级斗争的利益服从全世界范围的无产阶级斗争的利益。"

所以，无论苏联共产党还是中国共产党，最初的重要理念之一，就是各国共产党互相支持，共同推进和夺取世界革命的胜利。加上有组织上的关系，中国共产党的很多政策，都要按照共产国际的指示，根据苏联的意见和利益来制定和调整。中共与莫斯科之间，长期保持着秘密的电台联系，随时向共产国际汇报情况、接受指示，对苏联的重大战略行动和战略意图进行配合。1931年"九一八"事变发生后，中国共产党的口号曾是"保卫苏联"。因为当时中共与其他国家共产党一样，都认为苏联是全世界无产阶级和共产党的"祖国"，日本侵犯东北，目的是为了进攻苏联，所以，必须首先保卫苏联。毛泽东最终成为中国共产党的领导，也是得到了共产国际的首肯。

苏联共产党也给了中国共产党很大支持。中国共产党初期的经费，很大一部分是苏联提供的。与国民党合作创办黄埔军校，是苏联提供的武器弹药。北伐战争的计划是苏联顾问制订的。"四一二"反革命政变后，中国共产党人领导的历次武装起义，都是按照苏联和共产国际的指示发动的。中国共产党的领导人和很多骨干，基本上都到苏联受过培训。抗日战争和解放战争期间中国共产党都得到了苏联明里暗里的很多支持。抗战胜利后，苏联在东北缴获的日军武器，基本上都转交给了中国共产党的部队。

1943年，共产国际宣告解散，中国共产党与共产国际的组织关系不再存在。但此后，中国共产党与苏联共产党的关系依然非常密切。中国共产党的重大决定，通常会向苏联共产党通报，听取苏联共产党的意见。

虽然在几十年中，两党之间也有一些矛盾，中国共产党也在努力争取独立自主走自己的道路，特别是以毛泽东为代表的中国共产党人，从本国国情出发，走出了一条独特的革命道路，这与苏联模式是不同的，但总体上，两党的关系是建立在世界革命的共同理念之上的，也是建立在紧密的组织关系之上的，因此，也是建立在鲜血熔铸和共同利益的基础之上的，完完全全是同一个战壕中的战友。

正如斯大林所说："若是社会主义在中国也取得胜利，我们两国走一条道路，那么社会主义在世界的胜利就可以认为是有保证的，我们就不会受到任何偶发事件的威胁。因此，我们要不惜人力和财力援助中国共产党人。"

所以，中国共产党在掌握政权后的所有外交政策以及国内政策，都是在中苏两党的这种特殊关系背景下展开的。离开了这个大背景，就根本无法理解苏联为什么会有这么大的手笔，居然帮助中国实施了"以156项工程为主的215个项目"，且计划曾经多达304个。

许多研究156项工程的文章，都没有涉及这个历史背景，因此也就无法解释中苏之间的特殊关系及其相关的一系列事件和原因。

第三，中国共产党掌握全国政权前后，迅速确定实施"一边倒"的外交战略，希望通过苏联的帮助，迅速改变中国的面貌，实现自己的宏大抱负。

在抗战时期，由于中国与美国等西方国家是盟国，所以中国共产党与美国的关系尚可。美国于1943年带头废除了中美之间的不平等条约。联合国成立时，中共希望能有代表参加中国代表团进而出席联合国制宪大会，是罗斯福赞成并打电报给蒋介石，才使董必武得以参与筹建联合国的工作。所以，中共希望战后能与美国保持良好关系并在国家建设中得到美国支持。

但在抗战胜利后，国共关系迅速恶化，美国居中调解但没有成功。中共批评美国偏袒国民党，对美国甚为不满，而苏联却在暗地里给了中共很多支持。所以，中共的政策天平自然向苏联倾斜，并始终保持着与苏联的密切联系。

到中国革命胜利前夕，美国对中共仍然持观望和等待态度，甚至连苏联大使都随国民政府撤到了广州，司徒雷登还留在南京，希望与中共接触。这时，未来的新政权与美国保持某种关系是有可能的。然而，美国内部有不同意见，中共也已经拿定了主意与苏联结盟。所以，早在1948年，毛泽东就准备秘密访问苏联，商谈未来中苏两党两国的合作事宜，只是因国内战事紧张未能成行。

于是，就有了米高扬到西柏坡一事。利用这个机会，中方领导人向苏方通报了中国革命形势和夺取全国胜利的部署，介绍了建立新政权的构想和将要采取的内政外交方针，并就恢复生产、开展经济建设以及请求苏联给予援助等重大问题交换了意见。

1949年上半年，毛泽东先后提出了"另起炉灶""打扫干净屋子再请客"和"一边倒"三条方针。这些方针，对中国随后几十年的外交关系和战略地位产生了深远的影响，也奠定了苏联援助中国"以156项工程为主的215个项目"的根本基础。

1949年6月至8月，刘少奇率中共代表团秘密访问苏联。对此事，很多人包括专家都不太了解和注意，但其实这是一个非常重大的举措。访苏期间，刘少奇等人多次面见斯大林，与苏方会谈，出席苏共中央政治局会议，向苏方详细介绍了中共建立新政权的打算和大政方针，中苏两党两国如何加强合作、如何建立外交关系并订立新的中苏条约。双方当然也就苏联提供贷款、派遣专家帮助中国进行经济和国防建设进行了商谈，确定了苏联援助中国的原则和方式。斯大林承诺，中国新政府一经成立苏联立即承认，并将提供经济和军事援助。

就在刘少奇访问莫斯科期间，毛泽东于6月30日发表《论人民民主专政》，明确宣告将实行"一边倒"的外交政策，即完全倒向苏联，与以苏联为首的社会主义国家结盟。

毛泽东决定在政治上"一边倒"的同时，在经济建设中也确立了"一边倒"的方针。他主张在国民经济恢复和发展初期，套用苏联的管理模式，利用苏联的经验、技术、资金，快速建设一批大型工业企业，迅速缩小与发达国家的差距，并以这批企业为中心，带动国民经济全面增长。

在随后的多年中，由于两大阵营的冷战已经开始，美苏两大力量壁垒分明。中国坚定地站在苏联一边。朝鲜战争等一系列重大事件的爆发，进一步加深了双方关系，也需要加快中国的经济建设。所以两党两国不仅就重大政治问题进行密切磋商和合作，而且就经济建设问题进行了大量磋商并做出了一系列决策。

中国共产党掌握全国政权之后，有了把自己的理想和抱负付诸实施的条件，就开始不断地谋划如何建设一个新型的国家。根据中国的实际水平，特别是在社会生产力遭到战争大规模破坏的情况下，光靠自己的力量是不可能很快见到成效的。1950年至1953年，中国的国家财政收入只有600多亿元。如果在依靠自身力量的基础上，尽可能获取外国援助，对中国的工业化将大有帮助。而最直接、最现实、最可能的援助渠道，当然是来自以苏联为首的社会主义阵营。

所以，在新政权建立前后，中国共产党一直尽最大努力争取苏联的援助，也因此而获得了成功。苏联援助的规模不断扩大，合作深度也不断加深，终于形成了从40个到90个，到141个，到156个，再到304个重大项目的援助规模。

第四，苏联基于世界革命的传统和理念，愿意帮助中国建设，同时也有自身安全和利益的考虑。苏联同意大规模帮助中国建设并相继确定大批项目，是这两方面因素的结合。

1954年，赫鲁晓夫首次来华时，便坦率地对毛泽东说："我们的帮助不是无私的，因为中国能够强大起来也是对苏联的极大帮助。"

俄国苏维埃政权成立后，曾遇到内外各种势力的围攻。当时列宁急切地希望欧洲爆发革命，同时也抓紧到东方寻求盟友。这时的世界革命理念非常突出，但也夹杂了苏维埃俄国自身的安全和利益问题。国内战争结束后，托洛茨基认为没有世界革命的胜利，一国不可能建成社会主义。但斯大林认为，在新的历史条件下，苏联一国能够建成社会主义。随后，苏联逐步转为在建设自己国家的同时推进世界革命，也就必然更多地考虑自己国家的利益。

于是，共产国际更多地要求世界各国共产党维护和保卫苏联的安全和利益。在对外政策上，苏联也更多地考虑自己的利益。1939年，斯大林不惜与希特勒德国签署《苏德互不侵犯条约》，并与希特勒德国一起瓜分波兰。共产国际也要求各国共产党置法西斯势力于不顾，主要反对英美帝国主义。当希特勒于1941年对苏联发起闪电战后，共产国际才重新开展反对法西斯侵略的斗争，并要求全世界共产党保卫苏联。

在中国问题上，苏联和共产国际一方面继续依据世界革命理念，支持中国共产党，与中国共产党互相支持；另一方面，在国家利益上不断与中国政府发生摩擦，包括在东北谋取一系列俄罗斯帝国延续下来的利益以及新的利益、鼓动外蒙古独立。

斯大林虽然一直支持中国共产党，但也怀疑中共领导人是否持有民族主义野心。在中国共产党一再解释并以行动表明后，斯大林才比较放心。中国共产党掌握全国政权前后，斯大林基于世界革命的理念和长期形成的两党密切关系，同意支持中国，包括给中国以经济援助，所以也就开始了一系列项目的研究和谈判过程。

在援助中国问题上，苏联当然也有自己的利益考虑。第二次世界大战结束后，世界迅速形成两个对立的阵营，苏联成为社会主义阵营的领袖。这个阵营，对维护苏联的安全和利益是有益的。苏联当然也要照顾阵营内部各个国家的利益。对中国也是一样。特别是中国是一个大国，中华人民共和国政权的巩固，有力地改变了世界的政治、经济格局，壮大了以苏联为首的社会主义阵营。

朝鲜战争的爆发，又进一步激化了与以美国为首的资本主义阵营的矛盾。如果加速中国的经济建设，无疑能进一步壮大社会主义阵营的力量，对苏联的安全当然也有好处。而且在朝鲜战争期间，中国、朝鲜都需要大量军火，如果在中国加快建立军工企业，中国急需，苏联乐意，效果也好，何乐不为？

从经济上来说，中国实施这些项目，需要苏联的大量机械设备和工业产品，因此，也大大扩大了苏联的国外市场，促进了苏联的出口贸易和经济建设。苏联某些比较落后的工厂企业和过剩产能，却符合中国当时的水平和需要，也可以借此顺利转移。

所以，苏联帮助中国逐渐实施一系列重大项目，是世界革命理念、两党长期关系、阵营集体安全、中苏各自利益等因素共同作用和共同推动的产物。

五、关系破裂

尽管"以156项工程为主的215个项目"是世界工业化进程中的历史性工程，是中苏两党两国友谊发展达到顶峰的标志，但由于这种友谊没能经受住历史的考验，因而这批浩大工程的结局也多少带有了悲剧性。

如前所述，中国共产党与苏联共产党有一种非常特殊的党际关系。在中国革命过程中，中苏两党在有关中国革命的道路、方针问题上，在两国的国家利益问题上，多多少少也有一些分歧，但这些分歧并不影响两党、两国根本上的友好关系。

1953年斯大林逝世后，面对大量历史遗留问题，苏联人民迫切要求平反冤假错案，冲破教条主义的束缚，对经济和政治体制实行改革。在这种大势所趋、人心所向的情况下，苏联共产党决定对国内政策进行重大调整，尤其是揭露了斯大林个人崇拜的错误及其严重后果，在国际关系和国际共运问题上也提出了许多新的观点。

对苏联而言，诸如冤假错案、缺乏民主、破坏法治、人民生活困难等问题，是积累已久、不得不开始正视和解决的问题。苏联高度集中的体制和很多政策，经过几十年的发展以后，在发挥了相当优势的同时，内在的弊病也已经暴露出来，民心、党心都要求进行变革。但中国共产党完全不一样，刚刚掌权，正处于踌躇满志的状态，还根本没有遇到苏联那些已经迫切需要解决的问题。所以，对于苏联政策的变化和调整，中国共产党既没有切身体会，也没有理论认识。用落后苏联几十年的认识来看苏联的新变化，当然无法理解。因而，两党之间首先在意识形态上开始出现分歧。

中共领导人在同苏共领导人的内部谈话中，多次提出不同意见，还就国际形势和国际共运的战略问题系统地阐述了自己的观点，表示："苏共第二十次代表大会对于当代国际斗争和国际共产主义运动所提出的许多观点，是错误的，是违反马克思列宁主义的。特别是借口所谓'反对个人迷信'全盘否定斯大林和通过所谓'议会道路'和平过渡到社会主义这两个问题，更是极其重大的原则错误。"

在中苏两国正抓紧实施"以156项工程为主的215个项目"时，国际共运中发生了一系列重要事件。对这些问题，中苏两党都有不同意见。例如，对苏联与南斯拉夫改善关系，中国不以为然，坚持认为铁托搞的是修正主义；在匈牙利事件期间，苏联曾准备撤兵，让匈牙利自己解决问题，中国认为匈牙利是反革命问题，必须加以挽救，否则就是投降主义。

经过不断交换意见，中苏两党在某些问题上的立场曾有所接近，但在一系列根本问题上，两党的分歧依然存在，两党的裂痕也日益加深，而且越来越无法弥补。后来，中国共产党直言不讳地表示：两党的原则分歧是从苏共二十大开始的。

1957年11月，64个共产党和工人党派出代表团到莫斯科参加了苏联十月革命40周年的庆祝活动。其中12个社会主义国家共产党和工人党的代表团举行会议，讨论了国际局势和为实现社会主义而斗争的迫切问题，还就各社会主义国家的关系问题交换了意见。毛泽东率领中共代表团参加了这两个会议。

会议最后通过的宣言，修正了苏共的许多观点，中共代表团也做了一些妥协。中共代表团还不顾一些东欧共产党代表的反对，坚持把"以苏联为首的社会主义阵营"的提法写进了宣言，以支持苏联。莫斯科会议之后，苏联大力改善与美国的关系，宣传"和平共处""和平过渡""和平竞赛"等观点。对此中国颇为反感。

1959年6月以后，中苏关系又开始紧张。9月9日，苏联塔斯社发表关于中印边界事件的声明，偏袒印度一方。中国对此极为不满。此外，苏联还批评中国的人民公社，告诫中国不要"用武力去试试资本主义制度的稳固性"。这对中国来说当然极不愉快。

正是在这样的大背景下，"以156项工程为主的215个项目"遇到了危机。

1956年开始的意识形态分歧及其对中苏两党关系造成的裂痕，并没有马上扩展到国家关系上，所以对156项工程的建设和运行没有产生大的影响，这也是中国顺利完成第一个五年计划，并且在第二个五年计划上半程较好地完成了预定目标的重要原因。

但这种裂痕最终还是扩展到了国家关系上。1959年6月，苏联单方面撕毁中苏关于国防新技术的协定，拒绝向中国提供原子弹样品和技术资料。苏联的这一行动，完全是赫鲁晓夫鲁莽风格造成的错误决策，大大伤害了中国的感情。之后几十年中，中国始终没有忘记这一"奇耻大辱"，并将此作为激励爱国主义和自力更生精神的典型案例。

到1960年6月，在布加勒斯特会议上，中苏之间发生尖锐冲突。赫鲁晓夫从罗马尼亚回国后，立即召开苏共中央全会，讨论对华政策。会议认为，中苏分歧是实质性的，原因在中国。因此，会议以中国方面已不再信任在华工作的苏联专家、不尊重苏联专家的建议，而且还向专家散发《列宁主义万岁》等三篇"反修"文章为由，决定召回全部在华工作的专家。

撤退专家的问题，其实在国际共运中已经遇到。1956年10月波兰事件发生时，苏联就被迫答应撤退在波兰的军事专家，并在10月30日表示愿意考虑撤退在其他国家工作的苏联专家。这个决定对在华的苏联专家也产生了影响。而中国方面，考虑到各种因素，也已经开始改变聘请苏联专家的政策。因此，苏联向中国派遣专家的数量已逐年减少，1957年952人，1958年915人，1959年699人，1960年410人。再加上不断有专家到期回国，从1957年开始，在华工作的专家人数已越来越少。

随着中苏关系恶化，特别是1959年10月双方高层领导人之间发生严重争吵后，聘请苏联专家的工作日益陷入僵局。1960年年初，苏联领导人邀请毛泽东访苏遭到中方拒绝。7月16日，苏方终于照会中国政府，单方面决定召回全部1390名援华苏联专家，并带走全部图纸、计划和资料，停止供应中国建设急需的重要设备。7月25日，苏方再次通知中国政府，苏联专家将从7月28日开始撤离，9月1日结束。

这是一个草率的悲剧性的重大决定。苏方所说的几件事情完全不足以成为撤离专家、终止合作的理由，实际上是赫鲁晓夫对中共坚持自己的立场恼羞成怒，以此惩罚中共，试图迫使中共向莫斯科屈服。这种做法没有任何理智可言，无疑是错误的。

中国当然不会屈服。7月31日，中国政府复照苏联，批驳了苏联召回专家的借口，肯定和赞扬了绝大多数专家在中国的工作。复照指出：苏联政府的决定，无论从法律上、道义上还是政治上，都是令人不能接受的。被召回的专家基本上均未达到中苏两国签订的协议的期限，现在突然撤走，显然破坏了两国间的协议和合同，给中国造成了巨大损失，带来了很大困难。复照要求苏联政府按照《中苏友好同盟互助条约》精神，重新考虑召回专家的决定。

8月16日，周恩来在北京为应召回国的苏联专家举行送别招待会。大部分专家陆续离开中国。

8月26日，苏联政府又复照中国政府，拒绝重新考虑召回专家的决定。

至9月底，1390名在华工作的苏联专家全部返回了苏联，其中包括一部分军事、文教方面的顾问。

随着苏联专家的撤离，中苏之间取消了343个专家合同和合同补充书，终止了257个科学技术合作项目，撕毁了两国政府签订的12个协定和两国科学院签订的一项协议书。

9月20日，中国政府在木已成舟的情况下再次就召回专家一事复照苏联，指出苏联政府的这个决定既不符合《中苏友好同盟互助条约》精神，又破坏了1953年至1959年两国之间签订的各项协定。11月6日，苏联再次为这一决定进行了辩解。

据有关资料，截至苏联撤回专家的1960年年底，156项工程已建成的有133项，还有17项正在建设中。

采取突然地、单方面发布照会的方式来中止大规模援助，这在一般国际关系中是罕见的，是一种没有理智和诚信的行为。这些专家分布在中国200多个单位的重要岗位上，他们的撤离使一些工程半途而废，一批正在试产的工厂、矿山无法投入运行，因而给中国的经济建设造成了极大的困难，也给两国关系造成了无可挽回的重大破坏。

随后，中苏两党两国关系继续恶化，两党发生了著名的关于国际共产主义运动总路线的大论战，给国际共产主义运动带来了灾难性的破坏。到1966年，两党关系完全中断。在"文化大革命"中，两国甚至发展到兵戎相见的地步。这对于两党两国来说，都是未曾料到的悲剧性结果。

六、功过是非

"以 156 项工程为主的 215 个项目",经历了中苏之间从蜜月、争吵、破裂,再到恢复正常关系的曲折过程。因此,如何界定它们的历史地位,如何评价它们的利弊得失,便随着政治环境的变化而不断变化。全盘肯定赞扬者有之,控诉苏修罪行者有之,抹掉这笔历史者有之,缅怀往日友谊者有之,试图恢复哥们义气者也有之。所有这些态度和倾向,都是在一定的历史条件下产生的,各有一定的缘由。但是,对于这一重大工程和事件,仅仅从某一个角度来看待和评价,不免会失之偏颇。随着时代的进步,我们已经越来越需要、也越来越有条件,更加客观、更加全面、更加科学地看待和评价这一巨大的历史事件和历史工程了。

我的基本看法可以归纳为以下八点:

第一,苏联帮助中国建设的"以 156 项工程为主的 215 个项目",是世界工业化历史进程中的重大事件,是中国快速和大规模实现工业化道路上的巨大工程。

人类在经过漫长的游牧社会、农耕社会之后,借助于机器的发明进入了工业社会。实现工业化,是生产力发展的必然要求和必然趋势,但不同国家实现工业化的道路和方式有所不同,也各有自己的特点。

中国在结束半殖民地半封建社会的基础上,大踏步进入工业社会,大规模实现国家的工业化,这是历史的必然,是人民的需要,是民族振兴的关键一步。这批项目,规模宏大,数量众多,技术水平总体上适应当时中国的需要。

在苏联和其他社会主义国家的帮助下,这些项目集中确定、集中布局、集中勘测选址、集中设计、集中制造设备、集中施工建设、集中投产发挥效益。虽然有一些项目没有完工,有一些推延,有一些取消,但大部分还是建成了,发挥了应有的作用和效益,对于中国的工业化产生了巨大的推动作用,奠定了中国经济社会发展的基础。直到今天,很多项目还在发挥作用,或者成为技术改造的基础。

通过这些项目,中国大批引进比较成熟的技术并消化、转化,提高了中国的工业技术水平。通过这批项目的地域配置,从根本上改变了中国的工业布局,为促进生产力的长远发展和地区平衡奠定了重要基础。与这些项目配套,中国培养了一大批工程技术人员和科学家、科技工作者。这批项目还大大提高了中国的军工生产和仿制、创制能力，对国防建设发挥了直接作用。

所以，无论这批工程项目的命运多么曲折，在总体上，它们的历史意义都是巨大的，是不能因任何政治因素而简单否认的。

第二，这批工程项目采取的是旷古未有的特殊方式，即在中国自己力量的基础上，由苏联和其他一些东欧国家提供大规模的援助。

在世界工业化的进程中，有过不同的工业发展模式。工业革命之后的英国、美国等国家以发展轻工业起步，通过机器的发明使用和科学技术的进步大规模实现工业化。19世纪中后期的德国、日本，在继承早期工业化发展所创造的科学技术成果的基础上，将国家力量与社会力量结合起来，由政府投资发展重工业（尤其是军事工业），由民间投资发展轻工业，政府与民间并重，很快成为后起工业化国家。

也有一些国家的工业化有外部因素和外部援助，例如英国在工业革命基础上借用了殖民掠夺的资本原始积累和销售市场；德国的工业化利用了普法战争后获得的大额赔款；日本的工业化，在明治维新的基础上也借助了从中国勒索的巨额赔款和巨大市场。但从来没有出现过像苏联对中国这种方式的援助。

第二次世界大战后的马歇尔计划带有援助的性质，但其内涵和方式都与中国所接受和实施的"以156项工程为主的215个项目"有很大不同。

中国的这批工程项目都不是市场化的，而是计划化的，援助方和接受方都是国家。大部分项目都是全套的，苏联方面参与了从设计、制造、设备、建设、安装到投产的整个过程，特别在基础性环节中发挥了重要作用。全套援助建设，全套转让技术，技术人员和工人也几乎是全套培养，其效率是很高的。

当然，苏联的援助并不是无偿的，而是通过贸易方式在平等互利、等价交换的原则下实现的。中国也为苏联提供了廉价的农产品、稀缺的矿产资源和国际通用货币，等等。

这种独特的方式发挥了独特的作用，但它又是不可复制的，完全是在特定历史环境下的特殊模式。

第三，苏联和一些东欧国家的援助，是基于世界革命的共同目标和理念，基于中苏两党之间长期形成的组织关系和政治联系，基于战后形成的东西方两大阵营的对垒，基于中国共产党治国兴国的历史需要，也在一定程度上是双方多种共同利益的需要。

这些动因，并不能完全归结为利益交换，更不是纯粹的市场买卖。这种援助，当然不是完全无偿的，多少也是有偿的、互补的，不能完全说是无私的，但无论如何是慷慨的。

苏联的援助使中国突破了西方封锁，获得了当时即使在苏联国内也是比较先进的技术和设备；苏联的低利贷款使资金极端短缺的中国减少了利息负担；在项目确立和实施过程中，中苏双方相互尊重，配合默契，高效工作，取得了良好效果。

特别是广大苏联科技和工程人员、苏联专家，总体上都是满腔热忱帮助中国建设的。两国专家在共同建设中形成了深厚的友谊。即使后来苏联撕毁合同、撤走专家，也有很多人继续以特殊方式给予中国具体帮助。在合作中奠定的基础还是为后来中国自己继续完成这些项目发挥了重要作用。

后来中国在各项建设中坚持自力更生的方针，这是总结历史经验教训的结果，是应该充分肯定和大力倡导的。但当年的自力更生，并不是真的在一无所有的基础上另起炉灶，而是在相当程度上借助了苏联援助的基础。对此，也要客观地予以看待和承认。

因此，这一段援助建设的历史，总体上是中苏友谊的佳话。无论中苏、中俄关系如何复杂，历史和现实的恩恩怨怨如何纠结，通过这一批工程项目结成的友谊都应给予肯定。中国人民不能忘记苏联人民曾经给予的帮助。

第四，中国共产党和中国政府请求和接受苏联的大规模援助，是一种历史的选择，对中国的建设和发展起了积极作用。

中国和中国共产党都需要尽快推进中国的工业化，但工业化要有一定的基础和条件。中国本身缺乏这样的基础和条件，单靠自己的力量从长远来看也能实现工业化，但不可能取得如此大规模的成效，也不可能有如此迅捷的速度。在当时的历史条件下，能借助外部的援助，本身不是坏事。一切有利于中国发展的条件，我们都可以利用。而且，接受这种援助确实大大加快了中国工业化的进程。

当然，如果一切依赖外援，这也是不现实、不正确的。所以，中国共产党在接受外援的过程中，也注意到了自力更生的问题，比较早地确定了自力更生为主的方针。在利用苏方资金、技术和设备的过程中，中国共产党强调从中国的实际情况出发，要在中国进行设计，要加快消化吸收，尽快培养中国自己的设计技术人才。

在实施援建工程项目过程中，中方认真学习苏联的科学技术，学习苏联的管理经验，力求尽快转化运用于中国的实际。通过与苏联专家一起工作，中国的科技和工程技术人员成批成长起来。通过去苏联和东欧留学，我们也培养了一批人才。这些人在后来的国家建设中都发挥了重要的作用。1960年苏联撤走专家之后，中国已有能力续建苏联中断援建的66项成套设备项目，并使它们达到或基本达到原设计水平。20世纪60年代中期至70年代末，苏联技术成为中国自力更生发展技术、工业、国防和科学的基础，或者说是主要的模仿对象。

第五，当然，把国家之间的合作和建设建立在世界革命理念和社会主义大家庭的基础之上，这是苏联帮助建设这批项目的一个重要特点，但这个特点是有巨大危险性的。

基于意识形态和历史关系的原因，中国不能不在世界上选边站队。这种做法，使整个世界的冷战局面进一步固化下来，强化了世界的矛盾。中国也失去了回旋的余地，失去了与西方发达国家建立互利合作关系的机会。此后几十年，中国与西方发达国家的关系一直处于紧张状态。与苏联集团发生矛盾以后，中国又处在更加孤立的境地，这对中国长远的发展产生了不利影响。

中国所能接触和接收到的先进技术、管理经验基本上限于苏联和东欧，与西方发达国家的先进文明长期隔绝，不断拉大距离。中国还在自觉或无奈中照搬了苏联的一套模式，从而限定了后来长期的发展道路，直到改革开放才从这种模式中解放出来。

更直接的是，一旦意识形态出现分歧，进而出现政治上的裂痕，双方合作的基础顿时就会动摇。中国谴责苏联背信弃义，苏联大骂中国忘恩负义，这个苦涩的结果恐怕是当初谁都没有想到的。这种教训，我们其实已经在很多国家身上看到了。

回过头来看，当年双方吵架，最低限度，按邓小平的评价，是双方都说了许多空话。而当年我们所批评的苏联的很多做法，也都在改革开放后成了我们的不二选择。当年那种无谓甚至错误的争吵，毁掉了双方合作的政治基础和信任基础。苏联撕毁合同，固然是苏联的错误和赫鲁晓夫的责任，但当双边合作的基础动摇之后，我们还有什么机会和能力规定别人能干什么不能干什么呢？

历史教训告诉我们，国家关系不能首先建立在意识形态基础之上，而必须首先建立在国家利益和国际关系准则的基础之上。

第六，当年由苏联援助的"以156项工程为主的215个项目"，也为我们的经济建设提供了丰富的经验教训。

以这些工程项目为核心，构建了我国比较完整的工业体系和国民经济体系，我们取得了管理经济、管理工业、管理企业的大量经验，提高了中国共产党治国理政的本领和水平，提高了大量干部的知识水平、领导素质和管理能力。伴随着工业化进程，中国高等学校的建设也有了很大的发展，特别是专业化水平大大提高。这些都是必须肯定和总结的。

但与此同时，单纯学习苏联的经验，照搬苏联的模式，也带来了很多弊病。

这些项目，实行的都是苏联的计划经济体制，是高度集中的管理模式，比较僵化，缺乏活力。这也就造成了中国经济和企业的基本缺陷，一直难以改变。

在中苏友好时期强调学习苏联，也导致了很多教条主义倾向。苏联专家说的都是真理，不能有任何怀疑。甚至很多人由于对苏联专家有某些不同意见，对苏联专家提出一些批评，就被打成右派、反苏反党分子，造成了思想僵化和一些冤假错案。

如何处理农轻重的关系？中共也曾设想先发展农业和轻工业，以供给工业足够的粮食和原料，并为工业的发展扩大市场和积累资金，然后再集中最大的资金和力量去建设重工业。但是朝鲜战争的爆发，使加快发展重工业、改善武器装备成为领导人最关心的问题。所以从项目结构的摆布上，明显突出了重工业。这有当时的紧迫性。当然，无论如何，重工业的比重还是明显太大，农轻重关系明显失衡，所以也导致了人民消费品生产能力严重不足，人民生活水平长期没有明显改善。

项目布局改善了中西部和北方地区的产业能力，但在这些地区短时间内建设很多大的工程，而且一些选址还在偏远山区，为之付出的代价是比较高昂的，与经济发展的一般规律并不相符。改革开放后，一些这样的企业不得不搬迁出来。

院校调整，学科分类太细，也对高校的发展产生了一些消极影响。

第七，广大科学技术和工程设计施工人员，以及广大工人，在这批工程建设中发挥了巨大作用，焕发出艰苦奋斗的崇高精神。

所有的工程项目几乎都是采取集中力量打歼灭战或者大会战的方式进行的。国家从各个地方抽调所需人员，特别是从东南沿海的大城市、从东北老工业基地、从大中型城市抽调人员。这种做法充分显示了中国的举国体制"集中力量办大事"的优越性。

一声令下，参与这些项目的人员立即出发，奔赴建设工地，奔赴祖国最需要的地方，有的甚至连地址都不能告诉家人。而所到之处基本都是白手起家，生活条件也极差。就是在这样的状况之下，广大劳动者以国家建设为重，克服种种困难，顽强地生产工作，体现了崇高的无私奉献和艰苦奋斗的精神。很多人都是把一生乃至全家的一切都献给了国家的建设事业。

广大知识分子积极配合苏联专家工作，虚心向专家学习，不断提高专业技术能力。在苏联专家撤走的情况下，又单独挑起科技攻关的责任，使一批项目得以最终完成，没有半途而废。他们之中涌现出许许多多英雄模范人物，有的还是一辈子当无名英雄，直到后来才陆陆续续为人所知。

所以，无论这些项目经历了多大的曲折坎坷，这些建设者们的贡献和精神是永远值得我们钦佩的，也是历史永远不能忘记的。

第八，基于以上的分析，对"以156项工程为主的215个项目"进行评价，必须坚持实事求是、客观、公正、全面、辩证的态度，防止任何类型的片面性观点。

当年中苏友好时期，给两党两国的友谊献上过多的鲜花，把这种友谊夸到天上，不容许有任何批评意见，对"以156项工程为主的215个项目"也只看到正面，忽视存在的问题和弱点，这是不客观的；到中苏矛盾冲突时，又对苏联及其援助的项目大加抨击，把与苏联的矛盾当成反对现代修正主义、反对社会帝国主义的斗争，当成封锁垄断与自力更生的斗争，这也是不客观的。

把苏联的援助完全当成无私和彻底的国际主义行为，这多少是一种夸大；反过来，又说苏联是把对华援助当作外交政策的工具，完全是为了谋取自己的利益，这也是一种夸大。

把苏联的作用夸得太高，好像没有苏联援助中国就一事无成，中国建设的成就全部来自苏联的援助，这是片面的；把这些项目从历史上抹掉，似乎根本就不存在或者没有发挥任何作用，一切工业化成就都是我们中国自力更生靠自己干起来的，这也不符合事实。

诸如此类的片面性观点都不同程度地出现过，或者今天还不同程度地存在。对此，我们都要注意加以甄别和改进。

所以，对于"以156项工程为主的215个项目"，必须从整体上全面研究、全面认识、全面把握、全面评价，绝不可只取一点、不及其余，更不可为了某种需要而违背事实、夸大其词。

作者系中共中央党史研究室原副主任，中共党史学会常务副会长，
陕西中国西部发展研究中心（西北大学中国西部发展研究中心）高级顾问

国家"156项工程"陕西项目的建设与贡献

□ 文纯祥　靳秀珍

国家"156项工程"是我国国民经济第一个五年计划时期苏联援助建设的重点项目。在全国156项重点项目中有24项安排在陕西,陕西成为全国第一个五年计划重点建设地区之一,迎来工业大发展的历史机遇。

一、项目建设

陕西是"一五"时期国家重点建设项目布点较多的省份之一,苏联援建的156项重点工程中,陕西有24项。按全国实际施工的150项算,陕西完成23项,占实际完成数的15.3%,居全国第二位。苏联援建的国防工业项目44项,在陕西布置了17项,实际完成16项,占实际完成数的36.4%,为全国第一。从具体行业看,150项中,航空工业12项,陕西安排了5项,即西安远东公司、庆安集团有限公司、陕西秦岭航空电气公司、陕西宝成航空电气公司和华兴航空机轮公司,占41.7%;电子工业16项,在陕西安排了2项,即长岭机械厂和国营黄河机器制造厂,占20%;机械加工企业24项,在陕西安排了4项,即西安高压电瓷厂、西安开关整流器厂(西安高压开关厂)、西安绝缘材料厂和西安电力电容器厂,占16.7%;能源工业52项,在陕西安排了3项,即灞桥热电厂、鄠县热电厂和王石凹竖井,占5.8%;船舶工业4项,在陕西安排了2项,即陕西柴油机厂和西安东风仪表厂，占50%；兵器工业16项，在陕西原安排8项，即西安西北光电仪器厂、华山机械厂、西安庆华电器制造厂、西安惠安化工厂、西安昆仑机械厂和853厂，后实际完成7项，占完成数的43.8%。

在陕西安排的24项工程分布情况是：西安17项，宝鸡2项，兴平3项，鄠县2项，铜川1项。原属兵器工业的853厂于1955年8月兴建，后停建，1957年由国家安排调整为西安航空发动机公司。

除24个重点项目外，国家还安排建设35个大中型配套项目。陕西地方基本建设计划投资3亿元，安排建设项目202个，涵盖机械、纺织、石油、化工、电力、煤炭、建筑材料等基础工业。

国家"156项工程"在陕西24个重点项目建设，是在党中央、国务院的亲切关怀和指导下进行的。"一五""二五"时期，刘少奇、周恩来、朱德、陈云、邓小平、彭德怀、陈毅、贺龙、聂荣臻、叶剑英、李富春、李先念、张闻天、郭沫若、彭真、薄一波、罗瑞卿、谭震林、李雪峰、陆定一等都曾来陕西视察，对重点工程项目的选点布局、建设规模、工程质量、产品质量以及职工生活等作了重要的指示，使工程得以顺利进行，也极大地鼓舞了广大建设者的干劲，有力推动了国民经济建设的健康发展。

1954年7月下旬，中共陕西省委召开第一次代表大会，明确提出：省委将领导重心进一步转向工业建设，全力以赴地支持国家社会主义建设。目前加强党对工业建设的领导应抓住以下环节：首先抓紧对大工业基本建设的监督与支援工作；继续有计划地抽派坚强干部，充实工业建设的领导骨干。党委会要定期讨论、检查工业建设问题；加强与改进厂矿和基本建设队伍中的政治思想工作。

这是一个不平凡的年代。饱经沧桑的人民，刚刚获得解放，渴望尽快改变国家的落后面貌，期待国家早日富强起来。党中央决策部署，绘制蓝图，东西南北齐声动员，一致行动。关中大地吹响建设的号角，从西安到宝鸡，从渭水之滨到灞河两岸，选厂布点，征地迁村，建设队伍云集，运输车辆飞奔，八百里秦川变成忙碌的工地，标志着众多的大型工业项目即将在这里崛起。国家"156项工程"在陕西重点项目建设经历了以下几个阶段：

1. 选址布点

从1951年开始，国家重工业部、一机部、二机部等部门相继派来工作组，先后到西安东郊、西郊、北郊和鄠县、兴平、宝鸡等地勘察。1953年10月，国家计委副主任李富春和第二机械工业部副部长张连奎率选厂委员会成员到达西安，会同苏联专家在西安西郊、东郊进行现场考察。1954年1月，李富春带选厂委员会成员第二次到西安，在征得陕西省委、西安市政府同意后，正式确定华山机械厂、秦川机械厂、东方机械厂、西北光学仪器厂、昆仑机械厂、黄河机器制造厂等6家企业在西安东郊浐河西岸韩森寨地区建设，庆华电器制造厂选址西安灞河东田王地区，惠安化工厂选址户县余下地区。同年12月，国家计委批准远东机械厂、庆安机械厂选址西安西郊大庆路东西两侧。1955年4月，国家计委批准宝成仪表厂、长岭机器厂选址宝鸡市渭河南岸清姜河畔。同年7月至8月间，批准秦岭电工厂、陇西铸造厂定点兴平县（今兴平市，全书同）七里镇，陕西柴油机厂定点兴平县板桥镇，东风仪表厂选址西安南郊。西安高压电瓷厂、西安绝缘材料厂、西安开关整流器厂（后分为西安高压开关厂、西安电力整流器厂）、西安电力电容器厂四厂选址西安西郊大庆路。

2. 调兵遣将

陕西省委、省政府有计划地抽派得力干部，充实工业建设的领导层，还商请中央从全国各地选调富有实际工作经验的干部来陕工作。中央组织部和政务院人事部发出了抽调干部支援大西北建设的通知。一批久经战火洗礼的优秀干部从全国各地奔来，有省军级干部刘聚奎、张方海、康健生、齐一丁，有经历二万五千里长征的肖云、黄华青，有延安时期的兵工精英李作潢、郭凤林……从1953年下半年至1954年底，为支援陕西国防工业建设，先后从各大区和省内各地市分三批调入各级领导干部1 700多名，其中省军级干部7名，地师级干部150多名，县团级干部700多名。这批干部分别担任国防工业建设项目初期的主要领导人和中层干部，为陕西"一五"建设作出了重要贡献，后来不少同志遴选进入中央部门和省级领导层。国家还从西北大学、湖南大学、四川大学和中南兵工学校、重庆财经学校等大专院校，分配来近千名经济管理专业大中专毕业生，充实各建设单位，为各重点企业构建起现代企业管理体系和专业人才队伍。同时，由东北、华东、华北等地老军工企业抽调业务、技术管理干部800多名进入各建设单位。各企业还选派500多名技术干部和技术工人赴苏联对口援建厂家进行技术培训，为新建企业训练生产技术骨干。

3. 征地搬迁

"一五"期间，国家安排在陕西关中地区建设的项目都是白手起家，需征用大量土地，拆迁众多农户。据统计，仅西安东郊田王、韩森寨和鄠县余下等8个重点建设项目，国家批准建设征地达2.7万多亩，涉及1 500多农户7 000多农民需要搬迁。当时，土改刚完不久，农民视土地如生命，做好农民的思想工作，安置好搬迁农民，成为当务之急。庆华电器制造厂国家批准征地7200余亩，数百户农民将要与故土分离。灞桥区党委和政府牵头，与工厂一起组成征地工作组，一方面做群众的思想工作，打破"宁舍寸金不舍寸土"的旧思想；一方面按政策公平合理地评议和补偿土地、房屋等各项费用，帮助拆、运、盖，做好安置工作，使村民生活无忧。经过细致的工作，500多户村民为国家建设搬家，为百年大计让路，按计划实施了搬迁，如期完成土地征购工作。兴平、宝鸡等地的建设项目在地方党委和政府的支持下，按政策兑现补偿费用，解除农民后顾之忧，都如期完成土地征购和村民搬迁工作。

4. 做好服务

西安市重视城市配套建设，凡是新开工程项目都提前做到路通、水通、电通，砖、瓦、油漆等建筑材料首先保障供给。新建第二、第三、第四自来水厂，安装供水管道183公里，使日供水量增至30万吨，83%的城市人口告别吃苦水的日子。在城北、城西、城东建设三个污水处理厂，年处理污水能力45万吨，雨水按百年一遇雨量设计。城市道路从1952年的123公里增至316公里，开通连接各工业区的12条主干道。城市公共汽车营运车辆由1952年的35辆增至97辆，营运线路由3条16公里增至16条116公里。宝鸡、兴平、鄠县等市县把城市上下水、动力线路、交通运输、电讯、文化福利设施和商业网点等公用事业的建设与工业建设项目同步进行，以保证新厂建成后按时投产。宝鸡市建起自来水厂，年供水3.2万吨，基本解决了新建厂和城区供水问题。

5. 排除灾害

惠安化工厂选址鄠县靠近秦岭北麓的余下地区，曲峪、潭峪、皂峪三条河道流经厂区，雨季来临，常遭洪灾威胁。经与苏联专家、水利部门协商，决定修建排洪工程。陕西省和鄠县政府精心组织，调集14个县近2万民工，历时605天，耗资1157万元，用工262万工时，完成3条干流、5条支流治理，整修河道、河堤46公里，解决了山洪隐患问题。庆华电器制造厂为防治骊山洪水危害，投资96.7万元，治理了6.2公里长的洪庆河，并沿骊山西麓修筑3条排洪沟，在厂区修筑4条排水明渠。

6. 建筑施工

1954年下半年，中苏双方审定的24个重点项目初步设计任务书陆续批准下达，除个别企业开工较晚外，绝大多数建设项目在1955年前后开工。"一五"时期，陕西宏大的社会主义建设工程拉开序幕，建设规模史无前例，用材用料史无前例，施工队伍之多史无前例。一时间，各路人马齐集建设工地，关中大地兴起空前的建设热潮。

在大规模的建筑施工中，陕西得到全国各地的大力支援。1955年初，建筑工程部从华东地区调集2 200多名工程技术干部和建筑工人，支持陕西地区的基本建设。中国人民解放军建筑工程第三、四、六师集体转业，其中一部分力量改编成立第三卫生设备安装公司、西北第二建筑工程公司、西北金属安装公司。建工部重新组建的各建筑工程公司，技术过硬，实力增强，承担起陕西各项重点工程的建设任务，改变了陕西地区建设施工力量不足的状况。为加强建设单位的技术力量，国家还从上海同济大学、青岛工学院、华东土木工程学校等大学和中专院校，调来数百名应届毕业生，分配到重点建设单位，担负起建设项目的工程质量和施工进度的监管工作。

"百年大计，质量第一"，"实干、苦干加巧干，争取提前完成第一个五年计划"，成为当时建设者们的行动口号和奋斗目标。庆安机械厂是航空工业重要的辅机制造企业，国家要求1957年建成，1958年投产。该项目由华东第三工程公司承建，甲乙双方紧密合作，开展劳动竞赛，推广先进施工经验。全厂职工提合理化建议202条，苏联专家提建议258条，大部分都被采纳。预制构件吊装推行综合吊装法，提高工效50%；施工采用工厂化，加快了工程进度。终于在1957年11月如期竣工验收，建设周期不到3年。西北第一建筑工程公司承包华山机械厂整体工程建设，华山机械厂积极配合乙方工作，帮助解决紧缺材料等问题，派代表进驻工地，协调处理施工中的问题，保证了工程质量，加快了建设进度。从1954年到1958年的4年多时间，投资5 100万元，建筑面积7.6万平方米，拥有固定资产4 500万元，职工4 800余人，各类设备1 890余台的现代化大型企业华山机械厂顺利建成投产。该厂一号厂房（面积2.97万平方米）和办公大楼（面积5 200平方米）两个子项目还被评选为优良工程。

二、曲折发展

国家"156项工程"在陕西重点建设项目普遍经历了艰难曲折的发展过程，这有国际因素的影响，也有受国内政治环境和经济政策的影响。

1. 外援受挫

我国"一五"计划的制定和实施得到苏联政府的直接援助，这在当时对加快实现初步工业化目标是十分宝贵的。国家"156项工程"在陕西的24个项目得到了苏联、民主德国、捷克斯洛伐克、波兰等国家的大力支援。这些国家尤其是苏联在资源勘探、厂址选择、技术设计、人员培训、设备安装以及机器设备和其他货物方面对这些重点工程建设给予了具体指导和帮助。在"一五"期间，苏联和东欧民主国家都多次派专家和技术人员到陕西的各重点企业工作。仅先后来陕西工作的苏联专家达100多名，他们为陕西的经济建设作出了重大贡献。在积极利用外援的同时，党和政府始终坚持不依赖外援的原则，在具体的实施过程中，大量的建设任务，还是靠我们的自力更生、艰苦奋斗去完成。后来中苏关系发生剧烈变化时，我们广大干部职工在党的领导下，发扬独立自主、顽强奋斗精神，克服了困难，攻克了难关，终于使重点工程建设如期顺利完成。

2. "文化大革命"中遭严重破坏

在1966年至1976年长达10年的"文化大革命"中，工业生产普遍遭到严重破坏，给企业和国家造成了无法估量的和无法弥补的巨大损失。例如西安昆仑机械厂，由于"文化大革命"中"停产闹革命"，使工业生产损失严重，仅1966年和1967年两年累计亏损达500多万元。西安东方厂、西安航空发动机公司等在"文化大革命"中，武斗严重，各级组织瘫痪，生产停顿，成为西安地区有名的重灾户。直到1976年10月，粉碎"四人帮"之后，特别是1978年12月党的十一届三中全会之后，企业才有了一个稳定的、健康的发展环境。

3. 改革开放后的二次创业

24项重点工程，大多是军工企业。这些企业认真贯彻"军民结合、平战结合、军品优先、以民养军"的方针，实行第二次艰苦创业，由过去的单一军品生产向军民结合型生产转变。例如华山机械厂，在军品任务下降并且波动不稳定的情况下，逐渐开始探索开发民品，取得较好成绩。仅1986年至1990年5年间，先后开发了17项军品和15种民品，其中9项军品完成设计定型，8种民品通过技术鉴定。产品开发实现了生产一代，试制一代，储备一代的滚动开发目标。5年共完成技术革新840项，技术攻关96项，直接创造经济效益2 253万元。长岭机器厂从意大利引进制造冰箱的先进技术和设备，先后建起了3条电冰箱生产线，企业年收入从2 000多万元上升到8亿多元，跃入国家一级企业、中国工业技术开发百强企业行列。惠安化工厂，2007年提高了丝束原料生产配套能力，改变了我国长期从国外进口原料的历史。

三、重要地位和作用

旧中国陕西工业十分落后，基础非常薄弱，直至中华人民共和国成立前，除有几万户个体手工业外，只有数十家设备陈旧、破烂不堪的小工厂和一些手工业作坊，生产水平极为低下。1949 年全省工业总产值只有 2.86 亿元，固定资产原值 7 776 万元。重工业是"手无寸铁"，原煤产值只有 61 万吨，发电设备装机容量 1.32 万千瓦，发电量仅有 2 837 万千瓦小时。当时比较发达的纺织业，纺锭只有 9 万枚，机纱产量只有 7 300 吨，布机 1 609 台，棉布产量 3 443 万米。全省工业规模小，产量低，品种更是寥寥无几，临到解放时已处于奄奄一息的状态。

"一五"期间，国家"156 项工程"在陕西的 24 个项目，连同国家又在陕西安排的 50 个大中型工业项目建设，为陕西的经济社会发展奠定了初步的基础，构成了陕西工业的基本框架，有些在当时形成了行业体系。例如位于西安西郊的电工城和位于西安东郊及咸阳的纺织城，都是当时国内很有实力的行业基地，在全国具有举足轻重的地位和一定的影响力。这些重点项目为改变陕西的落后面貌，培育科学技术人才和大国工匠等发挥了重要作用，也为国家作出了巨大贡献。

"一五"时期，在陕西的 24 项重点工程有许多创造了全国及亚洲的"第一"。

——西安昆仑机械厂是国内唯一的航空机关炮专业研究制造厂。1957 年试制成功中国第一个 23-HP 产品。

——黄河机器制造厂是我国唯一一家炮瞄雷达生产企业。

——西安远东公司是我国第一个航空发动机附件厂。

——西安西北光电仪器厂是新中国建立后投资的第一个现代化大型国防光学仪器厂。1964 年制造出中国第一台特大型电视变焦镜头，成功地向全国人民转播了国庆盛况。

——西安高压电瓷厂是国内最大的电瓷、避雷器生产企业。

——西安电力电容器厂不仅是当时我国最大的综合电力电容器厂，而且也是亚洲最大的电力电容器厂。1964 年试制成功中国第一套 11 万伏和 22 万伏电容式电压器。

——陕西柴油机厂，是我国规模最大的中高速大功率船用柴油机专业制造和柴油发电机组成套企业，是海军舰船主要供应商。

——陕西宝成航空电子公司，1955年试制成功我国第一个陀螺仪表YⅡ-46型电动转弯倾斜仪；1957年试制成功我国第一个航空仪表电阻式温度传感器，解决了空军的急需。

——西安惠安化工厂是亚洲最大的也是设备最先进的单基发射药厂。

在陕西的这24个项目，"一五"期间为陕西经济社会发展发挥了重要作用，为国家建设作出了巨大贡献。

1. 国防工业科研生产体系初步形成

"一五"期间，在陕西的17个国防工业建设项目，除1个项目（853厂）撤销停建，2个项目后延外，其余14个项目均于1957年建成或基本建成。总计完成投资5.3亿元，建成建筑面积264万平方米，铁路专用线83.7公里，电力高低压专线169.8公里。

与此同时，渭阳柴油机厂、西北机器厂完成接收改造，进入军工生产行列；西安第一航空工业技术学校、西安第二工业学校、西安航空工业技术专科学校相继成立；内迁西安的华东航空学院与西北工学院合并，西北工业大学正式成立。

"一五"计划完成时，全省国防科技工业已有28个单位，职工4.79万人，其中专业技术人员5 327人，初步建成包括航空、兵器、电子、船舶等多门类的国防工业生产体系，为把陕西建设成巩固的战略后方奠定了坚实基础。

新建成的军工企业以国防现代化为己任，立即投入生产试制，中国人自己制造的现代化武器装备陆续在陕西诞生。1957年11月21日，长岭机器厂试制成功WC-2无线电高度表，性能和苏联PB-2无线电高度表相当，国家批准正式投产；同年12月28日，昆仑机械厂仿制（苏联）23毫米航空机关炮试射成功，不久国家批准定型投产，标志中国已具有生产制式武器装备的能力。在中华人民共和国成立50周年阅兵受阅的装备中，陕西省承担了23项武器装备总系统或分系统的研制生产任务，占全部项目的48%。

2. 现代工业实现跨越式发展

在"一五"时期的高速发展中，陕西工业规模扩大，生产迅速发展。到1957年，全省建成投产的大中型工业企业28个，全民所有制的企业职工15.4万人，比1952年增长56.8%。工业总产值11.47亿元，比1952年增长139.3%，平均年增长19.1%，比全国的平均速度高出6个百分点。在西安、户县、兴平、宝鸡，九个工业集群迅速形成。

3. 机械工业初具规模

"一五"时期，全省扩建和新建90个机械工业企业，其中有国家"156项工程"项目中的21个机械工业项目，以及与之配套的17个大中型项目和民主德国援建的1个重点项目。这批大中型项目相继投产，生产能力明显增强。1957 年总产值达到 1.7 亿元，比 1952 年增长 2.7 倍；拥有金属切削机床比 1949 年增长 27.6 倍，锻压设备增长 40 倍。陕西作为国家机械工业的新兴基地初具规模。

4. 建成新兴的纺织工业基地

"一五"时期，陕西建成西北国棉二、三、四、五厂和陕棉十厂、第三印染厂、西安黄河棉织厂等 7 家纺织企业，增加纱锭 42.4 万枚，布机 1.1 万多台，形成西安、咸阳两个纺织工业集群，陕西成为当时全国新兴的纺织工业基地。1953 年至 1957 年，平均 8 个多月就有一座纺织厂建成投产，其速度之快，效率之高，实属罕见。

5. 煤炭工业进入新的发展时期

"一五"时期，陕西在渭北"黑腰带"的铜川矿区，改建、新建大中型矿井 11 个，特别是年产 120 万吨王石凹煤矿和年产 60 万吨三里洞煤矿建成投产，铜川矿区开始有计划地开采，标志着陕西煤炭工业进入新的发展时期。

6. 电力工业得到快速发展

"一五"时期，国家把发展电力工业放在重要位置，在西安建成颇具规模的电工城，专门生产输变电装备。属于"156 项工程"的灞桥热电厂、鄠县热电厂建成，总装机容量达到 12.2 万千瓦；同时对宝鸡发电厂进行改扩建，在 3 300 装机容量的基础上，增加装机容量 5 万千瓦。3 家发电厂于 1956 年前后投产，年发电量达到 26.2 亿度，保障了陕西工业发展的需要。陕西电力工业发生了历史巨变。

四、深远影响

国家"156 项工程"在陕西的这 24 个项目通过其新增的生产力、规划建设、地域分布等各方面因素，深刻影响着城市规划建设、科教、文化、卫生等事业的全面发展。

1. 完善了城市规划建设

围绕在陕西的这 24 个重点项目建设，陕西的城市化建设也发生了根本性的转变，为省会城市西安从消费性城市转变为工业化城市奠定了坚实的基础。西安建起了东郊军工城和纺织城、西郊电工城、南郊文教城、阎良飞机城。正是由于"156 项工程"，从而拉开了西安作为现代化城市的建设框架和功能布局。

2. 促进了科教、文化、卫生事业的全面发展

国家"156项工程"在陕西这24个重点项目的建成，随后与之配套的科教、文化、卫生事业等也得到了相应发展。"一五"时期，国家在西安部署的限额以上基本建设单位中，属于科学研究、高等教育、文化卫生事业的就有10个，即第204研究所（原第三研究所）、西安交通大学、西北工业大学、西安石油学院、西安地质学院、西安机械制造学院、西安航空工业学校、西安221技工学校、西安电影制片厂、西安医学院第一附属医院。除了西安电影制片厂未完成部门投资以外，其他9个单位均在1956年底以前建成并交付使用。国家、省、市还兴建了西北政法学院、西安仪器仪表工业学校、西安铁路运输学校、第一建筑工程学校，成立和兴建了陕西省人民医院、西安市中医医院、西安市结核病院及人民剧场、五四剧场、儿童剧场、省戏曲剧院、省魔术杂技团、市话剧院、光明电影院、红光电影院、西北人民体育场、市体育场灯光球场以及西七路、环城西路、纺织城、韩森寨、边家村、小寨、土门7个规模较大的工人俱乐部等一大批工程。全市普通中学、小学也有了很快的发展。与此同时，新华社西安分社成立、《人民日报》西安航空版印刷、《西安日报》正式发行。

3. 形成科技人才、大国工匠高地

在陕西这24个重点项目的企业涌现出全国劳模、群英会代表、五一劳动奖章获得者23人，陕西省劳模、先进工作者45人。这些科技人才和大国工匠为行业或相关行业的建设和发展作出了巨大贡献。例如，西安东方机械厂仅从1961年到1976年的十多年时间，先后为全国14个省的30多个单位输送了千余名技术管理人员，其中四川的5004厂和湖南的544厂是由该厂作为主包厂帮助建设的。西安西北光电仪器厂是新中国建成投产的第一个现代化国防光学仪器厂，为改变我国光学工业基础薄弱的状况，从建厂初期开始几十年来，先后对40多个单位进行转产包建或提供技术、人才、设备等支援，先后输送出的管理和技术人员达3000多人，占到全厂职工总人数的一半以上，为我国国防光学工业作出了巨大贡献。

文纯祥系陕西省国防工办综合计划处原处长
靳秀珍系中共西安市委党史研究室原主任

没有"156项目",就没有大西安

□ 梁锦奎

西安,号称十三朝古都,中国历史上周、秦、汉、唐等十三个王朝在此建都。周朝时称"丰镐",秦朝时称"咸阳",汉朝至唐朝称"长安",宋朝称"京兆府",元朝称"安西路""奉元路",明清称"西安府"。西安府的辖区:东界同州府及商州直隶州,西连凤翔府、汉中府、邠州直隶州、乾州直隶州,南邻兴安府,北与鄜州直隶州接壤。今日西安市的行政辖区大大小于古时"长安""京兆""安西路""西安府"的实际辖区,但由于其城市主体和都城遗址都在现西安辖区之内,故西安是古都、古城历史沿革的当然继承和代表,历来以"长安"作为西安古都的代称。

自唐末以降,西安的政治、经济、文化地位一落千丈,一落千年。到了近代,西安城乡面貌凋敝、破旧。1949年5月20日,西安解放,标志着古城重获新生,迎来了千年以来第一个建设高潮。尤其是第一、第二个"五年计划"和"三线建设",奠定了西安的现代工业基础和现代科技、教育、卫生、文化框架,使得西安的国民经济、城市建设和各项社会事业发展取得了长足的进步。

新中国领导人在全国胜利前就发出号召:要掌握打仗和建设"两套本领",不但要善于"破坏一个旧世界",还要善于"建设一个新世界"。

"一五"时期,西安在"156项目"中获得了17个项目,正是通过这些项目的实施,西安才学会了建设现代化城市的本领,建成了一个令世人刮目相看的新西安。

"156项目"奠定了今日西安的行政区划

西安作为历史古都的时间悠久，作为现代城市的历史却不到百年。了解一下西安的建市历程很有必要。

明太祖洪武二年（1369年）改奉元路为西安府，这是"西安"得名的由来。明清两代西安府辖15县1散州2散厅：长安县（长安区，全书同）、咸宁县、临潼县（今临潼区，全书同）、高陵县（今高陵区，全书同）、蓝田县、鄠县、盩厔县、咸阳县（今咸阳市，全书同）、兴平县、泾阳县、三原县、富平县、礼泉县、渭南县、同官县、耀州、孝义（今柞水）厅、宁陕厅。这时还没有"西安市"的概念，在《续编陕西通志稿》中把西安市区称为"省城"，民间或者就约定俗成叫"西安省"。

民国建立后的1913年，按照北洋政府的指令"废府设道"，陕西撤销了西安府，全省行政区划改设为东南西北中5道，为省派出机构，西安属中道。1914年5月，陕西合并中、东、西3道为"关中道"，北道为"榆林道"，南道为"汉中道"，这3道为一级行政建制。关中道辖区东至潼关，西至陇县，北至今铜川，南至柞水，共43县，道尹公署驻西安城西大街东段北侧（今社会路）。1924年元月，北洋政府又通令撤销道级建制，从此各县归省直辖。这段时期，连"西安"的名称都没有了。

1927年11月25日，陕西省政府议决设立西安市，初名"西安市政厅"，后改为"西安市政委员会"。1928年1月16日，陕西省政府颁布《西安市暂行条例》，明文规定："本市为陕西特别行政区划，定名为西安市。"从此，西安开始获得"市"一级的行政地位。此前，西安城里城外分属长安县和咸宁县治理。

1928年9月22日，西安市政府成立，驻五味什字中州会馆西侧（今市第六中学西侧大院），直属陕西省政府。辖区以原属长安县之西安城内及四关为范围，面积15.5平方公里。市政府将原满城地段划为新市区，规划道路，标卖荒地。新市区共划分为30个平均约50亩大的街坊。

1930年5月，民国政府颁布新的《市组织法》，提高了设市标准，由于西安当时的辖区过小，人口不足20万，达不到设市的标准，同年11月8日，陕西省政府通令撤销西安市建制，辖区归属长安县。

1932年3月5日，国民党第四届中央执行委员会第二次会议决议：长安为陪都，定名西京，成立西京筹备委员会，直属国民政府。随后确定："西京市之区域，东至灞桥，南至终南山，西至沣水，北至渭水。"同年4月7日，西京筹备委员会开始办公。西京市的建设由联合成立的西京市政建设委员会负责实施。但西京市政府始终未能成立，使得西京市建制未成现实。

1940年9月，重庆定为陪都，国民政府遂把原西京市改称西安市，为整顿西安的市政建设，1942年1月1日，国民政府行政院撤销了西京市政建设委员会，成立西安市政处，驻西大街东段路北（今省文化厅招待所），直属陕西省政府，以西安城关、火车站、飞机场为管辖范围，面积20.5平方公里。

1943年3月11日，国民政府行政院批准陕西省政府"将西安市政处改组为西安市政府"的请示。1944年8月20日，陕西省政府训令撤销西安市政处，成立西安市政府，同年9月1日，西安市政府成立为省辖市，仍驻西大街市政处旧址。辖区除原城内和城关外，将西安市郊长安县的4个乡划入，南北宽13公里，东西长18公里，总面积230平方公里。

1949年5月20日西安宣告解放。同日，陕甘宁边区政府发布命令，决定成立西安市人民政府。中央西北局和西北军政委员会设在这里，使西安成为向西北、向西南解放全中国的大后方和出发地。

1950年1月19日，西安市由陕甘宁边区领导变为西北军政委员会领导，为西北行政区区辖市。

1953年3月12日，西安由西北行政区区辖市改中央直辖，为全国12个中央直辖市之一。

1954年6月19日，西安改为省辖，为陕西省省会。这时的西安市辖区仅为城墙以内加4关和4乡，城区以序号命名。

国家第一个五年计划期间，陕西省在苏联援建的156项重点援建项目中获得了24项，其中定点在西安的就有17项，使西安成为全国接受援建项目最多的城市。

正是由于国家建设的需要，1954年9月，长安部分乡镇划入西安，西安的城区、郊区始以地胜命名，有新城、碑林、莲湖等9个区。1958年11月，长安、蓝田、临潼、鄠县划入，1961年8月，蓝田、临潼、鄠县又被划出。1966年6月，为了建设西飞公司，专门在临潼境内划出阎良区，作为"飞地"归属西安。同时，县级市咸阳亦划入西安，到 1971 年 11 月，经国务院批准，咸阳被划出。

1983 年经国务院批准，蓝田、临潼、高陵、周至、户（鄠）县划入西安行政区划至今。西安行政辖区由 1949 年的 230 平方公里增加到 9 983 平方公里（新口径为 10 108 平方公里）。

可以说，没有"156 项目"，就没有今日西安市的大行政区划。

"156 项目"奠定了今日西安的城市规划

行政区划的扩大为城市提供了生存和发展空间，也为城市规划提供了充分的布局功能。

为了把"156 项目"落实在科学规划上，1953 年 10 月 3 日，时任国家计委副主任李富春带苏联专家来西安考察，研究确定项目布点方案。11 月 5 日，苏联专家组组长秋洛什尼柯夫及专家波波夫提出西安各工厂布置的具体方案。11 月中旬，李富春率中苏两方基本建设设计组来西安，对西安城市的发展进行总体规划，明确城市东、西、南郊为新的建设区，北郊为文物保护区，明城墙内为行政商业区。

1954 年 10 月 29 日，国务院批复了第一个西安城市总体规划。规划确定城市性质是以精密机械制造和纺织工业为主，科学、文化也较发达的社会主义城市。规划期为 20 年（1953—1972 年）。规划的城市人口规模为 120 万人，总用地 131 平方公里。

这次规划确定了 5 个功能分区，形成西郊电工城，东郊军工城、纺织城和阎良的航空城，同时在南部形成大学密集的文教城。正是由于"156 项目"的选址布局，才拉开了西安作为现代化城市的建设框架和功能布局，作为城市功能重心和地理坐标，一直影响到现在。这个规划格局在国内也是绝无仅有，使西安用数百万勤劳的双手在"一穷二白"的土地上绘出了"最新最美的画图"，迅速改变了旧面貌。没有"156 项目"，西安的城市规划和建设就失去紧迫性和现实性。其功莫大焉！

这个规划还有一个可贵之处是将城市西北部确立为不发展区域，今天，占地面积达108 平方公里的周丰镐城、秦阿房宫、汉未央宫、唐大明宫四大遗址得以完整保护，得益于此。

为了配合"156 项目"实施，从 1953 年到 1957 年，西安大力进行城市基础设施建设，初步形成东郊和西郊市政工程骨架，建成工业区配套住宅小区；同时初步形成南起吴家坟、北至草滩路的城市中轴线，以解放路、和平路、雁塔路相连的东部副轴线，以甜水井至西北三路的西部副轴线（即今含光路的前身）；形成以东西五路、东西大街和环城南路至咸宁路的三条东西大干道，将纺织城、军工城、电工城、三桥工业区以及南部文教城联结在一起。

在此期间，建成了为工业区服务的纺织城商场、土门商场、韩森寨商场、胡家庙商场以及若干颇具规模的工人俱乐部。

"156项目"给西安带来了人口大迁移。据统计，从1949年到1960年，西安人口（按现域口径）增长139万余人，其中迁移增长34.9万人，占增长总数的25.05%。其中，1956年增长最快，有50.9%来自迁移增长。在迁移人口中，绝大多数是"156项目"及其后续、关联项目建设和投产过程中的生产技术人员和随迁家属。这大大改变了西安的人口结构和素质结构。

城市人口的有机增长，带来国民经济的大发展，也带动了城市基础设施建设的大发展，提高了城市服务功能。

1984年国务院批复了西安第二个城市总体规划（1980—2000年）。在这次总体规划中，确立了西安作为国家重要的新型国防工业基地、科研教育基地和历史文化名城的地位，西安由此获得迅速发展，城市性质发生巨大改变。

"156项目"奠定了今日西安的工业基础

1949年前的西安工业基础极其薄弱，根本不能与东南沿海城市相提并论。西安第一个工业项目是清末左宗棠主政陕甘时创建的西安机器局，时断时续，经营惨淡，难以为继。1935年后，随着陇海铁路延伸到西安，才有一些使用机器生产的工厂渐次成立，稍具规模的有成丰面粉厂西安分厂、华峰面粉公司、中南火柴公司和大华纺织厂。1937年抗日战争爆发后，上海、武汉、天津等地一些工厂迁到西安，给西安工业带来短期繁荣，然而随着抗日战争的胜利，这些企业又相继回迁，加之国民党此时发动内战，滥发纸币，征收苛捐杂税，造成工厂纷纷倒闭停工。到1949年末，全市工业总产值（以1980年不变价计算）仅为1.09亿元，同期的社会总产值为2.84亿元，由此可见当年经济之凋零。

"一五"和"二五"期间（1953—1962年），"156项目"中的西安热电厂、鄠县热电厂、西安高压电瓷厂、西安开关整流器厂、西安绝缘材料厂、西安电力电容器厂、西安航空动力控制工程有限公司、西安庆安（集团）公司、西安黄河机器制造厂、西安北方光电有限公司、西安北方华山机电有限公司、西安北方庆华机电集团有限公司、西安北方秦川集团有限公司、西安东方集团有限公司、西安北方惠安化学工业有限公司、西安昆仑（集团）有限责任公司等相继建成投产，这些国家重点大型工业项目连同"二五""三五"计划期间相继建成投产的西北国棉三厂、四厂、五厂、六厂和西北第一印染厂、西安飞机制造厂、西安航空发动机厂，奠定了西安现代化工业的基础，也标志着西安的工业装备和技术实力在当时全国乃至亚洲已处于先进水平。数十个"中国第一"在西安出现：中国第一台运载火箭发动机，第一颗人造卫星的星载控制、通信设备，第一架民用飞机，第一块集成电路，第一批电力半导体器件，第一台计算机，第一个长波授时台，等等。

随着17个"156项目"及其后续项目的建成，一大批省部属、市属国有工业企业如陕西重型机器厂、冶金机械厂、西安铁路信号厂、西安化工厂、西安油脂化工厂、西安标准件厂等也应运而生，从根本上改变了西安国民经济的面貌，也使西安城市面貌一扫千年颓势，呈现出新生的青春活力。

从1964年到1979年，陕西省在国家"三线建设"中新建、迁建国防工业项目109个，按行业分类，航空工业33个，主要在西安、汉中；航天工业24个，集中选点在西安蓝田、宝鸡凤县；兵器工业11个，分布在西安周边；电子工业28个，分布在商洛、宝鸡、铜川山区；核工业12个，主要在西安、汉中；船舶工业1个，在宝鸡凤县。这样，西安又在国家"三线建设"中获得大批重要工业项目。

"三线建设"实质上是"156项目"建设模式的继续，使西安的经济结构发生根本性变化。一是使西安的航空工业形成体系。1966年位于阎良的西安飞机工业基地建成，形成了集飞机设计、生产制造、试飞鉴定、教学培训为一体的产业体系，拥有居全国之首的飞机研发制造能力、航空产业配套能力和航空产品国际转包生产能力。二是使西安成为中国重要的航天工业基地。063、067基地在西安建成，下属15个大中型工业项目，形成科研、设计、试验、生产的完整体系。中国航天动力技术研究院（航天四院）、中国航天推进技术研究院（航天六院）、中国空间技术研究院（航天五院）西安分院（西安空间无线电技术研究所）、中国电子技术研究院（航天九院）和西安骊山微电子公司、西北电子设备研究所（电子三十九所）等研制的核心产品和设备，在航天事业中举足轻重，为中国卫星上天、导弹发射、载人航天做出了重要贡献。三是填补了西安轻工业相关领域的空白。在此期间，国家从上海等地迁建了陕西缝纫机厂、西安红旗手表厂，新扩建了西安第一钟表厂、西安钟表元件厂、西安造纸机械厂、西安风雷仪表厂、西安造纸网厂和西安宝石轴承厂等大中型企业，西安也由此成为全国五大钟表重点产区之一。四是促进了西安铁路网和公路网的建设，尤其是铁路电气化工程和复线工程建设、西安至万县公路开通，对西安的经济发展发挥了重要作用。五是为西安提供了能源保证。渭北煤炭资源的开发，秦岭、渭河电厂的建设，加上国内第一条33万伏超高压输电线路的建成，将以水电为主的甘肃电网和以火电为主的陕西电网联结在一起，形成陕甘青大电网，互调余缺，保证了西安经济发展的电力需求。

所有这些，都是今日西安人不能忘却的纪念。

经过几十年的建设，西安已形成了特色鲜明、优势明显和门类比较齐全、具有相当规模和技术基础的装备工业体系，涵盖了机械制造业、专用设备制造业、交通运输设备制造业、电气机械及器材制造业、电子及通信设备制造业、仪器仪表制造业等重要领域。西安的高压超高压输变电设备、大型工业风机、军用民用飞机、仪器仪表、铁路货车、空调冰箱用压缩机、高性能数字程控交换机、数字通讯设备、雷达整机等在国内具有举足轻重的地位。2002年2月国家计委组织完成的《中国装备制造业发展研究报告》中，提出了国家重点支持发展的四类重点装备和国家鼓励发展的十一类重点装备，西安现有的装备类产品全部包括在内。在关系国防安全的高新技术武器装备制造领域，西安也是重要的研制和生产基地。如今，西安工业中的航空、航天、机械、电子、仪表、光学、纺织、电力设备等应用技术居全国前列，是我国重要的高新技术产业、成套输变电设备制造业和飞机制造业基地之一。

"156项目"奠定了今日西安的科教格局

在"156项目"的引领下，西安的科技教育也有了翻天覆地的变化和一日千里的发展。

20世纪五六十年代从沿海迁建、组建、合并、分设和扩建了大批高等院校，包括西安交通大学、西北工业大学、中国人民解放军通信兵学院（1988年更名为西安电子科技大学)、西安冶金建筑学院(1994年更名为西安建筑科技大学)、陕西师范大学、西北大学、西安公路学院(2000年与西安工程学院、西北建筑工程学院合并组建为长安大学)、西安外国语学院(2006年更名为西安外国语大学)、西安音乐学院、西安美术学院、西安矿业学院(现名西安科技大学)等19所高等院校,形成了学科比较齐全、专业比较配套的大专院校网群。

与此同时,数百个科研院所相继建立,使西安的高等教育和科技创新有了翻天覆地的变化和一日千里的发展并长期处于国内先进城市行列。

仅以西安阎良为例,这里除了驻有中航工业西安飞机工业(集团)有限责任公司外,还有中航工业飞行试验研究院、中航工业第一设计研究院、飞机结构强度研究中心、西安航空学院等国家航空企业和科研、教学单位,是亚洲地区最大的集飞机研究设计、生产制造、强度检测、试飞鉴定、航空教学五位一体的"航空城"。阎良拥有全国唯一的航空科技专业孵化器,以及西飞公司国家级技术中心等全国最先进的飞机试验、实验中心,是我国航空产业资源最为密集的区域。区内还有100多个航空制造研究分支机构。全区大专以上学历人员共4.1万人,占城区人口的五分之二,其中,科技人员2.5万人,高级专业技术人员3 500人,中国工程院院士多名。运-20、轰-6、轰-6K、运-7、飞豹、新舟60、新舟600、预警机以及数种即将装备军队的新机型等30多种军民用型号飞机在这里研制生产。

如今,西安已有普通高校(不含军事院校)50多所,有研究与试验发展(R&D)机构300多个,仅2010年一年就有科研院所和高等院校专利申请4 711件,其中高等院校3 471件;专利授权2 821件,其中高等院校1 954件;有效发明专利6 975件,其中大专院校6 200件;发表科技论文42 271篇,其中大专院校37 116篇;出版科技著作1 062种,其中大专院校984种。

"156项目"奠定了今日西安的辉煌起点

进入新世纪后,中国载人航天工程、月球探测工程、北斗卫星导航系统工程以及新一代运载火箭工程,都有西安国防科技企业和科研院所的重大贡献。

2005年,西安重型机械研究所研制成功的世界上第一台万吨铝挤压机荣获国家科技进步一等奖。该设备不但填补了中国重型挤压装备的空白，而且拥有自主知识产权，结束了中国大型挤压机和大型铝型材进口的历史，是继20世纪60年代末中国成功研制1.25万吨卧式水压机后，国产特大技术装备的又一次重大创新。

海军瓦良格号航母改装（后改名辽宁号）工程中，陕西参与了30%的零部件制造，其中辽宁号航母的柴油发动机由陕柴重工集团制造，航母的燃气轮发动机为西安航空发动机集团研制，航母甲板由中航飞机集团制造。

2007年，陕重汽成为陕西装备制造业第一个产销超百亿的龙头企业。2009年国庆六十周年大阅兵，陕重汽生产的军车第三次出现在受阅方阵的行列中，除军用越野战车外，被阅兵指挥部唯一指定的陕汽阅兵总保障车和8辆彩车也英姿勃发，威武前进。陕重汽成为军车行业中唯一参加35周年国庆、50周年国庆和60周年国庆三次受阅的"军演明星"。

2009年，西安电力机械制造公司等单位研制成功高压直流输电重大技术装备，使中国成为世界上少数几个可以生产高压直流输电成套设备的国家之一，此装备获国家技术进步奖励一等奖。2010年2月3日，目前世界上电压等级最高的ZZDFPZ-250000/500-800特高压换流变压器在西电公司通过全部试验，各项指标完全满足国家标准和技术协议要求，产品性能达到国际领先水平。

2007年3月，我国启动大飞机工程，西安承担大型运输机的总装任务和50%以上大型客机设计制造工作量。2008年1月，8万吨航空模锻液压机项目在西安航空产业基地正式开工建设。该项目分两期建设，一期工程投资1.95亿元，建造4万吨模锻液压机，作为8万吨模锻液压机的生产型样机，2009年年底建成投产；二期工程投资8.05亿元，用2到3年完成8万吨航空模锻液压机本体和配套设备的建设。该项目是发展大型飞机必备的关键设备，也是关系国家安全、经济发展的战略性设备。项目建成后，将一举填补我国4万吨以上大型模锻液压机的空白，改变我国大型模锻件制造瓶颈，促进大型模锻件制造技术水平的提高和创新。该设备可广泛应用于航空、航天、舰船、核工业等多个重要产业领域，为加强我国提高装备技术水平、加速国防现代化建设提供坚实的工业基础。诸如此类成就，由于种种原因无法详细列举。

抚今追昔，当初没有"156项目"的建设，就没有西安的今日辉煌。

今日之西安，是国家"一带一路"倡议的重要节点城市，国家重要的高新技术产业和先进制造业基地，全国交通物流枢纽，中国传统文化教育基地和内陆型改革开放新高地。在建设具有历史文化特色的国际化大都市的使命下,西安将继往开来、承古开新,古今文明交融,新旧城区争辉,构筑新时代的华彩乐章。(文中数据均来自西安市统计局和西安市地方志有关资料。文中提及的有关工程项目,均取自公开报道。)

作者系陕西省决策咨询委员会委员,西安城墙历史文化研究会会长,
西安市人民政府原副秘书长,西安市人民政府研究室原主任,西安市规划委员会原秘书长

新时代陕西工业发展与展望

□ 赵 东

"156项工程"是我国充分发挥体制优势、集中力量办大事的典范,对发展和壮大陕西工业作出了历史性贡献。新时代高质量发展是工业经济的主题,应当充分学习和借鉴历史成功经验,对未来发展进行科学谋划和布局。党的十九届五中全会对"十四五"进行了全面部署,时值建党100周年历史性时刻,如何抓好落实是各条战线的紧迫任务。基于此,结合工作实践谈一些粗浅看法,希望能够抛砖引玉。

一、中华人民共和国成立以来陕西工业成就辉煌

中华人民共和国成立以来,在国家"156项工程"在陕24个重大项目大规模布局的基础上,经过70几年的发展,陕西建成了门类齐全、产品丰富、技术先进的现代工业体系,成为全省国民经济的主体和支柱。

1. 陕西工业整体水平居全国中上游

在70多年的发展中,特别是改革开放后的42年里,陕西工业保持了快速增长。2020年,全省工业总产值比1949年增长8 846倍,原煤增长1 154倍,天然原油增长4万多倍,发电量增长8 137倍,金属切削机床增长689倍。从全国范围看,2020年,我省全部工业增加值8 860亿元,居全国第14位;工业企业利润总额1 900亿元,居全国第13位。

工业企业资产总额37 462亿元，比1998年增长16倍；主营业务收入22 685亿元，比1998年增长26倍。规模以上工业企业数6 700户，从业人员140万人。航空航天、新能源汽车、集成电路、太阳能光伏等一批新兴产业和产品迅速崛起，并领先全国，军工综合实力全国第一。

2. 高科技产业从无到有、蓬勃发展

70多年的发展，我省拥有全国四分之一的航空资源，是重要的航空基地，一飞院成为首批国家级工业设计中心。新材料产业发展迅猛，部分技术达到国际先进水平，钛材加工能力全国第一，钼及钼合金材料生产能力居世界第三、亚洲第一。生物医药科研实力雄厚，取得了一批重要成果，组织工程皮肤、人工晶体、生物检测技术等处于国际国内领先水平。亚洲最大数控全自动立式旋压机在我省研制成功并投入使用，该设备填补了国内空白。CEC·咸阳8.6代液晶面板生产线建成投产。陕鼓建成全球首个"能源互联岛"运营中心。西安已成为中兴通讯全球最大的无线产品研发中心。我省科教实力总体水平居全国前列，有110所高等院校、25个国家重点实验室、37家国家级的制造业创新中心和企业技术中心，华为、中兴、中软国际等知名企业均在西安设立万人研发基地。

3. 一批工业产品产量、技术水平全国领先

2020年，我省天然原油产量3 590万吨，全国第一；天然气527亿方，全国第一；煤炭6.79亿吨，全国第三。建成大型煤制烯烃项目4个，年产量380万吨，全国第一；建成煤制油项目10个，年产量355万吨，占全国产能的50%。三星半导体是全球最重要的存储器生产厂商，闪存产销量占全球的18%。隆基绿能拥有全球最大的光伏单晶硅片产能，单晶组件出货量全球第一。长岭集团纺织电子产销量、技术水平始终领先全国。比亚迪新能源汽车研发生产全国领先。陕汽天然气重卡技术国内领先，销量全国第一，市场占有率40%以上。法士特重型汽车变速器年产销量连续13年稳居世界第一，国内市场占有率超过70%。全省羊乳制品产量和销量稳居全国第一，占国内市场份额80%以上。

4. 产业快速发展造就了一批龙头企业

2020年，全省产值排名前50户工业企业总产值占规上工业的36.9%，对全省经济支撑作用明显。延长集团、陕煤集团2户工业企业入围世界500强；延长集团、陕煤集团、有色控股、东岭集团、西安迈科金属国际集团、建工集团、陕汽集团、陕西投资集团、龙记泰信9户企业入围中国企业500强；有色控股、东岭工贸、陕汽集团、西电集团、隆基绿能科技入围"2014—2020中国制造业500强"。全省营业收入过百亿的企业已达43

户，而 2003 年仅有 1 户企业收入超过百亿。三星、美光、杨森制药等一批大型外资企业进驻我省。

国家 156 项工程在陕的 24 个重大项目，以及陕西相应建设的 202 个项目，不但带动了大量配套项目建设，也储备了人才、技术和管理经验，奠定了陕西工业腾飞的基础。实力雄厚、门类齐全的陕西现代工业体系始于"156 项工程"。工业是陕西国民经济的主体，占到全省生产总值的 40%，是全省经济重要的稳定器和增长极。陕西工业现代化离不开当年的基本建设，未来发展也要借鉴当年的经验，要在总体布局上加强规划和引导，带动社会资本、特别是民营资本进入更多领域，为今后二三十年发展储备力量。

二、新时代高质量发展是必由之路

推进高质量发展，是习近平总书记运筹帷幄、高瞻远瞩提出的划时代命题，是历史经验与实践相结合的必然选择。当年"156 项工程"留下的工业遗产，今天看来，仍然具有很重要的参考价值。虽然时代不同、方向不同、重点不同，但是当年规划、布局的思路和视角仍可借鉴。当年解决的是从无到有的问题，今天解决的是由小到大、从弱到强的问题，尤其在一些高科技领域急需解决"卡脖子"的问题，走高质量发展之路势在必行。

1. 粗放型的高速增长模式难以为继

从 1978 年到 2017 年，改革开放的 40 年间，中国经济实现了世界少有的持续高速增长，年均速度达 10% 以上，经济总量占世界的份额从 1.8% 增至 15% 左右，人民生活富裕、社会总体稳定。但是相伴而生的是环境污染、资源浪费、土地滥用等矛盾日益突出，经济发展过度依赖投资驱动，投入产出率低、资源消耗量大。实践证明，粗放的发展方式难以为继，资源环境约束要求我们必须探索新的发展模式，更好地满足人民日益增长的物质和文化需要。

2. 过度追求高速度可能引发社会问题

持续的高速发展也带来了社会问题，发展不平衡不充分的矛盾彰显，贫富差距扩大、拜金主义甚嚣尘上，社会矛盾、民族矛盾日趋复杂。东部沿海地区与西部内陆地区发展差距越来越大，少数民族地区与内陆地区差距越来越大，收入分配差距越来越大，等等。解决这些矛盾和问题的有效途径，就是要树立新发展理念，按照创新、协调、绿色、开放、共享的发展思路，由高速度转向高质量发展。

3. 过高的速度容易引发经济安全风险

长期以来，我国的经济发展都是出口导向型，快速增长的背后是对国际市场的过度依赖，而高端装备和技术大多数依赖于进口。贸易不平衡、地缘政治等因素带来的国际贸易摩擦，随时随刻威胁着我国的经济安全。中美贸易摩擦已经给我们敲响了警钟。因此，我们必须要转变经济发展方式，彻底解决"卡脖子"问题，实施"安可工程"，从产业链各环节着手，加大创新和研发力度，在高端装备和核心技术领域实现突破，未雨绸缪，确保国家经济安全。

4. 高质量是避开中等收入陷阱的必然要求

20世纪60年代以来，全球100多个中等收入国家只有十几个成功进入高收入国家行列，多数国家经济徘徊不前甚至出现倒退、社会动荡。究其原因就是那些取得成功的国家，在经历长期高增长后实现了从量的扩张转向质的提升，那些失败的国家没有实现这种根本性转变。经济发展是一个螺旋式上升的过程，发展速度到了一定阶段，必然要转向质的提升，由量变实现质变。工业经济发展也要遵循这一规律，否则很可能陷入中等收入国家陷阱，难以自拔。

三、高质量发展面临的主要任务

中央"十四五"规划纲要已经明确，推动高质量发展是未来5年经济发展的主题，正式确立了由速度向效益转变的发展思路。高质量发展面临很多问题，从工业经济发展的角度看，需要重点抓好以下几方面任务。

1. 增强创新驱动能力

要围绕创新链部署产业链，围绕产业链布局创新链，建立创新驱动发展的新模式。企业是技术创新的主体，要建立高校、科研院所与企业需求紧密结合的产学研深度融合机制，创新企业技术需求形成机制。加大研发投入显得非常关键，企业研发投入规模直接影响关键技术公关，"卡脖子"技术和产品的突破，要加强政府推动和引导。要推广先进质量管理方法，在重点领域实施覆盖产品全生命周期的质量管理和质量追溯制度。开展陕西制造品牌培育行动，打造一批区域产业名牌产品。

2. 保产业链供应链稳定

这是事关国家总体安全的重大问题。要坚持自主可控、安全高效的原则，确定省级重点产业链，做好战略设计和发展谋划。要补短板、强弱项，推动产业链优化升级，不断提高产业链配套能力，支持企业围绕配套能力开展技术改造。实施产业基础再造工程，努力夯实产业链基础，不断推广先进适用技术，推动企业智能化转型，推动数字经济和制造业深度融合。加快5G、物联网等新型基础设施建设，推动工业互联网推广应用，建设一批智能化工厂、数字化车间，充分利用新一代信息技术赋能新制造。实施制造业设计提升能力专项行动，鼓励支持有条件的企业建设供应链协同平台，促进供应链数据资源开放共享。

3. 推动支柱产业巩固发展

围绕省委、省政府确定的6大支柱产业，建设全国先进或全国领先的产业基地。巩固高压输变电产业优势，打造国内领先的航空产业，建设高水平电力装备产业，推动建设全国领先的高端装备产业基地。围绕集成电路重点企业、重点项目完善产业配套能力，大力发展设计和封装测试业，推动第三代化合物半导体产业化，建设全国先进的电子信息产业基地。把新能源汽车做大做强，以关中地区为核心，辐射陕南、陕北，错位布局、协同发展整车及零部件，建设全国重要的汽车产业基地，打造千亿级汽车产业链。以煤油深度转化和清洁高效利用为方向，有序推动煤制烯烃等现代化工重大项目建设，有序布局高端精细化工产业园，积极发展氟硅材料、显示材料、电子材料等精细化工产品，拓展煤油气多元化利用途径。建设特色鲜明的新材料产业基地，以航空、电子信息、有色金属、高端装备制造领域需求为引导，突破一批前沿新材料关键技术，建设世界级钛材料产业基地，形成铝、镁新材料产业集群，推动碳基复合材料扩大应用。大力发展现代医药产业，推进创新药物和新制剂产业化，推动中药产业现代化，培育一批优势产品。

4. 发挥产业集群和园区集聚效应

集群化、园区化发展具有明显优势，应当发挥大企业大集团引领作用，推动产业链上中下游、大中小企业融通创新，形成企业集群和产业集聚。实施制造业先进企业培育计划，着力培育国家级制造业单项冠军、国家级和省级"专精特新"及"小巨人"企业、制造业高新技术企业。深入推进"千企示范、万企转型"行动计划，推动民营经济向产业链、价值链中高端迈进，谋划人工智能、安全应急、高端医疗设备等引领中长期发展的先导产业，促进产业集聚。重视建设关中先进制造业大走廊，全力打造高端装备、电子信息、汽车、现代化工、医药、新材料等产业集群，建成万亿级先进制造业版块。发挥国有企业带动作用，支持拥有先进技术的民营企业加快发展，打造培育一批新的领军企业，促进大企业与中小企业深度合作，带动中小企业发展。

5. 进一步扩大开放合作

我省具有明显的区位优势，要深度融入"一带一路"大格局，打造电子信息、新能源、汽车、高端制造、医药健康贸易集散地，促进临空、临港产业集散中心建设，推动集成电路、新型显示、智能手机、新能源、工程机械、农机装备等优势产品扩大出口，鼓励光伏等重点行业、重点企业深度开展"一带一路"产能合作。聚焦产业链断点和薄弱环节，精准引进一批技术水平高、投资规模大、带动作用强的重大项目。支持西安加工贸易转移承接中心建设，开展入境维修、再制造等业务。加强国内合作，积极组织开展"央企进陕""外企进陕""名企进陕"等产业对接活动，承接产业转移。

6. 更加注重传统产业改造升级

我省传统产业具有明显优势，要"两条腿"走路，在加快新兴产业发展的同时，不忘传统产业改造升级。深化供给侧结构性改革，制定产能退出目录，建立市场化、法治化落后产能退出机制，扎实推进重点领域产能退出工作。以西安、宝鸡老工业基地转型升级为牵引，开展传统产业转型升级专项行动，以高端化、智能化、绿色化为主攻方向，对机械、冶金、建材等产业开展技术改造。围绕提升产业规模化、现代化水平，推动企业兼并重组、提高产品标准，打造一批龙头企业和优势品牌。坚持以水定产、合理布局、优化提升，推进重点区域强制性清洁生产和改造。加快推进绿色制造体系建设，鼓励园区和企业实施绿色制造技术改造，开展重点行业专项节能监察和节能诊断服务，培育高端智能再制造产业。

四、高质量发展的组织保障

推进高质量发展，政策措施和组织保障是关键，在省委、省政府的领导下，全面谋划、科学设计、保障到位是成功的关键。要构建四大组织保障体系，不断优化营商环境，形成省级部门抓总、地市抓落实的推进机制。

1. 建立推动体系

过去推动工业经济发展的任务，主要是各部门根据职能，分工负责的，行业管理部门与招商、科技、项目管理、市场监管等部门并未充分形成合力。进入新时代，推动工业高质量发展面临更加复杂的形势和任务，要建立起省政府全面统一领导的推动体系，实现省市县合作、党政部门协同、政企携手，共同促进高质量发展。

2. 健全投入体系

长期以来，陕西工业主要是通过大量的资源投入实现的产出，发展方式粗放。进入新时代，资源环境约束持续加大，粗放型发展难以为继，迫切需要构建起由自然资源、要素资源、金融资源、技术资源、人才资源和财政资金相融合的投入体系。特别要加大政策支持力度，用好各类政府产业发展资金，对企业进行支持。指导和帮助企业用好税收优惠政策，深化产融结合，降低融资成本，拓宽融资渠道。

3. 设立指标体系

按照高质量发展要求，突出重点、分类设计，构建符合陕西工业实际的高质量发展指标体系。设置若干主要指标，涵盖发展综合质量效益、新发展理念、企业主观感受等三个方面。综合质量效益方面主要设置工业增加值、全员劳动生产率、制造业增加值率等指标；新发展理念方面主要设置工业投资、工业研发投入占比、新产品产值占比、工业增加值能耗等指标；企业主观感受方面设置营商便利度、贸易便利度、融资便利度等指标。

4. 完善考核体系

在过去的考核系统下，工业发展指标主要由行业主管部门承担。但工业经济发展涉及的要素多、参与单位的范围广，需要建立全省一盘棋的工业高质量发展考核体系。要对各市党委政府进行工业高质量发展的全面考核，突出重点指标。对省属工业企业，在保持经营稳定的基础上，突出创新驱动、质量效益方面的考核。对省属金融、科技、服务类企业，突出服务工业发展方面的考核。对于省属高校、科研机构等与工业高质量发展相关的单位，也应在考核中体现相关工作内容。要强化部门、地市协同配合，对高质量发展滞后的地区进行约谈。

5. 优化营商环境

我省营商环境仍存在问题，要建立企业诉求响应和诉求处理机制，深化放管服改革，为企业在投资落户、政策兑现、开办经营、项目审批、资本市场对接等环节提供更加优质便捷的服务。大力降低企业成本，落实减税降费政策，着力降低企业用能、用地、人工、物流等方面成本。提升政务服务效能，降低企业制度性交易成本，坚决治理中介机构和行业协会商会违规乱收费。精准实施生态环境政策，优先保障先进制造业龙头企业、绿色制造企业所需排放指标。强化用地保障，优化国土空间布局，加大工业用地供应比例，确保工业用地储备。建立单位土地产出效益倒逼机制，全面整治低效用地项目，盘活存量发展空间。大力推动企业入园发展，严控在园区外安排新增工业用地，引导存量企业逐步入园。

五、"十四五"陕西工业发展展望

展望"十四五"，在习近平新时代中国特色社会主义思想指引下，在省委、省政府的大力推动下，全省工业战线将持续深入贯彻落实总书记两次来陕考察重要讲话精神，秉持新发展理念，以高质量发展为主题，着力推进《中国制造2025》发展战略，做大做强六大支柱产业。经过努力，工业在国民经济中的支柱地位和辐射带动作用将进一步巩固提升，智能化、绿色化、协同化、服务化水平不断提高，我省有望成为全国重要的先进制造业基地。

预计，2025年将实现以下主要目标：

1. 规模结构持续优化

到2025年，全省工业企业增加值达到12 000亿元，年均增速达到6%，在全国的排名由现在的第14上升两位。制造业增加值占GDP的比重达到23%，战略性新兴产业增加值占GDP的比重达到12.5%。

2. 质量效益显著提升

到2025年，全省规模以上工业企业利润达到2 500亿元，居全国第11位。制造业全员劳动生产率高于全国平均水平，制造业产品质量合格率95%以上，形成500个工业精品产品。

3. 创新能力不断增强

到2025年，规模以上制造业R&D经费投入占主营业务收入的比重达到1.4%，规模以上制造业企业每亿元主营业务收入有效发明专利数达到1.5件，建成国家级和省级制造业创新中心20个，国家级和省级企业技术中心500个。

4. 绿色发展持续发力

到2025年,国家级的绿色工厂、绿色园区、绿色供应链的数量由目前的29个增加到100个以上,单位工业增加值能耗、单位工业增加值用水量以及规模以上单位工业增加值碳排放量下降幅度分别达到12个百分点以上。

5. 对外开放全面提升

区位优势得到充分发挥,"一带一路"大格局战略取得成效,初步实现高质量"引进来"和高水平"走出去",优势产业深度融入国际产能合作,制造业实际利用外资额占全省利用外资额比重达到70%。

70年的时间,陕西省在工业化、信息化领域取得了非常辉煌的成绩。在进入第十四个五年计划的时候,我们回看共和国第一个五年计划的"156项工程",百感交集。如果没有当年共和国的领导者坚定的强国信念和决心,我们国家的工业化转型将错过一个百年不遇的机遇。"一五"期间如果没有构建以"156项工程"为核心的工业框架,共和国极有可能长时间在农业国徘徊……

70年的时间,陕西已是军工大省、科技大省……

饮水思源,我们应该铭记前辈为我们奠定的坚实基础。

作者系陕西省工信厅党组成员、副厅长

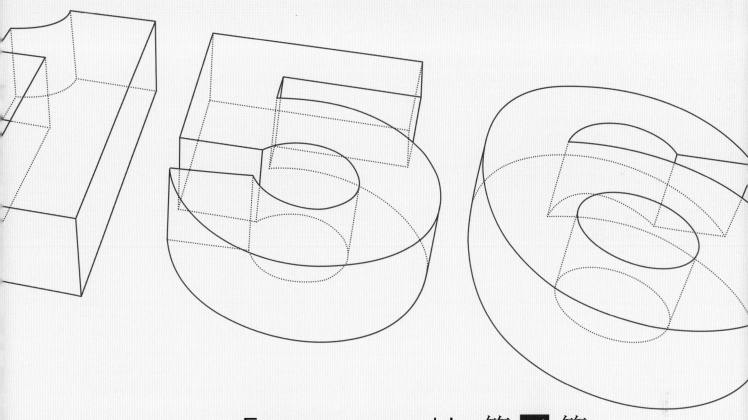

第二篇
创业历程
Entrepreneurship Process

本篇通过文字和图片真实、完整地记述了"156项工程"24个在陕项目的建设历程,数十万"156项工程"的参与者不惜流血流汗,为此付出了艰苦卓绝的努力。这一段激情燃烧的岁月值得我们永远铭记和致敬。

导语

马克思说过"每一片玫瑰花瓣都散发出玫瑰的芬芳并表现出玫瑰的特质"。"156项工程"是一次真正意义上的国家创业，在这个创业过程中，每一个工程项目都经历了同样的艰难与曲折，散发出同样的"玫瑰的芬芳"。

"156项工程"的伟大意义不仅在于中国工业化的创业，还在于同时开启了中国农业社会迅速向工业化的转型。创业加转型，是这个时期的显著特点。

在1953年到1957年的第一个五年计划期间，"156项工程"基本建成开工，开始了一场史无前例的工业化转型，这样的案例在国内、国际的经济史上，可以说是空前绝后的。它向世界庄严宣告：中国共产党不仅善于打破一个旧世界，还善于建设一个新世界。

本篇通过文字和图片真实、完整地记述了"156项工程"24个在陕项目的建设历程，数十万"156项工程"的参与者不惜流血流汗，为此付出了艰苦卓绝的努力。这一段激情燃烧的岁月值得我们永远铭记和致敬。

需要说明的是，"156项工程"在陕西共24个项目，其中853厂因故撤销，改建为西安红旗机械厂（西安航空发动机厂），除此之外还有迁建的西安飞机制造厂和东德援建的耀县水泥厂。为了比较全面地反映"一五"期间"156项工程"的建设背景，我们把这3个企业的建设情况也收入其中。

"156项工程"对全国而言，构建了工业格局的雏形；对陕西而言则是一举奠定了军工大省地位。

我们完全可以骄傲地说：通过"156项工程"，中国向世界交出了一份合格的国家创业答卷，陕西也向国家交出了一份合格的艰苦创业答卷。

国家 156 项重大工程在陕西项目分布

"一五"期间，国家"156项工程"在陕西的24个项目，连同国家又在陕西安排的50个大中型工业项目建设，为陕西的经济社会发展奠定了初步的基础，构成了陕西工业的基本框架，有些在当时就形成了行业体系。例如位于西安西郊的电工城和位于西安东郊及咸阳的纺织城，都是当时国内很有实力的行业基地，在全国具有举足轻重的地位和一定的影响力。这些重点项目为改变陕西的落后面貌、培育科学技术人才和大国工匠等发挥了重要作用，也为国家作出了巨大贡献。

"一五"时期，在陕西的24项重点工程有许多创造了全国及亚洲的"第一"。

——国营西安机器制造厂是国内唯一的航空机关炮专业研究制造厂。1957年试制成功中国第一个23-HP产品。

——国营黄河机器制造厂是我国唯一一家炮瞄雷达生产企业。

——国营西安机械厂是我国第一个航空发动机附件厂。

——国营西安西北光学仪器厂是新中国建立后投资的第一个现代化大型国防光学仪器厂。1964年制造出中国第一台特大型电视变焦镜头，成功地向全国人民转播了国庆盛况。

——西安高压电瓷厂是国内最大的电瓷、避雷器生产企业。

——西安电力电容器厂不仅是当时我国最大的综合电力电容器厂，而且也是亚洲最大的电力电容器厂。1964年试制成功中国第一套11万伏和22万伏电容式电压器。

——国营陕西柴油机厂，是我国规模最大的中高速大功率船用柴油机专业制造和柴油发电机组成套企业，是海军舰船主要供应商。

——国营宝成仪表厂，1955年试制成功我国第一个陀螺仪表YⅡ-46型电动转弯倾斜仪；1957年试制成功我国第一个航空仪表电阻式温度传感器，解决了空军的急需。

——国营西安惠安化工厂是亚洲最大的也是设备最先进的单基发射药厂。

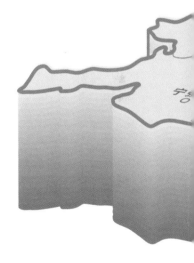

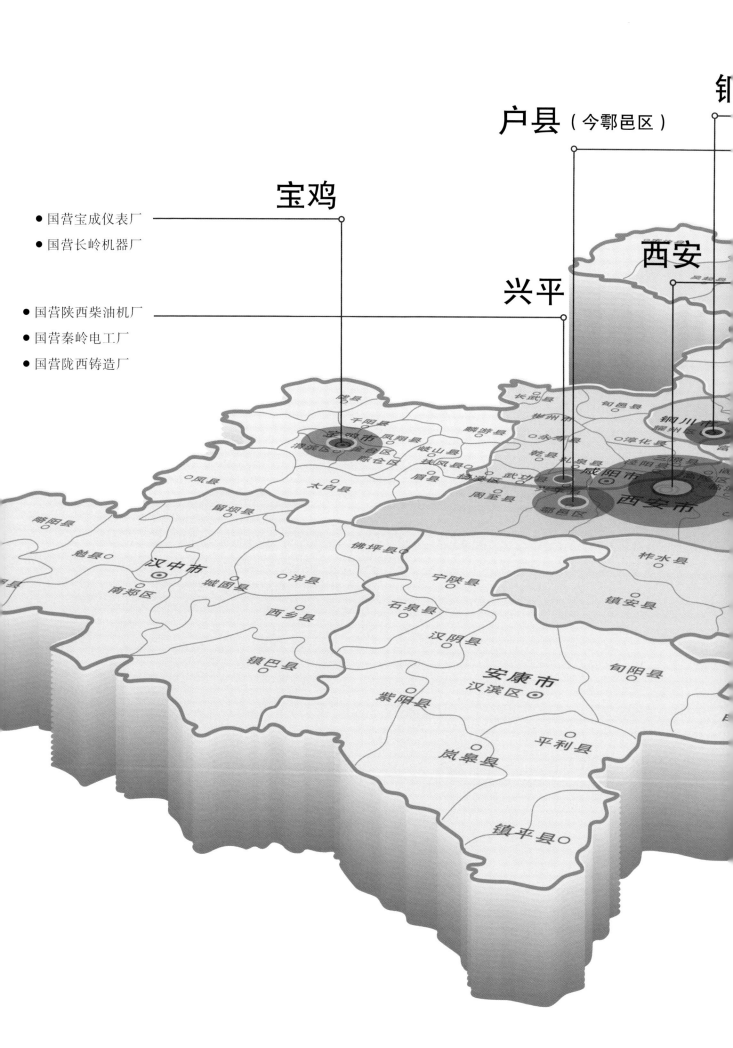

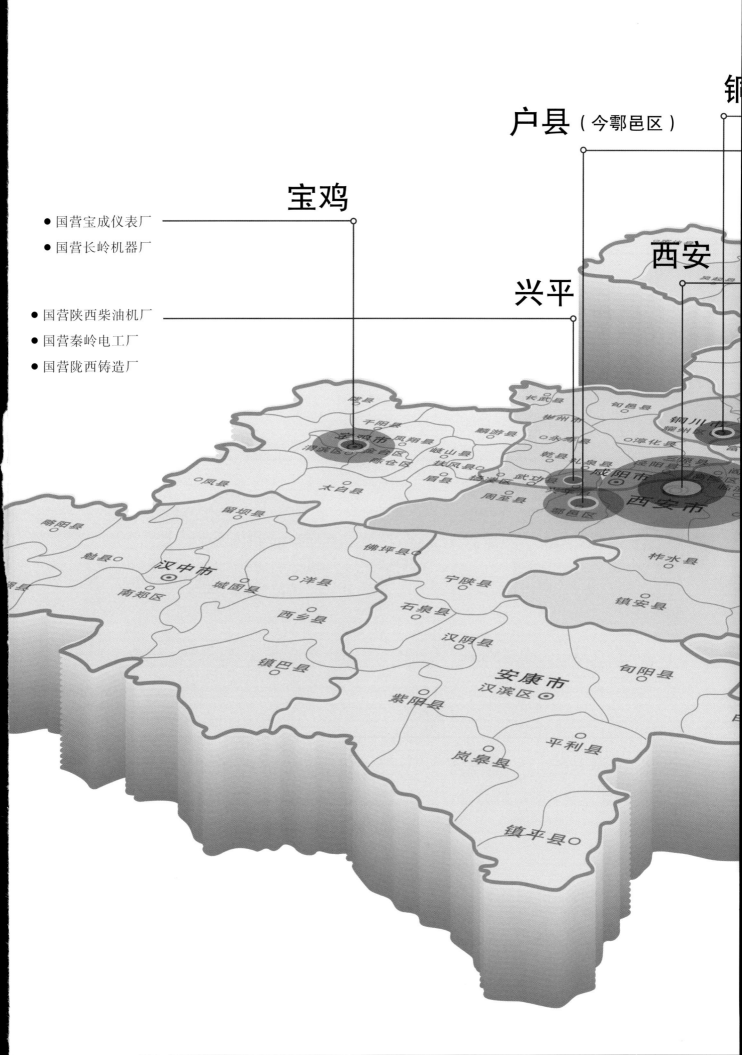

国家 156 项重大工程在陕西项目分布

"一五"期间，国家"156项工程"在陕西的24个项目，连同国家又在陕西安排的50个大中型工业项目建设，为陕西的经济社会发展奠定了初步的基础，构成了陕西工业的基本框架，有些在当时就形成了行业体系。例如位于西安西郊的电工城和位于西安东郊及咸阳的纺织城，都是当时国内很有实力的行业基地，在全国具有举足轻重的地位和一定的影响力。这些重点项目为改变陕西的落后面貌、培育科学技术人才和大国工匠等发挥了重要作用，也为国家作出了巨大贡献。

"一五"时期，在陕西的24项重点工程有许多创造了全国及亚洲的"第一"。

——国营西安机器制造厂是国内唯一的航空机关炮专业研究制造厂。1957年试制成功中国第一个23-HP产品。

——国营黄河机器制造厂是我国唯一一家炮瞄雷达生产企业。

——国营西安机械厂是我国第一个航空发动机附件厂。

——国营西安西北光学仪器厂是新中国建立后投资的第一个现代化大型国防光学仪器厂。1964年制造出中国第一台特大型电视变焦镜头，成功地向全国人民转播了国庆盛况。

——西安高压电瓷厂是国内最大的电瓷、避雷器生产企业。

——西安电力电容器厂不仅是当时我国最大的综合电力电容器厂，而且也是亚洲最大的电力电容器厂。1964年试制成功中国第一套11万伏和22万伏电容式电压器。

——国营陕西柴油机厂，是我国规模最大的中高速大功率船用柴油机专业制造和柴油发电机组成套企业，是海军舰船主要供应商。

——国营宝成仪表厂，1955年试制成功我国第一个陀螺仪表YⅡ-46型电动转弯倾斜仪；1957年试制成功我国第一个航空仪表电阻式温度传感器，解决了空军的急需。

——国营西安惠安化工厂是亚洲最大的也是设备最先进的单基发射药厂。

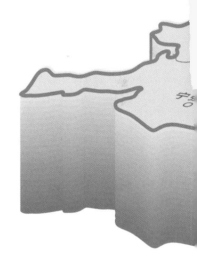

- 铜川矿务局王石凹煤矿
- 国营西安惠安化工厂
- 户县热电厂

- 国营西安机械厂
- 国营庆安机器制造厂
- 国营西安西北光学仪器厂
- 国营华山机械厂
- 国营庆华电器制造厂
- 国营西安秦川机械厂
- 国营东方机械厂
- 国营西安机器制造厂
- 国营东风仪表厂
- 国营黄河机器制造厂
- 撤销停建项目 853 厂
- 西安灞桥热电厂
- 西安高压电瓷厂
- 西安高压开关厂
- 西安绝缘材料厂
- 西安电力电容器厂

我国第一个航空发动机附件厂

国营西安机械厂

国营远东机械制造公司早期名为国营西安机械厂，现名西安航空动力控制有限公司，是第一个五年计划时期苏联援建我国 156 项重点工程之一，也是我国第一个航空发动机附件厂。工厂位于西安西郊，占地面积 68 171 平方米，现有职工 9 000 余人，主要生产航空发动机燃油附件以及冰箱压缩机等民品。建厂以来，为我国航空事业的发展和国防建设、经济建设作出了重大贡献。

一

1953 年 5 月 15 日，中苏两国政府签订由苏联援助我国 156 个项目的协议，其中有 13 个航空工业企业，西安机械厂就是其中之一。随后，经第二机械工业部四局批准，建厂筹备组在北京成立。先在沈阳选点，选择了沈阳机械厂等 6 个改造对象。6 月 8 日二机部决定新建航空发动机附件厂。9 月国家计委决定在西安建厂，筹备组即由北京迁往西安，并与庆安机器厂组成联合建厂工作组。

1954 年 2 月，国家计委批准并下达西安机械厂计划任务书。3 月下旬到 4 月初，在西安选择厂址，最后选定在西安西郊土门地区。工厂的设计由苏联 216 设计处和我国二机部四局设计组共同负责。任务书确定西安机械厂的产品为雅克 T8 和米格-15 配套的 9 类 26 项产品，以年产 3 000 台套米格-15 燃油附件为主。1955 年 4 月，根据苏联政府建议修订了初步设计,将产品由米格-15改为米格-17。生产区面积57 027平方米、福利区建筑面积83 825平方米,总投资4 500万元。1954年7月,工厂派出第一批21名技术人员到苏联实习。

1955年2月,援建西安机械厂的10名苏联专家陆续到达并开始工作。3月,西安机械厂的建设正式破土动工。党中央对航空工业高度重视,从中央到地方各部门,通过各种渠道,加强领导,重点支持。施工单位精心组织,科学安排,建设者们以极大的爱国热情和高昂士气投入施工。他们干劲十足,不管风霜雨雪,还是酷暑严寒,夜以继日地工作,只用两年多的时间就全面完成建厂任务。

在大规模基本建设的同时,工厂积极做好各项生产技术准备工作,并对部分产品进行试制。

1957年11月,西安机械厂建设通过国家验收。至此,工厂完成工业建筑56 912平方米,安装生产设备1 802台,福利区建筑84 289平方米,完成总投资14 176.7万元,节约资金324万元。有5种产品经过试制、鉴定已开始试行小批量生产,还有4种附件正在试制。当时,全厂共有职工5 036人,为设计人数的93.82%。11月16日,工厂正式移交生产,我国第一个航空发动机附件厂宣告诞生。

二

西安机械厂一成立,就迎来国民经济大发展时期。1958年,工厂军品生产除完成多品种的批量生产和新产品的试制外,还开始几个新机种部分用件的自行设计工作,基本扭转了附件跟不上发动机发展的被动局面。工厂积极贯彻落实1958年4月在上海召开的航空工业第一次民品工作会议精神,在保证高速度发展国防尖端技术的基础上,军民品生产同时并举,调整生产布局,组建两个民品生产车间,生产油泵、喷嘴和机床,产品很快进入并占领市场。喷嘴市场需求尤为旺盛,经常供不应求,产量逐年提高,利润迅速增加。职工们高兴地说,我们"干天上的活儿,吃地上的饭",形成以民养军的大好形势。1958年至1960年,军品产值从占总产值的78.6%下降到28.1%,而民品产值从占总产值的21.4%上升到71.9%。

民品产值所占比重增大,反映了当时民品生产所取得的成绩,三年军民品利润总和3 478万元,相当于国家建西安机械厂总投资的83%。这一时期成为西安机械厂建厂史上第一个"黄金时代"。

20世纪60年代初，工厂认真贯彻中央召开的国防工业三级干部会议精神和《工业七十条》《国防工业十七条》，开展企业整顿工作。通过整顿加强了党委领导下的厂长负责制。在党委集体领导下，各行政管理厂长、总工程师、总会计师都有一定的专项分工，分别实行行政管理责任制、技术责任制和财务责任制。同时还重点抓了基层建设和基础业务建设。

整顿过程中，工厂于1960年7月2日开展了"优质过关"活动，对建厂时引进苏联的全部技术资料重新复译、复查，健全技术管理制度，使冷、热工艺得到稳定的发展，科研、设计工作走向稳定。

1963年3月，工厂开展经济核算，加强经营管理。建机构、配人员、充实财会专业人员和培训班组经济核标员，实行厂内以支票结算的费用开支核算办法。班组核算按品种、产量、质量、生产费用等下达给小组，班组建账，核算员统管本票，监督材料、工具领用，天天公布核算结果。据试点工段一个月的统计，辅助材料消耗比前3个月平均数降低30%—40%。

同时，工厂大力加强了企业管理。抓计划的落实，加强综合平衡，正确编制作业计划，扩大再制品储备量，加强生产调度。从原材料进厂、毛坯、半成品、加工、装配试验，直至油封包装出厂全过程，加强质量监督，侧重抓好始、中、终三个环节。认真贯彻积极预防与严格监督相结合的原则，狠抓材料出库快速复验制度、工夹具定检制度、量具的班检和蜡封制度、首件三检制度、车间检验工作的原始记录制度、零件鉴定制度、车间质量分析会议制度、及时准确统计废品制度、建立质量实物档案制度、质量周报制度和检验室主任走访制度等。

通过一段时间的整顿，企业管理水平大大提高，生产秩序实现规范化，产品质量明显改善，生产状况良好。截至1963年年底，工厂共上缴国家4 780万元，收回建厂投资，略有节余，并从利润中拿出1 110万元用于扩大再生产。

1965年11月，三机部批准西安机械厂、庆安机器厂合并成立庆安公司，内设经理部、政治部、10个专业化厂、4个事业单位。20世纪60年代末，由于广大干部群众对极"左"路线的抵制，在极其困难的情况下进行生产，企业仍有所发展。1968年公司革委会成立，生产逐步得以恢复。1969年"珍宝岛事件"后，战备形势紧张，军品任务骤增，企业高负荷生产。1969年实现产值1 927万元，超过"文化大革命"以来的任何年份。1970年创3 389万元的产值新纪录。从1972年开始，"高指标"下的质量问题相继暴露出来，出现"一年生产，三年返修"的情况。周恩来总理指示三机部，要发动老工人，使油泵生产过关。公司还根据1971年周总理与军委叶剑英副主席共同主持航空产品质量问题座谈会的精神，开展了彻底的产品质量整顿活动。这一时期，工厂还开始试制RT-9、ZB-36两型附件。为解决轰-6、歼-6燃油附件加工任务量大的问题，工厂对三条生产线20项工艺实验研究课题进行技术改造。1977年12月，庆安公司撤销，两厂各自恢复西安机械厂、庆安机器厂建制。西安机械厂恢复建制以后，全厂上下精神振奋，用一年时间使生产得到恢复，1980年工厂生产状况成为历史上最好的年份之一。20世纪80年代中期，我国经济体制改革全面展开，企业普遍面临体制转换的形势，军品任务大幅度下降，军工企业出现亏损局面。为了克服困难，工厂重走"以民养军"之路，积极开发民品，"找米下锅"。当时，饥不择食，什么都搞。弹簧秤、电视机天线、自行车变速轴、水泵叶轮等民品"四处开花"。到1993年，工厂对民品市场状况进行了分析，在数十个民品中，确定"三机一泵"（气流纺纱机、冰箱压缩机、陆航机、曲杆泵）为工厂支柱民品。

三

1984年10月，新调整的厂领导班子在刚刚通过的《中共中央关于经济体制改革的决定》指引下，带领全厂职工开始前所未有的企业转轨变型工作，踏上了第二次创业的道路。

厂党委加大政治思想工作力度，在确保军品任务保质保量按时完成的基础上，将全厂职工精力都集中到开发"三机一泵"上来，同时鼓励全厂职工开发新的民用产品。

在产品开发方面，采取"高起点，多层次，全方位"的方针。压缩机、气纺机、曲杆泵都引用当时的国际先进技术。1985年至1989年的5年间，除工厂集中开发"三机一泵"外，一些车间、处室、附属公司还开发出磁带切刀、食品包装机械、化纤计量泵、热能去毛刺机、台式暖风机等新民品。主导民品压缩机逐步形成从1/4马力到1/10马力的6个规格13个品种的系列产品；气流纺纱机生产着手研制QF-1、QF-1A、QF-1B、QF-2、PQF及BD200等系列产品。1986年4月，QF-1气流纺纱机通过省级投产鉴定，当年就有18台订单，产值906万元，实现主要支柱民品销售收入零的突破，改变了发工资犯难的局面。这一炮打响，职工情绪大振，工厂经营面貌也得以改观。1988年，年产气纺机72

① 西安远东公司大门（20世纪80年代）
② 航空工业远东机械厂生产的FA611型抽气式气流纺纱机（20世纪80年代初）
③ 西安远东公司大门（2019年）

台，成为气纺机生产史上的最好年份。同年 5 月，冰箱压缩机生产线建成并通过国家验收，达到国际 20 世纪 80 年代先进水平。它充分发挥了军工技术优势，投资少，见效快，产出多，是军民结合型企业的重点技术改造项目，也是我国最早的一条冰箱压缩机生产线，产品抢先占领了市场并出现供不应求的局面。西安机械厂进入压缩机生产的黄金时期，到了同年 6 月份即生产压缩机 4 万多台，达到设计能力。航空航天部还为此专门发来贺电。后来经过二期改造工程，达到年产 100 万台的能力，曾有三次月产量过 7 万台、两年产量超过 50 万台。

1980 至 1994 年民品产值逐年上升，到 1994 年民品总产值达到 26 088 万元，占厂总产值的 96.772%。随着经济效益好转，职工收入显著增加，生活福利设施出现改观，实现闭路电视、煤气、暖气三到户，职工住房条件明显改善。

1991 年 8 月，压缩机全国"行检"，西安机械厂名次后移，有被市场淘汰的危险。面对这种状况，厂领导痛下决心，一定要把质量搞上去并向部里立下军令状，提出一个月搞好现场文明生产，一个季度压缩机质量达 A 级，一年内"行检"争一保三。全厂立即开展了一场"一树二查六整顿"活动。一年后，压缩机参加 1992 年"行检"，12 项指标全部为 A 级，名列全国第一。当年 9 月 6 日，部领导来工厂检查工作，表扬远东公司"这一仗打得很漂亮，由 15 家中的倒数第二，经过一年努力，达第一名，指标全 A，非常不简单"。

过惯了计划经济生活的军工企业，军转民初期的一时辉煌，不能保证第二次创业的长久不衰。由于"两个根本转变"不到位，思想观念不适应，管理跟不上形势发展，产品改型换代滞后，企业在市场经济大潮中经不起摔打，陷入被动与困境。1995 年以来，企业经营进入低谷，正常生产受到严重影响。

在严重困难面前，西安机械厂职工不畏难、不气馁，继续深化改革，努力拼搏，在上级党委和政府的帮助下，走联合发展的道路，开始实施第三次创业。

2017 年以来，公司党委就实施"两机"专项进行再动员，指出"两机"专项是党中央、国务院为加快实现航空发动机自主研发制造做出的重大部署，全体党员要认清"使命、责任、担当"，用实干精神铸造强劲中国心，紧抓"两机"实施的历史机遇，发扬务实坚持、敢于担当、锲而不舍、滴水穿石的精神，不懈努力、顽强拼搏，走好航空发动机自主研发的长征路，助推动力梦、强军梦和伟大中国梦的实现。

（李同库执笔）

我国第一个航空机载设备厂

国营庆安机器制造厂

西安飞机附件制造厂创建于 1955 年，1957 年正式投产，是国家"一五"时期苏联援建 156 项重点建设项目之一。工厂 1965 年更名为庆安机械制造公司，1977 年更名为国营庆安机器制造厂，1984 年更名为国营庆安宇航设备公司，1994 年改制为庆安集团有限公司（简称庆安公司），现更名为中航工业庆安集团有限公司，是中国航空工业集团公司所属的国家大型企业。

庆安公司位于西安市西郊土门地区，距市中心 5 公里。公司占地总面积 567 113 平方米，其中厂区占地面积 371 212 平方米。固定资产原值 4.8 亿元，各类加工和测试设备 2 000 余台，企业资产总值 9.45 亿元，现有职工 6 700 余人。公司主要研制生产航空机载设备和民用空调制冷、城建机械、交通及化工等产品。航空工业所有机种都有庆安的配套产品，民品产值占总产值比率达 85%，已建成军民结合型企业。

公司下设事业本部、事业部、分公司共 14 个直属生产经营和服务实体。庆安公司是庆安集团的核心企业。集团是以资产联结为纽带的母子公司体制，现有 10 个控股公司，7 个参股公司，资产总额 13 亿元。公司在西安高新技术产业开发区创建的庆安制冷工业园，研制生产具有 20 世纪 90 年代国际先进水平的高效节能型单双缸变频工频转子式和涡旋式系列空调压缩机，年生产能力达 155 万台，是国家重点空调制冷压缩机研制、生产基地。近几年公司研制生产的航空产品和空调压缩机等 28 项产品，在国内 64 次获奖。部分产品已出口北美、西欧、东南亚和非洲等 50 多个国家和地区，公司先后获得陕西省利税大户、出口创汇大户、陕西和全国经济明星企业、航空工业有重大贡献单位、全国先进企业、全国思想政治工作优秀企业等称号，并荣获全国"五一劳动奖状"。

一

中华人民共和国成立初期，我国就着手建立航空工业。1951年4月，中央人民政府革命军事委员会和政务院做出《关于航空工业建设的决定》，为新中国航空工业的发展确定方针，指明方向。1953年，我国开始了发展国民经济的第一个五年计划。1953年5月15日，中苏两国政府签订苏联援助我国建设156个重点项目的协议，其中航空工业13个项目，有4个飞机发动机制造厂，4个修理厂，5个仪表、附件制造厂。同年6月8日，第二机械工业部航空工业局正式确定建立3个辅机厂，并分别规定了工厂代号。作为飞机附件厂的庆安公司被列为国家重点建设项目之一。

1953年5月，在第二机械工业部第四工业管理局的直接领导下，庆安公司（航空发动机附件厂、飞机附件厂）筹备小组在北京成立。9月30日，国家计委决定将庆安公司厂址设在西安。10月28日，筹备组由北京迁到西安，担负起远东公司和庆安公司的筹建工作。筹备组在10天时间里对西安市东郊十里铺、南郊沙井村、西郊北石桥、阿房宫、枣园及未央西路一带进行考察，提出4个厂址对比方案，上报北京。11月12日，第二机械工业部与苏联专家专程来西安考察远东公司、庆安公司厂址，经实地考察，最终确定在西郊未央路地区建厂。12月国家正式批准厂址方案。

部、局决定联合兴建，即两厂基建时期按一个厂编制、实行集中领导统一指挥，工厂筹建组全面开展了建厂的准备工作。党和国家对远东公司、庆安公司的建设非常关心，及时从全国各地、各条战线抽调人员支援工厂建设。1954年上半年，工厂接收了一批空军转业人员和国家分配的第一批大学生。1954年5月，远东公司、庆安公司同112厂、122厂、320厂等老厂分别签订了1954年至1955年培养和输送干部合同。1954年下半年，国家从华北、中南和西南等地调来一批地、县、科级领导干部，9月间又统一分配了42名大专学生给工厂。1955年，国家又从320厂、120厂、432厂、116厂等老厂调来200余名基建干部支援工厂。

随着建厂工作的逐步开展，建厂初期的组织机构也逐步扩大。1953年年底，工厂设秘书组、行政组、资料组、计划组、器材组、工程组等6个小组。1954年，上半年开始设置科室，有秘书科、行政科、工程科和保密科等 9 个科室，下半年又增加了检验科、合同科。1955 年 3 月 22 日，两厂成立临时党委，临时党委书记张基、副书记王赤先。

1954 年 3 月 9 日，二机部根据国家计委 1954 年 2 月 27 日 11 号文批示，批准了工厂计划任务书。计划任务书规定：全厂职工 5 394 人。全厂占地面积 45 万平方米，厂区占地面积 35.36 万平方米，产品品种 20 项。工厂初步设计按上述文件规定，由第二机械工业部四局设计院和苏联 216 专门设计处共同设计。设计采用苏联的设计规范和标准，工厂平面图设置依分区布置的原则，厂房按生产性质划分。设计要求工厂 1955 年始建，1957 年竣工，1958 年投入生产。

1954 年 11 月，在中共西安市委统一领导下，成立了征购土地、迁移村庄两个工作组。历时 65 天，完成了征地和迁移这项极其复杂而艰巨的任务。

1955 年 3 月 17 日，福利区宿舍工程开始动工。10 月 15 日，厂区工程开始动工。1956 年工厂建设进入高潮。从 7 月开始，部分厂房陆续临时投产，到 12 月主要生产作业线均已建成，较国家规定建设期限提前一年基本建成。1957 年结束基建收尾工程，新品试制和批量生产进入高潮。

1957 年 9 月 26 日，工厂向国家申请验收。11 月 3 日召开了庆祝竣工大会，省部领导和苏联专家到会讲话祝贺。国家验收委员会于 11 月 14 日至 11 月 18 日对工厂进行了检查验收。11 月 18 日，国家总验收典礼大会隆重举行，庆安公司宣告胜利诞生。1957 年验收时，全厂有管理科室 28 个，车间 15 个，职工 5 777 人。

工厂建成投产后，党和国家对工厂的生产发展十分关心。刘少奇、朱德、李先念、陆定一、聂荣臻、郭沫若、张爱萍等党和国家领导人先后来厂视察，对工厂建设和各方面工作做了许多重要指示。

工厂投产初期主要是研制生产飞机辅机产品。1956 年 8 月，开始试制第一个产品 MNT-17 飞机万能操纵杆 CZG-2（P-4M）。1957 年 4 月，在苏联专家的指导下和广大职工的共同努力下，此产品试制成功，随后开始批量生产。6 月至 8 月又试制成功两项新产品，到 1957 年年底，工厂共计有 18 项新产品，投入批量生产的有 14 项 2 823 套，满足了飞机主机的配套需要。工厂在保证军品生产的同时，还利用剩余生产能力，开始生产一些民用产品，主要有拖拉机零件、平车轴、法兰盘、滑车、齿轮等，支援了国家经济建设。

二

从 1957 年正式投产到 20 世纪 70 年代末，工厂为我国航空工业的发展和国民经济建设作出了重大贡献。改革开放以来，公司坚持以党的十一届三中全会以来的路线、方针、政策为指南，认真贯彻"军民结合"方针，实施军民品同时发展战略，通过技术引进、技术改造、产品开发及结构调整，实现由过去单一内向型军工企业向外向型军民结合型企业的转变。

在党的改革开放方针指引下，公司坚持改革，转换机制，调整结构，强化管理。特别是"八五"计划以来，公司明确提出进一步调整企业产品结构、产业结构、组织结构、资本结构和人才结构的任务。在企业组织结构方面，按照"大企业、小型化"的调整战略，把原集权式的直线职能组织结构转变为集权与分权相结合的，由若干事业本部、事业部、分公司、子公司组成的扁平化组织结构，实行战略集中、分散经营、职能综合、协调监控。这种"大企业、小型化"的组织结构，较好地适应公司发展战略和市场激烈竞争的需要，优化资源配置，增强企业活力，推动了企业的发展。

在组织结构调整上大致可分为三个阶段：

第一阶段（1984—1990 年）：在开发空调压缩机、摩托车、纺织机械、城建设备等支柱民品基础上，将军品生产线上的设备、人员充实到民品生产线，把原来按工艺原则划分的 22 个车间改为按产品对象组成 15 个厂（所），初步实现了军民品分线生产。为发展新型号航空产品和引进国外空调转子压缩机技术及建设 40 万台压缩机能力生产线，创造了组织条件。

第二阶段（1991—1993 年）：进入"八五"时期，尤其在邓小平南方谈话后，公司加快改革和发展步伐，在建成一、二期工程，形成 40 万台压缩机生产能力的基础上，再建压缩机三期工程，形成 100 万台生产能力。军品经过浓缩之后，仍有一些厂军民品混线生产。为贯彻"军民品同时发展"方针，需将混线生产的民品剥离出另行建线。公司决定在"母体"外技改建线，加上三产企业，形成 32 个子公司。为加强对子公司国有资产管理、推进专业化和协作，发挥整体优势，1993 年 4 月成立庆安集团有限公司，使公司走上了集团化经营的道路。

第三阶段（1994年以来）：为进一步搞好公司"母体"，于1994年在公司内建立事业部制，把原15个厂（所）、第三产业各营业单位和后勤各处、科室改造为事业本部、事业部、分公司共14个直属生产经营和服务实体。

至此，公司的集权与分权相结合，由事业部、事业本部、分公司、子公司、分厂组成的"大企业、小型化"组织结构逐步建成。

公司组织结构框架形成三个体系：

第一，纵向生产经营体系。主要有四种组织形式：一是具有独立法人地位的子公司。二是事业部。即按产品或工艺（服务）或地区划分具有产品开发、采购、生产、销售等经营功能，又相对独立、自主经营、自负盈亏，不具有法人地位的经济实体和利益主体。目前有锻铸、电机电器、橡塑、热表、工模具等6个事业部。三是事业本部。由航空和压缩机产品的机加、装配、科研、供销等相关单位组成，以统筹新品开发、协调行动、参与市场竞争，既有生产经营又有管理职能的不具有法人地位的经济实体。社会事业本部是企业后勤福利部门及所辖的企业和事业单位组成，以促进后勤福利与生产分离，使之由单一的福利型向社会型、经营型转变，独立核算，自负盈亏，减轻企业办社会负担。第三产业本部由15个"三产"企业组成，是既有经营又有"三产"行政管理职能的经济实体。四是分公司。如运输、建筑、销售分公司等，实行独立核算、自负盈亏，但不具有法人地位。以上四种组织形式，均为庆安集团公司直属单位，形成垂直组织体系。庆安集团公司实行逐级授权，使之与承担的责任相对称；逐级管理，即公司只管到四类直属单位，其下属单位则由本部、事业部、子公司管理。

第二，横向职能组织体系。公司本着"上综合、下实施"的原则，转变科室结构。职能部门从过去主要抓实物形态的经营管理转变为既抓实物经营又抓资本经营的管理；从微观的、直接的管理转变为企业内中观的、协调、服务和监控管理。重点加强经营战略、财务、人力资源开发、远景技术进步和监督监察等综合管理职能部门。其他专业管理尽量综合，涉及实物经营的职权下放给本部。由于权力下移，公司由原48个部（处、办）精简为15个部（处、办）。

第三，领导组织体系。公司1984年从党委领导下的厂长负责制转变为厂长（经理）负责制。1994年按国有独资公司进行公司化改造，依法建立了决策、执行、监督的法人治理结构。董事会作为集团公司最高决策机构，代表和维护出资者的权益，就企业和集团重大问题进行集体决策；总经理由董事会聘任，执行董事会决议，主持日常经营管理，对集团和集团公司日常经营管理统一领导，向董事会负责。集团公司下属子公司、事业部、本部均实行总经理或部长负责制。同时建立隶属于董事会的技术创新、事业发展、财务等委员会，作为董事会的决策支持、方案预审和专业执行指导机构，协助董事会决策，并把董事会和执行部门联系起来。

"八五"计划以来，公司在企业发展过程中，利用自身的军工、技术、装备等各方面的优势，在保证完成航空产品任务的基础上，大力开发民用产品，使一个单一的军工生产企业转变为军民品生产相结合的资本多元化、产品多种化、以国有资产为纽带的大型集团。企业支柱民品空调压缩机经历了从技术引进、消化吸收、改进提高到开发研制的艰难历程，目前年生产能力达百万台，共开发出4个系列32个品种，是国内生产实力最强的空调转子压缩机生产基地。空调压缩机产销率达到97%，满足了国内外空调器生产厂家的需要，出口创汇平均每年400多万美元。民品产值达到企业工业总产值的90%，"八五"前后的10年中，公司产值、销售额、利税分别以年增55.7%、41.2%、52.7%的速度增长。公司根据《公司法》与《股票发行与交易管理暂行条例》有关法规，对已形成规模、市场潜力大、回报率高的空调压缩机生产企业的实体进行资产重组，股份制改组，力争尽快挂牌上市。

"企业办社会"大事记一览

1956年5月8日，开办工厂业余学校，张基兼任校长。1957年1月，该校被上级命名为404业余中等技工学校。

1956年10月5日，远东公司、庆安公司两厂夜大学正式开学。该校由西安航空学院（今西北工业大学前身）代办，五年制，有学员220名。其中远东公司、庆安公司各100名，西安航空学院在职干部20名。主任为西航许侠农教授。随后，又举办了中专班。1958年工厂开展反右斗争后，停止上课。

1957年6月，511礼堂破土动工，12月竣工，建筑面积1 480.42平方米。

1958年9月14日，工厂自行创办业余大学。至成立庆安公司前，业大共招收6届学员，开办了理工科、语文专修科、半工半读等7个班，学员总数约500人。其中毕业了四届，毕业学员132人。另两届学员60年代末因故而中断学习。1981年后，经过补课，给87人补发了毕业证。1965年11月，业大与远东公司业大合并，成立庆安公司业余大学，负责人王以钊、郑建华。"文化大革命"开始后，学校停课。1969年10月，业大解散。

1959年2月，三机部决定西安249技校（前身为251技校）由厂代管，249技校成立分党委，厂党委副书记王赤光兼任技校分党委书记。

1959年3月，全厂大办职工文化教育。至年底统计，全厂共有夜校18所，91个班，3 728名学员。1961年，除厂办夜校外，其他夜校均先后停办。

1960年6月15日，成立庆安工业学校，校长江放，9月29日正式开学。1961年8月，因国民经济进行调整，学校解散。

1965年7月26日，为加强后备技术力量的培训工作，工厂成立了半工半读技术学校，校长宋协隆。庆安公司成立后，该校与远东公司半工半读技术学校合并，成立庆安公司半工半读技术学院，校长苏振廷。该校于1965年、1966年两年内共招收学员13个班，600余人，全部毕业。教职员工约40余人。1969年学校撤销。

1969年4月，经省委同意，在华县敷水镇孙庄建立"五七"干校，有土地2 500亩。1970年7月，"五七"干校改为"五七"学校，后又改名为庆安农场。1977年年底，因公司撤销，远东公司、庆安公司两厂分别成立农场。农场以种植小麦、油菜为主，每个职工平均每年可从农场收获中分得10斤面粉、2斤食油。1982年，农场撤销，土地交还地方。

1971年11月，小学教学楼建成，建筑面积1 590平方米。

1976年9月，职工医院建成使用，建筑面积6 280平方米。

1979年6月，恢复技校，9月开始招生。7月，"七·二一"大学开始招生电大学生。10月15日，厂"七·二一"大学经部检查验收合格，改名为庆安工学院。院长李振远，副院长王以钊、王福田。

1982年12月，511礼堂扩建工程完工，建筑面积由原来的1 480平方米扩大为2 529平方米，座位由原来的1 244个扩大到1 780个，并为加二层打下基础，1983年1月正式开放。

1983年8月，技校新教学楼建成，面积800平方米。12月13日，工厂成立职工学校和职工技术学校，前者负责对厂内职工进行文化技术业务培训，后者负责对本厂子弟进行就业前的文化及劳动技能教育，为职工子弟参加工作打下基础。

三

2001年12月，改制后的新公司正式成立。通过实施主辅分离、辅业改制方略，重新

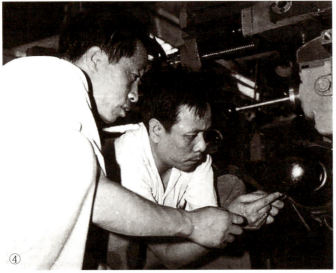

① 庆安公司原办公楼
② 装配试验专家杜比斯基同志在现场指导工作
③ 国家验收委员会来厂进行检查验收
④ 电工比武，现场处理故障

⑤ 航空工业庆安集团有限公司北门（2019年）

⑥ 1957年11月14日，国家验收委员会来厂进行检查验收并举行验收签字仪式

⑦ 1958年12月，苏联专家组组长高尔达·宾柯夫同志和张基厂长在工段解决问题

⑧ 1998年4月，公司派相关人员到俄罗斯学习时，在巴甫洛瓦液压附件厂试验产品时的工作合影

激活了企业发展活力。

2004年，庆安制冷产业在空调制冷行业激烈的竞争中居于前列，空调压缩机产销双双突破400万台，庆安牌空调压缩机于2005年9月荣获"中国名牌产品"称号。

企业航空产品逐步向复杂装置和系统方向发展，从常规项目向填补国内空白项目发展，尤其是某系统装置的研制成功，打破了西方长期以来在该项领域对我国的技术封锁，填补了我国航空领域的又一空白，这项成果荣获2007年国家科学技术进步特等奖，确立了庆安在飞控操纵技术专业领域的重要地位。

庆安公司在西安高新技术产业开发区建立庆安制冷工业园，具备年产各型空调压缩机500余万台的生产能力，成为国内领先的空调压缩机研制、生产、服务基地之一；在西安经济开发区建设了民用航空液压操纵产品转包生产厂区，先后与GE-AS、GOODRICH、EATON、MOOG等多家世界航空机载设备知名企业建立了合作关系。

纵观65年发展历程，庆安公司走出了一条从测绘、仿制，到自行设计、自主研发，从单一产品到系统集成的创业、兴业之路。

庆安公司实现了战略转型，创新突破。按照"航空为本，航空与制冷并举"的战略方针，恢复发展航空产业，提出"两个转变"战略目标的实现路径。在主业向着航空业务集中的同时，公司以"两个转变"为抓手，从研发组织变革、制造能力升级、管理体系变革、矩阵式组织结构、高层次人才引进、核心人才成长等各个方面，系统开展了企业的转型升级。

2018年基本完成了传统制造向数字化制造的转变，基本实现了生产科研型向科研生产型的转变。在科研能力方面，实现了简单产品向复杂产品，部件产品向系统产品的升级，确立了高升力系统、辅助飞行控制系统等为主的9个方面的系统级产品。在制造能力方面，以320厂房建设为重点，规划基于物联网技术的航空柔性精益制造系统。在非航空民品领域，拥有年产1 200万台制冷压缩机科研生产能力，为国民经济的发展发挥了重要作用。

庆安公司2019年8月5日获得"2018—2019年度全国企业文化优秀成果二等奖"。2020年12月获得2020年"陕西省五一劳动奖状"。

（刘宇光执笔）

我国第一个航空电气设备厂

国营秦岭电工厂

位于八百里秦川中部的陕西秦岭航空电气公司("一五"时期曾名国营秦岭电工厂,后更名为秦岭电气公司、陕西秦岭航空电气公司、航空工业航空电源有限公司,现为中航工业陕西航空电气有限责任公司,简称中航工业电源)是我国第一个五年计划期间苏联援建的 156 项重点工程之一。1955 年 9 月 7 日建厂,1957 年 9 月建成投产。现已发展成为我国航空电源系统和航空发动机点火系统的科研中心和生产基地。

公司为我国制造的各种飞机和部分导弹提供了电源产品和发动机点火器。在军转民的过程中,公司研制生产的主要民品有:冰箱压缩机电机系列,空调压缩机系列,洗衣机电机,汽车用电机、风机,汽车和摩托车用火花塞、车用风扇,微型汽车平衡轴齿轮,纺织用金属槽筒、络筒机备件,高能锅炉点火器,外贸泵电机,游艇用舷外机电机,等等,五大系列 40 余个品种。

公司先后获得国防科工委质量保证体系优秀单位,航空工业部质量管理奖,陕西省质量管理奖,通过了 ISO 9001 质量保证体系认证,荣获"陕西省先进企业""航空航天工业部清洁文明工厂""国家级环境保护先进单位"等荣誉称号。有 4 项产品分别获国家金质奖、银质奖、优秀新产品奖,另外还有 51 项获科研成果奖、部级科技进步奖。

一

抗美援朝战争使我国加快了建立航空工业的步伐。1951年4月17日，中央人民政府革命军事委员会和政务院做出关于航空工业建设的决定，成立了航空工业局。党中央从全国抽调干部，迅速加强航空工业。经过一年多的努力，到1952年6个飞机、发动机主要工厂都已具有新型大修理厂的规模。1954年年底，一批飞机、发动机工厂陆续建成，而机载设备工厂尚未开始建设，辅机产品则主要依靠苏联供应。随着主机生产的发展，辅机产品中电气产品与主机不相适应的矛盾便尖锐地暴露出来，而且越来越成为阻碍航空工业发展的严重问题。

为解决矛盾，二机部四局决定采取两项措施：一是加速辅机工厂的建设，扩大生产能力；二是动员飞机、发动机工厂以及地方民用机械制造工厂利用现有生产能力、迅速开展辅机产品的试制工作。这样既解决了配套急需，也为新建的辅机工厂培养了干部和技术工人。

1953年6月，第二机械工业部四局拟新建12个工厂，其中包括一个航空电气设备厂。为建立和扩大航空电气产品的修理和试制生产能力，四局认为天津电工器材制造西厂生产电机时间较长，专业对口，有一定生产军品电机的经验和技术力量，遂决定接收该厂，着手进行改造，试制航空产品。

为了适应转产的需要，工厂进行了必要的准备工作：对全体职工进行航空产品特殊性的教育，牢固树立"军工产品质量第一"的思想，使职工的思想跟上转产的需要；培养文明生产作风，建立文明生产制度；按照航空产品生产技术特点，调整生产组织和管理机构；先后调配了200余名技术人员和管理干部，并从太原、上海、南京等地调入技术工人200余名，充实了该厂技术力量。

第一个五年计划期间，航空工业是国家建设的重点。根据中苏两国政府的协议，由苏联帮助中国兴建的156项重点工程中，航空工业制品厂就有12个，其中包括新建一个航空电气设备厂。新厂厂址最初选在天津市北郊。由第四设计院初步设计，经部局审查同意，报请国家计委批准。初步设计确定：全厂建筑工程总投资4 281万元；配备设备1 444台，其中金属切削设备656台，大部分是较先进的设备；总建筑面积140 364平方米，其中厂区为58 429平方米。二机部四局确定新厂厂房建设于1955年年初动工，1956

年部分投产，1957年全部建成。新厂建成后全厂职工最多时为5 342人；产品对象为歼-5机配套的电机电器设备，生产品种包括电机10种、电器23种，共计33个品种；年产量102 550台。并确定老厂为新厂的预备厂，负责包建工作。

国家最初确定新建的航空电气设备厂在天津建设，天津市委十分重视，全市动员，大力支持，并抽调干部组成筹备组，由天津第六建筑公司负责包建新厂。

1954年3月，航空电气设备厂基建筹备处在天津市和平区睦南道成立。不久，新厂建设破土动工。由于各级党委高度重视，各方大力配合，协同作战，工程进展极为迅速。到1955年3月完成铁路专用线、深井、临时变电站等三项工程。

正当工厂基本建设在天津轰轰烈烈展开的时候，国务院考虑到国防安全和国家工业布局的调整，于1955年3月12日决定：航空电气设备厂在天津停建，另在陕西勘察新厂厂址。

1955年4月，二机部四局派员到陕西选择厂址。从4月中旬至8月初，历时三个多月，完成地形测量和钻探勘察任务。根据选址领导小组的报告，1955年8月上旬，二机部四局正式确定在兴平建厂。

工厂筹建时期，原航空电气设备厂、陇西铸造厂两厂联合组建筹建办公室。陕西省人民政府于1955年10月向兴平县人民政府下达命令，决定在潘村至南汤台中间建设两个工厂，征地5 000多亩，并要求在1955年年底前全部拆迁完毕。兴平县人民政府接到命令后，立即进行动员，组成领导小组配合两厂筹建，并做好征地、搬迁工作。从11月16日开始，到12月31日结束，共征地2 555.94亩，完成厂区范围的520户居民搬迁工作。工厂的土建工程仍由天津市第六建筑工程公司承建，该公司500余名建筑工人于1955年9月抵达兴平，吊装工程由西北金属安装公司承建，钢材工程制作由西安金属结构厂承建，机电工程由第二机电安装工程公司承建，卫生管道工程由第三卫生设备安装工程公司承建，5个单位协同作战，共建陕西秦岭航空电气设备厂。

陕西秦岭航空电气设备厂的工业设计是由部第四设计院负责完成的，仍利用在天津建厂时的全套资料，根据兴平厂址的具体情况重新修改了初步设计。

1955年9月完成厂址测量勘探任务后，立即组织力量突击建设铁路专用线、深井、变电站等项关键工程。到1955年年底，铁路专用线、区公路、变电站工程即告完成。1956年2月1日，厂区建设正式开始。在整个建设过程中，各级党委和政府高度重视，大力支持，各个方面通力合作，协同作战，使工程进度加快，比原计划提前一年零三个月完成了建厂任务。

到 1957 年 9 月，全厂实际完成建筑面积 140 364 平方米，其中生产厂区为 58 429 平方米。全厂已配备设备 1 444 台，其中金属切削设备 656 台，金属成型设备 83 台，动力设备 44 台，起重运输设备 13 台，电气设备 90 台，铸造设备 6 台，非标准设备 305 台，试验设备 60 台，其他设备 187 台。完成投资 4 076.7 万元。

在基建过程中，工厂积极做好生产准备，边基建边试生产。工具车间从 1956 年 8 月开工试生产，随后，机械加工 1 号、锻铸造 4 号、动力运行 6 号、装配试验 2 号等厂房也都陆续投入试生产。当年 11 月份完成直流发电机 ZF-350、泵电机 BZD-75、调压器 TY-1、稳压器 WY-6 等 4 种产品的复制试生产定型任务。1957 年 11 月 8 日，经国家验收委员会验收鉴定，工程质量全部良好，批准正式动用。12 月 5 日，开工典礼隆重举行。

至此，国营陕西秦岭航空电气设备厂正式宣告诞生。

二

陕西秦岭航空电气设备厂刚正式投产，就遇上 1958 年开始的"大跃进"。在"大跃进"中，职工们高昂的生产热情使工厂生产取得发展，特别是在产品的自行设计、解决电嘴缺门等方面取得一定成绩。但也出现了许多严重失误：一是表现在不尊重客观规律，不按客观规律办事，盲目追求不切实际的高指标，随心所欲地大搞产值翻番，盲目投料，粗制滥造，产品质量差，给工厂的发展带来严重的危害。二是军、民品混在一条生产线上，对军品的生产和军品质量产生了很大的负面影响。生产秩序混乱，在高指标的压力下，又放松质量上的严格要求，特别是有些技术复杂的产品，如大型电动机、变压器等，都安排在生产准备车间生产，严重削弱了技术后方的工作，使生产准备工作处于被动局面。三是企业管理出现严重混乱局面。1958 年工厂将生产线由工艺原则改为对象原则，组成封闭车间；在生产指挥系统上，成立生产指挥部；1959 年又搞"四条龙"，分 25 个战场，成立 105 个突击队，把原生产管理上客观存在的纵横关系全部打乱了。原有的职能机构失去作用，企业管理出现了严重的混乱局面。生产上的瞎指挥，打乱了正常的生产秩序，破坏了严格的责任制。新品试制没定型就投入生产，技术资料差错很多，工艺纪律十分松弛，技术检验工作放松。企业管理混乱，必然给产品质量带来严重影响，工厂生产技术基础也遭到破坏。对产品设计、工艺、工装制造、设备维修、产品检验等的处置权下放到车间，形成了谁想怎么干就怎么干的局面，造成工艺纪律松弛，质量监督成了一句空话，质量水平大幅度下降。

20世纪60年代初，中苏关系恶化，苏联停止对华援助，加上当时自然灾害严重等因素，使我国国民经济陷于极度困难的境地。工厂自然也遇到了前所未有的困难，电嘴试制被迫停止，生产受到严重损失。

党中央及时发现"大跃进"中存在的严重错误，并采取了一系列措施来纠正这些错误。经党中央、国务院、中央军委批准，国防工业委员会于1960年12月8日到1961年1月6日在北京召开了国防工业三级领导干部会议，部署在全行业开展质量整风运动。

根据中央部署，工厂在1961年上半年深入开展了质量整风运动。以整顿领导思想作风为中心，彻底整顿产品质量，整顿基层，整顿纪律。在工人中广泛开展两忆三查活动，即忆阶级苦、民族苦；查国防观念、查劳动纪律、查劳动态度。通过整风，彻底纠正在执行党的方针、政策上的偏差和错误，揭露和批判浮夸风、命令风、瞎指挥风等官僚主义作风，对各种忽视产品质量、弄虚作假、违法乱纪的行为，认真总结经验教训。二机部还派出工作组，进驻工厂帮助整风。

在开展质量整风运动的同时，为了克服暂时的困难，工厂根据上级指示，先后精简下放职工590名。

随着经济调整的进一步发展，为了改变我国长期用行政办法管理企业的状况，提高经济效益，1963年下半年到1964年上半年，中央曾多次提出改革工业管理、试办各种类型的工业交通托拉斯、用经济办法管理企业的要求。根据中央这一精神，三机部在1964年企业领导干部会上对试办公司的问题作了酝酿，并要求各企业在四清运动的建设阶段认真研究这个问题。

在这种背景下，经过一段时间的酝酿，1966年6月4日，经三机部批准，秦岭电工厂和陇西铸造厂合并，成立了秦岭机电制造公司，下分7个专业厂，到10月份公司合并基本完成。秦岭机电制造公司刚一成立，"文化大革命"就开始了。刚刚组建起来的各级领导班子顷刻被造反派夺权、批斗、靠边站。公司的生产与管理陷于全面瘫痪。直到1968年7月革委会成立后，才逐步得到恢复和发展。

粉碎"四人帮"后，1977年10月，三机部批准撤销秦岭机电制造公司，恢复陕西秦岭航空电气公司和陇西铸造厂建制。12月1日，两厂正式分开办公。陕西秦岭航空电气公司恢复建制后，一手抓揭批查，落实党的各项政策，解放干部，平反冤假错案；一手抓生产整顿，重新组织生产活动。

三

党的十一届三中全会以后，陕西秦岭航空电气公司在改革开放的大潮中积极探索，勇于创新，不断深化企业内部改革，开始了第二次艰苦的创业历程。

"六五"期间（1981—1985年），工厂在面临军品任务大幅度下降、生产任务严重不足、企业经营机制难以适应形势发展要求的情况下，把改革的重点放在如何转轨变型上，即从计划经济体制下的生产型向生产经营型转变，从过去以军品为主向军民结合的道路转变。

在1981年开展质量整顿的基础上，1982年9月到1984年又全面开展了企业整顿工作。整顿的主要内容：一是整顿各级领导班子，按照"四化"要求调整配备工厂和中、基层领导干部。整顿后的中层干部比原来减少了85人，年龄结构、文化程度都有了相应的改善。二是整顿组织机构，充实生产一线。按照精简、效能、加强科研生产第一线的原则，对工厂机构设置进行调整，科室由原来的23个减少到21个，并加强了计划、劳资、财务等科室。同时结合工厂实际，在工厂内部实行工区管理，工区下设车间、科室。为充实生产一线，工厂还调整生产工人、技术管理干部的比例，清理以工代干。整顿后生产一线净增447人。三是整顿和加强劳动纪律，建立职工考勤卡，并与奖励挂钩。四是整顿和完善各项规章制度。建立健全各类人员岗位责任制、各项规章制度和原始记录。

这期间，工厂还开展保产品质量、保合同、抓技术质量攻关、抓民品生产线建设、群众性技术革新和合理化建议、增产节约、提高经济效益、提高企业适应能力等活动。

经过整顿，工厂的各项管理、生产现场秩序、干部素质、厂容厂貌有了明显的改观。

在生产经营上，1983年以后，新的工厂领导班子根据"军转民"的方针，开始注意民品开发和市场调研工作。工厂成立经营部，负责经营计划、产品销售、市场预测、信息收集等。重点抓好军品科研生产的同时，注意开源节流、增产增收和扩大对外协作。

1985年6月工厂实行厂长负责制，成立工厂管理委员会，建立健全工厂生产技术指挥系统。这是企业领导体制上的一次重大变化。

1983年开始落实经济责任制，工厂由生产型向生产经营型转变。各项经济指标分解承包到各分厂、车间、班组。1985年，从产品开发、机构体制、干部制度、分配制度等方面开始全面改革。工厂更名为"秦岭电气公司"后，内部建立了10个经济实体即分厂，分厂下设车间，形成公司决策层、分厂管理层、车间执行层的三层次管理体制，并对分厂在计划、经营、人事等6个方面放权，扩大分厂在生产经营中的自主权限。

"六五"期间，随着企业改革的逐步深入，工厂的经营机制开始发生变化。由过去单一的生产型企业逐步转变为生产经营型企业，产品开发和联营迈出新步伐。工厂先后与无锡电子工业局、连云港机械公司等进行联营合作，按照军民结合、平战结合、保军转民的方针，加强了民品的研制开发，先后研制出纺织铝合金槽筒、家用吸尘器、电风扇、汽车、摩托车火花塞等民用产品。

改革促进了企业的发展。"六五"期间工厂的商品产值由1981年的2 171万元上升到1985年的4 311万元，翻了一番。其中民品产值占工业总产值的34.3%。利润从1981年的40万元上升到1985年的110万元。同时，在党的建设、精神文明建设以及改善职工福利等方面，都取得了很大成绩。

"七五"期间（1986—1990年），工厂按照国家和航空航天工业部的指示，以贯彻《企业法》为主线，继续抓好企业改革，把工厂改革的重点放在转换企业经营机制上。

1986年，工厂抓住搞活基层实体、提高经济效益这个中心，进一步完善各经济实体分权管理体制，健全了分厂的管理机构，并重新调整分厂的机构设置和人员配备，对基层实体单位继续推行以承包为主的经济责任制，以激发和调动实体单位的积极性。在人事、劳动、工资及人才开发等方面，采取了更加积极的改革措施，先后下发《有关劳动人事方面的改革实施细则》《行政中干聘任制实施细则》等文件，并组织实施。在劳动分配制度上，推行以责任制为核心的经济承包管理办法，把经济责任制、核算制和按劳分配三者结合。各项经济指标层层分解到分厂、车间、班组乃至职工个人，使责、权、利相统一，干部和职工既有动力，又有压力。全民所有工业企业三个条例颁布以后，工厂围绕条例的贯彻落实，以企业升级为契机，认真抓好企业内部承包责任制的落实。

1987年，工厂按照国家要求，组织开展以产品为龙头、质量为重点、管理为基础的企业升级活动。专门成立了企业升级领导小组，有计划、有组织地开展这项工作。结合企业升级，认真宣传落实全民所有制工业企业三个条例。按照《条例》的要求，进一步理顺党、政、工三者的关系，完善厂长负责制，明确企业党组织的工作任务，强化民主管理，健全职代会制度。按照"一包二挂钩"的原则，1987年以后，在内部改革上继续实行以承包为主的经营责任制。在具体做法上采取划小核算单位，实行分级分权管理，建立分灶吃饭的体制。为此，工厂建立核算中心，实行内部银行结算制度。所谓"一包二挂钩"，就是工厂把对国家承包的经济责任一次性地承包下去，承包单位的经济利益与效益挂钩，职工个人报酬与贡献大小、劳动成果挂钩。使经营承包在工厂内部纵向到底，横向到边，形成内部目标管理体系和经济责任制网络体系。

1988年，在继续深化改革中，工厂将原党委管理的宣传部、工会宣委会、武装部、信访办、离休办、保密委移交行政，并成立政宣处、离退休管理科，由工厂一名行政领导分管思想政治工作，把政治思想工作纳入生产经营的渠道。

1989年和1990年，工厂在保持稳定的同时，坚持把改革开放引向深入，围绕贯彻《企业法》，促进企业经营机制的转换，先后对各组织机构进行了较大的调整。组建综合计划处、民品处、外贸处、法制处、审计处等，进一步完善公司、分厂、车间"三级分层管理"模式。在领导体制改革上，围绕贯彻《企业法》，制定了厂长决策程序，使工厂生产经营方面的重大决策实现民主化、程序化。在人事制度改革上，对中层以上干部采取聘用制和任期目标责任制相结合的管理办法，打破"终身制"和"铁交椅"。对专业技术人员和工人实行专业技术职务聘任制和工人技师聘任制。在内部改革上进一步强化竞争机制和风险机制。实体承包不搞一个模式，既有产量、质量、项目费用的承包，又有风险抵押和全员抵押的承包。同时，健全内部核算体系，下放计划权、经营权、奖惩权、人事权、财权、生产指挥权，使责、权、利相统一。

"七五"期间，工厂在改革中，基本实现三个转变，即由单一的军品型转变为军民结合型，由生产型转变为生产经营型，由仿制转变为自行设计。先后建成年产60万台家用电机生产线和漆包线、仪表变压器、压铸、槽筒等5条民品生产线，并研制生产出大型纺织机械——自动络筒机。工厂连续5年全面完成航空工业部下达的各项经济技术指标。产值连续增长，年均递增10.8%。军转民初见成效，到1990年民品产值占工厂总产值70%以上，实现产值与销售收入同步增长的良好势头。工厂还十分重视企业文化建设，有自己的厂旗、厂徽、厂歌、厂树、厂花，提出具有本企业特色的"求实、创新、信誉、文明"的"秦岭精神"。在发展教育事业、职工福利事业、厂区环境美化等方面均取得可喜的成绩。

"八五"期间（1991—1995年），工厂的改革在邓小平南方谈话和党的十四大精神的指引下，以建立适应社会主义市场经济体制的企业运作机制为重点，突出市场经济这一主体，改革工厂的管理体制和经营机制。

1991 年，工厂在面临市场疲软、资金紧张、三角债困扰等多种不利因素的情况下，制定抓市场、挖潜力、实现生产效率与经济效益同步增长的经营方针，在实际运作中，坚持以市场为导向，积极开发短平快、效益高的产品，先后研制生产出空调压缩机电机、空调风机系列电机、冰箱系列电机、洗衣机电机等 30 多个品种。同时，转变经营观念，积极开发外贸产品，开拓国际市场，先后研制开发了洗碟机电机、舷外机电机、外贸火花塞等，投入批量生产并出口。

1992 年春，工厂及时组织学习并贯彻落实邓小平南方谈话精神，在干部职工中广泛开展解放思想、转变观念、深化改革的大讨论活动，增强干部职工的改革意识和承受能力。工厂先后出台《进一步落实经济实体责权利的有关规定》《外协管理补充规定》《奖金与完成生产任务挂钩暂行办法》等改革措施，进一步完善了经营责任制。精减了机关后勤人员，实行一专多能，一职多能。这些改革措施的出台调动了工厂上下的积极性，推动了企业生产与经营。

1993 年，工厂按照国家的有关规定，还积极稳妥地进行职工住房制度的改革。制定并出台《秦岭电气公司出售公房实施方案》。在劳动分配制度上，实行岗位技能工资制。这一年上级对工厂领导班子进行了重大调整。

1994 年，工厂按照航空工业"腾飞计划"实施纲要的要求，围绕"坚持航空为本，强化非航空产品开发，深化改革，转换机制，提高效益"的经营方针，注重科技进步，加大产品开发和市场开发，强化营销工作，积极稳妥地转换机制。在总结过去承包经营经验的基础上，从 1994 年开始，工厂推出进一步划小核算单位，在各经济实体实行独立核算、自主经营、自负盈亏、利效挂钩的经营方式。各经济实体根据与工厂签订的承包合同，制定目标，分解落实。

1995 年，在此基础上，工厂全面推行"自主经营，独立核算，自负盈亏，利效挂钩"的经营责任制，实体单位在人事机制、产品开发、劳动分配等方面有更多更大的自主权。随着改革的不断深化，工厂加快建设航空电源中心的步伐。中国航空工业总公司进一步明确陕西秦岭航空电气公司"是航空电源专业研究中心，承担航空电源系统的预研、型号研制和小批量生产任务"。同年 12 月，中国航空工业总公司在北京召开航空主电源"九五"及后十年发展规划研讨会。会议通过陕西秦岭航空电气公司制订的《航空主电源"九五"及后十年发展规划》，确立了秦岭公司在航空电源发展中的领导地位和核心作用。

"八五"期间是工厂改革力度和发展变化最大的五年，公司在航空产品上能够自行研制生产具有当代世界先进水平的恒速恒频和变速恒频航空电源系统。航空点火器能满足国内所有军机发动机的配套和新机研制的需要。制冷电机系列产品和舷外机电机等外贸产品已批量生产并出口，有较好的市场前景。非航空产品的研制生产也取得了较大发展，先后建成年产50万台空调电机生产线、10A项目电嘴电缆生产线、汽车平衡轴尼龙齿轮生产线和舷外机电机生产线，民品产值已占工厂总产值的75%以上。1991—1993年，工厂连续3年全面完成航空总公司下达的各项经济技术指标，取得较好的经济效益。1994—1995年，受市场和国家宏观政策的影响，工厂的经济效益一度出现下滑的局面。

"八五"期间，职工的生活福利事业有新的发展。工厂先后几次调整工资，实行岗位技能工资制，使职工的收入得到提高。工厂先后举办多次秦岭文化节，活跃职工业余文化生活。1995年9月，工厂还组织多种形式的庆祝活动，纪念建厂40周年。工厂先后为家属区安装闭路电视、新建秦岭医院CT诊断中心、修建人工湖等。新增职工住房和集资建房64 318平方米，解决了1 050户无房户或住房困难户的住房问题。

进入"九五"时期（1996—2000年），工厂在发展思路上提出坚持航空为本，发展民品和第三产业两翼，不断深化改革，走军品、民品、"三产"相结合的发展道路，争取到20世纪末全厂工业总产值达到10亿元。

"九五"第一年（1996年），工厂全面推行"自主经营、独立核算、自负盈亏、工效挂钩"的经营责任制，与15个经济实体、22个非生产单位和8个机关业务部门签订经营责任合同书。对各实体每月按产值、货款收入和上交费用进行考核，并与各单位工资挂钩。责任制对各实体的民品开发与销售、材料供应、人员奖励、机构设置等经营管理均下放权力。工厂把航空产品指令性计划的完成和费用上交放在首位，对一些有市场前景的民品予以重点扶持；对一些非生产单位实行自负盈亏的经营管理办法；对机关业务部门实行"上挂下联"，以工厂平均工资基数的40%与考核挂钩，改革覆盖了工厂的方方面面。由于加大改革的力度，调动了广大职工的生产积极性，1996年初步扭转前两年的亏损局面，减亏1 400多万元，遏制了企业经济效益下滑的势头。

1997年以来，工厂认真贯彻党的十五大精神，继续深化改革，加快经济发展，全面完成军品指令性计划，民品开发与生产向空调压缩机电机、汽车零配件、纺机配件等市场进一步扩展。外贸产品出口55万美元，取得自营出口权。4月和7月先后获得民品和军品ISO 9001质量体系认证书，有多项系列产品被评为陕西省名牌产品或列入名牌产品计划。

1998年，受亚洲金融危机的影响，支柱民品市场受到一定影响，工厂采取多项措施，

① 1957 年 11 月 8 日，李中垣厂长在国家验收会上做建厂总结报告

② 工厂成立"赶上海突击队"，第一任党委书记李明（站立者）讲话（1958 年）

③ 工厂改进型产品双发起动箱 QDX-12 荣获 1979 年度国家质量金奖，1979 年 12 月 24 日厂长鞠庆臻从北京领奖归来，受到全厂职工热烈欢迎

④ 苏联专家尤洛夫在审查工艺图纸（1958 年）

⑤ 苏联专家参加工厂义务劳动（1958 年）

积极开拓新市场,努力打好企业改革、重点型号、结构调整、市场营销"四个攻坚战",保证了企业的正常运转。同时,积极探索合资、合作等多种公有制形式和并行机制,与国外企业共同投资组建的厦门"胜特兰秦岭宇航有限公司"于12月在厦门航空工业区开工奠基,为拓展面向世界民航的维修服务市场打下了国际合作的坚实基础。

1999年,工厂通过省经贸委组织的专家评审,成为省级技术中心。同时加快建立现代企业制度步伐,设立产权明晰、职工参股的陕西秦航机电有限责任公司,剥离三产成立实业发展总公司,同时,全面推进厂务公开和精神文明建设。

这一年,工厂克服资金紧缺的困难,保投入、保进度、保质量、攻关键,为确保完成国庆50周年首都阅兵装备这一关系国威军威的政治任务作出了突出贡献,荣获国务院、中央军委阅兵装备工作领导小组授予的"在建国50周年国庆首都阅兵装备工作中作出突出贡献"奖牌、国防科工委授予的"9910"工程集体奖,并被中国航空工业第一集团公司荣记集体功,受到陕西省委、省政府的表彰和嘉奖。1999年年底,公司领导班子进行了重大调整,年龄结构有了较大的改善。

四

2000年以来,工厂以"西部大开发"为契机,坚持"航空为本,军品第一"的思想,始终贯彻"外拓市场,注重开发,内抓管理,创新机制"的经营方针。一方面确保重点型号工程的研制生产,巩固航空电源系统和航空点火系统的主导地位;另一方面以技术创新和产品开发为手段,向各行业市场拓展。狠抓成本、财务、质量三大管理。学亚星、学邯钢,加强过程监控管理。改制工作由点到面,对条件成熟的实体实行法人子公司体制;压缩经营生产过程中不能增值的机构;精简机关人员,优化机关职级;建立经营管理者激励和约束机制,健全责任和权利相互制衡的管理制度;建立新型干部聘任上岗和考核制度;建立重点人才的考核与报酬制度;建立适合市场经济的新型劳动用工制度;积极稳妥地推进军民分线、军品分立工作。同时,工厂以质量文化建设为突破,推进企业文化的创新和发展,企业的两个文明建设呈现跨越式的发展。"秦岭人"以饱满高昂的热情,立志航空报国,弘扬"秦岭精神",坚定信心,团结拼搏,在迈步跨越新世纪的征程中,共创美好的未来。

(楚耀祥、栗瑞斌、汪虹执笔)

我国第一个飞机刹车制动厂

国营陇西铸造厂

航空工业西安航空制动科技有限公司（以下简称航空制动公司）曾用名国营陇西铸造厂、新征机械厂、华兴航空机轮公司等，隶属于中国航空工业集团公司，是我国"一五"期间由苏联援建的156项重点工程之一。1955年正式兴建，60多年来，工厂从小到大，从仿制、改进改型到自行设计，已逐步发展成为产业齐全、配套完整、军民结合、具有相当规模的现代化大型军工企业。企业先后为35种飞机研制、生产、配套了近250个品种的航空产品；生产32个品种民品；取得科研成果30多项，其中获全国科学大会奖和国家科技成果奖8项，获国家发明奖2项，获国家专利6项，获省、部级科技奖20项；被评为省、部级优质产品23项，为我国国防建设和国民经济建设做出了卓越贡献。

一

中华人民共和国成立后，党中央、毛主席非常重视重工业及国防工业的建设，尤其是发展我国的航空工业。为了适应抗美援朝战争和空军建设的需要，1951年4月17日，中央军委、政务院下发《关于航空工业建设的决定》，为新中国的航空工业建设规定了明确的方针、方向。同年4月18日，中共中央电告全国各大行政区党、政、军及工业部门：为适应空军建设，中央决定，重工业部设立航空工业局，负责并开始飞机的修理工作。中央为了加快重工业、国防工业和基础工业建设，并争取苏联的援助，周恩来总理率领中国政府代表团于1952年8月17日访问苏联，谈判苏联对中国第一个五年计划期间援助建设的问题。

1953年5月15日，李富春副总理和苏方代表米高扬分别代表中苏两国政府正式签订苏联援助中国建设141个重点项目（后增加到156项）的协定，新建飞机刹车轮毂厂就名列其中。

1955年3月12日，第二机械工业部第四局（即航空工业局）组成西北地区新厂调查勘测小组，由四局副局长范铭带队，4月初来西安勘选厂址，4月12日去宝鸡地区虢镇勘测，由于地理环境不适宜，4月14日移至兴平，先在马嵬，后在七里镇（庙）勘测。经勘测，厂址初步定在七里镇一带。后二机部又和中央建筑工程部联系，委托勘察公司西北分公司对七里镇地形进行7 600万平方米范围内有关位置的测量和钻探工作。7月27日，二机部决定厂址放在陕西兴平县西七里镇一带，并于1955年8月正式批准航空机轮厂、航空电气厂在陕西兴平七里镇建厂。9月28日，李富春副总理签发批准建厂报告。29日，国家计委批准建厂任务书。12月19日，国务院发出命令，要求航空机轮厂1956年开始建设，至1959年建成。

为加快工厂的建设速度，在厂址尚未选定的情况下，成立了工厂筹建办公室，选址和筹建两套班子同时开展工作。1955年7月1日，航空机轮厂（初期厂名为陇西铸造厂）、秦岭航空电气厂基建联合办公室在西安后宰门正式成立。

联合办公室成立后，即着手抓土地征购和落实建筑承包单位的工作。

土地征购于1955年10月16日开始，到年底结束，联合办公室先后为两厂共征地2 555.94亩，征地范围涉及5个乡15个自然村，影响520户2 347人，其中搬迁55户。

工程建筑由中央建筑工程部从天津抽调基建力量，组建西北第六建筑工程公司，于1955年9月初陆续进入兴平工地施工现场，全面进行施工准备工作。

公司于1955年12月7日正式破土动工兴建。当时兴平地区第一没有电；第二用水靠的是老式木制辘轳从土井里绞水，无法满足基建施工用水；第三是没有像样的公路，有的只是羊肠小道，条件非常艰苦。水、电、交通运输成了全面施工建设的拦路虎。兴平县政府动员大批民工，集中大批农村车辆，工地全体职工和民工一起，牛车拉，马车送，人背肩扛，无论寒暑，不分晴雨，连续奋战，到1955年年底完成了福利区11街平房的部分建筑工程，并且打了深水井，接通电源，建起变电站，修通公路和铁路专用线，实现"三通"。

1956年2月，部、局任命并派来工厂第一任厂长杨晋之后，施工重点逐渐转移到厂区。2号厂房、办公大楼、供应仓库等先后开工。当时甲乙双方职工加上民工近6 000人日夜战斗在工地上，掀起了劳动竞赛的高潮。由于建筑材料来源困难等原因，1956年第三季度暂停，1957年下半年复工建设。

在1956年建设过程中，上级为工厂调配来中层以上干部34人、大专院校毕业生59人、中专毕业生140人、技校毕业生598人、转业军人289人，还从上海、江苏、四川招收高、初中学生509人，到年底工厂职工人数猛增到1 933人。由于当时工厂尚未建成，人员绝大部分分别派往哈尔滨120厂、122厂，沈阳112厂、410厂，南昌320厂，株洲331厂，河南新乡116厂和西安地区等外厂实习。

与此同时，还派出23人赴苏联莫斯科219厂即现在的俄罗斯鲁宾航空公司实习。这些在外国、外厂的实习人员于1957年年底到1958年年初陆续回厂。

1957年下半年，工厂根据上级指示，边基建、边生产、边试制。在条件十分简陋的情况下积极努力，打破常规，创造生产条件，1957年7月1日隆重举行开工典礼，开始试制QS-1减压活门、QS-2刹车分布器两个产品。10月18日，两个产品试制定型，在试制定型的基础上转入小批量生产，同时开始投入试制QS-4差动器。年底，生产出完全符合技术要求的QS-1减压活门375个、QS-2刹车分布器75个，超额完成国家计划。QS-4差动器于1958年1月试制定型，3月小批生产出135个。上述三项新品的试制成功，并交付主机配套使用，极大地鼓舞了全厂职工，使工厂从基建到生产迈出了非常可喜的一步，为祖国航空工业的发展做出了贡献。

1958年2月，主要机加和装配厂房（即1号厂房）开始动用。当时全厂能用上的设备只有40多台，而热处理工段4月才移交生产，其他如锻造、橡胶、塑料等还没建成，必须依靠外协。在工种设备还不配套的情况下，二机部给工厂下达了总产值649.2万元，商品产值572.2万元，新品试制11项的生产任务，11月又追加制造土坩锅5 500只的任务，要求全厂每人保证12只。经过全厂职工忘我地工作，到年底超额完成任务，总产值完成769.5万元，商品产值完成608.1万元，新品试制完成17项。

当时全厂职工干在车间，吃在车间，睡在车间，昼夜不分，意气风发，斗志昂扬。但是，"大跃进"中"左"倾思潮泛滥，虚报浮夸、盲目冒进、只讲数量、不求质量，在建设和生产中造成巨大损失和浪费。出库产品因退货返修造成的损失达21万元，库存产品报废损失达532.1万元，有的厂房也因工程质量太差，造成地基下沉、墙体裂塌。

1959年3月30日，工厂建成并通过验收，当年全面超额完成国家计划。

二

20世纪60年代初，由于苏联单方面撕毁合同，撤走专家，加之"左"倾思潮泛滥和受三年自然灾害的影响，工厂的生产与建设一度陷于被动。

1960年5月，根据中央确保产品质量的方针，工厂开展以"三查、三整顿、一保证"为内容的第一次群众性的质量检查运动。"三查"即查产品质量，查材料入库的保管和使用情况，查工艺装备质量；"三整顿"即整顿技术管理，整顿生产管理，整顿文明生产；"一保证"即保证产品质量。1960年10月，开展以"十查"为内容的第二次质量检查运动。"十查"即查图纸资料，查工艺装备，查原材料质量和保管，查工夹量模具保管和使用，查防锈工作漏洞，查仓库积压产品和在制品清理，查试验设备质量，查工艺纪律和局发四项技术管理制度，查机床设备精度及保养维护，查生产文化。1960年12月，开展了以"质量整风"为内容的第三次质量检查运动。

1961年，在贯彻中央"调整、巩固、充实、提高"八字方针和工业七十条中，工厂从1961年到1963年开展了产品优质过关和企业整顿活动。努力抓好"文明生产，整顿厂容"；完善规章制度，加强企业管理；开展大练基本功活动，抓产品质量整顿和新品试制定型工作。通过系列整顿，工厂的产品质量全面提高，生产稳步发展。1964年3月，工厂实现（一次提交合格率和一次批次）试验成功率均达100%，废品率大幅度下降。1963年至1965年，工厂先后试制定型机轮产品10项、附件产品20项，尤其是从产品仿制、改进改型到自行设计，走出了一条自我发展的道路，取得可喜的成果。第一个自行设计的产品是为强五配套的LS-401、LS-402。这两个刹车机轮从1960年着手设计，1964年9月设计定型，并装机试飞成功。当时采用的是气压软管式刹车装置。1968年将主轮LS-401改型为盘式刹车装置，刹车材料从双金属动盘与铁基粉末合金对偶件，改为单金属与铜基粉末合金对偶件，不仅简化了工艺方法，而且提高了刹车效率。改进后机轮为LS-103，于1972年生产定型，现仍用于强五飞机，并达到国际先进水平。

当时，战备形势紧张，工厂根据上级指示，还先后试制成功轰五、轰六飞机和发动机用机头罩、增压机匣等大型镁铸件、红旗1号舱壳体大型镁铸件，后者于1978年获全国科学大会奖。

在民品生产上先后试制成功 TW-1、TW-2、TW-3 等型号空调器，受到党和国家领导人的称赞。工厂在 1964 年被评为三机部先进企业。

1966 年 6 月，陕西陇西铸造厂、秦岭电工厂合并成立秦岭机电制造公司，下设 7 个分厂。公司办事机关设政治部、经理部、社会服务部、公司办公室、第 46 产品设计研究所、第 47 产品工艺研究所。1966 年 8 月 1 日，新机构正式对外办公。60 年代末期，先后自行设计试制定型的产品有：LST6B、LSTO、LST03、LST04、LST05、LS-108 等刹车机轮和 QS-101、QS-102、QST04、YST02、YST03、YST05 等刹车附件，满足了歼八、运七、运八等新的机种配套，并为强五、歼六、轰六等飞机提供了先进的盘式刹车机轮。此外，自行设计并试制成功运十大型客机的机轮和我国第一代电子防滑刹车系统等产品。

20 世纪 70 年代，工厂自行设计制造了一批高效专用设备，采用精密铸造、压力铸造及模锻等先进工艺，实现无切屑或少切屑加工，以达到节约工时和提高材料利用率的效果。1972 年以后，特别是 1975 年，工厂贯彻中央关于整顿的指示，对生产秩序、企业管理、产品质量等进行一系列整顿，使企业生产逐步走上正轨，机床设备完好率达到 70% 以上，积压物资处理利用 1 438 万元，产品质量也有明显提高。

1976 年 10 月粉碎"四人帮"以后，公司职工情绪高昂，焕发出极大的社会主义革命热情，生产上出现生机勃勃的局面。1977 年 10 月 25 日，三机部正式批准撤销秦岭机电制造公司，恢复原两厂建制。

三

党的十一届三中全会后，工厂为适应新形势的发展，重新调整组织机构，修改各项规章制度，同时开展以"三学""五批""四查""十整顿"为内容的产品质量大检查。通过质量大检查，进一步提高了职工对航空产品质量特殊性的认识。以整顿产品质量为中心，整顿企业管理和技术基础工作，逐步树立"三老四严""一丝不苟"的作风。到 1979 年年底，经部整顿质量检查组正式检查，给予合格验收。

这一时期，企业经国家批准，引进英国维克斯公司大型电模拟惯量试验台，对我国航空机轮的研究发展提供了先进的测试手段；同时，46 研究所新的科研大楼和新品试制车间建成，并配套建设了新的试验设备等，形成比较完善的科研、试验中心；建 17 街坊

14栋家属楼房，改善了职工的住房条件。

20世纪80年代初，工厂领导班子经过调整，逐步实现了年轻化、知识化。

随后，对干部人事制度、用工制度、企业管理体制、生产经营机制等方面进行了一系列改革，同时扩大对外开放，使企业生产特别是民品的生产不断迈出新步伐。

根据中央"军民结合、保军转民、以民养军"的指示，工厂从1980年开始大抓民品生产。工厂选择了与生产航空机轮及刹车附件工艺方法基本接近的汽车车轮及制动系统产品进行研制、开发。

先后开发的民品有微型汽车、轿车车轮及制动系统产品刹动鼓、制动器、制动分泵、制动总泵等。投资1 100万元，建成轮辗滚压及总成、阴极电泳涂漆、制动鼓铸造、制动器装配等11条生产线，并于1989年12月20日通过国家验收。微车、轿车配套产品年产量达7万辆。经过多年努力，汽车配套产品建成22条生产线，先后向"松花江""昌河""汉江""重庆长安""天津大发""北京切诺基""福达""奥拓""云雀""SK410""上海桑塔纳"等十几个车型提供配套产品。配套能力可达10万辆，个别产品如制动鼓、半轴年配套能力可达20万辆以上。其中研制、生产的微型汽车轮、前后制动器、制动总泵，在1987年获"陕西省优质产品"和"航空工业部优质产品"称号。

1982年还研制出汽车电子防抱系列产品，它不仅改善了汽车刹车的品质，提高了行车安全性，而且填补了国家空白。该产品1986年通过技术及投产鉴定，1987年获"陕西省优秀新产品奖"和"航空工业部科学技术进步三等奖"。

到20世纪90年代，汽车配套产品已成为工厂的主要支柱民品，年产值占总产值的80%以上。

工厂于1983年开始测绘研制喷水织机，1986年2月试制出两台样机，交陕西国棉十厂试用。研制的喷水织机1987年2月通过技术投产鉴定，1988年获"国家经委优秀新产品奖"，1989年8月在河南新乡丝织厂通过中试鉴定并投入批量生产。该产品1991年获"陕西省优质产品"和"航空工业部优质产品"称号，1991年4月在陕西省第二届技术成果交易洽谈会上获金奖。

20世纪90年代，工厂可以生产GD762型单喷机和GD772型双喷机，同时研制出新一代GD772B型电子式自由选色喷水织机。

1985年到1988年，国家经委批准投资285万元，建设喷水织机生产线，经过三年技术改造和建线，于1989年12月通过国家验收，现已形成年产200多台生产能力。

1980年以来,军品任务逐年下降,但工厂始终抓紧军品的技术改造和技术储备工作,在航空产品的技术进步方面有了较大的发展。

航空机轮轮毂过去一直是用铸造5号镁,后发展研制出镁、锌、镐合金及铸造6号镁、铸造10号镁,现已研制生产并装机使用铝合金轮毂和等温锻造铝合金轮毂,大大提高了机轮的强度和寿命。

刹车摩擦材料方面,取代过去刹车摩擦材料石棉基、塑料基、双金属、粉末冶金、单金属,现已研制生产了碳/碳复合刹车摩擦材料,它不仅提高刹车的效率,而且也减轻了重量,被称之为当今世界刹车摩擦材料之冠。刹车附件方面,过去研制生产的刹车附件,有液压、气压等刹车附件,但总的刹车方式还是属机械式刹车。研制生产并装机使用的电子防滑刹车系统产品,属电子自动操纵。目前又研制出飞机数字防滑刹车系统产品,虽然该产品仍处在样机阶段,但厂内已通过台架试验,使飞机刹车技术向前跨出一大步。

"七五"期间,由于军品下降、民品市场疲软、负债经营等种种原因,工厂一直未能摆脱困境,从1986年至1990年连续5年亏损,亏损额累计高达4 000多万元。1991年工厂实现扭亏持平。

从1992年至1994年,工厂生产保持持续上升的良好势头,经济效益逐年增加,甩掉亏损的帽子,职工收益有了较大提高。1995年下半年工厂生产经营因受三角债的困扰,生产经营出现滑坡。为了尽快扭转生产经营不景气的局面,工厂决定开发汽车盘式制动器。这项新产品开发工程于1997年年底交付国家验收,年产能力40万套。它是当今汽车制动技术方面最先进的制动装置,将对公司的技术进步、生产发展发挥更大的作用,使公司的产值在现在基础上翻一番。

四

20世纪90年代,航空制动公司已发展成为专业齐全、配套完整、军民结合的现代化大型企业。工厂占地总面积103万平方米,其中厂区占地41万平方米,福利区占地62万平方米。全厂建筑面积41万平方米,其中生产建筑面积19万平方米,生活福利区建筑面积22万平方米,工厂拥有各种主要设备2 244台,资产总额49 174万元,固定资产累计投资28 005万元。工厂主要科研、生产对象是:航空机轮及刹车附件、飞机液压电磁操纵附件、大型镁铸件，支柱民品有微型汽车、轿车轮及制动产品、喷水织机等。工厂下设21个分厂、1个科研所、36个处（或相当处级的单位），现有职工7 675人，其中工人5 200人、管理人员2 400人、工程技术人员662人。工程技术人员中享受政府专家补贴的11人，研究员级的10人，高级职称198人，中级职称589人。

公司已成为我国航空机轮及刹车附件、飞机液压电磁操纵附件、大型镁铸件、微型汽车和轿车车轮及制动装置、喷水织机科研生产的重点企业，技术力量雄厚，设备齐全，具有完善的质量控制和先进的检测手段。公司是中国航空轮胎、机轮刹车系统试验中心；是我国唯一经英国适航署（CAA）认证许可，国家商检局批准的国际试验、鉴定中心；是中国汽车工业联合会会员单位和中国汽车零部件联营公司的成员单位；是中国500家交通运输设备制造企业之一。

五

进入新世纪，2012年公司航空业务整合上市成为中航飞机（000768）旗下的西安制动分公司。公司研发中心位于陕西省西安市高新区，生产试验基地位于陕西省兴平市和贵州省安顺市。公司占地总面积122.6万平方米，现有员工四千余人，其中各类专业技术人员两千余名，技师、高级技师两百余名。

六十多年来，作为国内军民用航空机轮和刹车系统专业化研制厂家，公司始终致力于航空机轮、刹车系统及航空液压、气动产品的研发与生产，并逐步建立了较完整的专业技术及标准体系。公司先后编制了GJB1184A《航空机轮和刹车装置通用规范》、GJB2879A《飞机机轮防滑刹车控制系统通用规范》、HB5648《航空机轮和刹车装置设计规范》、HB5649《航空机轮系列型谱》、HB5651《航空机轮通用技术条件》、HB5462《镁合金铸件热处理》、HB5821《包覆氟塑料"O"形橡胶密封圈技术条件》等数十项相关专业的国家军用标准和行业标准，以及Q/AVIC30030《航空机轮和刹车装置设计要求》、Q/AVIC30033《航空机轮和刹车装置规范》等30余项集团公司标准。

公司坚持自主创新，在新材料、新工艺、新技术的预先研究及型号应用方面取得了丰硕成果，在机轮刹车技术以及制动材料领域，始终发挥着开拓者和引导者的作用，不断填补着我国在该专业领域的技术空白，其中大型镁铸件顺利结晶技术、等温精密锻造

① 安装工厂厂房框架（1955年）

② 工厂厂房基础建设工地（1955年）

③ 苏联专家列宾在工厂验收大会上讲话（1955年）

④ 苏联专家与工厂领导交流工作（1956年）

⑤ 工厂前区广场，工厂办公楼为20世纪50年代苏式建筑（2019年，马驰摄影）

⑥ 华兴航空机轮公司建成国家验收庆祝大会会场（1956年）

铝合金机轮、碳/碳与碳/陶刹车材料、电子防滑刹车系统、数字电传防滑刹车系统、全电刹车系统等专业技术均为国内首创，而且"碳陶飞机刹车功能复合材料的研制与应用"项目在2017年举行的国家科学技术奖励大会上，荣获国家技术发明二等奖。公司机轮刹车系统配套研制覆盖了所有国产机型，有力保障了我国各类航空装备的配套需求，为航空事业的发展作出了应有的贡献。

公司拥有配套齐全的机轮刹车系统专用试验设备，引进了具有国际水平的大型电惯量动力试验台和机轮径侧向载荷试验台、机轮疲劳试验台和具有国际先进水平的多轮系综合动力试验台，是中国民用航空局认可的中国航空机轮刹车试验中心。

公司以民航维修、外贸转包为平台，积极开展国际合作，融入国际航空产业链，取得了中国民航局CAAC及欧洲航空安全局EASA的维修认可证书，与美国波音、古德里奇、穆格、UTC，法国赛峰，英国邓禄普等国际知名企业均建立了良好的合作关系。公司承担着空客、波音、庞巴迪和新舟系列等20多个机种、180多个件号的机轮刹车及气动液压附件产品民航维修业务，是西北地区最大的机轮刹车维修企业。

公司充分利用航空刹车技术优势，长期致力于非航空领域制动产品的研制和开发，产品涉及汽车、轨道交通、风电等各领域，长期为一汽大众等国内知名汽车厂家配套生产汽车制动系列产品，研制的新一代刹车材料成功应用于法拉利、保时捷等高档汽车，填补了国内空白。

公司建立并持续保持国际航空AS9100C、军品GJB9001B、汽车行业TS16949等三个质量体系以及NADCAP特种工艺、保密、环境/职业健康安全管理体系认证，取得了NADCAP特种工艺认证，获得了武器装备科研生产许可证。多年来，公司各类产品先后10余次荣获省部级优质产品和著名商标，百余项科技项目获得全国、省部级各级科技成果奖，拥有有效授权专利160余项、受理专利240余项。

依托长期专业技术积淀和完整配套能力优势，公司为军民品客户提供先进的制动装备和专业的服务保障，分别在北京、上海、成都、沈阳、乌鲁木齐、安顺等地设有分支机构，竭诚为广大军民品客户服务！

公司将秉承"航空报国，强军富民"的宗旨，以"建设国内一流、国际知名、富裕和谐的航空制动企业"为愿景，在国家"一带一路"建设的新征途上，对标先进，不断超越，发挥其无可替代的重要作用，为中国航空机轮刹车和交通运输制动产业创新发展创造新的辉煌！

（魏兰林执笔）

我国第一个航空陀螺仪器厂
国营宝成仪表厂

国营宝成仪表厂现名中航工业陕西宝成航空仪表有限责任公司，是中国航空工业集团所属的研制及生产航空陀螺仪表、导航设备、空调制冷设备和新型纺织机械等产品的大型骨干企业。工厂位于陕西省宝鸡市南郊姜城堡，是国家"一五"时期156项重点工程之一。

一

1950年朝鲜战争爆发后，我国刚刚起步的航空工业担负的飞机修理任务急剧增加。当时修理飞机所需的大量仪表主要依靠苏联供应，或依靠各飞机修理厂自己修理，没有独立的仪表修理厂。各飞机修理厂的修理条件很差，技术上没有经过锻炼，力量十分薄弱。为适应战争需要，巩固国防，国家决定建立一个大型的航空仪表修理厂。

1952年8月18日，我国政府与苏联政府签订了由苏联帮助设计大型航空仪表修理厂的合同。根据合同要求，1952年9月，苏联政府派出两位机械工程师来华进行航空仪表厂设计，采集原始资料，并解决有关建厂的技术问题。第二机械工业部有关部门和苏联专家共同研究后，初步商定在北京德胜门外建厂。1952年12月27日，经中财委陈云主任批准，同意先进行地质钻探及其他原始资料的搜集工作，以便苏联专家回国进行设计。

1953年2月，二机部编制了《航空仪表修理厂设计计划任务书》，明确指出，新建的航空仪表修理厂（称新建第五厂）将进行航空仪表之中修和大修工作以及部分航空仪表备件的制造。在设计时应考虑该厂将来发展和改建为一个或两个航空仪表制造厂的可能性。任务书还明确了该厂产品的品种、型号、年产量等，要求该厂1957年建成并发挥全部生产能力。

随着航空工业的发展，提高我国航空仪表的自制能力已迫在眉睫。1953年我国政府代表团向苏方提出了第一个五年计划中考虑要建立一个大型航空仪表制造厂的意图。

1953年5月15日，中苏政府签订苏联援助我国建设156个重点项目的协议，航空工业方面共有13个项目，宝成仪表厂是其中之一。之后正式制订了"一五"期间航空工业基本建设计划，国家计委于9月29日讨论通过，并于12月8日正式批准。

1953年10月23日，我国与苏联政府签订建立大型航空仪表制造厂的合同，同年11月苏联政府派遣专家聂却也夫·冈诺夫、高洛地香诺夫来北京修改仪表厂的计划任务书。接着，国家计委批准了《航空仪表制造厂设计计划任务书》。航空仪表制造厂厂址设在北京德胜门外，对工厂的生产品种、职工数、预算等有明确的规划。

航空仪表制造厂的设计工作，中苏双方进行了分工。工厂总体和主要工程项目设计由苏方承担。厂区其他工程和福利区以及厂区外的给排水系统则分别由二机部第二设计院（后改为第四设计院）和国内有关设计院承担设计。

由于产品品种和产量的部分变更，1954年12月我方与苏方换文，对设计进行了修正。1955年6月，苏联送来技术设计资料，经二机部组织审查、批准、修正后，新的技术设计规定：新建的综合性航空仪表制造厂厂址在北京，对生产品种、产量、职工总数、预算等进行了修正。工厂在北京的筹建工作从1952年年底正式开始，筹建机构为"新五厂筹备处"。

出于国防安全的考虑，1955年4月18日，中央政治局决定由国务院发出指示，停止在北京建厂，迁往内地，要求在西安、宝鸡沿线另选厂址。5月，二机部派人赴宝鸡选址。6月，国家计委和建委联合批准在宝鸡建厂，并指定二机部第四设计院承担技术设计修改任务。经过三个月的勘察工作，选厂人员选定厂址在宝鸡市渭河以南、清姜河以东、距市中心4公里的姜城堡地区。

由于厂址的改变，地形、地质、气候、地方材料、施工力量等均发生了变化，技术设计需要作出相应的修改。为加快修改进度和更能结合国情，苏联派出以总设计师聂却也夫为首的3位专家与我国第四设计院合作，承担技术设计的修改工作。修改工作于1955

年11月完成，并于1956年4月5日通过二机部批准。修改后的设计：全厂占地面积26.64万平方米，其中厂区为5.75万平方米，建筑物占地面积为34 868平方米；职工总数3 267人；设备1 709台；总投资预算为2 492.7万元。

新设计的航空仪表制造厂承担的生产品种多、规模大，接近于当时苏联10个仪表厂所承担的生产项目总数，在苏联也是罕见的。

工厂迁至宝鸡后，施工图纸全部由第四设计院设计，约半年时间设计完成。整个建筑任务由西北第三工程公司第一工程局承包。1955年7月，第一届全国人民代表大会第二次会议通过，并由国务院发布命令，要求工厂到1958年年底全部建成。而二机部则要求工厂于1957年二季度投入生产。1955年10月工厂福利区首先开工，1956年2月厂区开工。工厂克服雨季施工道路泥泞等种种困难，基建工作在1956年达到高潮。

1956年4月9日，厂长齐鲁向毛泽东主席提交报告，汇报工厂的建设进展情况。由于设计和建厂地址的变更，工厂建设进度几乎推迟了一年。原定1956年完成土建部分，推迟到1957年年初完成，而投入生产最快要到1958年年底。尽管如此，工厂克服种种困难，采取许多积极有效的计划，在施工单位的密切配合下，使工程进度大大提前。到1956年年底，77栋宿舍楼建成，厂区内10幢厂房建筑都在1957年九十月份建成，机床设备陆续安装到位。

工厂采取基建和生产同时并举的方针以加快建设步伐。1954年起即在北京进行生产准备工作，编制劳动计划，确定组织机构，制订人员配备计划和培养措施。为尽早培训业务骨干，1954年和1955年上级从兄弟单位和北京市分两批抽调57名干部和工人赴苏联同类型工厂实习，一年后回国，大部分直接分到宝鸡，进入宝成仪表厂工作。

宝鸡的建厂工作进展较快。1956年9月，设立了生产、行政机构，统一领导基建和生产。

1957年1月，四局分党组听取齐鲁厂长关于加强宝成仪表厂工作的汇报。经过调整，宝成仪表厂共承担了28个品种的生产（设计外的14种），年产量7 080个（套、件）。

1957年年初，工厂的生产、技术、行政各机构基本建立健全，并按照苏联专家的建议，建立了相应的管理制度。为提前做好生产技术准备工作，工厂采取平行交叉作业方法，边基建边生产。在1号厂房基本建成的情况下，临时组织生产。到1957年11月工厂正式验收前，试制并投产YM-47K等3种产品，还有9种产品完成80%—90%的试制工作量。

1957年11月，第四设计院派出工作组协助做好验收准备工作，主要检查工程完成情况和工程质量，经国家验收委员会检查验收，批准宝成航空仪表厂正式投产。11月21日，工厂举行国家总验收签字仪式及开工典礼。二机部副部长刘寅、陕西省副省长杨玉亭、宝鸡市副市长刘振湖、二机部四局代表刁筠寿等领导以及验收委员会全体成员出席大会，在厂的苏联专家以及兄弟单位的代表也应邀出席大会。陕西宝成仪表厂厂长齐鲁代表工厂承诺坚决完成党和人民交给的各项任务。

在整个建厂过程中，来自航空工业战线各兄弟单位的建设人员汇集在一起，为陕西宝成仪表厂的建设团结战斗，作出了巨大贡献。当时的苏联政府给予了全面的支持，不仅为工厂的建立提供全面的设计、成套设备和技术资料，还派出优秀的技术专家来我国直接指导工厂建设和产品的试制工作，为我们培养了一批能够初步掌握航空仪表制造技术的干部和工人。

由于党中央和国务院的重视和关怀，部局的直接领导，省、市地方机关的大力帮助和参加建设的全体人员的积极努力，以及苏联政府的援助、苏联专家的热情指导，宝成仪表厂终于提前一年零一个月胜利完成建厂任务。

宝成仪表厂的建成投产，使我国有了第一个比较完整的、技术比较先进、规模最大的综合性航空仪表厂，迅速地增强了航空仪表制造力量，提高了飞机的配套能力，为后来研制、生产各类新型的航空陀螺仪表和支援新厂建设，为祖国的航空工业的发展奠定了坚实基础。

二

在开工生产初期，工厂健全组织机构，成立34个科室，11个车间。全厂职工干劲冲天，忘我地劳动，不少职工为赶任务"连轴转"，星期天放弃休假到工厂上班。大搞"两参一改三结合"，在生产现场解决问题，全厂出现"技术革新、技术革命"的新高潮。一季度完成产值比1958年同期翻十番。陕西省委1959年3月还在工厂召开了现场会。1959年4月，国务院副总理李富春在全国人民代表大会上作《一九五九年国民经济计划草案的报告》，报告说宝鸡市宝成仪表厂"把计划交给全厂职工讨论，干部深入车间小组，参加生产，搞'试验田'以后，干部和职工的信心和干劲倍增，措施也愈来愈具体。领导干部、技术人员和工人群众三结合，实行任务到班，零件过关，就产品的每一个零件议出结论：需要改设计的就革新设计；需要改工艺的，就革新工艺；需要改工具的，就革新工具……这种把任务向群众交底，干部参加生产，工人参加管理，干部、工人、技术人员相结合的群众路线的工作方法，应当在所有企业中普及起来。"宝成仪表厂的做法得到国家领导人的原则肯定。

在大搞群众性生产运动的同时，也出现一些不尊重科学、不按科学规律进行生产的现象。"左"倾思想和工作作风严重地影响了生产，1958年和1959年两年出现产品大量返修和报废现象，生产秩序被严重破坏。

从1960年开始，国家注意到"大跃进"对工业生产造成的危害，开始采取相应的措施。从1960年4月南京会议（国防工委和一机部联合召开的国防工业会议）起到1965年，工厂连续6年进行大规模的质量整顿。1960年8月，工厂开展以整顿质量为中心的整风运动。1961年到1963年，根据中央"调整、巩固、充实、提高"八字方针和国防工业三级干部会议的精神，又开展了持续3年的优质过关工作。通过优质过关，全厂干部和职工的精神面貌发生深刻变化，"质量第一"的思想深入人心，产品质量有了可靠的保证，并为提高质量积累了宝贵经验，这是工厂质量管理发展历程中的一个转折点。1964年，工厂开展了"一次提交、一次合格、一次定检、一次成功"为内容的"四个一次"运动。1965年，工厂发动职工群众开展"比巧劲、创名牌"活动，深入开展"四个一次"的活动。连续6年的质量教育和整顿，一年比一年扎实、细致。整顿促使全厂职工建立高度的质量责任感，时刻注意产品质量，牢固树立起"质量第一"的观念，从而逐步消除"大跃进"给工厂带来的管理和质量上的后遗症，产品质量有了可靠的保证，质量上了一个新台阶。

在连续6年的质量整顿中，总工程师郭允中贡献卓著。他认真负责，深入实际，了解和掌握了大量的第一手材料，汇集各方面人员的智慧，制订出切实可行的计划，率领全厂职工，使质量整顿工作一步一个脚印，为宝成仪表厂产品质量工作奠定了良好的基础。

工厂在管理方面，建厂初期按苏联专家的建议，制订了一套较为完整的企业管理规章制度，这套苏联企业的管理制度包括计划管理、技术管理、财务管理、成本管理等制度，建立了生产指挥系统，注重各类干部和工人的业务培训等，使企业管理工作一开始就比较正规，从而保证了建厂初期各项任务的顺利完成。

由于1958年开始的连续两年多的"大跃进"，废除不少行之有效的规章制度，生产一度出现混乱局面。

1961年9月，中央颁发《国营工业企业工作条例（草案）》。1962年3月，根据省委对《国营工业企业工作条例（草案）》要结合企业具体情况贯彻执行的指示，工厂主要从"优质过关"入手，以此带动全面的管理工作，进一步贯彻"党委领导下的厂长负责制"和以总工程师为首的生产、技术责任制及以总会计师为首的经济财务制。在总结建厂以来工作经验的基础上，认真对过去已有的各种责任制度进行修订和补充，重新颁发了200多个规章制度，为工厂的管理打下较好的基础。经过连续几年的调整、整顿，1964年工厂各方面工作逐步走上正轨，企业管理得到切实加强。

由于"大跃进"中忽视科技人员的作用，给科研和生产都造成不良后果。为了纠正失误，中央颁发了技术政策，工厂也随之采取一些行之有效的措施，在当时物质条件极度困难的情况下，广大科技人员感受到党的温暖，激发出忘我的工作热情，积极投入到科研生产中去。

1966年，工厂职工凭着强烈的主人翁责任感，始终不忘自己的本职责任，除因供电失常不得不停工外，大多数时间仍坚持工作，努力使损失减到最低限度。特别是科研、新品试制工作，在1970年以后进一步取得成果，如"小航向"系统、陀螺感应罗盘、全姿态主控系统的研制成功。这标志着工厂从复制、仿制苏联的初级陀螺仪表进入到研制中级导航系统的阶段。

1969年4月12日，周恩来总理专就产品质量问题做出指示，工厂进行第二次质量整顿。这次质量整顿一直延续到1973年9月。

1972年，周总理再次强调指出搞好军工产品质量的极端重要性。国务院、中央军委联合发出《关于整顿国防工业产品质量和加强配套问题的指示》，工厂随即开展了整顿产品质量、加强企业管理的群众运动。整顿工作扎实、细致，针对暴露出的问题，按班组、车间、工厂三级分类，层层制订整改措施，认真修订技术设计、工艺等15个方面的生产技术管理制度。同时，恢复"文化大革命"前的合理的规章制度。由于整顿质量工作扎实、认真，全厂职工增强了提高产品质量的意识，产品质量有了明显的好转。1973年，兰州军区曾两次发出通报，转发宝成仪表厂的经验，号召西北地区各军工厂向陕西宝成航空仪表厂学习。同年9月，兰州军区国防工办、陕西省国防工办在工厂召开整顿产品质量验收现场会，肯定了宝成仪表厂整顿产品质量运动达到中央提出的要求。

1975年邓小平主持国务院工作，狠抓各方面的整顿工作。国防工办于1975年7月20

日至 8 月 3 日在北京召开全国国防工业重点企业会议，传达邓小平、叶剑英在军委扩大会上关于克服领导班子"软、散、懒"问题的指示，狠抓战备生产，为全面超额完成 1975 年度国家计划，实现国防工业 3 年、5 年、10 年的奋斗目标打下良好的基础。会后，厂党委发动全厂职工，迅速掀起一个宣传、学习、贯彻会议精神，大鼓革命干劲的高潮。各级干部感到有党中央撑腰，工作敢抓也敢管，周密组织生产，整顿劳动纪律，使工厂形势有较快的好转。

粉碎"四人帮"后，职工们的生产积极性进一步提高。工厂于 1977 年接连组织"开门红""大干红五月""迎七一"生产大会战，9 月份又进行"120 天大会战"，当年产值、产量都超过了年度计划。

1978 年，厂党委根据党中央有关质量问题的指示和三机部党组的决定，第三次开展质量大检查的群众运动。工厂严格按照部颁发的六条标准和部党组关于各阶段的要求，开展质量大检查工作。这次质量大检查运动放手发动群众，依靠群众揭露问题，进行整改，并把群众发动的程度作为检验运动深入与否的尺度，年内显见成效。至 1979 年，经省三机局组成的赴宝成仪表厂整治检查验收团的验收，工厂整顿质量基本上达到三机部的"整质检查验收六条标准"。

为了巩固质量检查的成果，1980 年根据上级指示和工厂发展的要求，制订推行全面质量管理的规划，建立以厂长为首的全面质量管理委员会及其办事机构全面质量推进办公室。基层单位相应地建立了全面质量管理领导小组。一车间 DT-4 陀螺马达质量管理小组还参加了第一届航空工业管理小组代表会及全国第二次质量管理小组代表会，被评为全国优秀质量管理小组。从 1981 年至 1984 年，工厂每年都发动群众进行质量检查运动，从而使质量管理工作和产品质量在原有基础上不断得到提高。

1979 年，为贯彻党的十一届三中全会精神，工厂根据上级指示召开党委扩大会议。会议提出，工厂是综合性导航仪表厂，要在 20 世纪末赶上和超过世界水平，关键是做好 1985 年前的工作；计划在以后 7 年或稍长一段时间，使航向姿态系统、飞行指引系统、惯性导航系统产品的科学研究、新品研制和工艺技术从 20 世纪 50 年代水平提高到 70 年代的水平；完成现有机种装备配套，更新一代、研制一代、预研一代飞机需要配套的产品；并对其他军品和民品做了规划。

为搞好工作重点的转移，加快工厂现代化建设步伐，党委提出"科研先行"的方针，搞好科研、生产一担挑；坚持质量第一方针，把工厂各项工作转到质量第一轨道上来；

高度重视技术后方工作，实行生产前方和技术后方并举；坚持挖潜、革新、改造的方针，把工厂工艺技术水平由20世纪50年代的水平逐步提高为70年代的世界水平；坚持"军民结合，平战结合，以军为主，以民养军"的方针，搞好民用产品的生产；严格按科学规律和经济规律办事，全面加强企业的经营管理；重视人才的作用，办好职工教育，加速人才培养；搞好器材供应，保证科研生产任务的完成；关心群众生活，切实解决群众的实际困难；坚持政治与经济的统一，做好思想政治工作。围绕1980年1月三机部在北京召开的企业领导干部会议精神，工厂明确1980年、1981年的主要任务是"紧紧抓住'更新一代'，特别是两七两八机种配套产品的研制和生产，重点抓好航向姿态基本型等产品的优质小批考验和飞行指引系统的设计定型，认真安排好'研制一代'和'预研一代'的任务，特别是对直七等新品及早安排，使辅机走在主机前面"。

20世纪70年代以来，新品科研工作取得较大进展。如"小航向"系统、陀螺感应罗盘、全姿态主控系统研制成功，试生产GEM-1（门位传感器）、GEZ-1（锥位传感器），总结了多层印刷线路板的制造工艺技术等。

工厂在基础罗盘、航向姿态系统、惯性器件及应用、飞行指引系统等方面取得成果尤其突出。

基础罗盘的设计研究，始于1972年5月，1976年通过了LTC-3基础罗盘的设计定型。在基本型产品研制的同时，还进行了派生型产品的研制工作。1977年至1979年，LTC-3型罗盘共派生出LTC-3A等4个系统。新研制的LTC-3罗盘取代了原有的TNK-1等3套罗盘老产品，解决了运八等飞机的配套需要。LTC-3罗盘与国外同类产品相比，性能相当，属于国外20世纪60年代末期水平。1978年，LTC-3罗盘获全国科学大会奖。1979年经国家质量奖评审委员会批准，国家经委、国务院国防工办授予LT-1陀螺半罗盘银质奖。

1972年8月，开始航向姿态系统的研制工作。新研制的航向姿态系统，取代正在研制中的全姿态主控系统、HX-3航向系统和小航向系统。它是我国新型飞机的重要设备。1974年12月，HZX-1/2两套系统进行设计定型技术鉴定试验，性能基本满足技术条件要求。1975年12月，HZX-1/2装备于运八飞机飞上蓝天。1977年3月，HZX-1/2的设计定型获得批准。HZX-1/2的功能和性能接近国外20世纪60年代同类产品，处于国内领先水平，其设计定型标志着工厂自行设计、研制的能力日趋成熟。航向姿态系统及其派生产品，属于我国飞机更新一代的主要仪表设备，此系统可与飞机上新型的其他设备相配套，如无线电罗盘、多普勒导航系统、塔康系统、惯导系统、着陆系统等。1978年，HZX-1获全国科学大会奖。

飞行指引系统是随着高性能飞机相继出现而产生的一种半自动引导仪表系统，可向驾驶员提供倾斜、俯仰、航向等航位信息显示和经过综合计算的操作指令。1973年三机部要求宝成仪表厂研制 KFZ-1 飞行指引系统，1976年生产出样机。KFZ-1 与美国 FD-108 指引系统性能基本相同，而且性能稳定。1977年9月，三机部要求宝成仪表厂论证实施为某型飞机配套的 KFZ-2 飞行指引系统。1982年该飞行指引系统正式装备飞机。1985年3月，KFZ-2 系统先后与 HZX-1B、FC-4 和 TS-3 外系统进行联试，满足了要求。

惯性导航系统的研究始于 1972 年，此系统是军用飞机的中心信息源，可提供位置、姿态、航向、目标距离等多种参数。工厂设计所成立了惯导系统预研室——设计四室，经过 8 年研制试验，GP-1 惯性平台样机于 1981 年 12 月在北京展出，获得国家领导人与专家的高度赞评，要求尽快配上计算机加以使用。同时，还完成 TPH-1 惯性平台及与之配套的永磁直流力矩电机、控制式自整角机旋转变压器、微型输电装置的全部设计。1982 年，工厂与西北工业大学联合研制简易惯性——多普勒组合系统。1984 年，惯导系统的研制取得较大进展，研制出零级精度的控制式自整角机、高效率的永磁直流力矩电机及精密微型输电装置等平台机电元件。工厂装调出 TPG-1 型惯性平台和平台电子箱样机，在实验条件下，惯性平台输出的航向、姿态精度达到或超过工厂生产的常规陀螺仪表的最高水平。1991 年，惯导系统分别获陕西省人民政府授予的"三等奖"和航空航天部授予的"二等奖"。近年来，工厂在科研方面又有一系列新进展。

三

从 1958 年开始，工厂生产开关板电流表、电风扇（橡皮风叶无防护罩）等几项民品。但产量产值都很小，仅有几万、十几万元，占总产值 1%—2%。党的十一届三中全会以后，随着国民经济的调整和航空工业新老机种的交替，军民品的生产发生很大变化。民品由几个品种发展到十几个，产值大幅度上升，1995 年产值达到 15 819 万元，占工厂总产值 18 335 万元的 86.3%。特别是空调器、并条机两大支柱产品，在工厂的发展史上占有重要的地位。

空调器的研制生产是从 1974 年开始的。20 世纪 70 至 90 年代，空调器从单一化发展成21个品种，形成窗式、分体落地式、挂壁式、柜式、特种空调五大系列；产量由100多台发展到三四万台；产值由30多万元发展到1亿元左右；销售收入由27.5万元发展到9 484万元，占总销售收入的75%。宝花空调器由于制造精良、性能稳定、质量可靠，先后多次获得金奖，被评为国内家电精品、名牌产品，销往全国20多个省、市、自治区，深受亿万消费者的信赖和欢迎。

工厂在消化、吸收国外先进技术的基础上，积极探索，大胆创新，从1986年开始研制FA311型高速并条机。1988年并条机通过省级技术、投产鉴定，并转入小批生产。并条机1990年8月通过中试鉴定，之后又配置了红外监控器、电脑控制系统及自动调匀装置等。

十多年来，并条机的开发研制、生产销售日趋成熟完善，产品性能、质量、技术水平和销售收入均在国内位居榜首。并条机产量由当初的40台发展到1995年的289台，年产值为2 716.6万元，实现销售收入2 280万元。并条机从投产到1996年，累计生产了1 457台。产品技术精良，性能稳定，质量好，多次被评为"信得过产品""中国名牌产品"，获"金箭奖""金牌奖"等，销往全国23个省、市、自治区和东南亚地区。目前并条机在全国市场的占有率超过30%。

在抓好两大支柱民品的同时，工厂还抓了洗衣机定时器、单相电度表、风扇定时器、列车轴温报警器、灭火器压力表等十几个民品。其中洗衣机定时器在1984年4月电子工业部主办的洗衣机定时器质量评比中获第一名；同年9月和12月，洗衣机定时器和单相电度表分别被陕西省和航空工业部评为优质产品。

四

党的十一届三中全会以来，工厂进行了一系列改革，激发和调动了广大职工的积极性，促进了生产经营等各项工作，推动了两个文明建设。

（一）调整经济结构

由于国民经济的调整和航空工业新老机种的交替，军品任务大幅度下降。为适应新形势，工厂及时进行产品结构调整，由过去单一化军品生产转移到军民结合、以军为主、以民养军的轨道上来。先后开发研制出空调器、并条机两大支柱民品系列产品，并很快转入成批生产。与此同时，还开发列车轴温报警器、小型充氟机、灭火器压力表等产品，使民品产值占到厂总产值80％左右。

根据民品生产发展的需要，工厂本着"减少层次，缩小编制，加强管理，提高效率"的原则，1984年年底将原三级管理改为二级管理，撤销教育中心和生活服务公司，合并相关的车间。1985年，随着空调器产量的逐年扩大，空调车间、电表车间和技术处空调技术室合并成立了空调器公司。1987年，为了加强空调器系列品种的开发研制，又成立了空调制冷设备研究所。1988年，随着高速并条机的开发研制并转入批量生产，又及时成立新型纺织机械分厂。

（二）改革人事劳资制度

1. 干部实行聘任制

厂级副职由厂长提名，报部任免；车间处室行政干部和副总师级干部，由厂长聘任聘期两年；工长、室主任由车间主任（处长）聘任，报人劳处备案，聘期两年。

2. 岗位实行流动制

生产班组长由车间主任根据能力、表现指定或由民主推选，车间主任批准，若不胜任，及时撤换；对不能胜任本职工作的职工，车间主任（处长）有权调整或厂内招聘。工人转干从严控制，防止一线人员向二、三线流动。

3. 工资实行浮动制

车间、处室在单位工资总额内，将10％—30％的工资进行浮动，并与奖金捆在一起使用。对完成生产、工作任务的职工发全工资；超额完成任务的职工发给奖金；完不成任务的职工扣发10％—30％工资。从而激励职工搞好生产，提高工作的积极性。

4. 实行病假工资制

对因病休息在半年以内的职工，按其工龄长短，分别发给工资的70％—95％；病休半年以上者，发工资60％。

5. 实行岗位、职务津贴制

从厂长、书记、车间主任到班组长，完成任务发职务津贴；从事有毒、有害、危险、笨重体力劳动的工种，完成任务发岗位津贴。

（三）扩大基层经营自主权、奖惩权

基层单位有权承揽民品生产任务、定价、销售、签订合同；有权调整内部组织机构；有权对职工进行奖励和处罚。

（四）实行经济承包责任制

实行经济承包责任制是在1983年"按任务、职责分档，打分计奖"办法的基础上发展完善的。1984年，对生产单位实行经济指标承包责任制，承包指标包括品种、产量、产值、质量、利润、成本、设备完好率、工时利用率等八项指标。由主管处室按考核标准打分，经营计划处根据得分再乘以单位奖金系数计奖。

1986年，对管理服务处室实行目标管理经济承包责任制。对主管工厂主要经济指标的处室，以这些指标为考核目标，按考核标准打分计奖；科研、技术部门以新品研制开发、为基层技术服务等作为考核目标，打分计奖；其他处室根据其工作性质下达的工作任务为考核目标，打分计奖。除此，还有增产增收、技术攻关、专项费用三种单项责任制承包形式。

1989年，在总结5年来经济承包责任制经验的基础上，为充分调动职工特别是生产线和科技人员的积极性，企业改革不断深化和完善。

在车间经济承包责任制方面：（1）承包原则：坚持联产联利、鼓励超额劳动与质量评定系数、品种产量、综合管理得分相挂钩。（2）承包内容：包括"三个指标和一个管理"，即品种产量指标、利润指标、质量指标和综合管理。（3）考核办法：品种产量由生产处考核打分；利润以工厂下达的指标为基数，超额部分按3%—3.5%提奖；质量系数起否决作用；综合管理由各主管处室打分计奖。（4）奖金：按月预支，年终承包期满结算。

在处室经济承包责任制方面：（1）承包内容：一是主要经济技术指标；二是职责与任务；三是资金与费用指标；四是工作质量；五是综合管理与服务。（2）考核办法：由主管处室考核打分。（3）计奖办法：以车间奖金的75%为基数，结合个人工作得分情况计算。

（五）推行配套改革措施

1. 住房制度改革

从1991年起，逐步由标准优惠出售，提高房租，过渡到1995年下半年的按成本价出售新房。

2. 医疗制度改革

为了加强医药费管理，堵塞漏洞，避免浪费，使有限的医药费合理地用在患病职工身上，1988年5月1日起，工厂对医疗制度进行初步改革，制定医药费发放给职工的标准和门诊、住院医药费报销办法。1993年2月进行修改，制定新的医疗制度改革方案。

（1）医药费发放标准：职工（含退休、退养）工龄不足 10 年者每月发 6 元；工龄在 10 年以上 20 年以内者每月发 8 元；工龄在 20 年以上 30 年以内者每月发 10 元；工龄在 30 年以上者每月发 12 元。（2）医药费报销档次：职工在工厂医院就诊，全年医药费支出不超过 150 元者自理；全年在 151—500 元，报销 80%；全年在 501—1 000 元，报销 90%；全年在 1 000 元以上，报销 100%。经工厂医院领导同意转院职工的住院费、门诊检查、治疗费全年不超过 150 元自负；超过部分，在 150—500 元自负 40%，在 501—1000 元自负 20%，1 000 元以上自负 5%。

五

2010 年，由国家发改委在光纤陀螺领域支持的唯一高新产业化项目、中航工业集团在国家光纤陀螺的唯一定点建设项目——光纤陀螺产业化生产线在中航工业陕西宝成航空仪表有限责任公司正式启动。该项目的投入运营是国有军工老企业宝成公司积极实施结构调整促进产业转型升级的成功创新实践。

宝成公司同时采取三个转变紧跟新形势：

一是转变科研开发管理模式，打造产学研一体化平台。

中航工业宝成公司作为国防科技工业"小核心、大协作、高水平"军工新体系中 152 家重点保军企业和中航工业机载设备专业骨干企业，在"立足航空，走向大军工，服务国民经济"的全新战略指导下，积极转变发展方式，大胆打破企业之间、产业之间、地域之间和所有制之间的各种界限，成功探索出产、学、研相结合的研发模式。宝成公司广泛建立企业与高等院校、研究所的战略联盟，先后与清华大学、北京理工大学、浙江大学、中航规划设计院、新时代认证中心、中航工业综合技术研究所等国内知名大学、科研机构接触，以成立联合实验室、购买技术、成立合作实体、委托研发等方式进行科研合作，确定利益分配、技术入股等方式分享成果，创建了企业与大学及研究机构卓有成效的科研开发运作模式，做到资源共享、利益共享，形成合作共赢的战略合作伙伴关系。通过强强联合、优势互补，充分发挥高等院校和研究机构的基础科研实力，提升国有企业的研发起点，同时有效利用企业的技术特点和应用优势，形成科技创新的整体合力，从而加快了科技成果向现实生产力的转换，有力地推动企业自主创新能力的提升和

① 航空工业宝成航空仪表有限公司新颜（2020年）
② 工厂研制生产的第一代航空陀螺仪表产品（1959年）
③ 1955年10月工厂基建工作场景
④ 苏联专家在车间指导工人安装车床（1957年）

国家整体创新体系的建设。

二是转变合作模式融入区域发展经济圈。

宝成公司在中航工业集团"两融、三新、五化、万亿"发展战略引领下，以大战略、大发展、大产业的观念，创新合作模式。公司充分发挥自身作为宝鸡地区唯一一家航空企业的比较优势，抢抓国家创建关中—天水经济区的重大机遇，主动联合宝鸡地区军工优势资源，牵头组建打造了集航行安全设备生产基地、组合导航产业化基地和光纤陀螺产业化基地为一体的地区经济发展新平台——宝鸡航空安全装备高新产业园。该项目充分发挥中航工业宝成公司在飞行安全装备、导航产品方面的技术优势，瞄准国内外普遍关注的军民用飞机的通讯、导航和飞行环境安全监测问题，主要研发生产适用于各型飞机的安全装备，将近地告警、空中防撞、进场着陆、组合导航等配套产品作为重点发展方向，并向舰船、铁路及石油勘探等领域拓展。航空安全装备高新产业园的组建，整合地区资源，延伸军工产业链，增强了企业整体竞争实力，为区域资源与国际航空航天、知名跨国企业的对接合作奠定了基础。

三是转变商业运营模式"三部曲"，发展支柱民品。

为实现做大民品的战略，中航工业宝成公司充分发挥支柱民品"宝花"牌高速并条机、高效精梳棉等新型纺织机械及配件技术与市场占有率均居国内领先地位的优势，成功探索出发展新模式。即："迅速扩大研发能力和生产规模，由单一的并条机生产商成为前纺关键设备优秀制造商——依靠公司强有力的销售队伍，联合全球范围内的前纺其他设备制造商，成为前纺设备的系统集成销售商——发挥公司品牌价值优势、商业模式、集成网络实力，成为系统方案提供商"。公司还在宝鸡国家级高新技术产业东开发区创建了宝成航空精密制造工业园，主要包括纺织机械系列、汽车电子系列、精密钣金制造等。

（陕西宝成航空仪表有限责任公司供稿）

我国第一个现代化大型国防光学仪器厂

国营西安西北光学仪器厂

国营西安西北光学仪器厂（简称西光厂、西光）现名为西安北方光电有限公司，是我国"一五"期间苏联援建的 156 项重点工程之一，是中国兵器工业所属的大型 1 类企业。西光厂 1957 年建成投产，现已成为以电子技术为基础，具有光、机、电设计和生产能力的综合性、军民结合型光电仪器厂。

一

西光厂是中华人民共和国成立后建成投产的第一个现代化大型国防光学仪器厂。它的建成标志着我国国防光电产品完全依赖进口的时代已经结束，我国光电工业的发展步入正常轨道，进入新的发展时期。

中华人民共和国成立之初，中央人民政府着手进行发展国民经济和国防工业建设的第一个五年计划，中央政府对国防工业的发展采取了两手策略：一是调整改造老厂；二是本着初步形成体系的设想，筹备建设新的国防工厂。为此，1951 年徐向前率中国军工代表团赴苏联考察，争取援助。1952 年 8 月，中央人民政府决定成立第二机械工业部，随即二机部西北办事处成立，着手筹备西北和陕西的国防工业建设。1952 年 10 月，苏联政府派出军工委员会局长乌达洛夫为首的军工五人小组来华，历经 3 个月的考察，同二机部研究确定成套援建和生产苏制武器装备的方案。1953 年年初，国家计划委员会对苏联成套援建项目进行了大致的布局规划和项目审定。1953年5月15日，周恩来总理率我国党政代表团访苏，在莫斯科签订了关于苏联援助中国发展国民经济的协定。协定规定，苏联帮助我国新建和改造141项重点工程，以后扩展为156项。西光厂就是其中之一。

西光厂的筹建从1953年6月8日成立筹建组开始，1957年12月4日竣工投产，历时四年半时间，按国家批准的工厂技术要求提前一年半时间。预算投资为5 548万元，实际运用建设资金4 941.5万元，节约606.5万元，体现了多快好省的建设方针。工厂的设计是由苏联国家第七设计院帮助承担的，原定名为国营精密光学仪器厂，建厂时定名为国营西北光学仪器厂，主要生产苏制式的军用，地空测距、航空测距、瞄准、照相等光学仪器和专用件、备用件。根据当时确定的生产车间实行两班制，管理科室实行日班制的制度，工厂的人员编制总数为4 509人，其中生产工人3 454人，工程技术人员637人，职员282人，管卫勤杂人员136人。在建设步骤上，确定设计、选址、筹建、生产准备同步交错进行。

西光厂的筹建是在国家统一规划下，由二机部直接部署和实施，一些重要决策都报请中央批准。根据形势发展的需要，1955年6月，二机部和建筑工程部把西光厂列入加速建设的项目，采取措施，加快速度，尽快形成生产能力。经过全体建设者的艰苦努力，工厂建设经历6个月的初期筹备阶段，两年三个月的勘测设计阶段，一年十个月的建筑安装施工和生产技术准备阶段，全面完成国家下达的任务，速度是快的，质量是高的。西光厂的建成投产被中苏双方誉为"社会主义建设的硕果、中苏友谊的结晶"。参加工厂建设的苏联专家也跷起大拇指说："了不起，东方的蔡司！"在全国24个兵器工业建设项目中，"一五"期间建成的只有3个，西光厂在速度和质量上是属于领先的。

为适应加速建设的需要，1955年10月二机部报请国务院批准，正式成立国营西北光学仪器厂，并任命了工厂首届领导班子，在工作的部署上制定了基本建设，设备安装，人员调集、招收与培训，生产技术准备等同步展开的方针。在产品发展的方向上，建厂伊始，中央就明确了方向。1957年4月，二机部召开厂长会议，确定西光厂在确保军品任务完成的原则下，大上民品。同年9月20日，国家计划委员会指派二机部一局主持光学机械工业规划委员会的工作，通过了有关发展规划，将西光厂确定为我国光学机械行业中的骨干厂，要求在加速本厂建设和发展的同时，兼负全国光学行业发展的协助责任。两次会议还确定了西光厂民用产品发展方向：第一为经纬仪类，第二为平板仪类，第三为物理光学仪器类，第四为照相机类，第五为眼镜片类。这个决策为西光厂后来坚持以军为主、军民结合的发展确立了方向。

西光厂的建设与发展得到了党中央、国务院和各级政府的关心与支持。建厂初期，刘少奇、朱德、邓小平、陈云、李先念、彭德怀、贺龙、陈毅、聂荣臻、叶剑英、罗瑞卿、张爱萍等32位党和国家领导人先后来厂视察，胡志明等40批友好国家领导人来厂参观。

西光厂的建设是比较顺利的。在短短的几年时间里快速建成投产，并取得较好经济效益，在建成投产的第一年就实现产值147万元，其中民品120万元。究其原因：首先是"一五"时期国民经济快速发展的大环境给工厂的建设营造了一个良好的社会氛围，中央的正确决策，领导的亲切关怀，地方政府的大力支持，上下级之间，人与人之间，齐心协力，公而忘私，积极进取，多做贡献，使工厂的建设如鱼得水，运转迅速自如。其次是锻炼和造就了一支骨干队伍，奇迹就是他们用辛勤的劳动和汗水创造出来的。这支队伍敢于创造，苦干实干，在困难面前永不低头。第三，中苏友好，互相依赖，相互支援。根据中苏签订的协定，苏联除了设计项目，提供全部19种军品的全套技术资料、培训技术骨干外，还派遣技术专家来厂指导工作。从1956年至1960年期间，来厂工作的苏联专家达42人。这批专家专业面广，水平较高，责任心强。在厂工作期间，他们先后提出的书面建议共585条，其中570条被工厂采纳；他们举办的学习班、培训班共30个，参加学习的工程技术人员和管理人员达286人次。在1960年苏联专家全面离厂后，工厂就是靠这支技术力量，保证了企业向前发展。苏联专家在厂期间，为中苏两国人民留下美好的记忆。1958年他们在工厂东门大道两旁每人种植了一棵松树，象征着中苏两国人民的友谊似树一样永远长青。

二

从建厂到20世纪末这40年，是西光坚持军民结合，在积极开发生产军品前提下大力开发民品的40年。1956年，毛泽东主席做出了国防工业要实行"平战结合，军民结合"的指示，中央军委部署各地军工企业坚决贯彻这一指示，充分利用富余生产能力，积极生产民用产品。1957年，国务院第二机械工业部贯彻中央关于军工企业走军民结合道路的指示，制定了"平战结合，军民结合，以军为主，寓军于民"的方针，规划和制定了民用产品生产方案。在这个大背景下，西光厂根据自身特点，坚持工艺相近、产品相通的原则,大力开发民品。另起"炉灶",研制新产品,很快形成多品种的民品生产系列。1958年至1960年是西光厂贯彻中央提出的军民结合,大力发展民品的重要阶段,也是工厂的第一次军民结合时期。后来由于"左"的指导思想影响,民品生产被指责为"不务正业""妨碍军品的生产""影响军品质量的提高",以整顿军品质量为由,民品生产线被拆除,产品被处理,致使"保军转民"走了一段弯路。打倒"四人帮"以后,全党工作重点转移到以经济建设为中心的轨道上来。1978年7月,在全国兵器工业学大庆会议上,中央提出了"军民结合,平战结合,以军为主,以民养军"的方针。同年8月,五机部下发了《关于兵器工业贯彻"军民结合,平战结合"的初步意见》。从此,西光厂步入第二次创业的艰苦历程,开始有计划的发展民品生产。

企业的科研技术工作是伴随着产品的生产同步发展的。西光厂军品和民品的发展大体上经历四个阶段:(1)仿制阶段。根据建厂技术设计纲领,工厂生产任务是仿制苏联制式产品。建厂初期只有一个技术科,主要任务是消化、翻译、复制、校核图纸和技术资料,严格按苏联图纸要求生产。工艺、工装、检校仪器、产品试验一切按苏联方式办事。这一时期属学习、熟悉阶段。(2)仿型改进阶段。仿制产品提供部队使用后,出现不少不符合我国地理、自然条件等适应性问题,改进产品缺陷就成为十分迫切的问题了。为适应这一需要,1958年在设计科的基础上成立设计研究所,按工厂的产品系列和生产特征设7个专业组。针对实际问题,在原产品的基础上作仿型改进。(3)自行设计阶段。进入20世纪60年代中期,产品由仿制走上了自行设计阶段,这是工厂科研工作的一个质的飞跃。特别是党的十一届三中全会以后,新产品、新技术逐步向高精尖发展。自1978年以来,自行设计与研制的产品有50多种,其中民品34种。(4)产品结构调整阶段。由于国际上冷战时代结束和多极化政治格局的发展、国内社会主义市场经济的确立,军工企业的生存与发展面临挑战。如何尽快实现从计划经济向市场经济转变、从粗放经营向集约经营转变,成为企业赖以生存的迫切任务。20世纪80年代以来,民品生产经营经历了"找米下锅"步履维艰的阶段,目前产品结构调整势头很好。为适应形势的需要,1996年工厂成立技术研究部、技术工程部、技术应用所、市场研究办公室等机构。西光人正以"以民品求生存,以军品求发展"的思路,开发产品、开拓市场,向新的目标迈进。

科学技术是第一生产力。企业科研技术水平的发展提高,是产品向高、精、尖发展的关键。生产具有好的经济效益和社会效益的产品,是企业追求的目标。经过40年的发展,西光厂的产品已经打破单一的光学、机械加工方式,形成以光、机、电三位一体,并向红外、激光、微电子等先进技术相结合的密集性和功能性上乘的方向发展，在新技术、新工艺、新材料的研制与应用方面，取得突出成果，推动了新产品的开发和生产。

20世纪50年代，军品搞仿制，民品是在"三不"的原则下（一不搞乱军品的计划和进度；二不增加基本建设投资；三不增加生产流动资金）搞起来的。经过努力，当年投产当年出产品，不到3年就达到较高的水平，在社会上产生了较大的影响。如华山牌135型照相机1958年6月刚一面市，《人民日报》和《西安日报》就发出消息给予高度评价。经纬仪是一种大地测量仪器，国家每年都耗费大量外汇进口。西光厂的经纬仪1959年试制成功后，《西安日报》等新闻媒体相继作了报道，给予极高评价。从1957年到1961年，不到5年时间，试制生产民品13种，产量达6万多具。军品试制有3种定型并投入批生产，军品民品相映生辉。1959年，西光厂进入西安市先进企业行列，中共陕西省委在厂召开了现场会，推广经验。《西安日报》为此发表社论称："西北光学仪器厂先进工艺革新配套，全面迅速提高生产的经验，是当前特别值得学习和推广的一页。"到了60年代，尽管受到政治运动的冲击，特别是"文化大革命"的破坏，军品、民品的研制生产仍在艰难地进行之中。军品013#、201#、312#等产品经过研制投入了生产。20万次等待型高速摄影机的研制，显示了西光厂的实力。我国第一颗原子弹即将试爆，试验设备一应俱全，仅缺一部记录发射瞬间变化的20万次等待型高速摄影机。由于当时的国际环境，无法进口。为此，毛泽东主席作了"大力协同，办好这件事"的重要批示，由我国自行研制生产。1963年12月，陕西省军区胡炳云司令亲自组织光学专家、二机部某研究所的吴教授，长春光机所王大珩所长，西安光机所龚祖同所长和西光厂苑纪副总工程师及有关设计人员参加的紧急会议，通过15天的论证，西光厂的方案被通过。又经过3个月，全部完成设计出图，最后进行40天的全厂会战，终于完成两具合格产品，为我国第一颗原子弹试验成功作出了贡献。为此，工厂受到国家嘉奖。70年代，工厂自行设计的更新换代航瞄产品772#投入批量生产。生产的民品X500大型电视变焦镜头，这是我国生产的第一具国产变焦镜头，1970年首次使用，向全国转播了国庆观礼活动的实况。生产的0.2秒精密测角仪属技术尖端精密产品，为我国填补了空白，1978年获"全国科技大会奖"。担任此项研制任务的李光忠被评为陕西省劳动模范，并当选为全国人大代表。党的十一届三中全会以后，"保军转民"方针真正得到了贯彻落实，军、民品的开发和生产出现前所未有的好局面。20世纪80年代初期，军品900#、170#等产品相继定型投产，民品投影仪、照相机、红外测温仪、变焦镜头等走上市场。20世纪90年代，军品302#等产品的研制工作成效显著，民品水准仪系列、2秒经纬仪、激光测量仪器等产品的开发生产，以市场为导向，向多用途、适用性、可靠性方面发展，民品已形成一种产品多种型号、多种用途的系列产品，在追求最佳经济效益和社会效益方面不断拓宽了领域。

质量是企业的生命。工厂提出"做标准工作，干标准产品，一次成功"的口号，建立强有力的质量保证体系，产品质量不断提高，创出了自己的名牌产品，为企业赢得了信誉，树立了形象。经过科技人员和全厂职工的努力，1980年以来，一批军品和民品获得国家和省部级科技成果和优质产品奖。军品方面有：18#产品获国家和省部级科技成果三等奖，772#产品获国家银质奖和科技成果二等奖，773G获科技成果三等奖。民品方面有：经IIL型经纬仪获国家银质奖，I型红外测温仪获省优质产品奖，GB501光学光敏胶获国防科工委发明三等奖，华山I型照相机获部科技成果三等奖，光学塑料件的研制及其应用获部科技成果三等奖。1995年，工厂经过中国国家新时代质量体系认证中心的严格考核评审，通过ISO 9000-87标准的质量认证。

三

20世纪60年代中期，国际国内形势发生了重大变化。面对当时的形势，党中央和毛泽东主席发出了"备战、备荒、为人民"的号召。一方面调整政策加快经济建设的步伐，另一方面为了有一个稳固的后方基地，做出了调整一、二线兵器工业，进行三线建设的重大战略决策。在支援三线建设中西光厂顾全大局，得到上级和三线新厂的赞扬。

三线建设，光学新建厂多，任务繁重。西光厂援建新厂主要采取转产包建、技术转让和人员支援等形式。转产包建的新厂主要有北京的218厂、河南的258厂、重庆的268厂和348厂、无锁的559厂、西安的5228厂等，转出产品21种，提供全套技术资料，检校仪器20套，共340多台（套）。同时还提供光学专用设备134台，试验仪器76台，通用仪器81台，专用工装、标准量具、刀具1 996种、30万套件。人员援助从工厂主要领导、工程技术人员、管理人员到生产工人，形成完整配套。技术转让突出的有：为258厂提供坦克瞄准具、方向盘、炮瞄镜整套技术，还为该厂提供零部件，直接形成生产能力；为238厂提供测距机整套技术；为368厂提供一米测距机全套技术；为228厂提供航空摄影机；为268厂提供炮测、炮瞄等成套技术、工装和检校仪器；为331厂提供L-2导引头技术等。

从人员和技术方面重点支援的有：重庆的338厂、358厂，豫西的308厂、378厂、598厂，鄂西的238厂、388厂，邯郸的368厂，常德的5618厂，泰安的9808厂，吉林的228厂，南京的528厂、568厂、612厂，等等。总共包建和支援新厂40个，输出领导干部、工程技术人员，生产管理人员和生产工人共3 027人，占全厂总人数的50%以上。人才的输出、技术的转让、设备的提供，对西光的生产影响很大，但工厂领导顾全大局，承受了一切损失，为国家三线建设做出了重大贡献。

在国际援助方面，从20世纪60年代以来，工厂担负了越南、朝鲜等国实习生的培训任务，并派出专家组到朝鲜、罗马尼亚、阿尔巴尼亚、巴基斯坦等国帮助工作。1985年4月10日，朝鲜国家主席金日成颁布政令，副主席朴成哲代表金日成主席亲自向我援朝专家组杨桂荣等39人授勋，表彰西光厂专家组在援朝工程中的业绩。

四

党的十一届三中全会以来，改革大潮把西光推向市场竞争的行列中。20世纪80年代，由于军品锐减，民品难以维持生计，工厂连续多年成为"政策性亏损"企业。为了生存和发展，西光人转变思想观念，深化内部改革，奋起直追，在"保军转民"的海洋中搏击，取得显著成绩。

调动职工积极性，实现扭亏为盈的目标。一是打破分配上的平均主义，制定激励职工积极性的分配政策。本着向生产一线倾斜，向科技人员倾斜，向苦、脏、累、险的工种实行岗位津贴；对部分单位实行工效挂钩；对技术部门实行项目承包；对销售部门实行全费用包干；机关处室实行责任制功能考核；独立经营单位实行利润承包。二是思想政治工作紧紧围绕实现企业的经营目标，在调动职工积极性上下功夫，促进企业发展。由于解决了长期以来的平均主义吃"大锅饭"的思想，职工的生产积极性空前高涨，经过三年努力，1993年工厂就扭亏为盈，1996年销售收入和1990年相比翻了三番，企业步入良性循环。

调整产品结构，多种经营模式初具雏形。根据工厂制定的"靠民品生存，拿军品发展"的总体方针，进行产品结构、经济结构、组织结构的调整。目前，以军品、民品为主体,合资合作与第三产业为辅的四大经济支柱初具雏形,工厂形成多种经济成分并存、多种经营方式并举、多种管理体制相结合的经营格局。军品的开发生产在国内处领先地位,航瞄、地量两大系列日臻完善,成为空、海、陆军重要装备生产基地。民品坚持以光电技术为主导,向高技术、高附加值的领域开拓,产值比重逐年上升,形成大地测量仪器、红外测温等产品系列。

开办合资合作企业8个,引进外资725万元,安置职工及待业青年300名,年上缴利润300万元。第三产业已呈现良好发展势头,已开发实体20个,分流1500人,年创造效益80万元。

深化内部改革,转换经营机制。首先,从强化管理入手,为内部改革打好基础。工厂确定"准时制+全面质量管理"的管理方针,要求"准时+优质"和"做标准工作,一次成功"。在现场管理中,在生产的各个环节建立质量管理规章制度和责任考核制度,使管理工作逐步走上轨道。其次,以"太阳系"式的管理框架,取代"金字塔"式的管理模式,加强经济核算,划小核算单位,在工厂内部设立"厂内银行"及结算中心,并依此基础在全厂范围实行全承包。第三,改革人事制度,实行干部聘任制,打破工人与干部界限,建立干部能上能下,能官能民的新机制。第四,在劳动用工制度方面,实行优化劳动组合,建立工人上岗、试岗、待岗及厂内待业制度,建立人才交流中心和人才市场,形成"上岗靠竞争,收入靠贡献"的竞争机制。第五,住房制度、医疗制度等方面的改革起步早,工作扎实细致,收到了好的效果。

坚持"两手抓"的方针,精神文明建设迈上新台阶。从1991年开始,进行创建文明单位活动,推动了全厂的精神文明建设。工厂1993年进入西安市文明单位行列,1994年进入陕西省文明单位行列。竞建工作以加强领导班子建设为重点,充分发挥党组织和党员在生产经营活动中的先锋模范作用,促进了企业生产的发展,工厂党委连年被陕西省委评为"先进基层党组织"。思想政治工作围绕生产经营中心,把生产经营的难点当作思想政治工作的重点,在调动职工积极性上做文章,保证了工厂生产经营目标的实现。工厂被陕西省授予"思想政治工作优秀企业"称号。教育工作成效显著,厂办中学、小学贯彻德、智、体全面发展的方针,学校越办越好,西光中学已成为陕西省重点中学,西光小学成为西安市实验小学。继续教育工程、岗位培训工作形成一套完整的教育培训体系。工人的技术等级考试连续多年坚持不断。在工程技术人员中实行"导师制",在工人中实行师徒合同制,这些在解决"两个断层"中发挥了积极作用。精神文明建设工作的有效开展，增强了凝聚力，为生产经营创造了良好的环境。西光人把企业的发展视为自己的生命，在多年的实践中形成了这样一个信念："西光是我的生命，我是西光的脊梁；我今天一定要比昨天干得好；不争个人第一，只为西光更好；用户是我的亲人，我是大众的朋友。"

随着工厂效益的好转，职工的生活水平逐年提高。特别是20世纪90年代，这种变化越来越大，1990年全厂职工人均年收入近2 000元，1996年上升到7 000余元，工资的年增长率达到25%以上，特别是生产一线人员和技术人员的工资增长幅度超过了机关处室。在职工住宅建设方面，工厂投入资金兴建职工住宅。在1979至1997年的18年时间里，新建住宅面积达171 702平方米，是1979年以前20年的两倍，目前职工人均住房面积达到10.6平方米，职工的居住条件有了较大的改善。同时工厂还十分注意职工集体福利的投资和建设，近几年来为职工安装闭路电视系统、福利区暖气工程、天然气工程、开发地下温泉水等。

五

在进入20世纪90年代和新世纪后，企业重新定位，披荆斩棘，寻求发展，开辟了兵器筑梦腾飞的广阔天空。面对新的形势、新的格局，企业没有等待，在"军转民"的道路上摸索前行。西光人沉思过往，展望未来，研究市场，结合自身优势，找准企业生存发展定位，陆续开发出"华山"牌系列照相机、激光照排机、红外测温仪、书写投影仪、经纬仪等具有竞争力的新产品，从而使企业跨入良性发展的轨道。从单纯的军工企业迈上"寓军于民"的多元化发展之路。通过不懈努力，引进平显技术、坦克灭火抑爆系统投产；六乙型航空照相枪、七甲航空射击瞄准具获得国家银质奖，为兵器装备工业化进程"锦上添花"。经过10多年的艰辛努力与探索，西光以某重型反坦克导弹车武器系统集成和成功阅兵，标志着企业从一个传统的光学配套厂，跃升为大型武器系统总装厂，实现历史性的跨越。

按照兵器工业集团党组提出的"建设高科技国际化兵器事业和打造有抱负、负责任、受尊重的兵器团队"这一新任务新要求，反坦克导弹发射车顺利接产，使西光成为真正意义上光电综合武器系统总装总成单位。1999年10月1日，在举世瞩目的国庆50周年庆典大阅兵上，凝聚着西光人智慧与汗水结晶的重点产品，以威武雄壮、整齐划一的独

① 1956年春，全体苏联专家在厂前区路旁栽下"中苏友谊松"
② 保尔青年生产突击队留念（20世纪50年代）
③ 工厂建厂初期生产大干场景（20世纪50年代）
④ 工厂的苏式E字楼厂房（20世纪50年代建筑）

立方队，顺利通过天安门广场，接受党和国家领导人以及全国人民的检阅。勇于拼搏的西光人不仅为我军初期重型反坦克导弹发射车装备的迅速发展立下汗马功劳，也为提升企业的影响力和整体形象奠定坚实的基础。

2009年10月1日国庆60周年庆典时，该重点产品又一次通过天安门广场接受党和人民的检阅，受到党中央、原总装备部的表彰，并荣获反坦克导弹方队赠予的"军工联合，再铸辉煌"的牌匾，西光为打造兵器军工企业的良好声誉和优质品牌力拔头筹。

铸利剑，扬国威。西光先后成功保障了"9910""0910"阅兵保障任务后，还以总装企业的角色参与了"1509"阅兵和"和平使命-2014"上合组织联演等多项阅兵和大型演习的装备保障任务，特别是2015年"纪念中国人民抗日战争暨世界反法西斯战争胜利70周年阅兵式"、2017年"庆祝中国人民解放军建军90周年沙场阅兵式"等重大阅兵装备保障任务的圆满完成，一次次证明企业不仅能够提供性能优良、质量可靠的先进大型武器装备，而且具有一支符合新时期信息化转型的有灵魂、有血性、有品德、有能力的优秀装备保障团队。

在企业与湖北华光新材料有限公司实施专业化重组后，逐步实现企业间优势互补，延伸优化产业链，增强企业应对市场竞争、抵御行业风险的能力，形成覆盖异地园区的大型光电企业。为了使企业能够永续经营，主要负责人积极推进现代企业制度建立，开始着力打造战略决策能力、管理实施能力、核心技术能力，培育主导产品的再造历程。

经过60多年来的奋发努力，目前，西光已经建立并完善适应企业创新发展的法人治理结构和相应的领导体制、决策机制、管理体制、运营体制。拥有目前最新的GJB9001B-2009质量管理体系，坚持创新驱动和科技引领，加大技术创新和产品结构调整力度，提升企业的核心技术和核心竞争力，不断推广应用信息化技术，实现由机械化向信息化的转型升级，实现了数字化、智能化的广泛应用。

西光转型升级的宏图已绘就，创新发展的号角已吹响。壮志在心头，扬鞭在脚下。在追逐梦想、实现梦想的征途上，西光将以党的十九大精神和习近平新时代中国特色社会主义思想为指引，坚持稳中求进、稳中向好的总基调，不忘初心强军梦、牢记使命兵器情，始终紧盯目标，促进质量提升、效率提升，强调高质量发展为根本，实现企业战略转型、管理升级、创新发展，肩负起新时代重任，蹄疾步稳、勠力同心，一起奋斗、一起逐梦、一起成就光电梦想，为共同谱写光电股份发展新篇章而努力奋斗。

（李耘执笔）

为我国兵器工业制式化现代化建功立业的企业
国营华山机械厂

国营华山机械厂位于西安市东郊工业区,1953年7月开始筹建,1958年11月基本建成,现名西安北方华山机电有限公司。

一

1953年7月1日,遵照第二机械工业部的指示,华山机械厂筹建处在西安市三桥镇成立。初期的主要任务是选择厂址、勘测钻探,为编写计划任务书与初步设计收集资料,学习新厂建设知识和逐步建立机构与工作制度。厂址最初选在西安西郊沣惠渠两岸,厂区面积20万平方米,生活区50万平方米。1953年11月,苏联专家设计组勘察所选厂址,认为面积太小,满足不了工厂布置要求。后经二机部、西安市城建局、华山机械厂筹建处和苏联专家共同商定,在西安西郊人民印刷厂北面和东郊西北纺织管理局苗圃附近两处进行勘测。东西郊两个厂址方案,经反复讨论,多方对比,认为东郊的厂址较佳。苏联专家组组长阿尔诺夫两次到现场观测,也认为东郊的厂址较好。为了慎重地确定厂址,1953年冬,当时的国家财经委员会副主任李富春率领有关部的部长和20多名苏联专家来西安实地考察。次年5月,国家二机部正式批准,确定在西安东郊韩森寨工业区建厂。

从1953年7月到次年6月,在二机部、二机部西北办事处领导下,工厂与西安同期筹建的兄弟厂一起收集整理了有关工厂设计的资料总计106万字，图纸4 220张，并译成俄文。1954年2月，二机部七局、二局、华山机械厂驻京工作组和苏联专家组，根据建厂计划和有关资料编写了《华山机械厂设计计划任务书》初稿。3月，二机部批准了《华山机械厂设计计划任务书》作为初步设计的依据。苏联国家设计院编写了初步设计，并于1954年7月将初步设计俄文本送到北京，由中方审查。根据初步设计规定，华山机械厂需要购置设备859项，总计3 543台（件）。经初步分交，国内制造3 091台（件），国外制造442台（件），还有10台设备因与一机部有分歧，提交上级决定。初步设计经过审查后，编写的备忘录于1954年10月交给苏联。根据计划任务书的规定，苏联编制初步设计中的生产区与厂前区，即工艺与动力建筑的部分。初步设计的预算部分、经济部分和施工组织主要规划的编制由国内完成。1954年下半年，根据初步设计规定，规划了工厂的建设进度；编制职工培训计划，与有关单位联系培训；编制设备分交清单，联系订购设备；购买土地近110亩，做好厂区内农民迁移工作，为1955年土建施工做准备。

苏联设计的施工图于1956年年初开始提供，至1957年9月陆续供齐。生产区除苏联设计的工程项目外，其余工程由二机部第二设计院承担。厂前区的建筑工程施工图由西北工业设计院设计。这些工程项目的施工图于1955年春开始供图，至1957年12月供齐。

1954年下半年首先开工建造一栋单身宿舍楼，1955年二季度开工建设6栋家属宿舍楼，四季度开工建设厂前区的全部工程和生产区的库房。厂区重点工程一号厂房1956年3月开工；二号厂房同年9月开工；三号厂房于1957年10月开工；其他工程项目根据施工图到达情况相继开工。1956年是土建工程的施工高潮时期，为了适应当时大规模建设的需要，1955年年初，国家建设部从华东抽调大批施工队伍与西安原有施工力量合并，成立了西北第一工程公司，承包工程建设。

土建工程大部分于1957年年底完成，少数延至1958年完成。建设过程中，各方面密切合作，艰苦奋斗，工程进度很快，质量也很好。

设备订货与安装交叉进行，土建工程与水暖、电和设备安装亦交叉进行。设备从1956年开始陆续到货，到1958年10月，到货1 920台，其余设备有些在以后继续订购，有些则根据生产的实际情况停购。1957年3月以后，陆续开始安装设备，到1958年10月，全厂金属切削、锻压和木工等主要设备共安装903台，完成设计量的79.3%；动力、电气、非标等辅助设备共安装991台，完成设计量的69.6%；厂房间的地下运输带的土建工程已完成，产品热处理车间建成两条联动线。

全厂建设的技术设计总预算额约为 6 622 万元，实际完成总投资额约 5 100 万元。

在进行基本建设的同时，工厂积极做好技术资料准备、工艺装置、工具和材料准备、生产组织和职工配备等一系列生产前的各项准备工作。到 1958 年 10 月底，全厂生产技术系统已建立 5 个科室、4 个基本生产车间；正式职工在册人数 4 865 人，其中工人 4 075 人，工程技术人员 167 人，管理及服务人员 377 人。

在整个建设过程中，建设工程、设备安装和试制生产交叉进行。1957 年 9 月开始试制新产品，四季度第一个产品 7210 轴承试制成功并投入生产，当年完成 18 000 套。

1958 年试制生产的军品有 1#、2# 和 10# 产品，试制生产的民品有 462 型轴承、Y285 型柴油机、K1.5 型汽轮机和鼓风机。试制生产过程中，工厂对炮弹、轴承等大批量生产的产品都要经过从小批量到大批量生产的过渡；对柴油机、汽轮机等复杂机器要先试做样品，然后再转入批量生产。1958 年，工厂生产的 1# 和 2# 产品和苏联生产的同样产品作对比试验，性能达到了苏制产品的水平，全部符合要求。轴承精度达到标准级，柴油机、鼓风机和 10# 军品都实现技术过关，投入批量生产。K1.5 型汽轮机试制成样品两台。

1958 年 11 月，华山机械厂基本建设工程正式通过国家验收，并隆重举行了开工典礼。当年生产 1#、2#、10# 三个军品数万件，柴油机 482 台、轴承 40 万套，完成产值 1 958 万元，实现利润 270 万元。

实践证明，华山机械厂在"一五"时期的建设工程进度快速，技术可行，经济合理，质量可靠。那时，所以能够取得这样的成就，首先是中央确定的建设项目落实，指导思想正确。在整个建设过程中，一切从实际出发，指导具体有力，发现偏差及时纠正，因而使工厂建设能按计划实现。二是提倡勤俭节约，讲求经济效果。"一五"期间，中央要求一切企业、建设单位和国家机关都必须建立和实行严格的节约制度，具体规定了建筑安装部门降低工程造价的指标。工厂领导经常教育职工勤俭建厂，厉行节约，从各方面降低管理费用。在引进国外技术方面，本着自力更生为主、争取外援为辅的原则，凡国内有希望试制成功的设备，不向国外订货。基建和生产都要进行经济核算，提高经济效果。三是社会风气好，协作风格高。在中央和省、市委的统一领导下，全国、全省一盘棋，大家同心协力，顾全大局，支援建设。无论是征地移民、调动人员和分配物资都很顺利，工作效率高，建设进度快。四是职工建设热情高，革命干劲大。当时参加工厂建设的职工虽然来自四面八方，大家不怕苦、不怕累，为实现祖国的社会主义工业化而贡献自己的全部力量。建厂过程中，职工边学边干，组织平行交叉作业，边基本建设，边试制生产，工厂竣工验收之日，就是产品成批生产之时。

在建设过程中也出现过一些缺点和失误。由于缺乏经验，设计赶不上施工，个别项目设计不够完善，施工中曾发生过质量问题。1958年下半年，受"大跃进"运动的影响，机械加工厂也要大炼钢铁，浪费了人力和物力，等等。

二

1959年年初，上级决定华山机械厂与秦川机械厂合并，第三研究所在草滩新建的靶场部分也并入本厂。当时，合并而成的新厂在西安市东、南、西、北郊都有所属单位，一度成为西安市最大的工厂。1961年又恢复华山机械厂和秦川机械厂建制。西安第一工业学校独立，靶场和东郊工业车站划归华山机械厂。华山机械厂恢复建制后，认真贯彻中央"调整、巩固、充实、提高"的方针，调整了本厂科研项目，狠抓重点产品的研制，解决前两年生产遗留的技术和质量问题。从1961年6月至1965年，生产、科研、基建都取得很大成绩。试制成10种不同军品和28#产品，并批量投入生产。同时，大搞技术革新，开发了一批新的科研项目。这一期间，工业总产值、商品产值和劳动生产率逐年大幅度增长，产品质量也有提高。1961年，工业总产值为1 217.07万元，全员劳动生产率为2 089.7元/人，全厂综合良品率93.64%。到1965年，工业总产值上升到8 903万元，全员劳动生产率上升到12 127.74元/人，全厂综合良品率上升到98.2%，上缴利润628.3万元。这一时期，新产品不断涌现，特别是54#产品，从确定设计方案到大量生产用了不到4年时间。该产品于1964年5月被国家计委、国家经委和国家科委授予工业新产品一等奖，1979年12月荣获国家金质奖。

20世纪六七十年代，根据国家建设和战备的需要，工厂不断扩建，附属设施不断完善。

一是草滩靶场和第一分厂的建设。草滩靶场是1957年选定的，占地4 019.86亩，除了打靶试验外，也是产品的临时装配生产基地。1965年8月，经五机部批准，华山机械厂将28#产品机械加工、54#产品的小件加工及表面处理搬迁到草滩靶场生产。1966年年初，又决定将草滩靶场建为第一分厂，主要设备300余台，职工1 000人，于当年9月基本建成。随后又兴建了办公、生活等设施，到1998年年末，一分厂占有土地3 489.8亩，投资总额3 235万元，职工总人数1 771人，已成为一个能够独立生产和生活的单位。

二是华阴靶场建设,由于草滩靶场的条件所限,不能适应大、中项目的生产和科研产品的试验。为此,中央决定另修建一个西安地区的靶场,建场任务交由华山机械厂完成。1966年上半年,经陕西省政府和当时的解放军总参谋部批准,在华阴县(今华阴市)敷水镇修建供常规武器生产和科研用的射击靶场。华阴靶场1966年开始修建,1967年基本建成。1976年2月,华山机械厂华阴靶场改为第五机械工业部第一试验场,划归陕西省第五机械工业局领导管理。

三是"七三七"改扩建工程。"七三七"工程是指1973年7月由国家计委主持召开,有关部门参加会议确定的扩建项目,包括建成75#、80#、3#、43#、54#产品生产线。从1973年7月批准立项到1980年6月竣工验收,历时7年。实际完成单项工程47项,完成投资1 421万余元,竣工交转建筑面积41 187平方米,新增设备1 036台,扩编人员850人。

四是"三七"工程建设。"三七"工程是指1979年以引进86#产品技术为中心的扩建工程。因为合同的起始日期为1980年3月7日,所以叫"三七"工程。"三七"工程包括34个子项工程,新建面积12 332平方米,改造利用面积9 808平方米,新增设备仪器641台,利用原有设备130台。工程建设从1981年9月开始,到1984年12月竣工验收,实际投资额1 667万元(不包括外汇部分)。"三七"工程技术引进,不仅在当时为部队提供了技术先进的武器装备,而且对我国同类产品的研制和生产、测试技术的提高都是极为重要的,使华山机械厂在同类产品钙合金毛坯的制造、精密机械加工、粉料的理化分析、计量检测和靶场、生产技术管理等方面都提高到一个新的水平。

三

从1966年到1976年,工厂遭受了"文化大革命"的严重破坏,生产、科研和建设时断时续。一些正直的党员、干部和群众在遭受迫害时仍坚持工作,使工厂生产能够缓慢地发展。

1966年四季度,"文化大革命"的恶浪由学校冲向工厂。由于工厂受破坏的时间较短,加上大多数职工在"文化大革命"刚开始时对"左"倾错误的抵制,当年生产任务基本完成。到了1967年年初,"文化大革命"进入了"夺权"阶段,全国处于"全面内战,打倒一切"的混乱状态,工厂党政组织瘫痪。同年2月,解放军进厂执行"三支两军"(支工、支农、支左、军管、军训)任务,驻军抽出军队干部和工厂的干部组成临时生产管理班子,生产一度好转。7月,西安地区武斗升级,工厂被迫停产。1968年,工厂仅停产损失一项达525.5万余元,亏损540.5万余元。同年9月,华山机械厂成立了有军队干部、工厂干部和群众组织代表参加的"三结合"革命委员会,并于10月开始清理阶级队伍,直至次年上半年。革委会在清理阶级队伍过程中,大搞"逼、供、信",把许多无辜的干部、职工打成"走资派""反革命""特务""叛徒"。同时,对不少管理科室"一刀砍";对大量科技人员"一鞭赶",下放车间劳动;对许多合理的规章制度"一风吹",致使企业管理非常混乱,造成无章可循、肇事不纠、职责不明、条理不清的局面,结果废品成堆,浪费严重。

1970年,驻厂执行"三支两军"任务的解放军调整,并根据当时的政策给部分受迫害的干部、职工平反落实政策,安排工作,恢复一些管理制度。1972年,工厂根据周恩来总理和上级有关指示,整顿和加强企业管理,解决前两年遗留的产品质量问题,狠抓重点科研产品和主要技术革新项目,企业管理有所好转。这年,本厂的主要经济技术指标完成得较好。1973年1月,根据叶剑英元帅的指示,余秋里、李成芳和邱创成等在京主持召开了"七三七"会议,专门部署反坦克武器的发展。根据"七三七"会议要求,开始计划本厂第一次规模较大的改扩建工程。同时,上级批准75#和39#产品设计定型,确定在本厂装配,一并扩建装配线。同年12月中旬,按照中央决定,驻厂执行"三支两军"任务的解放军全部撤离工厂,由地方干部主持工作。

1974年上半年,受揭批"右倾回潮"运动的影响,工厂的生产形势又遇到了挫折。1—8月在基本吃光在制品的情况下,产量只完成年计划的62.3%。中共中央于7月发出了《关于抓革命、促生产的通知》。9月初,国务院国防工办在上海召开"抓革命、促生产"现场会议,各省国防工办和重点国防工厂的领导干部参加。根据中央通知和上海会议精神,9月下旬全厂组织生产大会战,扭转了生产上的被动局面,到年底完成了生产计划,科研、基建进展也较快。1975年年初,邓小平主持中央日常工作,并提出全面整顿的方针政策。根据中央、省委的统一部署,工厂进行整顿,加强管理,形势有了明显好转,生产、科研、基建任务完成得较好。83#产品于1975年批准定型。1976年3月"批邓反击右倾翻案风"运动席卷全国,工厂的生产和工作秩序又被打乱,生产形势急剧恶化,不仅当年任务完成得不好,而且耽误了次年的生产准备。10月上旬,党中央粉碎"四人帮"反革命集团，使我们国家进入新的历史发展时期，工厂也随之发生了翻天覆地的变化。

四

粉碎"四人帮"后，工厂进行了拨乱反正和全面整顿，《中共中央关于经济体制改革的决定》发表后，工厂改革的步子随之加快。

1977年6月，上级调整了工厂的领导班子。厂党委根据上级安排对企业进行恢复性的整顿，在思想上拨乱反正，在生产上扭转由于"四人帮"破坏所造成的被动局面，在科研和建设上加快速度。1978年一季度就扭转了生产被动局面。同年8月，厂党委做出决定并发动职工严格按大庆式企业的标准要求进行整顿。经过一年紧张而细致地工作，企业面貌发生了显著变化，各项管理工作进入正轨，并于1979年5月被陕西省五机局授予"大庆式企业"称号。1977—1979年的3年中，职工以极大的热情投入科研、生产和建设工作，产值、综合良品率、劳动生产率等指标逐年提高。83#产品质量提高很快，1979年获得国家金质奖。先后建成了7条生产线及其辅助工程并陆续投产，生产能力超过了设计水平。1976—1985年，新建住宅近5万平方米，其他卫生保健和福利设施工程也相继建成，职工福利有所改善。

1980年军品任务锐减，职工多方找米下锅，对劳务和民品不厌其小、不厌其烦，有的糊火柴盒，有的承包土方工程，等等。一些车间生产钢木家具，劳动服务公司扩大砂轮生产能力，财务方面推行目标管理。经过一年努力，完成产值超计划48.39%，减少亏损523.6万元。

1981—1985年，工厂贯彻落实党的十一届三中全会精神，彻底平反了历次运动中的冤假错案，落实知识分子政策，给大部分知识分子评定了职称。同时，根据中央对国营工业企业进行整顿的要求，切实抓经营管理，抓职工培训和中层干部的轮训，提高他们的文化技术水平、业务知识和管理水平。坚持"科技保军，科技兴厂"的方针，充分发挥本厂的技术优势，全力加强军品科研，为缩短我军装备与世界列强的差距做出贡献，为工厂闯出一条振兴之路。

"六五"期间，军品任务主要根据外贸需要确定，常规军品的品种、数量随外贸需要而增减，任务波动较大。这一时期，穿甲弹研制工作进展很快。78#产品设计定型，批量生产，装备部队。四种穿甲弹于1985年在国家靶场作了设计定型试验，各项性能指标达到了预定的要求。82#产品于1985年作了工厂鉴定。

这一时期，工厂还引进86#产品的技术资料和部分烧结、全套旋锻设备，进行了代号为"三七"工程的基本建设。1984年"三七"工程建成，经兵器工业部和陕西省兵工局检查，认为工程质量达到预定目标，同意生产定型。此次改扩工程速度快、质量高、效果好，大大提高了本厂生产穿甲弹的水平。

"六五"期间，经过拨乱反正，全面整顿，逐步改革，华山机械厂有较大的发展。但民品生产发展缓慢，没有开发出一个经济效益较好、能够大批量稳定生产的拳头产品。"七五"期间，工厂认真贯彻"军民结合"和"科技兴厂"的方针，结合企业实际，坚持独立自主开发与引进、消化、吸收、创新相结合，促进企业产品结构调整；坚持科研与生产相结合，加速把科研成果转化为生产力；坚持企业自筹资金与国家重点扶持相结合，采用高新技术对旧设备进行技术改造，不断提高装备技术水平和产品技术含量，增强了企业的发展后劲和技术实力，使工厂晋升为国家二级企业，多次荣获部、省质量管理奖，创建了国家一级计量单位和总公司一级理化检测机构，提高了企业素质，走上了自我完善、自我发展的道路。5年共开发17项军品和15种民品，其中有9项军品完成设计定型，8种民品通过技术鉴定，产品开发实现了"生产一代，试制一代，储备一代"的滚动开发目标。工厂勇于赶超世界先进水平，把追求产品的高质量和高性能作为主攻方向，走滚动开发攻关创优之路，强化新兵器意识。采用强有力的组织措施和严密的网络计划，建立健全各级责任制。同时，深入持久地开展群众性技术革新及合理化建议活动，5年共完成合理化建议和技术革新840项、技术攻关96项，直接创造经济效益2 253万元。积极采用"四新"技术，使各生产要素间的组合更趋科学合理，在配合产品开发方面，推广应用了64项新技术和3种新材料，解决了生产技术问题，提高了加工工艺水平，促使产品质量稳步提高，企业各项经济技术指标在本系统名列前茅，被兵器工业总公司命名为"七五技术进步先进单位"。

"八五""九五"期间，工厂继续狠抓科研与开发，在军品、民品生产方面都有长足发展。经过多年努力，先后完成40多项军品科研任务，其中有15项已大量装备部队，有的还大量出口为国家创汇。多项军品获国家奖励，有的已达到20世纪90年代国际先进水平，具有一定的国际竞争能力。在民品生产方面，工厂在20世纪90年代进一步加快开发步伐，立足高科技、高起点，推行"突出主业、多元开发"战略，瞄准市场空白点及潜在增长点，自主开发了工程钻机、粉末冶金制品等技术含量高的系列民品。在此基础上，大胆引进国外技术，先后从意大利、德国、瑞典等国家引进双层卷焊钢管、逆变电焊机、热塑管等项目的先进生产工艺和设备，将主攻目标定位在前景最好、增长潜力大的汽车零部件及机电一体化产品市场方向。投资 1 亿余元开发形成五大支柱民品、20 余种较小民品的多层次民品开发网络。民品产值逐年升高，1996 年达 8 262 万元。产品市场空间不断拓展，遍布全国 30 余个大中城市，并使多项产品出口创汇，取得显著的经济效益。其中双层卷焊钢管被列为兵器工业总公司"小巨人计划"，并被评为陕西省名牌产品。工厂下力气对引进产品的生产线进行国产化攻关和技术革新，促使 M0G1801 逆变电焊机国产化率达到 90%，并成功打开国际市场，与意大利签订了 1 000 台的返销合同，摸索出一条先引进再改进出口的民品开发之路。工厂第三产业也得到一定发展，到 1996 年已兴办商业、物资、信息、科技、运输等三产企业 40 个，从业人员 762 人。

目前，华山机械厂已是中国兵器工业总公司所属的大型骨干企业，先后被授予陕西省经济效益先进企业、陕西省文明示范单位、兵器工业先进企业、兵器工业思想政治工作先进单位、全国模范职工之家、全国五一劳动奖先进集体等荣誉称号，并保持自 1981 年以来连续 16 年盈利的良好业绩。至 1996 年年底，全厂拥有固定资产原值 10.76 亿元，净值 9.45 亿元，占地面积 359 万平方米，建筑面积 54.97 万平方米，其中生产性面积 23.5 万平方米。现有职工 8 929 人，其中工程技术人员 500 人，管理人员 880 人。工艺门类齐全，有锻、铸、冲压、机加、焊接、热处理、粉末冶金、表面处理、装配等工艺技术。在锻造冲压、工具制造、非标设备制造、机械加工、热处理、粉末烧结、塑料压制等方面有独特的优势。工厂拥有各类设备 4 000 余台。理化测试为兵器工业西北地区测试中心，先后引进了美国、西德、日本、英国等国先进仪器设备，其中有 600 型扫描俄歇多功能探针、ICP5500 型等离子体原子吸收光谱仪、USIP-N 超趋势波探伤仪、SRS300 型 X 射线荧光光谱仪、电测 CHRRPY 冲击试验机，等等。

华山机械厂经过几十年的发展，军工产品由只能生产中小口径的钢弹体，发展成生产大口径全弹，由单一生产弹体发展成生产火箭弹和反坦克导弹战斗部，由生产 20 世纪 40 年代普通穿甲弹弹体发展成能生产具有世界先进水平铀合金脱壳穿甲弹、100 毫米滑膛炮，为改变我国兵器工业落后面貌、实现"国防现代化，产品制式化"作出了贡献。

华山机械厂坚持远近结合、长期发展、多种经营、突出主业，限下项目打基础，限

① 国家验收开工典礼大会会场（1957年）
② 建厂筹建处人员到陕西省农机厂考察（1953年）
③ 苏联专家在工厂生产线视察（1958年）
④ 工厂自制的1 500千瓦发电机组（1961年）
⑤ 107毫米火箭弹机加工房（1984年建）
⑥ 职工食堂（1958年建）

上项目保发展，全力培植新的经营增长点。在激烈的市场竞争中，树立"全员保生产、生产保优质、优质保营销、营销保效益"的经营思想。努力做到"人无我有，人有我优，人优我廉，人廉我新"，不断打出自己的拳头产品，集中力量开发代表企业形象的支柱民品，以优质的品牌占领市场。同时按照小摊子高水平的发展思路完成军品生产能力调整、重组与改造，建成精干的军品科研生产队伍，完成国家兵器科研和生产任务，把工厂建成军民结合型的现代军工企业。

2003年军品科研生产从原企业分立出来，成立西安北方华山机电有限公司，为国家重点产品研发生产基地。公司以应对挑战和危机、维护国家安全为己任，大力发展高新技术国防武器装备，形成了先进的科研生产核心能力，主导产品始终紧跟国际先进水平，保持国内一流品质。公司坚持军民结合、寓军于民的方针，充分发挥军工技术和资源优势，积极实施资本运作，投资民用领域，实现军民资源互动共享。

2010年10月20日，中国兵器工业集团宣布了第三批子集团重组名单。由西安北方华山机电有限公司（现称"北区"）、西安东方集团有限公司（现称"南区"）、兰州北方机电有限公司组成西北工业集团有限公司，同时负责管理集团公司持有的西安北方秦川集团有限公司国有股权。

（李伟民执笔）

亚洲最大的大型火工品生产厂

国营庆华电器制造厂

国营庆华电器制造厂（现为北方特种能源集团有限公司成员单位）是我国第一个五年计划期间由苏联援助的 156 个重点建设项目之一，曾先后隶属二机部第二局、一机部第五局、三机部第五局，1963 年 9 月起隶属五机部五机局（现为兵器工业集团公司），为中国兵器工业集团公司大型火工品制造企业。西安庆华电器制造厂堪称"亚洲第一大火工品厂"，品种有 11 大类 300 余种产品，担负着兵器工业集团公司系统 70% 以上的火工品生产任务，其产品从高尖端到常规化，适用于我国国防建设中航天航空工业、核工业及陆海空、工程兵、通信兵等诸兵种装备。工厂先后有 90 项科技成果荣获国家和部级科技成果奖，其中有大部分项目成果已投入生产并装备部队。工厂现生产的 300 多个品种有 240 个品种是自行研制和设计的。几十年来，工厂已累计完成生产、科研、试制任务近 17 亿发，实现利税近 2 亿元。近年来，庆华厂认真贯彻"军民结合"方针，走二次创业之路，先后开发、生产的民品有民用爆破器材、摩托车磁电机、碱性高能电池、家用电能表叠氮化钠和汽车安全气囊等，初步形成"以军为本，以民为主，多元化发展"的生产经营格局。

一

中华人民共和国成立后，正当我国刚刚经历三年经济恢复、进入了第一个五年计划阶段，国家出于备战及安全考虑，决定在西安市东郊建设"军工城"，庆华厂便是其中一员。1953 年年底，60 位来自祖国四面八方的创业者组成西安火工厂筹备组，开始紧张艰苦的厂址选择、现场踏勘、环境调查和资料收集工作。1953年11月28日，二机部张连奎副部长、二局罗坦副局长陪同国家计委李富春副主任和以雷奇柯夫为首的苏联设计组14名成员到达西安对厂址进行实地考察，研究了筹备组初选的厂址及收集的各种资料，最终确定厂区及行政区330万平方米、福利区150万平方米的方案，并提出了具体意见和建议。勘察测点及各种原始资料的收集工作是在极其艰苦、简陋的情况下开始的。勘测人员不畏酷暑严寒，顶风冒雨，到处奔波，从早晨出发一直干到太阳落山，晚上还要在煤油灯下整理野外资料、完成室内作业。1954年3月，有关初选厂址的各种资料完成并汇编为15分册，约20万字，300多幅图表，与设计任务书一起发往苏联，作为进行初步设计的基础资料。

1955年2月，工厂征购土地小组成立。到1956年，共征购土地5 968亩。1955年5月30日，工厂建厂的首项工程——洪庆福利区单身宿舍楼破土动工。这一天被定为西安庆华电器制造厂的厂庆纪念日。苏联设计的厂房施工图到达较迟，而国内自行设计的库房和辅助车间施工图已先出图，因此，工厂主厂区建设工程首先从库房开始。第一个开工项目于1956年9月14日破土动工。以后随着施工图陆续到达，多数项目相继开工。

1955年下半年，工厂为了争取早日投产，发挥投资效果，制定了"基建和生产准备并行"的方针，组织了两套班子，一面抓基建，一面抓生产准备。首先是搜集资料。对各类技术标准、工装图纸、安全生产等资料进行翻译复制和消化，并初步制定了企业生产与技术管理规章制度。其次是培训人员。除和老厂签订培训合同，派出一批批干部和工人接受培训外，还按中苏协议规定，从1955年8月开始，先后分3批派遣39人赴苏实习。这些人员回国后，成为工厂各级生产技术和管理骨干，为工厂火工品生产发展作出了贡献。再次是充实骨干。1957年至1959年，工厂陆续从部机关及部属十几个老厂抽调业务、技术干部和技术工人1 800余人。

1958年年底，第一期工程基本完成。其中8号工业雷管生产设施建成交付使用，该产品3个装压药工房的3条生产线于6月至9月分别完工，当年试制生产成品7 520万发。经过三年多的艰苦建设，工厂已初具规模。

在工厂建设的同时，广大干部、工人以国家主人翁的姿态，艰苦创业，以极大的革命热情从事生产工作。职工每天步行上下班，为了早日为国家、为部队出产品，大家披星戴月，夜以继日，由于首批施工项目洪庆福利区距主厂区2公里左右，有些职工干脆吃住在工厂，表现出极其可贵的忘我奉献精神。

按照技术设计的设备分交清单，工厂主要生产专用设备由苏联供应，但在供应进度上有的满足不了提前投产的要求。另外按照军民结合的方针，还需增加一些原设计以外的专用设备。为了节省时间和资金，1958年8月，在学习"两参一改三结合"经验的基础上，工厂成立"红专大队"，厂长高朗山亲自兼任队长，有工程师和实际操作技能的干部及工人20多人参加，专门进行设备制造和修复从老厂调来的旧设备。这支队伍后来逐渐扩大到百余人。大家克服重重困难，到年末，制造出四联冲床5台、卷纸管机4台及其他一些设备。"红专大队"除对学徒工和没有技术的干部进行培训实际操作技能外，还挤出时间上课，讲授技术理论知识，为工厂培养骨干力量。

1956年以后，在抓基本建设的同时，逐步进行技术物质准备。经过广大职工齐心协力，自1958年8号工业雷管生产线投入生产后，边基建边生产，截至1960年年末，已生产产品40余种。1956年至1958年共完成工业总产值8 221万元，给国家上缴利润3 483万元，相当于总概算全部投资的56.4%，为国家建厂累计投资4 830.8万元的72.1%。

在工厂基建和生产交叉的这一时期，新工人大量增加，生产面临大发展形势。同时，又存在生产准备不足等许多实际困难，工厂党委在职工中广泛开展以优质、高产、安全、节约为内容的"五好"红旗竞赛活动。职工以工房为家，连续奋战，不计报酬，不完成生产任务"不下火线"的动人情景比比皆是。竞赛中，涌现出诸如"向秀丽小组"和被共青团陕西省委命名并在《陕西青年报》上予以表彰的胡必达等10面优秀青年红旗先进集体与先进个人。在掀起的科研和技术革新中，职工群众从生产实际出发，提合理化建议，仅1958年6、7两个月，全厂就提出十几万条合理化建议，采用8 392条。1960年，由于工厂生产建设成绩卓然，获得一机部和陕西省"先进红旗"厂的光荣称号，一机部还授予工厂"跃进红旗"匾一面，在工厂发展史上留下了光辉的一页。

二

1958年，工厂部分产品投产。1958年至1960年，工厂贯彻二机部第三次企业领导干部会议所提出的"掌握两套本领，既能生产军用产品，又能生产民用产品"的国防工业和平时期生产方针，大力发展以民用雷管和电子产品为代表的民品生产，为发展国民经济做出了一定贡献。当时，8号工业底火、电雷管在全国享有盛名；硒整流器产品曾代表国家参加德国莱比锡国际博览会,为国家赢得了荣誉。

在西安庆华电器制造厂发展史上,曾出现过两次军民结合的热期,一次是20世纪50年代末,厂领导盯住当时的先进产品——无线电产品大胆投资;另一次是20世纪80年代后出现的大上民品热潮。历史证明,军工厂发展民品的思路是正确的,军工企业必须自觉走军民结合的道路,才能前途光明,长盛不衰。

军品生产方面科研硕果累累。工厂从20世纪50年代投产到60年代初,是按苏联提供的产品资料进行试制生产。这期间,工厂在尚未全部竣工的情况下,克服工房不完备、设备及图纸不全、技术人员不足等困难,在试制生产苏式火工品的同时,即开始研制新型产品工作。到20世纪80年代中期,工程技术人员自行研制出数十种新产品,其中30余种获得国家和部级科技成果奖,奠定了大型火工品厂的生产、技术基础,对国防建设起到了重要作用。

工厂军品生产科研的主要特点是:(1)努力改变军品生产的被动局面,走"国产化"道路。其中最为突出的是,1965年由工程技术人员成立试验小组,经过一年苦战,改进苏式3号火帽含雷汞击发药配方为无雷汞,为我国火工品生产由含汞击发药过渡到无汞击发药,开创了先例。(2)努力改变我国军用火工品生产的落后状况,提高产品的精度和系列化水平。(3)积极拓展军用火工品的适用领域。工厂的军用火工品已不仅适用于常规武器的配套,而且广泛运用在航空、航天等领域。(4)相关技术研究取得重大突破。工厂有关防静电技术的研究,曾获国务院国防工办科技成果奖。一些防静电制品被全国火化工和其他行业许多单位广泛采用,填补了我国防静电技术上的空白。

民品生产方面科研成绩显著。民爆器材是建厂以来的主要民品,数十年来,经过改型换代、更新发展,已成为创利最多的支柱性产品。自1957年7月组建工程雷管装配车间到1960年,年产量曾达到2亿多发。20世纪50年代末到60年代初,工厂大力开展技术革新活动,挖掘生产潜力,实现小改小革42 000多项,其中,工业火雷管"以纸代铜"重大革新项目收效最为显著。该革新项目是根据留苏实习人员学习笔记资料,经过重新研究、设计革新成功的。每万发纸雷管可节约铜材37公斤。按当时不变价计算,每万发成本降低526元。截至1985年,工厂共生产底火、电雷管26.5亿多发,节约铜材9 810多吨,降低成本约1 400万元。该革新当时在国内为首创,很快被部里推广到全国有关兄弟厂。另外,8号纸雷管是建厂初期投产的老产品,几十年来性能稳定、质量优良,一直受到用户好评,1985年荣获陕西省优质产品奖。到目前为止,工厂民用爆破器材的生产共五大类30多个品种，产品畅销全国25个省、市、区。

机电产品生产在工厂历史上有过几次大的发展。20世纪50年代末至60年代初，工厂响应党中央关于军工企业要学会"两条腿走路"本领的号召，积极发展以无线电产品为主的机电民品生产。1958年，生产硒整流器（300A）577台，同年代表我国参加民主德国莱比锡世界博览会展出，为国家争得了荣誉。20世纪70年代末至80年代初，在"保军转民"形势下，又出现一次发展机电民品热潮。从1980年到1985年，短短5年中，相继生产家用电能表、高能电池、快速充电稳压两用机、摩托车磁电机等4种主要机电产品。其中，TTP-410型快速充电稳压两用机，1984年10月获国家科技发明三等奖，该两用机充电时间短（大约为普通充电时间的1/10），电池充电容量高、寿命长、安全可靠，顺利通过生产定型。

三

加强现代化企业管理，形成一套行之有效的管理体系，是庆华厂持续发展，经济效益不断提升的重要举措。在长期的生产实践中，工厂逐步形成通过调度电话组织协调：指挥和调度员现场调度及生产会议调度指令为主的调度工作方法。调度员按产品分工分管产品生产全过程的调度和协调工作。他们跑遍全厂，跟踪产品，收集信息，帮助车间解决问题。20世纪80年代初成立总调度室，先后建立《调度指令管理办法》等各种制度。1983年建立的总调度长领导下的"三室一库"分工负责制，具有体系完整、方法科学、渠道畅通、反应迅速的特点，在生产中发挥了重要作用，曾先后5次在兵器工业部生产司、三局和陕西省兵器工业局召开的调度工作会议上进行经验介绍，并连续5年被评为局级先进集体。

工厂于1979年开始推行全面质量管理。1981年3月全质办成立后，制订了庆华电器制造厂《推行普及全面质量管理工作规划》，围绕建全质量保证体系，抓了质量教育、生产过程的质量管理和群众性的质量管理活动。1985年以来，工厂进一步充实全面质量管理队伍，在车间组建QC小组。1984年，火花式电雷管装配攻关QC小组被评为省级优秀管理小组。1985年，非电毫秒雷管质量攻关QC小组等两个项目，分别获部级、省级QC成果二等奖。1987年，推行全面质量管理达标验收合格，同年开始贯彻执行《军工产品质量管理条例》。1989年，质量保证体系经国防科工委考核合格。从1993年开始，着手编制建立ISO质量体系工作。1995年10月，新编质量手册。1996年5月，新时代认证中心对工厂质量文件和军、民品生产现场正式审核一次通过。审核组认为,西安庆华电器制造厂质保组织机构健全,质量体系运行有效,质量保证法规性文件完善,质量体系中设计、开发、生产、安装和服务的质量保证模式符合 ISO 9001 国际标准,取得了走向市场的"通行证"。从此,工厂质量管理工作又上新台阶。

安全生产一直是工厂管理工作的"重头戏"。由庆华厂的生产性质决定,易燃易爆品多,作业危险性大,因此,安全技术管理在生产中占有特殊地位。1956 年,工厂成立技安科。1961 年,随着生产迅速发展,安全技术管理任务日益繁重。工厂先后制定《安全指令实施办法》《技安员职责暂行条例》等一系列重要的管理制度,安全工作网更加健全。1983 年以后,在企业整顿中建立健全安全生产管理制度和管理办法,汇编出版《工厂安全生产制度汇编》,绘制"管理工程系统图"等。1992 年,工厂通过陕西省国防工办"民爆安全性评价"验收。1995 年,机械加工分厂安全性评价工作,经总公司机械工厂安评验收达标。工厂自 1993 年起,对建厂以来事故档案编制程序输入计算机进行管理,使工厂的安全管理工作向技术化、科学化轨道迈进。1995 年,工厂实行"禁止烟火入厂"的管理措施,率先成为同行业的"无烟工厂"。

在财务管理方面,为适应经济体制改革的需要,工厂从 1982 年起对财务管理进行以推行经济核算为主要内容的改革,实行二级核算,使各单位变成相对独立的经济实体,按照厂内银行的模式,规范厂内经济往来,摸索出一套内部核算的成功经验。1985 年 4 月 18 日,工商银行西安市分行营业部在工厂召开了厂内银行核算现场会。工厂根据这些经验编写了《工厂内部经济核算制》一书,1985 年年底该书由陕西人民出版社正式出版。这套厂内银行管理模式,在当时的企业界是一个带有创举意义的实践,同时在适应市场经济需要方面为工厂的财务管理奠定了基础。

四

20 世纪 80 年代末 90 年代初,由于常规军品生产任务大幅度减少,军品任务急剧下降。面对困境,工厂一方面致力于改善产品结构,开发新产品;另一方面发动职工开展二次创业的群众性"闯关创业"活动。其中,502 车间发挥军工技术优势,开发生产了优质、新颖的影视效果火工品;902 车间利用自身机械加工制造的有利条件,大力开拓市场，分别为本省和外省部分酒厂承揽制曲机制造等。1990年1—6月份，全厂10个单位共计开发劳务项目50多个，实现计划外增收51万元。

为了加快工厂现代化步伐以及二次创业和军转民的进程，在国家、部委及兵工局大力支持下，工厂先后对部分军、民品生产线进行重大的引进和改造。被定为国防科技工业"七五"技术改造计划的"大弹生产线改造项目"，是中美军事技术合作的大口径炮弹引信和火工品项目，1988年正式开工，国家共投资7 650万元。大弹生产线改造由于引进了国际20世纪80年代大中口径炮弹的先进技术，使工厂火工品的生产能力提高到一个新的水平。"七五"以来，工厂承担部级以上军品科研项目169项，共有84项完成设计定型，56项完成生产定型。"九五"期间，受武器技术快速发展牵引，工厂努力适应武器装备对火工品及技术发展的需要，不断加大投入，狠抓新产品科研开发，先后承担了为1257项目、9910项目、857项目、PLT2项目、东风系列项目、直十项目、2502项目、新155项目、100轮项目、PL-5D项目等一批国安重点武器、装备配套的火工品的研制、生产任务。国防科工委将工厂定位为国防工业火工品科研、生产基地。

除此之外，在民品生产方面，先后引进改造和扩建磁电机生产线、高能电池生产线和氮化钠生产线。其中，磁电机生产线一期技术改造于1989年开始实施，1995年6月完成，达到年产25万套磁电机的生产能力；二期改造于1996年4月开始，1997年结束，投入资金2 610万元，使摩托车磁电机年生产能力，由原来的几万套增长到105万套。目前，工厂能生产摩托车磁电机50型、70型、80型、90型、100型和125型等六大系列15个品种，生产能力在全国同行业中排行进入前四位。到1997年，工厂民品产值占到全年工业总产值的60%左右，基本形成"以军为本、以民为主"的新格局。

1988年起，由于军品任务锐减，民品未形成支柱，工厂生产经营陷入低谷，企业连年亏损。到1993年年底，累计亏损6 000多万元，累计负债1.6亿元以上。1993年7月，工厂调整了领导班子，厂长李灿英带领新领导班子，抓住建立市场经济的历史机遇，借党的十四届五中全会提出要加快实现经济体制和经济增长方式两个根本性转变的改革春风，改变观念，调整思路，优化产品结构，转机建制，走内涵发展路子，并在劳动、人事和分配等诸多领域里进行了卓有成效的改革。1994年，工厂一举甩掉连续6年的亏损帽子，1995年至1999年连续5年盈利，工厂生产经营呈现出蓬勃向上的良好发展势头。

伴随着我国经济体制改革的历程，西安庆华电器制造厂的改革经历了一个渐变到突变的过程。1987年3月4日，工厂实行厂长负责制，厂长享有决策、指挥、人事、分配和奖惩权等，从而改变了计划体制下企业缺乏自主权的状况，增强了企业活力。1989年，进一步完善了承包经营责任制，对基层单位分别实行"利润承包""联产联利承包""联责联利承包""单项承包"等经济责任制，促进了生产发展。1993年年底，领导班子大胆创新，在工厂内部推行准事业部制管理，重组管理机构，实施一系列重大的改革举措。

第一，突出效益原则，实行工效挂钩，分类承包，对分厂和公司全面实行利润或减亏承包，对职能管理部门实行费用与职责承包，对生产性处室实行创收与职责承包，对科研、试制、技改以及新产品开发项目实行单项承包，对职工福利性单位实行预算费用差额与创收承包，对教育系统实行费用与工资总额包干等具体改革措施。

第二，工厂改革了价格体系和核算制度，建立与社会大市场接轨的厂内小市场体制。因为企业要走向市场，内部就必须形成市场要素，按市场模式进行组织运作。工厂主要抓了三项工作：一是改革旧的厂内计划价格体系，建立以市场价、最高限价和计划价相配套的新的价格体系；二是实行厂内经济核算制；三是强化厂内银行，使其具有社会银行的职能，成为厂内真正的资金融通中心、结算中心、监控中心。

第三，工厂在改革中推行全员劳动合同制，按劳取酬，多劳多得，建立废除职务终身制的新三项制度。从1993年起推行劳动组合，建立工人上岗、试岗、待岗及厂内待业的动态用工制，成立"人才交流中心"（即劳务市场）。1995年10月，实行全员劳动合同制。1997年，根据国务院10号文件精神，实施再就业工程，实现减员增效。

在积极推进企业改革的同时，工厂领导班子依据市场的需要，在调整产品结构方面进行了有益的探索。按照内涵式集约发展的思路，对工厂原有的大大小小十多个产品项目进行筛选，果断中止部分效益低下的项目。从发挥存量优势的角度出发，确立军品、民爆器材和磁电机三大支柱产品的格局。对军品，工厂一方面强调"以军为本"；另一方面，要求广大职工树立"军品也是商品，也有市场竞争"的意识，不断提高产品的技术含量以争取更多的任务。对民爆器材，按照市场营销的原则，重点抓好销售工作，在价格、售后服务以及销售人员激励政策方面进行了多项有益的尝试，使民爆器材生产经营迅速发展。1996年底，工厂民爆器材销售收入已占据全国同行业第二位。磁电机生产是工厂实施规模经营战略的重要实践，1995年完成一期改造后，产量由1993年的3万余套增至20余万套，1998年二期改造完成后，磁电机生产能力得到质的飞跃。

由于工厂较为成功地进行了改革，生产经营发生显著的变化。西北兵工局1994年、1995年全系统"经济工作现场会""加速两个转变现场会"均在庆华厂召开，并提出"内

① 庆华厂苏式工业建筑（2021年，马驰摄影）

② 庆华厂技术人员杨悦、郭力杰、李振启和苏联夏伯阳市309厂苏联专家伊瓦万诺夫、沃尔克夫在一起（20世纪50年代）

③ 苏联专家马辛柯夫夫妇与时任庆华厂厂长高朗山、总工程师郭力杰在一起（1959年）

④ 庆华厂雷管生产线

学嘉陵，外学邯钢，近学庆华"的口号。工厂经济改革的成功做法，还分别在中央电视台、陕西电视台、《中国军工报》《中国兵工报》《陕西日报》《西安晚报》等十多家媒体进行了专题报道，在社会上产生了积极影响。1997年，工厂制定了"分片突围，在资本运营上下功夫"的方针，积极探索以产权联结为主的多元化经营格局，分步进行工厂的股份制改造，逐步向公司化过渡，把工厂建成一个军民结合、集科工贸为一体的现代企业集团，为国防建设和国家经济建设作出新的更大的贡献。

五

进入新世纪，按照中国兵器工业集团公司"围绕完成保军、转民、解困三项任务，划小经营单位，实施战略重组，精干军品主体，放开民品经营，发展核心业务，建立母子公司体制，努力实现国有企业三年改革与脱困"的改革发展战略，以产权和分配权改革为核心，按照"产权清晰，权责明确，政企分开，管理科学"的要求，进一步解放思想，积极探索、大胆解决旧体制不适应市场经济要求的深层次矛盾，结合工厂重点保军的特性，正确处理好"保军"和"转民"的关系，处理好改革、稳定和生产经营的关系，将能独立走市场的民品装配分厂以资产为纽带，以工厂和职工持股会共同投资为基本方法，实现投资主体多元化，改造成控股、参股子公司；将其他不具备独立走市场条件的实体改造成分公司或事业部，形成以军为主，民品放开经营，一、三产业自成体系发展的"母子公司"管理体制，积极参与市场竞争。

2010年10月，中国兵器工业集团实施战略重组，成立北方特种能源集团有限公司。西安北方庆华机电集团有限公司和陕西应用物理化学研究所、辽宁北方华丰特种化工有限公司、陕西北方民爆集团有限公司、山西北方晋东化工有限公司、山西江阳兴安民爆器材有限公司、山西江阳工程爆破有限公司、北方爆破工程有限责任公司等八家单位组建成立北方特种能源集团有限公司，隶属于中国兵器工业集团公司。集团军品研制主要包括军用火工品、军用化学电源；民品初步形成以民爆器材、新能源以及汽车安全系统等为主导的产业格局。集团资产总额51.97亿元，在职职工1.43万人。

原庆华公司于2011年1月28日注册为北方特种能源集团有限公司西安庆华公司。

（西安北方庆华机电集团有限公司供稿）

我国常规炮弹大型研制生产企业
国营西安秦川机械厂

国营西安秦川机械厂（以下简称秦川厂）是国家第一个五年计划期间156个重点建设项目之一，现名西安北方秦川集团有限公司，为中国兵器工业总公司下属的大型一类常规兵器制造企业。工厂现有职工1 000余名，拥有总资产13.5亿元，占地面积295万平方米，设备总数达3 200余台（套）。

秦川厂自1953年筹备建厂至今已走过了60多个年头。60多年的风风雨雨中，秦川厂经历过创业的艰辛，创造过辉煌的业绩，也遇到过困难与挫折。改革开放以来，秦川厂逐步从单一的军品生产企业发展为军民结合的生产经营型企业。

一

1952年前后，我国的工业基础是非常薄弱的，兵器工业更是非常落后。当时各解放区的兵工厂有94家，都是设备简陋的小厂，而国民党留下的68家兵工厂也大都是奄奄一息的烂摊子。

为适应兵工企业向国防工业正规化建设转变的需要，1952年5月，中央作出了《关于兵工问题的决定》，批准了兵工总局提出的《兵工厂调整计划纲要》和《兵工五年新建工厂大纲》。同年8月7日，中央人民政府第十七次会议通过了《关于调整中央人民政府机构的决议》，成立了主管国防工业的第二机械工业部，下设4个局，其中二局管理武器弹药，并决定生产第一批18种陆军制式兵器。1952年下半年开始，二机部对41个老厂又进行了调整，按照制式武器的生产要求，组成33个工厂。同时，根据《兵工五年新建工厂大纲》，经与苏联政府协商，1953年5月15日签订了第一次协议，援建项目91项，其中兵器工业18项。1956年，中苏又达成第二次协议，援建项目36项，其中兵器工业6项。两次协议中属兵器工业的项目共计24项，秦川厂就是第一次协议定下来的项目。

1953年6月，秦川厂开始筹建。7月18日正式成立建厂筹备处，拉开了秦川厂建厂的序幕。1954年3月，国家计划委员会正式批准，下达了设计计划任务书。

1953年7月，筹备处开始在西安市西郊进行选择厂址的大面积勘察，经过近4个月的工作，认为西郊厂址地势不平、面积窄小、无独立库区，不符合人防要求。本着"技术上可能，经济上合理"的选厂原则，厂址又改选在西安市东郊。1953年年底，国家财经委员会副主任李富春在二机部副部长张连奎的陪同下来到西安，亲自与苏联专家组一起，分别视察了西郊和东郊所选厂址的地形地貌，审阅对比了勘测资料。经过各方面的权衡，视察组肯定了东郊所选的厂址。

1954年1月，苏联顾问和专家为研究地形地貌和厂区布置，再次赴东郊厂址勘察。3月4日，二机部二局最终确定秦川厂厂址在西安市东郊韩森寨地区。

在选择厂址期间，建厂筹备处的同志们在生活条件和工作条件极其艰苦的情况下夜以继日地工作，几乎没有假期。西郊选址时，正值隆冬季节，南方调来的同志不适应北方冰天雪地的冬季气候，冻得手脚麻木，疼痛难忍。但那时，创业的志向、老革命的本色、建设新中国的热情，驱使大家忘记了一切苦和累。野外工作艰苦，回到住处的生活环境也一样艰苦。在小湘子庙街9号住的时候，单身男同志住在后屋的阁楼上，大家搭一个通铺，各占一席之地。房子很低矮，一伸手就可摸到房梁，在铺中间的同志上床后勉强可以伸直腰，靠边的同志一上床就直不起腰来。冬天极冷，夏天闷热，洗澡浴身更谈不上。院内仅有一口苦水井，夏天的晚上，劳累了一天想擦擦身子，男同志向住在前屋的女同志喊一声"不要过来"，就在井旁打水洗一洗；洗完之后，喊一声"完了"，女同志才出来打水端到屋子里去洗。

在选择厂址的同时，筹备处还组织搜集资料的工作。资料是确定厂址、完成设计的可靠依据。资料的正确与否，直接影响着建厂速度和投资效能。秦川厂的设计是在国外编制的，因此特别需要资料的详尽与准确。

1953年8月，二机部二局布置了编写工厂设计计划任务书的任务，明确指出这项工作作为筹建工作的重点来抓。部、局多次开会协调，筹备处派员疏通各方渠道，最后定为：属全国性资料，如产品目录、机器设备、动力设备、水暖设备、器材目录及建筑材料等，由七局、十局搜集；属地方统一性资料，如自然条件、城市规划、地方工业建筑材料、施工条件等，由办事处统一组织力量连同西北财委负责搜集；属本厂区域性资料，如厂区地下是否有矿藏、古墓、文物、煤气和厂区的水质分析、供水排水、供电、电讯等资料由本厂筹备处负责搜集，并向中央文化部、地质部和地方有关单位分别汇报。

为了配合专家组编写设计任务书，筹备处派出了30余人的工作组前往北京，将所得资料随时翻译打印，交专家审阅修正，最后，将全国性资料根据性质汇编装订38册，计212种；地区性资料汇编装订22册，计105种，于1954年3月转送苏联。

在完成厂址选择、资料搜集后，厂筹备处一方面着手抓厂区调查、测量、钻探、探墓以及与社会上有关部门签订协议和取得证明文件；一方面着手编写设计计划任务书。当时正值寒春，同志们既要在条件十分简陋的宿舍兼办公室里绘图、写文章，又要不断跑到还是一片荒野的场地实地勘察测量，每天工作都在12小时以上，没有星期天，也几乎没有一个晚上闲着。有的同志干到晚上12点，从床头拿起晚饭剩下的冷馒头，倒上一杯开水，就是一顿很满意的晚餐了。大家都被一幅现代化国防工厂的宏伟蓝图所鼓舞，每个人的心里都是热乎乎的一团火，在不到一个月时间里就编写出了任务书，报经二机部和国家计委审批后，及时转到了国外。

建厂的全面设计工作是由苏联专家进行的。在苏方设计尚未返回国内之前，厂筹备处的同志们并没有松一口气。他们发扬战争年代不怕疲劳和连续作战的作风，在1954年的二、三季度里做了大量开工建厂的准备工作。

首先是消化设计计划书、选址报告和勘测资料，学习兄弟单位的建厂经验。工厂的初步设计是由苏联专家进行的，但设计好以后需要我们查核审批，这是一项十分复杂的组织工作和技术工作。筹备处的同志对此很陌生，要变外行为内行，就得抓紧时间学习。从1954年6月1日开始，筹备处集中所有干部和技术人员进行突击性学习。当时的干部大都是战争年代工农出身的老同志，文化程度较低，对办工厂、搞兵工一无所知，但高度的革命事业心使他们表现出了惊人的毅力，学以致用，学习风气很浓。一些文化程度高的同志和技术人员也很热情地对老同志进行辅导帮助。经过学习，大家很快熟悉了有关建厂设计的建筑、动力、地质、水暖、机械等诸多方面的专业知识。

其次是学习苏联产品资料。筹备处组织参加审查设计工作的技术人员及工作人员对

122、76、37等产品资料进行了20多天的学习，从而对苏联生产产品的工艺过程有了较系统的认识。

再次是补充了一些资料。这期间抓紧进行了煤质、煤气的资料分析，并协助七局在厂区进行细致钻探。同时，还编制了建厂进度计划草案、生产人员培训计划草案和设备分交计划草案，协助乙方搞了厂外区域的规划和设计工作。

1954年8月9日，苏联专家将初步设计带到中国。设计草案共计9册，文字757页计15万字，图纸共54张。设计审批是在部七局直接领导下进行的，具体工作由七局和厂筹备处北京工作组共同抽调30名翻译人员、15名技术人员、5名誊写人员承担。他们日夜奋战，共用一个月时间，于1954年9月上旬全部翻译、校对、装订完毕。

建厂筹备处对初步设计的审批工作非常重视，审核过程中，共提出了约50条意见。经七局专家解释，筛选出24条，并附备忘录报送苏联专家组和我国有关审批机关。

秦川厂建厂的初步设计，二机部于1954年9月30日批准上报，国家计委于1954年11月13日正式批准。与此同时，国内各部门负责的厂外各专业项目的设计也陆续开始出图。

1955年6月，二机部召开各新建厂厂长会议，讨论了建厂进度。经部审核批准，决定从1956年一季度开始厂内建设，并将原定为1959年建成投产改为1958年一季度建成投产。

筹备处在历时两年的时间里完成了大量艰巨的建厂准备工作，为保证大规模的建厂施工如期进行奠定了坚实的基础。

二

1956年3月，建厂工作正式开始。同时，工厂召开了第一次党员大会，选举并经西安市委批准，成立了首届党委会。自1956年年初至1958年年底的3年里，主要进行了基建施工、设备安装和试制生产工作。

秦川厂的总体建筑工程和设备安装是由中央建工部西北第一建筑工程公司和西北第三设备安装工程公司承担的。为了密切配合乙方施工，工厂增设了基建副厂长；成立甲方施工办公室、材料供应科、基建财务会计科和基建调度处；编制了施工计划，签订了施工协议合同等。为了集中力量搞好大规模基建施工，部、局从全局考虑，确定东郊新建国防厂除各自负责本厂的厂房建筑外，华山、东方两厂负责3个厂街坊宿舍区的施工，建成后交各厂使用；秦川厂负责东郊工业区铁路专用线的施工，建成后分段移交各厂使用。

东郊铁路专用线工程由铁道部郑州铁路局设计事务所设计，铁道部哈尔滨铁路局工程处第一、二工程队以及郑州铁路局工程处等单位负责施工。1955年上半年开始征用土地，同年7月1日专用线正式竣工通车。

1956年3月，主厂区及厂前区办公楼等工程开始施工。在中央"提前一年完成第一个五年计划"号召的鼓舞下，工厂的基建施工达到高峰，38项主要工程先后上马，施工工地如火如荼，最多时投入施工人数达5 000余人，当年国家计划投资823万元，实际完成1 031万元，超计划23.26%。

整个施工进度安排，原则上是依据部批准的建厂总进度与部局每年颁发的投资控制指标及主要项目要求进行的。建设总体程序是按先福利区后厂区、先辅助后生产以及专家建议的先地下后地上的方案进行的。

为了加快施工进度，确保施工质量，1956年5月成立了由甲乙双方代表组建的建厂委员会，共同研究解决施工中的进度、质量、材料供应、劳动力等重大问题。工厂的各业务科室还分别与乙方各有关科室建立了定期的联席会议制度，以便互通情况、互相支援。为加强对工程的技术监督，成立了甲乙双方技术检查站，为解决劳动力和管理人员不足的问题，工厂还抽调16名干部和200多名工人协助乙方工作。为帮助乙方解决材料紧缺问题，工厂还将建铁路线剩余的水泥、钢材等物资调拨给乙方，并派员协助乙方订货采购。经过甲乙双方的共同努力，当年度的基建任务基本完成。

1957年的工程项目，原投资总额为1 520万元，其中工程投资为588万元，后分别调整为1 021万元和485万元。二机部领导来西安对建厂方案做了调整，一些工程项目缓建，基建投资削减为411万元。陕西省委召开新建厂厂长会议，传达了省基建会议提出的"巩固提高"方针，强调按生产顺序进行基本建设，使国家投资及时发挥作用，同时要求安排基建任务要考虑到国内、国外设计以及设备进度和建材等诸方面因素，既不冒进，又要尽最大努力。西安市委接着指示秦川厂基建暂缓进行，工作中心由基建转为整风。1957年共竣工工程35项，新开工工程18项，完成当年建筑工程计划的94.2%。

秦川厂的设备安装工作是从1957年7月开始的，1958年全厂安装标准设备441台、非标准设备426台。上述设备大部分立即交付使用，以适应部分产品试生产的需要。

到 1960 年，大规模的建筑工程基本结束，设备安装任务基本完成。一座大型的、技术先进的炮弹药筒制造和炮弹装配厂建成投产。

从 1953 年起至 1960 年止，筹建秦川厂国家总投资为 10 121.7 万元。1958 年，因原 853 厂三车间移入装配装药区合并建设，853 厂建设的北郊库全库区移交给秦川厂使用，原计划筹建的东郊总仓库区停建。到 1960 年年底，实际完成国家投资 9 259.73 万元。

秦川厂的建立，从选择厂址到开工投产都是在苏联专家的直接指导帮助下进行的。特别是在建厂初期，中苏关系友好，苏联派到工厂来的专家的工作是尽心尽力的，应该说在这一时期苏联专家的帮助对秦川厂的建立以及以后的发展起到了很重要的作用。

1956 年 5 月，苏联正式派专家进驻秦川厂开展工作，到 1960 年 7 月撤离回国的 4 年多时间里，先后有 60 名苏联专家来厂工作，其中 18 名属于工厂通过国家机关正式聘请的，其余 42 名是主管部、局为几个厂联合聘请的。这些专家从副博士、总工程师到各类工程师、工艺师都有，最低职务也是具有丰富实践经验的工长。

大型熔铜压延设备机组是民主德国 1953 年生产的具有世界先进水平的专用加工设备，占地面积 2 340 平方米，总重 2 000 多吨，价值 1 800 多万元。为了保证安装工程质量，施工中按"先重点后一般，优先考虑关键性工程"的原则，做到一步到位。根据技术需要，在建厂的设备安装阶段还请了 2 名民主德国专家和 1 名捷克斯洛伐克专家，到厂进行现场指导。

在建厂初期的 4 年多时间里，这些外国专家从整个工厂的设计、选择厂址、土建施工、设备安装和试运转到产品试制，从指导企业管理到对工厂技术力量的培训，都给予了很大的帮助和指导。他们驻厂期间帮助工厂试制产品 17 种，其中军品 13 种、民品 4 种；帮助工厂安装、调整、试运转各种不同吨位的油压机 25 台、曲轴压力机 10 台、液压自动车床 7 台、大立车 1 台。4 年多的时间里，专家们共提出比较重大和解决关键性问题的建议 1 592 条，经过工厂归纳整理汇编成册，成了很有参考价值的珍贵资料。此外，专家们还给工厂的干部和技术人员讲课 60 余次，听课人数达 2 059 人次，直接培训出技术管理骨干 84 人，帮助工厂实现了"专家走、学到手"的要求。

专家援助对秦川厂的建设固然重要，但工厂的基点始终放在自力更生的方针上。专家驻厂期间，工厂成立了专家办公室，注意动员和安排厂方人员向专家学习，及早掌握专业知识和操作技能；另一方面，工厂始终作了专家随时可能走的思想准备。

1957 年以后，中苏关系逐渐恶化，外国专家陆续撤走。但是，秦川厂聘请专家较早，大部分专家已经完成聘用期内的工作，他们撤走后对工厂建设影响不大。一些遗留问题，如部分产品图纸及某些原材料的供应等，由于工厂早有准备，动员自己力量，问题都陆续得到解决。

1957年7月，经过大量艰苦细致的生产准备和大规模的基建施工，工厂利用已建成的木工房及试制用的工艺装置进行了第一个产品HP-23航炮弹链节的试生产，揭开了秦川厂投产的序幕。

1958年2月，工厂正式投产。同年5月，经二机部五局批准，工厂开始启用"秦川机械厂"厂名。1959年1月，为便于军、民品的协作配套，以及人力资源、动能供应方面的协调，经二机部同陕西省委、西安市委协商研究，决定秦川厂与华山厂合并办厂，并将部属221技校和第三研究所的草滩靶厂也合并到厂，合并后厂名为华山机械厂，原华山厂为第一厂区，秦川厂为第二厂区，分厂为第三厂区。全厂职工11 923人，占地500多公顷，其面积、人员及生产规模均居当时西安地区大企业之首。

两厂合并期间，原秦川厂部分仍处于"边基建、边生产"的状况，直到1960年9月，工厂的建筑安装工程才基本完成。

1961年年初，在中央"调整、巩固、充实、提高"八字方针指引下，上级考虑到合并办厂规模过大，不利于管理，又按生产单位所在区域及车间性质，将全厂划为4个分厂，上设总厂全面领导。这种体制只持续了半年，1961年6月，部、局及省、市委决定秦川、华山厂及221技校重新分开，各自恢复原有建制、规模和名称。

在建厂初期的这段时间里，秦川厂经过艰苦的基建施工、设备安装和产品试制，迅速将一座拥有宏大规模厂房、雄厚资产设备和职工人数达4 500余人的大型现代化兵器制造厂建成并耸立在原是一片荒野的大地上，令人瞩目。

秦川厂的产品在军品方面主要以小口径炮弹、弹链及两种大口径炮弹药筒生产为主，填补了我国海、陆、空小口径炮弹生产的空白；在民品方面生产了汽轮机、电动机以及民用炸药等产品。

这一时期，工厂的发展是健康的。基建施工蒸蒸日上，投产当年即实现利润189.5万元。到1961年，共实现利润1 463.4万元，上缴税金234.2万元。同时工厂也遇到不少困难和问题。

1958年开始"大跃进"，受"左"的指导思想影响，发生了许多违背经济规律、不符合中国当时国情的事情，加上缺乏社会主义建设的经验，夸大了人的主观意志能力，工厂出现了高指标、浮夸风、共产风、瞎指挥等错误。之后，国家又遭遇三年自然灾害，苏联撤走专家，全国经济出现困难，工厂第一次出现亏损，亏损额达300.4万元。最突出的问题：一是由于国家经济困难，基本建设投资大幅度削减。从1958年起，工厂的部分建设开始停建缓建，1961年全年厂房建筑和福利区建筑面积为零。二是由于工厂设备不足，调拨钢材未能按计划供应，加之协作件不能按期出厂，工厂生产大受影响。三是几年来工厂机构多次变动，生产计划调整，资金管理不善，造成物资积压，给财务管理带来很多困难。由于资金紧张，工厂在银行超额贷款，仅1961年就支付银行利息239.6万元。四是连续三年的自然灾害，职工福利减少，生活困难，1961年精简下放了1 020名职工。

工厂党委正视问题，在困难中率领职工前进，在调整中发展生产。

首先，在稳定形势上下功夫，采取了诸多有力措施：一是实事求是地制定生产指标，按客观条件组织生产，使生产的步子趋稳实在；二是树立"军工产品，质量第一"的思想，努力提高产品质量，增加良品率，减少废品率；三是划小车间班组，进行封闭式生产，增加班组责任，使产量、质量、进度及其他各项指标的完成得到保证；四是调整基本建设项目和部分生产作业线，使有限的资金用在刀刃上；五是加强设备管理，提高设备完好率；六是改善劳动组织，加强劳动管理，内部挖掘劳动潜力，充实生产一线；七是实行奖励制度，鼓励职工超产；八是关心职工生活，办好职工福利，本着"一手抓生产，一手抓生活"的精神，办一些农副业生产补贴职工。

其次，工厂广泛开展群众性的增产节约活动。以战备为动力，开展形式多样的社会主义劳动竞赛；以生产为中心，加强计划管理工作，努力降低成本；以反浪费为重点，彻底清理积压物资，制定制度，在全厂形成浪费可耻、节约光荣的良好风气。

此外，工厂还多次开展群众性的技术革新活动，对生产的发展起到了促进作用。

三

1961年6月，秦川、华山两厂分家，秦川厂走上了独立办厂、不断发展壮大的道路。此时恰逢中央提出"调整、巩固、充实、提高"的八字方针，工厂开始纠正"大跃进"所带来的错误。在这一年，中央颁发了《国营工业企业工作条例（草案）》（简称《工业七十条》），这是党长期以来领导工业建设的经验总结，是中华人民共和国成立以来发展国家工业企业的第一部比较完整、比较切合中国实际的具体纲领。从1961年年底开始，工厂开始组织职工学习《工业七十条》。1962年3月，工厂制订了贯彻执行《工业七十条》的计划，确定用一年到一年半的时间全面实现条例的各项要求，并通过总结经验巩固成绩、克服缺点，将企业的生产秩序和管理水平提高到新的层次。通过全面贯彻《工业七十条》，工厂的各项工作有了很大的起色，主要表现在：一是健全了管理体制和各级责任制度，使各级人员有责可履、有章可循，工作效率和劳动生产率很快提高，工厂管理明显地协调起来。二是建立健全了64个主要的规章制度，进一步规范了工厂的各项管理工作。三是生产效益迅速增长，工厂的生产形势明显好转，1962年，年初工厂亏损72万元，到了10月份就扭亏并盈利39.5万元，职工生产积极性高涨，劳动效率大幅度提高，科研技术得到促进，仅1962年、1963年两年就研制了14个产品。四是职工素质和福利有较大的提高和改善。

从1961年到1965年，工厂生产在调整中发展，技术进步、新产品试制也取得了成绩，对工厂的发展起到十分重要的作用。在技术管理工作方面，彻底清查了主要产品的技术资料，纠正了工艺装置图册中的80多处错误，改进补充项目1602项，纠正原文资料错处42页。确立了技术负责制，提高了技术人员的工作热情和责任心，制定并执行了以总工程师为首的技术责任制。建立技术档案机构，开始标准化管理。同时，工厂还广泛开展群众性的技术革新和以钢代铜为突破口的技术革命。这些工作为工厂后来的技术全面进步打下了坚实的基础。在调整时期，工厂的新品试制工作也取得好的成绩。从1962年起年年都有新品试制，到1965年，仅4年时间就试制、定型产品共计17种。

从1961年至1965年的5年间，全厂生产能力增长12.6倍，主要产品由12个增加到20个，经济效益由1961年亏损300万元，逐步转变为年上缴利润1 000万元以上。尽管这时国家仍处于困难时期，但由于工厂较好地贯彻了"调整、巩固、充实、提高"的八字方针，经过全体职工的努力，生产还是有了很大的发展。

1975年1月，邓小平主持中央工作，提出要把国民经济搞上去，强调企业要整顿。秦川厂的形势同全国一样出现了回升局面。工厂恢复了必要的规章制度，开展了轰轰烈烈的生产竞赛，实施了一些奖励措施。这一年是"文化大革命"十年中生产形势最好的一年，总产值比上年增长13.98%，盈利600万元，完成重大科研技改项目23项。1976年，大规模的"反击右倾翻案风"运动又使工厂的工作重点转向了政治斗争，明显好转的秦川厂形势又陷入了新的混乱中，工厂再一次出现亏损，亏损额达231.1万元。

1976年10月，党中央一举粉碎"四人帮"。秦川厂广大职工以揭批"四人帮"为动力，以创办"大庆式企业"为契机，经过两年的全面治理整顿，企业管理走上正轨。1977年便扭亏为盈，甩掉落后、亏损两项帽子，为企业腾飞打下坚实基础。

党的十一届三中全会以后，秦川厂步入一个新的发展时期。经过拨乱反正，全面整顿，全厂政治上安定团结，生产上突飞猛进，各项工作取得巨大成就，开创秦川厂现代化建设新局面。到1987年，工厂实现利润3 840万元，为建厂以来最好水平。这九年，是秦川厂历史上最好的时期，是工厂不断开拓、胜利前进、奋发腾飞的九年。这一时期，工厂认真贯彻党的十一届三中全会精神，集中精力抓生产建设，工厂的经济形势发生了深刻的变化。生产建设蓬勃发展，产量产值大幅度增长，年年全面超额完成国家下达的生产计划。产品质量逐年提高，品种增多，新品开发成效显著，各项经济指标不断创出高水平，经济效益显著提高。

工厂在这几年中能取得这样的大好局面，主要原因和经验有五点：一是加强对生产的领导，强化生产指挥，加强生产管理和计划管理；二是开展多种形式的社会主义劳动竞赛，极大地调动了职工的积极性；三是加强质量管理，大打产品质量翻身仗，狠抓产品质量的提高；四是进行企业改革，以改革促进生产的发展和经济效益的提高；五是认真落实知识分子政策，以科技进步推动生产发展。

在这几年中，秦川厂的经营方式和产品结构都发生了较大的改变。在1980年以前，秦川厂属于单纯"生产型"管理企业，计划由国家下达，材料由国家统配，产品由国家统销，利润全部上缴，亏损由国家承担。工厂的任务是按指令性计划组织生产，按质、按量、按进度完成国家下达的计划，企业经营的好坏、经济效益不与企业自身挂钩，企业吃国家"大锅饭"。党的十一届三中全会以后，扩大了企业自主权，特别是1984年以来，工厂从单纯"生产型"管理转向了"生产经营型"管理，从主要抓完成生产任务转为要讲求全面经济效益。

由于经营方式的改变，过去那种只重视生产管理、忽视经营管理，只管今天不想明天的做法得以彻底改变，工厂开始注重军品科研和民品开发。厂领导亲自挂帅参加市场调研，进行经营决策。在管理机构方面把生产与计划、供应与销售部门分设。增加了军品外贸的信息收集和计划安排以及民品销售的市场销售和信息反馈。1980年和1984年，工厂先后两次举办了民品展览会，号召基层单位根据自己的特点，搞好"军民结合"，积极发展小民品生产和对外劳务加工。在发动群众的基础上组织两支专业队伍，一支搞军品科研，一支搞民品开发。在经营管理方面，开展了全面计划管理、全面质量管理和全面经济核算，推行目标管理，恢复健全了各项技术经济指标的管理，由过去的8项技术经济指标的考核，增加到14项技术经济指标的考核。在技术改造方面，改造了大口径药筒及装配生产线，新建了特种弹生产线，建设了7条民品生产线，满足了当时军民品生产的需要。此外，工厂还在节能改造、横向经济联合方面做了大量工作，取得了可喜成绩。

由于生产的发展，秦川厂的产品结构发生重大变化。1980年前，小口径炮弹的年生产总值一直居各类产品之首。经过十多年的建设，1981年大口径炮弹的年生产总值首次超过小口径炮弹，成为工厂各类产品的第一位。工厂的产品结构从此发展到以大口径炮弹为主。从1982年开始，工厂又开始了火箭弹、三无（无声、无光、无烟）弹等特种弹的开发研制，其年产值逐年增大。大口径炮弹和特种弹的发展为工厂增强竞争实力、提高部队装备水平、打入国际市场奠定了基础。此外，工厂在大弹药筒的生产上也有较大增长。在药筒生产的材质方面也有较大突破，尤其是可燃药筒的研制成功，结束了我国不能生产可燃药筒的历史，标志着我国在这项技术上步入了世界先进行列。

在这个时期，工厂的民品生产全面启动。建厂之初，秦川厂有一些电机等民品生产，但在20世纪60年代初即全部停产，生产线被拆除。党的十一届三中全会后，中央提出"军工企业要认真贯彻执行军民结合、平战结合、以军为主、以民养军"的方针。同时，为了纠正国民经济的严重比例失调，国内军品订货大幅度下降，大搞民品开发势在必行。1979年，结合拥有的设备和技术优势，工厂首先投资建设了钢带、钢窗、钢丝床"三钢"生产线。第二年民品产值达到294万元，初步改变了长期以来单一军品生产的结构形式，向军民结合型的发展道路上迈出了新的步伐。

之后，因军品任务加大，厂房面积受限，钢窗生产线停产。1984年起，工厂用主要精力大抓支柱民品的开发工作。根据社会调查和工厂条件，着手抓了民爆器材、超微型轿车、液化石油气钢瓶、冰箱用铜铝管接头、煤气表、按摩器、钢铜材加工、进口汽车修理等新民品和民用加工业的开发研制，成效十分喜人。钢丝床、铜铝管接头、液化石油气钢瓶先后被评为省、部级优质（秀）产品。民爆器材5个系列24个品种，其中地面震源弹获一项国家专利、一项全国发明奖、一项省优新产品奖；地震枪系列产品填补了国内空白，工厂被兵器工业总公司列为唯一"特种震源"定点生产厂。进口汽车修理中心年年被西安修理行业评为"三优"企业，后又被评为"十佳明星"企业之首。超微型轿车也试制出了样车。

民品生产不但在品种上不断增加，产值也在逐步提高，在工厂年生产总值中的比例逐年加大。1980年，民品产值294万元，占当年生产总值的2.86%；到了1986年，民品产值已达859万元，占当年生产总产值的8.83%。

四

1988年3月，为贯彻落实军民结合方针，大力发展民品，经国家机械委批准，秦川厂与毗邻的光辉机械厂合并。这个时候军品外贸已基本停止，国内定货量也不断减少，大上民品，尤其是开发支柱民品成为工厂的当务之急。

1984年，工厂着手超微型汽车的开发工作。1985年，经国家经委、国家计委和国防科工委批准成立的西北纸箱厂项目列入"七五"期间"军民品结合型企业技术改造重点项目"。1987年，秦川厂从国外引进了一条生产加工瓦楞纸板纸箱的自动生产线，填补了西北地区的空白。同年9月，经国家机械委批准，被列为国家"七五"期间第二批军民结合重点项目的铝板带材冷轧生产线正式立项。至此，秦川厂以超微型汽车、瓦楞纸板纸箱、铝板带材生产三大支柱为龙头的民品生产格局基本形成。

1984年12月，工厂试制成功第一辆SX-710型两人座超微型小轿车。1986年元月，这辆车送到北京兵器工业部，后又开进中南海，受到中央领导的高度赞扬。工厂5月开始研制四人座小轿车，并研制玻璃钢车身在小轿车上的应用。8月试生产，12月试制出5辆样品车送往北京。为了及早使超微型汽车鉴定并投入批量生产，工厂加大了研制力度。到1987年年底，经历了四轮研制，最终确定了SX-720车型，用玻璃纤维增强塑料制造汽车车身，在国内汽车制造业中走出一条新路。1988年10月，SX-720型超微汽车通过部级鉴定定型，进入国内市场。

1993年，国家计委批准秦川厂"对现有的微型轿车生产线进行调整，通过改扩建，将车型统一到奥拓微型轿车上来，形成年产两万辆奥拓微型轿车的生产能力"。1994年，该项目经国务院批准，列入当年新开工基本建设大、中型项目建设计划中。1995年，兵器工业总公司批准对奥拓车设计进行调整，决定引进德国杜尔公司轿车喷漆设备，并对车间建设、生产能力等重新调整。该项目总投资需8亿余元，到1997年年初已投资3.52

亿元，总装配生产线、检测线都达到年产5万辆的设计生产能力。

汽车生产是技术密集型和资金密集型产业，尤其是先期资金投入巨大。尽管企业投入大量资金，但建线工作仍然难以维系，加上管理的原因，汽车的生产和营销工作仍不尽如人意。为了转换机制，加强管理，提高效益，加快对企业的股份制改造和资产重组步伐，1997年3月西安秦川汽车有限责任公司成立。

铝板带材项目，是1987年9月经国家机械委批准立项的。次年，该项目列入国家"七五"期间第二批军民结合重点技术改造项目。1990年年底开始安装设备，1991年年底试车生产。该项目拥有固定资产1.4亿元，流动资金近30万元。从意大利引进具有国际20世纪80年代末期先进水平的1400毫米四重不可逆式铝材冷轧机组，配有两套最先进的计算机自动控制系统。可轧制0.15毫米—2.5毫米高质量纯铝合金卷板。同时还有横剪机组、轧辊磨床、箱式退火炉等系列国产精尖端设备，年生产铝板带材1万吨。由于种种原因，这个项目自投产以来一直效益不佳，连续出现亏损，仅1996年亏损额就达1 575万元。为解决这个问题，工厂已采取一系列应对措施。

瓦楞纸板纸箱的生产，是兵器工业部为适应"七五"包装纲领的要求，提高包装技术水平，改变兵器工业包装设备陈旧、工艺技术落后的状况，于1985年决定立项建设的。项目先后从国外引进四条包装生产线，其中一条为重型瓦楞纸板纸箱生产线。1985年国家经委、计委、国防科工委同意将此项目列为国防科技工业首批民品技术改造重点项目。但是，这个项目也由于对市场预测不够准确、忽略了国产原纸的适用性以及管理不善、浪费惊人，一投产就陷入亏损的泥坑。1990年后，企业通过深化改革、实行承包责任制、加强经营管理、重视对市场的研究与开发、加强职工技术培训等一系列措施，才使瓦楞纸板纸箱的生产营销有了起色。

工厂在开发三大支柱民品的同时，还大力开发第三产业。1984年9月，以运输处汽车修理工段为基础，成立了"唐都进口汽车修理服务中心"，开发进口汽车修理业务。12年来，中心从一个手工作坊式的小修理部发展成为一个独立的，集汽车（含小轿车）销售、修理、汽车备件和专用维修工具经营四位一体的实体企业，累计维修车辆104 996台次，产值21 970万元，实现利税4 658万元，人均创利税34.57万元。

秦川厂在"保军转民"战略方针的指导下，充分发挥军工企业的潜力和优势，积极转轨变型，开发民品，调整产品结构，经过十多年的努力，初步形成以"三大支柱"民品为主，以冰箱用铜铝管接头、液化石油气钢瓶、钢丝床、代森锰锌农药和超音频电源等民品及"三产"为辅的军民品结合的格局。民品产值逐年加大，1993年民品产值18 369万元，首次超过军品产值，占当年总产值的69.13%。

五

由于民品受资金、技术、人才、管理、体制机制等因素制约，到20世纪90年代后期，公司民品出现大面积亏损。没有了军品，后来又失去了保军的资格，加之社会负担沉重，秦川厂的经营逐渐陷入困境。直到2002年11月28日，公司被列入国家实施政策性破产项目计划，2003年11月12日进入破产程序。2004年4月20日，西安市中级人民法院宣告公司破产程序终结。通过实施政策性破产重组，核销9.6亿元的债务包袱，安置7 800多名职工，学校、公安移交地方政府管理，离退休人员养老、医疗保险纳入社会统筹。

重组以来，新的领导班子带领干部职工，恢复军民品生产经营，调整产业结构，自筹资金开发了军民品项目，企业经营有了明显好转。但由于体制原因，享受不到国家军品条保、技改、安改等资金支持，破产前10年的亏损，破产后产品平台丢失、人才流失，致使企业基础差、底子薄、设备设施陈旧、历史遗留问题多。加之企业承担着7 600多名离退休职工服务管理和超过3万人社区的管理，社会负担沉重，每年需要2 000多万元现金支付退休职工统筹外费用和社区维护维持等运行费用。企业自身造血功能不足、经济总量少、结构不合理、盈利能力不强等问题长期得不到有效解决，重组后10多年基本处于亏损状态。

北方秦川公司现下设15个部处、9个军品分厂、5个民品子公司、4个后勤单位，占地面积1 155亩，资产总额近5亿元，各类设备仪器3 000余台（套），现有员工1 500余人，离退休职工7 600余人。公司通过了GJB/9001A-2001军工产品质量体系认证、国防科工委计量认可评定、二级保密资格认证和安评，为省级计量中心，取得了国防科工委武器装备科研生产许可证，通过了原总装备部装备承制单位资格审查。公司通过不断加强能力建设，已形成冷挤、冲压、深孔加工、大型工件的特种工艺表面和热处理、大型非标设备制造、环保节能电镀工艺等生产加工能力。目前公司军品主要以协作配套部件为主，任务量相对较少。民品主要利用原有的军品线设备、厂房和富余人员开展劳务加

① 厂领导观看青年技工技术比武（1979年）
② 中国国防工业工会工作会议在秦川厂召开（20世纪80年代）
③ 工厂文化宫文艺楼（底层为老干部活动室）
④ 工厂办公大楼（20世纪50年代）
⑤ 工厂街坊家属生活福利区
⑥ 高级工应会考试现场

工，产品有重型瓦楞纸板纸箱、汽车配件、冷剪机等，基本处于小规模经营状态。

2004年12月23日，公司重组改制为西安北方秦川集团有限公司。

2010年10月，按照战略性重组要求，西安北方秦川集团有限公司与西安北方华山机电有限公司、西安东方集团有限公司、兰州北方机电有限公司四家兵器企业组建成专业化子集团，总称为西北工业集团有限公司。2014年11月，西北工业集团整体收购西安北方秦川集团有限公司职工股权后，西安北方秦川集团有限公司成为西北工业集团全资子公司。

公司承担国家重点防务产品制造生产任务，具有各类机械加工、表面处理、热处理加工、产品总装、检测试验等完整的产业链体系，为国防建设作出了重要贡献，党和国家领导人曾多次到企业视察指导。

经过近70年的建设和发展，公司具有雄厚的科研开发能力和各类机械加工、试制检测的综合实力，拥有一支专业化、高素质的经营管理队伍，科研成果丰硕，曾荣获省部级以上科技成果奖20余项，其中国家级10余项。

西北工业集团整体收购职工股权后，为帮助秦川脱困，将秦川纳入整体调迁项目统一规划，给予了生产线改造、产品结构调整、内部配套和科研资金扶持等一系列的帮助和扶持，企业的生产能力明显提升、管理进一步规范、经营状况显著改善，职工精神面貌和生产经营各项工作得到了提升。企业主营业务收入规模保持在2—3亿元，2015年同比减亏20%，2016年预算收入2亿元，继续减亏20%，到2017年扭亏为盈。

西安北方秦川集团有限公司规模大、功能全，是发展过程连续的"万人大厂"，是军工企业发展变迁的缩影。企业有过辉煌，有过低谷，创造了一个又一个艰苦奋斗、自力更生的壮举，攀登了一项又一项科技创新的高峰，取得的成就和荣誉不计其数，为国防建设和国民经济建设发挥了重要作用。

（晋海燕执笔）

我国第一个大型引信专业制造厂

国营东方机械厂

国营东方机械厂是"一五"期间苏联援建的 156 项重点工程之一,现名西安东方集团有限公司,是中国兵器工业总公司所属的大型引信专业和战术导弹厂。厂区位于西安市东郊工业区南端,占地面积近 135 万平方米,拥有各种机械设备近 5 000 台(套)、固定资产原值 72 989 万元。工厂有职工近 1.1 万人。工厂 1952 年开始选址筹建,1954 年破土动工,1958 年部分建成投产,1960 年基本建成。经过 60 多年的发展,工厂已成为我国常规引信研制、生产的主要基地,并在战术导弹研制、生产方面占有重要地位。

改革开放以来,工厂通过"保军转民"和科研开发,已由建厂初期的引信、战术导弹专业制造厂发展成为以精密机械制造为主,兼具光机电一体化产品制造并与第三产业共同发展的军民结合型企业。

一

1952 年 9 月 18 日,中央人民政府第二机械工业部勘测总队 8 名工作人员来西安地区选择厂址。为了加强选择厂址的组织工作,1952 年年底上级又充实人员力量,成立了二机部勘测一分队。1953 年上半年,二机部勘测处将西安勘测一分队划分为 7 个新厂筹备组,各筹备组于 6—7 月份分开办公。西安东方机械厂筹备组经二机部二局(53)二二基新字 188 号文批准,于 1953 年 6 月 26 日正式成立。

1953年年底，东方机械厂厂址选定在西安东郊工业区白杨寨与等驾坡之间。厂址确定后，工厂进行了土地测量、地质钻探、土壤负荷试验、古墓钻探、当地政治经济状况调查等大量艰苦细致的工作。当年完成国家投资18.6万元，工厂职工人数为91人。

1954年，工厂开始进行基建准备工作，1955年开始大规模基建施工。当时工厂只有200多人，人员少，工作任务非常繁重，条件十分艰苦，但是干部、职工充满了建设社会主义的热情，把困难抛之脑后，在一片田野上开始了艰辛的创业历程。根据上级要求，为了加强筹建厂党组织的建设，1955年3月，工厂成立了临时党委会，党委书记为原西康省政府副主席刘聚奎。

1956年4月2日，毛泽东主席就刘聚奎的专题汇报材料做了批示，要求加紧国防重点工程项目的建设。

1956年到1959年是工厂基建投资比较集中、基建任务比较繁重的4年。至1960年，工厂基本建成，累计完成基建投资39 023.8万元，竣工面积306 498平方米，安装设备3 784台。同时，工厂开始从以基建为中心逐步向以生产为中心转变。为了适应生产的需要，1958年工厂大量招工，职工总数由1957年年底的1 596人猛增到5 114人。到1959年年底，工厂职工总数达到6 757人。

为了加快建设速度，早出产品，工厂本着边基建、边试制、边生产的方针，在主要生产厂房尚未建成的情况下，利用库房、辅助厂房和已到的设备，开始了第一个军品101产品的试制生产。

101产品是当时军事装备中性能优良的产品，也是国家要求工厂尽早掌握生产的产品，其技术资料和大部分机械设备由苏联提供。国家要求1958年开始试制，1959年国庆节产品定型。为此，工厂于1957年完成101产品的工艺编制，做好101产品原材料及主要辅料的来源摸底，并进行该产品关键件的试制生产。1958年底，101产品提前近一年时间定型，为引信试制和生产积累了经验，创造了条件。到1959年，工厂的军品品种增加到5种。1960年，工厂的军品任务产值达到1 831.3万元。

在试制、生产军品的同时，工厂响应毛主席关于"国防工业要学会军用和民用两套本领，实行军民结合，平战结合"的指示和部、局关于"要把民用产品和军用产品同等看待"等指示精神，掀起了开发生产民用产品的热潮，先后开发生产出163车床、台钻、百分表、千分表、自行车、手表、各类轴承、水泵、鼓风机等民用产品。到1960年，民品产值达到2 513.2万元。1961年以后，民品开发受到限制，民品开发生产转入低潮。

东方机械厂从选址建厂到基本投产,都是在苏联专家的直接指导帮助下进行的。从工厂的设计、土建施工、设备安装到产品试制、生产,从企业管理到技术力量的培训,苏联专家都给予了很大帮助。但工厂的基点始终还是放在自力更生的方针上,十分注意培养自己的管理骨干和技术力量,一方面派出90多人出国学习,一方面工厂开办各类学习班、培训班,对干部、工人进行轮训,提高他们的业务技术水平,以适应工厂试制生产的要求。中苏关系破裂、苏联专家撤走后,工厂试制生产面临不少困难。在党的领导下,全厂干部、工人决心为国争气,发扬艰苦创业精神,依靠自己的技术力量,克服一个又一个困难,使101产品试制生产过程中的技术难关陆续得到解决,保证了试制生产的顺利进行。

二

1961年到1976年,是工厂艰难发展的16年。一是苏方撤走专家,停供设备,给工厂建设和发展造成极大的困难;二是从1958年开始的"大跃进"和随之而来的三年困难时期,工厂的建设和发展受到严重影响;三是从1966年5月至1976年10月历时10年之久的"文化大革命",使工厂成为西安地区的重灾户,在经济、政治、思想诸方面都造成了无法估量和弥补的损失。

20世纪60年代初,面对"大跃进"和随之而来的三年自然灾害给工厂带来的困难,工厂党委率领全厂职工,认真贯彻中央提出的"调整、巩固、充实、提高"八字方针和《工业七十条》,狠抓工厂各个方面工作的整顿,建立健全工厂各项规章制度,使企业管理步入良性轨道。

这一时期,工厂还根据中央精减下放职工、支援农业生产的统一部署,在1961年和1962年共精减职工1 721人。同时,工厂还进行了支援三线工作。在10多年时间内,为全国14个省和30个单位输送千余名技术、管理人员,其中四川的5004厂和湖南的544厂是工厂的主包厂,为三线建设作出了贡献。

中苏两国关系破裂,苏联终止向我国供应101产品用的游丝和发条。而这两个关键性零件,精度要求高,制造较困难。苏联帮助建厂时,借口工厂技术水平低而不提供技术资料和技术装备,并明确规定游丝和发条两种零件由苏方供货。这样,游丝和发条就成为101产品能否继续生产下去和其他钟表结构常规产品及尖端产品能否搞出来的关键。

1961年11月,工厂决定自己生产游丝和发条,随即成立了游丝发条车间。在没有资料、没有现成设备、没有经验的情况下,本着边学习、边试验、边总结、边提高的原则,开始了生产线的建设和游丝发条的试制生产工作。为了快建生产线,快出产品,工厂因陋就简,土洋结合,生产线所需的60余台设备,除自压延机是进口设备外,其余全是国产设备,而且大部分是工厂自己设计、制造采用万能设备改造的。这些为游丝、发条的试制生产创造了条件。

试制生产游丝、发条困难很多,最突出的是压延、抛光和热处理三大难关,为了突破碾压关和抛光关,工人张汉三、滕兴荣、王龙兄、邵长生等人大胆进行技术革新和技术改造,先后研制成功碾压机和抛光机。为了闯过热处理关,工厂采取干部、工人、技术人员三结合的办法,用了几十种方案,进行了几百次试验,终于突破了热处理关。三大关突破以后,游丝、发条的质量和生产效率都有大幅度提高,生产的游丝和发条不仅满足了工厂生产的需要,而且提供兄弟单位使用。

从1961年到1976年的16年间,工厂克服重重困难,排除种种干扰,先后研制生产出一系列引信、导弹尖端产品,主要有:自行设计生产的108产品;在刘鸿乃等同志的努力下,研制成功202产品,其子母球式保险装置荣获国家发明二等奖;试制成功我国第一代501产品,该产品和地面测试仪器设备均荣获全国科学大会奖;试制成功601产品,该产品也荣获了全国科学大会奖。

三

党的十一届三中全会以后,工厂在面临新的发展机遇的同时,也面临着两个根本性的转变和"保军转民""二次创业"的挑战。在这一形势下,工厂认真贯彻中共中央关于军民结合的十六字方针,在保证完成军品任务的同时,大力开发民品,努力实施两个根本性转变,取得了一定成绩。1994年,工厂扭亏持平,甩掉长期亏损的帽子。1995年和1996年继续保持持平微利的发展势头。

在民品开发方面,1980年到1985年,工厂先后开发生产出机械报时木钟、定时器、洗衣机、两用沙发床、DF-250型摩托车等多种民品。但由于产品起点低,缺乏市场竞争

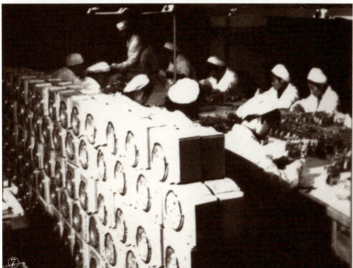

① 1952年二机部勘测总队进行选址勘测
② 厂领导与苏联专家格拉乔夫在一起（1953年）
③ 工厂机械加工生产线（20世纪80年代）
④ 1952年建厂初期，工作人员进行征地调研
⑤ 苏联专家博德洛夫与工厂技术人员技术交流（1953年）
⑥ 东方机电（集团）有限公司第一届职工代表大会会场
⑦ 工厂民品木钟生产线（20世纪80年代）
⑧ 工厂引进的引信生产线（20世纪90年代）

力，未能形成市场规模。1986年，工厂开始自行开发具有国际20世纪80年代先进水平的全封闭旋转式冰箱压缩机，从而走上高起点开发民用产品之路。工厂依靠自己的技术力量，先后攻克产品性能、材料国产化和工艺技术等三大难关，进行四轮样机的研制，并利用军品生产线的空闲能力进行批量生产工艺试验，掌握了批量生产的技术关键及建线参数，生产出第一批试制品。1989年4月，压缩机通过部省级技术鉴定，1991年7月通过生产必备条件评审，1992年开始投入批量生产。同年，在全国同行业质量年检中，东方机械厂所产压缩机名列第二，同类机型中名列第一。1995年4月，在北京家用电器展览会上获金奖。

围绕支柱民品压缩机的开发，工厂不断挖掘内部潜力，调动各方面积极性，逐步形成民品三级开发模式，即总厂开发支柱民品，分厂开发二级民品，车间搞短平快民品。十多年来，工厂除开发支柱民品压缩机外，还开发出几个重要的二级民品，如混凝土砌块机、挤压珩磨机、水平连铸机、助力自行车等，其中混凝土砌块机成为工厂又一个重要的支柱产品。

经过10多年的军转民工作，工厂的产品结构发生很大变化，民品产值已由"七五"末的8 000万元上升到"八五"末的17 814万元，增长2.12倍，民品开始在企业中唱起主角。

在军品研制生产方面，工厂通过实施三项重大技术引进和技术改造工程，不仅为部队提供了先进的武器装备，而且使工厂的技术实力更加雄厚。近几年，工厂还陆续承担了一些新的科研试制项目，已形成几种高技术、高水平、适应其他需要的新产品，使军品生产水平上了一个台阶。

工厂在物质生产发展的同时，精神文明建设也取得可喜成绩。1995年以来，工厂先后荣获新城区文明单位，西北兵工局先进单位、先进党委，省级模范职工之家，省级先进团委，中国兵器工业总公司先进企业等称号。厂第二福利区1995年先后荣获区级、市级文明小区称号。

综上所述，几十年来，特别是"二次创业"以来，工厂获得较快发展，各项工作都取得一定成绩。但是，在社会主义市场经济的形势下，工厂又面临着新的困难和问题，例如军品任务仍然不足，剩余的设备、人力资源尚未得到充分有效的利用；企业资金十分紧张，生产流动资金、技改新增投资依靠银行贷款，从而负债沉重；企业效益差，职工收入低，人才流失严重，导致职工队伍整体素质下降，面临着技术人才断层的严重局面，等等。面对这些困难和问题，工厂将以中国特色社会主义理论为指针，进一步解放思想，转变观念，振奋精神，开拓进取，不断深化内部改革，挖掘潜力，充分发挥存量优势，夺取"两个文明"建设双丰收，为我国国防建设作出新的贡献。

2010年10月20日，中国兵器工业集团宣布了第三批子集团重组名单。由西安北方华山机电有限公司（现称北区）、西安东方集团有限公司（现称南区）、兰州北方机电有限公司组成西北工业集团有限公司，同时负责管理集团公司持有的西安北方秦川集团有限公司国有股权。

西北工业集团有限公司以"坚持常规弹药智能化发展方向，以陆军弹药为主，积极发展面向三军及各军兵种的各类制导弹药、智能化弹药与常规弹药，满足我军遂行信息化条件下任务使命和国际防务市场对各种现代化弹药的需要"为核心使命，以"服务于国家国防安全、服务于国家经济发展"为己任，秉承"创新、奉献、务实、开放"的兵器精神，以科技为引领，持续提升防务产品核心能力，积极促进军民品协调发展，努力在高新材料、汽车零部件及改装车辆、工程机械及机电设备、建筑物流服务业等四大产业领域，实现高质量发展。着力建设"有抱负、负责任、受尊重"的高科技国际化的现代兵器集团，为我国国防现代化建设和国家经济发展作出应有的贡献。

（王明谦、赵化昌、赵长龙、郝建生、张红文执笔）

1953年8月，工厂启用的第一枚印章

亚洲最大的单基发射药生产厂

国营西安惠安化工厂

国营西安惠安化工厂现名为西安北方惠安化学工业有限公司，建于国家第一个五年计划期间，是苏联援建我国的156项重点工程之一。工厂曾获"大庆式企业""六好企业""军民结合先进企业"称号，1988年晋升为"国家二级企业"。

一

1950年，朝鲜战争爆发，我军武器装备落后，远远不能适应战争的需要。提高我军的装备不仅关系到朝鲜战争的胜负，亦是关系到国防建设的大事。1951年6月，党中央派出以徐向前为首的军事代表团访苏，进行由苏联援助中国建立国防工业的谈判。同年10月，苏联派出了以乌达洛夫为首的五人规划小组帮助我国制定国防工业的第一个五年计划，并于1952年1月正式提出建议方案。参照苏联专家的这个建议，国家重工业部兵工局草拟了适合中国国情的兵工建设计划《兵工五年新建工厂大纲》。1952年5月，经中央兵器工业委员会批准后又做出《关于兵工问题的决定》。国家计委按照"一五"计划的基本任务中"首先集中主要力量发展重工业，建立国家工业化和国防现代化的基础"的要求，把兵工建设项目列为重点工程。

1953年5月15日，中苏两国政府在莫斯科签订《关于苏维埃社会主义共和国联盟政府援助中华人民共和国中央人民政府发展中国国民经济的协定》。协定规定，到1959年止，苏联帮助中国新建和改建141项重大工程项目，后增至156项。其中第一批建设91项，包括兵器工业的18项，惠安化工厂就是其中之一。1953年6月，兵工总局召开全国兵工会议传达《关于兵工问题的决定》，朱德总司令和兵工委员会副主任李富春到会并做了重要讲话，会上确定建立单基发射药厂项目。这个决定使后来的惠安化工厂成为亚洲最大、设备最先进的单基发射药厂。

1953年9月21日，中苏双方签订协议。同年10月苏联专家来华，选择厂址的工作正式开始。地址最初定在甘肃省兰州市附近，先后勘测了西固区、临洮区、北湾区、中和堡区、榆中区、湟惠区和安宁堡区。经过长达半年多的反复对比、筛选，最终决定放弃兰州点，转向四川和陕西另觅新址。在陕西先后察看了兴平、泾阳、鄠县（今鄠邑区）等地，认为鄠县最为理想。1954年6月，国家计委批准西安惠安化工厂建厂报告，正式确定了厂址在鄠县的苏泉乡（后改名为余下镇）。

1954年6月，主管部门开始从全国各地为惠安化工厂选调技术人员和干部职工，基建、技术、统计等业务人员逐渐增至118人，主要来自475厂和375厂，设5处3室19个科。同年三季度成立临时党委会。

选择厂址共花费一年零八个月时间，五易其址，尽管走了些弯路，但现在来看仍然是高节奏、高效率的。

按苏联专家设计，工厂共投资2.6亿元人民币，占地面积10 666亩，定员6 000人，建筑面积43万平方米，其中生产面积30万平方米。精制棉3条生产线，每条线年产11 000吨；硝化棉2条生产线，年产32 000吨；单基无烟药11条生产线，年产32 000吨。共建24个车间，设总库5 255平方米。

1955年4月9日，陕西省人民政府正式批准惠安化工厂开始征地。实际工作中，1954年10月中旬就已开始征地。

经过两年时间共征购土地9 758.3亩。医院、文化宫、子弟中学等零星用地由鄠县人民政府批准或以已征购未使用的土地兑换。在征地过程中，全部迁移7个村庄共计425户，部分迁移4个村子共计106户，连同零星户，合计迁移居民545户2 876人。同时迁移了罗什区公所和罗什区银行营业所两个地方单位。

1957年6月12日，国家兵器工业部决定："惠安化工厂分两期建设，第一期按原设计的一半生产能力建成。"二局下发了应建成的具体厂房工程项目。但在实际施工中，没有严格执行"分期建设"的决定，甚至出现"图纸尚未到齐就开工"的局面。在完成一期工程的同时，干了不少本属于二期的工程，使得工程质量受到影响，进而影响到整体规划。直到1961年才基本实现"打通一条线"的目标。而真正的工程收尾直到1966年才完成。

1957年，中央再一次提出"兵器工业要贯彻两套任务、两套本领、平战结合"的方针。兵工系统掀起了"行行争相跃进，厂厂争多贡献"的热潮。惠安化工厂自然也不例外，在军品生产线尚未建成之前，就上了一大批民品项目。当时，由于客观条件限制，很多产品都是土法上马，如年产1.5万吨的硝铵生产线，因无标准的粉碎工房及设备，就用人推石碾碾压粉碎；没有机械振动筛，就用人工筛代替，不但劳动强度大，而且作业环境差。虽然广大职工吃苦耐劳的创业精神是可嘉的，但由于工艺技安、环保等得不到保障，导致发生许多人身和设备事故，为后来工厂坚持科学态度，遵循工艺规程，重视环保、重视安全诸方面起了反面教育的作用。

1958年，工厂边基建边生产，在"大跃进"和国家面临三年经济困难时期，为了节约资金，在部分厂房基本建成后，自己动手进行非标设备制造和军品原材料的试制，在首任党委书记王伯华、厂长董文立的带领下，全厂1 000多名职工自力更生，艰苦奋斗，于1961年11月建成第一条单基发射药生产线，进入了产品的试制阶段。

1962年军品正式生产，到1966年工厂第一期建设工程全部完成。单基发射药共5条生产线投产后，军品试制共13个品种15个品号陆续定型。无烟药的生产量逐年上升，1962年263吨，1963年1 219吨，1964年2 275吨，1965年5 206吨，1966年达到9 622吨，为设计生产能力的67%。投产后的5年间，有4项消耗指标创造了同行业先进水平：硝化棉硝酸消耗847.9kg/T；硝化棉硫酸消耗353kg/T；大品号药用硝化棉消耗975kg/T；大品号药酒精消耗194.9kg/T。

二

20世纪60年代末70年代初,工厂贯彻"要准备打仗"和"备战备荒为人民"的号召,在"老厂战备,疏散进洞"的原则指引下,惠安化工厂搞了三项大的工程:(1)新建第二库区。地点在终南山北麓的潭峪口,完成原设计工程基础部分的25%后,奉命停建。(2)新建硝化甘油车间。珍宝岛事件后,中央决定将地处中苏边界的475厂部分生产线迁入惠安化工厂新建的硝化甘油车间,通称二厂,厂址选定在终南山北麓的栗峪口。一期工程已完,具备了生产能力,但却一直未能投产,主要原因是对该生产线设在栗峪口"是否能确保安全"这一关键问题存在严重分歧,多次考察,多次讨论,皆不能定,拖了近十年。直到1980年8月23日夜间山洪暴发,冲垮工房,彻底冲毁生产线,连深埋于地下的电缆线也被冲出来,并造成人员伤亡,使数百万元投资毁于一旦。(3)筹建TNT厂。上级把在陕西建万吨级TNT厂的筹建任务交由惠安化工厂承担,工厂成立了筹备组,完成选址及初步设计,但一直没有投入建设。

20世纪60年代末,在"要准备打仗"的思想指导下,生产秩序很快恢复,并且陆续有新品试制定型,有的产品还跨入世界先进行列。单基发射药生产在1972年达到鼎盛时期,年产量达到16 182吨,超过设计生产能力,18项中有6项综合一次性交验合格率达到100%。

三

1987年,工厂建成第一条可燃军械元器件生产线,形成军品"生产一代、研制一代、预研一代"的格局。1987年后,又陆续有18项军品科研成果获国家和部级奖励,其中获国家级奖励7项。这些科研成果为改善我军装备、提高我军战斗力起到了重要作用,无不渗透着科研人员的心血。惠安化工厂虽是苏联援建,但刚具雏形时"老大哥"就撤走了专家,一切都得靠中国人自力更生。虽举步维艰,但惠安化工厂的科研人员没有向困难低头,以科学的态度、顽强的毅力攻克一个又一个难题。以59-100坦克穿甲弹为例,这是国家重点武器装备科研项目,各项技术指标高、难度大,矛盾的焦点是用低膛压发射高速动能穿甲弹。科研人员经过长达六七年的数千次试验（装药试验也近一千发），终于出色地完成了任务，于1986年设计定型。评审专家认为该弹（包括装药结构和可燃药筒）综合指标达到国际上同类产品水平。该弹研制成功并装备部队后，大大提高了现役59式坦克的火力，使部队大量装备的中型坦克可以在常温下2 400米的距离内击穿苏式T-72坦克的首部装甲，其威力超过引进的"三七"工程的105毫米钙合金穿甲弹，使59式坦克如虎添翼，大大提高了我军的战斗力。

惠安化工厂研制生产的军品品号共有30多种，在全国同行业厂家中首屈一指；生产流程及工艺、生产的军品协作产品有20多种。

惠安化工厂不但是军品单基药、固体推进剂和可燃军械元器件的研制基地，其民品也在国民经济中占有一席之地。其中，精制棉可广泛应用于国防、石油、化学、塑料、造纸、皮革、纺织、食品、医药等行业；羧甲基纤维素也可作黏合剂、增稠剂、乳化剂、上浆剂、稳定剂等用途；硝化棉可作为无烟药、油漆、涂料、打字蜡纸封口胶帽等的原料，可作为工业溶剂、有机合成原料的丁醇和香烟过滤嘴用二醋酸纤维、高档聚氨酯漆等产品，在全国有着举足轻重的位置。1996年，工厂总产值1.6亿元，其中民品产值达到0.68亿元。

早在建厂初期的1958年至1962年，惠安化工厂的民品就已初具规模，投资250多万元建成投产的项目有丁醇生产线、水泥车间、硝铵炸药车间、氧气站等，生产出了20多个产品。当时的民品建设是在贯彻毛主席"军民结合"的指示下进行的，资金有来源，市场有保证，可以说无任何风险。而1979年以后的民品建设是在军品任务锐减、"保军转民"的形势下进行的。面对激烈竞争的严峻形势，工厂不等不靠，知难而进，冷静分析形势，进行认真的调研，在众多的项目中选择了市场急需而又能发挥本企业优势的项目。1979年建成投产的羧甲基纤维素（CMC）生产线，年产量达1 600吨。其中牙膏级CMC覆盖全国80%以上的牙膏厂，1981年被陕西省评为优质产品。1980年开发的食品级CMC于1983年获得国家金龙奖。

1980年由原双基药生产线改建的油漆生产线，年生产能力达到1 000吨，其产品1986年被评为部优产品和陕西省优秀新产品，并被列为国家出口客车配套产品。

1984年投产的羟丙基纤维素，为中西药片或丸剂的优良赋型和崩解剂，填补了国内空白，1987年获陕西省优质产品。

在开发新民品的同时，工厂也对原有的军品生产线前半部分进行改造，使之具有军民品双用功能。如丁醇总溶剂生产线，1980年工厂投资100万元增加两组发酵系统，使该生产线的年生产能力从 3 000 吨增加到 1 万吨。

1986 年引进日本先进技术对精制棉生产线进行扩建改造，改造后生产的精制棉质量大幅度提高，其中高等级精制棉年产量达到 6 000 吨，除满足本厂军民品自用外，还销往国内相关厂家和东南亚、日本、欧美等地。其中的Ⅲ-30、ⅢL-100 品号被评为省优、部优产品。

硝化棉生产线自开发涂料用产品后，积极开拓外部市场，并对硝化、驱酸、废酸回收等工序进行完善，采用 U 型连续硝化和离心驱酸，提高了质量，降低了消耗，产品受到西北、华北、华南几家大型油漆厂的好评，并建立了长期的供需关系。

为了使工厂不断向多元化的军民结合型企业迈进，20 世纪 80 年代，惠安厂先后在深圳、湛江、山东、湖南等地建设了 7 家中外合资和国内联营企业，与日本、德国、澳大利亚、苏联、东南亚和西亚等国家和地区的厂商建立了广泛的合作和贸易关系。其中与日本合资的西安惠大化学工业有限公司于 1993 年 4 月开工兴建，1995 年 9 月建成（一期工程）并一次试车成功，该公司投资 3 亿多元，年产 8 000 吨香烟过滤嘴用二醋纤维丝束，被列为 20 项"兴陕工程"之一。其产品经国家技术检验部门鉴定，达到国家烟草行业标准。

四

惠安化工厂建厂以来，之所以能取得很大成绩，为我国国防现代化和国民经济发展作出重大贡献，最根本的原因是坚决依靠党的领导、依靠政府和广大人民群众的支持，充分发挥广大职工建设社会主义的积极性和创造性，发挥党组织的核心作用、战斗堡垒作用和共产党员的先锋模范作用，坚持依靠科技进步和科学管理。

工厂拥有一支高素质的职工队伍，有共产党员 2 888 人，中级以上职称 738 人，其中高级职称 140 人、正高级 5 人。工厂有 3 个研究所，其中科研一所（前身是设计研究所）从 1959 年就开始复合固体推进剂的研究，且成绩显著。1964 年，钱学森视察该研究所后就赞扬道："惠安化工厂为我国固体火箭发展，提前争取了两年时间。"该所先后建立起原料分析测试、推进剂配方研究、包覆层配方研究、工艺制造、理化性能测试分析、无损检测、静止试验等实验研究组织。30 多年来，该所承担了国内几种地空、空空、空地海防等导弹及火箭发动机装药的研制，有 7 个药系获得成功。

该研究所还与航天、航空部等单位协作完成 20 余种配方和导弹发动机装药，为国家

① 1959 年，惠安化工厂技术人员赴苏联学习，与苏联专家在一起

② 1965 年发给先进职工的奖品

③ 工厂精制棉车间（20 世纪 80 年代）

④ 1984 年工厂在火车站旁边的水塘建起"惠安湖"

⑤ 1962 年，当时的惠安化工厂科研所刚刚研制出第一枚 300 毫米复合固体火箭的发动机，由于工厂内不具备试车条件，科研人员在终南山中寻找到一块合适的试验场

⑥ 钱学森对惠安化工厂为我国的航天事业做出贡献的评语

⑦ 科研所的同志们用架子车拉着试验设备进山，需要过河时十多个人就抬着几百千克重的发动机蹚水过河，这一幕成为我国固体火箭发动机发展历史上"人拉肩扛，艰苦奋斗"的真实写照

⑧ 1962 年发给先进职工的奖章

培养了一大批技术人才，仅 1965 年就被七机部四院抽调 45 名技术骨干。

1984 年，国家计委、国防科工委批准引进具有国际先进水平的空空导弹生产线（8#工程），定点在该科研所建一条固体推进剂及发动机装药生产线。这使该科研所研制能力上了一个新的台阶，自此惠安化工厂具备与国际同步的生产能力和技术水平。

科研二所主要承担可燃药筒、可燃传火管及硝基软片等可燃性军械元器件的研制和生产。它使惠安化工厂成为我国最早研制可燃药筒并且是我国掌握三种制造工艺的唯一厂家，部分工艺在世界居领先地位，曾获国家发明三等奖。该所已研制成功 22 个品种。该所的另一个产品硝基软片乃是我国的"独生子"。

科研三所是为适应民品开发的需要而新建的，主要从事纤维素衍生物的研制，如对 CMC 的新品种开发等。其中，中粘食品级抗酸 CMC 的研制已完成小试，即将进行中试。该产品研制成功，可将国产食品级 CMC 提高一个等级，填补国内空白并取代同等级抗酸 CMC 的进口，能产生很大的市场效应和经济效益。

良好的福利、文化设施是惠安化工厂职工安心本职工作，为国家多作贡献的有力保障。工厂建立了职工医院、文化站、托儿所、幼儿园、小学、中学、中技、政校（党校）、工大、电大等学校；建立了广播站、惠安报、电视台；修建了供全厂家属及陕西第一工业学校使用的沼气站、惠安湖公园、灯光球场、旱冰场；成立有业余话剧、秦腔、京剧、舞蹈等团队，以及"神剑文学协会""集邮协会"等机构。

1957 年，惠安化工厂成立惠安职工技术学校，设两个专业，有教职员工 38 人，主要是培训新入厂青工。1963 年，学校正式面向社会招生并改名为陕西化工技校，直属于五机部，与惠安化工厂共设一个党委，由惠安化工厂代管。学校 1964 年改名为陕西第一化学工业学校，由中技改为中专，1969 年与惠安化工厂分离，独立建制，改名为陕西第一工业学校。该校员工 387 人，在校学生 2 490 人，设 13 个专业，占地面积 12.6 万平方米。

惠安化工厂在长期的科研生产实践中，建立并不断完善了一整套决策指挥系统和科研、生产、安全等专业管理制度，建立和完善了严格的质量保证体系。到目前，工厂已发展成为拥有 19 个生产分厂、3 个科研所、4 个合资联营企业的大型化工企业。工厂在深圳联营的 3 个公司一直是良性发展，起到了很好的"窗口"作用。工厂的民品经过多年的开发和不断地进行调整，已形成四大系列十多个品种，一是纤维素及其衍生物（包括精制棉、硝化棉、羧甲基纤维素、羟丙基纤维素及衍生物等）；二是有机溶剂（包括丁醇、丙酮、丁酯、乙酯、二丁酯等）；三是涂料（包括高档聚氨酯漆、树脂、多彩涂料等);四是机械加工、压力容器制造、非标设备制造等。党的十四届三中全会确立了"建立现代企业制度"的改革方向,为工厂的发展增添了新的活力和动力。为尽快适应社会主义市场经济,工厂在溶剂分厂成功进行了"工贸结合"和"一厂几制"的改革试点,在此基础上加大改革力度,先后成立了"精制棉"等4个有限责任公司,进一步促进了生产分厂经营机制的转换。在企业内部推行"全员劳动合同制",在经营战略上树立"以销售为龙头"的思想,体制上在上海、南京、深圳、泰安、重庆等5个城市设经销处与之配套,使工厂的管理和经营跃上新的台阶。

五

进入21世纪,国家对国有企业进行了充分地调查研究后,实行政策性破产,减免大量债务,使企业解脱包袱轻装上阵,又进行全面的改制,由长期的工厂管理模式改为公司管理模式。这些给惠安化工厂带来了重大的转机。科研一所"D-07产品"通过设计生产定型,获得部队的大批订货,为此工厂贷款投资新建"D-07产品"生产线,取得了良好的经营效益,为工厂的扭亏转盈做出了重大努力。可燃药筒生产新线建成投产,形成批量生产规模。根据市场需求,丝束的第二期工程(年产24 000吨)2006年底建成投产,成为惠安化工厂民品的重大骨干产品,其产值和利润对惠安全局均作出了巨大的贡献。在改革开放初期就已选定的重点民品之一的二醋纤维素,是丝束的主要原料,经过20多年几代人的争取和努力,终于在2007年建成丝束生产能力配套,从而改变了长期从国外进口二醋纤维素的历史。在与上海一家企业合资建设的惠广公司的几年努力之下,纤维素醚类的又一重要的化工产品"甲基纤维素"(MC)和羟丙甲基纤维素(HPMC)于2010年全面过关,产品质量和经济效益均达到设计要求。2011年销售收入达32亿元。军品在研、预研项目70多项,其中8项成果已获得国家、部级科技进步奖。民品形成了以纤维素及其衍生物、有机溶剂、聚氨酯涂料以及化工设备制造四大系列数十个品种的民用化工产品格局。

惠安化工厂这些新生产线和产品,实现了"保军转民"的规划蓝图,扭转了长期亏损局面,经济效益长年增长。

(靳应录执笔)

我国第一个航炮专业研究制造厂

国营西安机器制造厂

西安昆仑机械厂原名国营西安机器制造厂,现名西安昆仑工业(集团)有限责任公司,是第一个五年计划期间苏联帮助建设的156项重点工程项目之一,是我国唯一的一家航空机关炮专业研究制造工厂。

一

1952年,国家兵工委员会批准实施《兵工工厂调整计划纲要》和《兵工五年新建工厂大纲》。1953年5月15日,中苏两国在莫斯科签订了《关于苏维埃社会主义共和国联盟政府援助中华人民共和国中央人民政府发展中国国民经济的协定》,协定规定,在第一个五年计划内苏联将帮助中国新建和改建156项规模巨大的工程,西安航空机关炮厂即昆仑机械厂是其中之一。5月19日,根据中央人民政府第二机械工业部的指示,成立了建厂筹备组,负责厂址选择工作。1953年5月和11月分别在西安、北京两地进行考察,并分别提出扩建、新建厂方案。1953年11月23日,二机部通知航空机关炮厂建厂委员会成立。11月23日、11月30日、12月14日在北京召开了三次会议,研究厂址选点问题。厂址最先选在北京东北郊酒仙桥。1954年3月13日二机部通知,经国家计划委员会批准,厂址确定在西安市东郊。

1955年2月,昆仑机械厂的建设在西安东郊工业区破土动工。经过建设者们的艰苦奋斗，用了两年时间，于1957年2月基本完成建厂任务。1957年3月23日，朱德、邓小平等中央领导到工厂视察。

1957年11月19日，昆仑机械厂正式通过国家验收鉴定，并隆重举行开工典礼，至此，中国第一个航空机关炮专业制造厂正式诞生。

二

1957年5月5日，工厂开始第一个产品23-1型航空炮的试制生产。在广大职工积极努力下，克服困难，攻克关键难题，在1957年12月28日即开工典礼后第39天，我国第一门航空炮终于试制成功。12月31日，第二机械工业部致电祝贺。

1958年，工厂掀起第一个生产高潮。全厂职工奋发图强，超额完成当年生产计划，并试制生产出两种军品。在加强军品试制生产的同时，工厂还遵照中央"掌握两套本领"和"平战结合"的方针，加大民品生产。工厂先后生产出IA62车床、六尺皮带车床、自行车飞标、石油钻机部件、非标设备等市场急需的产品，并为兰州化工厂生产出成套高压管件，提供了第一套化工生产设备。根据中共陕西省委和西安市委指示，工厂还试制生产出西北第一台轧钢机，受到省市领导赞扬。

随着军民品生产的不断发展，工厂技术革新不断深入。总装车间表面处理工段青年工人席企浩革新成功快速冷磷操作方法，较国际先进水平提高5至7倍，并出席全国科学工作代表会议。工厂还率先在国内进行电解加工试验，并获得成功，建成国内第一条电解液加工生产线，后陆续用于兵器系统各种口径和各种规格的膛线加工及键槽、异形深孔、异形零件、锻模型腔的加工等，为兄弟单位解决了多项技术关键，获多项电加工技术成果。电加工技术成为工厂一大技术优势，为国内电加工工艺的开发和推广作出了突出贡献。建厂头3年，在军品低利润的情况下，工厂盈利3 101万元，留成1 175.5万元，为工厂的发展奠定了基础。

20世纪50年代末60年代初，由于天灾人祸，国家处于严重困难时期。全厂广大职工在工厂党委的领导下，积极贯彻执行中央对国民经济的"调整、巩固、充实、提高"方针，坚持自力更生，克服种种困难，充分挖掘企业的生产潜力，发展生产，不断改善职工生活，战胜自然灾害，取得军民品生产双丰收。特别是1961年9月，工厂党委认真贯彻"中央关于自然科学工作中若干政策问题的指示和聂荣臻元帅关于自然科学工作中若干政策问题的指示"精神，充分调动广大工程技术人员的积极性，工厂技术人员吉松英、孙世芳等人在无制造经验、无技术资料的情况下，奋发图强，自力更生，着手进行63-107HJP研制工作。经过4次设计、4个样品试制、多次大型试验，该产品于1963年4月试制成功并获国家正式批准设计定型。该产品还获国家发明一等奖。中共中央总书记邓小平亲临视察该产品试射情况，并给予很高评价。该产品装备部队后曾在中印边境自卫反击战和抗美援越战争中发挥作用，展示威力。

三

1976年10月，粉碎"四人帮"后，工厂生产秩序逐渐恢复，出现了安定团结的局面。同年9月第五机械工业部批准以西安昆仑机械厂为主，组织陕西地区大协作，进行海双37IP的试制。全厂职工艰苦奋战，历时1年9个月，于1977年12月27日一次装配完成。该产品为我国自行设计研制成功的海军急需装备，它的试制成功改变了工厂单一生产HP航炮的现状，形成能生产H、L、K共3个军用系列口径航炮的格局。

1977年至1981年，是工厂在困难中持续前进的5年，也是在实践中不断提高认识的5年。企业出现连续亏损的困难局面，亏损金额达1 500万元。

在党的十一届三中全会精神指引下，工厂开展创建大庆式企业活动，对企业进行整顿，在整顿中努力实现工作重点的转移。同时改变传统的领导方法和管理方法，树立经济效益思想，推行现代管理方法，整顿和改善企业管理，开展双突破和扭亏增盈活动。1982年工厂提前70天超额完成全年任务，取得较好的经济效益，甩掉了连续亏损的帽子，改变了被动局面。工厂科研工作开拓出新领域，国家重点科研项目双23HP，在研究人员艰苦奋战下，历经6年，于1984年全面完成。这一研制任务的完成，进一步锻炼了技术队伍，增强了工厂的技术实力。1984年，兵器工业部调研认为，工厂技术能力、生产能力、地理环境等方面，都具有GP开发中心试制的条件，同意工厂为第二GP开发中心科研试制联合体。与此同时，工厂在电加工方面，对硝酸钠电解液及电解成型加工的研究，通过了技术鉴定，达到国内先进水平。工厂发挥电解加工和深孔钻的优势，为国家728工程试制出核电站设备的关键零件。

民品生产方面，工厂总结和汲取过去对市场预测不够、抓得不准、干干停停、品种虽多但无支柱产品的教训，加强了民品生产的准备和调动工作。成立销售公司，制定民品管理和检验制度，健全质量保证体系，促进了民品的发展。1985年完成炳烷钢瓶生产线，测绘并试制了轻型汽车发动机、微型汽车发动机，为超微型发动机制造创造了有利条件。当年，还承揽单体液压支柱的生产，并形成批量生产能力。同时，工厂本着自行开发同引进相结合的原则，从日本引进一条年产1.16亿只易拉罐的生产线，初步形成一柱两罐的民品生产格局，在"平战结合，保军转民"中迈出了新步伐。

1982年，工厂实行各类指标层层分解，开展全厂目标管理，落实各级经济责任制，进行全面承包。1983年，工厂开始精简机构，实行厂长负责制、岗位责任制，推行科学管理。1984年，工厂从经营思想和经营管理方法上进行转变，变生产管理为生产经营管理。工厂先后在深圳、厦门、无锡、大连、连云港等地建立经营点，开辟窗口。1986年，全厂又实行4个全面管理——计划管理、质量管理、经济管理、人事劳动管理，积极组织外贸任务的生产，保持了连续5年的盈利。

1986年至1992年是工厂不断开拓前进的6年。在整个兵器行业进入困境、亏损企业比例增大的形势下，昆仑厂迎来第三个生产高潮，保持经济持续发展、效益有所增加的良好发展势头。6年累计完成工业总产值48 099万元，其中1992年工业总值10 392万元，首次突破亿元大关。企业连续保持盈利，7年累计完成利润1 710万元。

从1982年到1992年的10年中，企业之所以能取得良好的经济效益，主要原因：一是不断深化改革，强化内部经济责任制。本着精简效能的原则，健全内部机构，突出专业化和工业生产特点，组建了分厂和职能处室。采用"包死基数、指标包干、按利分成、超亏自补"的承包办法，对各分厂实行目标利润包干，对管理处室实行与效益挂钩的经济责任制，签订经营承包合同。二是坚持以提高效益为中心，不断强化企业管理。随着企业内部改革的逐步深入，新的生产经营机制逐步建立起来。"七五"末期至"八五"初期，昆仑厂从实际出发，响亮地提出："打基础，上水平，全面提高企业素质"的口号。坚持从基础工作抓起，以企业升级为动力，在深化内部改革的同时强化各项管理基础工作，取得显著成绩。企业1987年被评为省级节能先进单位，1988年底跨入省级先进企业行列，1989年被陕西省人民政府评为设备管理先进单位和军民结合先进单位，1990年又被机电部批准为国家二级企业。三是按照军民结合，多角度发展战略，调整产品结构，走以扩大内涵和适当外延的发展道路。初步形成军民结合的产品结构，拥有较为先进的军用产品和民用产品，形成军品和民品相互促进、相互补充的生产体系。

但是，在机制转换过程中出现某些不协调的现象。企业内部改革的配套措施没有完全跟上，加之民品开发工作受到产业政策、投资环境、行业间封锁等外部环境的影响和限制。因此，在军品任务急剧下降的形势下，企业从 1993 年开始出现亏损，到 1996 年累计亏损数千万元。企业面临生产任务严重不足，资金严重短缺的困难局面。

针对改革中出现的问题，工厂在改革中寻找答案。1996 年元月，工厂深入开展两个根本性转变大讨论活动和"三学"活动（外学邯钢，内学嘉陵，近学庆华），使全厂广大干部职工树立了强烈的市场意识、忧患意识、风险意识，为各项工作的开展奠定了思想基础。在此基础上，工厂进一步理顺和完善成本核算和价格管理办法，加大以企业财务管理为中心的各项基础管理力度；进一步整顿劳动纪律，实行全员劳动合同制。1997 年年初，实行劳动人事各项制度的改革，建立健全系列配套制度。

在进一步深化改革的同时，加快民品开发步伐。1996 年 7 月，调整后的厂领导班子进一步确定了民品开发的指导思想和基本方针，使工厂的民品开发工作步伐进一步加快。1997 年 3 月，昆仑厂与香港旭皓公司、广东健力宝集团公司联合投资 5 000 万元，建立年产 10 万吨大型易拉罐罐装线；同时，又与德国博世公司、中国汽车电子公司联合开发电子燃油喷射装置项目，总投资 26.68 亿元。昆仑厂承担的电喷零件生产（二次配套项目），已通过中国兵器工业总公司重大项目评委会的评审。1997 年 4 月，昆仑厂与广东三水区华南包装制品有限公司、香港裕荣国际有限公司、香港旭皓有限公司联合成立西安华昆包装制品有限公司，共投资 2 000 万元，生产健力宝、可口可乐、百事可乐等饮料瓶以及塑料包装制品。昆仑厂还与陕西省和西安市的交通管理部门、西安市卫生局、第四军医大学联合创办的西安创伤医院已开始营业。所有这些都为企业的振兴和发展注入了新的活力。

工厂通过大力改革经营管理体制，狠抓各项制度的落实，各项生产经营工作进入快速发展阶段。经过全厂职工的共同努力，于 1999 年实现扭亏持平，并在全厂形成"一厂、多制、三区（军品区、民品区、一三产业区）、四大经济板块（军品、民品、一三产业、合资合营企业）"的经营格局，企业的发展步入可持续发展的健康轨道。工厂按现代企业制度的要求，进行改组改制工作，基本框架已经形成。

① 工厂时任党委副书记李作湟陪同首长参观生产现场
② 工厂基本建设
③ 工厂基本建设工程验收签字典礼（1958年）
④ 建厂初期，苏联专家给技术人员、工人做技术指导
⑤ 昆仑公司 DP2000 产品参加"九三"大阅兵（2000年）
⑥ 昆仑公司隆重举行科研中心大楼开工奠基仪式（2010年5月8日）

四

作为国家重点保军企业和兵器装备集团公司特种装备重要骨干力量,多年来,昆仑公司为国防现代化建设和集团公司领先发展作出了卓越贡献。

进入新世纪,昆仑公司坚持以深化改革为主题,以转型升级为主线,深入贯彻落实兵装集团公司一系列重大方针部署,实现了"211"战略第一步目标,打胜了第二步目标开局之战。

公司认真贯彻落实保军报国、强企富民的企业宗旨,求实、求新、创一流。持续创新研发技术、研发机制、研发手段、试制组织形式,大力实施科研"533""535""5657"工程,取得了突出成绩。目前公司拥有4大核心技术、54项国防专利,形成了4大系列产品的特种装备体系,覆盖海、陆、空、天各领域及诸兵种,填补了多项国内空白,引领相关领域达到国际先进水平,自主研发的"海之神盾"等系列高、精、尖、新装备,在2008年北京奥运会安保、亚丁湾护航、海军成立60周年阅兵、中俄联合军事演习、中国第一艘航母建设、2015年纪念中国人民抗日战争胜利70周年阅兵、2017年纪念中国人民解放军建军90周年阅兵等重大活动上尽展风采,确立了行业精品地位和"昆仑防务"知名品牌。

〔西安昆仑工业(集团)有限责任公司供稿〕

我国雷达工业的先行者

国营长岭机器厂

国营长岭机器厂最早厂名为国营西北无线电厂，现名陕西长岭电气有限责任公司，是我国第一个五年计划期间由苏联帮助我国设计建设的156项重点工程之一，1953年国家立项，1955年开工建设，1957年建成投产，为国家一级企业。

企业专业从事军民用雷达、纺织机电产品、太阳能光伏发电设备的科研、生产、销售及电站建设，40多项产品技术荣获国家质量金奖、银奖和国家级、省部级科技进步奖。企业1990年获得"全国五一劳动奖状"，1996年被中央组织部评为"全国基层党组织先进单位"，1999年获得国庆阅兵"集体金奖"，还被陕西省委命名为"陕西省爱国主义教育基地"，2019年被陕西省委宣传部评为"三秦企业文化标兵单位"、被陕西省国资委授予"文明单位标兵"称号。

一、筹建及建设阶段

（一）长岭选址、筹建、建设基本情况

国营长岭机器厂是新中国第一个五年计划的156项重点工程之一，1953年国家立项后先后经历了三次选点建厂过程。

第一阶段（沈阳）：1953年成立了工厂筹备组，直属二机部十局党委新厂筹备办。筹备组当时只有三名同志，选址在当时的沈阳电工二厂。

第二阶段（北京）：1953年10月，援建的苏联专家抵京后，提出在北京建厂，厂址选在德胜门外。1955年4月28日中央电报：工厂迁移。

第三阶段（宝鸡）：1955年5月，开始在宝鸡选厂，8月苏联专家到宝鸡后确定厂址选在姜城堡。至此，开始了开工建设和引进产品。1956年，在南京714厂建立试制基地，形成边建厂边试制生产的格局。技术人员刻苦钻研，对仿制品进行消化、改进，边摸索，边装配，生产出2#无线电低空高度表。这是我国第一部国产无线电高度表。

1957年10月，第二机械工业部副部长刘寅同志率国家验收委员会对长岭机器厂的建筑工程、生产准备等进行了全面检查验收。11月24日，厂内举行隆重的剪彩仪式，中苏两国代表签署了开工生产证书，宣布国营长岭机器厂正式建成投产。

（二）企业筹建时期感人事迹

"我从天津大学毕业就直接报名来了长岭，当时没有想太多，就为了这是国家重点工程项目，作为新中国的青年学子，就应该到祖国最需要的地方去。"回忆起当时在北京报名招工时的情景，老同志李友仁这样感慨地说。"报名后工厂就安排我们去了南京进行培训学习，这期间，工厂迁址到了宝鸡。培训结束后，南京厂领导希望我能留下来，想到当时在北京报名时的初心，我还是义无反顾地来了宝鸡。"

"我们这一批1958年从上海来的学生有500多名，绝大多数都是第一次出远门，大家当时为了响应国家号召，背着书包、行囊来到了长岭。"工厂1958年进厂的上海老同志华姗回忆道。"来了以后，大家干劲非常高，边学习、边工作。为了搬运机器设备，很多女同学冬天赤脚站在冰冷的清姜河水里，当时没有想那么多，大家就是一个信念：鼓足干劲、力争上游、多快好省地建设社会主义。""白天杠杠压，晚上压杠杠，三块石头架口锅，帐篷搭在山窝窝。"这个顺口溜反映的就是当时长岭建设者的生活工作场景。

建设初期，来自天津、南京、上海、北京的长岭第一批建设者在宝鸡这片黄土地上，高喊"为了长岭明天，嘿哟"的号子，靠人推牛拖杠子滚，一砖一瓦建设起了新中国军事电子工业的雏形。"党让我们去哪里，我们背上行囊就去哪里"；"哪里有事业，哪里有爱，那里就是家"；"到祖国最需要的地方干事创业"。西迁群体的爱国情怀在这些青年建设者心目中就是坚守建设祖国、建设社会主义的理想信念，那是一种精神的坚守、执着的追求和前行的动力。

（三）长岭的发展受到了党和国家领导人的高度关注

1959年元旦的早晨，中共中央副主席陈云同志来厂视察，参观了生产车间，对仿苏元器件国产化作了指示，强调要逐步立足国内。

1960年4月28日，中共中央副主席、国家主席刘少奇携夫人王光美来厂视察，省委书记王林陪同，分别参观了小型产品展览和总装车间，当日下榻工厂招待所。

1960年11月17日，中央国防科工委主任聂荣臻和副主任赵尔陆来厂视察，聂帅指示"只抓产值不抓质量是最危险的，军事工厂不抓质量是骗人，质量不好会死人，也是大浪费"。

1964年1月3日，中共中央政治局委员、国务院副总理谭震林携夫人等在陕西省委书记张德生、宝鸡市地委领导陪同下参观了十车间、十二车间，下榻工厂招待所。

1965年4月22日，中共中央候补书记、中央办公厅主任杨尚昆和中央机关领导干部，社会科学家胡绳来厂参观和指导，下榻工厂招待所，23日晚，做了形势和社教运动报告。

1975年5月8日，数学家华罗庚来厂观摩指导。

1986年9月15日，中共中央政治局候补委员、国务委员陈慕华来厂参观。

1988年5月30日，全国人大常委会副委员长费孝通视察工厂并题词：瞄准国际先进水平，大力开展新产品，愿长岭机器厂取得更大成绩。

1989年2月9日，全国人大常委会副委员长习仲勋来厂视察，参观了产品陈列室、电冰箱生产线。

1993年6月10日，中共中央总书记、国家主席、中央军委主席江泽民来厂视察，参观了产品陈列室、十车间、电冰箱生产线，并题词：军民结合，深化改革，走出大中型电子企业发展的新路子。

1994年6月29日，第九届全国政协副主席宋健来厂视察并题词：大力发展高新技术，军民结合发展民品。

1995年4月23日，中央政治局常委、中央军委副主席刘华清来厂视察，参观了产品陈列室、十车间、电冰箱生产线。

1996年1月18日，国务院副总理邹家华来厂视察，参观了产品陈列室、电冰箱生产线，并题词：军民结合挖掘潜力，加强管理提高效益。

（四）长岭创造的多个"中国第一"及先进模范人物

从20世纪50年代研制出新中国第一部无线电高度表到目前在军事电子领域、家用电器领域、纺织机电领域等，长岭机器厂共创造出18个"中国第一"。从20世纪60年代通过自主创新获得国家质量金奖产品开始，长岭人骨子里始终渗透着"有条件要上，没有条件创造条件也要上"的创业奋斗精神。

60多年来，国营长岭机器厂先后涌现出全国劳动模范2名、国家级有突出贡献专家4名、省部级专家5名、省部级劳模14名、省级以上科技专家20多名，正是这些许许多多普通劳动者，立足本职，扎实工作，为企业改革发展作出了突出贡献。

八届全国人大代表、党的十五大代表、全国劳动模范、全国优秀企业家、首届全国军转民优秀企业家、全国"人民好公仆"荣誉获得者、国家有突出贡献专家王大中，1983年担任长岭机器厂厂长。他在中国第一轮改革浪潮中带领长岭人坚定不移地走"保军转民"的道路，成功开发出长岭纺织电子产品，在西北地区率先建成了第一条电冰箱生产线，对企业进行了股份制改造，"陕长岭A"深交所挂牌上市，依靠科技创新推动企业发展，成为20世纪八九十年代陕西乃至全国国企改革发展的一面旗帜。"大树底下好乘凉"这句曾经传遍大江南北的长岭冰箱广告词，是长岭响当当的代名词。这家老牌军工企业是中国军工电子工业的"长子"，是宝鸡工业基地的骄傲。王大中，作为长岭改革开放的开路先锋，敢为人先，实干巧干，多管齐下，找米下锅，战胜了下岗潮，实现了扭亏增盈，使长岭成为20世纪80和90年代全省利税大户，跻身国家一级企业，为企业长远发展，进而贮备了重要的人力和技术资源。

在机加装配岗位干了40年的全国劳动模范、三秦工匠、陕西省首席技师、陕西省十大杰出工人、陕西省劳动模范彭永利，干一行爱一行、钻一行精一行，在岗位上甘做勤勤恳恳老黄牛，把干事创业之心和一股子钻劲融入每一件细小平凡的工作中。他先后组织参与了40多项技术革新和课题攻关及60多项改善提案，解决了装备生产过程中一个又一个难题。以他名字命名的国家级技能大师工作室成为解决生产技术攻关、创新革新改进的平台，体现了新时代产业工人自强不息、奋进向上、敬业奉献、开拓创新的精神特质。

二、投产发展阶段

长岭机器厂建成投产时，只有一个2#仿苏产品投入生产，此后几年内，工厂努力结合我国原材料、元器件供应情况，对部分苏制产品进行改型设计，陆续试制、生产了9

个仿苏产品。

1958年7月26日，国家第一机械工业部命名该厂为"国营西北无线电厂"。

1962年，厂党委带领全厂职工认真学习、贯彻党中央提出的"调整、巩固、充实、提高"八字方针，按照《国营工业企业工作条例（草案）》（简称"工业七十条"）继续进行整顿和加强企业管理，努力提高产品质量，先后完善和建立了十几个规章制度，使"质量第一"的方针在职工中牢固地树立起来。工厂形成了实事求是、一丝不苟的优良作风。

企业能否发展的一个重要标志，是看它能否生产出合格的产品。1962年到1965年，工厂为解决仿苏产品遗留的质量问题，用了整整两年时间，从消化技术、检查资料到产品检验逐步把关，为自行设计新产品提供了练兵的机会，走上了从仿制、改造到自行设计的道路。

1964年7月，工厂接受上级下达的试制27#产品的任务。最初准备仿制苏联产品，但当工厂与有关单位讨论技术指标及总体方案后，发现苏制产品具有笨重、天线加工困难、专用件多、性能不先进、试制周期长等缺点，于是工厂决定自行设计，确立五项设计原则，进行充分论证之后得到上级批准。首部性能样机于1965年9月完成，11月送机场做实际引导飞机着陆实验。由于27#产品指导思想正确，立足国内技术成果，样机试制前后只用了9个月时间，技术性能基本达到设计要求。在产品服役期间，该产品得到使用部队的好评，屡建战功，1979年还获国家质量金质奖。

随着"八字方针"和"工业七十条"的贯彻，工厂的工艺、工装制造、机动、生产计划等标准都得到整顿和加强。在物资、财务、劳资等几项工作上坚持开源节流的原则，建立健全了一系列规章制度，使企业在全面管理上有了新的提高。

1965年3月，四机部将厂名改为"国营长岭机器厂"。从1961年至1965年，这4年中工厂取得快速发展，1965年的工业总产值是1961年的12.9倍，平均每年以近翻一番的速度增长；全员劳动生产率1965年是1961年的14.9倍；商品产值1965年是1961年的5.8倍；产品产量逐步增长，1965年是1961年的8倍多；产品种类不断增加。

三、改革发展阶段

1978年年底，中国共产党召开了具有伟大历史意义的十一届三中全会，改革开放的浪潮在中华大地迅速掀起。

企业怎么改革？军工企业怎么发展？中央提出了"保军转民"的方针。"军转民"怎么转？转什么？这对于产品由国家包销，严格按计划生产模式奋斗了20多年的长岭厂来说，对于满脑子都是计划经济、捧了多年铁饭碗的长岭厂领导和职工来说，都不能不说是一个崭新课题。

改革刚起步，长岭厂有的车间生产小电风扇、压面机，有的车间搞烤面包炉、暖气片、蜂窝煤炉子，有的车间装配黑白电视机，塑料车间则生产塑料热水器、塑料椅子、游戏玩具"飞盘"，有的车间买了织毛衣机准备织毛衣，有的车间废物利用生产蜂窝煤夹子，有的车间开办养鸡场，还有的车间办起了"养牛公司"。一时间，长岭厂内的"军转民"五花八门，目标繁多，掀起"找米下锅"的浪潮。但是，在这种看似轰轰烈烈的改革气氛中，长岭厂领导班子陷入深深地忧虑之中，这难道就是长岭厂"军转民"的改革方向和路子？靠这些小商品能够形成规模效益吗？它能从根本上解决长岭人出路的问题吗？它能完成"保军转民"的历史使命吗？

经过冷静的思考之后，以王大中为班长的长岭厂领导班子认为，这不是长岭厂改革发展的方向，正确有效的路子还得从长岭厂本身所具有的优势挖掘潜力。

长岭厂有近30年的建厂经验，拥有1 000名技术和管理骨干队伍，有2 000余名训练有素的工人群体，还拥有良好的技术装备，这是长岭厂的最大优势，长岭厂应该从这里开始再创业。长岭厂领导班子统一认识，明确方向，改变观念，在大量调研之后，一个新的发展蓝图展现在长岭人的面前：

首先，在原军工产品的基础上，继续向高、精、尖发展。既要保留一支良好的军品研制、生产队伍，巩固这块阵地，而且要发展这块阵地，不断研制新的军工产品，以先进的产品装备部队。其次，组织队伍研制开发纺织电子产品。起点要高，把目标盯在赶超世界先进水平上，用高水平的电子仪器产品占领纺织业市场，为改变我国落后的纺织工业做出努力。第三，开辟家电产品新领域。长岭能生产出高水平的军电产品，也就一定能生产出高质量的家电产品，去满足市场对家电产品消费的需求。目标既定，决心形成，长岭厂立即进行产品结构的调整、管理机制和管理制度的改革和完善，把原来计划经济的那一套管理机制和制度尽快转到商品经济的道路上来。

20世纪50年代，我国的纺织品出口是亚洲四小龙的4倍，但到了20世纪80年代，成了人家的1/4。陕西有西北国棉一、二等纺织厂18家，一台条干均匀度测试仪几十万美元，小毛病中国人还修不了。纺织工业部专家向长岭厂发出呼吁："纺织工业急需的条干均匀度测试仪是项国际先进水平的仪器，你们有条件搞成功，影响会非常大，能不能搞？""炎帝尚尝百草。纺电产品与我们的军工产品在设计上有相似之处，是我们的优势，完全符合把军工技术向民用产品转移的方针。""上，这个项目一定要上。"科研人员回答斩钉截铁。"我们高级技术人员151名，中级技术人员527名，高级技术工人116名，还怕拿不下来。"于是一个抽调了87名技术人员的纺织电子研究所成立了，在引进、消化、开发、创新路线指引下，仅用18.5万美元，全面掌握了条干均匀度测试仪质量控制标准和技术，1986年11月YG-131条干均匀度测试仪问世。1988年7月，纺织工业部宣布：长岭YG-131条干均匀度测试仪达到国外先进水平，部分性能优于国外产品，可与国外产品等同使用。1988年，长岭厂年产60部条干均匀度测试仪，可为国家节省外汇1000万美元。40多年来，长岭纺电先后开发了七大系列30多种纺电产品，即电子清纱监测装置系列，电子定长仪系列，棉、毛、化纤长丝条干均匀度测试仪系列，自动络筒机综合测试系统，喷气织机电控系统，喷气纺纱机电子监控及质监测系统以及各种测试仪系列等。其中有26种产品投入大批量生产，这些产品绝大多数曾获省优、部优称号，不仅填补国内空白，而且有的已赶上和超过国外同类产品水平。如DQSS-1型清纱监测装置应用微机数字技术，获国家发明专利和国家技术开发优秀成果奖；YG-131条干均匀度测试仪获国家科技进步奖三等奖。长岭厂后续又相继开发供自动络筒机用的DQSS-2和DQSS-5电子清纱监测装置、适用于普通络筒机的DQSS-4新一代清纱监测装置、具有20世纪90年代国际先进水平的YG135M条干仪均匀度测试仪、高度机电一体化的ZDY50型全自动单纱强力仪等。经过几年努力，长岭厂生产的纺电仪器设备已遍及全国29个省市，装备700多家的纺织企业并出口印度、巴基斯坦、日本、孟加拉国、尼泊尔、菲律宾等国，不仅为振兴和发展我国纺织工业作出了巨大的贡献，也为长岭厂规模经济的增长和发展作出了贡献。目前纺电系列产品已成为长岭厂三大支柱产品之一。

　　1985年，长岭厂被国家批准为冰箱定点生产企业，投资2 500万元从意大利引进一条冰箱生产线，开始进行冰箱生产。时间是生命，是金钱，是效益。为了抢时间，在统筹安排下，一边抓紧与意大利洽谈合同，一边开始盖厂房；一边引进设备，一边自制设备；一边消化各种技术资料作工艺准备，一边培训人员。一环扣一环，最大限度地争取时间，使整个进程比预计时间提前了一年。1987年6月，终于生产出合格冰箱并投放市场。第二年冰箱进入批量生产，实现3 400多万元利润，把长岭厂推向了飞跃性的发展阶段。之后的几年间,长岭厂又不失时机地投资新建一条生产线,并将第一条生产线扩建改造,使冰箱生产能力达到100万台/年,产品品种也由原来的单一系列发展到十多个系列。长岭—阿里斯顿电冰箱名扬长城内外,大江南北!

四、快速发展阶段

长岭厂发展的道路是曲折的。电冰箱生产方面,1987年生产电冰箱1.8万台,1988年上半年也只生产了2.9万台,面对这样的生产形势,长岭人心里发急,怎么办?在1988年上半年职代会上,厂长王大中郑重宣布,年产10万台电冰箱任务一定要完成!这是对长岭生产、经营、管理、科技、组织等方面素质的综合考验。经过半年的奋力拼搏,长岭厂提前11天完成了10万台电冰箱生产任务,这表明了长岭企业发展的雄厚潜力。长岭—阿里斯顿电冰箱从此进入国优行列,有力带动长岭三大支柱产品快速发展,一举还清了全部贷款,为长岭厂创造了良好的经济效益。长岭厂经济发展进入良性循环,从1987年至1993年,7年累计实现工业总产值25.7亿元、实现利税4.8亿元,可重建20个长岭厂。长岭厂成为全省名列前茅的利税大户,取得令人瞩目的成就。

1992年邓小平南方谈话之后,新一轮改革的浪潮在全国蓬勃兴起。长岭厂迎着改革的新浪潮,执着追求,当年8月长岭厂整体改制为长岭(集团)股份有限公司,进入了自主经营、自负盈亏、自我发展、自我约束的新机制时期,为企业的更大发展创造了有利条件。

1993年是长岭转换经营机制实行股份制新体制运作下生产经营取得卓有成效的一年。工业总产值达到8.17亿元,实现利税9 800万元,生产电冰箱近40万台,纺织电子产品完成1 062套,空调器完成近万台,军品全部完成年度生产计划,一连串的成就显示了股份制企业的优越性。

长岭深化改革,既抓体制的转变,又抓以人为本的管理。工厂试行经济承包责任制,以全面完成企业生产经营任务为中心,体现多劳多得、少劳少得、奖勤罚懒、奖优罚劣。1993年,长岭(集团)股份有限公司由定向募集公司转为公众募集公司,实现长岭股票向社会公开发行,为企业的更大发展注入了新的活力。从此,长岭坚持以市场为导向不断加大改革创新力度,关心广大股民利益,勇于探索股份制企业发展的新路子,在激烈的市场竞争中取得可观的经营业绩。从 1992 年到 1996 年 5 年间，企业累计完成工业总产值 52.7 亿多元，累计完成销售收入 47.68 亿元，累计完成利税 5.78 亿元，销售收入与利润平均每年以 28.3% 和 27.4% 的速度递增。

长岭公司自 1992 年股份制改造至 1997 年，总资产从 5.04 亿元增长到 17.7 亿元，企业实力不断增强。5 年来，公司在董事会的领导下，向社会募集大量资金用于企业生产，如改造电冰箱生产线，共开发 20 余种电冰箱和冰柜新品；组建家用空调生产线；开发多媒体计算机等新产品；纺织电子科研开发也取得显著成绩，先后有 7 种纺织电子产品陆续投入市场；军品稳步向前发展。

公司连续 5 年被列为中国 500 家大型工业企业和中国电子行业"百家效益最佳企业"。1996 年长岭公司与甘肃长风宝安实业股份有限公司合作生产长岭牌电冰箱，与黄河厂组建长岭黄河集团公司，并在西安经济技术开发区新建冰箱生产线，全面实现了长岭电冰箱的规模化生产经营。同年长岭公司一次性通过 ISO 9001 质量体系认证，标志着企业质量管理和质量保证体系与国际标准接轨。1997 年公司一次性通过 ISO 10012 计量确认体系和 ISO 14000 环境管理体系评审。长岭绿色电冰箱，保护大气环境，两次获得蒙特利尔 ODS 赠款近 300 万美元；长岭所生产的系列电冰箱，获中国环境标志。

五、新时代新发展

2009 年 9 月 28 日，陕西长岭电气有限责任公司成立，对长岭军工、纺电、家电进行整合，实现"统一领导、统一协调、统一规划、共同发展"的任务目标。

军工电子方面，经过 60 多年艰苦创业、励精图治，长岭公司从生产出我国第一部无线电高度表到现已形成导航雷达和卫星导航设备、机载环控设备、电磁器件等几大系列产品。累计为用户提供了 100 多个品种 10 万余部整机，有 40 多个产品获得国家金质、银质质量奖和国防科技成果奖，多次在国庆阅兵中被中央军委授予突出贡献单位称号。公司先后通过了 GJB9001B-2009 质量管理体系认证、ISO 10012 计量体系认证、ISO 14001 环境管理体系认证、国家技术监督局批准的一级计量单位认证，还先后被认定为高新技术企业、创新型试点企业，成为国家军工电子骨干企业。公司拥有先进的电子产品装配、调试、试制生产线和一流的加工制造能力、齐全的环境试验及优良的精密检测设备，并形成涵盖生产、加工、检测、试验等门类齐全、配套完整的工艺手段。围绕现代企业制度的建立和运营机制转变，公司解放思想、转变观念、改革创新，在西安投资1.8亿元建立了西安长岭研发中心，不断加强科研开发人才队伍建设和加大科研投入力度，实现了在线产品的升级换代。一大批重大科研成果获省、部、国家科技进步奖和国家发明专利，使公司成为军工行业的领先企业。

纺织机电方面，长岭纺电经过40年的发展，成为亚洲最大的纺织电子仪器和电控设备供应商，形成8大门类40多个品种的格局，产品装备了国内4 000多家纺织企业，远销东南亚、中亚、非洲等20多个国家和地区。公司拥有40多项国家专利，被认定为陕西省企业技术中心、全国纺织技术创新示范企业，建成了国内唯一的"纺织测量与控制工程技术研究中心"。公司现已形成纺织电子产品产能达到6 000台/套和年产3 000台高速高效喷气织机的生产能力，成为具有较强国际竞争力的纺织电子产品和新型喷气织机生产企业。

新能源产业方面，通过自主研发和技术合作，全面掌握了光伏逆变器设计、生产的关键技术以及高效的光伏发电系统集成设计技术。2014年，开始大规模开发大型太阳能光伏电站，掌握了光伏电站建设的各项核心技术，在项目开发、建设、成本控制、质量管理等方面积累了丰富的经验，可为用户提供优质的光伏电气产品和光伏发电系统整体解决方案及光伏电站设计、施工、安装调试、运行维护等全方位服务。

截至2020年，长岭电气营业收入由2009年成立时的10.43亿元增至23.81亿元，利润增至5 589万元。两大主要指标较"十二五"末期分别增长19%和82%；科研投入超过1.57亿元，增长89%；国有资本保值增值率提升了7.33个百分点；资产负债率下降10.55个百分点。

"十三五"以来，长岭电气稳增长，调结构，扩总量，综合实力显著提升。"十三五"期间公司强化主营业务增长，优化调整产业结构，加强体制机制创新，推进经营绩效改善，以"科技兴企""人才强企"为抓手，使质量发展和经营效益不断提升。

"十四五"期间公司的发展规划：坚持党的领导，坚持稳中求进工作总基调，坚持新发展理念，坚持以人为本，不断深化企业内部改革，推动资源配置优化调整，不断深入实施创新驱动发展战略，激发企业创新动能，实现公司高质量发展。坚定不移发展实体经济，以突出主业、提高效益、深化改革、强化激励为方向，致力优化产业结构，形成"3+1+1"的产业布局，即以"智能化、高端化"为指引做强、做实、做优军工、传统、

① 工厂建厂初期的车间工作场景（20世纪50年代）
② 工厂建厂初期，苏联模具专家与工厂技术人员、工人一起工作（20世纪50年代）
③④ 1987年6月12日，长岭第一台电冰箱出厂
⑤ 工厂医院的医生在会诊
⑥ 工厂的幼儿园
⑦ 长岭军工总装生产线

新兴三大主业，不断增强核心业务盈利能力和市场竞争力，提升服务能力，推动产业转型升级，实现企业高质量发展。力争到"十四五"末期，长岭电气主营业务收入规模、全员劳动生产率较"十三五"末期翻一番，利润总额突破6 000万元。

未来的长岭将坚持"协同创新、推动产业健康转型，改革攻坚、制造强企、聚力实现高质发展"的总体战略，贯彻新发展理念，打造国防电子一流的装备技术供给能力，成为雷达导航领域行业技术发展引领者和自主创新的先行者；打造国内纺织产业链质量控制和智能织造生产设备综合供应商，领跑传统制造智能化转型；努力建设"新能源"与"净水设备"两大领域"平台型"公司，为新兴产业发展跑出"加速度"，以崭新的面貌创造新的辉煌。

（陕西长岭电气有限责任公司供稿）

我国第一个自动跟踪炮瞄雷达厂

国营黄河机器制造厂

国营黄河机器制造厂现名为陕西黄河集团有限公司，是"一五"期间由苏联援建的156个重点建设项目之一，是我国第一个自动跟踪精密炮瞄雷达工厂。自建成投产以来，一直致力于军事电子装备的开发研制与生产，先后经历了仿制、改型和自我研制开发等几个阶段，是我国军事装备的重要研制和生产基地。60多年来，企业先后为我国空军、陆军、装甲兵提供了总计40余种近3 000部（套）的装备。进入改革开放和现代化建设的新时期，黄河机器制造厂在继续发展军工产品生产、科研的同时，又以艰苦创业的精神，大力开发民用电子产品，从而使这个曾为我国国防建设作出重大贡献的军工企业，成为新时期军民结合型先进企业。

一

20世纪50年代初，随着我国国民经济的恢复和发展，党中央和中央人民政府决定以苏联经济援助项目为基础，兴建一批现代国防工业企业。1953年5月，中央人民政府根据与苏联政府签订的经济技术协议，决定由苏联协助在我国建设一个高射炮炮瞄雷达制造厂。

厂址原拟建在内蒙古包头市，但由于包头市风沙大、气候干燥，不符合精密电子工业的环境要求，1953年9月17日筹备组决定改在陕西关中地区建厂。同年11月，经实地考察后，在西安市东郊浐河西岸的平原上建厂。1954年3月13日，第二机械工业部正式批准了选址报告，国家计划委员会批准设计计划任务书。1955年12月20日，设计技术方案获得第二机械工业部正式批准。工厂的主要生产厂房和厂区附属工程施工图由苏联国家设计院帮助设计。辅助厂房、仓库和厂前区生活、办公用建筑物，则分别由第二机械工业部第一设计院和西北工业建筑设计院承担设计。厂区 1#、2#、1A#厂房按苏联设计，由第一设计院作了适当修改。

1955年3月，黄河机器制造厂破土动工兴建。在进行大规模基本建设施工的同时，1956年就着手准备仿制COH-9A雷达的试制工作。国家先后从西北机器厂、南京720厂和714厂调来数以千计的工程技术人员、管理干部和技术工人。部队院校和其他大专院校也向工厂输送了大量技术人员和毕业生。同时，工厂还派新招工人到老厂进行培训。随后，经国务院批准，先后两次派49人到苏联斯维尔德洛夫雷达工厂实习。

1957年1月，工厂党委在基本条件具备后，提出边基建、边试制、边生产的口号，全面开始试制COH-9A雷达产品。这时全厂已有职工3 540人。

COH-9A雷达是高射炮炮火控制雷达，它与射击指挥仪、高射炮（火炮）组成一个自动跟踪空中目标防空射击系统。COH-9A为苏联20世纪50年代初的产品，是当时国际上较为先进的精密自动跟踪炮瞄雷达。从试制开始，工厂就充分发动群众，广泛动员工程技术人员、技术工人和管理干部组成"三结合"的攻关班子，细心消化技术资料，把培训、攻关和试制很好地结合起来，攻克精密件加工、微波元器件加工调试、振动试物、光电铺测试等数百个技术难关，终于在1958年9月13日试制成功第一部国产炮瞄雷达。从筹备组成立到产品诞生，只用了5年时间。

1958年11月25日，由第二机械工业部副部长刘寅为主任委员，对工厂进行了验收，并举行隆重的开工典礼。从此，工厂走上了自己制造先进国防武器装备的道路。我国炮瞄雷达工业由此开始了不断发展壮大的历程。

二

20世纪50年代,工厂由单一品种生产转向多品种试制生产,除生产炮瞄雷达COH-9A，还试制机载雷达、制导雷达、红旗1号、红旗2号、对海射击雷达、引导雷达、双波段炮瞄雷达及民品电机、绕线机、场强计、标准信号发生器、小功率测量器、衰减器校准装置等产品。试制品种多，技术关键多，职工干劲大，使工厂的钻研业务风气蔚然成风，科研队伍在新品试制中茁壮成长起来，科研和生产都处在出成果、出人才的兴旺时期。

20 世纪 50 年代后期是我国电子工业大发展的初期阶段，由于黄河机器制造厂（生产）的 COH-9A 雷达有较先进的机械跳频抗干扰能力，产品起点水平高，因而，在雷达样机试制成功后，立即投入了批量生产，仅 1959 年就生产 29 部。在 COH-9A 炮瞄雷达试制成功并投入批量生产后，工厂又组织技术力量开始试制更加精密的机械空对空制导雷达 Pn-5、Pn-2Y（工厂命名为 3 号和 11 号产品）。这是我国从苏联引进的第一批机载雷达，无论从雷达技术（X 波段），还是从制造工艺上讲都是当时我国的最高水平。3 号、11 号产品分别于 1960 年 5 月和 1964 年 10 月试制成功，分别交由兄弟厂生产。

1959 年之前，我国的地对空制导雷达还是一片空白。地对空导弹系统是第二次世界大战后发展起来的新一代地面防空的有效武器，它与防空高炮、歼击机组成一个由近到远、由低到高、分层次的防空体系。尽管我国由于 COH-9A 的研制成功，填补了炮瞄雷达的空白，加强了国防建设的防空力量，但高空域防空基本上仍处于无防的境地。因此，发展自己的地空导弹制导雷达，是国防建设的紧迫任务。

1959 年 3 月，在批量生产炮瞄雷达和研制精密机载雷达的同时，工厂接受新的任务，开始研制我国自己的地空导弹制导雷达即"红旗 1 号"。

红旗 1 号产品由电子设备及十多个运输单元组成，按任务要求，黄河机器制造厂承担的任务有收发车、器材车、三辆天线拖车、两辆备份器材车、全套控制电缆、部分集中生产任务以及完成制导站对接、试验和全面技术协调的"抓总"工作。工厂党委和行政领导动员全厂职工全力以赴完成这一光荣而艰巨的任务。

为完成红旗 1 号产品的试制，工厂进行第一次扩建，工程于 1959 年 12 月破土动工，先后建成天线车间和总装配车间。同时，在陕西省和西安市政府的大力支持下，在灞河西岸的狄寨原上建成供大型天线调试的 130 试验场。扩建工程于 1961 年竣工。1960 年，中苏关系恶化，苏联撤走全部专家，技术资料停止提供，专项配套技术（材料、器材）停止援助。红旗制导站的研制遇到了空前的困难，是下马不干？还是迎着困难上？黄河机器制造厂在党委的领导下，坚决贯彻党中央的指示，自力更生，发奋图强，集中力量突破尖端技术，闯出一条自力更生之路。经过 1960 年的充实技术力量和 1962 年的技术攻关，到 1963 年 11 月，终于克服难以想象的困难，完成除扫描天线外红旗 1 号制导站的全套设备。1964年11月，扫描天线试制成功并运抵靶场，完成了国产地空导弹制导站的成套试制任务。5年时间，工厂发展壮大起来，到1964年，职工总数5 239人，年产值5 559万元，成为当时军工电子行业中的大型企业之一。

国际形势的变化，迫使我们必须走独立自主的发展道路，充分发挥我国科技人员的积极性，自力更生建设现代化国防。黄河机器制造厂在仿制产品的同时，不断向自行研制新产品的方向努力，向生产科研型企业迈进，于1960年3月成立了黄河机器制造厂设计所。

1960年，在研制X波段机械雷达的启发下，王其杨等同志提出研制双波段体制炮瞄雷达的设计方案。这一新的方案，从根本上解决了当时炮瞄雷达抗干扰的问题，得到上级领导机关和军方的大力支持。黄河机器制造厂集中大量技术力量，开始自行研制新型雷达，终于在1964年制造出我国自行设计的具有当时世界先进水平的炮瞄雷达——860雷达。

860雷达的研制成功使黄河厂向科研、生产型企业迈出了坚实的一步。在抗美援越战争中，860雷达显示了它优良的性能和高超的水准，先后击落美机600余架，是越战中唯一可以全天开机的雷达。截至1983年，860雷达共生产了1 500多部，并全部装备部队，多次立功受奖。860雷达的研制成功，也为我国炮瞄雷达的科研、教学以至随后在国产形成的雷达系列产品如小860、860甲、860乙、311甲、311乙、305等雷达起到了开创性的作用。

黄河机器制造厂在自行研制860炮瞄雷达的同时，也开始自行研制地空导弹制导电子系统。随着地空导弹技术的新发展，飞机的性能和战术也在不断发展变化，特别是电子侦察技术在空中的应用，发展速度更快。20世纪60年代初，美国不断派遣U-2高空侦察机对我国领空进行侦察干扰，并为蒋介石集团"反攻大陆"服务。在遭到红旗1号地空导弹打击之后，美制U-2高空侦察机针对我红旗1号产品先后装备了侦察（12）系统和侦察干扰（13C）系统，绕过我红旗1号地空覆盖区域，经常使我方导弹防御无法发挥威力。

1963年10月上旬，第四机械工业部王诤部长亲临黄河机器制造厂，布置红旗1号改进设计的工作。工厂在党委的统一领导下，立即行动，集中主要技术力量进行针对性的研制攻关。只用了45天时间，就研制成功反侦察系统"15号"产品，并于1964年靶场试验成功。为了庆祝我国国防科研上的这次重大突破，第四机械工业部于1964年2月3日发来贺电，向全体参与这一工作的同志，祝贺"15号"产品科研任务获得成功。1965

年1月10日，我空军地空导弹部队在华北地区又一次击落美军U-2高空侦察飞机。在这次战斗中，"15号"产品发挥了重要作用。3月，国务院第四、第七机械工业部分别给黄河机器制造厂发来贺电，并表彰奖励有功人员。

美军U-2飞机再次被击落后，相当一段时间未再敢轻易侵犯我国领空。但他们并不甘心失败，针对我红旗地空导弹"15号"反侦察产品又研制了新的干扰电子设备，并开始其新一轮高空侦察活动。"魔高一尺，道高一丈"，针对美军电子干扰系统，黄河机器制造厂又研制了"16号"产品，于1966年提供部队使用。

1965年，第七机械工业部向黄河机器制造厂正式下达研制红旗2号制导站的任务。这是我国自行设计的第一代地空雷达制导站。红旗2号制导站是在加装"15号体制"和"16号体制"的基础上，扩大空域，提高精度，同时增强抗干扰能力。

红旗2号于1967年10月设计定型。随后以黄河机器制造厂为主又先后研制了红旗2号甲型、红旗2号乙型等多种地空导弹制导站，成为我国研制和生产雷达制导站的重要基地。

1958年以来，黄河机器制造厂在大踏步前进中，也遇到了曲折和阻力。"大跃进"运动中高指标、浮夸风，使工厂生产受到一定影响，出现只顾数量不顾质量的倾向，致使产品质量下降，在新品和已投入批生产的雷达中存在严重的质量问题。为了扭转这种局面，20世纪60年代初，企业在贯彻"调整、巩固、充实、提高"的八字方针中开展质量大检查活动，采取各种方式堵塞质量漏洞。接着，企业又开展质量整风运动，以改进领导作风为重点，树立三个观念（战争观念、为国防服务观念、为部队服务观念）为目的，在全厂范围内进行军工产品质量第一和三个观念教育；开展第二次十查活动，并到使用单位征求意见；加强技术指导和生产管理机构，健全规章制度。企业在党中央八字方针指导下，经过三年调整，产品质量、领导作风都有显著提高。

三

作为一个为国防建设作出重大贡献的大型电子骨干企业，黄河机器制造厂在党的十一届三中全会之后，适应新时期历史发展趋势，由一个单一的军工生产、科研单位发展成为具有一定竞争实力的军民结合型的新型企业。

党的十一届三中全会后，工厂立即恢复成立了设计所，重新集聚技术力量，投入新产品的研制。1978年，在产品小型化的基础上开始自行研制860甲炮瞄雷达。860甲雷达的任务是由总参和国务院军工办下达的，这是"文化大革命"后我国自行研制的第一个炮瞄雷达。由于工厂的技术力量在十年动乱中遭到削弱，860甲雷达的研制艰难曲折，开始研制的两部样机均未达到预期目标，直到1982年才设计定型。

从1980年起，黄河机器制造厂集中技术力量，开始研制地面炮位校射雷达——371雷达。371雷达1988年设计定型，随后投入小批量生产，黄河机器制造厂于是开创了一个新的军工领域。同时，工厂在研制成功红二（B）之后，从1985年起研制红二乙（A）制导站。红二乙（A）是一种全新的地空导弹制导站，它采用双波段和波段指令系统等20多项新技术，增强了抗干扰能力，扩大了作战空域，还大量减少运输车辆，提高了作战机动性能。红二乙（A）的研制成功，标志着我国地空武器发展进入新时期，它完全改变了红旗系列产品的原貌，为我国国防现代化增添了新的力量。

同所有军工企业一样，黄河机器制造厂在进入20世纪80年代之后，也遇到新时期如何发展的问题。由于军品任务大量压缩，工厂利润逐年下降，企业选择什么方向，便成为全厂职工人人关心的一件大事。

遵照党中央"军民结合，以民养军"的方针，工厂成立民品设计科，组建民品生产线。起初结合专业特点，决定上电视机。1983年10月，工厂与日本东芝公司合作，筹建彩电生产线。这条自动化程度较高的生产线，由16条线体组成，全长734米，设计能力15万台/年。为了节约开支，厂党委采取"自力更生为主，引进先进技术为辅"的方针。尽量在国内解决问题，有关人员7天之内跑遍京、津、沪、浙4个省市，行程超万里。除关键工序及各种控制仪表外，主要线体均采用国内配套或由工厂自行设计生产解决。同时，决定改造老厂房，生产新产品。本着节约投资、提高效益的原则在原军品厂房内增加层次。经过全厂职工的辛勤劳动，在兄弟单位的大力协作及日本东芝公司友好合作下，仅用8个月时间，就建成具有国际水平的彩电生产自动线，被誉为"西安的深圳速度"。1984年7月25日，举行了隆重的开工投产剪彩仪式，电子工业部副部长张学东、陕西省副省长曾慎达等领导参加大会并剪彩。黄河机器制造厂从此迈入了军民结合新的发展时期。

1987年，工厂充分利用"彩电经验"，以自力更生为主，建成年产8万台的冰箱生产线。同时，还开发了地面卫星接收设备及各种通讯天线系统，使黄河机器制造厂成为民品开发生产的先进企业。到1991年，工厂达到年产50万台彩电、10万台冰箱的生产能力,年产值达到 12 亿元。在此期间,工厂先后创造了建厂以来多项历史纪录:销售额位居电子工业百家企业第七位,中国 500 家最大工业企业第 117 位;按利税总额排序,进入全国 500 强企业行列。1987 年以来,黄河牌彩电、冰箱获国家级各种大奖达 20 多项,其中 37 厘米黄河牌彩电获得国家银质奖。黄河的民用产品用户逾 200 万户。在此期间,工厂被评为国家级企业、国家计量一级企业,被中华全国总工会授予全国五一劳动奖状,被劳动部、国务院生产委、国家教委、人事部、中华全国总工会授予"全国职工教育先进单位"称号,被中宣部、国家经贸委、中华全国总工会授予"全国思想政治工作优秀企业"称号。

四

1992 年 8 月,经国家有关部门批准,黄河机器制造厂整体改制为黄河机电股份有限公司。1993 年,黄河机器制造厂以其民品部分的资产折股 3.3 亿元作为投入,并向社会公开募股 1.4 亿元,发起成立黄河机电股份有限公司。1994 年 2 月 24 日,黄河股票在上海证券交易所正式上市。

1992 年至 1996 年,工厂一直是在两个法人实体、一套行政管理机构的模式下运行。1996 年 11 月,陕西省政府根据组建大集团、大公司战略,决定由长岭厂、长岭股份公司、黄河厂、黄河机电股份公司共同组建成立长岭黄河集团有限公司。1997 年 2 月,长岭黄河集团公司根据"黄河"的特点,将黄河机器制造厂与黄河股份公司完全分立,分别成为两个完全独立的法人企业,经营分离,管理分立,使黄河机器制造厂恢复了原有的军品研制与生产,工厂的军品从此再次步入新的历史发展时期。

分立后的黄河机器制造厂共有生产车间 10 个,具有精压铸锻、机械加工、热处理、表面处理、工模具制造及电子产品装配与调试的能力;经营部门有 5 个子公司,主要从事电子工程的安装与调试、进出口贸易、地热资源的开发与利用。工厂通过国家计量部门一级认证和 ISO 9000 质量认证,能满足各种军品、民品科研产品的国标、国军标的技术要求。军工产品出口贸易迅速发展,远销世界各地,平均每年出口创汇约 800 万美元。除此之外,工厂在民用产品医疗器械、体育器材、石油器械、自动化线体、地面卫星接收系统的研制与生产方面也得到了迅速发展。

工厂还投入巨资不断对军品设计和工艺、检测手段实施系统的、全方位的、高起点的技术改造，引进美国 CAD/CAM 工作站及成套软件，极大地提高了设计手段；购置 IC 测试仪等国际先进设备，更新外检和老化筛选手段；购进高低温、潮湿/震动综合测试设备，完善了环境试验手段；引进国际先进水平的数控加工设备，提高了加工效率和能力。全新的电装生产线为军品上水平、上规模提供了条件。此外，CAD/CAM 模具开发系统、铝蜂窝构件生产线，真空铝钎焊，FPGA 及碳纤维材料的应用，使工厂军品开发生产能力进一步提高。1997 年技改投资金达 8 000 多万元。这一年是工厂发展过程中任务最重、难度最大的一年，全厂干部职工在以党委书记、厂长代志军为首的领导班子带领下，全力以赴保军品，新品科研、生产均取得可喜成绩。374 新活动目标侦察校射雷达的研制，受到上级和部队的极大关注，为了确保当年设计定型、达到订货状态，广大研制人员辛勤努力，在 1997 年上半年先后完成设计定型的动态、静态参数试验和环境适应性试验、可靠性试验、海上试验、热区试验等，确保了各项性能指标达到技术要求和设计定型前的准备工作就绪。装甲 II 型侦察车作为进入装甲兵系统的第一个产品，是工厂的重点科研项目，经过广大科技人员的艰辛努力，首套样机于 1997 年 7 月份顺利出厂，并前往北京参加演示。红二乙（A）制导站是我国自行研制的新一代地面防空武器。首批制导站在圆满完成厂内的一系列质量评审整治后，于 1997 年 7 月份顺利出厂，装备部队。随同红二乙（A）制导站一同靶试的另一新品的原理性样机也通过了验证性实验，受到有关方面的好评。这次多基地站校正成功，是我国防空制导兵器在该领域内的首次实用性突破，具有广泛的应用前景。

数十年来，黄河机器制造厂为我国的国防建设提供了多个产品，对我国国防现代化建设和军事工业的发展作出了重大贡献。先后生产的 COH-9A 雷达、860 雷达、860 甲雷达、371 雷达、地空导弹制导站等产品全部装备中国人民解放军。在越南战争中 860 雷达和红旗 2 号多次立功受奖。红旗 2 号多次打下入侵我国的高空侦察 U-2 飞机而荣立战功，受到中央军委通报表扬，在我国的国土防空作战史上写下光辉的一页。

黄河机器制造厂培养大批技术人才，支援国内雷达工业和科研事业的发展。先后成批向 780 厂、上海有线电厂、陕西彩虹厂等单位输送大量管理、技术干部和技术工人，并成套筹建了 3407 厂。

党中央、国务院和中央军委对黄河机器制造厂的发展壮大，给予了亲切的关怀。刘少奇、朱德、李先念、彭德怀、贺龙、罗瑞卿等老一辈无产阶级革命家以及李鹏、李铁

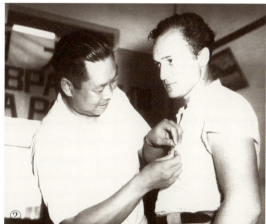

① 国家对黄河厂验收，首任厂长齐一丁在验收大会上讲话（1958年）
② 首任厂长齐一丁向苏联专家赠送纪念章（20世纪50年代）
③ 1958年9月13日，我国第一批COH-9A炮瞄雷达成功出厂
④ 黄河机器制造厂彩色电视机生产线（20世纪80年代）
⑤ 黄河集团大门
⑥ 2005年8月3日，公司完成首套红十二制导站庆功会

映等党和国家领导先后来厂视察和指导工作，给工厂干部职工以极大鼓舞。在新的历史时期，黄河人将牢记中央领导同志的关怀与鼓励，发扬以顾全大局、敢打硬仗、求实创新和艰苦创业为主要内容的黄河军工精神，"团结、拼搏、求实、创新"，征服科研生产上的各种难关，为黄河军工的再次腾飞，为我国电子工业的发展和国防现代化建设，再立新功。

五

进入新世纪，随着改革的不断深化，2003年，陕西省人民政府做出黄河厂退出长岭黄河集团成立黄河集团、长岭黄河集团更名为长岭集团的决定。

2004年4月30日，陕西黄河集团有限公司正式挂牌成立，由国营黄河机器制造厂、黄河机电有限公司、黄河房地产开发公司、黄河进出口公司、黄河宾馆、黄河电子工程公司6个全资子公司和黄河地热利用有限责任公司、陕西黄河工模具有限公司、陕西黄河表面处理技术有限公司、江苏黄河纽士威电器有限公司4个控股子公司及陕西广电网络传媒股份有限公司1个参股子公司组成，是集军工科研生产和石油、医疗、医疗器械系列民品开发生产，以及房地产、地热利用、宾馆服务、模具制造、表面处理等跨行业、多门类经营的综合性大型骨干企业。

在国家政策的指引下，2009年，公司决定投资上马光伏太阳能，成立西安黄河光伏科技股份有限公司，成功迈入电站建设和产品研发生产相结合的道路，发展成为能够持续稳定提供优质产品和服务能力的光伏企业。

通过近70年的创业和发展，黄河集团拥有微波集成工程技术研究中心、太阳能光伏研究中心两个省部级技术研究中心及博士后科研工作站，成为以研发生产地空制导雷达、炮瞄雷达、装甲侦察车、火箭军四大系列产品的重要军品研发基地，民品生产以光伏太阳能电池片及电池组件、军民用模具、民用电子产品等为主体。陕西黄河机器厂已发展为名副其实的大型军民综合性企业。站在历史新起点的黄河集团，正在谱写建一流雷达基地、创知名品牌企业的篇章。

（张瑞青、朱翔执笔）

我国海军舰船动力的发源地和"长子"

国营陕西柴油机厂

国营陕西柴油机厂是我国"一五"期间苏联援助建设的 156 项重点工程之一。工厂现名陕西柴油机重工有限公司，属于中国船舶重工集团公司领导下的大型一类企业，是国内主要的中、高速大功率柴油机制造企业和柴油发电机组成套商之一，海军多型舰艇主动力科研基地和主要供应商，我国海军舰船动力的发源地，共和国海军动力的"长子"。

一

1955 年 9 月 25 日，一机部四局决定，苏联援建的舰船用柴油机厂在陕西建设，定名为陕西柴油机厂并成立筹备组。1955 年 8 月 22 日，国家计划委员会批准工厂设计任务书，并从国防安全考虑厂址选在陕西省武功县普集镇。后因普集镇厂址以东 6.6 公里处有军用机场，影响安全，经国家建委批准将厂址改迁至陕西省兴平县火车站以西约 7 公里处的板桥（即现在的厂址）。1956 年 1 月，陕西柴油机厂筹备处在西安成立并开始办公。

1958 年 2 月 24 日，一机部批准工厂技术设计。除生产纲领规定 48 万马力不变外，又明确规定建厂总投资为 8 229.33 万元，厂区占地面积 63.3 公顷（949.5 亩），建筑面积 13.8 公顷（204 亩），职工总数为 4 659 人。1965 年，六机部又将总投资额提高到 10 865.3 万元。

1958 年 9 月，厂区 60 车间锅炉房开工基建，这是厂区最早开工的项目；10 月主体厂房之一的 30 工部开始基建施工。1959 年 3 月，主体厂房之一的 20 工部开始基建施工；

随后，试验站、氧气站、空压站陆续施工。1959年12月，工厂铁路专用线全部建成，共长4487.34米，总投资为102.75万元。

从工厂筹建到1965年10月召开厂第三次党代会时，整整用了10年时间工厂基本建成，完成建厂投资9 194.5万元，占总投资10 865.3万元的84.7%；施工73个项目，交工动用58个；20工部，30工部，11、12、15、60车间和试验站等主要工程项目都投入生产或部分投入生产；设备有1 359台投入生产，440台即将投入生产；全厂职工人数增加到5 331人。在此基础上，根据生产、生活的需要，后又陆续扩建、新建了一些厂房和文化设施，如文化活动中心、俱乐部等。至1996年，全厂占地面积1 689.93亩，其中厂区占地面积915亩，福利区占地面积774.93亩；固定资产原值2.66亿元，固定资产净值1.5亿元。

按照工厂设计和国家规定的生产纲领，陕西柴油机厂边基建、边准备、边生产，开始进行39型柴油机的各项生产技术准备工作。

1961年5月20日，工厂成立生产联合准备办公室，胡仪生厂长任组长，开展调查研究，制订39型柴油机仿造样机计划。经过9个月的努力，于1962年3月5日仿造总进度计划制定。1964年试制出样机两台，同年投料6台份进行小批量试生产。1965年生产39型柴油机6台，达到生产纲领技术标准要求，具备生产条件。8月15日，海军与六机部联合在陕西柴油机厂召开39型柴油机生产定型会议，批准39型柴油机生产定型，转入批量生产。陕西柴油机厂进入生产发展阶段。

从工厂筹建到建成的10年里，全厂广大职工发扬吃苦耐劳、艰苦奋斗的优良传统，充分体现了工人阶级的主人翁精神，表现出极高的社会主义建设积极性和热情。他们挖土方，平场地，植树种草，美化环境，尽力为国家节约开支。1958年招收进厂的一大批学徒工，为了尽快掌握生产技术，每晚步行到两公里外的邻厂去参加培训。一些老职工回忆起那段紧张的生活，至今都十分怀念。

二

1966年到1978年，工厂经历了艰难曲折的发展过程。广大职工在极其困难的条件下，坚持科研，坚持生产，将"文化大革命"的冲击限制在一定程度之内，使生产经营仍然取得可观的成绩，为工厂的发展奠定了基础。

在生产定型、转入批量生产之后，工厂于1965年10月10日召开第三次党代会。大会认真分析工厂的形势，总结几年来的工作和经验教训，提出两年内把陕西柴油机厂建设成为大庆式社会主义先进企业的奋斗目标。这次大会，是工厂向先进企业迈进的誓师大会，是新的发展里程的起跑点，全厂职工对实现这个宏伟目标充满必胜的信心。

陕西柴油机厂职工在厂党委领导下，团结一致，排除干扰，努力奋战。投产后的第一年即1966年，就取得好成绩，完成工业总产值1 998.83万元，为年计划的117.6%；生产各型柴油机23台/32 000马力，为年计划的104.5%；基本建设完成投资548.86万元，为年计划的137.8%。

但挫折接踵而来。1967年，工厂仅完成工业总产值1 137.7万元，生产柴油机12台，企业亏损455.39万元。进入1968年，工厂生产更滑入低谷，仅完成工业总产值451.42万元，为年计划的25%；商品产值104.9万元，为年计划的7.2%；未生产出一台柴油机（年计划23台/39 000马力）；基建投资也只完成117.2万元，为年计划的28.7%。全年停工损失555.4万元，亏损627.7万元。这是陕西柴油机厂投产以来产值、产量最低，而且停工损失和企业亏损都相当严重的一年。

1969年，工厂逐步恢复生产，完成工业总产值1 275.2万元，完成商品产值1 178.89万元，生产柴油机11台/22 000马力。

1970年5月10日，陕西柴油机厂恢复工厂党委的领导。这一年，国家重点工程大马力弹性离合器、应急轮胎离合器经六机部和有关单位组成的鉴定验收小组鉴定验收，认为该产品"设计和试制加工、装配质量基本良好，静态试验结果基本符合技术条件要求"，"同意提交进行动态试验"。工厂生产开始回升，当年生产柴油机37台/62 950马力，完成工业总产值2 531.84万元，完成商品产值2 604.35万元。

1971年，工厂提前18天完成全年生产任务，生产柴油机40台/81 200马力，比上年增长8.1%；完成工业总产值3 611.04万元，为年计划的117.1%，比上年增长34.8%；基本建设投资完成130万元，为年计划的108%。

1972年，工厂开展全面整顿产品质量活动，发现各种质量问题2 485条，经过分析，总结出直接影响产品质量的十个技术关键。针对这十个关键问题，工厂成立了干部、工程技术人员、工人"三结合"攻关组，经过辛勤工作，这些关键问题得到逐步解决或改善。这一年，工厂按供货合同要求，圆满完成向坦桑尼亚、赞比亚、也门、朝鲜提供350

型柴油机、12VE230ZC 柴油机配件、燃油系统、冷却器及技术资料的援助任务。这一年，工厂完成工业总产值 3 249 万元，出产柴油机 23 台/39 000 马力，实现利润 110 万元。

1973 年，工厂生产形势又遇挫折，各项计划指标均未完成。

1974 年，情况有所好转，完成国家重点工程大马力弹性离合器和应急轮胎离合器的生产定型及 LL3 经济航行离合器定型工作，完成了产值计划，生产各型柴油机 32 台/64 000 马力。

1975 年，厂党委认真贯彻邓小平关于整顿企业的指示精神，加强劳动纪律，严格规章制度，强化质量管理，全面进行企业整顿。要求各级领导努力工作，大胆管理，工厂形势明显好转，科研、生产取得优异成绩。一季度实现首季"开门红"，二季度实现"双过半"，三季度完成全年任务的 80% 以上，当年提前 24 天全面完成各项计划指标。这一年，工厂工业总产值完成 2 222 万元，为年计划的 101%，比上年增长 10.93%；商品产值完成 2 842 万元，为年计划的 113.68%，比上年增长 25.25%；生产柴油机 59 台/94 200 马力，比上年增长 73.58%，创造柴油机产量历史最高水平。与此同时，1Z39 型柴油机完成技术鉴定，六机部和海军批复指出："该机性能稳定，结构可靠，主要经济技术指标达到了原定要求"，"批准该机进行小批量生产"；6350ZC 柴油机大型球墨铸铁曲轴浇注成功，六机部和陕西省五机局主持召开了球墨铸铁曲轴现场会议。

三

党的十一届三中全会作出把党和国家的工作中心转移到经济建设上来的伟大战略决策，从此，我国进入一个新的历史时期。

1979 年开始，陕西柴油机厂认真贯彻执行党中央关于对整个国民经济实行"调整、改革、整顿、提高"的八字方针，制定"保军转民、以民为主、以机为主、多种经营"的经营策略，开始"转轨变型"。工厂的产品结构将由单一的军品生产逐步过渡到军民结合、船用陆用并进。

1980 年，陕西柴油机厂军品任务大幅度下降，工厂尚未开发出支柱性民品，生产任务严重不足。1982 年工厂生产降到"谷底"，全年只完成工业总产值 843 万元。1980—1984 年的 5 年间，生产任务只有 40 台柴油机，不足正常年份一年的工作量，平均年生产柴油机8台。5年的工业总产值也只有7 045万元,年均产值1 409万元,企业处于亏损和资金紧张的严重困境之中。

面对严峻的形势,工厂不断在开发民品上下功夫,除承揽一些民品机加任务外,同时开展大量调研活动,逐步形成自己的拳头产品。

1978年10月21日,中国技术进口总公司与法国热机协会(SEMT)签署《许可权协议书》,引进具有国际先进水平的法国热机协会的PC、PA两个系列柴油机专利,并于1979年决定由陕西柴油机厂承担试制、制造任务。1981年12月20日,六机部与日本大发柴油机株式会社签署《柴油机许可合同》,引进日本大发公司的DS、DL系列柴油机专利。1983年陕西柴油机厂被国家列为从法、日引进系列柴油机的定点生产厂家,工厂迎来新的发展机遇。

PC2-5柴油机系大功率中速柴油机,可军用、民用、陆用、船用,是法国热机协会具有代表性的先进机型之一,蜚声世界。PA6柴油机系法国热机协会的中高速多用途柴油机,可用于铁路机车牵引、船舶推进、固定电站等。该两型机具有磨损小、大修期长(可达24 000小时)、油耗低、操作灵活、安全可靠等优点。

经过全厂职工辛勤工作,陕西柴油机厂1983年5月试制成功6PC2-5和6PA6两型新机,并且得到法国热机协会和中国船检局的认可,获颁《船检证书》。1983年10月,总装完成第一台12PA6柴油机,经过性能试验、耐久试车及试验后拆检,均达到法国热机协会的技术要求。1984年6月,法国热机协会与陕西柴油机厂正式签署了《12PA6V柴油机首台试制认可证书》。1984年12月,陕西柴油机厂首台节能型6PC2-5EL型3 000马力柴油机完成台架交货船检验收。该机技术指标先进,试验的各项性能参数均获在厂日本专家和船检人员的好评。PC、PA两型新机的试制成功,为陕西柴油机厂的发展开辟了新的前景。

之后,陕西柴油机厂又相继试制成功6DSB-22型、6DSM-22型柴油机。同时,大力进行科研工作,在改进老产品、发展提高新产品上下功夫。工厂生产的6E390ZC-1型柴油机荣获中国船舶工业总公司1985年度科技进步一等奖;生产的6DS系列柴油机被评为陕西省1986年优质新产品;设计试制成功的节能型6PC2-5EL型柴油机荣获陕西省科技进步二等奖;生产的6PA6L-280柴油机试装东风5内燃机车获中国船舶工业总公司科技进步二等奖;生产的12PA6V-280柴油机被中国船舶工业总公司评为优质产品。1991年11月,陕西柴油机厂又从德国引进更为先进的MTU956/1163系列柴油机,加紧科研试制。截至这一年,陕西柴油机厂已能生产5个系列18种型号的柴油机,为工厂的发展带来了新的生机。

经过几年的努力，陕西柴油机厂的产品开发初步打开新局面，由过去单一的军品生产发展为军民结合，船用、陆用并进。

陆用柴油机组的开发经历了四个阶段。第一阶段：在广泛进行市场调研的基础上，抓住资金实力雄厚的油田和广东地区普遍缺电这一机遇，迅速开发以PA6、350柴油机为动力的3 200千瓦、1 600千瓦、630千瓦柴油发电机组，并在市场竞争中占有优势。第二阶段：在供货方式上向两端延伸，从单一的机组供货发展到工程设计、设备安装、现场调试一条龙的承包项目。先后承揽广东潮阳、澄海等电厂的厂房设计和全部安装工程，培养了人才，增强了工厂的市场竞争能力，提高了经济效益。第三阶段：在3 200千瓦机组面临销售市场渐趋萧条的情况下，又立即开发以6PC2-5机为原动力的2500千瓦机组，再一次占领了广东市场。第四阶段：根据市场需要更大功率柴油发电机组的实际，果断决策，及时开发出12PC2-5柴油机和5 000千瓦新型柴油发电机组，并形成批量生产能力。工厂生产的2 500千瓦柴油发电机组荣获陕西省科学技术进步一等奖；3 200千瓦柴油发电机组荣获陕西省引进技术消化吸收创新成果一等奖。

党的十四大和十四届三中全会为国有企业改革指明了方向，工厂进一步转换经营机制，建立适应市场经济要求的"产权清晰、权责明确、政企分开、管理科学"的现代企业制度。

为进一步搞活经营，提高经济效益，解决人员过多、各分厂生产任务严重不均衡的矛盾，从1993年7月起，厂部向15个生产分厂下放二级民品经营权，推行企业内部经济承包责任制，并相应制定25个配套管理制度，逐步使厂内两级经营销售、两级核算、两级分配的管理体制规范化。厂部负责总厂指令性产品及其配件的统一经营和管理，分厂负责二级民品及其他多种经营，各分厂在确保按时完成厂部下达的指令性任务的前提下，自营二级民品。这一改革加大了分厂的经济责任，调动了分厂领导和职工的积极性。分厂在生产组织、市场开发、人财物的管理上尽心尽力，千方百计提高分厂的经济效益。分厂与分厂之间也形成了你追我赶的竞争局面。同时，也锻炼了销售人员，增加了多种经营的收入。从1993年起，二级民品的成交额逐年增加，分配上拉开了档次，充分调动了分厂职工的生产积极性，出现职工主动要活干、争活干的可喜现象。

1994年10月，陕西柴油机厂再跨一步，实行岗位技能工资制。1996年7月，工厂实行全员劳动合同制，扩大优秀人才的选拔面，搞好劳动优化组合，并逐步开展各项配套改革，为转轨建制创造条件。1994年，深入认真地完成清产核资工作，为改革产权制度、界定产权关系打下了基础。

厂部从现实条件出发,逐步推进生活后勤社会化。1994年,在不改变部门人员编制和工资关系的情况下,把生活服务公司、职工医院和总务部门相对独立起来,扩大向社会服务项目,从创收中承担一部分业务费用。

为分流富余人员,厂部鼓励有条件的二级单位自筹资金兴办第三产业,在福利区办起食堂、维修、家具等门市部,以及舞厅、溜冰场、台球室等娱乐场所。

每项改革措施出台,工厂都同时推出相应的管理制度和操作方法,以保证改革的健康发展和企业的整体利益。向分厂下放部分经营权时,厂部对分厂的财务管理、成本核算、资金使用、原材料控制等均制订严密的管理制度,并加强各项定额管理和考核,对统计员、成本员、定额员规定了严格的纪律和处罚办法。分厂虽然设立了二级民品账号,但提取现金必须履行审批手续,分厂不能直接提取工资。

为防止工厂物资和固定资产流失,对出门证制度进行全面整顿,各类物资出门分别由归口部门开证,门卫严格检查。二级单位开办第三产业,总厂一般不予投资,也不准无偿动用工厂资金和原材料。为监督二级单位遵纪守法和依法经营,企管处每月抽查不少于3个单位,审计处每季度对3个以上单位进行检查。

由于工厂在深化内部改革的同时,强化各项管理职能,更加具体地落实了各级和各类人员的职责,各项改革措施在执行中没有发生扭曲或失控现象,在增收节支、杜绝浪费、讲求效益方面均取得较好的效果。

20世纪八九十年代,陕西柴油机厂生产经营稳步前进,逐年发展,一年一小步,三年一大步。1986年完成工业总产值2 704万元,1992年突破亿元大关,1996年完成2.2018亿元,相当于1986年2 704万元的8.14倍。职工人均收入1986年为1 230元,到1992年达到2 746元,1996年达到6 628元,相当于1986年的5.4倍。1996年年底,陕西柴油机厂有职工6 140人,其中生产工人3 742人,工程技术人员563人,全厂有各类高级职称人员180人(其中高级政工师14人),各类中级职称人员462人(其中政工师48人),各类初级职称人员742人(其中政工初级人员55人)。为了扩大生产规模,提高生产能力,增强工厂发展后劲,在资金十分困难的情况下,工厂进行设备更新,先后增添不少先进设备,改善了生产手段,提高了生产效率。特别是MTU柴油机保障条件建设工程项目的实施,国家投资了1.7亿元,进一步提高了工厂的生产能力。

陕西柴油机厂生产的各型柴油机装备在海军的多型舰船上,航行于我国广阔的海域,

①铁路专用线上的火车（1953年）

②工厂厂区基本建设工地（1953年）

③苏联专家检验到厂设备（1953年）

④工厂建厂初期设备安装（1953年）

⑤现代化的生产车间（2019年，马驰摄影）

⑥工厂前区广场（2020年）

为保卫祖国万里海疆的安全作出了重要贡献。生产的多种柴油发电机组，遍布长城内外、大江南北；同时产品还出口援助朝鲜、巴基斯坦、罗马尼亚、柬埔寨、埃及、也门、马里、坦桑尼亚、赞比亚、越南等多个国家。

四

经过近70年的不懈努力，陕西柴油机重工有限公司先后通过中国船级社（CCS）、美国船级社（ABS）、日本海事协会（NK）、英国劳氏船级社（LR）、挪威船级社（DNV·GL）、法国船级社（BV）、意大利船级社（RINA）、韩国船级社（KR）等船级社的认可。2018年公司通过ISO 9001：2015质量体系换版认证。

2009年1月，公司取得国家核安全局颁发的民用核安全设备设计和制造许可证书（1E级），具备核电站10 000KW及以下1E级应急柴油发电机组成套设计和制造能力。

公司向用户提供迅速、快捷、可靠的全方位售后服务。公司服务团队被中国核电工程有限公司、福清核电有限公司授予"华龙一号"示范工程福清核电6号机组穹顶吊装先进团队。2018年与福建宁德核电有限公司签订《18PA6B型柴油机专家技术支持服务项目》，成为该公司在柴油机领域唯一技术服务单位。

公司先后多次获得省部级科技进步奖，产品先后多次获得国家及省部级金奖、银奖、铜奖和名牌产品等称号，多次被陕西省政府评为"重合同、守信用"企业。公司1999年起先后荣获"兴平市文明单位""咸阳市文明单位""咸阳市文明单位标兵""陕西省文明单位"等称号；2007年成功进入陕西装备制造业30强企业；2009年、2010年连续两年荣获"最具品牌价值企业"称号；2011年荣获中华全国总工会"模范职工之家"荣誉称号；2014年荣获"首届陕西省职工职业道德建设先进单位"；2018年被评为"省级园林式单位"，还荣获"陕西省2018年厂务公开民主管理先进单位"。

公司党委先后多次被陕西省委、陕西省国防工委、船舶工业总公司党组、中船重工集团公司党组授予"先进基层党组织""思想政治工作优秀企业""创工业先争优先进基层党组织"等称号。

（王玉明执笔）

我国鱼雷研制生产的主要基地

国营东风仪表厂

国营东风仪表厂现名西安东仪科工集团有限公司,是我国鱼雷研制生产的主要基地,在巩固国防及海军现代化建设中发挥着重要作用,为加速我国国防现代化建设作出了一定贡献。工厂以电子、精密机械加工为主,是机电一体化技术密集型的鱼雷及其调试设备大型专业生产厂,属大型一类企业。东风仪表厂曾先后隶属第二、一、三、五、六机械工业部和中国船舶工业总公司,现隶属于中国船舶重工集团公司。

一

1953年,我国发展国民经济建设的第一个五年计划开始。中共中央确定海军装备建设的重点为"空、潜、快"(海军航空兵、潜艇、快艇),于是对鱼雷的大量需求成为突出的问题,建立中国自己的鱼雷工业已属当务之急。因此,第一个五年计划中鱼雷生产厂被列入苏联政府援建的156项重点工程建设项目中。

1955年12月,国家计委批准建设东风仪表厂。1956年10月,二机部批准设计任务书。当年先在山西侯马选址,由于国家经济建设计划发生了变化,1957年二机部二局通知,将该厂厂址迁至西安市。

1958年3月,西安东风仪表厂改属一机部五局,10月确定在西安南郊第三研究所附近选址。经陕西省建委批准后,厂区于1959年1月、福利区于4月分别开始动工兴建。

三年困难时期，该厂基本建设奉命暂停，直到1962年2月才复工建设。复工后工厂党委为确保工期，一方面督促乙方加快施工进度；一方面动员全厂职工发扬艰苦奋斗、自力更生的精神参加义务劳动，并组成青年突击队大干苦干，支援工程建设。在施工最紧张的时候，海军司令部派来400余名官兵的工兵营，增加了施工力量，加快了工程进度。经过两年艰苦奋斗，1964年主厂房交付使用。

在工厂建设过程中，西安东风仪表厂遵循边基建、边准备、边仿制的建厂方针，一手抓基建，一手抓生产技术准备。1959年至1965年，集中所有技术人员，在福利区潮湿的地下室完成三型鱼雷原文图纸资料的整理、翻译、复制、审校及二型鱼雷6个品种控制仪表的工艺资料和工装设计，基本满足了产品仿制的需要。同时在福利区搭起棚房进行铸件攻关，到1963年突破一些主要件的生产关键，并试制出非标测试设备18种29台，产品零件178种、部件6种。1964年主厂房交付使用，生产条件得到改善，仿制重点转向装配调试。1964年3月，完成81004产品"尖兵批"任务。9月，完成"定型批"任务，我国第一批国产鱼雷仪表诞生了。1965年5月，成功仿制出一批81509机动仪产品，此后三型鱼雷仪表的仿制工作全面展开。1967年，开始改型设计，先后从一些军工老厂调来领导干部、工程技术人员、管理干部和技术工人等677人，招收徒工81人，形成工厂的管理、技术生产骨干队伍，有力地促进了基建和生产技术准备工作。1965年9月，工厂基本建成，完成基建投资2 533.2万元；竣工总面积73 896.5平方米，其中厂区竣工面积30 765.5平方米；安装设备、机器1 812台（套）。工厂职工总数1 554人，其中工程技术及管理人员544人。工厂按上级要求试制出部分产品后，第五机械工业部于12月正式批准验收。

二

"文化大革命"中由于广大职工对极"左"路线的抵制和辛勤劳动，工厂在艰难环境中仍然艰难前行。1968年完成三型鱼雷仪表的配套任务。同时在"要准备打仗"的思想和"靠山、分散、近水、隐蔽"的方针指导下，开始建设战备分厂，征地34.28亩，至1973年完成投资94.9万元，竣工面积9 753平方米。由于多方面原因，战备分厂一直没有使用。

1965年4月,西安东风仪表厂抽调一批专业干部支援重庆地区308厂、147厂、167厂和328厂建设。1968年10月,五机部转发中央军委的通知,确定由西安东风仪表厂包建5062电动鱼雷无线电仪表厂和5072机械陀螺仪表厂,总任务是抽调干部、工人支援,直至这两个厂生产出合格产品。为此,东风仪表厂分批抽调了269名干部、工人去包建厂。此外,工厂还支援九江、云南、青海、邯郸等兄弟单位70余名领导干部和业务技术骨干。

1970年6月,工厂改属六机部领导,原各级领导干部逐步被结合进新的领导班子,工厂生产形势开始好转。1972年,为贯彻国务院、中央军委"关于整顿国防工业产品质量和加强配套问题"的指示精神,结合"工业学大庆",工厂于1973年、1975年两次开展了以产品质量整顿为中心的企业整顿工作,调整领导班子,健全组织机构,充实各类管理人员,恢复健全各项规章制度。这些有力地整顿和加强了产品质量管理工作,使生产、科研各项工作得以全面恢复。

1966年至1976年,为满足生产和职工生活的需要,厂区和福利区陆续新建了13个项目,累计完成投资约54.5万元,竣工面积为11 260平方米。

三

对苏制三型鱼雷的仿制,造就了一支我国鱼雷仪表专业技术队伍,同时也发现和改进了这些鱼雷技术和性能上的一些缺陷。

1967年至1984年的十多年间,在中船总、海司、国防科工委关怀及兄弟单位的大力支持下,工厂对SB201等五型鱼雷仪表进行了改进设计。1967年,针对SB201航行偏深、惯性触发引爆降低了爆炸威力等缺陷,决定加装主动电磁式非触发引信,经过九年多研制、生产和试验,1978年8月获得圆满成功。1970年,六机部决定对SB202产品进行改型研制,以实现产品小型化。工厂在西北工业大学的配合下开始研制工作,技术人员大胆设计新的自导装置,改进设计非触发引信装置。1972年8月,对装调好的产品进行各种试验,获得圆满成功,自导作用距离远大于苏联的同类产品。1973年,六机部决定为SB202配装这两个装置。1976年,六机部会同海军装备部就提高SB202速度再次提出改型设计。同年,根据改型研制任务和战术技术指标,东风仪表厂对SB202两个装置和四种仪表进行改型研制、生产。改型工作经过原理样机设计、技术设计、小批生产到设计生产定型4个阶段，于1984年2月完成设计、生产定型。和国外鱼雷自导相比，改型后产品基本上达到20世纪70年代水平。1984年，西安东风仪表厂又接受了SB202B 4个系统9种仪表的生产定型任务，在试制过程中解决了设计定型中遗留的系列问题并做了部分设计修改，于1990年3月经国务院、中央军委批准生产定型。SB205鱼雷由705所设计，1975年设计定型。该产品的控制仪表全由西安东风仪表厂负责试制和定点生产。产品设计定型后由于先天性的缺陷，给试制生产造成很大困难。后经厂、所共同努力，1984年8月产品通过了生产定型。随着这些产品改型研制的成功，西安东风仪表厂有了长足发展，技术有了进步，技术队伍更加成熟。

四

1982年，西安东风仪表厂参加了具有现代技术水平的SB211鱼雷研仿和SB203鱼雷的研制。SB211鱼雷是部分参考美国资料和实物，结合我国国情进行研仿的高水平产品。根据海军和中船总公司下达的任务书，西安东风仪表厂承担自导、控制、引信、内测等系统46种组件的研制和生产，从此工厂步入了新的发展时期。

该型鱼雷以电子技术为主，机电结合，自导控制技术先进，功能复杂，可远距离捕获、搜索、攻击目标，弹道的三维控制都是由先进的电子技术操纵。它涉及机、电、光、声、磁、高分子材料等各个学科与显微加工、无接触测量等高新专业，其敏感元器件、舵机等组件改变了过去气动陀螺和机械控制仪表的传统加工工艺，具有细、小、薄、精等特点。为尽快研仿成SB211鱼雷，西安东风仪表厂曾两次派人赴美考察、洽谈技术转让等事宜，美方也多次来华考察，但洽谈未果。不得已，在极其艰难的情况下，广大干部和职工发扬主人翁的拼搏、奉献、协作精神，历时十多年，攻克一个又一个难关，较好地完成了任务。研制的样雷经多次湖上、浅海、深海试验，于1994年经国务院、中央军委批准设计定型。

经过SB211鱼雷的研制生产，西安东风仪表厂的工艺水平达到了国内先进水平，赢得各方的赞誉和信赖，同时也迎来一个又一个更为艰巨的研制任务和技改任务，使西安东风仪表厂在20世纪90年代发展为具有较强技术实力的现代化企业。

1995年，SB211鱼雷获得中船总科技进步特等奖，它的成功研制使我国鱼雷事业进入发展提高时期，初步达到国际先进水平，为全面追赶世界鱼雷现代技术水平奠定了良好的基础，也促进了西安东风仪表厂的技术引进和技术改造，加快了技术进步的步伐。1982至1996年间，工厂技改工程项目共7项，总投资近亿元。

SB203鱼雷是在SB205的基础上，充分利用国内成熟技术研制和改进的新型鱼雷。与SB205相比，该雷主要性能指标和可靠性有较大提高，是既能反潜又能反舰的主/被动联合声自导鱼雷，可填补我国常规潜艇不能进行鱼雷反潜作战的空白。根据任务书，东风仪表厂负责方向、自导和非触发引信系统的试制生产。1992年，经过10个月的顽强拼搏，东风仪表厂终于完成试制任务，在本厂鱼雷研制生产史上又写下光辉的一页。SB203鱼雷于1993年4月进行湖、海设计定型实航考核，1995年10月国务院、中央军委批准了设计定型。

SB208、SB211乙、智能头鱼雷是在研中的三种产品，其中SB208是在引进国外先进技术的基础上研制的大型鱼雷，可使海军装备迈上一个新台阶，研制工作已取得阶段性成果；SB211乙是SB211的改型鱼雷，成功后将增强海军空中反潜的能力，目前改型的样雷已获成功；电脑控制的智能头鱼雷是当今鱼雷发展的方向，也是衡量鱼雷研制水平的一个主要标志，该鱼雷1995年进行了湖上实航考核试验，取得满意的结果，达到国际先进水平。

五

现代鱼雷的成功研制加速了西安东风仪表厂的技术进步。从20世纪70年代末到80年代初，东风仪表厂由生产研制鱼雷配套仪表逐步发展为能承担并圆满完成鱼雷整段及大系统的研制、生产任务；民品以市场为导向，对开发的50余种产品进行筛选、调整，已形成规模经济的有圆度仪、语言教学系统、配电柜、干式变压器和烟草薄片工艺设备等五大系列产品。其中，Y9025圆度仪荣获国家科委发明三等奖以及部、省优质产品称号，市场占有率达60%以上，并出口到东南亚国家。1990年，东风仪表厂与清华大学合作，研制成新一代Y9025-B圆度—波纹度仪，实现了机电一体化。该产品于1992年10月通过专家鉴定，达到国际20世纪80年代末期的技术水平。

语言教学系统目前已形成以微机控制的标准化和系列化的高、中、低档 WJK-5 型系列产品，先后 9 次获国家、省、部级优质产品称号，1992 年 4 月获国际博览会金奖。工厂还被陕西省教委授予首家语言教学系统定点生产厂。1994 年同有关院校合作开发的 WJ-LY-1 型多功能音乐教学系统和 CND-1 型微机网络教学系统，被国家教委列入重点科研项目。

新开发的 GGX2-10 型高压真空柜是国家机械工业部和电力部联合设计的新型产品，于 1995 年通过两部鉴定，并向全国推广，以取代 GG-IA 型老产品。ZBS 型多电压试验电源干式成套组合变电站以及 ZBK 型矿用、ZBN 型户内、ZBW 型户外等 4 项干式变压器于 1996 年进行了部级鉴定，现已批量生产。

YZ65-90（LB13）型辊压法烟草薄片工艺设备是"八五"期间经国家计委批准并列入烟草行业重点推广的项目，同时又是中国烟草总公司科技部"八五"期间上台阶的新产品。该产品 1993 年 5 月通过技术鉴定，被国家技术监督局、国家科委、劳动部等 5 个部门评为国家级新产品，陆续取代国内落后的 YBIII 型辊压法烟草薄片设备，并出口国外。1996 年，该产品获总公司科技进步二等奖。之后工厂又研制成 LB13A 型辊压法薄片工艺设备，产量由原来的 90kg/h 提高到 200kg/h，是具有掺兑木浆纤维的带皱薄片生产线。东风仪表厂已成为烟草薄片工艺设备的主要生产基地。

东风仪表厂在改革开放中不断前进，通过仿制、改型和自行研制三个阶段，已跻身到国内具有先进技术水平和较强实力的企业行列中。

1998 年 5 月 29 日，注册成立中船重工西安东仪科工集团有限公司。

中船重工西安东仪科工集团有限公司隶属于中国船舶重工集团公司，位于历史文化名城西安高新技术产业开发区。公司拥有 1 个全资子公司、4 个控股子公司、5 个参股公司、10 个内部实体公司以及 2 个运营机构，专业管理人员近 200 名。公司承担了国家一系列重点科研工程的研制和生产任务，取得科技成果 100 多项，为国防建设和国民经济建设作出了巨大贡献。经过 60 余年的艰苦创业，公司现已发展成为具有相当规模，以电子产品装配调试、水声工艺测试研究、可靠性环境试验及小型精密机械加工为专业特色，机、电、声、磁为技术特点的高新技术企业，并拥有国家级可靠性检测实验室、超净化车间及达到世界先进水平的加工设备及计量检测仪表 1 000 余台（套），先后通过了 GB/T19001-ISO 9001 质量认证、环境与职业健康安全管理体系认证以及国家测量管理 AAA 认证。

① 国防科工委、六机部领导到工厂参观 109鱼雷（20世纪80年代）
② 东风仪表厂厂区（20世纪80年代）
③ 工厂现代化生产车间
④ 工厂职业道德质量管理知识竞赛
⑤ 工厂大件精密机加现场
⑥ 新系统工程研发启动仪式
⑦ 西安东风仪表厂新颜

改革开放以来,公司充分利用科研技术、设备及管理优势,面向市场,先后开发出各类民品60余种,涉及电子、烟草机械、测量仪器、家用电器、煤炭开采等行业,并逐步形成输配电系列产品、精密测量仪器、辊压法烟草薄片生产线、矿用开采安全设备等支柱性民品,广泛应用于国民经济多部门并远销北美、南美、中亚、东南亚、非洲等国家和地区,为国民经济作出了重要贡献。

(西安东仪科工集团有限公司供稿)

我国最大的电瓷避雷器生产厂

西安高压电瓷厂

西安高压电瓷厂（简称西瓷厂）现名西安西电高压电瓷有限责任公司，是我国"一五"计划期间由苏联帮助建设，而后依靠党的自力更生和改革开放政策发展起来的电瓷、避雷器生产和科研的综合性大型重点骨干企业，现隶属于西安电力机械制造公司（简称西电公司）。

一

西瓷厂的前身是中南电瓷厂筹备处。1953年5月，第一机械工业部（简称一机部）决定在湖南湘潭市成立中南电瓷厂筹备处。同年8月，改名为湘潭高压电瓷厂筹备处。1953年12月，一机部决定改在西安市西郊建厂，改名为西安高压电瓷厂。

西瓷厂当时的主要产品是高压电瓷和避雷器，都是苏联援助的项目。设计年生产能力为高压电瓷1万吨、避雷器3万只，产品品种107种，产品电压等级3千伏至220千伏，工业总产值为2 500万元。工厂于1956年3月动工兴建，1959年各车间陆续建成投入试生产。根据中苏协议，苏联电器工业部电工陶瓷研究院和苏联建造部建筑设计管理局第三设计院完成了工厂建厂设计，提供成套设备，派遣以符巴兹那契柯夫斯基为首的5位专家来厂帮助工作。彼得格勒无产者工厂、莫斯科电瓷厂、乌克兰斯拉维扬斯克阿尔捷姆绝缘子工厂为工厂培训了16名技术干部和技术工人。苏联政府和人民的友好援助，促进了西瓷厂的建设和投产。

1960年5月,在窑炉调试中,苏联专家奉命回国,工厂依靠自力更生并邀请国内的专家来厂会诊,修改了主体结构,使焙烧质量得到提高。截至1964年8月,实际完成建厂投资3 461.4万元,为调整后概算投资额的96.06%,完成建筑面积91 413平方米,安装设备4 557台(件)。同年12月,经国家验收,正式批准动用。工厂具有20世纪50年代先进水平,机械化程度较高,部局比较合理,属国内最大电瓷、避雷器生产企业。

建厂过程中,西瓷厂得到党和国家领导人的亲切关怀,邓小平、李富春、陈云等中央领导先后视察了厂址和建设工地。湖南、陕西、辽宁、江苏、黑龙江、北京等省市几十个单位为工厂输送了领导干部、专业管理干部、工程技术人员和技术工人。南京、抚顺、醴陵、大连电瓷厂等兄弟单位为工厂培训了大批生产、技术和管理骨干,这些对工厂建设和试生产起了积极作用。

二

建厂以来,为了适应国家电力建设和输变电设备向高电压、大容量、远距离输送方向发展的需要,从1959年一机部八局批准首批扩建计划任务起,西瓷厂多年来先后进行了14项扩建工程和技术改造工程,对扩大生产能力、改善生产条件、降低劳动强度、提高生产技术水平和发展品种等方面发挥了重要作用。从1965年验收投产至1996年,工厂新增固定资产投资额10 386亿元,相当于原建厂投资额的4倍。

扩建改造的第一个重要发展阶段是20世纪60年代中期到70年代末。这一阶段工厂先后完成金刚砂的技术改造和厂房扩建;完成SIC避雷器生产线、针式支柱坯件成型生产线、大瓷套坯件整体成型生产线和针式绝缘子坯件成型生产线等改造项目。避雷器生产能力由原设计年产3万只增加到16万只,形成年产110 330千伏棒式支柱绝缘子1万只的生产能力,使110—330千伏大套管年产能力达到300只以上;组建的高压熔断器生产线形成年产高压熔断器3万只以上的生产能力,金刚砂年生产能力翻了一番达1 000吨。

第二个重要发展阶段是党的十一届三中全会以后,工厂坚持改革开放,引进消化国外的先进设备,进行挖潜、革新、改造。针对生产薄弱环节,开展技术革新、技术改造,积极采用新技术、新工艺，以达到充分挖掘企业生产潜力，全面提高经济效益的目的。多年来，西瓷厂自行设计和引进国外先进技术、关键设备，先后完成的重大技术改造项目有：高强度悬式绝缘子坯件成型生产线、油纸电容式套管生产线、碳化硅避雷器生产线、自行设计制造的两座80立方米抽屉窑、美国的等温高速烧咀抽屉窑、高强度棒式支柱绝缘子等静压成型生产线、氧化锌避雷器生产线、高压试验站、扩建两台35吨锅炉等。这些重大技术改造项目的完成，进一步扩大了生产能力，充实了检测手段，使工厂的主要产品和生产技术接近或达到国际先进水平。

随着生产规模逐步扩大，装备水平逐步提高，到1996年年末，全厂拥有固定资产原值1.5亿元；厂区占地总面积36万平方米，生产建筑面积20万平方米；拥有各类设备1 300多台，主要生产设备517台，进口设备70多台，精、大、稀设备20多台。

三

西瓷厂生产技术的发展，一方面以企业的自身建设为条件，一方面受宏观经济影响和供求关系的制约，呈波浪式发展趋势。

1960年投产时，85%以上的职工是工业战线上的新兵，平均年龄不到23岁。当时又遇上国民经济暂时困难。西瓷厂在党的"调整、巩固、充实、提高"八字方针指引下，贯彻"鞍钢宪法"和《国营工业企业工作条例（草案）》（即"工业七十条"）在企业内部实行党委集体领导下的厂长负责制，进行"五查、五定"，整顿企业管理，广泛开展技术革新和社会主义劳动竞赛，逐步克服了"大跃进"中企业出现的过热现象，使生产和科研以及基本建设等各方面工作取得显著进展。1960年提前85天完成年度总产值计划，实现利润272万元。1961年国民经济开始调整，电瓷避雷器需求量相应减少，工厂生产出现第一次低谷。1963年起，国民经济全面好转，工厂生产回升，持续4年稳步增长。1966年，工厂生产全面超过设计水平，完成工业总产值2 585万元，实现利润676万元。

在此期间，全厂发挥技术优势，积极进行仿苏型产品的改型和新产品研制。先后开发X-4.5悬式绝缘子、FS4型系列阀式避雷器及110千伏—220千伏户外棒式支柱绝缘子、短尾胶纸电容式变压器套管、电容器和断路器套管等大批产品，产品性能达到较高水平，在用户中享有较好的声誉。

1971年林彪反革命集团被粉碎后，陕西省委领导亲率工作组来厂蹲点，落实党的政策，调动了广大职工的积极性。棒型支柱生产线、3号隧道等一系列扩建和改造工程竣工投产，形成新的生产能力。1971年完成工业总产值3 038万元，实现利润1 293.19万元，创历史最佳水平。在"四人帮"发动"批林批孔""评法批儒"运动的干扰和破坏下，生产再度下降。1975年邓小平主持中央工作后，工厂抓了领导班子的整顿和规章制度的贯彻，生产再次回升。但是1976年在反击"右倾翻案风"的冲击下，工厂形势又遭到严重破坏，出现第三次低谷。

西瓷厂在"文化大革命"的严重破坏下，有100多名干部受到冲击和迫害，但广大职工仍坚守岗位，坚持生产和科研，10年平均年工业总产值仍达到2 272.9万元，年平均利润总额530万元。科研工作也取得一定成果，试制了一大批新产品，产品最高电压等级发展到330千伏。

粉碎"四人帮"以后，西瓷厂1978年恢复了党委集体领导下的厂长负责制，建立了生产行政指挥系统，建立健全生产、技术、行政等各方面的管理制度，逐步恢复了企业管理的正常秩序，生产迅速回升。1978年完成的工业总产值与1976年相比，增长了48.9%。工厂先后自行设计试制成功500千伏电容式电压互感器瓷套、330千伏600安油纸电容式穿墙套管、110千伏半导体采用耐污型棒式支柱绝缘子等一大批重要新产品。

党的十一届三中全会后，工厂从1979年开始跨入新的发展时期。坚持四项基本原则和改革开放，企业经营思想逐步摆脱"左"的束缚，增强市场观念、竞争观念、效益观念，依靠技术进步和科学管理发展生产力，使企业面貌发生了深刻的变化。

在贯彻中央提出的"调整、改革、整顿、提高"方针中，工厂重新确立发展战略，调整产品结构和生产能力。工厂坚持以质量求生存，以品种求发展，大力开发新产品，在生产中提高110千伏及以上技术含量高的大型产品的比重。同时加强企业管理，加快改革步伐，积极推进技术进步，增强企业的适应能力和应变能力。1979年以来，试制成功的产品包括500千伏磁吹避雷器、氧化锌避雷器、高强度棒式支柱绝缘子、油纸电容式变压器套管、500千伏电抗器套管和330千伏罐式SF6断路器瓷套等几百种。主导产品符合国际标准，产品质量在稳定中提高，赢得用户的信赖和好评，扩大了市场，促进了生产的发展。1982年以后，工厂的调整逐步见效，生产持续上升，经济效益稳定增长。

国家的改革开放政策为企业的发展创造了一个宽松的环境，提供了比较优越的条件。厂领导班子充分利用这一机遇，加快技术进步，派人到国外进行考察，了解国外先进技术和管理，瞄准世界先进水平。根据工厂的需要和能力，大胆成功地引进国际先进技术设备，使产品技术有了大幅度的提高。

1979年，西瓷厂引进瑞典通用电气公司油纸电容式套管制造技术。多年来，工厂不断创新，发展变压器和穿墙套管新系列产品94种，补全了普通型、防污型等各类型号产品。该产品全部采用IEC国际标准，有力地配合了国家各类电力变压器（电抗器）配套的需要。引进美国GESIC避雷器，满足了葛洲坝500千伏避雷器的需要，运行良好。

1985年，西瓷厂从美国贝克莱窑炉公司引进等温高速喷射抽屉窑，该窑炉具有世界技术水平，烧成合格率稳定达到98%以上。

1986年，西瓷厂引进日本日立公司氧化锌避雷器制造技术，并在短期内消化，实现国产化。经国家鉴定，该产品保护性能好、可靠性高、通流能力大、耐污性能好，对输变电设备能提供最佳保护，性能达到国际水平。

1987年，西瓷厂引进瑞典伊福公司的等静压棒型支柱绝缘子生产线。等静压干法成型具有瓷质结构均匀致密、无杂质、抗弯强度高、高成型复杂伞形、尺寸精确、生产周期短等优点，主要生产高强度高电压等级的棒型支柱绝缘子产品。世界上用此工艺生产的只有少数几个国家。西瓷厂还从奥地利引进瓷件自动切割机，长度公差可控制在正负0.5毫米，长度偏差控制可达到IEC国际标准。

西瓷厂对引进的技术和设备坚持"积极消化，充分吸收，为我所用"的原则，积极组织技术骨干和出国人员一道参加工厂技术改造，改进产品质量、开发新产品以及国产化等工作，加快了引进技术的消化吸收和技术改造工程以及原材料元件、零部件等国产化的进程。大部分引进技术的改造工程都是当年投资、当年收益，做到了起点高、速度快、投资省、效益好。至1987年年底该厂引进技术设备的产品占全厂总产值50%以上。

在企业管理方面，1979至1984年，西瓷厂按照《机械工业十二项工作整顿要求》和中共中央、国务院《关于国营工业企业进行全面整顿的决定》，先后进行了企业的恢复性的整顿和全面整顿，逐步完善了生产经营机制。1985年，进行企业管理咨询诊断，开展"六好"企业活动，促使企业各项管理工作进一步完善。1986年，贯彻国务院《关于加强工业企业管理若干问题的决定》，按照"抓管理，上等级，全面提高企业素质"的要求，围绕提高产品质量，降低物资消耗和增加经济效益以及企业等级标准，开展企业升级工作，企业的素质明显改善，质量稳定提高，在技术进步和完成国家重点任务中作出了突出的贡献。1987年，西瓷厂被中华全国总工会授予"全国先进集体"，荣获"五一劳动奖状",在国家重大技术装备表彰大会上又荣获50万伏高压输变电成套设备优秀项目奖状和荣誉证书。1988年2月,西瓷厂被陕西省政府授予省级先进企业的称号;同年8月被国务院企业管理指导委员会评为国家二级企业。西瓷厂成为我国电瓷行业第一个跨入国家二级企业的工厂。

四

西瓷厂自投产以来,发挥我国高压电瓷、避雷器重要生产基地和科研基地的双重作用,截至1996年年底,生产高压电瓷183 786吨、避雷器2 639 563只、高压熔断器756 575只、金刚砂26 452吨,累计实现工业总产值14.93亿元、利润总额1.9亿元,上缴税金14 800万元。

工厂现拥有固定资产1.36亿元。投产以来获得公司级科技成果90多项,全国科技大会成果9项,部和省级科技成果奖28项,市级科技成果奖20项。

工厂产品经历仿苏设计、改型设计、引进技术三个阶段。产品电压等级由20世纪60年代成套生产110千伏及以下产品为主,发展到能成套生产500千伏电压等级产品。自1979年以来先后引进瑞典、美国、日本、奥地利、西德等国先进生产技术、关键设备和检测仪器,产品品种由原设计生产的两大类107种发展到三大类59个系列902个品种1 145种规格。工厂拥有先进技术和工艺设备,已成为国家电瓷、避雷器生产及研制的大型重点骨干企业。

工厂坚持以品种求发展,产品品种齐全,除生产各种标准型产品外,还生产各种耐污型、高原型、抗震型等特殊地区需求的产品。

工厂先后有20余种产品获得各级优质产品称号。其中:PQ-10针式绝缘子获国优银质奖;XP-70悬式绝缘子、BRD-110/630油纸电容式变压器套管、BRD(L)-220/630油纸变压器套管、ZS-500/500棒型柱、110-220kV氧化锌避雷器、友谊牌200-500KV/5-14KN棒型支柱绝缘子、氧化锌避雷器等获部、省、市优质产品或名牌产品称号。

产品全部按照国标、部标要求生产,出口产品除全面按IEC国际标准生产以外,还可以按ANSI(美标)、BS(英标)、AS(澳大利亚标准)等国外标准进行生产。

西瓷厂的产品以高质量支援国家电力工业、军工及国家重点工程建设,先后为海军

6984工程研制提供了300千伏（30吨）悬式和高频套管；为我国第一条330千伏刘（刘家峡）—天（天水）—关（关中）高压输变电工程提供了100千伏（10吨）级和160千伏（16吨）级悬式绝缘子和330千伏磁吹避雷器；为我国平（平顶山）—武（武汉）、锦（锦州）—辽（辽阳）、晋（山西）—京（北京）线和葛洲坝等首批500千伏超高压输变电工程提供了500千伏及以下电压等级的高压电瓷和避雷器；为我国电气化铁路宝成线、长沙线、京秦线、天兰线等提供了铁道棒式绝缘子等。西瓷厂还为西安高压开关厂、西安变压器厂、西安电力电容器厂及全国部分大中型输变电设备制造厂提供配套产品，为我国电力工业的发展和超高压输变电工程的建设作出重大贡献。

西瓷厂的产品除畅销全国外，还出口到世界各地，产品远销美国、加拿大、哥伦比亚及东南亚等40多个国家和地区，累计出口创汇1000多万美元。出口产品有高强度悬式绝缘子、500千伏以下棒型支柱绝缘子、500千伏及以下油纸电容式变压器、电抗器和穿墙套管、500千伏及以下氧化锌避雷器等。

在改革开放中，工厂进行大胆探索，1995年与香港中联电力财务有限公司合资成立西安双佳高压电瓷电器有限公司。双佳公司"内抓整顿、外抓市场"，开展大量扎实有效的基础工作，开展大规模的员工培训，建立了一个效率高、适应市场竞争的新机制。双佳公司大力开发新产品，其中220千伏整体瓷套和500千伏、20千伏大棒子等产品已达到国际先进水平，公司的产值、产量、效益大幅度上升。1997年，双佳公司各项指标全部名列国内同行前列，企业知名度显著提高。

五

2001年9月，经国务院批准，公司通过实施"债转股"改制为西安西电高压电瓷有限责任公司，注册资金为31 865万元，隶属于中国西电集团。这样成功地进行了公司制改造，初步建立起现代企业制度，理顺了法人治理结构，为企业规范运作奠定了良好基础。2007年西电西瓷避雷器业务划转至西避公司，2008年双佳公司吸收合并至西电西瓷，同年西电西瓷电套业务划转至西套公司，在此期间，相关销售业务也随之划转。同时，随着国网集中招标、市场竞争不断加剧和销售产品逐渐单一，西电西瓷销售系统也进行了多次机构调整，2015—2018年，机构设置为：销售部下设销售管理处、销售一处，销售二处和销售三处，外贸业务在销售二处管理，用户服务投诉处理在销售管理处。

2002—2017 年，随着国家电力发展规划出台，国内很多厂家看到绝缘子行业需求和趋势，快速扩大产能或者新建工厂，致使刚刚平衡的供需市场快速转为供大于求的市场环境，给行业竞争带来前所未有的市场压力。虽然有国家扩大内需政策扶持下的高压、超高压、特高压国家电网线路建设和智能电网建设的拉动，但是由于电网用户端建设拉动不足，主机需求下滑，传导至电瓷产品市场就出现了订货减少、企业竞争激烈、互相压价的局面。

多年来，西瓷厂以信誉和质量赢得了国内外广大用户的信赖，以高精尖产品支援了国家电力工业、军事工业和国家重点工程的建设。全厂职工以崭新的姿态，认真贯彻"抓住机遇，深化改革，扩大开放，促进发展，保持稳定"的基本方针，决心克服种种困难，艰苦奋斗，开拓进取，以生产更多、更好的产品支援国家电力工业的发展，再创企业的辉煌。西瓷公司先后有 20 余种产品获得国家、省、市优质产品称号，主导产品棒形支柱绝缘子、避雷器、油纸电容式套管分别被陕西省、西安市认定为省、市名牌产品。在国家重点输变电工程锦—辽线、葛洲坝、二滩水电站、小浪底水利枢纽、三峡工程等诸多项目中，均有西瓷公司提供的 500 千伏电瓷和避雷器产品，并为出口巴基斯坦核电工程提供了高性能氧化锌避雷器。公司 1997 年 10 月顺利通过 ISO 9001 质量体系认证，2000 年再次通过 ISO 9001 质量体系复审认证，2003 年又通过了质量保证体系换版认证。

2008 年，按中国西电集团产业结构调整的整体规划，将避雷器产品与电容套管产品制造业务进行重组，随之避雷器生产线与电容套管生产线从西瓷公司剥离，西瓷公司的主业从多元化发展进入到专业化（电瓷绝缘子）的发展。目前西瓷公司已成为我国超（特）高压输配电设备配套用电瓷绝缘子产品生产、研制的主要基地，是国内的电瓷绝缘子专业生产公司。公司秉承"团结务实，开拓创新"的企业精神，本着"人无我有，人有我优、人优我廉"的经营理念，努力为电力行业提供永续不断的保障，实现生产经营持续稳定的增长。

为保持企业健康发展，增强企业发展活力，西瓷公司正在加快内部产品结构调整和改造的步伐，掀起"第三次创业高潮"，淘汰附加值低和长期亏损的中、小型产品，关闭耗能大、污染环境的煤气站，扩大 110 千伏以上等级产品的生产规模，逐步放大 500 千伏以上产品的市场优势，通过加大技术投入，着重发展有机复合绝缘子、胶浸纸套管、直流 500kV、交流 750kV 等高新产品。

① 大型主厂房吊装施工（1957年）

② 建筑工地测量（1957年）

③ 建筑工地勘探（1957年）

西瓷公司目前正以信息化工程带动生产的自动化和智能化及各项管理工作，通过科技进步与强化管理，努力走出一条质量效益型与规模效益型相结合的发展道路，为我国输变电行业和电力工业的发展作出积极的贡献！

（西安西电高压电瓷有限责任公司供稿）

我国高压输变电路设备重要研发基地

西安高压开关厂

西安高压开关厂始建于 1955 年，是我国第一个五年计划期间国家 156 项重点工程之一，现名西安西电高压开关有限责任公司（简称西开有限）、西安西开高压电气股份公司（简称西开电气），已成为我国输变电设备制造行业高压、超高压、特高压及智能开关设备的研发和生产基地。近年来，工厂以市场为导向，强化内部管理，生产经营保持较高的增长速度，年工业总产值达 7 亿元。

一

回顾历史，西开厂的创建与发展与共和国的命运息息相关。1949 年 10 月，中华人民共和国成立时，国内尚没有高压开关制造工业。当时全国能够生产中压开关的工厂只有一两家，远远不能满足电力工业的需要。为了发展电力工业，满足各行各业的用电需要，国家在制订国民经济第一个五年计划时，决定由苏联帮助我国设计和建设制造高压开关和水银整流器的工厂。

1953 年 10 月底到 11 月初，中央财经委员会副主任李富春和第一机械工业部副部长段君毅及一机部电工局副局长张连奎、肖陈人等与库内林、沙赫夫、布尔采夫等 50 名苏联专家来西安，确定了西安开关整流器厂的厂址。1954 年 3 月 3 日，国家计划委员会批准西安开关整流器厂计划任务书，确定全厂建筑设计总面积 384 000 平方米，投资总额 5 960.89 万元,综合年生产能力为 11 000 万元,主要产品有高压断路器、高压隔离开关、避雷器、熔断器、电流互感器、水银整流器等六大类。同年 7 月 2 日,苏联正式交付工厂初步设计书。12 月 3 日,一机部设计总局第四分局协同一机部西北办事处开始编制西安开关整流器厂初步概算,并开始施工前的准备工作。1956 年 3 月,正式破土动工。

1957 年,根据一机部"充分准备、正规上场"的指示,西开厂在加紧基建的同时,局部投产,制造出非标准设备 192 台、工位器具 1 153 件、工模具 153 套,生产总值达 34 万余元。1958 年,贯彻"边基建,边试制,边生产"的方针,部分厂房投入试生产,生产出的产品有 GW1-110 空气断路器、SN2-10 少油断路器、负荷开关、户内隔离开关、水银整流器等,生产总值达 1 584 万元。1964 年,西安开关整流器厂顺利通过国家验收,正式投产。

二

1965 年 6 月,为了满足国民经济的需要,实行专业化生产,根据第一机械工业部的指示,原西安开关整流器厂分为西安电力整流器厂、西安电工铸造厂和西安高压开关厂。分厂后,西安高压开关厂占地面积 20 万平方米,年工业总产值 7 500 万元。

从 1965 年起,西开厂肩负起制造国家急需的高压和超高压开关设备的任务,担负起研制 330kV 和 500kV 等超高压输变电设备的重任。输变电线路的电压等级每上一个台阶,都对开关设备的制造技术带来一系列新课题,都是制造技术上一次质的飞跃。西开厂在通过国家验收后,就把发展的目标确定在新产品、新技术、新工艺的不断更新进步上。在全厂职工群策群力,奋力攻关下,到 20 世纪 60 年代末期,西开厂脱离了仿苏产品的模式,形成具有西开厂特点的设计、制造、工艺体系。20 世纪 70 年代,西开厂研制出我国第一条也是亚洲第一条输变电生产线路。20 世纪 80 年代初,西开厂又研制出我国第一批 500kV 超高压开关设备并获得国家重大装备科学技术成果奖。与此同时,西开厂开拓生产领域,由单纯的生产型企业逐步向生产经营型企业过渡。这期间,西开厂积极开展合作生产,与南斯拉夫动力投资公司签订《关于发展 SF6 断路器科技合作专项合同》,于当年研制出新型 245kV、SF6 高压开关,并在国际电工产品权威机构荷兰凯玛试验成功。同时，西开厂积极开发新产品，上质量、上品种、上水平，到 1984 年已完成新产品试制和老产品改造 19 项，1985 年安排 12 项新产品研制任务，有 6 项在当年内通过了鉴定。

为了适应生产发展的需要，从 20 世纪 70 年代开始，西开厂加快了旨在扩大生产能力的扩建与改造。1977 年以来，西开厂自行设计、自营施工建成 1 594 平方米的精铸厂房和 736 平方米的锻工房。1980 年，西开厂改建镀铜、镀钌、镀铬生产流水线，建成镀银生产线。改造建成环氧树脂浇铸生产线、251 平方米的净化装配间和 720 平方米的产品试验间。1983 年，西开厂投入较大资金，建成 10 229 平方米的大型装配厂房，为后来中日合作生产六氟化硫产品提供了场地。

三

党的十一届三中全会之后，改革开放为西开厂注入新的活力和生机。管理、生产、科研、职工生活等长期处于停滞状态的西开厂，开始着手进行全面整顿，并提出了扩大企业自主权的设想。这个时期，西开厂先后制定了《党委工作条例》《厂长工作条例》《职代会暂行条例》等制度，进一步划分了企业职工职责与权限，建立了企业各级岗位责任制；制定了企业政治干部队伍工作整顿规划，加强职工思想政治工作，抓好职工教育、干部队伍建设和企业文化建设，形成"团结、拼搏、求实、创新"的企业精神。通过整顿加强生产作业计划管理和生产资金、成品成本管理及在制品和库房管理，加强了生产计划和生产调度。还进行了文明生产大整顿，第一次实现全厂工位器具和工具箱定置管理。通过对企业进行的全面整顿和综合治理，使西开厂逐步形成责、权、利相结合的经济管理实体。这期间，西开厂对车间采取大包干形式，采取部分工资浮动管理，计分计奖；职工奖金上不封顶，下不保底，有效地调动了广大职工的积极性和创造性，使西开厂呈现旺盛的发展活力，经济效益进入建厂以来第一个较长的持续增长时期。1981 年，完成工业总产值 3 359 万元，实现利润 818 万元；1983 年，完成工业总产值 7 778 万元，实现利润 2 819 万元；1985 年，完成工业总产值 10 300 万元，实现利润 4 422 万元。工业总产值、实现利润和全员劳动生产率均达到建厂以来的第一个高峰。

西开厂从建厂到 1985 年 6 月，累计为国家生产 10kV—500kV 高压断路器开关及成套产品达 11 万多台套，实现产值达 14.86 亿元，上缴利税 5.1 亿元；拥有生产设备 545 个型号 2 242 台，15 154 个复杂系数，原值 1 878 万元。在这些设备中，有进口设备 48 个型号 82 台，其余 2 160 台设备均系厂内或国内生产。1985 年，金属切削机床利用率达 67.2%，主要生产设备完好率达 90%，至此，西开厂已具备大批量生产 110kV—500kV 高压、超高压（油）断路器、隔离开关、互感器、防爆开关等电力设备的能力。其中 110kV 以上级开关设备年成套能力达到 200 万千瓦，占全国当年配变电需求总量的 40%。西开厂生产的 SW6-220（I）高压断路器，荣获国家级质量银牌奖。西开厂发展成为国家高压输变电设备研究、设计和制造的重要基地。从 1955 年建厂到 1985 年，西开人为国家默默奉献，开创第一次创业历程。

四

进入 20 世纪 80 年代中后期，随着计划经济体制向市场经济体制的转变，西开人开始了第二次创业。他们清醒地意识到，虽然当时工厂工业总产值、实现利润、人均创利、全员劳动生产率都处于同行业领先水平，但企业要想在市场经济的激烈竞争中增强自己的应变能力，不断开发增长点，就必须强化市场观念，以技术附加值高的产品占领市场；就必须根据市场客观需求，及时调整产品结构，不断向前发展。因此，在生产经营蒸蒸日上的鼎盛时期，西开厂就把新的增长点盯在国际先进技术上，做出开发六氟化硫产品，实施产品更新换代的战略决策。

六氟化硫开关设备是国际上 20 世纪 70 年代才兴起研制的一项新技术，以六氟化硫气体作为高压和超高压开关设备的绝缘介质，它具备过去常用的绝缘介质所不具有的特点。

由于绝缘介质性能的改变，生产六氟化硫开关设备引起制造工艺的一系列变革。西开厂经过缜密论证与抉择，确定走引进、消化、创新的技术开发道路。1985 年 6 月，在北京人民大会堂，西开厂与技术先进、实力雄厚、用户信誉很高的日本三菱电机株式会社签订协议，合作生产六氟化硫开关设备，协议于 7 月 12 日经国家有关部门批准生效，从而迈出了向六氟化硫产品进军的第一步。之后，在边生产、边学习和掌握日方先进技术及管理经验的同时，西开厂走出了一条技术改造、新品开发和规模化大批量生产的新路。

由于六氟化硫开关设备品种多、技术复杂，加上西开厂缺乏专用设备，合作生产初期，国产化率不高，企业获利甚微。为此，西开厂决策层发现要提高经济效益，就必须尽快对原有各种生产设备进行技术改造，增强工厂的加工能力和装配能力，争取尽快达到六氟化硫产品生产国产化、工厂化。于是，在国家第七个五年计划期内，在机械工业部、省市人民政府、西电公司及有关部门的大力支持和帮助下，西开厂投资10 949多万元，对工厂原有基础设施及各种技术设备进行了改造。

"七五"基建技改期间，根据六氟化硫产品国产化需求，西开厂先后对有关设计、工艺手段制造、检测试验装备及部分基础设施进行了改造。通过改造，新增包括数控加工中心、环氧浇铸件生产线、铸铝生产线、电镀生产线等高精尖设备536台（套），建成国内一流、亚洲屈指可数的六氟化硫产品装配厂房、铸铝厂房等基础设施计24 892平方米。

"七五"改造后的西开厂，在六氟化硫产品的壳体生产、电镀件生产、绝缘件及各种机加工、铸造件生产方面及产品的CAD辅助设计、各种出厂检测试验等手段的使用中都显示出了优势。改造后的西开厂由于设备精良、技术力量雄厚、产品试验和工艺检测手段先进，在全厂工程技术人员和工人的艰苦努力下，终于研制成功全部国产化的ZF-110、ZF-500六氟化硫封闭式组合电器和ZF7-110、ZF8-500瓷柱式六氟化硫断路器及LVQB-200六氟化硫电流互感器。1993年8月7日，新产品一次通过产品鉴定，并被准许可不经试运行而投入批量生产。7种新品通过鉴定使西开厂在国内同行业中处于领先地位，也为西开厂的生产经营带来发展契机。

西开厂生产呈现出持续稳步发展的好势头，工业总产值1991年1.6亿元，1992年1.9亿元，1993年2.5亿元，1994年由于进一步调整生产组织布局，扩大新品生产线，使产值猛增至3.3亿元，比上年增长0.8亿元。

由于坚持做到生产一代，试制一代，研究一代，规划一代，因此企业始终能以高技术、高附加值产品占领市场。20世纪90年代中期，西开厂不仅拥有自己研制发展的且在国内有40%—50%市场占有率的产品，又有和世界知名度很高的三菱电机合作生产的产品，极大地满足了国内外电力用户的各种需求，企业的生产经营保持了较高的增长速度。工业总产值由1990年的1.5亿元上升到1996年的5.8018亿元，实现利税由1990年的1 332万元提高到1996年的4 986万元，对外贸易出口创汇额也由1993年的4.03万美元提高到1996年的1 221.27万美元。

坚持改制、改革和改造，使企业焕发出勃勃生机。继"七五""八五"技术改造完成之后，西开厂又利用现代化手段进行设计（CAD）、制造（CAM）、管理（MIS）的配套建设，投入2 000万元资金推广和应用计算机集成制造系统（CIMS）也于1997年底通过省科委鉴定。现代化管理手段和生产手段的推行，使产品和质量水平不断提高。西开厂在电力部开关可靠性指标发布排序中连续三年名列前茅，年生产能力也由原来的近亿元提高到7亿元。

质量是企业的生命，效益的源泉。在抓全面质量工作中，西开厂集中力量抓好控制产品实物质量的六个环节：一抓市场信息，把握市场竞争的主动权；二抓新产品研制，增强市场竞争的实力；三抓生产过程的质量控制，开展多种形式的群众性质量活动，保证实物质量；四抓分供方质量能力的评审和实物质量的控制，每年召开分供方质量会议，评出优秀分供方，淘汰不合格分供方；五抓质量的不断纠正和预防，制定质量纠正预防措施计划，认真实施程序文件和作业文件，建立与健全了一套比较完善的质量考核和质量奖惩体系；六抓服务，改善服务体系，做到及时、迅速，服务到现场，不断追踪质量信息，不断进行质量改进。1996年工厂通过了ISO 9001质量体系认证。由于从各个环节上严把质量关，工厂生产的SF6全封闭组合电器、SF6瓷柱式断路器和SF6罐式断路器获陕西省"名牌产品"称号，145kV瓷柱式SF6断路器和126kV全封闭组合电器、252kV和275kV瓷柱式SF6断路器、自能式的145kV瓷柱式和罐式断路器分别在荷兰、意大利和日本通过试验取得合格证。

西开厂在发展过程中先后兼并、合并了3个企业，不断壮大了自己的实力。1987年，西开厂兼并西安市水泥厂，引起西安市的震动。1990年4月，根据西电公司的整体部署，西安电工铸造厂合并到西开厂，此次合并对提高开关厂零部件自制率和质量起到积极作用。1996年8月，西安电器设备厂连年亏损，面临破产，为挽救设备厂，实行资产重组，西开厂又将设备厂兼并。此举为西开厂形成高、中、低压产品全面发展奠定了基础。

西开厂在积极引进、消化、吸收日本三菱电机株式会社技术的同时，不断吸引外资，先后与日本、马来西亚、菲律宾等国家合资，兴办了西菱输变电设备制造有限公司、西电三菱电机输变电设备技术开发有限公司、厦门西开电器有限公司、西安华源电力设备有限公司、TSG公司等，极大地提高了西开厂在国际、国内的影响，拓宽了西开厂的发展道路，形成集团化国际企业。

为了有利于企业的长远发展，西开厂在用工和分配制度方面进行了全面改革。本着精简、统一、效能的原则，调整部分组织机构，处（室）由原来的41个压缩到35个，减少12%。重新核定各单位定员定编，行政中干由任命制改为聘任制，减少中干人数。同时加强中干及对外经济往来频繁岗位干部的交流，定期换岗。1993年开始，工厂实施岗位技能工资制，易岗易薪，拉大一线与二线的岗级差吸引职工到一线或艰苦岗位中工作。把技能工资和全部岗位工资捆在一起进行活管理，发挥了工资的杠杆作用。工厂完善了劳动力市场管理，积极创办二、三产业，几年来共分流人员1 000余名，为企业减轻了负担。

在经营管理上，西开厂根据主生产线设备大型化、生产过程连续化、操作自动化的特点，逐步形成了"集中经营、分级管理"的管理模式，企业的主要管理权力和管理业务集中在总厂职能部门，实行统一指挥、统一经营；各车间没有对外经营的权力，一门心思按照厂里下达的计划来组织生产。为了进一步提高企业经济效益，适应市场经济的要求，推进企业经营机制的转换，调动广大职工的生产积极性，工厂对内部（车间）实行了工时含量承包办法，生产车间每月以工时完成多少来领取工资，干多少，拿多少。工时承包制的施行，极大地调动了车间及一线工人的积极性，有的车间人均年收入上万元，有的工人月奖金超千元，促进了全厂生产任务的完成。

在狠抓生产经营的同时，西开厂还十分重视提高职工素质，利用各种形式对职工进行广泛的思想品德、职业道德、专业技术、法律、科学知识的培训和教育。1996年以来，工厂狠抓职工教育工作，在全厂范围内有计划、分步骤地开展"兴厂职工再教育工程"，从思想政治教育入手，增强职工市场意识，提高职工业务、技术水平，树立良好职业道德。1997年以来，西开厂又开展"讲学习、树新风、塑形象、创一流"活动，加强对职工政治理论、业务、法律知识的培训和教育，树立职工社会主义道德新风尚，培养职工良好的社会公德、职业道德和家庭美德，塑造员工高素质、产品高质量、经营高效益的企业形象，打造一支有理想、有道德、有文化、有纪律的队伍形象，塑造一系列高品质、优服务、广覆盖的名优产品形象，创造出一流的工作、一流的产品、一流的服务。

在为国家输变电事业作出贡献的同时，西开厂经济效益连年增长，职工收入稳步提高，赢得全国五一劳动奖状、陕西省先进集体、西安市先进集体等一项又一项荣誉，厂党委被中共陕西省委授予"先进基层党委"的光荣称号，厂工会被评为全国模范职工之家。

在不平凡的1997年中，沉浸在香港回归和党的十五大胜利召开的喜讯中的西开厂人，

工厂建厂初期,主厂房吊装

共同努力克服重重困难又取得可喜的成绩，完成工业总产值65 718万元，实现利润2 140万元，出口创汇876万美元；三峡工程大水电专项措施50万伏全封闭组合电器项目的初步设计经机械工业部审查通过，项目总投资2.2亿元。项目完成后，西开厂将具备年生产50万伏全封闭组合电器21个间隔的能力，年产值达13.7亿元。

回顾西开厂的历史，其中20年是在计划经济的环境中度过的，这20年中企业的发展是曲折缓慢的。党的十一届三中全会提出了改革开放的方针政策，西开厂又经历了计划经济向市场经济艰难过渡的阵痛期，这期间西开厂人在国有企业经营普遍困难的情况下，抓住机遇进行了第二次艰苦创业（1985—1997年），从而使企业产值增加近8倍（较1985年）。党的十五大精神又给西开厂提供了新的创业机遇，他们响亮地提出"借十五大东风，抓住体制改革、大水电建设的机遇，加快股份制改造、合资经营、低成本扩张等改革步伐，不断进行产品更新换代，早日使西开厂发展成为股份制企业、集团化企业、国际化企业"的第三次创业目标。

五

2001年，在原西安高压开关厂的基础上改制成立西安西电高压开关有限责任公司（简称西开有限），为大型输变电设备制造企业；同年初，发起组建了西安西开高压电气股份公司（现更名为西安西电开关电气有限公司，简称西开电气）。经过60多年的发展，西开有限积累了生产高压开关设备的丰富经验，产品技术先进、性能稳定、质量可靠。隔离开关电压等级从126-1100kV，其中"XD"牌220kV及以上断路器获中国名牌产品，"XD"牌GW10/11-550型高压隔离开关荣获陕西省名牌产品，"XD"牌六氟化硫（SF6）电流互感器荣获西安市名牌产品。为加大与国外公司合作，2003年西开引进美国南州电力开关有限公司技术，合作生产126-800kV隔离开关产品，其中800kV隔离开关是国内首台产品，已经在国家第一条750kV线路官亭变电站投入运行。2006年12月，开发完成的1100kV隔离开关已在国网百万伏交流特高压试验线路带电运行。

西开有限生产的电流互感器电压等级从35-500kV，并配套GIS、TGCB用母线式电流互感器，产品产量在国内同行业名列前茅，产品技术性能达到国际同类产品先进水平。LVQB-110/220/330W2及LVQBT-500等电流互感器产品获得了国家、省、市新产品奖。

2006年12月，±500kV直流电流互感器已在国网宜昌葛洲坝换流站挂网运行。

西开有限生产的高压SF6断路器产品电压等级为40.5-550kV，额定电流达4000A，开断电流达63kA。其技术含量高，设计合理，结构简单，可靠性高，抗震性能强，检修周期长，产品技术水平已达到国际同类产品的先进水平。

LW24-40.5/72.5罐式专用断路器是用于开合背对背电容器组、并联电抗器组之专用断路器，其技术参数达到了国际领先水平。LW25-252瓷柱式SF6断路器，开断电流50kA填补了国内空白。LW25-252三相机械联动SF6断路器达到国际先进水平。西开有限已成为我国高压、超高压及特高压开关设备的研发和生产基地。

截至2018年年底，西开有限生产的主要产品有40.5-1100kV及以上的高压断路器、高压电流互感器、高压隔离开关、126-252kV组合电器产品等四大类。

西开有限在管理实践与创新发展中，提出了技术领域产品发展规划及目标，确定了"坚持自主创新，拥有自主知识产权，采用技术领先战略，形成核心竞争力，以科技驱动企业发展，向国际高压开关领域的领先者迈进"的科技创新战略，落实企业发展规划的实现。

西开有限根据市场需求和自身发展，构建了一套完善的科技创新管理制度体系，由《科研项目计划管理》《新产品计划管理》《新产品开发设计管理》《新产品成套考核细则》《知识产权管理手册》《知识产权管理奖惩办法》《对外技术合作管理制度》《专业技术职务管理制度》等52项科技创新管理规章制度组成，内容包含了新产品项目的开发、知识产权的保护、技术岗位的设置、科技项目的考核、科技经费的管理等。这一系列健全的规章制度，保证了公司自主创新工作的科学化、规范化、制度化和程序化，保证了公司科技创新体系的运行，为公司科技创新管理提供了支撑。

西开有限在推动科技进步发展、构建创新体系建设的过程中，根据自身的条件和特点，加强与科研院所、大专院校和用户的合作，不断提升对外技术合作水平：（1）依托西电—西安交通大学电气技术研究院、西电—西安交通大学电气技术论坛开展前沿性技术研究工作。（2）借助西安交通大学、电力科学研究院、西电研究院等科研院所的技术研究能力，广泛开展项目合作，促进了产品，特别是新领域产品的研发。（3）与国家电网公司、南方电网公司等用户开展特定技术装备的研发，加速了科技创新成果的转化应用。

通过技术合作，加强企业科技资源和重大难点的突破，全面提升了西开有限的自主创新能力。西开有限在健全完善科技创新体系、提升创新能力的同时，不断加强科技与研发投入，制定了《科技统计管理办法》《技术研究开发费管理办法》，在"十二五"规划及"十三五"规划期间，研发投入均超过总产值的3%，特别是2015年、2016年超过了总产值的4%。研发投入持续增长，为西开有限的科技创新提供了有力保障。

（郭江虹、王贵青执笔）

我国绝缘材料的大型骨干企业

西安绝缘材料厂

西安绝缘材料厂（现名西安西电电工材料有限责任公司，隶属于中国西电集团）1953年筹建，1956年动工建设，占地430多亩，是中国大型国有绝缘材料制造企业，第一个五年计划期间苏联援建我国的156项重点项目之一。工厂委派技术骨干出国实习，主要操作人员经过培训上岗，1958年开始边基建、边生产，1959年正式接受投产。在苏联专家指导下，依照援建工艺配方进行对照生产，产品全部达到技术设计指标。工厂于1964年经国家验收，多项经济指标达到国内先进水平，产品跃居行业之首。

西安绝缘材料厂建厂总概算投资为2 667.3万元，实际完成投资2 400万元；主要生产车间6个，辅助车间2个；批准定员为1 677人。

在计划经济体制下，工厂承袭苏联管理模式，按照上级下达的指标生产，采取粗放式管理，生产发展受到制约，生产能力过剩状况没有得到改善，年产量徘徊在4 000吨到5 000吨左右，未能达到设计能力6 000吨的要求。

20世纪60年代初，我国遭受三年自然灾害，生产急剧下降，加上苏联撤走专家，工厂面临严重困难。厂党委带领全体职工发扬自力更生、艰苦奋斗精神，挖潜革新，增产节约，同时在华县和陕北富县办农场，在厂区闲置地开荒种植，战胜困难。随后，工厂认真贯彻落实"调整、巩固、充实、提高"的八字方针和"工业七十条"，各项工作逐步走上正轨。

20世纪60年代中后期，由于受"文化大革命"的干扰破坏，工厂的正常生产受到严重影响。但广大干部职工辛勤努力，使生产在艰难的环境中有所发展。

20世纪60年代，工厂研制开发了为高压交直流输变电设备配套的35kV—330kV电容胶纸套管的生产，满足了各开关厂、变压器厂的配套需要，同时，还在国内率先独立地研制开发了覆铜箔层压板制造技术，满足了军工生产需求。

20世纪70年代，工厂率先开发各种耐高温F、H级绝缘材料，并组织配套供应，彻底改变了建厂初期只能生产耐热等级为A、E级低档绝缘材料的局面。又研制成功用环氧玻璃布替代酚醛纸布为原料的板管制品，为国家节约大量的纸、棉布。同期开发的B级云母带、代用云母片，满足了新型大容量电机绝缘，首开自动化机械生产云母制品的先河。1976年，工厂研制出聚酯引拔棒，同年开发的固体电工绝缘材料通用电性能试验方法获全国科学大会奖。

20世纪80年代，工厂分别从德国、英国、瑞士、意大利引进覆铜箔板的生产技术、设备和真空压力浸胶设备及引拔机，使覆铜箔板的生产能力增至2 000吨，引拔制品和真空压力浸胶制品跃居行业首位，为国民经济的发展作出了应有的贡献。累计完成工业总产值178 527万元（按1980年不变价计），工业净产值40 020万元（现行价计），实现利税总额30 428万元，上缴利税29 898.5万元，累计生产各种绝缘材料124 050.7吨。产品行销国外56个国家和地区，国内31个省、市、自治区，直接为高压交直流输变电设备、大中型电机电器和电子工业配套，为国家能源、交通、石油、矿山、冶金、机电军工部门提供了大量质优价廉的绝缘材料，为国民经济发展和国防建设作出了应有的贡献。

改革开放以来，企业面貌焕然一新，科研生产不断取得新成果，先后自行研制开发出环氧引拔棒、电机槽楔、真空浸胶耐SF6玻璃布管等新产品，生产的绝缘产品1054、399（XPC）、1032、3240、3641等被评为省市名优产品。同时，针对工厂存在的产品结构老化、工艺落后、设备陈旧等一系列问题，开展了大规模技术改造。

"五五"计划时期，西安绝缘材料厂投入巨资开始进行技术革新和技术改造，寻求新的发展。工厂先后安装3 200吨液压机，自行设计层压板锯边机，自行研制覆铜箔制造技术、大容量套管制造、云母一条龙制品生产线、B级胶生产线，并对一些厂房、库房和其他生产设施进行扩建、翻新，总建筑面积达10 914平方米，投资2.26亿元。

"六五"时期，西安绝缘材料厂又进行6项大的技术改造工程和1项基本建设工程。6项技改工程是：FH级漆设备15台、3#工业锅炉10t/H更新、污水站一期工程、覆铜箔层压板一期工程、冲渣池工程、纤维纸工程。1项基建工程是引拔车间。另外还完成一些小的建设项目。

"六五"后期,西安绝缘材料厂开始对供热系统进行改造,把厂锅炉房改造成整个西电公司的一个电工热力中心。到"七五""八五"期间对锅炉房进行了二期续建,工程全部完成。改造工程有力地保证了西电公司高压交直流输变电设备制造所需蒸汽的需要量,为生产和研制开发新产品创造了良好条件。

1992年,西安绝缘材料厂对输往西安变压器厂、西安电容器厂的蒸汽管道进行了联网改造,为东区职工采暖和西安微电机厂生产用汽准备了条件。1993年对热力车间冲渣池进行了二期改造,架高吊车,扩大煤渣堆放场地,提高了煤渣昼夜出渣能力。1995年对东西两个锅炉房蒸汽管道联网运行进行了改造,从而实现了整个西电公司的稳压供汽,为高压交直流设备制造提供了可靠的能源。

"七五""八五"期间的其他技改项目还有引拔车间、云母车间、有机硅车间、覆铜箔层压板车间、北区变电所、厂区高低压线路的改造等。

通过"七五""八五"技术改造,西安绝缘材料厂的生产能力从"六五"时期的6 500吨提高到8 000吨,改造后新增绝缘材料861.5吨,其中FH级绝缘材料增加318吨。绝缘材料新产品产值占总产值近一半,产品配套能力大大增强。工厂环境也有所改善,消耗降低,初步改善了工厂的面貌。

到1997年年底实际职工人数为1 816人,其中工程技术人员172人、管理干部191人、工人1 443人。工厂拥有专用设备109台,金切设备82台,锻压设备37台,仪器仪表1 803台;固定资产7 198万元,流动资产7 712万元,全部资产总额为14 312万元。

"九五"以来,企业进一步深化改革、扩大开放,引进外资和技术,加强技改力度,调整产品结构,提高产品质量,不断取得新的成就。在产品质量方面,已有CEPGC-31.399(XPC)、CEPGC-32F(FR4)等3个产品获得UL国际认证,19种产品采用国际标准。1990年,企业取得国家二级计量合格证书。在产品开发方面,成果有399覆铜箔板、390电容套管芯、346层压板、570-2云母带、133A硅钢片漆、396-1.396-2无气隙板制品等。在设备引进与消化方面,先后引进了P-8000引拔机、Vist立式上胶机、Pmsi钢板清洗机、Eecon废气燃烧装置、卡拉其瑞士卧式上胶机、Ciba-Gaigy真空浸胶耐SF6管棒制造设备,在此基础上消化吸收国外设备,增加了7.5立方米反应釜、SJW-2卧式上胶机、§50大拉棒机等。

2001年9月,西安绝缘材料厂以"债转股"的方式改制为西安西电电工材料有限责任公司,隶属于中国西电集团。

在体制转变过程中，西安西电电工材料有限责任公司以丰富的生产经验和专业技术为依托，以强大的技术研发能力为支撑，用先进的生产质量检测体系做保障，努力为我国电力电机工业和国防事业作出贡献。企业先后通过了 ISO9001：2008 质量管理体系认证、ISO14001：2004 环境管理体系认证、GB/T28001-2001 职业健康安全管理体系认证和陕西省环保局清洁生产审核，被评为西安市清洁生产先进企业；被指定为西北地区电工绝缘制品质量监督检验中心，承担着国家行业标准国标的修订与贯彻工作，是中国电器工业协会绝缘材料分会常务副理事长单位。通过"高新技术企业"认定，有 13 个产品荣获国家、省、市优质产品称号，3 个产品取得 UL 认证，20 多个产品按 IEC 标准生产制造，2 个产品获得西安市名牌。层压产品已成功应用在神舟飞船和远程导弹上，受到国家航天部的多次嘉奖；油漆、云母产品用于三峡电机组，填补了国内空白，并同时在东方电机、哈尔滨电机、上海电机国内三大电机厂广泛应用；真空浸胶、浇注、卷制缠绕产品被京沪高铁、国产大飞机、世界首条百万伏输变电线路、人工增雨等国家重大项目指定选用。

2010 年 8 月，完成 16 项产品的国家两行业鉴定。其中 11 项并联电容器和 1 项串联电容器达到国际先进水平，2 项 110kV、220kV 电容式电压互感器处于国内领先，达到国际先进水平，1 项 220kV 倒立式油浸电流互感器为国际先进水平，1 项 110kV 倒立式油浸电流互感器为国内先进水平。

2013 年 1 月 13 日，ZDL1385/800-0 35/20 3-QW 型直流滤波电容器组等 16 种新产品在北京通过了国家能源局组织的国家级能源科学技术成果鉴定，16 种新产品均达到国际先进水平。

2016 年，随着国家特高压项目的日益增多，更高电压等级电流互感器产品需求的不断提高，西电西容自行研发 LVBT-500 倒立式油浸电流互感器，次年在武高院通过全部型式试验。2016 年，完成了超级电容器产业化工艺研究，形成具有自主知识产权的研究报告、制造工艺规范和工艺守则，通过了中国西电集团鉴定，为后期实现产业化储备了技术基础。2017 年，西电西容针对以往正立式电流互感器进行了全面技术提升，从材料选型、绝缘结构设计等方面进行了系统优化，综合降本 30%。

2016 年，西电西材完成陕西省电工产品质量监督检验站绝缘材料分站的现场验收并取得 CMA 资质证书，成为西北地区唯一一家通过 CMA 认证的绝缘材料检测机构。

20 世纪 90 年代末至 2018 年，西电西容信息化建设经历了从无到有、从低级到高级、

工厂建设初期

从局部到全局、从简单到复杂的过程。2001年，公司成立了信息化小组，2011年成立了信息化工作部。西电西容进行三地办公的网络改造工程，使用了第一代OA系统IBMLotusNotes，实现了公司本部与子公司间管理办公信息化；采用资源管理（ERP）系统，贯穿公司销售、生产、技术、采购、财务等业务；采用产品数据管理（PDM）系统，实现对产品全生命周期数据和过程的有效管理。

经过多年发展建设，公司主要生产层压制品、油漆树脂制品、缠绕卷制制品、云母制品、复合材料、覆铜箔板、真空浸胶制品等七大类共160多个品种，并具有专业绝缘材料加工能力，主要产品性能居国内领先水平，分别获国家银质奖、部省市优质奖。公司产品主要应用于大型发电、输变电、军工、航天等领域，尤其是层压产品已成功应用在"神五""神七"飞船及远程导弹等多项国家重点工程项目中，受到国家航天部的多次嘉奖。

（梁宪、李秀山、王红军、李树连、周嗣华执笔）

亚洲最大的综合性电力电容器厂

西安电力电容器厂

西安电力电容器厂（现名西安西电电力电容器有限责任公司）是我国第一个五年计划期间苏联援建的 156 项重点工程之一，也是我国电力电容器制造业的骨干企业。工厂 1953 年筹建，1956 年动工，1958 年 7 月 1 日建成投产。厂区占地面积 43 400 平方米，建筑面积 9 868 平方米，职工 714 人，投资总额 1 342 万元。在当时，这是我国最大规模的综合性电力电容器厂。公司主要从事电力电容器及其成套装置的研发、制造、试验、销售、安装、检修、服务及系统总成等。近年来，年度科技投入比率均达到 5% 以上，产品行业技术水平领先、品种齐全，目前公司拥有 25 个系列 600 多个规格的产品，供给国网、南网重大项目以及全国各地交、直流输变电系统和冶金、化工、铁路部门，远销东南亚及非洲各国。公司多次荣获国家及省市有关部门的表彰奖励。

一

旧中国电力工业非常落后，电力电容器生产完全是一片空白。在中华人民共和国成立后的三年国民经济恢复性建设时期，电力供应非常紧张，许多用户迫切需要购买并联电力电容器，用来提高功率，降低不必要的电能损耗。当时，只有上海一家不到 30 人的私营震威无线电机厂生产并联电容器，生产规模小，技术水平落后，产品质量不可靠，远远满足不了国民经济发展的需要。

为了加快国民经济的发展，实现我国工业现代化，电力工业必须先行。为此，国家在制定发展国民经济第一个五年计划时，决定由苏联帮助我国建设一个电力电容器厂。1953年5月，中苏两国政府签订由苏联援助建设电力电容器制造厂的协议，同年8月13日，正式签订合同。按合同规定，由苏联电器工业部国家动力工业设计院负责工厂生产部分的设计，年生产能力为100万千乏油纸介质电力电容器。合同还规定，一部分设备由苏联进口，一部分设备根据苏联提供的图纸由我国自己制造。合同签订后，一机部电工局正式下文命名为"西安电力电容器厂"，建厂投资1 342万元。

1953年10月31日至11月2日，国家财经委员会副主任李富春、一机部副部长段君毅、一机部电工局副局长肖陈人、张连奎与库内林·沙赫夫、布尔采夫等50名专家来西安选择布点，共同确定了包括西安电力电容器厂、西安开关整流器厂、西安高压电瓷厂、西安绝缘材料厂在内的建厂厂址方案。

1953年12月22日，一机部计划局向国家计划委员会上报《关于西安电力电容器厂建厂计划任务书审查报告》。1954年3月30日，国家计委批准西安电力电容器厂建厂计划任务书，同年4月2日，一机部电器工业管理局决定西安电力电容器厂的厂址设在西安市西郊。

筹建工作紧张有序地进行着。国家在1953年批准西安电力电容器厂计划任务书的同时，决定先在上海电机厂筹建电力电容器的试生产基地，并决定让中国科学院长春分院负责对苏联的KM3.3-10-1、KM11-10-1型电容器进行解剖测绘，整理出产品设计技术资料，委托上海电机厂变压器车间进行样品试制。上海电机厂经过两年的建设，于1955年建成电力电容器生产工段，8月份完成仿苏电容器的样品试制任务，9月份开始批量试制。上海电机厂电容器工段的建立，为西安电力电容器厂的建设提供了生产、技术、企业管理全套人员培训基地，积累了各方面的实践经验，为促进新厂建设创造了极好的条件。1954年6月，苏联电器工业部动力工业设计院完成初步设计，同年9月完成翻译复制和审查工作。按合同规定，由工厂派出行政、技术、设计负责人前往苏联参加工厂设计审查，同时，到谢尔普霍夫电力电容厂实习。1955年5月完成工厂技术设计后，经一机部设计总局第四分局翻译复制，报经国家审查批准，正式确定西安电力电容器厂年产能力为100万千乏油纸介质，产品共分并联、电热、脉冲、耦合、串联等6个系列12个品种。同年9月，第二批包括设计、工艺、试验、工装及各主要生产技术负责人一行9人前往苏联谢尔普霍夫电力电容器厂培训实习。与此同时，选派一批行政管理和企业管理中层干部到上海电机厂进行对口实习培训。

1956年1月，西安电力电容器厂筹备处从电工新厂总筹备处独立出来，着手动工兴建厂房。4月1日主厂房破土动工，变电所、空气压缩机站、化学易燃库等工程相继开工，整个厂区建设全面进入繁忙紧张的施工阶段。承担施工任务的建工部西北第二工程公司，组织大批建筑材料和施工机具到施工现场，集中优势兵力进行施工。工厂工地代表组切实担负起施工质量监督任务，施工单位严格按图施工，严把工程质量关，切实贯彻"百年大计，质量第一"的方针。为了顺利搞好工程建设，1956年9月，苏联土建专家比墨诺夫、格拉辛什秋尔米尔、米先柯等人前来西安建设工地进行技术监督、指导帮助工作。

1956年4月到1957年7月，工厂土建工作基本结束，一机部机电安装公司西安工程处承担全厂工艺和动力设备的安装，第三工业设备安装公司西安工程处承担厂区采暖、通风、管道、上下水及电气网络等安装工程。

在工厂紧张建设的一年多时间里，在上海市招收的100多名初中毕业生被送往上海电机厂技工训练班和技工学校进行一年半的培训和实习。工厂技术人员大部分来自哈尔滨电机制造学校和上海、湘潭电机制造学校及其他大专院校。1956年5月，又派出一批包括各主要车间、专业工种的高级技术工人去苏联谢尔普霍夫电力电容器厂进行生产技术实习。1957年8月，苏联专家沙道夫尼柯夫、麦德维杰娃、更兹布尔格等3人来厂指导工作。1957年9月开始试制合同规定的各种型号的电力电容器，获得成功，结束了我国不能大批量生产电力电容器的历史。到1958年3月，试制出1 337台共15 000千乏的并联电容器。1958年工厂生产技术准备工作基本就绪，7月19日交付国家正式验收。验收典礼在西安环城西路工人俱乐部隆重举行，参加验收的有陕西省委书记赵伯平、一机部部长助理周建南、苏联政府代表叶留明克和驻厂苏联专家组长沙道夫尼柯夫等人，验收委员会主任是西安市副市长丁志明。省委书记赵伯平为验收剪彩。

当年，国家就下达生产指标，要求完成总产值1 100万元、商品产值940.6万元、产量33 245台、容量29.7万千乏，上缴利润206.92万元，新产品13种，成本降低30%。经过全厂职工的共同努力，提前50天全面完成国家计划。完成总产值1 365.8万元、商品产值1 175.2万元、容量39.77万千乏，上缴利润738万元，成本降低32.74%，试制新产品23种。这一年上缴利润相当于国家投资的55%，产量水平达到设计水平的1/4，为工厂发展奠定了扎实的基础。

二

从1959年开始，工厂认真贯彻"自力更生，奋发图强，补充短线产品，使我国建设所需要的设备逐步地、完全地立足于国内"的根本方针，根据生产技术发展的需要，自行设计制造了大型仿真空罐等设备，提高了产品真浸能力。当年提前64天完成国家计划，容量达到129.19万千乏，提前1年4个月达到并超过苏联设计水平。1960年，提前143天完成国家计划，容量达到237.75万千乏，超过设计水平的137.75%，产量相当于日本1959年电力电容器产量的186%。同时，还研制成功30多种新产品，其中有6种达到当时的世界先进水平；完成了赴印度尼西亚、叙利亚、缅甸和莱比锡等国家和地区展览的150kV和220kV等脉冲电容器；为国防和科研单位设计生产了MY50-3、MY150-0.32脉冲电容器。从1961年开始，工厂走出了只能生产仿苏产品的路子，开始自行设计，并采用国产原材料生产电力电容器。工厂制造的产品除了满足国内建设外，还能部分满足援外的需要，1961年首次援外1万千乏电力电容器。

1962年和1963年，国民经济因受自然灾害的影响，这两年电力电容器产量也跟着大幅度下降，仅生产了30万千乏和36万千乏。但新产品研制没有停止，仍然稳步前进。1962年试制成功CYF100X5-0.01/5及CYF100X5-0.06/5单柱式冲击电压发生器成套设备等13项21种新产品。1963年完成5万伏、10万伏、25万伏标准电容器和我国第一套11万伏、15万伏、22万伏电容式电压互感器的研制工作。1965年试制成功我国第一台50万伏标准电容器，消息从新闻纪录片和中央人民广播电台播出后，在社会上引起很大的反响。1966年又试制成当时世界上电压最高的我国第一台100万伏标准电容器，负责此项产品的设计师朱肇琨在总工程师冯勤为的热情鼓励和支持下，不断进取，为工厂、为国家争得了荣誉。工厂从1960年开始开发氯化联苯的研制工作，自行合成三氯联苯替代多氯联苯，后在西北大学、西安交通大学、西安化工厂、苏州溶剂厂通力合作下取得成功，于1965年正式投入生产，产量大幅度提高，1966年完成171万千乏。20世纪60年代，军工和民用科研装置急需各种型号的脉冲电容器，原来仿苏产品远远满足不了用户要求，工厂为此进行了各种型号规格脉冲电容器的研制70多种，基本满足了要求。西安高压电器研究所原定由苏联提供的200kV、250kA的冲击电流发生器成套设备，后来由于苏联撤销合同，停止供应，西容厂勇敢地承担了这套装置的试制任务。前后经过3年时间，终于在1965年试制出该大型成套设备，性能参数达到原设计要求。此后，该成套设备成为工厂的主要系列产品。

1967年8月到1968年6月，工厂被迫停产近一年。1968年，产量急剧下降到73.2万千乏，低于原设计水平。1969年后，由于采用了三氯联苯作浸渍剂，在不建新厂房、不增新设备、不增新材料和劳动力的情况下，电容器单台容量提高了2.5—3倍，经济技术指标达到当时世界先进水平，年产量逐年上升，1972年达到年产358万千乏，超过原设计能力的2.58倍多。

20世纪60年代末，随着产量规模的扩大，三氯联苯有害工人身体健康和污染环境的矛盾逐渐暴露，这时工厂又承担了我国第二座电力电容器厂——桂林电力电容器厂的技术设计任务。受上海工业展览馆展出益民食品厂的一条真空隧道窑模型的启发，从1970年开始，通过厂院联合设计，并由工厂自己制造全封闭真空隧道窑生产线，连同厂房共投资482.3万元。1972年，国际上传来禁止使用氯化联苯的消息，一机部于1974年发文停止使用三氯联苯制造电力电容器。这时，工厂由于尚没有找到经济技术指标比三氯联苯更先进的介质材料，只得暂时退到矿物油纸介质电容器生产，产量迅速下降，满足不了国家的要求。为了要清除三氯联苯的污染和保持原有产量，1975年工厂对真空浸油车间进行了一次大的改造，新建了罗茨泵房，建筑面积397平方米，安装真空泵11台、增加罗茨泵11台，W5卧式泵6台，使真空度提高了一个数量级。但油处理系统经过多年运转，各种管道陈旧腐蚀、拥挤混乱，操作管理极为不便，于是工厂1979年又对油处理系统进行全面改造，拆除原有的管道，按新设计的布局铺设了一条烷基苯油处理的新管道。为了扩大卷制车间生产面积和提高卷制工序的净化程度，工厂1977年对卷制车间进行了大规模调整改造，设置了预烘和绝缘件加工地；后增加由苏州净化设备厂设计、安装、布置净化等级为1 000级的145平方米的卷制作业区；1981年又新建了30万X2台大卡的冷冻机房，满足了卷制车间扩大后的空调需要。与此相适应，工厂还扩建了金工、机修、工装车间、成品库。这次改造新增作业面积9 840平方米。这时，作为一种过渡性的液体介质烷基苯和硅油正式被用于电力电容器生产，并推广到全行业使用。

党的十一届三中全会以后，由于改革开放，国民经济有了很大发展，并联电容器的产销量满足不了市场需求。同时，国际上大力发展超高压、大容量、成套化电力电容器，我国电力工业电压等级也由10千伏、220千伏逐步提高到330千伏和500千伏。在这种历史背景下，国家计委和一机部同意西容厂新建高压成套车间、高压试验室、电容器研究室。通过这次改造，满足了国家对晋津京、葛洲坝、锦辽线等50万伏超高压输变电线路上500kV电容式电压互感器的需要。1979年至1980年，西容厂从美国麦克劳·爱迪生公司引进高压膜纸和全膜并联电容器制造技术以及部分关键设备。按合同规定，美国专家2人于1981年5月来厂指导10个工作日，对技术骨干和班组长进行培训；工厂派总工程师冯勤为领队，先后率领第一、二批共7名工程师到美国格林伍德电容器厂培训实习。美国产品设计及工艺中先进合理的部分吸收推广到工厂其他产品中，如铝引片应用和冷压连接，既改善了电气性能又避免元件损坏；外壳采用拉伸冲压件与箱壁电焊连接结构，减少了渗漏油机率，又提高了外壳爆裂能力；在全膜产品中采用美国专利铝箔压花，改善了全膜电容器的浸透性能，提高了电气强度和局部放电性能。引进消化后自行设计的BBF11-334T、BFF11-200T、BBM10.S-80-1，已在1982年12月正式通过技术鉴定，其特性提高到0.315—0.356公斤/千乏的国内最好水平，经多年挂网运行，性能良好。1985年又鉴定了BBM11/V3-100-1W全膜电容器样品和BBM11/V3-200-1W全膜电容器样品，均获成功。但由于早期引进，缺乏经验，对产品市场、原材料供应、生产技术复杂性和对方履行合同的信誉度缺乏周密分析，加上对引进的真空注油机技术缺乏深入的了解，美方执行合同一拖再拖，没能尽快形成生产能力。

通过第二次改造，提高了高压试验室和电容器研究的科研测试能力，基本满足了国际IEC标准对各类电容器技术测试要求，但高压成套车间只能生产很少的成套集合式电容器。西容厂面临国际、国内同行业厂家的市场竞争，必须加快发展超高压电容式电压互感器和并联全膜高压成套集合型电容器的规模生产。为此，国家批准西容厂为"七五"至"八五"计划的重点技术改造项目，改造的主要内容为：重点扩建成套车间，主要生产包括电容式电压互感器在内的大瓷套电容器、集合型多种类型的成套补偿装置；进一步完善电力电容器行业科研和测试中心的测试手段。工厂开始局部更新原主厂房各车间和试验设备。由于技术改造资金到位很晚，1992年才进入成套多层厂房和单层厂房的基本建设，1994年3月建成移交生产，新增生产面积4 387平方米。在这期间，对美国引进的真空浸渍生产线进行了改造，使之成为双抽单柱式真空浸渍设备，形成了100万千乏高压全膜大容量电容器的真空浸渍能力。

通过近20年的技术改造，西容厂基本上走出了技术进步速度不快、产品结构调整缓慢、不能适应国内外电力电容器行业竞争的困境，企业发生了较大的变化。首先是建成了电力电容器行业的科研测试中心,装备了具有当代世界先进水平的各种测试仪器仪表和关键设备。高压试验大厅具有750kV电压等级产品出厂试验和500kV型试验能力,装备了2台500kV/2A试验变压器,可以串接提供1 000千伏电压1安培电流的工频交流试验电源;一套2 400千伏144焦耳的冲击电压发生器,配备有瑞士进口的2711/21.2711/22误差测试电桥和2801西林高压电桥、英国 MODE1-5型局部放电测试仪,以及美国、日本、瑞士进口的宽频存储高压试验示波器,使工厂成为电力电容器行业高压测试中心。电容器研究室装备有物理试验用的局部放电试验、老化试验、低温试验,用于化学试验和常规化验的气相色谱、微粒微量水分试验、油老化试验及产品试验的高压热稳定试验、低压热稳定试验等设备,完全达到了国际电工 IEC 检测标准,为本厂和全行业实现产品结构调整,升级换代,创造了技术检测条件。同时,高压成套车间及多层厂房、单层厂房建成后,在短短2年内就扩大了包括耦合电容器和电容式电压互感器的生产规模,1994年至1996年共生产35kV至220kV的耦合电容器2 897台和110kV至500kV电容式电压互感器3 699台套,该两项产品的生产产值分别占全部生产产值的6.1%和43.9%,合计占全部产品生产产值的50%,已成为西容厂主要产品。经过对引进美国真空注油机技术的消化、总结、改进,进而自行设计制造全膜大容量电容器真空浸渍设备和双抽单注真空浸渍线,增加了100万千乏的真浸油处理能力,实现了产品结构的大调整,工厂生产技术水平得到较大提高,逐步适应了国内外两方面对电力电容器市场的竞争,取得较好的经济效益。

三

随着国民经济和电力工业的快速发展,国家对电力电容器的需求量快速加大。过去只有西容厂独家经营的局面已不复存在,国家也不再对电力电容器实行统配统销,计划分配比例越来越小,自己"找米下锅"的比例越来越大,过去那种"皇帝女儿不愁嫁"的局面不复存在。在这种情况下,企业必须适应市场竞争,根据市场需求制订新品开发、结构调整的方向。1986年后,西容厂开始出现了非常严峻的局面,并联高低压电容器、电热电容器、断路器电容器、脉冲电容器市场开始被同行业"小弟弟们"取而代之,而被电力部门看好的超高压、大容量成套化产品国内生产不出来,却被日本、美国、英国、法国、加拿大、瑞士、瑞典、德国、意大利等国家的产品所占领。西容厂在市场中处于"腹背受敌，两面夹攻"的形势。1984年西安电力机械制造集团公司按年轻化、知识化、革命化、专业化的要求从公司到工厂进行了领导班子大调整。为了充分发挥集团优势，西电公司又将各厂销售、供应及经营结算集中上收到销售公司、供应公司和财务公司，本意是强化集团经营意识，通过成套订货，解决各厂"吃不饱"和"供不上"的问题。可是实践证明这样做的结果却使工厂的生产和技术开发与销售市场、广大用户不见面，从而淡化和弱化了工厂的市场意识、竞争意识和用户意识，增加了产品销售、用户服务、生产技术准备、计划协调、生产调度诸多管理方面的困难。

西容厂为适应计划经济体制向市场经济体制的转型，从1982年起就从上到下实行以月度任务书为形式的经济责任制，实行质量指标否决的考核制，对销售部门、科研设计部门和生产一线工人实行奖励倾斜。1990年起，实行销售承包、技术新品开发承包、车间内部利润核算的责任承包等经济责任制形式，使全厂职工增强了市场竞争意识、用户服务意识、质量意识、成本核算意识，使企业内部的经营机制逐步走上适应市场竞争的轨道，取得了一定的成绩。

1994年起，工厂实行全员劳动合同制，人人签订劳动合同，增加了每个职工的责任感和危机感。在坚持按劳分配方面，不断完善分配制度，工资管理上重视对工资总额的调控，加强对工资的动态管理。坚持将岗位工资与奖金捆在一起考核发放，使活工资部分占工资总额的45%以上。对优秀职工实行3%的奖励晋级指标。在公有住房分配中向按劳分配型转变，拿出一部分住房指标奖励贡献突出的工程技术人员、销售人员、生产工人和优秀管理干部。1996年，工厂加大劳动人事管理改革的力度，本着精简、高效的原则，先后制定和修订了《劳动合同管理办法》《岗位合同管理办法》和《压缩分流人员的规定》等一系列制度。这一系列改革，极大地调动了职工积极性，有力地推动了企业生产。

然而，由于工厂长期处于国家计划经济体制下，广大职工虽具有强烈的"完成国家计划光荣"的责任感，而且其思想、文化、技术素质好，也有奉献精神，但改革开放以后，面临国内国际两方面的市场竞争，仍然感到难以适应。经过经营机制改革，仍然没有实现计划经济向市场经济的彻底转轨变型，企业有浓厚的生产型色彩，职工队伍的计划经济传统观念依然很深，难以改变。工厂技术进步的步子迈得不够大，工装老化，设备陈旧，不能适应产品结构的变化和质量技术性能的提高，使企业在市场竞争中处于不利地位。工厂经济运行质量不高,资产、资金沉淀十分严重,流动资金周转天数居高不下,浪费现象仍随处可见。

针对这些问题,西容厂继续加大经营机制转换的力度,深化企业改革,特别是在转变"计划经济体制"观念上下功夫,牢固树立社会主义市场经济的观念。继续实行优胜劣汰的岗位竞争机制,积极实行减员增效、下岗分流的改革措施。同时加大精神文明的建设力度,根据市场经济的建设要求,全面提高职工队伍的思想、文化、技术素质,塑造"求实、求新、求变、求卓越"和敢于在市场竞争中大有作为的职工队伍新形象。继续加大技术进步与技术改造的力度,加快形成大容量、成套化、超高压产品大规模生产能力,使产品上档次,质量上等级。积极寻求国际和国内有实力的合作伙伴,组建合资企业,引进先进技术和资金,引进市场竞争机制,为企业经营机制的转换注入新的活力。西容人以新的姿态迎接新世纪的到来。

四

西电集团2003年成为国务院国资委直接监管的高压、超高压输配电成套设备研发制造企业,2004年11月被国务院国资委确定为第一批49家主业明确的中央企业之一,2008年4月响应国家关于中央企业主业整体上市的号召,成功发起并设立了中国西电电气股份有限公司。2009年5月6日,经国家工商行政管理总局批准,西电集团正式更名为中国西电集团公司。西电集团注册资本17.9826亿元,总部设在西安。2018年1月2日,企业名称由"中国西电集团公司"变更为"中国西电集团有限公司"。

西容厂2001年改制为公司,全称为西安西电电力电容器有限责任公司,隶属于国资委企业中国西电集团西电电气,是我国高压及超高压交直流电力电容器及成套装置、CVT、CT产品的研发、生产与检测的重要基地,也是我国历史经验积淀最久、规模最大、研发能力最强的电力电容器和电容式电压互感器专业制造企业。

此后,西容厂年生产能力由1 200万千乏提升到3 000万千乏以上;年产值由3.5亿元提高到8.5亿元;新品产值率以每年10%的速度递增;绿化覆盖面积17 000平方米,覆盖率为24.5%;COD排放下降了20.0%。公司2005年被西安市园林局授予"园林式先进单位"称号;2006年成为全国机械行业质量效益型先进企业,获全国总工会"安康杯"

① 1958年7月18日电力电容器厂开工典礼,时任中共陕西省委书记赵伯平剪彩

② 建设中的西安电力电容器厂(1957年)

活动先进单位，同年电力电容器系列产品获"陕西省机电行业十大品牌产品"称号；2007年再次成为全国机械行业质量效益型先进企业。2009年，企业严格执行国家标准和IEC标准，通过ISO9001：2000版质量体系认证和电能产品认证；2010年元月取得质量/环境/职业健康安全管理体系认证证书，一个资源节约型、环境友好型现代化企业已经形成。

70年来，西电西容厂历经了仿制生产、自行设计、引进消化、自主创新四个阶段，并拥有多项自主知识产权，经过六次大规模的技术改造，公司生产规模不断扩大，工艺装备和设计制造水平在国内同行业中处于领先地位，并已接近世界先进水平。

（常建胜、刘安平、胡一飞、宋宇执笔）

陕西首个中温中压热电厂

西安灞桥热电厂

西安灞桥热电厂现名大唐灞桥第一热电厂，位于西安市东郊浐河、灞河交汇处东南，始建于1951年，其中一、二期工程为"一五"期间苏联援建的156项重点工程之一。第一代灞桥热电人为了国家的振兴和发展，发扬艰苦奋斗、顽强拼搏的精神，在物质极其匮乏的条件下，风餐露宿，人拉肩扛，2台6 000千瓦苏制凝汽式机组于1953年11月竣工投产，建成了西北地区第一座现代化火力发电厂。其1号机组为全国第一台中温中压火电机组，为当时西安工业经济的起步创造了基础条件，该厂因此被誉为陕西电力的基石。

一

1950年2月，燃料工业部在北京召开第一次全国电业会议，提出当年的基本方针与任务："保证安全发供电，并准备两三年内有重点地建设工业生产所需的电源设备。"会议决定，在西安建设新的电厂，由燃料工业部订购设备，并邀请苏联专家到西安勘察厂址。新厂的筹备工作由西北军政委员会工业部西北电业管理总局负责。同年8月，西北电业管理总局组成20余人（包括苏联专家3人）的勘察队，进行选址、测量和钻探工作。

1952年4月，根据在西安、咸阳、泾阳等地选点勘测的结果，西北军政委员会就新电厂的厂址会同国家财经委员会进行研究。考虑到西安作为陕西的政治经济中心，灞桥厂址距西安市区仅8公里，且在1948年已由国民政府资源委员会所辖西京电厂征购了土地 700 余亩，中华人民共和国成立后此地产已由西北军政委员会接收，决定在西安灞桥建设一座中温中压热力发电厂——西安第二发电厂。

电厂筹建中，曾设想直接利用浐、灞两河水源，后考虑到两河有枯、丰水期且水量不稳定，遂决定结合水源分布和苏联专家意见，采用深、浅井相结合的水源方案。根据初步设计和锅炉型号，确定将铜川煤作为生产用煤。铜川煤矿为当时全省最大的煤矿，储量达 58.6 亿吨，距厂址 168 公里，经由陇海铁路灞桥车站铺设铁路专用线，可将原煤直接运入厂内。

西安第二发电厂一切工程主体设计由苏联电力设计院莫斯科分院承担，成套设备由苏联供给，铁路、公路、水源、福利设施和公用建筑设计由国内完成。工程规模为安装苏制 6MW 汽轮发电机组两台、锅炉 3 台，装机容量 12MW。

1952 年 2 月，电厂筹备处正式成立。3 月，任命西北电业管理总局局长陈志远兼任筹备处主任，并决定由西北建筑公司 201 队承包建筑工程，设备安装工程由东北火电工程公司第一工程队为主，西北火电工程公司为辅。8 月，铁路专用线工程交由西安铁路分局机械筑路队施工。

1952 年 11 月 14 日，西安第二发电厂正式破土动工。当时，施工条件十分艰苦，运输工具不足，主要设备及建筑材料都是用汽车、马车由一条临时便道运进现场。在冷水塔施工中，缺乏大型起吊工具，工人们因陋就简，采用独脚扒杆的土办法吊装大型构件。开工不久就进入隆冬季节，给施工造成更大的困难。在苏联专家指导下，工人们采用材料加热、蓄热和暖棚法，坚持继续施工，整个冬季完成钢筋混凝土工程量 2 544 立方米、烟囱基础工程 682 立方米，为陕西电力建设冬季施工开创了先例，积累了经验。

1953 年 9 月，西北电业管理局任命申凤玺为西安第二发电厂厂长，成立该厂启动委员会，鹿鸣局长任主任委员。9 月 25 日零时，1 号机组顺利通过 72 小时试运行。10 月 9 日，举行了隆重的发电剪彩典礼，西北行政委员会副主席杨明轩到会剪彩，中共西北局第三书记马文瑞发表了讲话。燃料工业部电业管理总局局长陆明升，省、市党政领导和苏联专家组以及工地上 2 000 多名职工出席了典礼。10 月 15 日，1 号机组移交电厂，投入生产。11 月 18 日，2 号机组通过了 72 小时试运行，正式并网发电。整个建设过程仅用了一年时间。该期工程由于进度快、质量好，获得西北工业部颁发的锦旗和银质奖。

二

西安第二发电厂是陕西电业史上首个中温中压热电厂。该厂建成，陕西电力工业从此迈入中温中压机组发电的新阶段，为西安的市政和纺织、国防工业提供了急需的热能和动力。

由于西安地区经济建设的迅速发展，尤其是韩森寨地区国防工业和西北国棉三、四、五、六厂及西北第一印染厂相继建设和投产，电力供应日趋紧张，热力供应急需。于是，1953年11月西安第二发电厂开始筹备二期扩建工程。

1954年12月，二期工程筹备处成立。二期的主体工程由苏联火力发电设计院莫斯科分院设计，附属工程由国内设计，主设备由苏联提供。工程规模为3台12MW双抽式汽轮发电机组、5台锅炉（第5台锅炉缓建），分别列为3、4、5号机和4、5、6、7号炉，土建安装分别由西北建筑工程总局一公司5工区和燃料部西北基本建设局第31工程处承担。

为了加快工程进度，主厂房、冷水塔、化学水处理室都在雨季连续施工。主厂房的现浇框架、烟囱、冷水塔、水处理室等采取三班制或两班制日夜施工。由于采取以上措施，3号机组的发电时间由原计划的1956年10月提前到6月；4号机组也于1956年12月正式运行，比原计划提前半年；5号机组1957年9月装竣，但由于苏方供货厂家因故回国使试运推迟。11月该机组试运成功，并网发电。随着二期工程的建成，陕西第一个热力网在西安东郊建成。

1957年10月，电厂向韩森寨军工区五厂供热，次年1月向纺织城地区供热。至此，国家"一五"期间156项重点建设项目——西安第二发电厂一、二期工程全部完成。

1958年2月，电厂改名为灞桥热电厂。

根据西安地区电力负荷需要，1958年8月热电厂开工建设三期工程。该工程由陕西省电业局设计院设计，原计划安装2台国产锅炉、3台国产汽轮发电机组，后因设备供应等原因，确定安装2台上海产12MW汽轮发电机组和1台锅炉，分别列为6、7号机和8号炉。土建工程由陕西省建筑三公司二工区施工。安装工程前期由陕西省电业局火电工程处灞桥工区基建安装队承担，后期由陕西省电力纺织建设公司第二工程处承担。

6号机组的安装于1958年10月上旬开工。当时正值"大跃进"年代，物资供应十分紧张。经有关方面研究，提出简易发电方案，采取清仓查库、挖掘潜力，发动职工自己动手制作辅助设备以及采取一些更新、改造措施。1958年12月6号机组安装完成，通过72小时试运。由于未按基建程序办事，且汽轮发电机通流部分被机械杂物击伤，至1960年3月，在一年多的生产中仅运行了2271小时。期间被迫停机大修3次，到1963年9月才正式签证验收。由于该机组先天不足，缺陷多，长期的生产运行都不是很正常。

1960年6月，开始安装7号汽轮发电机组，并同时进行其他未完工程。同年11月，机组并网发电。至此，三期工程全部完成。

1967年兴建了9号锅炉。该炉是国产75-40-450型卧式旋风炉，安装过程历经4年，到1975年移交电厂。由于设计制造时国内尚无经验又缺少国外资料，该锅炉存在许多不完善之处，且不适应铜川贫煤煤种，经多次点火试烧均未通过72小时试运，不能形成生产能力，后拆除。

由于热负荷的急需，1985年3月开始筹建四期工程。该工程为国家"七五"计划中的大、中型建设项目之一，由西北电力设计院设计，规模为一台25MW供热式背压机组和一台220吨/时高温高压锅炉。土建、安装工程分别由西北电建四公司和一公司承担。此外，为补充浐河东岸水源供水不足，经西安市政府批准，又在沿河西岸的安邸、郭渠、牛寺村一带开发第二水源，总出水量限制在300吨/时。

1988年12月，四期扩建的新机组——8号机组正式投产。至此，灞桥热电厂实际装有7台汽轮发电机组和9台锅炉，总装机容量为85MW，供热能力312吨/时，供采暖用热水1644吨/时，年发电量5亿多千瓦时。通过灞（桥）水（沟）、灞（桥）豁（口）一二回、灞（桥）新（房）、灞（桥）纺（织城）、灞（桥）韩（森寨）、灞（桥）十（里铺）共7条35千伏线路向外送电。后来，十里铺地区升压，灞十线报废。

截至1996年年底，国家共向灞桥热电厂投资1.12亿元。43年来，电厂投产后，累计发电159.54亿千瓦时，供热1.15亿万百万千焦，实现工业总产值13.37亿元。

根据国家"八五"规划，对小型（25MW）机组和中低压机组进行"以大代小"改造，对电厂还加以"以热定电"的限制。1991年至1994年期间，西北电管局与电厂对五期技改和扩建工程机组定型及水源、专用线、粉煤灰利用、环保等，进行了大量的可行性研究。根据西安地区热负荷发展的需要，决定五期工程为2×100MW供热机组。1996年4月和1998年2月，这两台机组分别被国家经贸委和国家计委批准开工建设，这一时期，成立了隶属西北电管局的灞桥热电有限责任公司，主抓灞桥热电厂技改和扩建的五期工程。工程于2000年6月28日正式开工建设。

三

建厂初期，电厂学习苏联经验，采用生产型企业模式，以完成指令性计划为目的。电厂的计划制订、资金来源、物资供应、劳力配调、产品销售、财政盈亏由国家统包。1957年后，实行统收统支，统付盈亏，统筹安排，统一领导的四统政策。1979年，网局明确了安全生产同经济效益挂钩，以安全生产为前提，以提高经济效益为中心的发展目标。1983年，电厂与网局签订了"全额费用包干，指标考核，增收节支分成"的内部承包合同。电厂将9项有关生产经营项目费用，分解挂到科室，落实到分场，包干到班组。重点项目，归口到部门，单项计算，投标包干，重点考核。这种承包模式为当时全国电力系统三大承包模式之一，在电力系统推广。1993年，企业内部进行"人事、工资、劳动"三项制度改革，干部竞争上岗，职工优化组合，推行岗位责任制。1995年，企业实行全员合同制，加强管理，严格考核奖罚。企业通过内部一系列改革，目的是调动全厂职工积极性，使千斤重担大家挑，基层和个人有指标，以动员全体职工为企业的发展作出贡献。2000年7月12日，灞桥热电厂实行改制，成立西安灞桥热电有限责任公司，按照现代企业制度的要求，实行公司化运营，机构设置为九部、三室、一委、一会。

安全生产是电力企业永恒的主题，是衡量电力企业的综合指标。灞桥热电厂这时是已经运行了40多年的企业，设备老化十分严重，时刻威胁到安全生产。电厂职工从几十年来的生产实践中，深刻地认识到要确保安全生产，严格管理是关键，设备健康是基础，人员素质是保证。他们从这三方面入手，进行大力整治。先后通过企业整顿、设备上等级、安全文明生产达标、创无泄漏工厂等举措，扎实有效地加强安全工作。设备检修管理方面，从恢复设备性能向改造设备性能过渡，提高检修质量，使设备健康水平明显得到提高。1997年电厂实现了全年无临修，这对运行40多年的老电厂来说确实不容易。工厂的主设备从初期两年大修一次过渡到三年大修一次，提高了设备等效可用系数，提高了经济效益，使老厂安全生产有了较为可靠的保证。

四

  在管好现有设备,力求多发多供外,工厂还积极发展多种经营。从最初为了解决职工子女就业而成立的劳动服务公司起,发展到以退役机组康复发电供热为龙头,有10个分公司的东郊电热开发总公司,拥有从设计到施工的建筑公司,主营15米跨度以下的民用建筑;组建了年拉运粉煤灰17万立方米的汽车拉灰队,也承揽计划外用煤、油供应;成立了锅炉、热力、管道、机电设备安装公司和保温材料制品厂;还成立了水泥预制构件厂、年销售2.6万瓶的纯水厂和仓储花木等公司。工业总产值由1986年的436万元发展到1996年6 356万元,达到了一定规模和水平。当年多种经营总公司加大改革力度,组建成股份有限责任公司,为多种经营转换经营机制快速发展,提供了有利条件。

  热力发电厂在生产电力和热力的同时,也会产生污染物质,主要是燃烧原煤过程中产生和排放的烟尘、二氧化硫、灰渣、工业废水和排气噪音等。工厂按照国家环保政策,对三废治理很重视。20世纪60年代,投资筹建以粉煤灰为原料的硅酸盐制品厂,生产干灰加汽砌块,年利用粉煤灰2万吨。1985年,结合四期扩建工程,新建180米烟囱,使烟尘排放物基本符合国家环保要求。同时组成拉灰车队,拉灰、填沟、覆土、造田,至1985年先后填沟17条,洼地30处,造田286亩,年利用粉煤灰近20万吨。1990年又与西安建筑设计院、西安公路研究院共同研制,用粉煤灰代替黄土沙子处理地基和修筑路堤,先后在西三一级公路、西临高速公路、咸阳机场跑道及机场公路等工程中应用,利用量达100万吨,使灰渣利用率达到较高水平,实现当年排放当年利用的良性循环。

  1984年,建成灰场废水回收工程。1995年对现有工程进行增容改造,不断研究解决管道结垢问题,经过收集、过滤、沉淀,打回锅炉冲灰水池再利用,使回收能力达400吨/时,完全做到灰水不外排,保护了周围环境。

  从1957年开始,工厂向韩森寨军工区5个工厂供热,年供热量为3.8万百万千焦。40多年来,由于热用户的增加,供热需求量提高,经过四期扩建工程,1995年年平均供热增加到464万百万千焦,最高时达到510万百万千焦,是1957年的131倍,创历史最好水平。

  以西安灞桥热电有限责任公司为中心,通过东西南北4个方向8条供热管路向周围6

① 工厂一、二号汽轮发电机（1953年）

② 苏联专家和中方技术工程人员在锅炉工地认真核对图纸资料（1953年）

③ 苏联专家在灞桥热电厂指导吊装发动机（1953年）

④ 灞桥热电厂二期工程1台1.2万千瓦供热机组投产发电（1957年）

⑤ 热电之光（马驰摄影）

⑥ 灞桥热电厂鸟瞰

⑦ 现代发电机组

⑧ ZX300MW 一、二号机组验收大会

公里范围内56家大中型企事业供热，通过4条管道分别向韩森寨军工区和唐都医院供采暖热水，供热水量达到1 644吨/时，水温达到105°C。目前，工业供热常年运行，采暖供热水仅限冬季。

五

2002年12月，电力体制改革开始发力，五大发电集团应运而生，灞桥热电厂技改工程正式归属中国大唐集团公司。该厂仍承担西安市东部地区军工、航天、科研、纺织、医药、学校、医院等132家企事业单位的生产、生活用气和近15万户居民冬季采暖及部分用户夏季集中制冷任务，占据西安市集中供热市场半壁江山。

2008年7月2日，大唐陕西发电有限公司灞桥热电厂正式注册成立。

到2018年，先后经过六期改扩建工程，通过上大压小，拆除和关停一至四期所有老机组，现役机组4台（2台300MW和2台125MW），总装机容量850MW，成为西安市东部地区重要的电源支撑点和西安市最大的热力生产基地。

（大唐灞桥热电厂供稿）

陕西首个高温高压热电厂
户县热电厂

户县热电厂曾名鄠县热电厂（1964年鄠县改为户县）现名大唐西安热电厂，建厂初期名为西安市第三发电厂（曾名大唐户县第二热电厂、大唐西安鄠邑热电有限责任公司），建于国家第一个五年计划期间，是苏联援建我国的156项重点工程之一，是陕西地区第一座高温高压热电厂。一期两台25MW机组于1954年1月下旬开始筹建，1957年11月正式并网发电。经过四期建设，共安装汽轮发电机组5台、锅炉6台，总装机容量为200MW，是一个以发电为主、电热联产的中型电厂，成为当时西北地区规模最大的热电厂。

一

1954年1月，国家决定在西安西郊工业区附近建设一座大型火力发电厂，定名为西安市第三发电厂。当月下旬，西安市第三发电厂筹建处在西安成立，主要由陕西省和西安电业局派调的一批干部组成。3月下旬，以喀舒宁为首的援助中国建设苏联专家组来到西安，同中国工程技术人员组成包括土建、水工、测量、平面布置、勘测等专家的选址工作组。工作组于4月、5月先后对西安西郊、咸阳秦渡和北肖家村等处进行踏勘，初步确定西安西郊枣园村以北为第三发电厂厂址。

1954年5月，第二机械工业部向国家计划委员会提出：惠安化工厂拟在鄠县地区建厂，需要电力2万千瓦时，蒸汽185吨/时，热水40百万大卡/时。为此，国家计委决定，将西安市第三发电厂改在惠安化工厂附近建设，以利于直接供电和供热。经选址人员再次赴鄠县地区踏勘，于1954年5月25日最终确定：在鄠县城南6.5公里，秦岭北麓4公里，涝河以东2公里，东距惠安化工厂680米处建厂。由北京电力设计分院对厂址进行勘测。为了收集厂区周围的地理环境、地质构造、水力资源情况和气候特点等方面的资料，苏联专家和我国技术人员一起住在当地一座破庙里，早出晚归，不辞辛苦地进行野外勘探。根据地形，厂区采取平面布置，由南向北分成三个阶梯，既节约土方量，又符合生产工艺与运输等方面的要求，同时为以后的扩建创造了有利条件。1954年5月，燃料工业部提出了建设西安市第三发电厂工程计划任务书，经国家计委（54）2047号文批准，厂内工程由苏联设计部门设计，北京电力设计分院向苏方提供设计资料；厂外工程由国内负责设计。

1954年10月15日，在苏联莫斯科签订了第一期设计合同，合同编号为298号。12月初，合同在北京进行审查。1955年2月18日，国家计委授权燃料工业部电业管理总局，由何纯勃、林心贤代表总订货方在莫斯科批准了苏方提出的初步设计方案，确定一期工程安装BeT-25-3型汽轮发电机2台、T-170型锅炉4台。厂外工程由惠安化工厂和西安市第三发电厂共同组成鄠县工业区总甲方，统筹安排委托建设厂外工程。

根据国家计委批准文件，西安市第三发电厂于1955年4月23日向陕西省人民委员会申请建厂征用土地方案。省人委于1955年4月30日发出命令，要求鄠县人民委员会做好西安市第三发电厂征用建厂厂区、公路、管道共需土地1 211.85亩工作，并于同年6月、9月和1956年5月分三期完成。为此，鄠县人委会成立了由11人组成的鄠县工业征用土地管理委员会，县长张鸿儒任主任，保证了征购土地任务的按期完成。

一期工程主厂房采用汽机房—除氧间—锅炉房—煤仓间毗连排列方式，汽机纵向布置，安装苏联制造的2.5万千瓦抽气式汽轮发电机组2套、锅炉4台。该期土建工程由建筑工业部西北第三工程公司承包，安装工程由燃料工业部西安基建局第32工程处承包。

1956年1月18日，主厂房正式破土动工，建筑工程量为126 200立方米，其中汽机间基础工程量1 136立方米，锅炉间基础工程量987立方米；主厂房由锅炉间跨度27米，汽机间跨度25米的厂房组成。1号烟囱和1、2号冷却水塔及主厂房同时开工。1号烟囱为混凝土结构，出口直径为5.1米，底部直径为7.42米，高度80米；1、2号水塔为钢筋混凝土结构，双曲线塔身，每座水塔淋水面积为1 520平方米，水塔底部直径47.4米，塔高 55.3 米。

1957 年 9 月 20 日，1 号炉安装完毕，9 月 30 日 1 号机安装完毕。10 月 8 日，整套机炉点火启动后经 72 小时试运完毕，10 月 16 日移交生产，11 月 30 日正式并网发电。

为庆祝陕西省第一座高温高压热电厂的建成投产，1957 年 11 月 30 日在第三发电厂隆重举行了落成典礼，中共陕西省委书记处书记方仲如剪彩并讲了话，他说："西安市第三发电厂的胜利建成并正式发电，标志着我国在陕西地区现代化工矿企业建设已有巨大飞速发展，标志着我们工人阶级能够克服一切困难，取得祖国社会主义建设的光辉胜利。"

1958 年 1 月 14 日，一期工程 2 号 2.5 万千瓦机组试运完毕并移交生产。1 月 24 日，与苏联专家办理设计安装完毕验收签字手续。1 月 27 日，西安电业局局长胡邦凯代表启动委员会宣告："298"工程启动委员会工作圆满结束。3 月 10 日，机组并网发电。至此，一期工程建设完成，标志着陕西进入了高温高压机组发电的新阶段，电厂在保证惠安化工厂用电用热之外，还缓解了西安地区工农业生产和市政建设对电力迫切需求的矛盾。

工程建设期间，1955 年，先后从东北的抚顺和阜新、华北的石景山、华东的杨树浦等发电厂调来一批技术骨干，同时从陕西农村、西安、上海等地招收了一批学徒工，分别送往抚顺、阜新、大连富拉尔基等发电厂实习培训。1956 年，从电力部派往苏联学习的工人、技术干部中抽调部分人员，充实到各关键岗位。1957 年，沈阳电力技工学校和西安电力学校毕业生先后分配到第三发电厂。投产时，全厂共有职工 698 名，其中工程技术人员 55 名，为电厂顺利投产奠定了良好的基础。

一期工程从筹建到投产历时 4 年，按原设计要求圆满完成任务。其主要成绩表现在：一是千方百计保证工程进度。1955 年第四季度，在施工前抓紧完成了施工用的水源、电源、临时道路、上下水道、铁路、围墙等项工程，为接运设备、储备材料准备了充分条件。1956 年第二季度国家钢材发生困难，西安市委责成西安工程管理总局组织平衡调拨，使土建工程得以顺利进展。二是克服重重困难确保工程质量。甲方和乙方都没有建设高温高压电厂的经验。工程人员边干边学，互相协作，由甲方生产检修人员组成工地代表小组，会同乙方依照工程质量标准进行全面检查监督，认真进行分段、分部和分项验收。工程开始不久，建设者们及时发现了水文地质方面的一系列问题，并在西安市委领导的大力支持和苏联专家的帮助下，及时采取措施，消除了隐患。三是自力更生，勤俭建设。在施工中建设者们合理安排施工场地，临时铁路比原设计缩短 2 公里，减少了混凝土浇灌的运输路程。他们还就地取材，选用涝河滩的石料，比取莲花寺的石料降低成本60%。四是紧抓技术培训，保证安全运行。为确保机组投产后的安全运行，施工期间，苏联专家抽出时间给技术人员和工人上技术课，传授检修和运行经验。机组试运过程中，全体运行人员自始至终参加，不仅及早熟悉了设备系统和设备性能，而且及早发现了施工中存在的缺陷，把事故隐患消灭在正式投产之前。

由于建设经验不足，也出现了一些明显的问题：一是由于勘测资料不够准确，开工后暴露了工程地质、水文地质方面的问题，增加了工程投资。二是安全意识薄弱，死亡事故较多。三是为追求速度而造成的差错较多。四是缺乏远见性，造成后来扩大生产的困难。

1958年3月，西安市第三发电厂改名为鄠县热电厂（1964年后为户县热电厂）。同年9月，二期工程开工建设，为一台5万千瓦的苏制汽轮发电机组和一台苏制锅炉，均在一期基础上延伸扩建。工程由省电力设计院设计，省纺织建筑公司承担土建，省电业局火电工程处承担设备安装。一期工程的3、4号炉与二期工程同时安装。3、4号炉分别于1959年4月4日、11月11日投产，5号炉于1961年元月5日投产。当时正值国家困难时期，3号炉减少了一套制粉系统。

1961年11月，三期工程开工建设，为一台国产5万千瓦发电机组和一台国产锅炉。工程由西安电力设计院设计，省电力纺织建筑公司第二、四工程处和西北电力建设局第三工程公司先后负责承建。1962年根据当时国民经济调整的方针，上级决定缓建。1965年6月又恢复建设，1966年1月安装完毕，4月26日投入生产。

20世纪60年代后期，随着三线建设的发展，电力负荷快速增长，需求难以平衡。经国家计委和电力部批准，户县热电厂四期工程开工建设。四期工程为一台东德产5万千瓦汽轮发电机和一台EKM200锅炉，由西北电力设计院设计，西北电力建设局第三工程公司承建。工程于1968年10月开工，1970年8月1日正式投入生产。至此，户县热电厂从筹建开始，历时17年，分四期工程共安装汽轮发电机组5台，装机总容量20万千瓦，年发电量约15亿千瓦时；锅炉6台，总蒸发量每小时1 050吨，供热能力每小时260吨。

二

安全是电厂的主题,是电厂生产的命脉。自投产以来,鄠县热电厂坚定不移贯彻"安全第一"的生产方针,结合电业生产的特点,在坚持不懈地抓安全、抓培训中培养了良好的作风和企业精神。首先,增强职工安全意识。用典型事例和血的教训教育每个职工懂得"电业的事故就是工业的灾难"的道理。新工人进厂必须经过厂、车间、班组三级安全教育,进厂的第一课是安全教育课,学习的第一本书是"电业安全生产规程",上岗的第一关是必须经过"安规"考试,合格后方可上岗。其次,不断完善安全管理机构。刚投产时就设置了运行监察,几十年来名称多次变化,但安全管理机构却一直不断充实完善:由运行监察发展成为安监科,由一名工程师负责发展为在全厂建立起厂、车间、班组三级安全管理网,发动群众参加安全管理。厂里坚持每周召开一次安全经济分析会,每年进行"春安""秋安"两次大检查,规定人人都要到安全教育室接受教育,人人都要参加"安规"考试,人人都要参加安全大讨论。再次,是从实践中提炼科学管理方法,用以指导安全生产工作。总结提炼出安全管理"三到位"(安全技术措施到位、干部管理责任到位、技术监督到位)和安全生产"三不放过"(违章、违纪行为不放过,安全隐患不放过,不安全苗头不放过)及"三个天天讲"(安全天天讲、文明生产天天讲、科学管理天天讲)。这些方法的应用,在安全生产中收到良好的效果。

紧抓业务技术培训,提高全体职工素质,是户县热电厂振兴发展的根本途径。电力生产是一门技术性较强的工作,鄠县热电厂历来对生产技术培训工作非常重视。投产前,除从沈阳、西安电力学校分配来一批学生外,还把一批新员工送到东北老电厂进行实习培训。加上国家从东北、华东等电厂调来的一批骨干以及留苏学习干部,使投产后电厂的各个关键岗位都有技术骨干发挥作用。投产的第一年,就取得了两个"百日安全"的好成绩。因此,电力部于1958年在鄠县热电厂召开了全国新机组投产现场会。

在提高工人技术水平方面,早期主要是结合实际,按运行和检修特点,分别由浅入深地进行培训。面对工人开展"三熟"(系统熟、设备构造熟、工艺规程和操作过程熟)、"三能"(能操作、能维护、能检查和排除故障)竞赛,使其逐步达到"一专多能"。20世纪70年代初期,企业在抓青工教育中,掀起了学技术、比贡献的热潮。短期内技术资料室就有400多册技术书籍被借走；锅炉运行工人编写了5万多字的《锅炉学习资料》，做到人手一册；电气车间也自编了300多页的《全厂二次回路图》；修配车间普遍签订了《师徒合同》。为此，《陕西日报》、陕西电台、中央人民广播电台等分别于1974年、1977年先后两次报道了户县热电厂培养又红又专接班人的先进事迹。

之后，厂里制定了"八五""九五"期间职工教育和培训计划，广泛开展各类专业技术培训班、岗位练兵、技术比武、反事故演习等活动。1995年，邀请西安交通大学在企业设立函授教学点，开设了为期四年的电气、热动两个专业业余函授班，使职工的业务素质实现了持续提升。

三

20世纪90年代以前，户县热电厂曾有过几度辉煌的历史。

1960年3月12日，首创481天的安全生产最高纪录，名列全国同类型电厂第一名。1975年至1977年期间，企业以大庆为榜样，狠抓企业管理，检修工人实行"四个台台"管理，即台台设备有人管、台台设备有台账、台台设备健康水平要摸底、台台设备要升级。运行班组开展了"秒秒压红线"竞赛，实现气温、气压额定参数稳定运行，连续三年技术经济指标创历史最好水平，全厂综合出力提高了16.5%。户县热电厂做到了开得动、调得出、高峰顶得上、低谷压得下，被评为全国首批工业学大庆先进单位。1977年，厂党委书记兼革委会主任李霄鹏出席了全国工业学大庆会议。同年8月，户县热电厂参加了水利电力部组织的工业学大庆宣讲团，在全国21个电力企业中宣讲企业管理经验。

20世纪80年代中期，企业对"文化大革命"时期失修的设备进行了全面检修，使20台主设备的完好率一直保持在100%，开创主设备21个月无临时检修、1 620天无设备事故的安全生产局面，创造1 362天的全国同类型电厂最高安全生产纪录。企业在水电部9厂劳动竞赛评比中荣获第一名，还先后荣获过国家经委颁发的"节能银奖"、水利电力系统先进集体、陕西省人民政府命名的"六好企业"等20多个省级以上光荣称号。

随着韩城、秦岭等电厂大机组相继投产发电，户县热电厂在陕西电力系统的地位从首位一步步后移。机组容量相对于新厂越来越小，设备越来越老化，离退休人员多，电热价不到位等，使企业背负的包袱越来越重。面对新的发展形势，1993年上任的厂长孟德权和新领导班子带领全厂职工三年迈了三大步：1994年全年安全生产无事故；1995年安全文明生产双达标，发电量创历史最好水平；1996年被评为全国电力行业双文明单位。

1997年，已有40年历史的户县热电厂以"达标治漏关键在人、责任到岗、压力到人、突出重点、全面推进、严字当头、确保安全"32字为指导方针，全厂团结拼搏，实干苦干，实现"无泄漏工厂"新目标。全厂共有动静密封点118 845个，泄漏率仅为0.15%，优于部颁0.5%的火电厂"无泄漏"考核标准。"以大代小"的2×300兆瓦技改工程的立项报告已获网局批准，并列入"九五"计划，正式上报电力部。户电人不仅有值得自豪的昨天和今天，更会有辉煌灿烂的明天。

四

2002年，按照国家电力体制改革安排，户县热电厂所有资产人员划入中国大唐集团有限公司，并更名为大唐户县热电厂。2004年7月19日，户县热电厂2×300兆瓦技改项目终于破土动工。2005年，成立了大唐户县第二发电厂。经过一年多的披星戴月、艰苦奋战，两台高参数、高容量、技术领先、节能环保的纯凝发电机组分别于2005年11月25日、12月6日顺利完成168小时试运行，在同一年内实现双机投产发电。

随着国家"节能减排、上大压小"政策的实施，为贯彻科学发展观，实现省、市"十一五"节能减排目标，2007年大唐户县热电厂#3、#4、#5机先后关停；#1、#2号供热机组在大唐户县第二发电厂两台300MW凝汽机组供热改造完成后，也于2010年5月30日关停，户县热电厂成为了"空壳"电厂。关停后六炉五机热电机组保持原貌，现为中国大唐集团干部培训学院、大唐陕西发电有限公司培训基地。

作为一个老工业基地，户县热电厂曾为陕西地方经济和军工企业发展乃至全国电力发展作出了自己应有的贡献！企业自1957年11月30日首台机组并网发电到2010年5月30日全部关停，机组共运行53年零150天，累计对外发电604.549亿千瓦时，对外供热11 127.69万吉焦。

机组全停后，户县热电厂不等不靠，自我加压，1 400余名职工在厂党政班子的带领下，励精图治、共渡难关，坚守阵地、培育人才，抢占市场、锻炼队伍。在科学发展的征程中，"特别能吃苦、特别能战斗、特别能奉献"的户电人，以"敢叫日月换新天"的

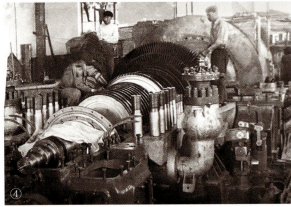

① 工厂第三届党代会代表合影（20世纪50年代）

② 工厂发电机转子吊装（1958年）

③ 建厂初期景观（1954年）

④ 发电机组安装（1954年）

⑤ 工厂内花团锦簇（马驰摄影）

昂扬斗志，走上了二次创业的发展之路，积极开展对外承检承运工作。2004年底成立户二项目部，2007年初成立运城项目部，2008年3月成立彬长项目部，形成了"一厂四地"的运营格局，走出了一条老厂求生存的新路子。几年里分别承揽了省内外三家新建大机组的长年检修维护和辅助运行工作，参与了系统多台机组的运行维护及70余台次大型检修工作，树立了良好的品牌形象；同时还向土耳其、菲律宾输出劳务人员，为承检承运队伍走向国际市场进行了有益的尝试。

2015年12月，按照中国大唐集团有限公司改革要求，大唐户县热电厂与大唐户县第二热电厂（曾名大唐户县第二发电厂）正式合并成立新的大唐户县第二热电厂。2018年6月，企业划归为大唐陕西发电有限公司内部核算单位，正式更名为大唐陕西发电有限公司西安热电厂（简称大唐西安热电厂），现役2台300兆瓦热电联产机组，总装机容量60万千瓦。除去发电任务外，还担负着为西安北方惠安化学工业有限公司、西安惠大化学工业有限公司等提供工业用气和为西安市鄠邑区、长安区居民冬季供暖的任务。投产十多年来，企业先后荣获"中国电力优质工程""国内一流火力发电机组""全国电力行业优秀企业""中国电力企业联合会全国300MW级亚临界纯凝湿冷机组对标4A级"，以及中国大唐集团有限公司"一流企业""文明单位"等多项省部级荣誉。

站在新起点，作为陕西省东南断面重要电源负荷支撑点，西安市西南区域最大的热力生产基地，大唐西安热电厂始终高举高质量发展的旗帜，坚持绿色发展理念，牢固树立安全生产"红线意识、底线思维"，坚持长治久安的管理思维，认真落实《安全生产法》和《环境保护法》的要求，先后投资5.2亿元完成了两台机组脱硫脱硝及超低排放改造，改造后颗粒物、二氧化硫、氮氧化物排放指标均远低于国家标准，成为西安市周边首家通过环保验收的燃煤火电企业，被列入陕西省第一批建立排污公告屏接收社会监督的企业，是陕西省第二家取得排污许可证的火电企业，向社会展示了央企的社会责任和政治担当。

（王柏景执笔）

陕西首个年产 120 万吨的现代化煤矿

铜川矿务局王石凹煤矿

铜川矿务局王石凹煤矿是"一五"期间苏联援建我国的 156 个重点项目之一。该矿区探明原煤储量 15 380 万吨，设计年产 120 万吨，可开采 73 年。从 1961 年投产至 1997 年上半年，这个矿已累计生产原煤 3 597.8 万吨。勤劳的矿山人不仅为祖国的煤炭事业作出了贡献，也为矿山的繁荣写下了辉煌的篇章。2018 年 11 月 15 日，王石凹煤矿被列入第二批国家工业遗产名单。

一

中华人民共和国成立后，国家考虑到西北工业的发展，决定在西安附近筹建灞桥、户县火力发电厂，但是大量的电力用煤从何而来？于是，建设大型的矿井和建设火力发电厂同时列入国家的议事日程。经过调查勘探，国家决定在刚刚成立的铜川矿务局内建设一个大型矿井，这个矿井因地而得名，叫王石凹煤矿。

1957 年隆冬，根据西北煤管局提供的勘探报告和苏联列宁格勒彼（彼得格勒，全书同）设计院提供的设计方案，一支由 20 多人组成的建井队带着简单的机械，迎着凛冽的寒风踏进了建井工地。首先开掘的是主井。随着职工的增加，副井也开始挖掘。在主副井向地下延伸的同时，公路、铁路也同时由铜川向这里铺展。竖井工程完成，井下主要巷道按计划开始施工。经过建设者近三年的努力，到 1960 年年底井巷工程全部完工。随之，建设者们又投入到紧张的机械安装和试运转之中。

1961年11月20日，对刚刚诞生的王石凹煤矿来说是个难忘的日子。煤炭部、西北煤管局、铜川矿务局的领导以及从各地调来的近4000名职工云集这里。投产典礼在一片鞭炮声中进行，机械轰鸣，矿山沸腾，参加建井的职工眼里嵌着泪花，欢呼声、笑声在山野里久久回荡。原煤源源不断地从井下涌向地面，火车满载着矿山人的劳动成果驰向远方。矿山人把全部的希望和热情都投入到这新的矿井之中。

由于苏联列宁格勒设计院的设计不符合当时生产水平和王石凹矿复杂多变的地质条件，致使投产才三年多的矿井主要运输大巷、总回风巷被压垮6 900多米，主副井严重变形，风井枝滑坡拦腰切断，矿井被迫停产。王石凹人的心头像压了块巨石一样沉重。之后，王石凹矿按照西北煤管局的安排，立即开始了全面的矿井修整工作。4 000名矿山儿女决心在这个"伤心井"上打一场自力更生、重建家园的翻身仗。

王石凹人采用西安煤矿设计院的修改方案，将水平运输大巷东西两翼移至10号煤层坚硬的石灰岩下，将总回风巷、采区上下主要巷道以及区段集中运输巷、回风巷等开拓准备巷道统统改在煤层底板下的奥陶岩下，有效地改善了主要巷道的维岩状况。同时，又将原来采区分煤布置改成采煤联合布置，加固了井筒，改进了风井。整个返修工程，王石凹人仅用一年时间就全部完工。有关专家惊叹道：这样大的工程，如此快的速度，即使在工业发达的国家也难以想象。

井下运输巷道畅通了，天轮又哗哗地开始转动。正当王石凹人憋足一股劲，要把生产搞上去，把浪费的时间抢回来时，一场史无前例的政治动乱又席卷了矿山。

这场政治动乱，乱了矿党政组织，乱了职工的心，乱了矿区的生产和生活秩序，致使矿井生产一跌再跌。在"文化大革命"最初的几年内，这个设计年产120万吨的大型矿井，最低日产仅3吨煤，全矿生产陷入空前的迷茫和停滞状态。

王石凹煤矿将走向何处？

二

1971年年初，饱经数年动乱的王石凹人在经历了生产停滞、生活混乱之苦后，迫切要求恢复正常的生产、生活秩序。矿党委根据广大职工的强烈愿望及时提出了"安下心，扎下根，团结起来闹翻身"的口号，在极"左"思潮盛行的年代，王石凹人顶逆流，排干扰，大打生产翻身仗。

一线战正酣，后勤怎么办？机关干部说："当日工作当日完，紧急工作连轴转，12点前不关灯，24小时都办公。辅助单位实行三人工作二人干，抽出一人上一线。"

矿山铁人梁思云，这个后来成为党的十大代表和全国煤炭系统劳动模范的关中汉子，作为一名普通的采煤工，在奋战煤海夺高产的日子里，扑在掌子面与烈火搏斗，也曾用血肉之躯顶住片帮煤，使工人兄弟死里逃生。

"煤矿工人意志艰，脚踏煤层头顶山。祖国需要好煤炭，汗水洗衣心喜欢。"梁思云的这些话，表达了王石凹矿职工的共同心声。王石凹人就是凭着这么一个改变矿山面貌的决心和一股子干劲，向着三年三大步的目标迈进。

一分耕耘，一分收获。1971年王石凹煤矿年生产煤71万吨，创造投产10年最高的生产纪录。1972年王石凹煤矿原煤生产再创佳绩，年产突破百万吨大关。1973年11月12日，这又是一个让王石凹人永远难忘的日子，王石凹煤矿提前19天完成120万吨的年产任务，达到设计水平。

三年闹翻身的目标实现！矿工们笑了，笑声融入了艰辛劳动后丰产的喜悦，饱含着对繁荣矿山的希望和憧憬，传递着一个洪亮声音——王石凹人能通过自己的努力走向辉煌。但是，这条辉煌之路，再次被政治的风云阻断了。"四人帮"阴谋篡党夺权所掀起的"评法批儒""反击右倾翻案风"等一个接一个政治运动又铺天盖地向矿山袭来。稳定的生活和生产秩序遭到破坏，王石凹煤矿的原煤生产又一次陷入困境。

"山重水复疑无路，柳暗花明又一村。""四人帮"被粉碎后，拨乱反正，迅速恢复经济的决策犹如一股春风，吹响了王石凹人走向腾飞的号角。1977年，王石凹人在条件极其艰苦的情况下，甩开膀子大干，把多年积压的热情释放出来，年底拿下100万吨产量。

1978年王石凹煤矿再次拿下120万吨的产量，第二次达到设计水平。

1979年，是一个硕果累累的丰收年，在全矿干部、职工的共同努力下，实现投产以来最高年产量133万吨。

隆重的庆功大会召开了，上级领导祝贺来了，各方面的记者采访来了，兄弟单位取经来了……当年参加过投产典礼的老工人，在庆功会上流下激动的热泪。

如果说三年闹翻身只是王石凹煤矿走向辉煌的序曲，改革开放则使王石凹煤矿步入辉煌之路。这辉煌带给王石凹煤矿连续6年100万吨的高产，这辉煌带给王石凹煤矿的是繁荣和变化。

采煤五区是王石凹煤矿的台柱子。这个区 1981 年 9 月开始使用高档普采，1982 年一举夺得年产 54.6 万吨的好成绩，获得全国高档普采冠军，进入全国甲级队行列。之后这个区又两次获得全国高档普采冠军，6 次进入全国甲级队。其中涌现出了全国劳动模范梁思云，全国五一劳动奖章获得者梁岁牛、全国优秀思想政治工作者牛治清。采煤五区荣获全国煤炭系统双文明红旗单位。这支经过磨炼，能打硬仗的队伍，为王石凹煤矿变革发展立下了汗马功劳。

在采煤获得巨大丰产的同时，掘进也两次攀上年进尺 20 242 米和 21 507 米的全国领先纪录。掘进三队是王石凹煤矿的掘进突击队，在 1984 年 9 月煤炭部和团中央组织的"争先锋、创水平"竞赛中，以岩巷炮掘单孔月进 611.7 米的成绩，夺得全国第一名，该队被团中央命名为"新长征突击队"。该队党支部书记冯养志荣获全国边陲优秀儿女银质奖章。

在生产突飞猛进的同时，王石凹煤矿各项工作也走在了全局的前列。

王石凹煤矿重视干部队伍建设，将年轻化、知识化、专业化作为选拔使用干部的标准，把德才兼备的年轻干部选拔到各级领导岗位。矿级党政领导在知识、年龄、专业结构上逐步趋向合理，领导班子的战斗力大为增强。

王石凹人尊重知识，爱护人才，把科学知识作为第一生产力，先后推广应用了人工假顶开采法、光面爆破、锚喷支护等科技新成果。不但解决了生产中的许多难题，而且对提高效率、降低成本、节约资金起到促进作用。特别是锚喷技术的推广应用，在国内产生了较大的影响。在改革开放初的 10 年里，先后有 7 人在国家和省市的技术杂志上发表论文，有 62 项科研成果获奖。涌现出了张永文、申秀磊、赵元祥、韩栓祥等多名工作出色的技术人员。采煤五区高档普采工作面设计荣获煤炭部科技成果一等奖。调度模拟盘的自行设计施工，使生产指挥初具现代化水平。

王石凹煤矿重视职工的民主权益，通过职代会制度，让职工参政议政，参与企业管理。广大职工发扬主人翁精神，为振兴矿山献计献策，有近千条合理化建议在生产中得到应用，解决了生产中存在的许多难题，对推动生产发展起到了不可估量的作用。

王石凹煤矿大搞质量标准化建设，使质量标准化工作上了一个新台阶。1987 年王石凹煤矿经煤炭部委托省煤炭厅全面验收，被煤炭部命名为二级质量标准化矿井，成为陕西省煤炭系统首家达标单位。

王石凹煤矿始终把安全生产放在各项工作的首位，通过加强矿井安监队伍建设和职工安全培训、成立职工群安站和安全岗、组织家庭安全帮教小组、举办安全教育展览、组织职工参观学习等，提高了职工的安全意识，使安全生产逐年好转。

王石凹煤矿的多种经营从无到有，从小到大，先后成立家属生产队、劳动服务公司和多种经营公司，办起十多个自负盈亏的网点。这些为王石凹煤矿多种经营的壮大奠定了基础。其中一支由家属和待业青年组成的建筑队，10年中为王石凹矿累计建设住宅77 272平方米，使矿区人均住房由原来的2.2平方米提高到3.4平方米，职工家属从建矿初期的干打垒、土窑洞搬进一座座设计新颖的楼房中，住宿条件得到巨大改善。

改革开放初的10年里，王石凹煤矿还在职工医疗、文化教育、娱乐以及职工思想政治工作方面都做了大量工作，取得显著成绩。1987年至1989年，王石凹煤矿连续三年分别被省委宣传部、省经委、省总工会命名为思想政治工作先进企业。

三

20世纪90年代初，随着计划经济向市场经济的转变，王石凹煤矿又一次面临机遇与困难并存的挑战。已经在计划经济条件下生存了20多年的矿山人，从来都只管采煤不管销售。现在不但要采出煤，而且要销售出去，显然不是一件容易的事。

然而，对王石凹人来说压力还不仅仅来自市场，井下采煤系统也面临大的转变。已经开采了20年的735系统即将完成使命，然而新的650系统还在形成之中。煤炭生产受到严重的影响，1990年的年产量67.6万吨，仅是高产年产量的一半。"战场"问题让王石凹煤矿的决策者们彻夜难眠、焦心如焚。

怎么办？后退是没有出路的，只有向前！"一不等，二不靠，三不埋怨，四不叫，埋头苦干往上搞。"王石凹煤矿的决策者们再次喊响了这凝聚人心的口号。对外抓市场，联系新客户，稳住老用户，拓宽经营路；对内抓管理，挖潜提效，工资向一线倾斜。王石凹人要在艰苦条件下再次拼搏。

全矿上下紧急行动起来，迎着市场经济的风浪和井下艰苦的条件向前闯。1991年产量有了回升，完成年产88.2万吨；1992年产量再上一个台阶，完成年产95.4万吨。王石凹人在内外压力下，夺得产量回升，是不容易的，他们付出的劳动是巨大而又艰辛的。

随着改革的日益深化，由计划经济向市场经济转轨带来的矛盾越来越显露。矿井老化、资金缺乏、煤价不到位，再加之老的采煤系统又临近尾声，王石凹煤矿的生产经营面临严峻的考验，经营亏损的阴影开始笼罩在王石凹人的心头。

1993年产量再次大幅度下滑，资金严重短缺，职工工资不能正常发放。1994年全矿原煤年产量跌落到改革开放十多年来的最低点：年产53.4万吨，生产经营步入低谷。

王石凹煤矿的决策者们再一次冷静地思考着矿山的出路。在新的生产系统还没有投运前，大干快上不可能，只有在现有条件下，挖潜改造，减人提效，发展"三产"，以减轻煤炭生产的压力。

在王石凹人的努力下，原煤生产缓慢回升，1995年生产原煤73.3万吨，1996年达到77.9万吨……

经过数年市场经济磨炼的矿山人，清醒认识到，要让产品占领市场，用户满意，就必须提高产品质量。1996年年底，王石凹煤矿投资70多万元，对地面筛选系统进行了改造。经过改造的筛选系统，煤质提高了一级，1997年上半年，煤质净增收入30多万元。

井下650系统，经过掘井工人数年的开拓已基本形成，1997年年初开始投入使用。尽管650系统还是一个"新生儿"，还需要做大量的工作使之更加完善，但王石凹人毕竟看到生产大上的曙光。

四

为了响应国家节能减排、环境治理以及供给侧结构性改革政策的需要，王石凹煤矿于2015年正式关闭，成为见证"一五"时期156个重点工程建设项目的工业遗产。这些工业遗产是工业文化的重要载体，记录了我国工业发展不同阶段的重要信息，见证了国家和工业发展的历史进程。

工业遗产指具有历史、技术、社会、建筑或科学价值的工业文化遗迹，包括建筑和机械，厂房，生产作坊和工厂矿场以及加工提炼遗址，仓库货栈，生产、转换和使用的场所，交通运输及其基础设施以及用于住所、宗教崇拜或教育等和工业相关的社会活动场所。

2015年，王石凹煤矿关井后，采取政府与企业合作的模式，成立了陕西王石凹煤矿

王石凹煤矿

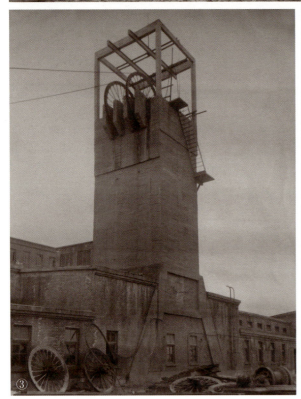

① 1957年12月2日王石凹立井开工建设

② 王石凹运煤专用线建成并入陇海线

③ 副井井架旧貌

④ 1963年王石凹煤矿成立砖瓦厂

⑤ 井下采煤运输线

⑥ 1968年王石凹煤矿成立家属农业生产队

工业旅游开发公司，以"传承红色基因、守护矿业历史、提升煤企文化、弘扬矿工精神"为定位，依托陕煤集团、铜川矿业公司深厚的历史文化底蕴和工业遗产，将王石凹煤矿打造成集研学培训、科普教育、文化展示、沉浸体验等为一体的综合性工业遗址项目。

目前矿内保存完好的建筑物及矿井设备，系苏联列宁格勒设计院专家设计，能真实反映国内煤炭行业不同时期不同阶段最先进采煤工艺的炮采、高档普采及综采设备等一系列工业项目，具有一定的文物价值和保护价值。

矿井现存的炮采、高档普采、综采设备、主副井提升设备等一系列工业遗产，具有煤炭行业的典型性和稀有性，不仅能够再现我国各个历史时期煤炭开采的顶级水平，更可为了解陕西省乃至国内煤炭工业的开采史提供弥足珍贵的历史证据。

王石凹工业遗产公园投资10亿元，利用王石凹煤矿旧址具有的煤矿工业特色，建设了巨鳌探海、钢缆钓日、乌金飞瀑、蛟龙潜洞、亭阁挂月、古槐迎客、缆车如梭、银河坠地等八景。

王石凹工业遗产公园恢复矿区生态，不但解决下岗职工再就业问题，还改善环境，利用矿区的特有条件，采用保留、改造利用、再生设计等途径，将王石凹煤矿打造成一个以煤矿工业为特色，以煤矿探秘娱乐、怀旧教育体验、工业科普教育、综合生态治理等多功能于一体的煤矿工业遗址公园。因其重要的文化价值、历史价值、科技价值、社会价值和艺术价值，王石凹工业遗产公园先后被认定为"国家工业遗产"、首批"中国文化遗产陕西省文化遗址公园""陕西省文物保护单位""照金干部学院现场教学点"。

（贾会民、介海善执笔）

亚洲最大的现代化水泥企业

耀县水泥厂

陕西省耀县水泥厂现名陕西秦岭水泥股份有限公司，是"一五"期间国家重点建设项目之一，由民主德国援建，1956年开始建设，1959年8月28日正式投产。工厂从筹建到正式投产仅仅用了3年时间，年产70万吨水泥规模，为当时亚洲最大的水泥生产企业，号称"亚洲一号"，创造了耀水速度，为我国建材工业发展史添上了浓墨重彩的一笔。经过1978年、1989年和1995年3次大的扩改建，企业拥有4条湿法工艺生产线和2条干法工艺生产线，年产水泥能力167万吨，成为国家二级企业和大型一档企业。耀县水泥厂生产工艺和设备先进，技术力量雄厚，其中5号窑生产线作为"七五"国家重点项目和科技攻关示范项目，日产熟料可达2 000吨，达到20世纪80年代末国际先进水平。企业现有职工近5 000人，其中高中级工程技术人员350名、国家级著名水泥专家数人。企业有现代化的产品检验、新品种研制和技术开发两大中心，为产品质量全优化和保持工艺技术的先进水平提供了坚实的保障。企业是陕西省利税大户和经济明星企业，还被评为全国500家最佳效益工业企业和全国建材百强企业之一。

1996年企业改制，成立陕西秦岭水泥股份有限公司，并于1999年12月秦岭水泥股票上市。

2006年，国家发改委、国土资源部、中国人民银行正式将企业列入"区域性大型水泥企业"行列，2007年被列入全国重点支持的60家水泥企业，还被陕西省政府指定为全省八大支柱产业的24个重点骨干企业之一。企业提出打造西部"水泥航母"发展目标，并逐步实施以西安为中心、环关中地区、辐射陕南陕北的战略布局，相继在西安、宝鸡、延安、安康、渭南等地建立了多个粉磨站和仓储中心。2006年6月，我国西部地区首条日产5 000吨新型干法水泥熟料生产线建成投产，这是企业打造西部"水泥航母"的重要举措，也是陕西省"一线两带"建设的重点工程，被列为国家第二批重点技术改造"双高一优"项目。2007年，全省最大的年产200万吨水泥粉磨项目建成投产，至此，企业年水泥生产能力达到500万吨，规模到了历史巅峰。

随着企业生产规模的逐步扩大，耀县水泥厂打造的"秦岭牌"水泥经过持续发展、不断创新，形成了通用、特性、特种三大类十几个品种的水泥产品，拥有"秦岭"牌通用水泥P.O（普通水泥）、P.C（复合水泥）、P.F（粉煤灰水泥）三个系列主导产品。耀县水泥厂自20世纪80年代起先后研制开发了525#R普通硅酸盐水泥、75℃油井水泥、API油井水泥、早强水泥后，2000年又研制开发了经济实惠的复合水泥。"秦岭牌"水泥多项系列产品采用当时业界最新的技术和装备，生产和检测达到国内一流水平，其中"秦岭牌"水泥42.5R、52.5R普通硅酸盐水泥连续18年保持省优、部优称号。水泥质量连续20年保持"双百"合格，彰显公司的技术实力和产品研发实力，树立了企业形象，企业资信为AAA级。经过几十年的发展，"秦岭牌"水泥多次荣获国家免检产品，成为陕西省著名商标，成为全国水泥行业的一张响亮名片，成为走向全国的著名品牌。在国内，龙羊峡、葛洲坝、北京亚运村、"亚洲第一隧道"——秦岭终南山隧道等国家重点工程均使用秦岭牌水泥；同时，"秦岭牌"水泥还出口东南亚等地区，托起一座座标志性建筑，浇筑下自己的丰碑。

2015年中国再生资源开发有限公司成为秦岭水泥第一大股东。企业主要从事"秦岭牌"水泥的技术开发、生产销售、技术服务，可承担国内外水泥生产线调试、生产、维护、综合劳务、技术服务总承包等。

近年来企业着眼于产业和产品的升级换代，走出了一条高标准、高品质、特种特性专用水泥的转型之路，采用国际先进标准研制了家装专用水泥、彩色硅酸盐水泥、快硬快凝水泥等特种特性系列水泥产品以及水泥涂料、水泥漆、土壤固化剂等新材料，还积极探索并开发了水泥创意近百种系列产品。这些水泥创意产品具有美观、实用、绿色环保等特点，是礼仪交往、馈赠亲友的首选礼品。企业还涉足于资本市场和现代服务业等领域。

① 1958年工厂干部与东德专家在一起

② 湿法线倒料搅拌池

③ 建设中的耀县水泥厂（20世纪50年代）

④ 陕西省耀县水泥厂新颜

企业以"无形的贡献,有型的成功"为愿景,继续发扬"艰苦奋斗、百折不挠、勇于拼搏、改革进取"的企业精神,秉承"把我们的每一件事情做得更好"的企业理念,积极打造现代新型企业,力争作出新的贡献。

(耀县水泥厂供稿)

我国第一架轰炸机与
第一架民用客机从这里起飞

西安飞机制造厂

西安飞机制造厂创建于 1958 年 5 月 8 日,为"二五"期间苏联援建我国的重点工程项目,在建厂初期曾用名国营陕西机械厂,先后更名国营红安机械制造公司、西安飞机制造公司,1996 年更名为西安飞机工业(集团)有限责任公司,简称"西飞公司",现变更为"中航西安飞机工业集团股份有限公司",隶属于中国航空工业集团公司,是我国大中型军民用飞机研制生产的重要基地,是中国民机的先行者,也是国际航空产业合作和航空产业海外投资的开拓者。公司拥有 20 多家控股和参股企业,科研生产占地面积约 400 万平方米,拥有各种设备近 15 000 台(套),资产总额 380 多亿元。

一

1956 年 7 月,国务院副总理李富春率中国经济代表团访问苏联,签署中苏两国政府《关于建设项目谈判备忘录》,"二五"期间苏联将援建我国 78 个重点项目,其中即包括苏联援建我国生产 TY 飞机项目。

"二五"初期,国家原来安排 TY 飞机项目在甘肃省张掖地区建设,后因张掖自然条件所限,改在陕西省临潼县阎良地区建设。1958 年 3 月,国家计委批准迁建方案。

西飞公司选址阎良，首批需征购土地 3 500 亩，搬迁 6 座村庄 205 家农户。1958 年 7 月，工厂与临潼县政府共同组成征地迁移办公室，开始着手征购土地、迁移村民工作。由于县政府的重视，征地和迁移工作进展顺利，保证了工厂建设进度按计划进行。紧接着要解决的是水源地建设问题，以满足工厂当时昼夜供水 2 万吨的要求。勘察人员在地方政府协助下，从阎良沿石川河直至上游耀县，在 80 平方公里范围内进行勘察、钻探、取样试验，肯定了富平石川河沿线建设水源地的可能性。1958 年秋，第一批水源地项目动工建设，1959 年底建成供水，保证了建厂初期供水的需要。

1964 年，工厂进入边基建边生产阶段，职工不断增加，生活用品供应出现困难。陕西省委得知情况后，第一书记张德生派省委常委刘子义等到阎良调查研究，帮助企业解决了商品供应等问题。为了从根本上解决 172 厂等单位的生产、生活问题，陕西省委 1966 年 12 月 8 日决定，将阎良地区划归西安市管辖。从此，阎良在西安市的直接领导下，着力为国家的航空工业基地打造良好的生产生活环境，市政建设逐步加强，职工生活条件不断改善。

西飞公司于 1958 年 8 月开工建设，1966 年基本建成。1970 年至 1972 年，根据工厂发展和新产品试制的要求，又扩建厂房 3.4 万平方米。至 1985 年底，全厂占地 244 万平方米，完成固定资产投资 3.08 亿元；建成房屋建筑面积 78.7 万平方米，其中工业生产建筑面积 40.3 万平方米；铁路专用线 3 公里；拥有职工 14 920 人，其中工程技术人员 2 690 人；机械设备 4 395 台，其中金属切削设备 1 247 台、锻压设备 223 台、航空专用设备 123 台。西飞公司已具备相当规模，成为一个能生产多种军民用飞机的大型航空工业制造企业。

二

西飞公司在建厂初期，就发挥技术优势，边基建边生产，为国防建设和国民经济发展作出了贡献。1963 年 6 月至 1964 年 9 月，西飞公司将一架 TY-16A 型飞机改装成投放原子弹试验机，于 1965 年 5 月 14 日成功首次进行空中核试验，为我国核弹试验立下汗马功劳。西飞公司 1959 年开始承担仿制苏 TY-16A 型（轰-6）飞机任务，经过十年努力，1968 年 12 月 24 日第一架轰-6 飞机首飞成功，结束了中国不能生产轰炸机的历史，标志着中国航空工业进入新的发展时期。1970 年，西飞公司研制出第一代运 7 民用飞机，曾先后向中国民航交付 73 架，在 20 世纪 80 年代一度成为国内民机最大的机群，西飞公司因此成为我国民机研发的开路先锋。

西飞公司航空主业突出，综合实力雄厚，产品特征鲜明，在相关产业领域具备独特的规模优势和发展潜力。近年来，公司发展不断增速，能力和实力持续增强，在大型运输机、大型预警机和C919大型客机等方面，为我国国防装备建设和航空工业发展作出了重要贡献。在建军90周年阅兵中，公司研制的"鲲鹏""战神"等四型飞机呼啸飞过朱日和上空，接受检阅，大振军威、大振国威。

西安飞机工业（集团）有限责任公司飞机型号简介

1. 鲲鹏

"鲲鹏"大型运输机是我国首次自主研制的大型多用途运输机，由航空工业一飞院设计，航空工业西飞公司为主制造，于2013年1月26日成功首飞。

"鲲鹏"是《国家中长期科学和技术发展规划纲要（2006—2020年）》16个重大专项之一，可在复杂地域和气候条件下执行各种装备、物资和人员长距离、快速航空运输任务，是适应现代社会和国民经济建设快速发展需要、服务军队现代化建设、应对抢险救灾、国际人道主义援助等紧急情况而研发的一款重要装备，对振奋民族精神，加速科技产业发展和建设创新型国家，提高综合国力和大国地位具有重要意义。

"鲲鹏"研制成功，实现了我国大型运输机自主发展"零"的突破，取得关键技术集群式的突破，构建研制、配套及保障体系，走出了大型复杂航空装备管理的新路，培养了大批高素质人才队伍。同时，在研制过程中形成"大情怀、大奉献、大协同、大跨越、大运载"的大运精神，彰显研制全线执着追梦、创新求变、激情超越的精神风貌，以及航空报国、强军富民的雄心壮志和豪迈气概！

2. 轰-6加油机

轰-6加油机是我国自主研制成功的第一种空中加油飞机，在轰-6飞机基础上改型研制而成。轰-6加油机具备同时为两架作战飞机空中加油的能力，可使作战飞机增长航程，延长留空时间，增加有效载荷。该型飞机的研制成功，显著增强了我航空兵远程、连续作战能力。

3. 轰-6K 飞机

轰-6K 飞机是在轰-6 飞机基础上，根据现代战争特点进行全面改进研制的战略轰炸机，具有打击敌第二岛链能力，是空军执行威慑和对地打击的主要装备。可以从内地二线机场起飞，于敌地面防空武器火力圈外发射远程空地导弹和空射巡航导弹，远距离精确打击敌战略、战役纵深重要军事目标。在敌主要防空武器被压制或摧毁的情况下，突防至敌纵深，对地面目标实施临空轰炸。

4. 歼轰-7"飞豹"飞机

1988 年 12 月 14 日，西飞公司生产的歼轰-7"飞豹"首飞成功。它是我国自主研发的双座双发超音速全天候歼击轰炸机，荣获国家科技进步奖特等奖。

按照航空工业 AOS 运营体系一部署，西飞公司明确了"围绕价值链，部署创新链，架构信息链，嵌入责任链"治理思路，在行业内率先建立发布运营管理体系架构 V2.0，以业务流程为核心，横向满足客户、股东要求，纵向贯通内、外部体系业务要求，通过系统逐级授权实现管理的延伸、贯通，开始了从职能型管理到流程型管理的转变，向着绩效卓越的精益企业迈进。公司还将信息化建设融入业务架构治理，引领业务流程优化，用虚拟环境管控物理环境，用两化融合支撑智能制造，以 IT 架构保证优化的业务架构有效落地。

西飞公司以建设精益工厂为目标，开发了包括三级生产作业计划、培训验证与质量印章管理、SQCDP 可视化及分层例会、精益单元建设和形迹化管理等内容的生产现场自主管控系统，产品交付能力、实物质量、员工精神面貌得到全面提升。

公司先后荣获全国用户满意企业、五一劳动奖状、全国质量效益型先进企业、全国文明单位、全国创先争优先进基层党组织等荣誉称号，两度荣获高技术武器装备发展建设工程重大贡献奖、三度荣获国家科技进步奖特等奖。

三

西飞公司以构建科学高效、充满活力的人力资源开发与管理全价值链为主线，不断深化人力资源工作创新、激发人力资源价值创造，实施"长、家、匠"分离的运行机制，畅通人才发展通道；弘扬"两客一匠"精神，探索"两客一匠"人才培育机制，形成了适应公司发展需要的专业配套、门类齐全、素质精良的人才队伍，企业英模灿若群星。

西飞公司具备数字化设计、数字化制造的协同研制能力，拥有数字化总装集成、零件精密制造、大型机翼制造、数控喷丸成形等制造技术能力，企业核心竞争力稳步提升。

西飞公司还拥有以客户支持、备件支援、外场修理、用户培训、用户资料为代表的客户服务体系和能力。依托快速响应中心"呼叫座席+后台专家+故障知识库"，通过网络为用户提供一站式协同服务，强化现场精英化服务，降低服务成本及风险，实现服务保障资源的统一管控和调度，缩短应对突发事件、紧急服务的快速响应时间，以更好地满足用户的服务保障需求。

西飞公司秉承"航空报国"使命，聚焦航空主业，践行强军首责，投身国家军民融合发展和推进"一带一路"建设，形成了军用航空、民用航空、工业制造和现代服务业四大产业并举的发展格局。

四

西飞公司改革创新不停步，不断完善军机、民机研制的生产条件，飞机设计、制造、试验能力大幅提升，形成以大中型军民两用飞机部装和总装为代表的装配集成、以数控加工为代表的机械加工、以组合装配技术为代表的转包生产、以复合材料成形为代表的非金属加工、以钣金件精确成形为代表的钣金加工、以喷丸成形和化铣为代表的特种工艺加工等六大技术优势。在确保成熟产品稳定生产的同时，自主或联合研制成功多个品种的特种飞机，满足了空、海军航空武器装备的需求；以新舟系列飞机为代表的涡桨支线飞机按照"国际化开拓、系列化发展"的思路，形成系列化、多用途产业格局，树立了中国民机产业的世界品牌形象；与世界航空巨头波音、空客等建立了良好稳定的合作关系，国际合作业务持续增长。

1999年，在西飞公司精心打造下，首架新一代民机新舟60（MA60）飞上蓝天，2005年交付运营。到2012年，新舟60运营良好，新舟600首架交付，新舟700国家立项，新舟飞机形成客运型、货运型、公务型等多型并举、多用途发展的新格局。新舟飞机运营在亚、非、拉三大洲的200多条航线上，在世界民机市场占有一席之地。西飞公司在倾力发展新舟系列飞机的同时，秉承"做优秀供应商"的理念，完成ARJ21新支线飞机60%的结构件制造任务；承担C919大型客机中央翼、襟翼等6个工作包的研制任务，是C919大型客机部件首批9家供应商之一。

西飞公司在抓好飞机研制生产的同时，把国际合作业务作为支柱性产业来发展，积极开拓国外民用飞机零部件转包生产，突出了机翼制造特色，提升了航空结构件加工核心能力。先后与美国、加拿大、意大利、法国、德国等世界著名航空公司进行合作生产，主要产品有波音737-700新一代垂直尾翼、空客320系列机翼、ATR42-72机身部件等。波音和空客的新型、主流飞机上都有西飞公司制造的零部件。国际合作交货额从2007年的7000万美元上升到2010年的1.5亿美元，以年均30%的速度递增。西飞公司已成为中国开展飞机制造国际合作项目的主要供应商。

西飞公司采取自主研发与外引内联等多种方式，大力发展与航空工艺相近、产品结构相似的具有高附加值、高技术含量的非航空民用产品，以培育新的经济增长点。"九五"期间，非航空民品进入快速发展时期。1994年合资成立西沃客车公司，成为国内首家生产豪华旅游客车的中外合资企业，率先通过国家3C认证。西沃豪车在国内市场占有率已达20%以上，拉动和形成汽车零部件及配套产品生产产业链。1995年从日本引进年产1.3万吨立式全自动电泳涂漆生产线，使公司铝型材表面处理能力提高了2倍多。经过多年发展，西飞公司逐步形成以建材、汽车、电子产品为主体的非航空民用产品体系，民品产业已成为公司经济发展的支柱产业。2011年，公司完成民品产值64.3亿元，占工业总产值的58%。

在60多年的发展历程中，西飞公司先后自主研制生产了30多种型号的军民用飞机，并积极参与国际航空产业分工，大力发展客车、建材等非航空制造业，积极开拓进出口贸易、现代物流、宾馆等产业，已形成军机、民机、航空合作业务、国内外投资业务四大产业格局。西飞公司坚持军民融合的发展方向，推动企业转型升级，经济规模与综合

①产品提前总装庆祝大会

②1959年10月，我国聘请的9名苏联专家到西飞长驻。1960年7月，分两批撤离

③生产线

④工厂师傅带徒弟（20世纪50年代）

⑤运-7飞机

⑥运-8飞机

⑦梦想成真——2016年6月运-20大型运输机交付仪式现场

⑧1988年12月14日歼轰-7"飞豹"飞机首飞成功

⑨2016年6月两架即将交付的运-20从机库拖向跑道

实力得到快速发展和提升。2007年公司实现营业总收入105亿元，首次突破百亿元大关。2010年公司各项经济指标再创历史新高，实现总收入132亿元、工业总产值119.6亿元、工业增加值22.9亿元、出口交付值10.8亿美元、利润总额7.2亿元，成为中国航空制造业唯一超百亿元的企业和首家连续四年营业收入突破百亿元的制造业企业。公司先后获得中国经济百强榜共和国60年最具影响力品牌60强、强省建设最具发展潜力企业、第四届陕西装备制造业总评榜——最具品牌价值企业等荣誉称号。

60余年来，西飞公司形成了轰-6系列、飞豹系列、新舟系列和大型运输机等产品体系。

近年来，公司发展不断增速，能力和实力持续增强，承担了大型运输机Y20的总装集成和大型客机C919、大型水上飞机AG600重要部件的研制生产，为我国国防装备建设和航空工业发展作出了重要贡献。

西飞公司积极践行"一带一路"倡议，推动"空中丝路"建设，建立了较为完整的民用飞机研发、制造、营销、服务及适航管理体系，推动了民机专业化发展。公司还积极参与国际航空产业分工，与波音、空客、庞巴迪、阿莱尼亚等世界著名飞机制造公司建立了稳定的合作关系。

展望未来，西飞公司将以习近平新时代中国特色社会主义思想为指导，践行"一心两融三力五化"的新时代航空工业集团发展战略，全力推进"12410"的企业发展规划纲要，接力攻坚"智慧西飞"，为建设新时代航空强国贡献力量！

〔西安飞机工业（集团）有限责任公司供稿〕

我国航空发动机的重要研发制造基地
西安红旗机械厂

西安红旗机械厂曾名西安航空发动机公司,现名西安航空发动机(集团)有限公司,位于西安北郊徐家湾,创建于1958年8月1日,是国家"二五"重点建设项目之一,至今已有60多年的历史,是国家大型航空发动机研制生产基地。公司主要为轰炸机、歼击轰炸机提供动力装置。中国"飞豹"的"心脏"——"秦岭"发动机在这里诞生。中国的航空、航海、核工业和国民经济的许多奇迹在这里创造。

一

红旗厂是作为我国第二批由苏联援助建设的航空工业项目,于1955年提出建厂。1956年4月,二机部四局(航空工业局)在兰州成立红旗厂筹备组。经过多次选址比较后,确定红旗厂在兰州新城地区黄河南岸蝎尾坪以北的新城东南处建设,占地893.3亩。7月,筹备组进入新城地区,并设航空技校一所,同时开始紧张的建厂、建校工程。

1957年5月16日,二机部四局王西萍局长电告红旗厂筹备组主任王钟藩,停止在兰州新城的建厂工作,拟将该处交第三机械工业部另行建厂。电文称以上方案已经李富春、薄一波副总理同意,拟报中央批准。9月29日,二机部、三机部联合签发了将兰州新城红旗厂厂址交三机部的决定,并规定红旗厂筹建的全部技术资料及9月底前投资的固定资产(包括技校临时建设工程),限于10月15日前移交三机部。10月10日,二机部命令将二局西安853厂（该厂是"156项工程"之一，后撤销）移交给四局，作为红旗厂建厂基础；红旗厂兰州新城筹建处撤销，该处工作人员少数留核工业504厂工作，多数转当地工作，设备移交三机部；航空技校解散，学生转其他学校或返回原籍。至此，红旗厂兰州新城筹建工作结束，转在西安市北郊853厂基础上重新建设。

1957年11月6日，二机部四局分党组批准肖云任红旗厂筹备组主任。12月31日，二机部发文确定西安853厂资产由二局向四局移交。红旗厂重新建设的筹备工作全面展开。

1958年，古都长安渭水之滨，在这片蕴藉着无限希望与深情的土地上，老一辈西航人插上了一面猎猎飘扬的红旗，我国航空发动机事业的腾飞从此多了一份强劲的动力。

二

60年前的西安北郊徐家湾池底村，来自五湖四海的劳动者在已停建的853厂基础上开始了国营红旗机械厂的创业之路。

老一辈西航人筚路蓝缕，保持革命战争时期的那么一股干劲、一股革命热情、一种拼命精神，坚守理想，艰苦创业，以必胜信念，边基建、边试制、边生产，历时8年完成基础建设的同时，从生产发动机零备件起步，先后试制完成涡喷5系列、涡喷8发动机。

红旗人始终坚持航空为本思想，20世纪90年代初，主动承担完成核心机研试制任务。"长流水、不断线"抓好斯贝国产化试制，军品产值稳步提升；外贸转包、吸收外资取得突破，与外商合作成立了多家合资企业，形成军品、外贸、民品三足鼎立的格局。

1998年完成企业改制成立西安航空发动机集团公司（以下简称西航）。

三

西航鼎新革故、蓬勃向上，进入军品科研发展新阶段，多型航空发动机相继研制成功，大功率舰用燃气发生器国产化研制通过技术鉴定；进一步深化企业改革，实行主辅分离、精化分工，实施社企分离、辅业改制工作，建立集中统一高效的现代公司管理新体制。

"十一五"期间公司大力开展管理创新、技术革新、文化创新，突出抓好高新武器装备生产研制，"秦岭"发动机生产定型，某发动机生产研制向系列发展，某发动机总承落户西航；航空动力成功登陆 A 股市场，在国内军工企业中首家实现主营业务整体上市，西航实现华丽转身。

西航永不懈怠，不断革新。"十二五"期间，持续推进精细化管理工程，提质增效降成本，以关键技术突破与核心技术工程应用为手段，提升公司研制技术水平，实现五代核心机的交付，圆满完成各项军品科研保障任务。在抓好革新武器装备研制生产的同时，突出价值创造。推进体系化精益改进举措，强化价值引领，培育践行社会主义核心价值观，企业党的建设、企业文化、精神文明建设蓬勃发展。

四

从建厂至今，企业不断发展壮大。目前，西航是以资产为纽带，母子公司体制的企业集团，设有监事会和董事会，下设 37 个业务处、6 个优良制造中心和 11 个生产分厂，拥有 3 个控股公司、4 个独资公司、2 个相对控股公司。在册职工总数 14 533 人，其中军品科研生产人员 8 703 人；占地面积约 350 万平方米，其中建筑面积 144 万平方米；注册资金 12.1 亿元，固定资产净值 20.1 亿元；拥有各种国内先进冷、热加工设备和计量测试设备 8 000 余台（套）。西航集团公司凭借着得天独厚的人才、管理、科研、技术装备优势，在搏击市场经济大潮中，坚持国内外市场并举、军民品生产并重的原则，形成了以航空产业为主导，军品科研、国际航空零部件生产多元化的民品发展格局。

西航产品分军品、民品、外贸产品三大类。军品主要是研制与生产涡喷发动机、涡扇发动机、涡轮发动机、涡轮发电装置及舰用动力装置等产品。民品主要有剑杆织机、高速线材精轧机、硬齿面减速器、烟气轮机、燃气轮机、风力发动机组、电感量仪、石化设备及其备件、铝型材及其制品、电力设备及其备件、冶金备件、精密锻铸件等。外贸产品主要是为国外一些著名公司，如英国罗·罗公司、美国通用电气公司、美国联合技术公司、法国斯奈玛公司、加拿大普惠公司、美国普惠公司等生产航空发动机零部件，并与上述厂商签订了长期的合作和供货协议。公司制造的近百种航空零部件产品已成为用户唯一供应商，取得产品自检放行授权证书，使公司外贸创汇额历年名列国内同行之首。

① 工人们共同研讨抢任务（20世纪50年代）
② 工人们业余时间钻研业务（20世纪50年代）
③ 突击队员们正在积极抢修设备（20世纪90年代）
④ 工厂青年突击队在航空发动机生产现场
⑤ 西航101科研技术大楼（2000年）

西航以建立现代企业制度为目标，始终瞄准世界先进水平，投入大量资金先后与英国罗·罗公司合资建立西安西罗航空部件有限公司；与美国普惠公司及以色列叶片技术国际公司合资建立西安安泰叶片技术有限公司；与德国诺代克斯—巴克·杜尔公司合作成立西安维德风力发电设备公司；并与日本、德国、荷兰等十多个国家与地区的厂商建立起广泛的经济贸易关系。

60多年来，西航先后取得200余项国家级和省、部级科研成果，建立了博士后科研工作站、国家级企业技术中心，自主创新能力不断提升，为中国航空工业实现跨越发展作出了重大贡献。公司先后荣获全国五一劳动奖状、中国明星企业、国家机电产品出口先进单位、国家863CIMS应用示范企业、全国用户满意服务单位、中国航空工业创建四十周年重大贡献单位、建国五十周年首都阅兵装备工作突出贡献单位、全国企业文化建设优秀单位、中国最具创新力企业等多项殊荣。

近年来，西航提出"以科学发展为立足点，以改革创新为着力点，以和谐惠民为落脚点"的指导方针，全面推进文化创新、管理创新、机制创新，全力打造融资平台和核心竞争力平台，促进企业发展全面提速，企业生产经营、基础管理、技术进步等项工作取得重大突破。

2016年8月28日，中国航空发动机集团正式挂牌成立，体现了党中央、国务院对中国航发的深切关注、充分信任和热切期待，标志着中国航空发动机事业新时代的到来。

中国航发西航贯彻落实党中央、国务院、中央军委的决策部署，永不懈怠，坚持国家利益至上，坚持强军首责，真抓实干，乘势而上，全面落实集团"12345"发展战略，强力推进"两机"专项实施和科研生产管理提升，着力自主创新和转型升级，全力打好提质增效攻坚战，实施AEOS体系建设，推行体系化精益改进，奋力开拓创新发展新局面。

〔西安航空发动机（集团）有限公司供稿〕

苏联与东欧国家援建项目建设情况

序号	建设项目	选厂开始年月	设计开始年月	建设开工—竣工年月
1	国营西安机器制造厂	1953.5	1954.3	1955.10—1957.11
2	国营西北光学仪器厂	1953.6	1954.3	1955.9—1957.11
3	国营华山机械制造厂	1953.7	1954.7	1955.7—1958.10
4	国营西安秦川机械厂	1953.7	1954.7	1955.7—1960.11
5	国营东方机械厂	1953.6	1954.3	1955.2—1960.12
6	国营庆华电器制造厂	1953.6	1954.4	1955.4—1960.12
7	国营西安惠安化工厂	1952.10	1954.12	1956.10—1965.11
8	国营远东机械制造公司（西安机械厂）	1953.3	1954.2	1955.3—1957.11
9	国营庆安机器制造厂	1953.5	1954.2	1955.3—1957.11
10	国营秦岭电工厂	1953.6	1954.2	1956.2—1957.11
11	国营宝成仪表厂	1953.5	1954.10	1955.4—1957.12
12	国营陇西铸造厂	1953.5	1955.8	1955.12—1957.7
13	国营陕西柴油机厂	1955.4	1958.2	1957.8—1965.10
14	国营东风仪表厂	1955.12	1956.10	1959.2—1965
15	国营长岭机器厂	1953	1955.12	1955.8—1957.11
16	国营黄河机器制造厂	1953.10	1955.12	1955.3—1958.11
17	西安高压电瓷厂	1953.12	1954.3	1953—1960
18	西安高压开关厂	1953.10	1954.3	1956.3—1960
19	西安绝缘材料厂	1953.10	1954.3	1956—1960
30	西安电力电容器厂	1953	1954.3	1956—1958.7
21	西安灞桥热电厂	1952.4	1952.11	1953.11—1957.10
22	鄠县热电厂	1954.3	1954.5	1956.1—1957.12
23	耀县水泥厂	1953	1954	1954—1959
24	西安飞机制造厂（红安机械制造公司）	1958	1957.12	1958.3—1966.10
25	西安红旗机械厂	1956.2	1957.12	1958.1—1966.10
26	西安仪表厂	1954.6	1955	1956.1—1960.4

苏联与东欧国家援建项目到1985年底固定资产投资完成统计表

序号	建设项目	设计概算（万元）	实际完成投资（万元）	占地面积（万平方米）	完成总建筑面积（万平方米）	其中：工业建筑面积（万平方米）	建设铁路专线（公里）
1	昆仑机械厂	5 455	9 556.0	54.1	27.6	10.9	1
2	西北光学仪器厂	5 548	9 771.3	73.9	28.9	10.2	
3	华山机械厂	6 622	17 656.2	292.8	43	21.8	2.5
4	国营西安秦川机械厂	14 825	24 111.1	197.4	42.4	21.6	12
5	国营东方机械厂	17 878	16 156.1	123.4	44.2	19.7	
6	庆华电器制造厂	6 178	10 920.6	248.9	28.4	14.6	12
7	惠安化工厂	23 573	27 507.2	449.9	57.1	32	22.7
8	远东机械制造公司	4 500	12 226.2	58.9	28.8	11.2	2
9	庆安机器厂	4 980	12 715.9	58	33	12.1	2
10	秦岭电工厂	4 281	10 382.9	134	31.7	14.6	4
11	宝成仪表厂	2 492	5 468.7	36.5	20.6	8	
12	陇西铸造厂	5 975	14 899.9	103	29.7	12.8	4
13	陕西柴油机厂	8 229	13 031.7	108	29	16	4.5
14	东风仪表厂	4 312	4 240.2	20.1	12.3	4.7	
15	长岭机器厂	5 746	6 211.6	39.5	23.1	9.5	
16	黄河机器制造厂	6 124	13 895.6	77.86	47.6	23.1	
17	西安高压电瓷厂	3 605	6 808.5	35.5	17.1	9	
18	西安高压开关厂	5 961	13 968.7	26.8	21.8	9	1.7
19	西安绝缘材料厂	2 668	4 634.7	19.3	11.8	5.9	
20	西安电力电容器厂	1 342	3 392.6	9.9	7.7	3.4	
21	西安灞桥热电厂	5 963	10 235.6	52.4	9.1	3.1	
22	户县热电厂	4 895	13 726.6	89.1	12	5.2	8
23	耀县水泥厂	6 562	10 939.9	72	14.4	6.9	
24	西安飞机工业公司	20 356	30 819.6	244	78.7	40.3	3
25	西安航空发动机厂	55 076	65 489.7	341	68.6	33.4	14
26	西安仪表厂	5 335	11 226.4	33.8	26.3	11.6	

苏联与东欧国家援建项目到 1985 年底实有设备统计表

序号	建设项目	总计	金属切削设备（台）			锻压设备（台）			专用设备（台）
			合计	其中 大型	其中 高精尖	合计	其中 大型	其中 高精尖	
1	昆仑机械厂	2 614	1 127			55			50
2	西北光学仪器厂	3 701	850			79			345
3	华山机械厂	3 316	1 152			137			103
4	国营西安秦川机械厂	2 191	451			160			161
5	国营东方机械厂	18 282	1 815			249			1 746
6	庆华电器制造厂	2 828	472			305			182
7	惠安化工厂	6 493	316			52			1 796
8	远东机械制造公司	2 868	1 030			87			171
9	庆安机器厂	2 559	912			111			189
10	秦岭电工厂	3 007	692			154			483
11	宝成仪表厂	1 864	510			72			395
12	陇西铸造厂	2 699	737			83			223
13	陕西柴油机厂	2 039	763			54			85
14	东风仪表厂	1 719	315			37			488
15	长岭机器厂	2 461	408						2 053
16	黄河机器制造厂	2 735	648						2 087
17	西安高压电瓷厂	291	113			51			127
18	西安高压开关厂	502	425			77			
19	西安绝缘材料厂	1 103	57			42			52
20	西安电力电容器厂	317	81			51			185
21	西安灞桥热电厂	30							30
22	户县热电厂	21							21
23	耀县水泥厂	31							31
24	西安飞机工业公司	4 395	1 247			223			123
25	西安航空发动机厂	6 112	2 223			149			177
26	西安仪表厂	803	776						27

苏联与东欧国家援建项目 1985 年工业生产统计表

序号	建设项目	职工人数		固定资产		工业总产值（万元）	销售收入（万元）	累计利税（万元）
		总数	工程技术人员	原值（万元）	净值（万元）			
1	昆仑机械厂	5 393	602	7 198	3 921	3 004	3 302	5 595
2	西北光学仪器厂	6 165	864	8 296	4 650	3 962	3 674	5 121
3	华山机械厂	7 854	524	13 562	10 854	14 460	11 625	7 986
4	国营西安秦川机械厂	7 933	532	16 119	11 043	12 073	13 235	17 342
5	国营东方机械厂	9 795	806	13 481	7 928	4 108	3 868	1 929
6	庆华电器制造厂	6 316	649	8 128	5 141	2 738	2 518	16 282
7	惠安化工厂	8 552	460	22 526	15 327	7 353	7 075	11 464
8	远东机械制造公司	8 482	1 106	11 360	6 810	3 025	1 922	5 817
9	庆安机器厂	8 494	1 058	10 200	5 411	4 112	3 903	3 461
10	秦岭电工厂	7 226	867	8 561	4 311	3 205	2 773	2 416
11	宝成仪表厂	5 137	770	4 435	1 709	4 092	3 091	6 550
12	陇西铸造厂	7 042	586	13 292	8 706	3 288	2 698	3 451
13	陕西柴油机厂	5 243	656	12 748	7 919	2 512	2 294	1 304
14	东风仪表厂	2 670	358	3 354	1 923	1 757	1 476	3 223
15	长岭机器厂	4 526	705	4 932	2 199	4 615	2 926	6 513
16	黄河机器制造厂	6 275	953	9 592	5 187	16 624	15 076	10 811
17	西安高压电瓷厂	2 663	235	4 981	2 096	3 852	4 263	20 254
18	西安高压开关厂	4 370	235	4 941	2 405	10 897	11 190	62 781
19	西安绝缘材料厂	1 939	219	3 985	1 837	5 139	5 850	27 733
20	西安电力电容器厂	1 451	199	3 038	1 351	4 500	4 728	28 816
21	西安灞桥热电厂	1 429	72	8 947	1 819	3 001	—	—
22	户县热电厂	1 656	63	13 453	3 084	9 385		
23	耀县水泥厂	3 275	121	9 210	4 947	5 536	5 413	29 040
24	西安飞机工业公司	14 920	2 690	25 521	15 665	15 117	15 483	10 897
25	西安航空发动机厂	15 813	1 846	52 026	40 095	9 870	7 937	7 796
26	西安仪表厂	4 940	551	8 013	3 193	8 023	7 869	26 674
	合　计	159 559	17 727	301 899	179 477	166 248	144 189	323 256

第三篇 口述实录
First person Narrative

本篇有40多名"156项工程"在陕项目建设的亲历者和见证者讲述他们所经历的那段激情燃烧的岁月，他们中间有党委和政府部门的老领导及工厂的书记、厂长、全国劳动模范、工人、子校教师等，分别以鲜明的个人体验，从不同的角度讲述了那个时代特有的社会、工厂和家庭实况，真实地聚合、还原了那个时代的风貌和历史风云。这些口述实录，感动着采编人员，感动着今天的每一位读者。

导语

研究历史，需要从史料收集入手，构筑较为系统的史实，从而达到以史为鉴、启迪后世的积极作用。真实的史料是一切历史研究的基础。为此，我们在编纂本书时，一开始就将采访"156项工程"在陕项目的亲历者作为重中之重，投入了充分的人力和极大的热情来进行口述实录的编写。

以亲历者口述的方式记录历史和史官记录历史有着非常大的不同，前者的现场感和生动性是后者所不具备的。我们希望通过普通人的口述，体现"156项工程"真实的社会温度和那个年代的社会状况。本书采用亲历者和事件目击者以口述的方式讲述并记录他们的经历，虽然可能会有不严谨的地方，不可能是严格意义上的口述历史，但一定是口述史料，加上我们在采访和编辑过程中已经做了校正，这部分将生动地体现那个时代特有的社会、工厂和家庭现象。

本编有40多名"156项工程"在陕项目建设的亲历者和见证者讲述他们所经历的那段激情燃烧的岁月，他们中间有党委和政府部门的老领导及工厂的书记、厂长、全国劳动模范、工人、子校教师等，分别以鲜明的个人体验，从不同的角度讲述了那个时代特有的社会、工厂和家庭实况，真实地还原了那个时代的现实风貌和历史风云。这些口述实录，感动着采编人员，感动着今天的每一位读者。正如马克思在中学时的毕业论文《青年在选择职业时的考虑》中告诉我们的那样，"156工程"的这些亲历者们选择了一种"最有尊严的职业"，一种"能使人高尚起来、使他的活动和他的一切努力具有崇高品质的东西"，他们"不是作为奴隶般的工具，而是在自己的领域内独立地进行创造"，他们有"最深刻的信念"，他们"认为这个目标是伟大的，那它实际上也是伟大的"。他们的青春无悔，他们创造了今日的辉煌。

本编中《赴苏参加"156"项目签约谈判》，详细记述了项目谈判的历史背景和苏联援建的情况；《从邯郸市委书记到西安黄河厂厂长》，进一步阐明了国家建设"156项工程"的重要性；《我是军代表》，揭开了军工企业军代表的神秘面纱；《建厂那些激情燃烧的岁月》，展现了老前辈们创业时的艰苦奋斗精神，激励着年轻一代勇往直前，开拓未来。尽管角色不同，但一谈到参与国家"156项工程"陕西项目的建设，我们能够深深地感受到，他们是那样自豪。

情系西安忆"一五"

口述/张勃兴

从1953年起,我国开始执行第一个五年计划,西安的大规模经济建设拉开了序幕。"一五"时期国家在西安的东郊、西郊和北郊兴建了一大批国防工业企业。1954年11月,我被派往正在筹建中的第二机械工业部五局所属的国营853厂,任厂部秘书,后改任厂基建总调度,主管基建工作。这个厂是生产军工产品的,设计规模为拥有6 000多名职工的大企业。"一五"初始,苏联援建我国的重点项目有141项,后增至156项,陕西建成了24项。853厂原为规划中的一项,后来被撤销,原厂址移交给二机部四局(后改为航空工业部),建成了现在的红旗机械厂。

初创业的时候困难重重。在党和政府的正确领导及苏联专家的帮助下,厂长张方海率领我们几十个干部进行筹建工作。筹建处设在竹笆市附近的镐京旅社,由于宿舍十分紧缺,只能到处租赁民房住。后来,条件稍微好了一些,在黄河棉织厂对面租赁了生产队停办小企业的一院破旧房子,除用于办公外,我们几对年轻夫妻也各分得一间。就是那种小土坯房子,很矮小,没有顶棚,盛夏季节屋内闷热,使人无法入睡;到了冬天又很冷,因为没有火炉,脸盆里的水一夜之间都结了冰。房子里老鼠、壁虎很多,也经常从房顶上掉下来,挺吓人的。那时,我们每天吃两顿饭,早上6点半起床、跑步、学习,一直忙到下午6点,常常加班加点至深夜。

建厂初期,厂区没有电灯又缺水,我们就抓紧打机井解决生活用水问题,架设了供电线路,还修建了一条公路通往厂区,这也能方便将基建材料和设备运进厂。按规划要修建铁路专用线,厂部派我与其他两位同志一起去河南与郑州铁路局洽谈此事。我们住在郑州市一个旅社里，省吃俭用，等了好几天。直到1956年元旦，还没见到他们的领导。那一年天气特别冷，外面下着鹅毛大雪，到了除夕这一天，郑州铁路局总工程师才与我们开始商谈，还算顺利，对方同意了修建方案，这才让我们感到十分欣慰。

那时候，人们有一种精神，就是艰苦奋斗、顽强拼搏。大家一心扑在工作上，虽然待遇很低，但是，每个人都会尽心尽力地去完成任务。我们建设这座工厂是白手起家，一切都是从无到有，后来中苏关系恶化，苏联专家撤离，给我们的建设增添很多困难，可是大家没有被困难吓倒，而是更加奋发图强。人人都是一个目标：为了巩固新创建的人民政权，一定要尽快把现代化的军事工业建设起来，以最快速度给伟大的中国人民解放军提供先进装备。这种热情促使大家更加团结和竭尽全力，默默无私地奉献着自己的智慧和青春。

工厂筹建初期，需要大量的技术人才，厂里选派一批同志去苏联学习进修，我因厂里基建任务紧迫无法离开而未能成行，这对我来说是一件很遗憾的事。

我们在建设军工企业的同时，一大批现代化民用工业企业也相继开始建设，科教事业也迅速发展起来。在西安东郊的灞桥地区建起了"纺织城"，西郊建成了"电工城"，南郊聚集了一批大专院校和科研机构。上海交通大学遵照国务院决定，除造船系留在当地外，全部迁至西安。大批科技人员和高级技术工人纷纷从东北和上海、天津、重庆等老工业基地调来西安支援工业建设。

与此同时，西安的城市建设也在加快进行。首先开始改造解放路、东大街、西大街、北大街、南大街几条主要街道，随后，东、西五路和莲湖路相继建成并铺设了水泥路面，并加快了电力设施建设，灞桥热电厂很快建成发电，从此，西安亮起来了。为了加快建设广大市民殷切盼望的自来水厂，机关干部踊跃参加义务劳动。西北总工会机关的同志们热情高涨，在玉祥门外一工地参加劳动，正当人们汗流浃背地挖土方时，突然发生塌方，财务处的青年干部郭鑫荣被埋在了黄土下面，这下可把大家吓坏了，赶紧救人，不能用铁锹挖土，就用手扒，很快就把人找到了，并急忙送往西门外第五人民医院进行抢救，还好，人没有受重伤。西郊自来水厂建成后，广大市民第一次喝上了自来水，十分高兴。文化教育事业和公共事业蓬勃兴起。地处北大街的广播发射天线加高了，东大街的新华书店盖起了新楼，一所所学校相继建成。文艺单位也得到了加强，群众堂被拆掉了，改建成人民大厦用来接待四方来客，初盖成时，只有一座前楼，是"一"字形，老百姓称之为"人民大墙"，后来盖了后楼、东楼、礼堂和中餐厅等，形成一大建筑群，成为当时西安一个亮丽的景点。

"一五"后期，西安市的公共事业得到迅速发展，从解放路到钟楼的第一条电车路线投入运行，公交车也增加了几十辆；各单位的通讯电话换成了拨号转盘电话，第一座试验性电视台也在这时开始试播。现在回顾和评价"一五"，我认为其最重要的意义就是为西安社会和经济的迅速发展起到了奠基作用。也可以说，如果没有第一个五年计划期间一大批工业企业的建成，西安就不会有今天的繁荣昌盛。如果没有当时156项中的一批现代化工业企业在西安落户，西安在全国的位置就不会像现在这么重要和令人瞩目。

另外，"一五"期间上海交大的搬迁，西北工业大学、西军电等院校和一批科研院所的兴建，使西安成为全国高等院校和科研单位聚集度很高的城市，这些科研院所为西安向现代化城市转型奠定了科技基础。所以说，"一五"期间那些参与西安建设的领导同志、科技人员和广大职工是西安人民的功臣，应该永远为后人称颂和被历史记载。

"一五"的确起到了打基础的作用，有了那个时期人们夜以继日的辛勤劳动和拼搏精神，才造就了西安迈向大都市的起点和今天的辉煌。

"一五"的基础作用还表现在人才培养和经验积累方面。那时，随着整个建设事业的发展，党和政府充分重视人才培养。通过请进来、派出去等多种多样的培训形式，培养造就了各类人才，在各条战线上涌现出大批精英。在各个历史时期担任各级领导职务或在各项工程中发挥过重要作用的人物，如果不是经过那时候的磨炼，是难以取得重要成就的，因为他们是跟随西安建设事业的发展而成长起来的。

就以我个人来说，如果不是经受过工人运动的锻炼，不是经过"一五"期间在国防工厂建设中得到培养磨炼，就不可能在以后的领导岗位上为人民做一点事情。所以，我永远不会忘记党和人民的教育培养之恩。我常常这样想：不能突出自己的作用，要多想那些与我一起工作过的同志们，他们的素质很高，能力很强，只是由于没有遇上一定的好机会，以致一生默默无闻。所以，我觉得领导干部都要有这种自知之明，我们要把自己视为国家建设大厦中的一块奠基砖，只有同众多奠基砖一道才能起到应有的作用，不要经常去想高楼大厦顶部那些装饰物，不要总是埋怨得不到满足，人们不是常说"知足者常乐"嘛！总之，要正确评价自己，个人在广大群众中是渺小的，不能自以为是，要在社会主义伟大事业中很好地磨炼自己，真正起到奠基砖的作用。

自"一五"以后，西安的经济发展日益加快，建设成绩更加突出，但是，我们不能割断历史去看问题。我们现在回忆"一五"建设，还要时刻想到那些老领导、老工人和老科技人员,没有他们的辛勤努力就没有今天的繁荣,所以,我们要尊重老同志,发扬"一五"创业精神,讴歌老一辈创业者,他们是国家的宝贵财富,应该受到人们的尊重。
(吴宏昕整理)

张勃兴　中共陕西省委原书记,陕西省人大常委会原主任

赴苏参加"156"项目签约谈判

口述/张　斌

我参加革命是在江苏苏北，当时把我分配到华东党校当干部。后来我在大队总队当队长，领导100多人，大部分都是区县干部。我们还办了一个华东野战军的工业学校，用现在的话讲就是后勤学校，专门培养连队的事务长、后勤人员。我在学校整整待了一年。后来国民党部队进攻山东，上级就让学校的学员毕业，分到连队搞后勤工作。之后组织上就把我们都分配到了大连的军工厂。

大连有个甘井子区，当时名义上是苏联红军占领，实际上是我们控制，是个特区。这个工厂的名字对外叫大连建新公司，下面设工厂。从这开始，我就从事工业工作。第一个工厂是一般工业，第二个就是军工厂，523厂。西安的524厂就是在三线建设时期，由大连523厂搬迁西安建设起来的。523厂当时主要搞的一个是炮弹，一个是苏式转盘轻机枪，从这开始我就和军工挂上钩了。我去的第三个工厂是大连钢厂，到那里的时候全国已经解放了，开始抗美援朝了。大连作为抗美援朝的前线，钢厂进行搬迁，搬到了湖北黄石，现在叫黄石市。钢厂当时叫华东钢铁公司。

1953年3月15日，这是毛主席批准建立武钢的日子，建立了315钢铁公司，就是武汉钢铁公司的前身。当时我就从黄石到了武汉钢铁公司的五厂，后来被提拔到武钢设备处当处长。1956年国家组织苏联援华项目谈判，我被抽调到代表团。4月6日我们从北京出发到莫斯科，一直到7月下旬回国，在苏联工作整整三个月。这三个月有时候有活动，有时候没有活动，等待着中央的谈判。我们主要是谈判设备分交，就是苏联援建的工厂，哪些设备由苏联供应，哪些设备由我们自己配套。

国家"156项目"谈判的时候,全国各地都有代表,我是代表武钢去的。当时代表团里有人说,苏联二十大以后对援华项目的态度有了很大的变化,项目虽然没有取消,但是一些工作人员的态度不是很积极。比如我主管的武钢的项目,当时他们援建两个钢厂,一个是我们,一个是印度的,在谈起设备的时候,他们上上下下都倾向于印度。我们在那里的谈判基本上是智斗。

回国以后我就一直在武钢工作,到了1965年冶金部在西安有个西安机械厂,这个厂的班子烂掉了,部里发电报把我调到这个厂当厂长,1965年7月我就到了西安。

粉碎"四人帮"之后,我调到了省政府里,担任常务副省长。

我们陕西过去工业比较落后,是个农业大省,从"156项目"开始有了工业,陆续又配套了近千家企业,然后又搞了三线建设,基本上就把陕西的工业发展起来了。(马驰整理)

张斌　陕西省人民政府原常务副省长

从邯郸市委书记到西安黄河厂厂长

口述/郭子平

"一五"计划开始实施的第二年,即1954年7月,组织上派我到西安黄河机器制造厂搞筹建工作,这是苏联援建的国家156项重点工程之一。

当时对重点工程负责人的挑选是非常严格的,我那时在河北省邯郸市任市委书记,组织上选派我到西安来搞黄河厂的筹建工作,看来对我还是比较信任的,那年我35岁。

河北省支援西安"一五"建设的人员乘了一辆专列,陕西省政府还特别派了一位组织部长到保定接我们。当时通知的很紧,出发的也很快,但不巧的是正值7月发洪水,冲垮了平汉(北京—汉口)铁路。到了石家庄后,我去车站商谈,说有急事要到保定,他们说:既然这么急你稍微等一会儿,有列从石家庄到德州的火车。搭上这列车后,车长告诉我,经德州乘车到北京,转而可去保定。就这么着急地辗转到达了保定。刚到保定,接我们的专列就出来了,专车是从保定绕道山东,经徐州到郑州,再到西安。如此匆忙,说明当时国家急需我们这批人赶赴西北,支援西安的156项重点工程。

我们来以前仅仅知道是到西北,至于到什么地方,什么厂,干什么,组织上都没告诉我们,因为是国防厂,很保密。邯郸的同志送我时说:如果去西北的兰州,那儿的风沙大,我给你买件风衣。那时的生活条件非常艰苦。到了西安后,才知道去的是黄河厂,是搞雷达的。我就这样来到了西安,也扎根生活在了西安,至今已60年。

初到西安时,黄河厂正在筹建中,我任副厂长兼筹建组党委书记,以后我是副厂长兼书记。1953年4月至1958年2月,黄河厂是中央第二机械工业部十局下属企业。

黄河厂是1953年上半年开始在北京搞筹建,开始决定在内蒙古,后改在大同,最后确定在西安。同时确定的还有一个785厂，厂址确定在现在华山厂的地方。当时国家觉得把几个国防工业的重要企业都放在西安太集中了，就把785厂改建在太原。接着五机部（即兵器工业部）将几家国防企业选址在原785厂所在地。

"一五"时期生活很艰苦，但对生产建设却抓得很紧，黄河厂一号厂房1955年开工，1956年就盖起来。我当时兼车间支部书记，李宗贵同志是副主任，那时才22岁，很年轻，也很能干，对我的工作给予了很大支持。工厂的设备是苏联援助的，成套的先进技术，成熟的资料。我们搞雷达开始先搞加工，装配是最后的，这不适合当时生产的序列，那时有个口号是"边生产，边基建，边试制"，因为引进了苏联成熟的设备，为了快，这边搞厂房建设，建成了就交工生产。按现在来说，这样的快速上马是不科学的，不允许这样发展企业。我们在写厂史时，肯定了当时历史环境和发展条件下那样做是对的。

黄河厂的厂长当时是齐一丁，他来西安之前是石家庄市委书记。比我小一岁，后任第四机械工业部副部长，2002年去世了。我们在一起分析，怎么样能快、好，当时分析的关键：第一，先把厂房盖起来；第二，就是人，有能管理生产的人，能搞加工生产的人，也就是现在所说的技术管理人才。可是当时没现在这样的技术人才社会氛围，没有能管理生产的人。李宗贵副厂长那时虽从人民大学毕业，但先进的技术设备等还需专门的管理人才。无论厂里也好，国家也好，技术人才奇缺。第一批分到我们厂的大学生，没有一个是搞无线电的，只有一个搞载波电话的技术人员，他的专业也只是接近无线电技术。当时搞无线电的老厂很少，怎么办呢？齐一丁厂长指定我管人事，是管人事的副厂长。我采取了两个措施：一是请进来。请专家，还有苏联专家。从720、714这些老厂请5位技术人才，是王部长亲自批的。张锡熊是国民党老厂720厂搞雷达的，黄日绵是720厂搞仪表的技术人才；714厂来的人比较多，大约有30人，其中有技术人员易寅亮等人，还来了一批技术老工人。我们非常重视他们，把他们当作工厂发展的宝贵财富，事实上，他们也真正成为黄河机器制造厂建设发展的基础技术力量。二是自己培训，办了很多培训班，干什么，学什么，缺什么，补什么。当时的学习条件非常苦，办培训班时，把搞基建的工棚、仓库当教室。就在这么一个技术及生活上相当差的基础上建设起了786厂。

1957年底，厂房基本建成，1958年11月国家正式验收，同时产品试制成功，为我国的国防事业作出了应有的贡献。建厂初期是小批量生产，第一批只有5个产品，以后边生产，边试制，边基建，为国防事业生产出了越来越多的产品，直至发展到今天这样辉煌。能在短期内取得这样的成就，一是当时计划经济发挥了作用。二是苏联的援助也是功不可没，没有苏联的支援，我们的发展也不会那么快。三是当时国家、省、市的重视。建厂过程中，中央和国家一些领导人来到厂里视察工作，看望大家。市委领导冯直兼我们厂三车间的党支部书记，当时我兼这个车间的车间主任。冯直书记还留给我一个秘书的电话号码和他个人的电话号码，以便随时和他保持联系。四是大家有信念、有思想、有动力。白天干一天，晚上拼两个桌子凑合着睡一宿，星期天搞义务活动。领导干部晚上10时前很少回家，白天干活，晚上开总结会、研究会，而且经常是到很晚很晚。人们热爱中国共产党，热爱我们的新国家，干起工作来有那么一股子劲儿。试想，如果没有"一五"时期那个干劲，别说我们国家建设小康社会，就是向前发展也是很难的。

"一五"时期，苏联援助我们电子工业也好，军工也好，航空工业也好，在那个时代技术上还是比较先进的，带动和促进了我们学科学、学技术。当时雷达是什么，很多工人不知道，很多引进的新技术也不知道。我是1938年参加革命，先打仗，后又到地方，对地方工作比较熟悉，到工厂不懂生产技术。当时培训制版工，我就不懂这个制版工是什么。

1956年我到714厂学习，就向厂长提出，我得看看制版工。搞基建时，9号楼留有防震缝，我就纳闷，为什么要留防震缝，防震缝是什么样子。随着厂房的建立，新产品的逐步试制出厂，还有产品的仿制、改进等，就是在苏联援建的基础上，我们也力图有新的突破和改进。国家验收的同时，我们又研制成功了地空导弹地面制导系统，在怀柔打下了侵犯我国的美国U-2飞机。我们的产品也由单一向多品种生产发展，自行设计的炮瞄雷达和地空导弹制导系统相继诞生。黄河厂生产的红旗系列制导站已成为中国防空部队的主要装备。从开始筹建到生产，在十分艰苦的条件下，在不长的时间内，我与工人、技术人员一起经历了为国防事业服务的学习和奋斗过程。"一五"建设锻炼了我们的领导，也成就了一批技术人员和工人。

"一五"时期的经济条件是很困难的。那时讲"先生产，后福利"，毛泽东主席也说："生产长一寸，福利长一分。"所以国家给的经费主要用于搞发展，我们黄河厂也不例外，所有经费先用于搞生产。我来黄河厂住在9号楼，这个房子原设计一层、二层、三层上各有个小阳台，很小，后来觉得这地方没用就把它砍了。以后建起的住宅楼也就没有小阳台了。还有地面，最底下那一层，原设计是水泥磨面，这和现在铺地板、瓷砖等不能相比，但那时连水泥磨面都不能用，都是铺砖头，省经费，很多情况与现在无法相提并论。可我们都理解，那样做是为了加快发展国民经济。也就是在这样的条件下，我们靠艰苦创业扎下了建设的根。

现在的西安与"一五"时期更是不能相比。我初到西安时，省上和西北局都很重视我们来西安支援建设的同志，不但安排我们住到当时西北最豪华舒适的宾馆人民大厦（那时苏联专家还没有住），请我们在新城剧场看戏，还从各方面让我们了解西安。我记得把我们从人民大厦接出来，在西华门、钟楼和大差市，转了三个圈，给我的感觉是，邯郸那时的情况就不好，西安也比邯郸强不太多。电线杆、电灯杆在上行路与下行路中间，灯也不很亮。其他方面，如商业等，也都很简陋。

"一五"建设时期距今已有60多年，关于黄河厂的建设发展，我想这样说，黄河现在是很好的，枝繁叶茂，花香万里。但这棵树毕竟要有一个根，要有一个树干，这个枝是在树干上长出来的，花也是开在树枝上的。第一个五年计划就在这里种下了这棵树，扎下了树的根，长成了这棵树。我认为这棵树的根基很稳、很实，而且这棵树长势也不错。所以说，"一五"时期建成的黄河厂这个国防企业犹如长成的一棵大树，因为根基很好，所以以后无论是"大跃进""文化大革命"及国家经历的许许多多挫折，都没使这棵树倒下，自始至终为国防建设和人民生活需求上做出了巨大努力和卓有成效的贡献，而且至今在国家经济建设上继续闪烁着耀眼的光芒。（本文得到李宗贵同志的大力协助）

郭子平　陕西省电子厅原厅长

黄河子校一年出了两个状元

口述/胡静彦

我的父母是支援大西北从北京来到西安的。中华人民共和国成立前,父亲在东北沈阳工作,中华人民共和国成立后到了北京,后来我们全家从北京迁到了西安,算是举家搬迁,父母带着奶奶和我哥他们,也算是上有老、下有小。

父亲在黄河厂的车间组织生产,他之前在东北的兵工厂也是从事这一项工作。

当时黄河厂有两件事在全市引起了轰动,一件是黄河子校学生和老师自己排演了完整的《红色娘子军》芭蕾舞剧,舞剧的乐团成员也都是厂里的人;还有一件就是那会儿黄河厂自己排演了一部话剧《万水千山》,反响特别强烈。

当时我们黄河的子弟基本都是在黄河子校上学。我是从小学就在子校上,一直上到高中毕业,才出去上了大学。1978年,是恢复高考的第一年,我们还没高中毕业,但我们跟着大一届的学生去考试感受了一下。第二年,我们正式参加高考。那年我考上了汉中大学,也就是现在的陕西理工大学,那会儿是北京大学分校,后来独立成了一个新学校。1982年,我从学校毕业后就回黄河子校教书了。

我回来后是在子校教物理,开始就是带初三年级,后来到了高中部教高一年级。我是1961年出生的,刚回来代课的时候年龄最大的学生是1965年出生的。这种老师和学生年龄相差不大的情况在当时有很多,也算是受时代影响的特殊情况吧。

黄河子校一度是深受学生追捧的西安名校,而它得到这样的美誉也绝非偶然。

学校有一批爱岗敬业的好老师,他们特别有干劲,心无杂念,全心全意做好自己的工作。用拼命这个词来形容一点不为过。那会儿上晚自习,夏天的时候上到晚上10点半以后，冬天上到晚上快 10 点才下课，真的是很拼了。这么干了几年以后，学校发生了很大的变化。

我觉得最珍贵的还是老师身上那种无私奉献的精神。那会儿也没什么奖金，但大家心很齐，跟着老教师认认真真地干，一心扑在教育上。黄河子校升学率最高的时候，也是发展的巅峰时期。当时在西安市，不管是走到街上，还是坐在车上，只要一说起学校，大家常会说到黄河子校，并且发出黄河子校特别厉害的感叹。当然不光是子校办得好，黄河厂的产品黄河彩电也处于发展的高峰期。这算是厂和校一同的辉煌时期，我们作为黄河人，特别高兴和欣慰。子校还有一个特色就是内招，我们当时这个高中招的学生，最开始时全是子弟，后来就到 20 世纪 80 年代后期了，外校的学生就想尽办法来黄河子校读书。可见当时教育水平是得到普遍认可的。

从 1988 年开始，子校每年大约有 200 人考上大学，到 1993 年出了理科和外语类两个高考状元，知名度达到了顶峰。

当时还没有"五大名校"这一说，东郊的黄河子弟中学、西郊的庆安子弟中学成为亮点。现在想想，子弟学校的成绩好和国家 156 重点项目企业聚集了大量高端的知识分子有关。事实上，我们这一代子校老师算是第二代教师了，我们之前的那一批老师，也包括教我的很多老师都是受过高等教育的老师，素质很高。后来我们厂里一段时间还增加了"工人老师"。"工人老师"是由厂里派驻子校的工人担当，这也是那个特殊年代的历史产物。

曾经黄河子校还有一段办继续教育的历程。高考恢复以后，我们做过继续教育，工人到学校进修，不断地提高，有了大专或者有了本科文凭后记继续回来做工人，直到退休。这拨人其实在咱们子校里也算是很多的。（刘墨琼整理）

胡静彦　黄河机器制造厂子弟中学教师

当子校老师的自豪和欣喜

口述/席时宁

我是1934年于上海出生，1957年从同济大学工业与民用建筑结构专业毕业后，分配至武汉电力设计院。工作期间曾到过西安出差。由于爱人在黄河厂，本想调至西安西北电力设计院。这样专业对口，还能和爱人在一起。但是，当时的电力设计院没有户口指标。1963年，爱人所在的黄河厂可以调动户口，于是，我调到黄河厂。

我们老家在上海青浦朱家角一个叫席家长弄堂地方。这是因为我爷爷是清朝被派往这里的官员。几代人之后，这个地方就都是席家大家族的人。整个一片弄堂就叫了席家长弄堂。现在回去这里已经是景区。我丈夫张之鸣是这个弄堂旁边的人。他和我哥哥是好朋友，常常到我家和我哥哥一起做作业，比我早两年考上了同济大学。1953年，他前往苏联乌拉尔学院机械系学习5年，回国后被分配至黄河厂。他从工艺处转到设计处，期间为了改进车间工艺，多次赴国外访问考察设备及工艺水平，后获得高级工程师职称，直至1995年退休。作为最早一批投身国家建设而西迁的我们俩，一个投身人才培养，一个投身工业建设，都将自己的一生倾情奉献给了黄河厂。

我由武汉电力设计院调到黄河机器制造厂，先是在教育科，后调至子校，之后就一直在子弟学校当老师。

理工科出身的我总是担任着子校里最高年级的教学任务。我刚到子校时，教初二数学。后来有了初三，让我带物理。后来到了高一，缺英语老师，要我教英语。面对要担任高中英语的教学，我犹豫了。我中学学的是英语，到同济大学后外语学的是俄语，那也只能学吧，结果都没学好！但我在上海是从小学三年级开始学英语，这为我担任高中英语老师奠定了标准的发音基础，养成了良好的英语思维。黄河子校让我教英语，也是逼上梁山。当时周围都没有英语老师。校长、书记等几个领导都到我家里来，极力说服我教英语。后来就去了。对于担任英语老师这件事，我一直认为说自己是"赶鸭子上架"。但我的学生，现在回想起来，仍称赞我的英语发音可好了，很标准。

对待教学，我在学生心目中是严厉且严谨的。我的学生记得，那个时候考试都是开卷，没有闭卷。席老师考英语，盯得很紧，要求闭卷，但同学们都想开卷，不愿意闭卷，就都起哄。后来我走到一位同学课桌前，一看，已经全部答完了。于是，对同学们说："对不起，一定闭卷。因为有人答完。"我就是要求很严格。但学生们还是很尊敬老师。我一直觉得教学上的严厉，是对学生的负责，最终会换来同学们的拥护。

对待学生，我更多的是关爱和尊重。记得我教一个学生，上课他在那玩一个玩具车，我笑嘻嘻走到他面前，也不说他。没办法了，他把东西拿出来了。我问是你的？他也不敢说。教室外有一堵墙，我就笑着把它拿起来给全班同学看，笑着说"扔下去了"，就扔到窗外了，继续上课。上完课我叫另外一个同学把玩具取回来给他。后来他上课，一点都不敢再玩了。我其实一直笑嘻嘻地上课，不是板着脸，但他在课堂上不敢玩了。

1989届的学生，是让我自豪和欣喜的一届。1989届学生，一共26人。当时子校将重点班分数排名最低的20余名学生，交给我。这不是重点班，但让我带，我也就继续带了这届。分到的20几个人，最后全部考上大学。子校还奖励了我400块奖金。带完1989届的学生，同年8月，我便退休了。近30年的时间，我一直在黄河子校当老师。（许瑶整理）

席时宁　黄河机器制造厂子弟中学教师

为秦川机械厂奠基的老厂长康健生

李立民　文纯祥

1954年7月上旬的一天早晨，晨曦消逝，初升的阳光染红大地，在古城西安火车站等候迎接来客的人群忽然躁动起来，"火车来了！火车来了！"原来，这是一列载着河北省支援陕西"一五"建设的数百名干部和家属的专列。因受河北地区暴雨影响，专列由保定始发后，绕道山东德州、济南，经徐州、郑州，折腾近两天，今天才到达西安，正缓缓地驶进车站。专列在车站停稳后，黄河厂、东方厂、华山厂、庆华厂、西光厂、庆安厂等10多家新厂筹建处，分别把从河北新调来的干部接走。此时，一位中等身材、身体结实、衣着朴素、面带微笑、两眼炯炯有神、风度翩翩、讲一口纯正的冀南方言、约莫30多岁、风华正茂的干部，随人群走下火车，由陕西省委组织部的同志做简单介绍后，就被秦川机械厂筹建处接走。他，就是康健生同志，时年36岁。他从今天踏上陕西土地上起，在此后的36年中，用毕生精力，默默耕耘，为陕西工业特别是国防科技工业的发展作出了贡献。他是秦川机械厂的创业者和奠基人，他是陕西国防科技工业建设的元勋，他是陕西工业发展史上受人尊敬的老领导。

在抗日的硝烟中走上革命征途

康健生，原名安钦文，南乐县人，生于1918年。1932年7月以优异成绩考入大名河北省立第七师范。在七师读书期间，他博闻强记，品学兼优，成绩一直名列前茅；同时积极靠近第七师范中共地下党组织，参加革命活动。1937年8月，康健生毕业回乡参加革命，12月加入中国共产党，曾任中共南乐县西区工委委员。1938年12月后，历任中共冀南三地委秘书长，中共肥乡县（今肥乡区）北区工委书记，中共冀南三地委组织部科长、副部长、部长，中共永年县委书记，中共河北省委组织部干部处处长、副部长等职。

在抗日烽火中，康健生经历了难忘的岁月。康健生回忆说："1942年前后，是抗日战争最艰苦的时期，日本鬼子、国民党反动派围困延安，企图饿死、冻死根据地的抗日军民。当时前线的情况更困难，我们冀南的同志经常吃树叶子，晚上睡觉不能脱衣服，准备随时转移，足足有一年多的时间。"他坚信信念和觉悟的力量，"正是因为我们有理想，决心为中华民族存亡赴汤蹈火，在所不辞，敌人永远无法摧毁革命根据地。"康健生目睹不少同志牺牲自己，为大多数人谋利益的情景。他清楚地记得：共产党员、曲周县县长郭企之，当时年方20岁，不幸被捕，敌人威逼他投降，郭企之坚贞不屈。残忍的敌人将他推进土坑，一点点地填土，边填边问他投降不投降。直到土埋到他脖子上，敌人得到的仍然是"不投降"三个字。郭企之英勇牺牲了，但郭企之的坚定信念和革命气节鼓舞和教育了千百万革命群众和战士，也成为康健生一生中不朽的楷模。曲周县也因此改为"企之县"。

中华人民共和国成立后，康健生担任中共河北省委组织部副部长。知人善任，培养选拔了一大批革命干部。

七年辛劳为秦川厂落成尽心尽力

1954年，康健生带领数百名干部由河北来到陕西，参加"156项工程"大规模经济建设，先后任中共西安市委委员和国营秦川机械厂厂长、党委书记，国营华山机械厂党委书记等职务。1954年7月8日，36岁的康健生担任秦川机械厂筹建处党委书记兼厂长第一天起，命运就注定了他的人生轨迹将从这里开始为陕西国防科技工业的发展献出毕生精力。此后，他不平凡的72年人生历程中，有36年奋斗在三秦大地上。

满怀壮志的康健生深知，"一五"建设，乃国家千秋大业；156项工程是重点工程，国防军工又是重中之重，党和国家把如此重任交给自己，这是"天将降大任于斯人矣"，责任何其重大！他也记得从河北保定启程前，省委主要领导曾和颜悦色、细语叮咛："你们此次赴陕，是中央交给河北省委的任务，抽调得力干部支援国家'一五'156项重点建设，任务无比光荣，使命极为神圣，责任非常重大，你们是河北省派出的精锐部队，要打好硬仗，为河北省争光！"老书记的话字字千斤，如影随形，时刻在鞭策自己，不可有丝毫闪失。自此，康健生一心扑在工作上。他认真做好政治思想工作，调动全体职工的积极性；他重视做好党、政、工、团的工作，"弹好钢琴"，使全盘活起来。

从1954年7月至1961年5月，这七年中，他三年是书记、厂长一肩挑，两年担任厂长，两年任党委书记。他曾想过：不少人在一个厂工作，来去匆匆，看不到一个厂建设的始终，深感遗憾。他是幸运的，他在秦川机械厂一待就是七年。这七年，是秦川厂轰轰烈烈建设的七年，是秦川厂诞生成长的七年，是秦川厂闪光的七年。从工厂选择厂址开始，到大规模施工，到验收投产，到为部队提供武器装备，国家156项重点工程之一的秦川厂终于拔地而起。

（1）熟悉情况，"走好三步棋"。由地方转到工业战线工作，一切都是生疏的。康健生为了尽快由外行变成内行，缩短当门外汉的时间，用他自己的话来说，他制定了"走好三步棋"的计划。第一步棋，用一周时间认真听取汇报，全面了解筹建情况。第二步棋，每天到施工现场和相关业务部门走一程，熟悉每一项工程及施工动态。第三步棋，认真学习，当好学生。当时，筹建处正好组织突击性的学习，请专家和内行的人讲课；二机部还在西安组织了两次经验介绍会，请部里四局、十局的同志介绍建厂经验，以及建筑、动力、地质、水暖、机械等方面的专业知识。这些活动他无一例外地参加了。很快，不到半年时间，康健生就进入了建设大型企业领导者的角色，全身心投入到基本建设热潮中。

（2）做好施工准备，开展大规模基建施工。秦川机械厂的筹建工作在1953年、1954年两个年度，主要完成了选择厂址、搜集资料、编制设计任务书、审批初步设计及清理古墓等工作。1955年2月，苏方完成技术设计。到1956年2月，苏联设计的施工图纸交付完毕。

从1955年开始，工厂进入大规模的基建施工阶段，数十项主要工程先后上马。

康健生主持召开基建工作会议，确定开工的大体顺序：1955年，部分家属宿舍和东郊工业区铁路专用线工程开工；1956年，2号、4号、5号、13号厂房及厂前区办公楼、二厂区铁路专用线等38项工程开工；1957年，9号厂房、煤气发生站、煤气管道、热力管道、冷却塔等18项工程开工。三年计划总共完成投资2 546万元，竣工建筑面积97 539平方米。康健生在这次会议上明确指出："我们现在是在为新中国实现工业化打基础，为建立巩固的国防工业建工厂，每个同志责任都很重大。我们有幸能够参加第一个五年计划的建设，而且是亲身参加国家重点工程的建设，是具有历史意义的事情，非常光荣，我们一定要十分珍惜。百年大计，质量第一。施工中要严格执行先重点后一般，按优先考虑关键性工程的原则安排项目。施工程序坚持先地下，后地上；先生产，后福利的原则。要按照二机部要求，采用建筑群流水施工、机械化半机械化施工和人力相结合的形式，在确保工程质量的前提下，加速施工进度。"

为了加强基建施工管理工作，筹建处调整和健全了基建组织机构。成立生产准备和基建施工两套班子。基建方面，组建基建施工办公室，设主任1人，副主任2人。康健生兼办公室主任。下设秘书、计划、施工管理、技术监督、财务等小组和一个工地代表室。抽调科以上干部8人，工程师和其他干部50余人，后来增至166人，负责全厂施工管理与监督工作。同时，与施工单位签订施工合同。生产准备工作方面，也另行作了细致安排。

秦川机械厂总体工程和设备安装工程分别由建筑工程部西北第一建筑工程公司和西北第三设备安装工程公司承担。为了密切配合乙方施工，工厂从1954年至1955年，整整用了一年时间，经多方协商，并由省、市政府批准，征用土地1 050亩，以后又征地621亩。同时，投入人工3 048人/次，发现古墓3 112个，挖掘720个，为基建施工清除了障碍。

1954年8月下旬，二机部召开总甲方工作准备会议，确定在建设项目集中的地区设立总甲方办公室，其任务是：在苏联设计组的帮助下，负责组织编制工业区厂外工程设计和组织区内各企业公用、福利设施的协作等任务。西安东郊韩森寨工业区总甲方办公室由七局负责，除组织建设厂外热力管道工程外，还指定昆仑厂负责建设厂外供水系统工程，西光厂负责建设厂外供电工程，东方厂负责宿舍的统一规划与管理，秦川机械厂则负责建设厂外铁路专用线工程。

秦川机械厂的建设工程在康健生的精心组织与安排下，甲乙双方密切配合，工程进展顺利。1955年7月，全长9.5公里的东郊工业区铁路专用线开始施工，年底竣工，全线通车。1956年，厂前区行政区的部分工程和生产区的冲压退火厂房、弹链生产车间、工具车间、木工车间等40多个项目，同时开始施工。1957年，机械加工和成品生产工房、管道工程、厂区职工食堂和其他附属工程等 21 个项目开工。1958 年，除完成未完工程收尾外，还安排了熔铜压延基地、汽轮发电机厂房基础工程及部分辅助工房工程，同时进行大规模设备安装工作。1959 年，所有未开工建设项目全部开工。

到 1960 年，秦川机械厂全部建筑工程施工基本结束，设备安装基本就绪，工厂成立了工程和设备验收组，谋划竣工验收工作。截至 1960 年底，累计完成基本建设投资 1.25 亿元，一座大型的、技术先进的、现代化的炮弹药筒制造和炮弹装配厂建成投产。

在秦川机械厂大规模基建施工中，康健生作为总指挥和甲方总负责人，十分注意发挥甲乙双方的作用。为了加快施工进度，确保工程质量，成立了甲乙双方共同参加的建厂委员会，共同研究解决施工中的进度、质量、材料供应、劳动力等重大问题。工厂各业务科室还分别与乙方各有关科室建立定期联席会议制度，互通情况，互相支援。为加强对工程的技术监督，成立了甲乙双方技术检查站。为解决劳动力和管理人员不足的问题，工厂抽调了 16 名干部和 200 多名工人协助乙方工作。

在施工的关键时刻，康健生经常深入工地，哪里有困难，哪里就有他的身影。1956 年 3 月，厂前区几个项目开工不久，就因缺材料而停工。2 号厂房预制柱梁构件，由于缺少钢筋无法加工，吊装进度一拖再拖；厂内道路因缺水泥而停工；污水管道因缺陶瓷管而无法施工。为帮助乙方解决材料紧缺问题，康健生与施工管理部门协商，决定将建设铁路专线剩余的水泥、钢材等物资拨给乙方，并派员协助乙方订货采购短缺物资。工厂还大力组织材料调剂工作，仅 1959 年就与 200 多个单位进行 340 多次的物资调剂，钢材调剂数量占全部消耗的 60% 以上。为解决水泥不足的困难，秦川厂土法上马生产水泥，1959 年生产了 2 400 多吨，用于次要工程，减少标准水泥的需要量。经过共同努力，终于解决了诸多难题，保证了工程建设的进程。

（3）和苏联与东欧国家专家友好相处，做好与专家的协调配合工作。从 1956 年开始到 1960 年 7 月，5 年多时间里先后有 60 名苏联专家来厂工作，其中工厂正式聘请的 18 名，其余 42 名是由部局为几个厂联合聘请的。当时，在秦川机械厂工作的专家，主要有：总工艺师巴拉金，齿轮刀具专家马秋申（副博士），油压机安装调整工程师乌利赫曼、压力机专家高洛特文·捷林，曲轴压力专家格德可夫、高拉脱维、日林佐夫，机械安装专家格拉德科夫、沃尔觉可夫，被帽焊接专家叶午莫申，电机专家卡尔达谢夫斯基。另外，还有 2 名民主德国专家，1 名捷克斯洛伐克专家。

秦川机械厂的建设，从厂址选择设计到施工投产，都是在苏联专家的直接参与下进行的。特别在建厂初期，中苏关系友好，苏联的援助及派来工厂的专家，都诚恳热情，对工作很负责任。康健生对做好专家工作尤为重视，既注意尊重苏联专家，向苏联专家学习，又再三嘱咐直接和专家打交道的领导干部和工程技术人员：要努力当好学生，坚持消化吸收，把本事学到手。苏联专家迟早是要回国的，不能离了老师我们就迈不开步子。把真本事学懂了，学通了，运用自如，就可以举一反三，融会贯通，再进一步就可以创新发明。路一定要这样走，说得更明白一点，那就是我们要永远坚持"以自力更生为主，以外援为辅"的方针。

来华专家在秦川机械厂工作的5年中，和工厂关系处理得比较好，也是和康健生亲自抓这项工作分不开的。大概也是由于康健生具有平易近人这种"人和"的本质，来华专家们也和康健生非常亲近，关系处理得很好，愿意和他打交道，常常和他商量处理一些工作难题。总工艺师巴拉金，是一位老布尔什维克，他对他的祖国在卫国战争中蒙受的灾难和损失，比如德军的长驱直入，兵临莫斯科城下；比如伏尔加格勒的喋血鏖战，记忆犹新。因此，他对饱经灾难的中国人民很有同情心，他也对自己作为来华专家，支援新中国建设深表珍惜，感到很荣耀，他说"他一定要尽到责任！"他也知道康健生是在抗日烽火中锤炼出来的老革命，十分尊敬，不时向康健生表述他的心怀。康健生对来华专家的工作十分支持，不时和巴拉金等专家聊天，尽量做好东道主的工作。他常对工作人员说：这些专家不远数千里来到中国，我们一定要从工作上支持他们，生活上关心他们，使他们安心做好援建工作。康健生也不时到专家工作的场所走走，嘘寒问暖，关心专家的工作。在大型压延设备安装最紧张的那段日子，他去了好几次工作现场，直到压延机最后安装试车成功，他才放心了。

在巴拉金等老专家的带领下，中苏双方相互配合，积极帮助工厂完成合同规定以内的工作，留下了难忘的历史记忆。从1956年至1960年的5年中，他们为19.4万平方米建筑工程的设计、勘探、施工进行了技术指导，帮助工厂安装、调整、试运各型设备43台；还亲临现场参加实际操作，帮助攻克技术难题，共提出解决关键性技术问题建议1 592条，并将这些建议汇编成数十万字的技术手册赠送给工厂。巴拉金等专家们还注重技术培训，先后对技术干部和工人讲授技术课60余次，听课人数逾2 000人，为工厂培训了一批技术骨干。特大型压延设备机组因长途运输等原因，冷轧机轧辊裂碎4个，缺少大小零件上千个。在中方人员的积极配合下，民主德国两位专家不到一年的时间，就把压延设备机组修复并安装调试完毕，保证了工厂在1960年竣工投产。

不少专家还不图报酬，为工厂做了不少分外的工作。油压机专家乌利赫曼知道厂里有8台1920型金属切削机床运转不正常时，就到现场帮助修理，仅用半天时间就解决了液压传动系统的问题。1600T压力机出了故障，厂里技术员调整四天未能调好，专家高洛特文闻讯后就亲赴现场进行指导，仅用一个来小时就排除故障，使设备恢复正常。捷克斯洛伐克专家德林卡负责帮助车间试制塑料产品，他从设计方面给了很多帮助，回国途经北京时，还主动从捷克大使馆要了四本急需的材料成分表，再三叮咛让人捎到秦川厂，不要误了事。来华专家在秦川机械厂工作期间，工厂十分注意搞好接待和配合工作，成立了专家工作办公室，一方面注意动员和安排人员向专家学习，及早掌握专业知识和操作技能；另一方面做好专家一旦离开的思想准备和组织准备。正是由于厂里早有两手准备，当中苏关系恶化，1960年撤走专家后，虽然部分产品图纸出现问题以及一些原材料短缺，但动员自己的力量，努力攻克，都陆续得到解决。

（4）坚持边基建、边试制、边生产的方针，新品试制取得成绩。在工厂大规模进行基建施工的同时，另一套人马从事生产准备工作一刻也没有停止，有条不紊地努力工作。

康健生虽然把主要精力放在基本建设上，但丝毫没有放松生产准备工作。他心里非常清楚：建设工厂的目的就是要生产先进的武器装备，武装人民解放军，建设现代化的国防工业。作为企业的各级领导者，在抓好建设的同时，必须为生产试制做好技术、物资准备工作。因此，他在工厂各种会议上，总不忘提醒领导班子成员，既要抓好基建，又要抓好产品试制，做到齐头并进两不误。他也时不时地到技术科室走走，了解他们的工作情况；到车间看看，关心生产试制的进展。他的办事认真和务实作风，深深感染和影响着工厂各级干部。

秦川机械厂的生产准备工作于1954年底即着手进行，到1955年四季度已正式编制好生产准备计划。重点抓了四项工作：一是做好技术资料准备工作。从1955年始，苏联陆续将产品技术资料寄来，至1957年底，17种产品到了13种。技术科随即组织翻译人员进行翻译与校对，并组织相关技术人员与生产工人进行消化，做好投产准备工作。二是进行补充设计。苏联的技术资料有不少地方不符合我国国情，为此，工厂根据现实情况做出了必要的补充设计，尤其是工、卡、量具方面补充修改的地方最多，工厂做了修改经苏方审定后付诸实施。三是抓好材料、工装、协作件供应的准备工作。苏联停止供应我方急缺的钢带，经过协调，落实由重庆一厂家供货；工艺装置的供应，决定由工厂自行研制解决。四是落实设备供应。秦川机械厂初步设计规定订购设备总数为2686台，其中标准设备 1 405 台，非标准设备 1 281 台。所有设备按国外分交、国内订货、工厂自制三种方式解决。到 1957 年年底，已到厂标准设备 1 016 台/件，非标准设备 362 台/件。同时，工厂成立生产非标准设备的车间，自己生产出 400 多台/件非标准设备。虽然尚未达到初步设计要求的设备数量，但试制几种新产品需要的设备基本可以满足。

1958 年到 1960 年，秦川机械厂从基建施工到生产试制都取得显著成绩，标志着一个大型军工企业巍然而起。这个时期，由于工厂生产准备提前动手，工作到位，试制工作顺利展开，并取得显著成效。三年时间，试制成功 HP-23 航空穿甲弹、HP-23 弹链、曳光弹、HP-30 航空榴弹、37 航铜饼、85 药筒、100 高药筒等 7 种军品新产品，还生产了电机、钢锭和矿山炸药等 6 种民品，累计完成工业总产值 1.3 亿元。

从 1954 年到 1961 年，康健生走完了秦川机械厂建设的全过程。康健生身为厂里一把手，行政九级干部，在人们心目中是位"大干部"，但厂里职工见了他，并不是敬而远之，而是常和他打招呼，有时还聊聊天，闲谈几句。这是因为，康健生出奇地平易近人，出奇地好打交道，出奇地没有官架子，出奇地愿意接近群众。1959 年至 1961 年期间，秦川、华山两厂合并，两厂职工因而工作有所调整，往来于两厂之间。康健生和一些职工原来都住在秦川厂家属区，上下班要走半小时路程。李立民的爱人张原辉此时还是 20 出头的小姑娘。一次，她正在路上走着，只见有人骑自行车过来，微笑着对她说："小姑娘，坐在我车子后面，我把你带到厂里去。"小张注意一看，原来是康书记在和她说话，她很不好意思地说："康书记，不麻烦您了，我年轻，走走没啥，一会儿就到了！"康健生当时并不认识张原辉，也只是向她打打招呼，顺便把她带到厂里去罢了，并没把这当回事。可是，事隔 60 年，张原辉已是 80 多岁的老人了，但对这件事她至今记忆犹新："康书记那么大的干部，一点架子都没有，还和我这样的平民百姓打招呼。正是康书记特别亲近群众，所以，他在厂里的威信特别高！"

康健生作为工厂的主要领导，先后与陈铭、李硕、王隆山和孙克华、赵孝文、井友仁、王化东、程继儒、张雅、慕生桂、刘建平、郭志坚等同志共事搭班子。他十分注意当好班长，与领导班子成员搞好团结合作，发挥大家的积极性。如果说秦川机械厂是一件精美的作品，那么她就是在总指挥康健生尽心尽力的呵护下，通过历届领导成员的完美合作，由全厂职工精心打造而成。他们，为秦川机械厂的建成投产画上了完满的句号！他们，给党和人民交了一份满意的答卷！他们，为三秦大地铸造了千秋功业！

晚年夕阳犹璀璨

1960年5月，康健生调任陕西省委国防工委任副主任，先后任工交政治部主任、陕西省革命委员会政工组副组长和中共陕西省国防工业办公室党委副书记、副主任、省委工交部部长、省委组织部第一副部长、陕西省国防科工办党委书记兼主任。康健生呕心沥血，艰苦创业，为建设陕西国防工业和科研基地的发展建设做出了重要贡献。他经常深入厂矿调查研究，陕西100多家国防工业企事业单位都留下了他的足迹。

在"文化大革命"中，康健生受到冲击，住过"牛棚"，遭到批斗。但他始终坚持原则，不说过头话，不说不实之词。那时全国各地的外调人员频频来西安找他写证明，调查往日与他共过事同志的历史，有的外调人员甚至无中生有，逼康健生按他们的假设提供证明材料，但他都一一拒绝了，他说"有就是有，没有就是没有，要经得起历史的考验，我不能做害人的事。"造反派批判康健生是"老右倾"，说他在几次政治运动中和处理某些事情时常常"和稀泥"，态度过于温和。这恰恰从另一个方面，证明康健生一向正直，为人宽厚，坚持"惩前毖后，治病救人"，与人为善的精神。正是由于康健生的这种实事求是的作风，从他主持秦川厂工作到他身居陕西国防工业主要领导期间，无论是1957的反右派还是1959年的反右倾，无论是平反冤、假、错案还是清查与"四人帮"有牵连的人和事，他都坚持调动一切积极因素，严格执行党的政策，没有搞扩大化。在清查与"四人帮"有牵连的人和事期间，康健生带领工作队负责西安市基建口的清查工作。他对工作队员说，"只要犯了错误的同志深刻检讨就可以了，""'文革'中多数干部群众是因为不了解情况才犯了错，所以只要有态度，只要认识到当时的做法是错误的就可以了，不要非体现出所谓深刻，深刻不深刻的标准很难把握。"由于工作队政策掌握得好，很多西安市基建口的老同志对工作队这段时间的工作非常肯定。

粉碎"四人帮"后，康健生在省委工交部工作期间，从1976年12月开始，遵照中央和省委指示，部署全省工交企事业单位本着实事求是、有错必纠的原则，对在历次政治运动中特别是"文化大革命"中发生的冤、假、错案进行全面复查、甄别、平反，1979年基本结束。仅国防工业系统就平反集团性冤、假、错案73起，涉及2 682人；属于一人一案的冤、假、错案5 541起，平反5 498起，占99.2％。在1957年反右中划成右派的235名干部、职工，经复查属错划予以改正的223名，占95％。1978年9月18日，陕西省委在西飞公司召开万人大会，康健生代表省委宣读了《中共陕西省委关于西飞公司"特务集团"假案平反的决定》，省委书记、省长于明涛代表省委向这起假案所有受害者表示慰问，将按政策妥善处理遗留问题，对犯罪分子作严肃惩处，号召全厂职工团结一致，拨乱反正，开创社会主义建设新局面。陕西工交系统通过平反冤、假、错案，纠正了"左"的错误，恢复了党的优良传统，使受迫害的同志冤情得到昭雪，使广大职工认识到中国共产党实事求是，有错必改，确实伟大。许多受迫害者及其家属含着热泪称颂中国共产党，表示要把余生奉献给祖国伟大的社会主义事业。

1983年5月，康健生调任政协陕西省委员会副主席、党组副书记。他多次组织带领部分政协委员就陕北煤田的开发、关中水利设施的被破坏情况、黑河引水工程和陕西发展多种经营问题进行实地调查，研究起草了调查报告，提出不少好建议。

康健生从1955年起，是历次陕西省委党代会代表。1982年9月，康健生被选为中国共产党第十二次全国代表大会代表。1988年3月，被选为七届全国人大代表。

李立民　陕西省电子工业厅原工会主席
文纯祥　陕西省国防工办综合计划处原处长

攻克技术难题的经历

口述/宫殿壁

我是 1955 年 2 月份由哈尔滨 123 厂调到西安秦川机械制造厂的。

当时我们厂在外人眼中很神秘，现在看来，我们也都经历了一段传奇的历史。作为亲历者，我觉得很荣幸。

我们都是服从组织分配来到西安的。一心为了国家需要，没有很在意个人的得失。大家就是同心为了这个国家发展、为了国防事业建设，抱着这个目的，无怨无悔。

到秦川厂以后，我主要从事技术工作。建厂初期，我在设备科，当时设备科主管对外合同签订、设备订购，属于基础工作。像我们秦川厂里的各种大型设备、标准设备、非标准设备我都是比较熟悉的。1958 年以后，秦川厂生产民用产品，我在那里负责过一段时间。1960 年，我回到生产一线，做车间副主任，然后任车间主任。到了 1981 年，我又到了厂部，当这个副总工程师一直工作到 61 岁。

20 世纪 60 年代，我在生产车间待了 8 年时间，当时是机动车间，也叫 52 车间。我在这 8 年时间里，做了一些事情。

我到车间工作后，有段时间我们和苏联的关系紧张，专家撤走，技术没提供，我们都是靠自己解决问题的。秦川厂在当时来说，整个生产水平在兵器行业还是领先的，技术装备还是比较先进，而且产量也很高。

当时我们那个车间的设备比较先进，德国进口，属于一流技术的设备。设备虽然很先进，但在实际的使用中不可能一点问题没有，特别是我们当时生产压力大，对机器的损耗也很严重。设备在经过长期生产考验后，难免出现问题。当时的设备有一块板要铣，铣完之后有刀线。当时组织了很多技术人员来修这个刀线。但这个问题一直无法得到很好的解决。我之前接触过金属切削，掌握一些专业知识，后来我组织了几个工人，不断尝试，用了不到1个月时间，攻克难题。在技术创新这块儿，当时生产某火箭弹，这是个新产品，我们接触的时间较短。我主管技术这块，要解决的是某火箭弹生产的最后一件产品的问题。我们当时的设备在生产产品上还有一点欠缺。我组织了几个人，用了2个多月时间，解决了这个问题，确保了生产任务完成。在改进设备技术方面，当时我们有个油压机设备，最大是250吨的。我将它改到了400吨，解决了一些生产的问题。（刘曌琼整理）

宫殿壁　秦川机械制造厂原副总工程师

从闯关东到支援大西北

口述/王兰田

我是河北人，10岁随父亲闯关东到了东北。1947年，我才14周岁，当时东北兵工部第二办事处招学员，我就参加了，学了半年兵工技术，就当工人了。我们东北那个厂当时主要是缴获日本的设备，进厂以后专门学习培训了技术。1949年，我去天津大学学习了机械制图等专业，之后就当了技术员。

国家156工程重点项目筹备开始后，我被抽出来去苏联对口学习，西安东郊五个厂一共去了40多个人。当时我们去了一批人到喀山的军工厂学了一年多时间，去苏联前，我们学了一年俄语。当时喀山是一个小城市，只有一个军工厂，一个造船厂。我们去了就直接在厂里，苏联方面派一个指导老师教我们。我当时分配学的是表面处理，弹壳防腐。1956年，学习完后我就被直接分配到了秦川机械制造厂。

秦川厂厂房刚建设好，设备装好还没生产，我们就来了。党委就动员大家赶紧生产。我们厂当时是陆、海、空军多种产品的生产单位。当时都是按照苏联规格生产，因为咱们军队的武器都是苏联的型号。我们厂在五机部里是很强的一个工厂。好多炮弹厂完不成的任务，五机部就让我们做，我们都很好地完成了任务。当时我们秦川厂真是不简单！

我在秦川的工作从工人技术员一直到技术科代理副科长、检验科长，最后提为质量副总工程师。在业务上除了表面处理之外，在老厂像冲压、机加工艺车间、技术科，我都当过技术员，所以我的技术很全面。记得当时我领着员工进行铸锭技术革新，就是半连续铸锭，我们是全国第一个做出来的。当时123厂和洛阳的冶金厂都到我们厂来学习连续铸锭技术。在表面处理方面，一开始是按苏联工艺，后来我们自己革新工艺，加上了防腐层。

搞技术不能墨守成规,就是要不断创新!

客观来说,当时搞技术的条件也是很艰苦的,但我们都不觉得苦。有困难大家就在一起研究,努力攻克难题。我们都有这个信念,遇到困难绝对不后退。

我们刚来西安的时候,工业基础很差。我们从东北来到这支援,带来的设备都是很先进的。西安当时主要是缺乏人才,包括工人、技术人员等。

当时秦川厂是苏联的设备,有苏联专家过来指导我们建厂。我在苏联学习过,看材料和日常交流都没有问题,特别是设计图纸,我不仅基本都能看懂,甚至还参与了一些材料的翻译工作。

苏联专家撤走以后对我们的影响不是很大。因为当时我们技术、建设等方面都比较成熟了。(刘曌琼整理)

王兰田　秦川机械制造厂副总工程师

参与产品试制工作的记忆

口述/张西源

我长在秦川、上学在秦川、工作在秦川、退休在秦川，可以说，一辈子都没离开这个厂。

我们老家是河南郑州的，父亲在铁路上工作。当时国家开展第一个五年计划，国家"156项工程"布置了一批重点项目。后来，围绕项目设计了一些专门的铁路，比如庆华铁路专用线等。我父亲就是负责铁路验收工作的。后来，组织征求意见，父亲就留在了秦川厂，我们家人也就跟着他落脚在了秦川。

我长在秦川厂大院，上小学的时候秦川厂自己的学校还没建好，所以我上的是东方102小学。我到四年级下学期时，秦川厂自己的小学才建好。后来我上了秦川的厂办技校，也就是中专。厂办学校在那时很多，当时，国家为了给兵工厂储备人才力量，开始实行厂办技校，专门针对一个厂培养人才。所以，我到了中学就进了秦川的厂办技校，学习的是机械加工专业，毕业后直接进厂工作。

1984年前后那段时间是秦川发展最好的时候，我们做秦川厂职工是很自豪的。我记得1984年的时候，我们厂的职工就开始用上煤气了。据我所知，当时在西安市所有的兵工厂中，最先用上煤气的就是秦川厂，紧接着我们就用上了暖气，所以当时秦川厂职工谈起来感到很自豪！当时我们厂的职工找对象特别受欢迎。

作为一名技术人员，在我职业生涯中，让我引以为傲的就是承担厂里的主要产品试制工作。第三研究所研制出来一个新品种，生产任务分配到了秦川厂，由我接手带着4个人开始进行试制，产品很成功，并开始批量生产，形成了一条完整的生产线。最后形成了一定的生产规模，我很自豪。

从我们接到这个任务到最后在厂里建起两个厂房，生产成品，用了 4 年左右时间。接手这个任务时，难度是非常大的，当时可用于生产这一产品的设备只有一台普通车床。我们就是靠着这台设备，最终钻研生产出来了产品。我当时在学校学的非标准制造技术也派上了用场，充分发挥了当时所学的技术。这一型号武器成了后来厂里重要的经济来源。（刘壆琼整理）

张西源　秦川机械制造厂技术员

工会要把职工放在心上

口述/赵清明

1955年我调到秦川机械制造厂,先后担任组织部干事、党委办公室副主任、厂办副主任等职。1981年,我担任秦川厂第六届工会主席。从此,"一心为了职工"便成了我工作的核心。

对于秦川厂这样的大军工厂而言,职工无疑是主体。没有职工的辛勤工作,生产任务就难以保障。可以说,工会工作是关乎全厂发展的大事。想方设法调动职工的工作积极性,这是我最重要的工作。教育职工,主要是调动工人积极性。开展劳动竞赛,发动职工提出合理化建议。从担任工会主席一开始,我就积极领导工会工作服务于厂生产任务。对厂里劳动竞赛表现好的人,评为先进劳动者,并送他们到北戴河、临潼疗养。所以工人的积极性也很高,生产形势不错,任务完成的好。

从1981年我任工会主席开始,类似的劳动竞赛每年都有,直至1992年12月第八届工会主席任期结束,我光荣退休。

在秦川厂效益最好的时候,我们每年都会组织"光荣座"竞赛活动。工会不断创新工作方法,调动广大职工的生产干劲,提高了整个厂的经济效益。

在经济体制改革中,我也没有辜负自己的使命。一方面组织对改革者大张旗鼓地宣传和鼓励;另一方面,积极组织有助职工生产的一系列探索。把传统的以体力型为主的竞赛扩展到智慧型、技术型、指标型、服务型等,这吸引了包括领导干部、管理人员、工程技术人员和工人在内的所有职工,形成了全员竞赛的火热局面。

20世纪80年代的时候,秦川厂的发展很不错,也得到了上级领导的高度肯定。当时我们就想着怎样奖励职工的勤劳工作。那时流行穿西装，大家一致讨论后决定就给每一个职工定做一套西服。当时能有这个福利太了不得了，能穿上一套好西装是不少人的心愿，职工们都很高兴。随后，工会派人到上海，为秦川厂全体职工带回了这项"珍贵"的福利。为职工服务，就是要把职工放在心上，把好的福利给职工。要给秦川厂每一位职工做一套西装的故事，成了那一代秦川人历久弥新的记忆。当时生产形势很好，各种福利待遇高，所以很多人都想进秦川厂，但严格控制了。

1986年初，秦川厂的军品生产订单锐减，工厂的效益也由盈利转为亏损。这种变化也难免让职工的思想产生波动。此时，工会主动站了出来，想办法为工厂分忧解愁。一方面组织各级工会发动群众提建议，开发民品，并逐个单位跑，落实民品开发项目。同时，举办民品展览会和民品开发汇报交流会，使全厂掀起了民品生产高潮。另一方面，组织领导全新的文化活动，极力冲淡消极气氛。

工厂文化是维系职工间感情的纽带，当时的秦川厂，更像是一个"小社会"。在这样的情况下，职工文化建设工作的重要性尤为突出。每年的春节，举办灯展，并在工厂大门前放烟火。灯展和烟火表演，当时整个西安都没有，秦川厂首创，很受职工欢迎。除了厂里职工外，当时东方厂、华山厂的职工都跑过来观赏，同时省、市上很多领导同志也过来观看，厂里整个文化活动很活跃。除此外，还组织工人进行大合唱比赛，动员各个单位参加。工会的各项福利、文化活动，都是为了更好地感谢干劲十足、一次次超额完成生产任务的职工们。秦川厂工人工作很能吃苦，工资却比较低。据我了解，跟周围国防厂相比，当时秦川厂职工工资是最低的。但是大家的干劲很足，干得很好。当时我们生产的产品，都能按时完成，超额完成。

我还曾经领导组织了为秦川厂34岁以下青年职工的政治教育工作。当时是厂里规定，每个礼拜都要组织工人学习一次时事政策。1983年，我根据全国政治思想工作纲要精神，经党委同意后，创办了秦川厂职工政治学校。

在同事们的共同努力下，秦川厂工会自1982年开始，连续多年被评为省国防工会和省总工会的先进单位。在职期间我多次被评为厂级先进个人、优秀工会干部。我见证了秦川的繁荣，也实现了自己价值。（刘墨琼整理）

赵清明　秦川机械制造厂原工会主席

我是秦川厂的朝鲜族医生

口述/郑玉善

我1932年出生于吉林省,朝鲜族人。1956年由东北123厂医院调到秦川机械制造厂时,是厂里唯一的助产师。后来在天津进修一年多时间,成为妇产科主治大夫了。

我获得过三次全国三八红旗手,全国儿童先进工作者,全国卫生先进工作者。我见过四次毛主席,还和毛主席握过一次手。

我在朝鲜上的学,从小不会说汉语,小学中学都是朝鲜语学校。朝鲜战争爆发后,我就回到吉林省珲春县一个村里面,后来去珲春县医院里助产士进修班学习。结婚3年后,和丈夫一起进了我们东北的123厂。我在厂里的医院上班,可是那个时候一句汉语都听不懂,更不会说。单位医生们开始一点一点教我,比如怎么说让病人躺呀,上床检查呀,再加上肢体语言,就这样开始学习汉语。当时我学汉语还闹出不少笑话呢,现在回想起特别有意思。我当时年轻,又不会说汉语,但大家都对我特别好,关心我,照顾我。

刚来秦川的时候还没有医院,是一个只有一间房子的卫生所。有我和另一个医生,一共两个人。后来医院是盖了起来,但当时条件非常有限。产妇检查身体的时候在卫生所,新生儿接生只能去产妇家里。在帮助孕妇接生新生儿时,因为设备有限,常常是用嘴帮孩子吸痰。

语言不通,沟通就会有一些障碍。一开始是医生领我一起去产妇家里接生,去过几次以后我就都明白了,慢慢地我就可以一个人自己去工作了。产妇家属也很感谢我,对我很好,非要做荷包蛋给我吃,不吃的话就堵住门不让我走。因为我勤快也敬业,出去接生几次以后,厂里都传开了说那个朝鲜接生大夫可好了。

我记不得自己接生过多少个孩子了，在我们厂里很多很多孩子都是我当年接生的。他们现在都长大了。最早秦川和东方还在一起，两个厂的人都找我接生。

那时，厂里的职工可欢迎我了。1976年，厂里让我去天津学习，进修妇产科，那所医院是全国有名的，课程难度很大。为了学习，我就早起晚睡，每天早上先把病历啥的都弄好。医院的那些大夫也喜欢我爱干活，有手术了也叫我，所以我在那边学了不少技术，学习一年多以后就毕业了。

随着厂医院设备越来越完善，我们厂医院可以开展手术等多项治疗，厂里职工一般的手术都是在厂医院进行的，不用转到大医院。后来医院也陆续分配来一些大学生，医务水平也慢慢提升上去了。

那一年厂医院的大夫都要下乡，我和我们医院的外科大夫、小儿科大夫、内科大夫、妇科大夫、护理部的护士等十几个人就去了洛南县。到那里以后，我记得有一个女患者的病情较严重，农村条件差，她一直也没看好，后来我帮她检查诊断并做了手术，总算是救了这名女患者。像这样的危急病人，我在下乡时还遇到过很多，我都尽力帮助他们。有的患者被我治好后，还专门写信来感谢我，让我觉得特别高兴和感动。

不少病人看好病后，都叫我"救命恩人"。但我始终觉得我只是做了一名医生应该做的事。（刘璺琼整理）

郑玉善　秦川机械制造厂医院医生

从四野到华山厂

口述/孙殿奇

我是从东北跟随第四野战军南下转业到地方,与另外3名同事分到华山厂。

当时华山厂在筹建,未正式生产,组织上便安排一批人去东北学习,我就是在这时去了大连523厂,这个厂是功臣吴运铎原来工作的地方。我在不到两年时间里在这里学到一些专业技术。

1957年,我回到华山厂任技术监督科副科长。1958年12月左右,秦川厂与华山厂合并,称为华山机械厂。我开始任华山厂十一车间主任,9个月后,任技术监督科科长兼车间主任。后来到陕西省委国防工业委员会生产处任副处长、秘书处副处长、办公室副主任,直到"文化大革命"前。

今天回忆起"一五"建设时期的情况,印象很深,尤其是难忘那时的工作热情和建设速度。记得1957年我从北京回到华山厂时,华山厂已全部建设完工,比东北的523厂要漂亮很多,设备也先进。钢材捅到机器里,几根钢材转几转,出来就是产品,比523厂的设备先进多了。

"一五"期间,156项重点工程中设在西安的企业都是大型工厂,而且受到中央、省委及市委的高度重视。中央几个部又都直接管这些企业,我们那时能从地方选拔到国防厂,都感到无比的光荣,非常自豪。

我们现在回顾国家156项重点工程建设及它对国民经济发展的意义,毫不夸张地说国家"一五"期间在西安的项目建设,为打好西安的工业基础和拉动国民经济的发展起到了决定性的作用。中央下决心在西安投那么大精力,将156项重点工程中的17项放到西安，并把西安列为重点建设城市，使西安从一个落后的消费城市变成了一个工业城市，而且对当时西安的其他各个领域来说，起到了强大的牵引作用。西安之所以成为国家重点建设城市，是因为这么多重要项目在这里。我们出去办事，一提到华山厂，任何单位一律都大开绿灯，非常欢迎，也非常客气，办事也较顺利。因为当时有规定156重点工程项目企业，一切优先。

"一五"时期，西安工业基础的建立也对西安城市面貌的改变起了极大的促进作用，对西安的发展奠定了非常好的基础。后来兴建的电工城、纺织城、东郊兵工城、南郊文教城等，使西安的城建等方面都有了令人瞩目的改观。我们都知道当时的市委书记方仲如、市委副书记冯直，还有城建局长李廷弼，他们与所有"一五"建设的领导者一起，为西安的城建倾注了大量心血，发挥了一定作用。

"一五"时期为西安今天的发展打下了非常重要的基础，如果没有这个时期的建设基础，西安就不可能发展成今天这样辉煌。"一五"时期到西安了多少技术力量，四面八方多少工程技术人员、干部汇聚在这里。现在还有很多老一代国防企业的领导者及创业者仍然生活在这里。他们默默无闻、无悔无怨，对"一五"期间拼搏忘我的情景充满了眷恋，对西安今天的发展依然关注，他们是真正值得西安人民敬重的开拓者。我们现在要继承那时的工作精神，发扬创业者艰苦奋斗的拼命干劲，努力把西安建设得更加美好灿烂。

孙殿奇　曾任西安华山机械厂技术监督科副科长、科长、车间主任，离休前系政协西安市委员会主席

我是军代表

口述/周忠义

我家兄弟姐妹共6人,我是最小的孩子。1939年13岁的我跟随村里老红军到延安参军。那时年龄尚小,头上还留有一小撮儿头发。部队领导见我年龄小,便让我做通讯员。后来跟随部队北上到东北抗日。之后解放战争期间,跟随部队参加了大大小小多次战役。1949年中华人民共和国成立后,我又在所属部队带领下南下至广州。作为通讯员参加了解放海南岛战役,清除国民党残余。之后参加抗美援朝战争,在朝鲜期间带领战士送情报,乘的车被炮弹炸飞了,车上战士仅有我幸运地活下来了。

战争胜利回国后,1955年部队派出三位营职干部进行文化学习,我就是其中之一。前往西军电(现西安电子科技大学)学习了五年。1964年,被派往成都某军工厂担任副总军代表。1970年,被调往黄河厂担任军代表。1974年,担任华山厂陆海空三军总代表,直到1984年退休。

在工作期间,我参与了军工厂科研产品研制全过程,对产品质量进行抽验监控。在产品验收时,我经常能准确抽验出一批产品中有裂纹的不合格产品。检验员笑称说我的手是神手。(许瑶整理)

周忠义　华山机械厂原陆海空三军总军代表

老兵工的精神不会过时

口述/周伯海

1955年，我从扬州华东第二学校建筑结构专业毕业后分配到华山机械厂。

我和同学一行8人坐着火车来到西安。从火车站到达华山厂时，这里只搭起了几个简单的工棚和茅草棚。还记得我们是到工地的简易办公室报到，报到完后就在临时的食堂吃了一顿饭，然后就开始参加筹建工作了。最开始的住宿条件很差，没有宿舍楼，大家都是睡在床板上。我们一行中还有一个女生，在艰苦的环境下她也没有怨言。

因为我们这批是学习建筑结构的人员，所以我们参与了华山厂最初的筹建。当时有厂子建设的图纸，我们就是按图纸工作。因为西安是古城，我们建设的第一步就是"探墓"，只有把地下的墓填实后才能盖房子，这个过程也比较快。到了当年9月份，我们就开始盖房子了。那时大家干劲十足，加班加点，效率特别高，到了12月份，我们就住进了房子。当时东郊这几个在建的厂子，都是西北工程公司盖的楼，他们日夜加班，保质保量快速完工。真的很拼！当时盖的都是3层高的楼。

1956年春天办公区就盖好了，1956年下半年开始盖厂房及安装设备，到1958年下半年，华山厂基建正式交工并经过验收，随即开始投入生产。

那会儿工厂已经有4 000多人了，当时盖好的住宿楼不多，要住下这么多人很困难，所以我们都是几家人住一个单元房（有3间的、有4间的），单身宿舍一间房住4个人。我刚开始住的是单身宿舍，结婚后，我们家分到了9平方米的房子。如果有孩子且孩子14岁后，一家才可以分到一大一小两间房。

我记得刚进厂前3个月，工资每月39元。1956年工资改革后，我工资涨到了一个月

56元。我个人因为专业在早期做基建方面工作，到1958年华山厂的基建工作基本结束后，我转岗从事行政工作。从1960年开始，我在华山厂主要从事组织人事工作，先后在干部部、组织部等部门工作。1982年担任华山厂党委副书记，1983年任主管人事、教育的副厂长，1995年正式退休。

因为工作努力，1956年我获得了西安市"社会主义建设积极分子"称号。当时奖励我100多元奖金，这在当时是一笔不小的数目。我清楚地记得我用奖金买了一块104元的进口手表，特别兴奋。

在我的印象中，1982年至1989年这段时间是华山厂发展最好的时期。当时出口任务大，人力不足。1988年那会儿，我是厂里的副厂长，当时我们厂的职工人数达到了7 000多人，就这样还不能满足生产。为此，我们专门又去周围的农村雇了临时工，人数最多的时候，华山厂工人达到8 000多人。

华山厂在国家最急需的时候接到生产任务，研究生产产品，没有图纸就全靠自己摸索钻研。那时，人们爱工作、爱学习，每天都很充实，各种活动职工都很欢迎和支持。人们也都有为他人奉献的精神，这也是我们这一代老兵工的精神。让我印象很深的一件事就是当时会有涨工资的名额，是按一定比例分配的，我就是负责制定名单的人。每当这个时候就是我最纠结、最为难的时候，因为每个人都很努力，很难拉开差距。但我们的职工中有很多人思想特别好，主动把名额让给更需要的同志。这种乐于奉献的精神特别让人感动。老兵工敢于担当、甘于奉献的精神是不朽的。（许瑶整理）

周伯海　华山机械厂原党委副书记、副厂长

华山厂建厂房盖街坊的回忆

口述/翁林汉

我 1951 年开始在陕西省农业机械制造厂筹备处工作。这是华山机械厂的前身，属于陕西工业厅基础建设筹备处管理。我曾担任过厂办主任和 101 车间主任。101 车间是当时厂里的重要车间，负责制造火箭炮弹，产值占到全厂的多一半。后来我被调到了基建处工作。

国家 156 工程项目的技术设计由苏联负责，基础建设由我们建造。各个厂之间由街坊组成，从胡家庙开始排顺序，建设过程中由苏联专家来指导。每个厂都分为生产区和福利区。

我们华山厂主管厂区生产区域建设。昆仑、秦川负责福利区建设，也就是街坊住宅区。20 世纪 60 年代初，国家困难的时候把没有开发建设的土地退给了农民。因为征地两年不用，就必须退还给农民耕种。后来又需要征地，就等于国家要花两回钱。当时我感觉这事儿有点不合理，到土地局费了好大周折，决定按照退耕地回收，既不是新耕地也不是耕地，所以价格能低一点。到了 70 年代就牵扯到了农民工的问题，这也是当时最难的事情。农民土地被征，就提出到工厂来上班的要求。当时以每亩八九万元的价格征收农民的土地，然后按照土地和人数的比例商定招工名额，在大的原则下协商解决土地和农民的问题。

我到基建办后，主要的工作就是拆旧楼盖新楼，增加面积，增加户数，盖厂房、实验房解决生产和住户的住宿问题等。37 工程是制造合金材料的脱壳弹，生产这个产品就要增加新的生产线，我当时负责这个工程的厂房和实验房建设工作。那个时代为了保密，这个厂曾经有多个名字，数字代号是工作称呼时用，华山是军工搞民品时期改的名字。我从基建处一直工作到退休。（许瑶整理）

翁林汉　华山机械厂基建处干部

最困难的时候不让一个人掉队

口述/陈学明　李　方

陈学明：我是1958年从西安第一航空工业技术学校分配到华山机械厂。

1987年到1990年，我担任厂长。1990年9月开始担任党委书记，1991年任党委书记兼常务副厂长。当时军工企业订货减少，兵器部提出"保军转民"，我开始肩负民品开发的任务。

当时工厂很困难，兵器部提出"二次创业"。华山厂的产品火箭弹年产最高时达到64万件，涉及生产工人2 000多人。一下子没有了订单，怎么办？这直接关乎2 000多名职工的切身利益。当时主管部门也有提出让这些工人下岗的方案，但我没有同意。

当领导就要对职工负责，让这么多辛苦的工人下岗于情于理我都不能接受。我就想我们不能这样静态地"保军"而要动态地"保军"，我们提出要在不断地发展中"保军"。当时我们提出了"以军为本，以民为主，军品在'保军'中求发展，民品在创新中迈大步。细化管理，强化销售，科技兴厂，确保效益"的工作思路；还提出产品开发要做到"人无我有，人有我优，人优我廉，人廉我新"。对管理我们提出"事事有章可循，事事有人负责，事事都有标准，事事都有检查"。对干部我们提出"理念要新，思路要清，业务要精，处事要公，工作要实，作风要廉，为人要谦"。按照这样的发展和管理思路，通过二次"创业"，华山厂挺过了最困难的时期。最困难的时候，厂里将近1万人，一个月光发工资就得600万元。但华山厂在这样困难的情况下，留住了职工。

李方：我1975年从部队转业至华山厂。陈书记退休后我接任党委书记兼副厂长。我们是一张蓝图干到底，按上届领导班子的思路，实行"保军转民"积极搞科研，开发新产品。

我是在华山厂最困难的时期，负责经营管理工作的，担任党委书记和总经理。从困难时期到重新走出困境，也为后来发展奠定了基础。那时给国家创造的效益达 5.6 亿美元。华山厂也从单一的炮弹厂发展到今天军民兼容的大企业。2010 年，我们的效益达到 18 个亿，得益于当时的三期（新）工程引进，我就是主要负责这项工作。我们厂产品的质量很好，当时是全国唯一的穿甲弹厂，穿甲弹的质量全国第一。（许瑶整理）

陈学明　华山机械厂党委原书记兼常务副厂长
李方　华山机械厂党委原书记兼副厂长

东方厂的"二次创业"

口述/李增前

我在西安东方机械厂干了一辈子,回想起来让我印象深刻的有两件事,一是抓党建、搞研发;二是东方厂"保军转民""二次创业",这些也是东方厂发展史上的大事。

东方人的精神,无论是领导还是职工,都是吃苦在前,享受在后。我记得有一年厂里要给我们办公室安装空调,可当时车间里还没风扇,夏天生产特别热,所以我们几个干部当时就反对,工人们在车间里那么热都没风扇,我们咋能用空调,这是不行的。最后取消了给办公室装空调的特殊照顾,后来工厂车间有了空调,办公室才装的。

东方人特别能吃苦、能钻研,苏联专家撤走那会儿,很多资料都没留下,工厂的生产就是靠老工人、老技工和领导们的共同努力完成的,自力更生搞生产,并且仍然搞在了前面。

我记得生产任务重的时候大家都主动加班,吃饭的时候就是两个馒头一个菜。有时候晚上很晚了,为了赶工,还要让车去把工人接回来抓紧时间生产。厂里"保军转民",搞"二次创业"那会儿,条件也是很艰苦的,原来的军品订单少了,为了让企业生存转型,最大限度保障职工的利益,我们必须进行再创业。创业的根本在于自己要有技术创新,当时为了支持科研,想了很多办法,工资缓发还从银行贷款。最后,我们硬是靠自己的技术和产品实现了转型。那会儿大家艰苦奋斗的精神让人特别感动。

东方厂搞信息管理,在兵器部里是最早的一家,在国防科工委系统也算是信息化发展最早的。东方厂在生产管理、财务管理、人事管理、销售管理等很多方面信息化建设都走在前面。而且我们在人才队伍建设上也抓得比较紧。这些发展都让我们的效率大大提高，比如过去需要一条生产线加工的产品，现在一台车床就可以完成。

过去东方厂一直是兵器部的核心企业，到现在也是。中国第一枚地空导弹就是我们生产的。我们也是全国第一家研发生产战术导弹的。

我们东方厂在产品开发生产方面经历了三个时期。第一个时期是借力苏联，最早都是按照苏联的图纸生产，我们只是从事具体的产品生产。到了第二个时期，我们就参与产品开发，进行生产技术改造，开始掌握核心技术。我们获得了不少"国家发明奖"，比如，1975年，我们开发生产了601产品、202产品等。第三个时期是领导产品开发，通过自主技术设计生产产品。后来我们也生产民品，搞"保军转民"。

我们现在说工匠精神，我想东方厂也正是传承了这种精神。这么些年，我自己的切身感受就是要坚持党的领导不动摇，我们东方是这么说，也是这么做的。

回想我个人，发自内心感谢党。我家在陕北农村，那时根本不可能上得起学的。中华人民共和国成立后，有了国家的照顾，我才上了学，到学校的时候，学校会根据学生的情况给补贴，我当时拿的是最高的补助12块钱，我特别感动。因为上了学，我才能有后来的发展，我这一辈子都要感谢共产党。（刘曌琼整理）

李增前　东方机械厂原党委书记

参与"重弹"试制的难忘记忆

口述/宋银生

西安东方机械厂多个产品都是兵器部第一家、全国第一家,这些产品的科技含量都是比较高的,某些产品在国际上也是数一数二的。可以说,我们经过引进、吸收、消化到创新这个过程,逐渐走上了成熟的生产,也确立了自己的位置。

我到工厂,先当技术员、工程师,然后是检验处的副处长、处长、计划处的处长。1993年9月份我被任命为工厂的总经济师。我在组织设计部门时,主要负责产品研制、试验。在东方厂我也经历了好几个重要武器的研制生产。

1997年7月,工厂让我负责"重弹"。我参与"重弹"项目是个偶然,因为当时"重弹"试制失败。"重弹"的总师单位是203所,试制单位是我们。我们配合203所试制,试制成功,我们就能生产了。开始试制打了3发弹失败了。当时就这个事要去北京(兵器总公司)开会查找了原因,我代表东方厂参加会议,说实话压力是很大的。最后决定再生产24发导弹,12发打热区,12发打寒区。打寒区和打热区,就是这个导弹要适应全国最北最南的实验。

起初这24发导弹,部里不想让东方厂生产,让203所生产,因为小批量的203所也可以生产。但是这对我们有一个威胁,如果203所生产的24发,打得很好,将来我们有可能就不能生产导弹了。蔡厂长到部里亲自去汇报,说如果这24发我们生产不好,就不用你撤,我自动辞职。后来部里考虑再三还是放在我们厂生产。203所主管技术,几个产品技术员都在我们生产线上时刻服务。当时国家有一个"9910工程",就是50年大庆的阅兵,这是阅兵项目,必须成功。最终这24发导弹全部试制成功。(刘墨琼整理)

宋银生　东方机械厂原总经济师

庆安厂里的苏联专家

口述/张 基

庆安机器厂在建厂过程中，从厂址选择、勘测设计、土建施工、设备安装，一直到产品试制，在人力、物力和技术上都得到苏联全面、系统的帮助。

选择厂址，我们当时没有经验，曾先后拟订了五六个方案。苏联专家对我们提出的方案，逐一进行实地考察，从水电供应、交通运输、城市建设的配套等方面，都进行反复对比和慎重地选择，最后才肯定了现在的这个厂址。厂址定在这里，既照顾了生产需要又节约了投资。

搜集资料是进行设计的依据，资料的正确与否直接关系工程质量和经济效益。苏联专家在我厂进行设计之前，非常注意资料的来源和可靠性，他们亲自深入现场，参与调查，对地质水文、气候以及凡与设计有关的资料都做了认真研究。西安市是很多朝代建都的地方，地下古墓很多。当时有个专家叫乌沙也夫，他针对这一情况，经过各种实验，提出了古墓处理方案，正确地指导了基础工程的处理工作。

开工前绝大多数干部缺乏组织施工的经验和管理知识。苏联专家又对如何编制施工组织设计和现场管理等问题，进行讲课和具体指导。工程全面展开以后，技术问题不断出现。如屋架大梁焊接裂缝问题，曾一度成为关键，专家斯特里然诺夫以突击方式在现场协助施工，又开办了点焊训练班，亲自示范，边教边做，直到工人完全掌握了技术为止。

1955年冬季，为了贯彻中央多快好省的方针，加快工业建设速度，我们决定组织冬季施工。这在当时是个新问题，一些干部还存在着怕冬季施工影响质量的保守思想。这时苏联专家又帮助制订了冬季施工方案，同时还重点推广苏联的快速施工法。普契可夫斯基专家亲自冒着风雪严寒在现场实际指导。因此，一个2 800多平方米的厂房土建工程在24天就顺利地完成了，并且质量良好。在通常的情况下，需要二个月时间才能完成。事实证明了苏联先进经验的优越，也教育了我们的干部。

我厂的设备大部分是苏联供应的，设备到厂以后，堆放没有次序，维护不良。专家做了周密检查，提出了按车间堆放保管的建议，并提出要注意设备由寒带到温带所出现的设备本身向外排汽（水分）使设备生锈的情况和应该采取的措施。设备安装后，苏联又派人了解运转情况是否良好，有无故障，征询各方面的意见。这充分体现了专家严肃认真、负责到底的精神。据不完全统计，在基本建设中苏联专家共提出全套性和专题性建议400余条，收效很大。

生产准备和产品试制工作开始时，各个专业系统的专家都来到我厂，他们首先帮助工厂在生产管理和技术管理上进行了业务建设，如帮助制订各职能科室的职责范围、建立各项工作制度、指导技术人员了解资料、制订工艺方案和工艺纪律等。因此，使工厂在短期内初步建立了生产秩序，迅速开展了工作。产品试制以后，由于管理工作和工人技术水平不能适应生产发展的需要，生产中新问题不断出现。有一种产品曾因技术问题拖了3个月没有试制成功。苏联专家卡诺瓦诺夫为了突破这个关键，终日不离车间，亲自操作试验。工作最紧张的阶段，他两天三夜只休息了四个钟头，终于试制成功。这种高度的责任感和忘我的劳动精神，给全厂职工留下了深刻的印象。

苏联专家除了在实际工作中帮助我们外，还帮助我们提高技术理论水平，如作针对专业问题讲课，帮助大家解答问题时，有理论，有实际。苏联专家对于技术人员的培养，真是诲人不倦，他们把教会别人看成是自己最大的光荣。我厂向苏联专家学习的人，一般地都初步掌握了业务和技术，能够独立工作，一些比较复杂的技术问题我们也能解决了。

张基　曾任西安庆安机器厂厂长、陕西省国防科工委副主任

以科研攻关为己任

口述/詹孝慈

1956年，我从南京航空工业专科学校毕业后分配到西安新建的飞机附件制造厂庆安机器厂。

我在日常工作中，除积极配合生产及时完成各项任务外，还结合生产开展技术课题研究。其中《LD10锻造铝合金过烧组织的研究》在全国第一届冶金工作理化年会上作为优秀论文在大会上宣读，并刊登在1958年第二期《理化检验》杂志上，之后相继在西北工业大学举办的金相学习班上宣读。1985年，我组织并参与编写了《辅机零件失效及缺陷分析》一书，之后又参与编写出版了《铝合金过烧组织鉴定标准》《钢的化学热处理层深测定标准》《钢的脱碳层深测定标准》，这些技术资料的编制与出版有利于零件质量的稳定和生产效率的提高。

生产在发展，工厂在变革，我的工作也在变化。我1981年任冶金科副科长，第二年任冶金科科长。1987年机构改革，冶金科工作任务扩充与改型，变为材料应用技术研究所，我出任所长。身为一个基层技术单位的领导，要保证组织全所人员完成工厂的各项任务；要关心和爱护职工的生活和工作积极性；还要组织大家利用实验室的设备条件，结合生产的需要去争取和接受有关技术课题的试验研究任务；给他们搭建发挥能力的平台，让他们有施展才华和创新的用武之地。任务之多，任务之重，可想而知。

1991年，为满足某重点型号研制需要，冶金工业部和航空航天工业部联合批准立项TM210A马氏体时效钢的研制，其中该项新材料的应用研究试验工作由庆安公司负责。公司决定由材料应用技术研究所牵头，106设计所等6个单位参与，并由我负责厂内外的技术协调和厂内的试验研究工作。1993年我带着这项专题工作退居二线，经过3年多艰苦的试验研究，圆满完成试验任务，满足了该项新材料的研制要求，于1996年7月该研究项目通过鉴定成功地应用在重点型号产品上，并获得冶金工业部科学技术进步奖二等奖。（许瑶整理）

詹孝慈　庆安公司108所原所长

技术革新成效显著

口述/罗良友

1956年8月,我得知国家要布局调整,要从我过去的工作单位南昌洪都厂抽调部分技术工人支援内地建设,当时好像也没怎么考虑我就积极地报了名。10月,西安庆安公司工作的调令下来了,我连家都没回,拿到调令后4天就带领16名同事坐硬座火车来到西安,离别了生我养我的故乡,来到了后来我工作、生活的庆安。

1958年4月,车间主任告诉我,车间里任务紧,月月完不成任务,特别是5X火箭产品更是意义重大,任务重、责任大,时间不饶人。国民党蒋介石要反攻大陆,空军等着火箭打军舰、打飞机。为此,我们车间自从生产5X火箭发射器以来,车工任务增加3倍多,可全车间只有22台车床,两大班倒也只能完成1/3的任务,还差44台车床、88名工人;于是工厂决定71、72车间大干,把一部分六角车床或自动车床也用来加工这种零件。

过了三天,我因为要分析该零件装在什么位置,起什么作用,所以想查看一下装配总图,一到保密科,说明要看5X总装图,由于当时的保密要求,工作人员说看总图要经科长同意。我找到科长说明来意,他说你是工人,看工艺规程就可以了,还要看总装图,不可能给你看,要看去找党委书记批条吧!这一下把我难住了,不看总装图怎么改进?我就说找书记我也要看。马真书记听说一个普通工人要看总装图,想问个清楚,这时张基厂长来了,张厂长认识我,他给马书记介绍说:"这是很能干的一个车工。"马书记问:"你要看5X总装图干什么?"我说:"5X锁弹包机构设计不合理,想看看总装图,如能改一下,便可节省40多台车床的工作量、节省2/3的材料。"

马书记和张厂长听后都说同意,并立即说要调动一切人力、物力支持改进,还希望尽早把图纸拿出来。有了领导的支持，我浑身充满干劲，我们加班3天把四套拉伸模、一套落料模完成设计构思并把图画好，交给领导审定。马真书记召开会议布置任务，他先把空军急要 5X 火箭发射器在台湾海峡展示强大威力、美蒋要反攻大陆的局势等说了一遍，接着就说："空军就等我们的火箭发射器，从一个月要50个、100个、200个再到500个、1 000个，我们生产不出来，一个工人提出改进锁弹包，就能节约44台车床工作量和2/3的材料；改后用2台车床一个月就可以生产出1 200台火箭发射器、8 400个锁弹包，节省100多吨从国外进口的钢材，彻底改变车床紧张、车工缺的大难题。这些都是非常好的开始，也值得表扬。现在的关键是两个月要拿出五套模具。不能停一分钟，美国是最不讲理的，蒋介石是不讲理的……人民要我们出力了，要我们拼命了。今天是4月25日，6月25日把模具制好，26日试验开始，7月1日向党的生日献礼。"

材料是30CrMnSi，当时中国还没有这种牌号，鞍山钢厂正在试制30CrMnSi、2—4毫米厚的钢板。工厂通过三机部向冶金部要求提前供货，鞍钢厂来电保证5月30日前供应3.2毫米厚的钢板。6月20日落料模就好了，14车间刘作英是冲压工段工长，请最好的工人姜向娄同志操作，经试验零件尺寸合格。到6月23日、24日拉伸模全好了，马上全面试验，我和刘作英、姜向娄等有时就住在厂房里，经三天试拉伸，首批50件冲压拉伸试验件全部合格，又经探伤检查没有裂纹，50件产品我亲自交给21车间张主任和吴加胜工长，6月29日全部加工合格。7月2日，设计科副科长李振远、工艺科长宋致林、张基厂长考察草滩靶场，由陈友高组织42车间进行总装后的打靶，工厂总军代表岳活根和两名军代表坐车也赶到靶场，40发打靶后检查，没有发现改进后的锁弹包有任何问题。当天12点，马真厂长和工会许昭主席来靶场向大家祝贺。又打了40发，岳总代表说不打了，我现在就敢签字了，你们谁敢签字？于是工艺科长宋致林、设计科副科长李振远、工艺副科长张琪、总工程师边鲁吉、副总工程师宋协隆都在一张纸上签了字。马真厂长接过签字的纸指着宁长祥说："您怎么不签字呀？7月份7 000件能完成吗？"宁长祥说王连甲也没签呀，马真说王连甲早就签字了，他签字是签接收22车间另一项车工占很大工作量的5X零件。

许昭高兴地说，大家都签字了，我以工会名义，晚上请大家吃饭，庆祝"七一"党生日，也祝我们中国人改设计、改工艺的5X锁弹包首战胜利，这是工厂的大喜事、特大好事。

7月份真的完成了7 200件锁弹包，21车间只用2台车床二班倒就轻松完成了任务。
（王祖基整理）

罗良友　庆安公司原车间主任

回忆陕西秦岭航空电气公司的创建

口述/李中垣

1954年6月,在我担任天津市工业局党委第一副书记时,天津市委决定调我到天津电工器材制造厂,担任厂长兼总支书记。这是156重点工程项目中的13个航空工业项目之一,13个项目包括若干个飞机制造厂、航空发动机制造厂和机载设备制造厂等。这批工厂建成后,将形成我国第一代航空工业,彻底结束中国不能制造飞机的历史。

当时,国家从全国各条战线抽调了一批经过战争锻炼和革命考验的领导干部加强航空工业的领导力量。主要负责干部都是由中共中央直接任命的,选调的干部不仅要有较高的政治思想水平和领导工作能力,而且要具有相当的文化程度、年纪要轻、有发展前途。

秦岭电工厂是列入第一个五年计划的13个航空工业项目之一,隶属第二机械工业部,是国家一级重点厂。该厂的初步设计是:产品包括航空用电机、电器等30余种,职工4 500人,总投资5 000万元,厂房建筑面积6万多平方米,金属切削机250台,其他设备数百台,技术和标准设备全部从苏联引进。对于能到这样的重点厂工作,我心里非常高兴,并立即投入了工作。

正当我们夜以继日地在天津建厂时,1955年3月,二机部根据中央部署,从国家安全考虑,决定秦岭电工厂迁往大西北。于是我们厂便分成两部分,一部分由李明同志带领,去陕西选厂址;一部分由我带领,在天津进行生产准备。

1955年5月20日,李明带着选厂组和数名苏联专家离津赴陕西关中。6月至8月,负责基建的全体职工陆续迁往陕西,先住在西安市区,后移至红庙村进行施工学习准备。经反复踏勘,于9月6日,决定把厂址选在陕西关中平原的兴平县境内,紧靠陇海路,东距西安 50 公里，西至宝鸡 100 公里。

厂址选定后，基建班子的全体人员立即奔赴现场，住进农民的草棚和附近的小庙。当时正值雨季，秋雨连绵 40 天，遍地泥泞，深陷过足，技术员徐世铭冒雨完成了厂区地形的测量工作。当地各有关单位和农民群众积极支持建厂，我们按国家规定价格征地。全厂共购地 45 万平方米，支出费用 40 多万元。紧接着天津六建公司进驻现场，用推土机铲去淤泥，人背肩扛，把毛竹、苇席运进工地，搭起临时工棚并迅速开始抢建宿舍。基建战线的同志们争分夺秒，于年底前完成厂区的"三通一平"，建成 5 公里的铁路专用线，完成每小时出水 36 吨的深水井，修建临时变电站，并建起了 2 万平方米的宿舍。由于在较短的时间里完成了必要的准备工作，很快于 1956 年 3 月开始了厂房的全面施工。

中央有关部委和陕西省委对该厂的建设非常重视，建工部刘秀峰部长、城建部万里部长、二机部张连奎副部长、陕西省委方仲如书记等先后来厂视察工作。刘秀峰部长还专门指示西北工程局调来两台 25 吨大吊车，解决了工程的燃眉之急。在此期间，我曾陪苏联专家扎亚诺夫等去陕西检查工作。

到 1956 年底，新厂建设工作基本完成。1957 年初从苏联进口的设备陆续到货，在工人同志们的努力下很快安装完毕，整个工厂即将正式开工。4 月，我带着仍留在天津的 1 800 多名职工、家属集体迁陕。考虑到从大城市到偏远的内地，职工在生活上会感到很不适应，可能会出现一些问题，临行前我们做了大量的准备工作。一方面进行思想动员，告诉职工要有吃苦的准备；另一方面进行必要的物资准备，在天津采购了一些文娱、体育器材等。出发的那天，市委工业部副部长高仰先，市总工会、团市委和妇联等部门的负责同志前往送行。那时，有的带上了家里唯一的家具"三匣桌"，有的老大娘连煤球、老母鸡都带上了。看到如此大规模的搬迁，同行的苏联专家们感到十分惊奇，说即使是在苏联，进行如此大规模的搬迁也是非常困难的。

到新厂后，我们首先安排职工及家属的住房，干部则住进相对简陋的土坯房。与天津相比，这里的条件还是比较艰苦的，出门就是土路，刮风便是满身尘土；没有大街小巷，没有汽车电车，更没有戏院、电影院。但由于准备工作比较充分，干部们注意以身作则，所以大家还比较安心，没有什么怨言。厂领导注意及时解决职工的粮食供应、子女上学，甚至做饭用的煤球、劈柴等问题。工会也很快组织起各种文娱团体，业余时间组织职工演唱评剧、京剧等。当然人们对故乡还是深深地怀念的，于是就把自己修建的桥命名为"解放桥"，把在工厂迁入后形成的集市称为"南市"。

为了使全体职工能尽快地投入生产，在解决生活问题的同时，我们还注意加强管理。针对搬迁后出现的某些纪律松弛、秩序混乱现象，厂领导及时组织职工开展了一次关于整顿纪律和秩序的大讨论。我们先后召开了党、团员大会和职工大会，列举厂里当时出现的某些现象和问题，组织大家就此进行讨论。老工人在讨论中发挥了积极的作用，他们批评了厂里出现的无组织、无纪律现象，指出无政府主义不是工人阶级的本质，而遵守纪律、服从领导、忘我劳动、无私奉献才是当家做主的工人阶级的品德，同时指出，领导干部要敢抓敢管。经过这场讨论，大家统一了认识，自觉地遵守纪律和有关规定，厂里的秩序大为好转。到了六、七月间，厂里各项工作基本就绪，24个科室、18个车间陆续就位，紧张的生产工作迅速开展起来。

在全体职工的共同努力下，安装、试车等项工作进展顺利，整个建厂工作提前一年完成。10月下旬，我们隆重地举行了竣工验收庆祝大会。国家验收委员会成员、二机部副部长刘寅和陕西省委书记方仲如在讲话中指出，工厂建设工程质量优良，符合设计要求，提前一年完成，总投资没有突破计划，完成新产品17种，完全合格，予以正式验收，并表扬我们工厂和六建公司。国家计委、二机部基建司、四局、第四设计院等单位派人参加了验收。应邀参加验收庆祝大会的还有中央和陕西省有关部委的负责同志。

我国生产的飞机过去大都采用28.5伏低压直流电源系统。1957年，天津的105厂仿制成功中国第一套350瓦低压直流电源。我们工厂提前建成投产后，迅速发展为中国航空电源制造的骨干力量。自20世纪50年代中期到60年代中期，我们公司和105厂共仿制和研制了从350瓦至18千瓦7种功率等级的直流发电机，从6千瓦至18千瓦的直流起动发电机，以及和上述发电机配套的控制保护电器。1969年，公司又研制成功24千瓦直流起动发电机。至此，中国航空低压直流电源形成了完整系列。在这些产品的研制过程中，公司与其他兄弟厂一道，克服了重重困难，先后攻克了电机温升过高、换向火花大、"打电刷"以及绝缘电阻低等问题，保证了产品的研制成功和优质生产。

起动点火系统是驱动发动机从静止状态逐渐加速，并点燃燃气，使发动机进入稳定工作状态的全部装置。国产发动机的点火，主要采用电点火系统，其主要元件是电嘴。航空电嘴的制造难点在于陶瓷件。它所采用的原料，与其他电器的高压陶瓷件的原料迥然不同，在一个生产线同时安排生产，会互相影响产品质量。因而耐高温陶瓷的研制，曾使国内不少厂家望而却步。到20世纪50年代中期，电嘴配套已经成为国内航空制造业中的"短线"。1957年，第二机械工业部赵尔陆部长到公司视察时，语重心长地勉励我说，要有志气，切勿被这小小的电嘴难住。他还当场决定，在公司建立电嘴车间。我们立即着手组织了电嘴的试制。没有厂房，就用木工车间改建；没有设备，就自建隧道窑；没有适用的陶瓷材料，就对不同产地的瓷土进行对比试验和性能优选。经过反复试验，终于找到了适用的材料，试制成功多种电嘴，从而使生产、供应立足于国内。后来，公司还成功地试制了陶瓷高压火花电嘴、氟化钛半导体电嘴等。

公司是国家"156项工程"中的重点项目，是当时比较先进的现代化大型企业，生产的主要部门都有苏联专家的帮助，从后来的实践看，尽管有一些脱离我国实际的地方，但总的看技术水平和生产工艺还是比较高的。我有幸从头至尾参加了这个项目的建设，从中学到不少有用的知识，积累了一些宝贵的经验，这对我以后从事工业战线上的工作有很大的帮助。

几十年过去了，我至今仍非常怀念公司这个团结战斗的集体。我怀念以扎亚诺夫为组长的苏联专家们，我们朝夕相处了4年，他们认真负责、热情工作的精神给我留下深刻的印象。从他们那里我学到不少宝贵的知识和经验，例如，作业调度会主要是解决技术问题；工具车间是关键车间；要尊重工程师和技术人员，鼓励他们主动发表意见；利用业余时间接待职工，听取意见，等等。生产专家格林金在苏联曾担任过25年的厂长，有着丰富的管理经验；女喷漆专家特里金娜热爱中国，曾经买了个中式衣柜寄回苏联；年纪最大的电器专家古班诺夫回国时和我同车到天津，路上他有点受风感冒，我给他喝了一瓶藿香正气水就好了，他紧紧地拉着我的手，非叫我"大夫"不可。分别后我一直没有听到他们的消息，但我们之间的友情将永存。

我怀念参加建厂的全体干部、技术人员和工人同志们，怀念与他们共同为制造中国的"飞行之源"而奋斗的日日夜夜，他们的艰苦奋斗和无私奉献的精神一直激励着我去努力工作。

李中垣　陕西秦岭航空电气公司第一任厂长

老厂长杨林森二三事

口述/黄　鑫

800吨冲床的故事

杨林森是秦岭电工厂的厂长，他上班没几天，就碰上了800吨冲床试车。他与机修室主任赶到现场，不一会机动处人员和总司办秘书陪同苏联专家也到了。试车员是工段长老赵，他送上试验板材，示意开车，专家点了点头。也就十来秒，一条料试完，麻利。接着试拉伸性能。换了模具送上试件，一按电钮，咔嚓一声，阳模下去，零件两半。冲头该减速时气压没减压。机动处技术员钻到地下室气阀安装间查看，竟找不到缓冲装置。经专家确认是交货方捷克斯洛伐克违约，只能通过部里找捷克驻华使馆协调。

苏联专家走后，老杨厂长对工厂李书记说："老李，这个缓冲装置和飞机起落架着陆时系统减压是一个原理，说不定飞机起落架的减压阀能用上。"老李说："评估一下吧，如果能行，设备早点开起来更好。""没问题，没有什么风险。"老杨非常自信地说道。老杨是1955年空军评定的十位工程师之一，是个"液压通"。他径直奔向成品库去查看产品库存。

当天晚上，一个"三结合"小组会议在老杨办公室召开，定下了改造的方案。工程并不大，就增加了一个减压控制阀，以及与此相关联的传感器和连接管路。紧接着施工，三天后改造部分新喷的油漆都干了，整个装置浑然一体。机动处处长对机维室主任说：

"真是会者不难哪。"

第二天就约苏联专家试车，结果试车成功。苏联专家问："这是谁出的点子？把我们飞机上的阀门，装到捷克生产的设备上。中国朋友用它来干活，独一无二。"得知是老杨以后，他转向老杨："您是液压工程师？原来在哪服务？"听完翻译，老杨很有礼貌地对专家说："算是吧，我的技术是向苏联老大哥学的。"老杨是哈尔滨航校的学员，教官的确是苏联人。专家听完翻译，心领神会，拍着老杨的肩膀，竖起来大拇指说："哈拉哨。"

攻克技术难关

飞机轮毂加工有两个看上去是极其简单的问题，却长期深深困扰着大家。一是轮子轮缘滚花时掉牙，废品率总是波动在 3％上下；再就是轮子轴承孔加工收缩规律把握不准，常常造成一部分零件压轴承时过盈或松动。这是重大质量隐患，老杨下定决心要攻克它。"三结合"攻关组由主管工艺员牵头，预计至少要花一年或更长时间，他这是想一劳永逸地解决它，把数据纳入工艺规程。

这天，轮毂滚花恰遇上年生产一个批次的大轮子。这时又更新了设备，一台大捷克替代了老旧的苏联车床，这很具代表性，他急着去看效果，但结果并不理想。这与他原先的判断吻合，滚花的主要矛盾是进刀力源的稳定，只要是手工操作，随机性就不能排除，只是概率因人而异。随后他又去检查了轴承孔温控攻关小组的作业。一再叮嘱要细致再细致，比如室温就得实地测，不能抄预报。

老杨的心中已有了液压传动的滚花机蓝图。说干就干。设计，当然是机动处。液压系统是现成的。工装也不复杂，就是一组尺寸各异的定位心轴。挠头的是床身，要现浇铸，大铸件完成时间至少要一年以上，等不起。

终于在青岛机床厂找到了一个废弃的铸件。三个多月后，一台小巧玲珑的液压滚花机，在轮毂生产线上出现了。工人们叫它"胖墩儿"。试车那天，总司及机动处的领导都到了。几个零件试下来效果良好，皆大欢喜。

质量是企业生命之源

老杨接到销售科的电话，说是冲压开发的过滤器卖给朝鲜以后退货了，因为转不动。两天以后一批库存产品复查，上千件活，有两件油压试验时油路堵死。打开一看是毛刺从螺纹尾部脱落冲刷到了油管里。好在没有装上飞机！检验室统计的报表，废品原因百分之三十是磕碰伤，余下的百分之七十是工人干活的粗心大意。在支部委员会上讨论整改措施时，老杨念了这些数据后说："都犯一些低级错误。这说明咱们的质量观念还很淡薄。"李书记接着说："我们干工业时间短。队伍还年轻，但这关乎生命，这个问题要年年讲，月月讲，天天讲。"会议反复了四次，决定集中一年时间整顿产品质量。措施由书记牵头，采取现场整改的硬措施，成立一个整改班，由老杨负责。

整改班的任务是率先解决现场物流、信息流的混乱拥堵问题。一个多月时间，整改班就推出了15辆不同型号的物流车辆征询意见。到年底，六个工段所有零组件都有了自己的专用车辆。车间连垃圾都做到了班末集中归位。反映生产信息的工艺卡、检验卡等清晰、可视，作业区限标识醒目。国家航空局先后在厂召开了两次现场会议，推广老杨首创的现场建设和管理经验。

"七一"工程技改再上台阶

"文化大革命"时期，以空军政治部主任刘世昌为首的军宣队进厂后，杨林森复职了，随后任秦岭电气公司生产部长。秦岭电工厂和陇西铸造厂合并的时候，有一万多职工，上级很重视，有两位将军驻厂，工厂的生产也恢复了。

1970年底，几位将军经过调研，反复听取大家的意见，制定了1971年的生产任务。公司后勤及生产准备部门合并，剩余能力开发与民生相关的民品；筹备民品分线的前期工作；把军品生产线改造列为1971年一号工程。成立了"711"工程指挥部，总指挥是陈刚少将。他建议杨林森当他的副手。陈刚对杨林森说："你是主角，我们是给主角打配合的。"说完就走了。老杨知道陈将军的脾气，也没有推辞。他管原秦岭电工厂的那一片。分解、测绘、复制闲置了 7 年的日本数控立式车床，完善了机轮生产线；设计制造了两台五工位卧式组合机床，附件壳体得到解决；又通过厂校和厂际合作，为气缸座制造了专用设备。

老杨在基层大约工作 6 年多，带来了部队的作风，走的是改革创新之路。"三结合"成为技术攻关的利器；质量控制小组遍地开花；干部参加劳动，工人参加管理成为常态。三定工作的推行造就了一批工匠；平均主义被打破，每次工资调整都有百分之五的人拔尖；用人不拘一格。

20 世纪 70 年代华罗庚先生在全国宣传"优选法""统筹法"。老杨率领决策和管理部门的人员听课学习。他将生产应用"提前交件组"模式和"网络"节点模式加以比较研究，搞清了二者的共性和特点。在型号试制管理中突出了网络节点管理。生产中继续采用"提前交件组"的方法，以适应多品种混合生产，减少人机等待。老杨凡事都采用科学的态度，这个文化特色包含了各种元素的栽培和累积，促成了这个单位生机勃勃，且耳濡目染，潜移默化，代代相传。长达 10 多年，十一车间一直是工厂的先进单位，为企业和国家作出了很大的贡献。有人说十一车间是个风水宝地，这里先后走出了 11 名厂级领导干部、30 多名高管、工程师和中层干部，为国家承建了 183 和 126 两个工厂，又在内部衍生出冲压、附件两个分厂。这些成绩的取得，当然和老杨这个奠基人、开创者密不可分。

黄鑫 航空制动科技有限公司原副总工程师

我革新了电机轴加工工艺

口述/刘润林

我是1957年支援国家大西北建设来到陕西秦岭航空电气公司,是车工、计量检验工。

那时候我非常好学,遇事爱钻研,工友们给我起了个外号"革新迷"。工厂还在天津的时候,我就被誉为技术委员。我是个车工,电机轴加工是电机生产的头道工序,也是关键工序。轴加工质量的好坏,直接影响着电机的性能和使用寿命。为保证轴加工质量和生产进度,探讨、摸索,采取了三个措施,解决电机轴加工中存在的问题。

一是,自制专用软三爪夹具卡牢电机轴,解决了由于材料加固不牢,影响产品质量和生产进度的问题。既保证了轴的质量,又提高了产量。

二是,采用排模板加工,解决了电机轴加工测量烦琐的问题。既方便了操作,又保证了产品质量。

三是,自制车圆弧的夹具,解决了各种软轴加工圆弧时,难度较大、质量难以保证的难题。

电机轴革新的重大突破,倾注着我多年的生产实践和经验积累,倾注着我反复试验和不断改进所付出的心血和汗水,也为保证产品质量和完成生产任务奠定了坚实的基础。看到自己的革新成果转化为生产力,我心中很是欣慰,又铆足了劲,一头扎进技术革新的攻关中。

1958年3月,我出席了陕西省工业农业先进生产者会议。1959年8月7日,我在入党申请书中写道:"我深深地体会到旧社会的苦,新社会的甜,所以我从内心发出对党对毛主席的无限热爱,无限信仰,为此我坚决要求入党。我要求入党的目的不是要当官,而是要革命。一不为名，二不为利，为的是实现共产主义社会，誓为共产主义奋斗终生。"我是这样说的，也是这样做的。从那时起，我更加严格地要求自己，刻苦钻研技术，工作认真负责，碰到问题和同事们一起找原因，求得解决问题的办法，从不推辞领导安排的各项生产任务。我努力学习文化知识，虚心向老师傅请教，技术水平得到了进一步提高，技术等级很快由四级升到六级，后来又升到八级，这是当时技术工人的最高等级。也是我们厂为数不多的几位八级工之一。1970年9月27日，我光荣地加入了中国共产党，实现了我多年的夙愿。

1972年，组织上安排我到计量科负责12车间夹具的检定工作，我二话没说，就接受了这项新的工作。我想，作为一名共产党员，就是要吃苦在前，享受在后，处处起带头作用。机加车间的夹具有的几十斤重，每月要负责检定150多项，每天搬来搬去，胳膊累得酸痛，我忍着、干着，从不叫苦、叫累。到现在，我的右胳膊总是偏凉，还不能自如伸开，时常疼痛。

1990年航空航天工业部授予我"在献身航空航天计量工作二十年中，为航空航天事业的发展作出了贡献"的荣誉证书。这份荣誉，记载了我从事计量工作桩桩业绩，饱含了我献身航空工业的赤子之情。（许瑶整理）

刘润林　陕西秦岭航空电气公司工人

航空电源事业发展的记录者

口述/成敏霞

我是1979年通过招工考试进入陕西秦岭航空电气公司的,先在12车间当车工,被评为"新长征突击手"之后被调入47所当车工。1995年,厂党委宣传部招聘人员,爱好写文章的我,被调到厂电视台担任广播电视室主任,一直工作到退休。

在厂电视台工作期间,2005年适逢建厂厂庆50周年,我负责拍摄了8集厂庆专题片《蓝天创伟业》,记录了从建厂发展到改革重组的一系列故事。当时电视台工作繁重,在业余时间还要赶制拍摄纪录片,无疑使生活工作更为忙碌起来。我作为编导,从先期策划到采访拍摄,都要一直参与。在忙碌的工作中身体透支垮了下来,因高烧住院两次。生病输液要12天,因为片子拍摄时间紧迫,还在生病住院的我顾不得医生叮嘱,带着输液瓶回到单位,一边输液一边工作。2005年8月,摄制好的专题片在电视台如期播放,还获得了公司一等奖,辛苦的付出终于有了回报。

在专题片送审之前,我连续两次高烧的身体又被检查出得了淋巴肿瘤。医生告诉我生命仅剩两三个月的时间。病情严重,从没休过年假的我只好请了几天假,没有告诉单位任何人,去医院做了手术。最终,我成功地战胜了病魔,站在了领奖台上。

坚守初心,时代传承。我进入电视台工作后,拍摄了许多有关航空事业、航空人的专题片,成为我们厂航空电源事业发展的记录者。(许瑶整理)

成敏霞　航空工业航空电源有限公司电视台广播室原主任

建厂那些激情燃烧的岁月

口述/宁　江

摆在我们面前的,是一本保存了60年的日记本。日记本的主人是原秦岭电工厂组织部部长、纪委副书记段连城。在1955年7月12日写的日记中,记载了他从天津调往陕西省兴平县建设秦岭电工厂的心情:

"今天上午组织上正式通知我明天就要离开天津到新的战斗岗位上——兴平。我是多么的高兴!

自从李厂长动员和传达国务院决定我们的工厂不适宜在天津建设以后,自己想到我是一个青年团员一定要服从党的需要,响应党的号召,到祖国的西北,建设祖国的西北。所以今天的通知不仅是自己的志愿,也是自己所意料的,因此愉快的接受。

关于母亲来天津看病,病还没看出个头绪来,只好让爱人在天津多住些日子再看看病照顾母亲,等看的差不多,她们一同回山西。"

看到这篇日记,我们不由得从内心对日记本的主人产生深深地敬佩。这就是在中华人民共和国成立后,翻身得解放的人们强烈的热爱党、热爱祖国的情怀!在那激情燃烧的岁月,人们把党的号召、祖国的需要,看作是自己的志愿,祖国的利益高于一切!这让我们想起那个年代的一首歌:毛主席的战士最听党的话,哪里需要到哪里去,哪里艰苦哪安家。

实际上,这是当时从天津来陕西省兴平县建设新厂的许多职工心情的缩影。

对于秦岭电工厂先在天津建厂,又从天津迁到陕西省兴平县的历史背景,秦岭电工厂原总工程师王新民在回忆文章中说道："作为中国'一五'期间建设的156项重点工程之一，秦岭电工厂的前身——天津电工器材制造西厂（简称天津电工西厂）原先生产电动机、变压器、军用直流升压机、自整角机和发电机、摩托车发电机等，具有转产航空电气产品的条件。"1953年7月13日，第二机械工业部（简称二机部）四局分党组会议决定，由副局长段子俊负责组织力量接收天津电工西厂。9月7日，四局与第一机械工业部电器工业管理局联合指示，将天津电工西厂正式划归二机部四局领导。从此，中华人民共和国成立后我国第一个航空电气厂正式诞生了，标志着我国研制航空电气产品的开始。

1954年3月，根据二机部四局决定，天津电工西厂集中一切力量转向航空电气的大翻修及新品试制。5月，工厂开始三类五种航空电机电气产品试制工作。11月26日，国家计委批准新建工厂的初步设计，厂址选在天津北部白庙区。天津市委非常重视新工厂的筹建工作，派天津市地方工业局第一副局长李中垣任新厂厂长，任命地方工业局党委副书记李明为新厂基建副厂长，还先后抽调100余名干部到新厂工作。

由于国际形势的变化，为了国防安全并加强内地工业建设，1955年3月12日，国务院决定工厂在天津停建，另选厂址。经过深入细致的勘察工作，6月24日，经国家计委、建委批准，厂址定在陕西省兴平县城以西七里庙地区。

在说到兴平建厂的艰苦时，王新民回忆道："在建厂过程中遇到的困难是难以描述的。首先是运输条件差，力量不足。当时，从兴平县火车站到秦岭电工厂这段路全是黄土路，建筑材料、设备在农民朋友的帮助下，用人力车、牛车从火车站拉运，等到了建设工地，从头到脚已成了一个土人。在40天连阴雨的日子里，兴平县至工地道路泥泞，高筒雨靴成为必备，大家克服了难以想象的困难，发扬艰苦奋斗的光荣传统继续建厂。后来又发生材料供应不足的情况。为搞材料，供销人员跑遍全国各地订货购买。随后，相继又发生资金周转困难、施工机械不足、技术力量薄弱等问题。在生活上，住宿、吃饭、吃菜，连吃水都发生了困难。李中垣厂长带头住在草屋里，由于领导带头，广大职工都是心往一处想，劲往一处使，毫无怨言，争担困难，团结一致，为建厂贡献力量。"

原115厂高级工程师、陕西省劳动模范张乃榕在回忆那个年代时说："1953年，我从天津的学校毕业后，被分配到天津工业局重工业处从事技术工作。1954年7月，市委调我到天津市唯一的156项建设项目——天津电工西厂，从事建厂工作。1955年，国家出于安全考虑，决定工厂迁往陕西建厂。为了国家建设，我们没有留恋大城市的舒适生活，来到当时还是一个小县城的陕西省兴平县。当时，这里非常艰苦，但为了祖国的国防建设，大家克服了许多困难。下雨天，路很泥泞，穿长筒雨靴要陷入水中一半。吃饭要走到在农村办的食堂，喝的是抽出的井水，点的是油灯。就是在这样的条件下，大家的工作热情依然很高涨。

在兴平县开始建秦岭电工厂，首先要尽快实现'三通一平'（即通铁路、通水、通电，购买和平整土地）。当时，我负责为建立临时变电站提供所需要的变电设备和各种器材。由于时间紧，只能到京、津、沈等地各工厂求援，争取对方支持。经过努力，我们把变电站所用的设备和器材提前分批运到工地，保证了现场安装进度，为工地通电创造了条件。当时第四设计院正在设计厂房及工艺布置、电气动力等图纸，为了保证建厂进度，我经常到设计院联系，未等采购清单出来，就与制造厂签订合同，把已确定的设备提前订购，保证了厂房安装进度，为提前投产创造了条件。虽然我自己认为，这些都是我应该做的工作，但领导和同志们却给了我很高的荣誉，被评为省部级先进生产者，于1956年3月参加了陕西省先进生产者代表大会，并于4月参加了第二机械工业先进生产者代表大会，还到中南海受到毛主席和中共中央政治局委员的接见并合了影。这使我受到了很大的鼓舞，更增强了我建设好祖国国防工业的热情。"

经过第一代秦岭电工厂人的艰苦奋斗，1957年11月8日，在陕西兴平新建的秦岭电工厂经国家验收委员会鉴定，工程质量全部良好，批准正式验收动用。12月5日，秦岭电工厂召开开工典礼大会，李中垣厂长作报告，动员全厂职工为掀起新的生产高潮而努力奋斗。至此，秦岭电工厂提前1年零3个月完成建厂任务并投入生产。

一行行奋斗的足迹，一张张成功的笑脸，数风流不在谈风胜，此志在蓝天。
这是母亲的渴望，今朝终可奉献；这是民族的骄傲，未来风光无限。

如今，秦岭电工厂在陕西兴平建厂已经60多年。今天的秦岭电工厂，已经发展成为中国航空电源系统和发动机点火系统的研发中心和生产基地，为部队现役的各种飞机提供电源设备，并为多种飞机提供发动机点火设备。与美国汉胜公司合资组建的中航汉胜航空电力有限公司，是中国商飞正在研制的C919大型客机航空电源系统的主要供应商。而新建的位于西安市高新开发区的航空电力系统研发中心，必将成为秦岭电工厂、也必将成为中国航空电源事业走向新的辉煌的有力见证。

宁江　航空工业航空电气有限公司党群工作部部长

我是"赶上海突击队"队长

口述/孟金生

22岁那年,我被组织派往兴平,参加筹建陕西秦岭航空电气公司的工作。当时的七里庙地区,满目荒芜,十分贫瘠。但隆隆的马达声和同志们热火朝天的大干场面,使我十分振奋。那时的我厂和全国各行各业一样,科研生产和基本建设日新月异,我所在的11车间,大家的工作也到了废寝忘食的地步。

当时,工厂正在仿制苏联的各种类型航空电源产品。由于设备和技术等多方面的限制,科研生产中遇到了许多技术难题。我看在眼里,急在心上,想了许多办法。但是,老的问题解决了,新的问题又产生了。我想用集体的智慧来攻克难关。当时,上海是全国工业生产的排头兵,我就和几个生产骨干商量,自发地成立了"赶上海突击队",我任队长,在组织的安排下,专门攻克技术和生产难题。

在我们的带动下,全厂各部门都纷纷成立了各种名称的突击队。我们的"赶上海突击队"更是一马当先,吃住都在厂里,每天工作12小时以上,加班加点从不要报酬。在降低成本、保证质量和提高生产效率上取得了显著的成绩。例如在研制某产品软轴的过程中,在当时的设备条件下,产品的合格率很低,报废率特别大,成为生产的"细脖子"。我们突击队的同志们针对这一问题,认真分析,提出了许多改进方案,经过反复试验,使软轴的合格率一下提高到100%。

为了做到人歇机器不歇,我们两班倒连轴转,整整五个多月,吃在机台旁,睡在地下室。地下室阴暗潮湿,使不少人患上了湿疹,但没有一个人喊苦叫累,更没有一个人打退堂鼓。一双双布满血丝的眼睛,成了我们最明显的特征。苦干但不蛮干,向革新要效率、要质量，是"赶上海突击队"的明显特征。小改小革几乎成了每天都在上演的剧目，不断有着新的惊喜激动着人们的心。生产指标也因此"蹭蹭"地往上蹿。某产品电机小轴，批量大，加工时间长，可谓是费时费力。我苦思冥想，反复试验，独辟蹊径地将外圆磨改成无心磨，将两次加工改为一次完成，一下子将工效提高 50 倍！我们火了，将团省委的"卫星"奖章揽入囊中！"赶上海突击队"红了，在众多突击队的比武评比中，名列第一！

当时提起软轴的加工，最怕的是 R 处，即有弧度的地方。用一般的方法，不但费时费力，还难以保证质量。如何攻下这个技术难关，车间上下都把期待的目光投向了六级磨工的我。其实，这也是早就萦绕着我的一块心病。此刻，我感到了一种不可推卸的责任。同时，困难的挑战，更是激发了我不服输的劲头。我下决心拿下这个"拦路虎"，用自己的热能去点亮那些期望的目光。于是，我一心扑在技术攻关上，走路、吃饭，甚至梦中，都在苦苦思索，一个方案失败了，另一个又接踵而至；一个试验遇挫了，另一个又跃跃欲试。就这样，不知经历了多少失败和挫折，终于摸索出了一个新的加工方法：改变砂轮形状。几经试验，终于将这个困扰人们多年的技术难题一举攻克，一年能够完成五年的工作量，而且质量也得到了保障。

当年人们称赞王崇伦是"走在时间前面的人"，我努力向他学习。在我工作生涯中，大大小小的技术革新多达 10 余项。创造的效率远远地将时间抛在了后面。因此，工友们都把我称为秦岭电工厂的"王崇伦"。

1959 年，我代表"赶上海突击队"出席陕西省工业、基建、财贸社会主义建设先进集体先进生产者代表会议。1963 年，我荣获陕西省先进生产者，并出席陕西省工业、交通、运输、基本建设、财贸方面社会主义建设先进集体和先进生产者代表会议。1964 年荣获陕西省和西北地区学习毛主席著作积极分子。1995 年 7 月光荣退休。（许瑶整理）

孟金生　陕西秦岭航空电气公司八分厂原副厂长、工会主席

防滑制动技术进入世界先进行列

口述/邵养鹏

我1998年从华北工学院（今中北大学）毕业后，分配到航空制动公司（原秦岭航空电气公司）的研发中心。

我们的主产品分两个专业，一个是纯机械的，就是飞机轮子的轮毂刹车；还有一个就是控制系统，电力方面的。我来的时候产品正在转型，由粉末冶金发展到碳纤维，对飞机来说器件重量能节省一克都是重大贡献。这样不仅解决了总量问题，还因粉末冶金受温度限制而碳纤维材料耐高温，也解决了温度问题。

我们早期的防滑制动是仿制俄罗斯的，相当于是机械式的。后来发展到向欧美这边靠拢，用的是马赫数字防滑系统，换句话说就是原来是模拟系统，现在是数字防滑系统。我们在这个领域已经进入到世界先进行列了。

现在的情况是我们的研发创新方面还要更加努力，我们现在主要是先仿制，然后自行设计。我们自己设计产品，没有标准可以参考，都要参照人家的产品标准。我们设计完产品一定要说清楚怎么去验证，以什么样的标准去做，这些都要创新。

我们今后的目标，按照集团的说法就是从"望尘莫及"到"望其项背"，然后追赶超越。现在已经到了并驾齐驱的程度。下一步要做的是创新以后的技术标准的制定，怎么往前走，标准要走在前面。我们不但要把产品做好，还要把国家级的标准制定出来。（严伟民整理）

邵养鹏　航空制动科技有限公司副总经理

见证惠安 60 年沧桑

口述/江家宽

西安惠安化工厂建厂 60 年了，不由得让我浮想联翩。回想当年，我从东北 475 老厂走进兰州中山路一线天的新厂筹备处大门，我就认定，这就是我革命历程的新起点——建设现代化的大型兵工厂的梦想，就要从此开始了。

现在大家都在谈中国梦。那过去 60 年的惠安梦是什么呢？依我看，惠安历史上曾经有两个大的历史时期，就有两次的惠安梦。第一次就是建厂时期要"建设能保家卫国的现代化的大型兵工厂"；第二次是改革开放后要实现"保军转民的适应市场经济发展的大型国有企业"。这两次大的惠安梦是能反映两个大的历史时期实际的，其中又可分为四个阶段。

一、基本建设阶段（1953—1962 年）

惠安的基本建设是从 1953 年正式开始，在兰州选厂一年不成，而转来今西安鄠邑区。1954 年正式批准定点，才有了惠安。它是我国第一个五年计划期间苏联援建的 156 项重点工程之一，是具有 20 世纪 40 年代先进水平的现代化大型兵工厂，是东亚最好的火药厂。它的建成将甩掉革命战争年代落后的生产工艺，无疑对我国的国防建设是具有非常重要的意义。

厂址定点终南山下，涝河之滨，离西安 45 公里。按技术援建协议，苏联只负责厂内生产线的设计和设备的提供，并指导安装试车生产。总体工程和场外工程由我方自己负责，基本建设工作量还是相当大的。

首先要解决三通：修通从鄠邑区至厂区 6 公里的公路，另由陇海铁路的三民村车站接轨，修筑 38.5 公里进厂专用铁路线。由西安电网引进 35 千伏供电高压线路和临时变电站，同时配套新建专用热电站，20 万千瓦机组，专为我厂供电、供气。更为关键的是供水工程，我厂与热电站的用水量极大，每天需 10 万立方米，经过详细勘探和论证，新建涝河地面引水和深井地下供水两个水系，水质优良，水量有保证。

为保证厂区和地区的生产与居民安全，还组织动员了万名农民修建三条防洪沟工程。

在此期间，我们不能忘记的是，安置工作十分繁杂而又是艰巨的。我厂厂区占地总面积 16 000 多亩，涉及搬迁 7 个村庄，为了支援国防建设这个大局，数百户农民离开他们祖祖辈辈赖以生存的土地。我们也不能忘记当年的建筑安装三公司，他们原是解放军建筑工程第六师组建的，是一支技术过硬、作风过硬的队伍，为我厂的建设做出了极大奉献。

1958 年，工厂员工已经好几百人了。军品生产线未建成之前，为了不吃基建饭，缓解当时的经济困难，工厂组织部分人力、物力，快速建成（民用）硝铵炸药、丁醇丙酮、磁性录音带等生产线。其中硝铵炸药是当时全国开山修路、兴修水利需求量极大的生产资料。我们用土法上马，建成万吨生产线。生产条件十分艰苦。对我们这新建企业来说，不论是对管理还是队伍素质，无疑都是一次很好的练兵，也就是这种练兵，培育了吃苦耐劳的惠安精神。更值得肯定的是，工厂领导高瞻远瞩，筹建固体推进剂研究所（科研一所）。当时曾遭到多方面的非议，因为常规产品还未建成，就想搞尖端产品，有的说是不务正业，有的说是好高骛远。总之，它是个不被看中的"私生子"。但是，后来的历史证明，这一步走的是非常正确的。"私生子"不久就变成了独生子，变成了技术骄子，为国家的战略武器发展打下了坚实的基础，也为惠安的后期可持续发展奠定了重要的基础。

1960 年，苏联突然撤走全部援华专家，我们工厂的苏联专家也随之撤走，还带走了重要的图纸和技术资料，使得我们厂的军品生产线面临夭折的危险。厂党委号召工厂全体干部、职工、技术人员奋发图强，自力更生。组织有关领导干部、技术骨干和工人组成三结合小组。关键生产设备逐台逐台的突破、安装，生产线逐条逐条的调整、试车。经过多少个不眠之夜，挥洒了多少辛勤的汗水，终于取得了成功。

从精制棉到硝化棉，从半成品到无烟药，从理化分析到靶场测试，终于全面打通了，全面地连贯地运行了。一个真正的现代化的大型兵工厂终于完整地建成，这是惠安人的骄傲，也是自力更生革命传统精神的胜利。

当时适逢三年自然灾害，粮食不够吃，工人们有的只能靠野菜、糟子馍充饥。全厂一度出现数百名职工家属患有营养不良病症。党委制定了《厂内农业40条》，充分利用工厂的空闲土地，分配给各个单位种粮食和蔬菜，同时以绿化科为基础，作为集体的南泥湾自己动手，大搞农副业生产，工厂真正成了亦工亦农。难能可贵的是，惠安人在这样艰苦的条件下，没有怨天尤人，而是勒紧裤带干革命，坚持基建安装、民品生产、科研任务几不误，在生活自救中渡过了难关。

二、军品大生产阶段（1962—1982年）

1962年，军品第一个品号定型，东亚最大的现代化的"单基药"厂开始生产了。可以为保卫新中国出力了。时值台湾叫嚣反攻大陆，南疆邻国又多次挑衅骚扰，军品任务几乎每年翻番。产品由单一品种发展到二十多个品种，充分体现了惠安这个大型现代化生产线的特色与潜力。到20世纪70年代中期，六条生产线全部投产，很快就达到了设计最高生产能力。惠安人没有满足现状，在生产过程中，不断针对工艺设备的缺点和不足，大胆革新。新成立的科研二所，是自动化研究所，自行设计的中品号连续生产线将手工的间断操作改进为机械化、连续化生产，经过反复地试验改进，正式通过上级鉴定投产。

在这期间，科研一所的固体推进药的研制有了长足发展，有多个配方型号通过鉴定，其中有一个被选用于首个人造卫星助推剂。1964年"中国导弹之父"钱学森来厂视察，指出我厂的研制成果"为我国固体火箭发展提前争取了两年时间"。

在珍宝岛事件后，为了地区安全起见，国防工厂布局有了新的调整，475老厂又搬迁来一条"双基药"生产线，从而弥补了原来设计品种的缺陷，惠安真正成为东亚最大的发射药兵工厂，这是第一个完美的惠安梦。

三、军民结合转型阶段（1980—2001年）

1980年，经过全面整顿，生产管理秩序全面恢复正常，企业又出现了欣欣向荣景象。

由于国际形势的变化和国家战略思想的调整，常规军品订单大量缩减，军转民搞军民结合已是势在必行。惠安预见到这个形势，在1978年十一届三中全会以后，在解放思想、改革开放的精神指导下，开始了民品的市场调研。结合我厂的特点与优势，规划了惠安军民结合的"保军转民"生产蓝图。其指导思想是：军品要保——要保护高精尖的产品；民品要转——力求技术高起点，市场前景好的产品。无疑，对以军品为主的惠安来说，这就是第二次创业，也就是新时期的惠安梦。

由于形势变化急速，1980年军品就没有了生产计划，顿时出现了告急形势。原精制棉、硝化棉还好办，本身就是军民两用的产品，其重点是品种开发和转型。然而产品药生产车间没有生产任务，还要保留军品线完整，劳动力过剩，数百名工人被迫转到修缮车间、运输科当泥瓦匠或搬运工。全场动员找米下锅，化工车间、机电车间都组织力量组建新的生产线，生产出适应市场的小产品。这种千方百计为工厂脱亏解困的精神是非常可贵的。

（1）以科研一所为基础的固体推进剂大踏步前进，八号工程的引进，让科研一所插上了腾飞的翅膀。从此，由单一的科研发展到科研与生产结合型的进程，为惠安的持续发展开辟了新的道路，也为惠安的后期兴旺作出了重大贡献。

（2）以科研二所为基础的军品可燃部件多项定型，扩大生产。其中可燃药筒和可燃传火管逐步为弹厂装药配套，从而组成工业化的生产线。

（3）精制棉是纤维素衍生物起始的主要原料。由于纤维素衍生物品种极多，用途极广，所要求的精制棉规格也较多，品质也较高。为此，工厂安排出国考察引进日本技术，改造生产工艺，提高产品质量，同时生产多品种以适应市场的广大需求，后来达到年产两万吨生产规模，成为名副其实的东亚最大的精制棉厂。

（4）纤维素酯类系列中规划的纤维素酯类重点有两项——硝化棉和二醋纤维素。

惠安原有的硝化棉是以军用为主，生产能力为年产1 000吨。多年来工艺设备经过多次改造与更新，要开发民用硝化棉是不困难的，补充部分生产设备就可以扩大生产。由于原有的许多工房和设备已经严重腐蚀，上级已批准进行改造，经多方调研论证，引进国外先进工艺技术，新建年产5 000吨级的专用民品硝化棉生产线。在国内来说，惠安当时这样的技术水平和生产能力都是排在前列的。

二醋纤维素与丝束是新规划的开发项目。当时选项是立足于我厂的精制棉为二醋纤维素的原料，丙酮为丝束溶剂。丝束是香烟过滤嘴的主要材料。我国是产烟大国，但过滤嘴用的丝束全部靠国外进口，主要是这个产品生产的技术难度较高，要从国外引进技术，谈判耗费了很长时间，第一期工程年产8 000吨的丝束生产线终于在1995年建成投产。

（5）纤维素醚类系列方面，纤维素醚类也是工业用途很广的有机化工厂产品，羟甲纤维素（CMC）和羟基丙基纤维素（HPC）这两项都是我厂前期自己研制开发的。原先CMC国内只有上海一家生产，满足不了全国市场需求。我厂通过与西安牙膏厂联系，针对他们的要求开始试制并不断改进，生产的产品质量还优于上海产的，打入了全国的牙膏行业。一时在这个行业使用我厂生产的CMC的占有率达到85%。当然，CMC的用途还远不止于此，在石油、医药、食品、造纸、陶瓷等工业领域都广泛使用，是很有发展前景的产品。HPC主要用于医药（药片）的崩解剂，生产在国内当时还是空白，我厂后来研制生产的HPC产品达到我国《药典》标准，很快打入了市场。

（6）树脂涂料系列方面，初期使用"双基药"生产线生产硝化棉漆片，品种单一。后来引进德国拜耳的先进科技，生产聚氨酯涂料，填补了我国高档涂料的空白，可用于飞机、汽车外用涂料，受到用户的青睐和国内油漆厂家的羡慕，也受到部领导的赞扬，要求我们在油漆上做大做强。随后又从德国引进树脂生产专用生产线，与油漆涂料生产配套。树脂生产线的工艺设备基本是通用的，品种多元化的技巧主要在配方。油漆涂料在工业生产和人民生活中是个经久不衰的产品，所以随着用途的发展，相应开发新的品种，市场前景是很好的。

（7）有机溶剂生产系列方面，1958年建成的丁醇丙酮酒精生产线经历年发展，已形成年产3 000吨的规模，在国内同行业中排位也是居前几位的。随后我们又利用部分工房和设备，开发了醋酸乙酯和醋酸丁酯生产线，形成了重要的有机溶剂生产系列产品。后因石油化工用合成方法生产了丁醇，产量大、成本低，替代了发酵工艺，我们的丁醇失去了竞争力，丁醇产品被迫停产。后来我们与商惠公司合作，改造为全酒精生产线，生产形势又有了起色，产能倍增。

四、体制转型全面改革阶段（2001年以后）

国有企业特别是军工企业的转型和改制走过了漫长而艰苦的道路。在改革开放初期，重点是抓产品的转型和开发，惠安迈出的步伐还是较快的，很快形成了军民结合的生产模式。但是，由计划经济转换为市场经济是思想观念、管理体制、经营方式、工作模式等方方面面都需要变革，尤其是民品在市场的销售中竞争非常激烈，而我厂因经销手段和管理体制老套，品种更新缓慢，许多初期的省优、部优产品逐渐丢掉了市场。国有企业老的管理模式下，生产成本居高不下，丧失了竞争能力。总之，重重困难使得企业出现了较长期的经营亏损。

21世纪初，国家对国有企业进行充分调查研究的基础上，实行政策性破产，减免了大量债务，使企业解脱包袱轻装上阵，又对企业进行全面的改制，由长期的工厂管理模式改为公司管理模式，这给惠安带来了重大的转机。

（1）科研一所在"八号工程"建成后，生产能力得到有力发展，其中"D-07产品"通过设计生产定型，获得部队的大批订货，为此贷款投资新建"D-07产品"生产线，取得了良好的经营效益，为公司的扭亏转盈作出了重大贡献。

（2）可燃药筒生产新线建成投产，形成批量生产规模。

（3）根据市场需求，丝束的第二期工程（年产24 000吨）2006年底建成投产，成为惠安民品的重大骨干产品，其产值和利润对惠安全局均作出了巨大的贡献。

（4）在改革开放初期就已选定的重点民品之一的二醋纤维素，是丝束的主要原料。经过20多年努力，终于在2007年提高了丝束生产配套能力，从而改变了我国长期从国外进口二醋纤维素的历史。

（5）经过惠广公司（由我们与上海一家企业合资建设）几年的努力，纤维素醚类又一重要的化工产品甲基纤维素（MC）和羟丙甲基纤维素（HPMC）于2010年全面过关，产品质量和经济效益均达到设计要求。

惠安，经济效益极大改变，实现了"保军转民"的规划蓝图，扭转了长期的亏损局面，经济效益每年增长。惠安人为实现了第二次惠安梦而感到无比振奋。

惠安走过了60年的坎坷历程。回过头来看，我们真是感慨万千。60年的风风雨雨，多少次的惊风骇浪，惠安人披荆斩棘、昂首阔步走过来了。为了我们的惠安梦，几代惠安人艰苦奋斗、同舟共济，我们成功了，我们胜利了！

江家宽　惠安化工厂党委原书记

钱学森称赞惠安化工厂

口述/贾棠荣

西安惠安化工厂生产复合固体推进剂是全国第一家。钱学森老前辈到我厂开会的时候，对我们非常肯定，他在会上讲，第一，惠安厂开了个好头儿；第二，打了基础；第三，争取了时间。

开了个好头——这是说我们国家以前还没有复合固体推进剂，只是双基、单基。复合药是刚刚开始，所以我们厂开了个好头儿。我们国家要搞高精尖，搞导弹、搞火箭，惠安厂开了个好头。

打了基础——我们是从基础配方开始做的，几个配方都是我亲自带领技术人员搞的，后来定型了，全套资料整理完归档。从原材料到工艺、规程全部都有。后来，担负东方红5上天工程任务部队的推进剂是我们厂配套的。

争取了时间——钱学森肯定我们，说我们为国家争取了两年时间，这两年时间非常宝贵。

贾棠荣　惠安化工厂科研一所副所长、复合固体推进剂专家

我厂"保军转民"的优势与短板

口述/熊义源

西安惠安化工是从1982开始搞民品的，一开始搞过电扇、塔吊等机械方面的，最后还是发挥我们化工企业的优势，以纤维素衍生产品为主，开发民品，主要是可溶性系列的涂料。一个是溶剂系列，有丁醇剂、酒精、酒、丙酮，当时我们的原料使用的是玉米，有一个阶段全国各地的玉米都收到我们厂来了。做冰醇整容剂，就是一种化工溶剂，定额是3.85吨玉米做1吨冰醇整容剂，而我们用料都超，4吨玉米做1吨冰醇整容剂。由于浪费粮食，成本也高，再加上合成冰醇的发展，这条生产线逐渐就被淘汰了。

我们保留了溶剂的涂料系列，一直到现在。1982年刚开始搞民品的时候，我们就和德国拜耳公司联系上了，引进了一条数字生产线，现在还在使用。这条数字生产线当时是全国第一家，也是最后一家，德国拜耳生产线之后再不往外卖了。当年我们通过种种渠道把它引进来了，当时全国也只有我们引进了聚氨酯。

我们还搞了衍生物系列，当时主要搞民用硝化棉，反响很不错。那是在1984年，我们的硝化棉是苏联的设备和工艺，有很多优点。当时，全国有很多厂上这个产品，我们坚定信心坚持上，后来我们的硝化棉成了气候。但是在有些关键指标如溶解度和白度上没有其他厂的好。后来国家决定要整合集中，我们的硝化棉归到了255厂，成立了硝化棉集团，这集团现在还有我们的股份。

再一个衍生产品就是精制棉，精制棉是很多产品的原料，我们的精制棉除了外销外，国内销售的是精制棉的衍生系列，羧甲基纤维素钠，简称CMC。当时我们国家的牙膏产业刚刚起步，用我们的CMC非常好。当时黑妹、中华牙膏都是用我们的，后来就增加生产线扩大生产。由于我们自己设计的生产线工艺流程有些不合理，生产成本很高，市场受到影响，当然最主要的因素是我们开发市场能力不行，后来就把这个产品逐步缩减。

其实这个产品除了用在牙膏系列外，还可以用在食品系列，像罐头啊、冰激凌啊，加进里面就会增稠、防腐，符合食品要求。食品级的硝化棉我们也进入市场了，但是我们下的功夫不够，后来也慢慢萎缩了。当时有用在纺织行业的，比如刮浆，这是低档的。还有石油级的，用在钻井。当时这个产品的产值，最高的时候是6 000多万元。现在这个厂还在，生产食品级的，给蒙牛、伊利等乳业公司供货。

回想起来，我们转民品的时候，企业在设备、技术、资金方面比地方企业都有优势，但是最后都没有竞争过地方企业，产品很好，但是开发市场不力，最后都是亏损、减产，有的还是破产的结局。

比方我们的这个CMC产品红火的时候，全国都到我们这订货，是卖家做主。我们开订货会议，到重庆去开，让客户来观光旅游。我们还和铁道部联系包车，到重庆开会我们这边包车去，那边走三峡到武汉，到武汉再包车，红火得很。订货会最多的时候300多人，后来就分行业开。那么，为什么我们最后还是竞争不过地方企业呢？第一个我感觉当时我们的思想意识不行。对市场、对用户、对服务没有全盘的计划，虽然我也做了很多的努力。第二个，那时也提出了军民结合的思想，但是始终不能摆脱以军为主的观念。因为当时搞民品也是很辛苦的，从待遇上也要差一些。组织措施不力，最关键的是认为民品这个饭碗不牢靠，就是吃计划经济的饭吃顺口了，思想与行动上没有真正转化到市场经济上来。（严伟民整理）

熊义源　惠安化工厂原副厂长

在西安电工总筹备处工作的记忆

口述/张德立

1953年我从陕西省团委调到西安绝缘材料厂筹备处当负责人。1953年12月我去哈尔滨建筑公司学习一年，1954年1月回到西安一机部西北办事处，该机构后来改为西安电工总筹备处。这个西安电工总筹备处，把西安西郊的4个厂——高压开关厂、绝缘材料厂、高压电瓷厂、电容器厂的筹建和生产筹备工作总揽了下来。这4个厂都是国家156工程重点项目。

西安电工总筹备处成立之后，4个厂的干部体制也很快确立起来了，从主任到科长等都配备了。

当时这4个厂为了搞好生产准备工作，首先做了两件大事：一是将所需技术人员派出去学习，又从国内各厂（含这4个厂）抽调90多人去苏联学习，因为我们当时引进的设备及技术等都是由苏联提供的。这些人去苏联相对应的工厂实习了一年。学习高压开关、绝缘材料、电容器和电瓷的生产制造。他们中有许多工程技术人员，如上海华东开关厂的工程师。同时在西安市招工400多人到国内相对应的厂——上海华东开关厂、沈阳开关厂、哈尔滨绝缘材料厂、上海电容器厂去学习。二是为苏联专家来这几个厂工作做准备。"一五"计划开始的时候就有苏联专家来到西安工作了。这4个厂都有苏联专家，我在西安电瓷厂当厂长时，就有5个苏联专家在厂里工作。这样，各厂有了负责人，也有了培养的技术工人和在国外学习的工程技术人员，4个厂的筹建工作就此全面展开。

1955年底各厂开始试制产品，直到1960年西电公司（这四个厂已经归属西电公司建制）生产出了11万千伏和22万千伏的输变电产品（即建变电站和变电所所需产品），其生产品种已经比较齐全了。在全国，还有上海、沈阳、哈尔滨的产品也比较出名，但西安的输变电产品还是比较全的。无论什么地方搞建设，都要用电，尤其是大规模的经济建设和水利开发都离不开输变电产品。所以，"一五"时期，国家筹建西电是很重要的一项建设工程，其产品对西北乃至全国的经济建设作出了巨大贡献。

筹建西电初始，工厂选的厂址是一片麦地，没有其他任何建筑。后来开始建厂时，分了几个阶段：

第一个阶段是审查阶段，也就是说审查实际建厂的可行性资料，含水文地质、钻探，把这些资料搞好送给苏联方面，请人家搞设计。实际上第一个阶段也叫初步设计。把设计搞出来后，我们派人看是不是这么个情况，进行审查，然后苏联方面就搞技术设计。搞技术设计时，我还去了苏联，考查同类型的工厂，那是1955年的事情了。我记得是1955年8月去的苏联，同年10月20日回到西安，去了50多天。去苏联的人中有电工局局长、设计院院长，还有西电总工程师蓝毓钟。他是湖南湘潭人，中华人民共和国成立前就在国外学习，懂技术，后来是我们西电公司的副经理兼总工程师。去苏联有两个目的，一是参观他们的工厂，再一个就是审查初步设计。初步设计审查同意后，签了字，苏联方面就把复制件等给我们寄过来。我们回来后还有个施工设计，就是说建厂及设备怎样安装等都按这个设计去实地进行。

一机部当时在西安有个设计院，设计院又委托了一些人。每个工厂都有总工程师，下面又有技术人员和工程师，由他们把施工图纸设计出来，这就是第二阶段，也就是设计阶段。

第三阶段就是按设计出来的方案进行生产建设，生产时就按设计好的工艺流程进行。

那时，我们筹建处的同志时常在一起说：原曾想咱们这一辈子，只能建一个厂，能建起这四个厂那可真不简单了。现在要若真建起了这四个厂，再就没我们什么事了，剩下的全都是研究人员的事了。但是实际情况不是这样的，我们不只是搞筹建，还要带领广大工程技术人员和工人进行工厂建设。当时我们文化水平都很低，心里焦急万分，专门请了一些中小学老师给我们补课。每天晚上都在总筹备处学文化。老师把初中数、理、化都给我们讲完了，我们才慢慢开始看技术方面的书籍。不然，什么都不懂，是无法适应当时快速发展的先进技术工作的，更谈不上去领导和筹建先进的重点企业了。那时，我出差总要带上本子，途中做一些数学题之类的计算等，不懂的地方便及时问别人。我们这些人当时除了艰难的创业筹建外，还要苦学文化，真正是苦了几十年，但是我们爱国的热情，建设强国的工作拼劲，自始至终未减。

西电公司最初筹建时，4个厂招了900多人，到1957年底4个厂已达到1万多人，尤其是1957年招工人数最多。后来因为"大跃进"、冒进等原因，西电公司1960年裁减了6 000余人。

最初筹建厂时，工程技术人员（含从苏联和国内各厂学习回来的）有300余人。截至1957年底，技术人员也还不多，因为大部分工人是从农村招来的，文化底子薄。

那时也没有资金，我们筹备处的同志都努力地工作，清理厂区，和泥砌砖，与大家一起盖厂房、搞建设，参加生产，拼命地干，就凭着这样的爱国热情和精神去干。

当时我们当领导的都是亲自带头实干。我们电瓷厂的厂长就是一个老电工，叫王进元，他亲自上电杆，带上工人搞线路。电瓷是1 000多度烧出来的，当时也没什么安全保障。我们劳动时只要电瓷烧出来就马上往外搬。工人一看领导实干，也都拼命工作，任务没有完成就日夜加班干，那时鼓励先进生产，但工人也没什么奖金，就是奖励个锦旗或牌匾等。

我们当时不但要抓紧筹建，还要和大家一起艰苦劳动搞生产，有些困难经过努力还可以克服，而有时出现些技术上的问题就让人费尽心机。那时难度最大的就是煤气发生炉，也就是煤气站，烧电瓷用的。安装好调试时没有成功，电瓷应是在氧里面燃烧，煤气站却不出煤气，苏联专家也没办法。后来去上海生产煤气炉的一家工厂，请来技术员检查、试验。来的技术人员说：不带负行（也就是说要生产）进行试气，因空气比煤气重，所以不出煤气，带上负行才可以试验。后来我们按照他们说的进行试验才出了煤气。当时苏联专家都找不出原因，是生产厂家帮助我们解决了技术上的问题。

"一五"时期电瓷厂、绝缘材料厂、高压开关厂和电容器厂的筹建及以后西电公司的成立，不仅对西安的经济建设作出了巨大贡献，对国家整体建设也有很大影响。过去我们要建一个变电所，开关没有，匹配器也没有，都要到外地去买，往往还买不到。现在建起了西电公司，只要你想建变电站，想要什么产品就有什么产品。前一段时间，三峡水库所需的大变压器、开关等许多产品都是由西电公司提供。西安人对西电公司的产品可能不甚了解，但其在全国的影响还是比较大的。中央领导一直很重视西电公司的生产和发展。因为电气产品非常重要，无论什么地方搞建设，就都要用电，用电就要用输变电送，没有输变电就不行，其重要性就在这里。在西安来讲，西电公司只是其所属地区的一个公司；但是在全国来讲，其重要性已被国家认可。"一五"时期，西电公司的工业总产值就占了西安地区的三分之一。西电公司上缴的利润、税金也一直都算是西安的大户。西电公司的党委书记大都是市委委员，也常有工人代表去北京开人大会。西电公司无论是在"一五"时期还是直到今天，对西安乃至全国的经济建设发展所作出的贡献，都是很大的。

"一五"时期是一个大建设的时期，许多重点企业开始基建和筹备，从全国到西安，从无到有，打下了一定的发展基础。"一五"是全国社会主义建设的奠基石，后人又在这个基础上发奋努力，一步一步地建设、创新、发展，逐步将西安建设成一个举世闻名的工业、科技和旅游都走在全国前列的美丽的城市。

张德立　曾任西安电缆厂厂长、西电公司党委书记、西安市计委副主任

我在昆仑厂"军转民"的工作经历

口述/边文质

我1956年从北京547厂调到西安昆仑机器制造厂,刚到昆仑厂的时候厂区全是麦田,厂房刚刚建好,设备还正在安装调试中,大食堂就是一个大戏棚子。

1956年到1961年期间,我利用下班时间继续上夜大进行学习深造,选修的是机械加工工艺与设备专业。20世纪60年代初国家困难时期,生活非常艰苦,大家都吃不饱。晚上11点下课回到家,爱人已经睡了,就留一块小馒头给我。只吃馒头吃不饱,我就拿个玻璃杯,杯子里边倒上点酱油搁点葱花,拿开水往里一冲,在我们北京这叫"高汤"。吃那么两口馒头,完了喝着"高汤",这才能睡下,要不然空着肚子睡不着。我上了五年半的夜大,就想学点东西,那时候也年轻,有求学上进的劲儿和精神。

我于1966年从厂检验科提拔到车间当指导员。当时提拔干部有一套程序:党委进行考核并征求群众的意见,征求完后开座谈会。开座谈会时,大家认为我是先进工作者,又是劳动模范、共产党员,还上夜大,整体还不错。1966年我29岁时被提拔成中层干部,1970年从车间指导员调到设计所当所长。

当时设计所里的人都是学历比较高的,有留苏回来的,有捷克回来的,都是大学生。为什么把我一个夜大的中层干部放到那当设计所所长呢?事后我才知道这是党委有意识地在培养我们这样的年轻干部,年轻干部首先是年轻,其次是各方面都比较优秀,调到设计所是为了让我熟悉行业精英都是怎么做的,之后再到厂里。1973年我被提拔为副总工程师,1983年被提拔为昆仑厂副厂长。

我记忆最清晰的是1970年10月份,当时的生产任务还有四分之三没有完成,就是第四季度要完成三个季度的生产任务,那在平时是不可能完成的。厂子动员了全厂职工,我们叫"704大会战",那时党委厂部的号召力就很强,全厂8 000多人全部响应党委号召。不管干部也好工人也好,全都不回家。饿了就弄俩馒头吃点榨菜,别的什么都没有。所有时间都在搞生产。最后用四分之一的时间完成了任务。这件事对我们厂是很有历史意义的。当时三个飞机场在等着,要是航炮任务完不成,飞机制造也完不成,就交付不了,这就影响到了国家整体的空军配套。当时能够完成任务,其实就是讲奉献,就是一种精神信仰的力量。

1985年,为响应国家号召,发挥军工优势,利用军工工艺特点进行民品制造生产,昆仑厂成立了一个项目叫"851工程",就是1985年1号工程。我任项目负责人,负责从征地到新建厂房,到引进日本设备以及人员培训,再到生产出来成品的易拉罐。最早青岛啤酒的易拉罐就是我们厂生产的。这个项目是我从负责军品制造到民品制造的转折。

(刘墨琼整理)

边文质　西安昆仑机器制造厂原副厂长

实现从仿制到自行设计的突破

口述/张洪钧

1953年，我毕业于南京大学（现在为东南大学）机械制造专业。当时的学制是四年，因国家第一个五年计划实施的需要，我们提前一年毕业。毕业后我被分配至黑龙江省哈尔滨北安军工厂，在北安厂工作三年，担任过助理工程师、工程师和副总设计师等职务。

1957年2月初，我被调到西安昆仑机械厂。初到昆仑厂，工厂才刚开始建设，当时的苏联专家人数比较多。我最早在基层车间任支部书记，从1970年起分别承担产品设计、检验科科长、副总工程师等职务，1980年起担任总工程师。

因为我们上大学的时候，专门开了俄语课，所以我懂俄语。当时工厂的生产标准都是苏联的，来了产品图纸，全套的苏联图纸，都是我组织翻译的。

记得1970年，我们厂搞了个"704大会战"，要用三个季度完成四个季度的生产任务。同时生产四种产品，对批量生产来说是不容易的。赶工的那一个季度，工人们都吃在车间，睡在车间。那时加班也没有钱，就是给一个馒头，但大家都很团结努力。

在我的记忆中，当年很多产品的生产也并不总是一帆风顺的。正是在生产中遇到困难，并不断解决困难，才锻造出昆仑人的工匠精神。

我们厂的生产经常有波动。遇到生产问题也很正常，生产的产品偶尔也会出现返厂修理的情况。产品很敏感，很容易产生断裂。这倒不是因为产品的设计问题，主要原因是在加工的过程中精度不够。那时手工作业多，钳工技法不到位就容易出现问题。

我们昆仑厂在炮厂中，技术是比较先进的。我们生产的航炮在结构上更先进，开始是苏联的图纸，后来就主要是我们自己设计。现在，我们厂的产品可以用在航空母舰上，速度快、自动化程度高。从仿制到自主设计的过程，昆仑厂实现了自我突破。这不但是一个兵工厂的突破，更是我国国防科技的突破。

其实想要实现这样的突破是不容易的，它需要一个过程。让我感到欣慰的是，现在，我们厂的技术力量还是很强大的。小口径武器研究所在我们厂，在航炮生产这块，我们厂的优势还是很明显的。

因为昆仑厂是国家第一代给飞机配套的兵工厂，也是全国唯一的航空机关炮厂。所以在军品生产困难时，国家保留了给我们的补贴，以保证厂里的军工生产能力。但进入20世纪90年代，"独生子"昆仑厂也面临"军转民"的发展需求。（刘墅琼整理）

张洪钧　昆仑机器制造厂原总工程师

创业精神最可贵

口述/王彦传

我们从北京往陕西宝成仪表厂调的时候，说是国家需要，大家说走就走。头天说了，第二天就集合。集合地点在天安门前门楼。家里都不知道到哪儿去了，因为要保密呀。家里人到处找不到人，我们也不能和家里通信。经过几个月的保密教育以后，才让我们和家里联系。

我刚到宝鸡时，周边是一片麦地。地方政府是很重视的，要什么给什么。我们这代人创业精神很强，那会儿条件很艰苦，机床设备比较简陋。那真是没有条件，创造条件也要上。那会儿精神很可贵。就拿工具车间来说，什么电加工啊、厂房、螺磨呀都没有，都是靠机床、靠工人的手。白天干一天，晚上还加班干。有了孩子以后带着孩子加班，搁在机床旁边，照干不误。那时没有什么负担，都是年轻人。生活也很简单，30几块钱工资，给家里寄点钱，没钱了。但是那会儿创业精神非常可贵。白天干了一天活，晚上还要帮助基建，为了节省，搬砖头，捡石头，这都是义务劳动。为了搞文体活动，搞个球场，就到河里去捡石头。党委书记、厂长带着我们，一人抱几块石头，男男女女都一样。

我们那时的学习精神也很可贵，不管工程技术人员、领导干部还是普通工人，每周一、三、五晚饭之后是文化学习，周二、四晚饭之后是政治学习，其中周二是党团活动，周四是工会活动。那时工人的文化程度最低也要是技校毕业。我们有一些工人晚上是在夜大学习。当时从天津来的一些老工人，对量具都不懂，几道儿都不懂，图纸看不懂，全凭自己的经验，也都利用晚上时间学习，提高工作能力。（白浩东整理）

王彦传　陕西宝成航空仪表有限责任公司劳动服务公司原经理

搞新品试制的艰难经历

口述/陈长河

我是1956年和老伴儿从沈阳119厂调到陕西宝成仪表厂的。8月1日，122名职工，20名家属，由我带队，一行共142人坐了四节火车来到宝鸡。到的时候天都黑了，大雨连绵不断。我们站在车棚躲雨，棚顶漏了，车站只有饸饹，还都被雨浇了，黏成一团，让人难以下咽。我往厂子里头打电话。孙吉衡厂长派车来接我们。路上过一个老桥，桥面很窄，下雨河里涨水已涨到桥面了，司机不敢开，我下去查看，指挥车一一开过去了。

当时厂里吃饭条件比较简陋，大家打了饭就站到厂门口的大水泥管子里吃。家有小孩的给个筐带回去，吃完了再把碗送回来。食堂的灶是请当地老百姓搭的土灶，烧木柴。木柴都是农民从山上砍下来的，很多木柴是湿的，一烧火浓烟冒得满屋子都是。没有米吃，天天吃面。当时我们住的地方是个坟地，有时还有狼出没。我住的那个屋下面是个墓坑，住了不久塌了。

当时我们是边基建，边生产。搞航空仪表，图纸是从沈阳带来的，设备是苏联援助的。一些设备精密度较差，为了抓紧生产，我们自己在技术上寻找突破。当时苏联援助我们飞机时给的零部件很少，我们就用土的方法，搞支架生产模具。当时的指导思想是自力更生。我们自己创造条件，搞了好多土设备、土装备，把新产品试制成功。我们那时很年轻，但很多人都是老革命，觉悟都比较高，愿意把自己的青春贡献给大西北。

工厂形成规模以后，不但能够生产陀螺仪表，还能生产模块仪表、机械仪表，为航空装备作出了贡献。（白浩东整理）

陈长河　宝成航空仪表有限公司机加工车间原主任

我参与了新中国第一架飞机的设计

口述/陈一坚

我是1952年从清华大学毕业的。那个时候对家庭出身看得比较重。公布毕业分配是在礼堂，红纸贴了一圈儿，自己去找分配到哪里。我找到了我分配的地方是哈尔滨飞机厂，大部分同学都去教书去了，真正的学以致用的还是比较少的几个。因为我是学飞机设计的，就到了哈尔滨飞机厂设计科工作。那个时候主要是修理、仿制、制造，走了这样一个全过程。

在抗美援朝最紧张的时候，工厂因为是搞军事设备的厂，管理上基本和军队差不多，比较严格。我们这些人整天是上班、下班、加班，没有白天和黑夜，也没礼拜天，也没有节假日。我家距离工厂老远了，也回不去。那时候事儿多得很，因为前方在打仗，飞机坏了就要过来修理呀！后来，上级也要求我们研制更新的飞机，压力一直很大。

当时清华去的搞航空的就三个人，剩下的都是机械的。那当然我的事情就更多了，修理也找我，研制也找我。那时也觉得很自然，没有工作8小时、12小时的想法，有活儿就干，没完没了地干，就这么一个状态。

到了1956年左右，我们修理飞机没问题了，仿制飞机也没问题了。修理我就参加了一年多，后来就是仿制。后来准备仿制苏联的伊尔28轰炸机，我们很快就把图纸弄出来了。除了有几个是苏联专家指导的，其他完完全全是我们自己搞的。那个时候设计科有一个苏联专家，年龄挺大的，人很好，我们不懂的东西都去问他，关系也很密切。

到了20世纪60年代初期，我们同苏联关系紧张了，但我们和这些专家还是有感情的，我们还去送他，送他不是白天送，而是夜里把专家送走。

以后，就要自己搞了，要能仿制飞机，也能自己设计飞机。那时国家对我们这些人的要求比较高，你们这么快把仿制伊尔28轰炸机都弄出来，那你们自己搞飞机吧。

我们开始搞教练机。那时候世界上同时有三个国家搞教练机：一个美国，一个捷克斯洛伐克，一个是我们。

那时我们的劲头也很大的，憋着一股劲儿，就是说他们能干，为什么我们不能干？我们白手起家，自己设计，自己计算，自己仿制。第一个飞机样式也是自己做出来的，搞了样机出来。样机一出来北京就知道了，中央和国家领导就来看了。只要有大人物来，必定到我们这儿看一下，都到现场看我们设计制造的飞机。

这是我一生最感到荣耀的一件事，我参与了新中国第一架飞机的设计。（马驰整理）

陈一坚　西安飞机工业（集团）有限责任公司原总设计师

我在西飞技校搞培训工作

口述/陈炳华

我1949年参加浙南游击纵队当文化战士。那年我14岁。1949年5月7日，游击纵队进来了，温州市解放了，我当时就跟着游击纵队跑，那就是参加革命了。

1952年部队到上海开始学习建筑，上海学完之后部队整编成建筑第六师（专为156项目配套的建筑师团）来到了西安，参与了西安远东公司、西安庆安公司的建设。

1955年我考到了西北俄专（1956年改名西安外国语学院），从此与俄语结下了不解之缘。1959年毕业后，我被分到了中国科学院陕西分院。一年后，由于西安飞机制造厂需要俄语专业人才，我服从组织分配来到了西飞。调到西飞有两个选择，一是当翻译，一是当老师。我选择了当老师。1962年我进入了西飞一中，开始了俄语教学。

西安飞机制造厂是苏联援建的在陕西的最后一批厂子。由沈阳飞机制造厂进行技术支持。当时西飞厂周边都是农村，职工的孩子没地方上学，厂子就自己办学校。小学到中学都在一起，每年级只有一个班，每个班有20来个孩子。当时老师都是各地调过来。

1970年之后，随着国际环境的变化，学校也从教俄语转变为教英语。我服从组织调动从西飞一中来到了西飞技术学校任教务主任，从事技术培训工作。当时技术学校的建立是为了新进厂的工人以及对社会上初中毕业考进来的学生进行技术培训。当时技校才成立，设备少，不像现在国家强大了，硬件设施齐全了，教学环境也好了。咱们国家都是从无到有，从低到高的变化，教育也是这样。（许瑶整理）

陈炳华　西安飞机制造厂技校原教务主任

祖孙三代的航空梦

口述/钟雅瑜

我的爷爷老钟，1958年建厂的时候从部队转业来到西安飞机制造公司，是第一代西飞人。他们用自己的一生印证了曾经的铮铮誓言："我为航空献青春，献完青春献子孙。"

爷爷经常拍着胸脯说："我是陪着西飞公司一起成长的人。毫不夸张地说，这些厂房建设的时间和批次我都能一一说清楚！"爷爷到西飞公司后，一直在动力52厂任调度员。为了更好地磨砺自己，他要求深入设备安装队进行学习。那时的动力部门需要一边建设一边修理，工作任务十分繁重。没有现代化的施工工具，为了铺设暖气管道，需要挖地沟、盖地沟、换管子，这些工作全靠大家一锹一锹人工完成。那时候，为了抢时间、赶进度，爷爷和同伴们一干就是十几个小时。手上磨出了一个个水泡，水泡破了，成了老茧。现在，每每摸到爷爷手上的老茧，我仿佛就能想到他们当时大干的情形。

爷爷一生从事动力工作，服务生产一线，后来成为副厂长。爷爷一直希望我的爸爸继承他的情怀，代替他冲上生产一线，用自己的双手托出更多的飞机。

我的爸爸大钟，是第二代航空人。1986年，大钟学校毕业后，义无反顾地回到西飞，成了部装11厂的一名铆装钳工。1988年某机研制工作全面展开。大钟成了第一批研制人员，那时候他还是师傅身边的一个小徒弟，在中外翼总装班组中负责制孔交接装配工作。新机型开始投入批量生产，因为人手不足，大钟又被调到发动机短舱下气道工段，负责安装工作。众所周知，进气道是飞机的心脏部位，属于一等区。由于飞行过程中铆钉容易受空气动力的影响，若铆钉脱落打入发动机，则会造成无法预料的后果。因此这个地方的铆接质量要求非常高。气道是半圆形，铆接起来困难重重。那时候的工艺装配方法比较落后，技术性比较差。为了克服导孔不可见的问题，大钟和他的同事们集思广益，自制了引孔器，屡屡攻克难关，最终顺利交付飞机。

大钟一方面带领徒弟们奋战在祖国航空事业第一线；另一方面不断提高自己的技能水平。1990年，他利用业余时间报考了电大，顺利通过了全国高等教育考试。上学期间，大钟是一名品学兼优的好学生，除了学好书本知识，还要进行实际操作练习。1991年夏天最热的时候，大钟在户外的树下支起一张木板，作为自己的工作台。汗水顺着胳膊流到手臂再流到木板上，怀孕的妻子就静静地在旁边给他摇着扇子。那时候，妈妈肚子里的我，就已经开始接受航空教育了。

顺利完成毕业设计是大钟上学期间的最大难题。深夜的房间里，我和妈妈早已沉浸在香甜的睡梦中，而昏暗的日光灯下支着一张方方的桌子，大钟的铅笔依然在大大的图纸上舞动着。那时不到两岁的我经常会爬上他的肩膀，摸一下那布满线条的图纸然后开心地跑开。当时大钟班里有30人，只有大钟等9人顺利毕业。毕业后，大钟还是一直学习。他说航空事业的进步日新月异，必须不断更新自己的知识库。他这种精神一直激励着我。

2006年，大钟凭着发动机短舱下进气道的丰富工作经验，被任命为某机下气道转配现场技术总指导。为了不负众望，大钟紧跟一线，在研制、看图纸、零件配套、零件装配等方面及时与设计人员和工艺人员沟通，大钟和他的同事们一边工作一边改进，最终解决了现场多项难题，实现产品装配零报废、零拒收，提前完成生产任务。

后来大钟又被调整到定额员的岗位。为了做到定额精准，他手里时常拿着一个本子，深入一线跟产，对每道工序的情况都严格掌握。他从来不凭空猜想，及时记录下部装11厂各个部件情况。经过这么多年的积累，大钟收获了丰富的经验和业务资料。大钟很平凡，正是像大钟这样数十万平凡的航空人，创造了中国航空事业的辉煌。

我是小钟，第三代航空人。我的大学四年在南方度过，也曾经眷恋过南方的青山绿水、多娇江山，但是我从小身上就烙下了飞机印，它时时刻刻都在提醒着我，我属于航空城这片土地，因为我的根扎在这里。

2015年，大学毕业，我接过老钟、大钟的接力棒成为一名航空人。脚下的路在不断延伸，承载着90后的聪明才智。拥有着从祖辈、父辈传承下来的精神财富，新一代航空人有着无数的创新机会。我们在航空报国的这条道路上，将永不放弃，一往直前。

钟雅瑜　西飞公司宣传部职员

援建耀县水泥厂的三名东德专家

口述/苏胜柱

1957年7月1日,耀县水泥厂土建工程破土动工。1958年6月中旬,从西安飞机场接来了两位东德专家和两名德文翻译。专家组组长名叫奥依雷,他是七级钳工。电焊专家名叫苏尔兹尼德,是位技术高超的电焊工。两位翻译,男的姓乔,二十岁出头,身高一米六,大家叫他小乔。女的也二十几岁,名叫刘香玲。第二天,两名专家带着翻译来到厂里同厂方有关人员商谈设备安装事宜。经过研究,制定了设备安装计划。

全厂土建工程建设还在热火朝天地进行着。6月23日,设备安装工作就开始了。首先安装的是烧成车间三台水泥窑生产线。重型大吊车开到了工地,从仓库装上汽车的机器部件,一车一车地运到了工地卸下。专家奥依雷和翻译小乔带着七八个技术人员拿着图纸和测量工具,在工地上检查一个个水泥窑托轨基础底座质量、尺寸是否符合图纸技术要求。电焊专家苏尔兹尼德带着翻译刘香玲向参加设备安装电焊工们讲解水泥窑胴体焊接技术要求与焊接时应注意事项。电焊专家利用制作一批厚钢板焊接底座板的机会,让每名电焊工师傅都参加这项工作。通过实际操作,他就能知道每名电焊工技术水平的高低。一个星期后,一批用厚钢板焊接成的底座完工了。每道焊接经过探伤仪检测,发现少数焊缝有气泡的就用氧气割开,重新补焊好。苏尔兹尼德让刘香玲把技术好的电焊工名字记下来,之后向陕西省安装公司领导推荐他们参加水泥窑胴体焊接工作。8月中旬,1号水泥窑胴体对接好了,可以焊接了。专家要求将焊接缝口周围分成八等分,在同等分直线两端同时焊接10厘米长度,再转到90度同一线两端焊接10厘米长度停下来,直到将V字形焊口与表面焊平为止。这种焊接方法是唯一能保证窑体圆度和同心度技术要求的方法。

10月，全厂大部分车间厂房已经建设好。同时，各车间设备安装工作也全面展开。两位专家的工作量成倍增长，哪里有设备安装，哪里就有两位专家的身影。他们白天在工地上忙了一天，晚上还要到工地检查安装质量。因为忙，每星期六晚在专家招待所举办的小型舞会都停了。工作中遇到问题，专家和工友们共同研究解决。专家看到个别工友干活不规范，就为工友做示范；看到工友干活方法对了，专家竖起大拇指，用不流利的汉语说："好！对了"来鼓励工友。专家奥依雷经常参加各设备安装班组班前会，通过翻译小乔向工友们强调说："大家在工作中一定要重视质量第一。如果一台机器安装达不到技术要求，以后会经常出毛病，也会影响机器的寿命。当然，安全第一也同样重要。"两位专家在工作中技术高超和平易近人、勤奋认真的作风，让工友们敬佩。中国工友干起活来能苦干、实干，加巧干的拼命精神，让两位专家也同样敬佩中国工人。

1958年年末，已经是天寒地冻的时候，耀县水泥厂建设工地还是红旗招展。夜间灯火通明，红旗手劳动竞赛活动进行着。厂广播站播出好消息说："根据厂计划科统计，到月底，我们提前一个半月超额完成了1958年度建设计划。也就是说，通过全体建设者共同努力奋战，我们已经提前一个半月跨入1959年啦！"这个好消息更加鼓舞了建设者的士气。

春节过后，建设者们又从祖国四面八方聚到耀县水泥厂工地。耀水、陕建、陕安三家党政工团联合向参加建厂的建设者们发出"鼓干劲，破万难，大战1959年，争取年内提前建成耀县水泥厂！"的号召。全厂建设者们积极响应。工地上又掀起了新一轮红旗手劳动竞赛活动。厂广播站不断播出各单位写的决心书、挑战书，耀县水泥厂宣传部主办的油印《红旗手》小报还报道了两位东德专家深入工地、认真检测设备安装的工作事迹。

1959年3月底，从西安飞机场又接来了一名东德电收尘专家，同他一道来的还有专家奥依雷的夫人，电焊专家苏尔兹尼德的夫人和他5岁多的儿子，还有德文翻译大乔。电收尘专家来后，三台水泥窑尾大型电收尘器开始安装了。每台电收尘室内是长方形，面积大、空间高，要把阴极板和阳极板有序固定在其空间，是件不容易的事。干这活专家有办法，专家指挥工友们在室内搭架子，再将一排阴极板和一排阳极板固定在室顶部钢梁上，按图纸要求尺寸调整间距。大家克服了高空难操作的困难，在专家指导下只用了五个月时间将三台大型电收尘器保质保量提前安装完毕。与大收尘连接的排风机，三座50米高的大烟筒也同时完工。8月份，电收尘专家回国。因为这位专家在厂时间短，现在我也没找到当时同他一道工作的人，没人知道他的名字。电收尘专家是位胆大心细、技术高超的无名英雄。转眼到了10月份，全厂建设计划已完成百分之九十多。建设者们干字当头，在与时间赛跑。为了赶工期,有人一天一夜不离工地,也有人三天三夜在工地上奋战,好人好事不断涌现。在建设热潮中,两位德国专家也马不停蹄地到车间狠抓安装质量不放松。三台水泥窑生产线设备陆续安装完毕,紧接着开始单机调试,再联动调试。

在调试达到要求后,厂党委决定于1959年11月20日1号、2号水泥窑进行点火载荷试生产。20日上午,烧成车间主任孔繁凯自告奋勇点着了1号水泥窑的窑火。烟筒里冒出缕缕青烟。在现场的领导、专家和建设者们个个欢欣鼓舞。有人在欢呼,有人在跳跃,大家激动的心情久久不能平静。当天下午,看火工工长任国良、陈瑞廷两人又点燃了2号水泥窑之火。到28日,3号水泥窑也点着了,三台水泥窑全部投入了试生产。为配合三台窑试生产,矿山、原料、烧成、制成、包装五大车间的生产机器全部运转起来了。这标志着耀县水泥厂经过广大建设者们夜以继日的艰苦奋战,用两年半时间完成了建厂任务,比原计划提前了半年。一座现代化的大型水泥厂矗立于药王山下。

建厂最忙时期过去了,两位专家夫人也来了,江子余同志问专家组长奥依雷,现在是否可以恢复每周六舞会。奥依雷高兴地答应了。两位专家夫人知道周六有舞会非常高兴。在舞会上,两位专家和夫人曲曲都跳,尤其是爱跳快四步。欧洲人爱跳舞,这可能与欧洲人豪爽的性格有关。

在全厂进行试生产中,两位专家经常到各车间生产岗位巡查设备运转情况。对生产工人提出来有关设备维护的难题,都能耐心给予解答。专家还协助我厂编写出全厂各类生产设备技术操作规程,有了规程,岗位工人操作机器就能做到心中有数。

三位东德专家在耀县水泥厂建厂期间都很优秀。他们技术高超,踏实肯干,工作认真负责、平易近人。他们的工作作风,值得我们学习。耀县水泥厂顺利建成投产,这是中国和德意志民主共和国两国人民的友谊结晶。翻译大乔、小乔和刘香玲,他们三人的工作也得到专家们的肯定,刘香玲还在这里收获了爱情,同厂里一名青年技术员喜结良缘。

1960年4月,耀县水泥厂度过试生产期,开始转入正式生产。东德专家协助耀县水泥厂建厂任务圆满完成。

1960年4月26日,为欢送东德专家圆满完成援建耀县水泥厂任务胜利回国。耀县水泥厂举行了隆重欢送仪式,工人村广场上红旗招展,锣鼓喧天。欢送会上,厂长讲了话,专家组组长奥依雷也讲了话。欢送专家的两辆小车开动了,相互都恋恋不舍,互相招手再见。

苏胜柱　耀县水泥厂办公室原主任

初离上海赴宝鸡

口述/吴玉宝

光阴飞转，当年的翩翩少年和妙龄少女都成了古稀老汉和老太婆了，然而，过往的岁月在脑海里还没有完全湮灭。我是长岭的一名技术人员，没有什么值得歌颂的业绩，只好拿一些鸡零狗碎的岁月琐事来回忆过往。1958年10月，我16岁，正在上海市第六十一中学（民立中学）读高中。

那一年，正是高举"三面红旗"，"大炼钢铁，大办人民公社，大跃进的年代"，到处是"钢帅升帐，煤炭先行，誓夺1 070万吨，人民公社好"，"学麻城，赶麻城，赶美超英"的口号。整个社会像炼钢炉一样沸腾起来，虽然事后对"大跃进"有各种不同的观点，但这却是中国人民希望早日摆脱贫困落后，迅速建设一个繁荣富强的新中国的强烈愿望和热情的行动，这个愿望是中国百年来几代人的愿望和梦想，当时的年轻人也都怀着这样的愿望和抱负。

1958年，教育界也正在贯彻和落实毛主席的"教育为无产阶级政治服务，教育与劳动生产相结合"的号召，学校都组织学生们到工厂、农村参加劳动生产的实践。我那时被安排在当时成都北路，靠近苏州河（俗称大王朝）处的海通铝器厂劳动。工作就是工人们浇铸铝板、锌板时，我们把钢模随着浇铸的进程慢慢地扳平，直到浇满为止。

10月中旬的一天晚上，我从海通铝器厂劳动回来，吃过晚饭不久，有人在我家窗户上敲了两下，我一看是同班的王维忠，我让他到屋里来，他让我到外面去，颇有些神秘的味道。出来后他告诉我说学校下午召集部分人开了一个会，要抽调部分学生到西安附近学习，说是苏联援助的国防单位，要保密等等。这是一个突如其来的消息，我思想毫无准备，也没搞清楚到底是怎么回事，只是想着既是学校安排组织的，想必不会有错，就这么迷迷糊糊地跟着报了名。

接下来就是开家长会，老师介绍说，那里冬天有暖气，用的都是灯泡照明，不用日光灯的，不会伤眼睛，等等。总之是让家长们放心。我妈妈是从来没有出过门的纺织工人，不知道外面世界究竟是什么样的，开会回来后只是问"一定要去吗"，我回答"那当然要去的"，这里面既有幻想也有憧憬。后面就是迁户口、寄行李，这时才知道是到宝鸡去，不是想象中的西安附近或是西安郊区。宝鸡这个地方有点印象，因语文课曾学过一篇关于宝成铁路的课文，可它离西安有几百里呢！

准备行李时妈妈让带上这个、带上那个，我说没关系，放假就会回来的，寒假如果不回来，暑假就肯定要回来的，那时一直认为是去上学的。一切都准备差不多了，没有几天就要出发离开上海了，我和大弟弟一起到先施公司去游玩了一天，算是我和弟弟的告别，也是和上海的告别。

10月24日是离开上海的日子，学校规定午饭后在北站广场前集合后上车。那天妈妈要上班不能去送我，吃过中饭后，我姑夫和弟弟陪我上火车站和我送别。车站广场上有好几个学校的学生准备上车，很多家长都来送行。我们班里的四个同学沈鹏卫、王维忠、张洪川和我都按时到达了。不久，开始进站上车了，我们学校被安排在前面上车，所以上车后车厢里都是空的。我和王维忠一组，沈鹏卫、张洪川两个一组，各占了两个临窗的座位，后来上车的是女中的学生，她们上车后就只好坐在外边了。上车后送别的家长们都拥在窗口与子女道别，不少都是眼泪汪汪，依依不舍地说着说不完的送别话。

临近发车的时间，机车启动了，抖动一下，这下抖动宛如大合唱的指挥棒一样，车厢里女中女生们非常整齐地"哇"的一声哭了起来！列车徐徐启动，出站后，逐步加速，车厢里的哭声逐步降低。到了真如站，车厢里已经变成一片欢声笑语了，当然这还是女生们的杰作。

1958年时火车速度比较慢，差不多快半夜时才到南京。到了南京后还要下车坐船过长江，过了江后再重新换列车。当时天色很晚了，我们也不熟悉道路，都怕和领队失去联系，等我们找到列车时，倒成了最后一名。上车后车厢里大多数的同学们都已坐好了，我们只能分散坐在空着的位子上了。

随着旭日的升起，列车隆隆地驶进了河南大地，这时，我们也开始逐渐观赏车窗外面不熟悉的大地和风光了。坐火车对我和大多数同学来说都是平生第一遭，在此之前，我只有暑假到夏令营去时，坐过一次到吴淞的小火车，所以非常好奇，也很兴奋，觉得很新奇。一路上列车经过了只是在教科书上学到过的地方，苏州、无锡、南京、徐州、开封、郑州、洛阳……

车厢外面的地貌与景色在不断地变化，由江南水乡进入不熟悉的江淮平原，继而中原大地，到洛阳后地势逐渐抬升，车外开始呈现黄土高原的景色，山上有窑洞，房子外面有挂满火红果实的柿子树，在秋风中摇曳，但看上去人烟不多，显得有些荒凉。

列车继续前进着，灵宝、渭南、临潼、西安……一个一个被抛向后方，有的是在白天经过的有的是在夜晚，终于一天早晨宝鸡到了，该下车了。我们排队出了车站，在车站售票厅外等候厂车来接时，我抬头看了一下墙上的钟，时间正指着7点整，这就是我到达宝鸡的日子，1958年10月27日早晨7点整！

到宝鸡后给我们每人发了一块《四三技校》的布制胸章，我们班几个同学还曾用它在宝鸡电影院买过学生电影票，可没多久就分配工作了。我们学校有七八个同学被分到理化实验室。我和胡松鹤还有徐荣珍被分在金相热处理组的机械性能实验室，当了岳福信老师的徒弟，学习测量材料的硬度、强度等机械性能的测试和鉴定。

那时国家的工业基础还比较薄弱，特别是材料很多都是依靠苏联进口的。1959年可能是为了自己设法解决磁性材料的问题，承担这些材料研制铁淦氧和帕莫合金的任务，由金相热处理组承担。这些材料现在很普通，但当时却很不容易得到。研制铁淦氧还好，把氧化铁等一些材料按比例混合后用球磨机粉碎后筛分，模压成形后再高温烧结，反复摸索试验就行了。而帕莫合金由我们自己试制就有相当大的难度了，因为帕莫合金是金属材料，是需要冶炼的，而我们是没有这样的冶炼条件。但那时提倡敢想、敢说、敢做，积极自主的精神。所以，最后决定采用粉末冶金的方法来试制帕莫合金。粉末冶金需要金属粉末，我们没有办法粉碎铁、镍，就采用电解的方法来获取铁粉和镍粉，然后把它们按比例混合压制成块后，在高温炉里烧结碾压，碾压后需退火，退火后再碾压，这样反复进行，直到达到要求为止。

在烧结和退火的过程中，为了防止材料氧化，需要在退火罐里加氢气保护来进行，当时氢气也是依靠自制的，就是用纯锌和盐酸反应生成氢气，氢气经过过滤清洗后送入炉内。但这个方法的成本很高，因纯锌的价格很高，盐酸的腐蚀性很强，但因为没有更好的办法，只好如此了。那时科室人员经常要到生产第一线参加劳动，我师傅岳福信被安排去热处理车间劳动。有一天我去车间看他，他跟我说，小兄弟，你能不能试试用铝和烧碱反应来制氢，取代盐酸和纯锌。这确实是一个好办法，一来我们厂有大量的铝材边角料，二来烧碱溶液比盐酸安全得多，同时成本也低多了。

第二天，我就找了一个大的试剂瓶，做了一个气体发生器，并准备好需用的材料，下午着手开始试验。试验时，我们学校的王宝昌、石荣生觉得有趣，就在一旁看我试验。试验开始后，铝和烧碱反应很剧烈，马上就有气体排出，按照书本上学的知识，可采用排水取气法或排气取气法来检查排出的气体。我采用排气取气法试了很长时间也没有试好。此时反应已进行了很长时间，我主观想象发生的气体应该是纯氢气了。如果是纯粹的氢气就可以在出口处稳定的燃烧，但如果有空气，燃烧时就会激烈地爆炸。我忽视了这一条，主观认为空气已被赶完，决定点燃氢气试验。当时我一只手扶瓶子，另一只手去出气口点火，说时迟那时快，我还没有反应过来，只听得"嘭"的一声巨响，手被震得发麻。爆炸了！试验用的玻璃瓶被炸得粉碎，并且响声震动了整个大楼。幸好用的烧碱稀溶液没有什么大的腐蚀性，事后清扫干净就没事了，爆炸时也没有着火，响声过后就没有动静了。等收拾干净后，石荣生觉得大腿有些痛，卷起裤腿一看，是飞起的玻璃碎片隔着裤子把他的皮肉割破了，我的手虽然扶着瓶子都没有破，可能是因为和瓶子之间没有空间，能和瓶子一起运动的原因，所以只是被震了一下而已。

因为发生了爆炸，试验也就此终止了。这次爆炸没有造成更大破坏只是一个侥幸。这次事故是我刚踏上工作岗位时的一个深刻教训。它使我在以后的工作中随时都记住做任何事都必须要有科学精神，要细致、周密、脚踏实地，决不能自以为是、凭空想象、随意冒险，在此后一生的工作中我始终贯彻了这个信条。

1961年，正是三年困难时期，大家都吃不饱。我们在科室里的粮食定量更低，肉食更是难得吃到，经常是酱油汤煮萝卜，所以老是觉得吃不饱。星期天想到外面饭店里吃点东西又苦于没有粮票，因为当时饭店里只有买了主食后才可以搭配炒菜，而主食是要粮票的。

在这种情况下，为了想办法多搞一些吃的东西，提倡集体和个人利用一切可以利用的墙边地角的土地种番茄、土豆等蔬菜。那年春末夏初的时候，青蛙出来了，水田、池塘、水渠里到处都是蛙声一片。一个星期六，大康（刘国康）利用送检试样多下来的钢丝做成两支钢叉。星期天我们两人拿了一个油漆桶，带上钢叉，到姜城堡坡下面路边的水渠里开始捉青蛙。捉青蛙大康是老手，我还是头一遭，跟他学着捉。人家捉青蛙是像钓鱼一样，用线绑个棉花球，晚上在水边抖动棉球来钓青蛙，那真是姜太公钓鱼愿者上钩了。而大康的办法是只要被他看到，就休想逃跑！我们沿水渠边走边捉，一直捉到渭河桥（老桥）堤坝处。特别是桥边堤坝处，那里的青蛙都在木桩的空当处，那里面没有水，也没有深草，而且青蛙的个头也大，我们站在堤上，出来一个就猛扎一个，真是痛快极了！几个小时过去了，我们捉了满满一桶青蛙回家了。

到了宿舍拿上脸盆和剪刀，把青蛙头一剪，皮一拉，就成了两条粗壮大腿的田鸡了，洗净后放在用两块砖架起的锅里，再加一些韭菜，找一些碎木柴就烧了起来。不一会儿，鲜美的韭菜烩田鸡就烧好了，香气扑鼻！正好食堂也开饭了，我们买了饭和宿舍里的几个人一起美美地吃了起来。那是我生平第一次吃田鸡，味道真是鲜极了！而捉田鸡的经历，更是让我毕生难忘。

困难时期的粮食非常珍贵，我们肚子经常是空的，虽然农民有时会背一些馍出来卖，但是一个馍要卖五毛钱，在那个年代是高价了，我们那时一个月只有30几块钱，吃高价馍是吃不起的。好在农民也经常会拿一些番茄、萝卜、土豆、胡萝卜等出来卖，这些东西相对是便宜不少。现在也提倡吃这些东西，是因为这些都是健康营养的食品，而当时我们主要是想把肚子填饱。出于这个原因，土豆是最受青睐的，因为土豆的淀粉含量比较高，最容易填饱肚子，而且营养丰富，味道也不错。刚开始吃土豆就是把土豆烧熟后，剥掉皮啃着吃，后来为了熟得快一点，就把土豆切碎了煮熟后连汤带水一起吃。时间长了发现土豆熟了以后很容易就捣烂了，捣烂后再煮一煮就成土豆糊了，比现在的土豆泥略稀一点，吃起来味道就更好了。要吃咸可以放一些盐，要甜就放一些白糖，我本人感到放白糖更好一些，那时觉得那甜滋滋、香喷喷的土豆糊是最好吃的东西了。

那时候，我们这些年轻的单身汉们在宿舍里差不多都会用这些方法来帮助克服粮食不够的困难，而且烧煮的用具也是五花八门的，有的用锅、用搪瓷碗、用茶缸，还有用电炉、用柴火的。眨眼几十年的光阴过去了，帮我们度过了艰难时光的土豆糊，似乎还在齿间留香。这些经历映现出我们当时的精神面貌，那就是虽苦犹甜、乐观向上。

不知道什么时候开始，宝鸡每到农忙时节，特别是夏天麦收季节，城里的工厂、机关、学校都要组织割麦队奔赴农村参加抢收，很是壮观。我自1958年到宝鸡后几乎每年夏天都参加了夏收割麦，直到农村实现包产到户以后才基本不去了。

1961年夏天，我探亲才回宝鸡不久，我记得大概是6月11日（宝鸡一般都是在6月10日左右开镰割麦）下午2点半，我们工艺科的割麦队在当时工会委员张桂森的带领下随着厂里的割麦大队，起程前往宝鸡北面的县功（今宝鸡市陈仓区县功镇）去割麦，理化室也去了不少人，记得有刘国康、关文珠、杨慧芬、朱涤华、王梅芳、段洪亮等。当时正是困难时期，经常吃不饱，而参加割麦时，可以放开吃饱，所以有不少人都争着要去，没有轮上还很不高兴。那时，参加割麦者每人发一顶草帽、一把镰刀，自己背着行李铺盖，开动双脚，步行前往目的地，几十里路就这样一步一步地量出来的。就这样，由厂里先走到要去的公社，公社分配到大队，到了大队再分配到山上的生产队，等爬山到了生产队时，天已漆黑，伸手不见五指。因为农村没灯，晚上只有月光，没有月亮出来时就没有光亮了。安顿好住处后就让我们到灶上去开饭。这时至少有晚上八九点钟了。走了那么长时间的路，真是又累又饿，晚上吃的是面条，烧出来一锅，倒进桶里，大家马上蜂拥上去，因为没有灯火，就这样七手八脚地瞎摸一气。面条是手工擀的，根本赶不上大家吃的速度，就只能吃一锅等一锅了。面粉都用完了，只好把灶房里的馍拿出来给大家吃。第二天早上到场上一看，场地上到处撒的是面条，是因为晚上捞面条时天黑看不见，加上人挤，撒出来的，在那缺乏粮食的年代，看着真让人心疼啊。

午睡后，下地割麦。因为是第一天割麦，人还没有完全适应，人人都觉得又热又累，到后来都捏不住镰把了，手上也磨出了不少泡，腰也弯得直不起来了。割麦对在农村待过的人来讲，虽然有些累，但还能较快地适应；而对我们这些在城市里长大的人来讲，就难了。太阳下山了，天气也开始凉快了，我们也收工回家了。回去时每人还要背一捆麦子到麦场上。因为那里是山地不能用车拉，只能用肩挑，用人背。

回到住处正准备吃饭，大康又说他肚子不舒服很难受，不想吃饭了，让我陪他到山下水沟里面去洗一下。我们每人拿了一把镰刀在路上防狼用，顺着山路下山了。到了路旁的水沟，我对大康分析说，肚子不舒服可能是中午吃得过多，加上下午又一直弯腰割麦，吃的东西都囤在胃里造成的。他问我有什么好办法，我说吐出来就好了，他问怎么才能吐呢，我说用手抠一抠嗓子试试看，他抠了两下嗓子，果然哇的一声就吐了出来。待肚里的积食吐完后，人马上就舒服了，这时再洗洗脸、擦擦身，顿时就神清气爽了。我们趁着月色，吹着凉风，闻着麦香回到了住处，晚上发的大饼也不想吃了，倒头便睡。我们的住处不知道是个山神庙还是祠堂，里面是雕梁画栋，外面也是飞檐翘角。住的也非常简单，有的是麦草，拖上一堆麦草放在地上摊平，铺上被单就是床了。我们所有的男同胞就都住在这里面了，住了几天以后就开始出问题了，可能是一下吃得太多了，不少人都造成了消化不良，结果上下出的气都是一个味道了！而且把住的屋子熏得让人难以忍受。一天晚上段洪亮对我说，我们到麦场上去睡，在那儿睡才舒服呢！我们就在麦场上摊上厚厚的麦草，铺上被单棉被，躺在那里望着天上玉盘似的月亮，吹着徐徐的凉风，闻着清新的麦香，听着远处的虫鸣，真是十分惬意。我渐渐地进入了梦乡，后来不少人都像我们一样睡到了麦场上来了。过上一段时间后，大家吃得逐渐正常了，消化也就慢慢恢复了，房子里的味道也散尽了，我们就回屋子里去住了。因为外面有露水、湿气大，有时夜里的风也非常大，甚至刮断白杨树，这样人容易生病。

这次割麦是我参加割麦时间最长的一次，大概有半个月左右。这半个月的生活是既劳累又浪漫，过一段时间后就慢慢适应了，劳累也就无所谓了。半个月过去了，麦收的任务圆满完成，我们也该回厂了。回厂的那天向老乡借了一辆架子车，行李都放在上面。从县功到宝鸡火车站的这段路都是下坡，我们也是一路小跑地跑到了城里。回到厂里后第一件重要的大事，就是到浴室里美美地洗上个热水澡，这才叫真正的享受呢！（马驰整理）

吴玉宝　第一代长岭人

（本文摘自长岭电气有限公司 2013 年编写的《往事》一书）

创业的路就在我们脚下

口述/刘美华

"路漫漫其修远兮,吾将上下而求索。"

55年前,那年10月27日下午1点38分,一辆乘着一大批上海青年学生的列车徐徐驶出了上海火车站,北上,然后顺着陇海线一路向西,目的地是新兴工业城市宝鸡,从此,我们走上了不平凡的漫漫人生路。

为响应党的号召,支援国防建设,我们加入国家"一五"期间156项重点工程之一的长岭机械厂。我们这些生长在热闹舒适的大都市上海的学生,放弃学业,远离父母,千里迢迢来到这里,踏上了这片古老的黄土地。一下火车,给人的感觉是天蒙蒙,地蒙蒙,连周围的绿树也盖上了厚厚一层的黄土。一眼望去,除了山和水,只有土房,充其量也只有两层楼高。市中心在山坡上,街道东西走向,从东头走到西头半小时能走个来回。我的天哪,这就是传说中的新兴工业城市吗?这里没有高楼大厦,没有柏油马路,没有路灯,无论是山、是水、是房都是一种颜色——土黄色,单调极了,连这里人的皮肤也是黄里透着黑。

当地那些头扎白色毛巾、身穿黑色棉袄的老百姓,用怪怪的眼神注视着我们,他们一定也奇怪,这是哪里来的一群"另类",这么多叽叽喳喳的黄毛丫头和小伙子。我们当中年龄最小的只有14岁,最大的不过20岁,一路颠簸了40多小时,已经疲惫不堪,可是心里头忐忑不安,等待着我们的将是什么呢?未来的路又在何方?

长岭厂里派了几辆卡车把我们接回了驻地解放军部队的营房。我们住的是大平房(32人一间),用餐在"俱乐部"(它是多功能的,可就餐、可开会,又能娱乐),吃的是大锅菜，除了土豆就是大白菜，主食是馒头加稀饭，要想吃米饭可是难上加难。

第二天到厂里报到，我们才知道上海来的青年学生远不止我们这50多人，共有1 000多人呢！除此之外，还有北京、天津、南京等地来的各类技术人才，真是五湖四海呀！他们虽然大不了我们几岁，但对于我们这些稚气未脱的学生来讲，他们就是我们的师长。

这里的厂房好气派，规模也大，是由苏联包建的，称得上是世界一流的。再有很像样的地方就要数招待所了，当时有许多苏联专家住在那里，是一道独特的风景。厂里一下子从各地引进那么多人，宿舍、食堂都不够用。我们这些从上海初来乍到的人，很多人由于水土不服或者某些不适应，病倒了。别看这些生活琐事，厂领导可是把它当作头等大事！再说厂门前那条泥巴"路"，说是路，其实没有路。天好时，尘土飞扬；雨天时，这可是条"阎王"路，高筒雨鞋没进去，会被咬住的哦！非要两只手帮忙才能拔出来。到处坑坑洼洼的，这里哪是路呀！确切地说是厂房建成后未收拾的残留的建筑工地！这里是南抵秦岭，连接着通往汉中、四川的公路要道；北至宝鸡火车站，连接着全国各地的命脉！建房，筑路，关系长岭的发展，关系长岭的未来，关系长岭的每一个员工。要奋发图强，自力更生！于是我们担当了筑路工、建筑工地上的小工，泥里来，水里去的。在大家的共同努力下，29#、30#、31#……一栋栋的宿舍楼建成了，家属区扩建了，大食堂盖好了，厂门前的路建成了宽阔平坦的水泥马路，厂里的生产逐步走上了正轨，生产出的优质产品不仅装备我们自己部队，还支援我国周边的发展中国家。我们成功了，长岭辉煌了！胜利的喜悦挂在我们每一个长岭人脸上。

我们正是从厂门前这条路上走来长岭（西北无线电厂）的。我们这批人是由上海各个学校选送的，当时能选送的主要条件是："家庭出身好、学习成绩好、表现好"，因为是选送去重要的国防工厂，筛选也是严格的，不说最好吧，起码也是班上屈指可数的。而且，绝大部分是高中生、学生干部、大学生苗子，我们心中都有自己的理想。但是，当祖国需要我们的时候，我们毅然决然选择了舍弃自我，服从大局，"党指向哪里，就奔向哪里"！曾记得我43岁那年，终于捧回了沉甸甸的上海复旦大学毕业文凭，圆了年轻时的大学梦，那时我的心情是何等的激动和感慨呀！获得大学文凭的又何止我一个，这是组织培养和我们自己努力的结果。当我们渐渐长大，羽翼初丰时，许多朋友又从这条路上被输送往新的地方，接受新的任务。现在祖国的西北、西南、华东、华中、华南、华北等地都有长岭人，他们在那里生根、开花、结果。真值得骄傲！可是，不管我们走多远，无论职位有多高，始终忘不了长岭情结、忘不了这块曾经用我们的青春血汗浇灌的故土。

一路走来我们还经历了1958年的"大跃进",通宵达旦地加班,领导劝我们回去休息,我们坚持三天三夜不下火线。还经历了三年自然灾害、备战备荒、"文化大革命"……我们不仅是生产工作上的骨干,在需要时,还上山帮农民夏收、下河为农民抗旱,干一行爱一行钻一行,兢兢业业,从不含糊。业余时间,刻苦学习来完成我们未竟的学业,不断为自己充"电"。在工作中增长才干,在劳动中磨炼意志,不断完善自我,个个都是好样的。

我们把青春奉献给了长岭,奉献给了祖国的国防事业,奉献给了宝鸡这片古老的黄土地。辛勤耕耘必有收获,有所失必有所得。长岭是培养我们的摇篮,宝鸡是我们第二故乡。随着时间推移,如今,我们回想起建厂初期,生活条件相当艰苦,大家互相帮助,互相勉励,冷了!一起抱团取暖;饿了!一个馒头大家掰着吃;逢年过节想家了!师傅们就把我们领回家;生活虽苦犹甜,我们不是姐妹胜似姐妹,不是兄弟胜似兄弟,在长岭这个大家庭里,其乐融融,我们一起成长。先后娶妻生子,一起慢慢变老,一路走来已经55年了,情谊至诚至深至长!随着时间推移,如今我们已步入耄耋之年,回忆起这些陈年往事是刻骨铭心的。多想回到宝鸡再看一看,故地重游,拜会当年的老朋友,怀念已故的朋友,坐在一起品味人生这杯"五味茶",有味!过瘾!

现在的宝鸡,高楼林立,山青水绿,好一幅天蓝蓝,水清清,美丽多彩的画卷呀!当年单调的黄土色已荡然无存,成了名副其实的陕西省第二大的工业城市。物质也相当丰富,米饭已不是当年的奢侈品,连大闸蟹都能摆上寻常人家的餐桌。宝鸡又是西周的发祥地,几经开发将成为蕴含重要华夏文化遗产的旅游胜地。

敢问路在哪里,路在我们脚下!此时,让我想起了伟大的文学家、思想家、革命家鲁迅先生一句经典的话:"希望是本无所谓有,无所谓无的。这正如地上的路。其实地上本没有路,走的人多了,也便成了路。"(马驰整理)

刘美华　第一代长岭人
(本文摘自长岭电气有限公司2013年编写的《往事》一书)

我的中国心

口述/吴大观

我出生于1916年11月13日，是江苏镇江人。

我的老家在长江下游的一个沙洲上，叫头桥镇，由于这个沙洲偏江北一侧，乡政府把它划在了扬州市江都的范围内，邮区是镇江头桥镇。我的母校扬州中学开建校100周年纪念会时，说要建一个实验室，我捐了一笔款，在介绍时把我说成了扬州江都人。实际上，1931年长江发大水，家乡遭了水灾，这以后我的家从头桥镇搬到了镇江城里，所以我还应该算是镇江人。

镇江是长江上的一个码头，对面是扬州。在历史上出了不少名人。远的不说，近代的有飞机制造专家巴玉藻，就是和王勤一起搞航空、制造飞机的。他是中国航空工业较早的创始人，是第一代出国学习航空科技的留学生。我国著名的桥梁专家茅以升也是镇江人。现在的科学院、工程院中有好几位院士也是镇江人氏。镇江还出了不少革命家，如辛亥革命广州起义的总指挥、被南京临时政府追授为陆军上将的赵声，在镇江有个公园，就叫"赵声公园"。辛亥革命家李竟成、解朝东都是镇江人，"黄花岗七十二烈士"中镇江籍的就有5人。镇江出了不少名人，我只不过是千千万万不出名的、普通的镇江人中的一个。

我父母的出身是不同的。母亲出生在一个地主家庭，相比之下，父亲的家境要贫寒得多，这也造成后来父母长期不和。在这样的家庭里，孩子就很不幸了。在我的记忆里，父亲长期在外做煤炭生意，一年回不了一次家。我的母亲一人带着四个孩子，生活的艰难可想而知。我是老大，童年体弱多病，从小缺乏母爱，这是由于父亲总不回家，父母之间没有感情，母亲对父亲的愤懑经常就会宣泄在孩子身上。对我们几个孩子来说，父爱当然更谈不到了。

我的舅舅是做酱园生意的，他的家庭经济状况要好得多。舅舅家有四个儿子、两个女儿，三个儿子都上了大学。大表哥上的是北京的大学，二表哥上的是南京东南大学，五表哥上的是上海光华大学。五表哥多才多艺，会篆刻、画画，可惜我没有学到他的才艺。

在我的一生中，舅舅对我的影响很大。舅舅家的家风很好，全家人都不近烟酒和坏习气。我始终没有搞明白的是，为什么舅舅一家不像乡下许多人那样信佛，他们家从不拜菩萨。

舅舅家有三处酱园，两处在镇江市区，一处在乡下。他发家靠的是自己的勤劳诚信，从来不搞歪门邪道，而且他很热衷于公益事业，我上的那所小学就是他出资兴办的。在我的记忆中，舅舅在邻里乡亲中的威信是很高的。在他的宅院门上，有一副对联，我现在还记得很清楚，也影响了我的一生。上联是"传家有道唯忠厚"，下联是"处世无奇但率真"。舅舅可以说是一丝不苟地按照这个对联的说法来治家的。他家里的人都不愿意做官，我的二表哥从东南大学毕业，在就业时，有两个选择，一个是在县里当县长，一个是到法院做职员。他回到家里和父母讨论，我的舅妈斩钉截铁地说了一句话："为官不仁、无官不贪，我家老二不干。"此话一出，事情就决定了，我的表哥去法院做了一个职员。我当时在场，舅妈这句话给我留下了极深的印象。

舅舅对我家非常照顾，经常接济我家。父亲要很久才给家里寄一次钱，经常是青黄不接。这个时候，舅舅的帮助就显得更难得。我从小受到的教育和家庭环境影响，对我的一生影响很大。母亲的自尊要强，舅舅的诚实宽厚，舅妈的爱憎分明，表哥们的好学上进对我都有直接的影响。

我就读的江苏扬州中学是很有名气的一所学校。

扬州中学的前身是仪董学堂，创办于1902年。创建100年以来，培育出了数以万计的高素质毕业生，其中有不少出类拔萃的社会精英，朱自清、胡乔木、江泽民都曾就读于这个学校，还出了30余位两院院士，江上青等十几位革命先烈也都是这所学校毕业的。

1937年抗日战争全面爆发，扬州沦陷，落在日本人手里，师生散失，流落到各地。我那个时候从扬州中学已经毕业，原来报考的是清华大学，当时的报考方法是从北京把考卷运到上海，在上海组织考试。临到考期，有告示贴出，说是由于京沪铁路不通，考试卷没有运到，考试取消了。八一三事变之后我逃难回了老家镇江。

人回到了老家，但心里还是想着该怎么上学。后来，在报纸上看到清华、北大、南开三所大学在长沙组成了长沙临时大学。我们几个同学写了一封信给长沙临时大学，学校看到我们是扬州中学的就答复我们，你们来吧，不用考试，可以保送，只要学校出个证明就行。于是，我和两个同学，带着扬州中学的证明来到长沙，上了长沙临时大学。后来，日本人打到南京威胁到武汉。临时大学在长沙站不住脚了，担心日本鬼子打过来，要迁校到云南昆明。我们那时成了流亡学生，实际上是逃难，绝大部分学生与家里完全失去了联系，没有钱做路费。学校很照顾我们，答应只要跟学校走就行。

在那个时候，我面前有两条出路，一个是参加抗日，另一个就是跟学校到昆明。当时，徐特立从延安返回长沙，他是共产党驻湘代表，在长沙的影响很大。他到我们大学作报告，那时长沙临时大学借用的是长沙师范学校的房子，徐特立是在学校礼堂里作报告的，我去听了。徐特立身着八路军的土布军装，很朴素。他在报告里讲到国内外的形势，宣传共产党的抗日主张。他号召鼓动青年参加抗日。我听了他的报告很受鼓舞，当时就想，自己应该参加抗日。那时，我的家乡已经沦陷，我的二表哥带着表姐租船顺长江而上，逃难到了湘潭。我去他们的住处探望他们的时候，对表哥讲了我的想法。表哥劝我还是去上学，并给了我20元现大洋。他对我说，学到知识，将来可以更好地为国家做点工作。

我听了表哥的话，和我们的同学一起，跟着学校，从长沙先到广州。到了广州，我们借住在岭南大学的校舍，停留了几天。一个很偶然的机会，我上街去转，看到一家电影院上演电影《悲惨世界》。我就用身上表哥给的钱，买了一张电影票，进去看了。电影非常感人，我就连着看了两遍。这个电影是根据法国著名作家雨果的同名小说改编的。我还记得，影片讲述的是一个名叫冉阿让的人，他为了不让孩子饿死，偷了一块面包，被判了19年的徒刑。出狱之后，苦役犯的罪名永远地附在他的身上，他找不到工作，连住宿的地方都没有。他来到一个主教的家门前乞讨，主教留他吃了饭，并安排他住在家里。结果他在夜间偷了主教的银餐具。当他逃出后，又被警察抓获，押回主教的家里。主教见到警察说，这个人带着的餐具不是偷的，是我送给他的。就在这个时候，主教说了一句话，"人生是施与不是索取"。冉阿让的境遇和他的命运，尤其这位主教的话语，对我的触动非常大。我又买了一本雨果的小说，是中英文对照版的。我印象最深的是电影里的那一句话"人生是施与不是索取"。我觉得这句话非常重要，一个人到社会上来，不是要这个要那个，而是要有所贡献。这句话我记了一辈子，也始终在努力去按照这句话做。

从广州到香港，又坐船到越南的海防市上岸，从越南坐火车到昆明。当时西南联合大学师生总计300人，我们就这么迁到了昆明。

我在长沙临时大学报的是机械系，迁到昆明，我在机械系念了三年。那时日本飞机轰炸很厉害，简直拿它没有办法。我有一个同学是飞行员，我常常到他那个坐落在郊区巫家坝机场的航校去看飞机，这个航校就是国民党的中国空军杭州笕桥航校，因为战乱迁到昆明的。同时，西南联大学校里有一些杂志，自己也看了一些，越发使自己觉得还是应该学航空。

要说起我是怎样对航空感兴趣的，这中间还有一个故事。1927年，美国的一位飞行员查尔斯·林白驾驶一架飞机，从美国纽约到法国巴黎，独自驾机飞越大西洋，成为名扬四海的一个英雄。1929年，我们中国发大水，那次大水也是很厉害的，林白驾驶他的飞机，到中国来救灾。还是1929年，美国的一位海军中校，名字叫伯德，乘飞机飞越了南极，轰动世界。从那时起，我就有了"飞机"这样一个概念，还有一个就是"英雄"的概念。后来知道孙中山先生提出了"航空救国"。那时，我们中国也有很多很出名的飞行员，在国内搞一些飞行和飞行表演。所以，我在中学的时候，就有了这样一个认识。

我想到了转系，向学校提出可以在航空系三年级多念一年再毕业。我拿着成绩单去找当时我们航空系的主任王德荣先生。这位老师后来到了北航，是北航飞机系的主任。我对他说了我要转学到航空系。他接过我的成绩单，但没有表态。我还有一个爱好就是喜欢昆虫翅膀，总是爱琢磨。我收集了一些昆虫的翅膀，用一个日记本夹起来。既有个人爱好，又加上日本人轰炸，老百姓受苦，所以我想上航空系的愿望越来越强烈。我带着自己的这个本子去给王主任看，王主任看了连声说："好、好，行、行、行，你就来吧。"我就这样上了航空系，又从航空系读起，多读了一年大学。1942年，我从西南联合大学航空系毕业，面临就业有两个选择：一是搞一个汽车，跑滇缅公路贩货，就可以发国难财赚大钱；一是到贵州大定发动机厂去搞航空发动机，我选择了去大定。

毕业后我就结婚了。说起我的爱人，我们还是有机缘的。她原名华允娥，是我扬州中学的同学。日本人打到江苏时，为了不当亡国奴，她历经艰辛到了昆明。在扬州中学的同学聚会上我认识了她。我经常说，没有抗战，我不会上大学，也不会与我的爱人认识。我们的婚礼是清华大学的校长梅贻琦先生做证婚人。

到了大定发动机厂以后，虽然艰苦，但还是挺有意思的。因为那时在学校念书的环境条件比较差，试验、实习等都比较简单。大定的工厂，有从美国运来的各种机床，学习的条件很好。给我安排的工作是在设计科，负责接收从美国来的资料工艺规程、技术图样。有点像我们现在的技术资料室，我主管。这个工作很好，在学校里只接受了一些书本知识，在这里可以接触到大量的在实践中有用的东西。工艺资料是全套的，可以学到很多东西。那时搞的都是活塞式发动机，还没有喷气发动机呢！

我印象最深的是，这样一个小工厂，国外回来的留学生有八位，包括厂长李柏龄；副厂长戴安国从德国回来，他是蒋介石的干儿子；总工程师李耀滋是MIT毕业的；还有钱学渠，他是钱学森的堂兄，是搞机械加工的；张汝梅是搞工具设计、制造的；曹有诚是搞冶金的；程嘉垕是搞铸造的；梁守槃是搞飞机发动机的。这些人都是从美国、欧洲留学回来的，不少是MIT的硕士、博士。在那个时候，这些人抱着发展中国航空工业、航空救国的信念，在那么一个艰苦的地方，兢兢业业，不辞辛苦，也真是不简单啊！

1944年夏天，工厂要选派人到美国去培训，学习发动机的制造。我自认为自己的学习成绩平平，能力低下，能够做一点实际工作就很不错了，根本没有想到能派我去美国学习。但名单公布之后，我竟榜上有名，10月份出发去了美国。在美国我去的第一个工厂是莱康明航空发动机厂，在宾夕法尼亚州的威廉斯堡市。这是一个生产小型航空发动机的工厂，我们学的是小型教练机、运输机用的发动机，六个气缸，不到300马力，而且气缸还是并排式的。这个厂虽然小，但麻雀虽小，五脏俱全，从零部件制图到整台发动机设计性能计算，从部件试验到整机试车。我们在这里经过系统的培训，学习了大半年，基本掌握了活塞式发动机设计的全过程。

通过美国的朋友介绍，1946年我加入了美国自动工程师学会（SAE）成为该学会会员。在美国有一份技术刊物SAE，我在这份刊物上了解到喷气技术的发展情况，这给我以后从事航空发动机的设计、研究工作奠定了一定的理论基础。在那里，我自己有一个感受，就是美国对于技术的消化、吸收能力很强。在欧洲战场上打下了一架德国飞机以后，马上就派人去把它搞回来。据报道，钱学森在美国就做过这种事，被派到欧洲去搞技术，回来以后就分析，然后搞出更多的东西。后来我又去了两家工厂，学习齿轮加工的刀具技术、剃齿、研磨齿等，现在这些技术早就过时不用了。后来到美国普惠公司，我还继续找齿轮的技术，用各种各样的方法，包括送一点小礼物给美国人，从普惠也搞了一些齿轮加工方面的规范资料。这些资料后来都给了长春一汽的总工程师，我的一位同学，他比我高两届，叫孟少农。我后来从北京到冀中解放区的时候，我们还住在一起。1949年北京解放，我们又一同从石家庄进北京，他是我入党介绍人之一。

在美国学习的最后一站是普惠航空发动机公司，学习的内容是一种轻型发动机。那个时期普惠航空发动机公司在世界上是首屈一指的大公司。第二次世界大战中，欧洲战场用了很多他们的发动机，他们每年生产上万台发动机，大、小都有。那时 GE 公司还很小，当时主要生产发动机的还有一个莱特工厂，在那里看到的是活塞式发动机。当时研制航空涡轮式发动机在美国尚属起步阶段，这引起了我极大的兴趣。那时美国搞的发动机和苏联以后给我们的 BK-1 是一样的，这些发动机的技术都是从英国、德国搞来的。在车间里，我见到喷气式发动机离心压气机叶轮和涡轮部件，就想知道他们在加工什么玩意儿？后来才知道是喷气发动机——燃气涡轮喷气发动机。

在普惠待了半年多，1947年我结束了在美国的学习，回国了。当时唯一的愿望是把在美国学到的航空技术贡献给祖国。先是到了北京大学工学院，担任了讲师，讲授航空发动机设计、发动机齿轮设计、机械原理和工程（机械制图）四门课。1948年，我的政治生涯发生了大的变化。我被学校党的地下组织注意到了，他们可能觉得我这个人还有点道道。我跟着他们参加罢课、罢教、反内战、反饥饿活动，逐步发展到担任教联会主席。暑假的时候我得到消息，说我上了国民党的黑名单。地下党安排我去解放区，名字由原来的吴蔚升改成吴大观，我爱人也由原来的华允娥改成华国。

1949年我担任重工业部航空工业局筹备组组长。1951年初筹备组工作结束，航空工业局正式开始工作。1957年，航空工业局调我到沈阳410厂组建我国第一个喷气式发动机设计室，开始设计我国第一台喷气教练机发动机。在当时，各方面的条件都不具备。这里我要强调的是，搞喷气飞机我是第一次，也是比较难的，但不管怎么样它还是一个飞机，机翼、机身还是有原来的基础。而我们这个动力，是活塞发动机到喷气发动机，是包括原理、结构在内的革命性的、天大的变化，比搞飞机的风险要大。当时我考虑这个任务的时候，感觉压力很大，很担心完不成这个任务。我在美国学的是活塞式发动机，对喷气发动机，不懂啊！就是苏联的涡喷5、涡喷6摸了一下，你就想搞发动机设计？不太符合科学发展观。但是，为什么还这样做呢？就是想试一下我们中国人能不能设计自己的飞机、搞自己的喷气发动机，这里有很大的风险，但我也要作一个尝试。

怎么搞呢？我们多次分析研究有利条件和存在的难点，决定利用410厂刚生产定型的涡喷5（苏联BK-1Ф）发动机为原准机，用相似定律进行缩型设计歼教1飞机的动力——喷发1A发动机。这个方案可利用410厂已经有的锻、铸毛坯和工装设备，不用增加任何新材料就可制造出新的发动机。这是最经济、风险最小的研制方法，也是研制周期最短、耗资最少、较有把握的研制方法。

1958年7月26日，装着喷发1A发动机的歼教1飞机试飞成功，标志着喷发1A发动机胜利诞生。1959年9月，我们设计、试制的红旗2号喷气发动机上台试车，为庆祝国庆十周年献礼。为此，航空工业局发来贺电。1961年8月，国防部第六研究院第二设计研究所成立，我担任技术副所长，主持二所的发动机研制工作和试验基地的建设。稍后的一段时间，实行了军队化管理，我被授予技术上校，肩章上两道杠三颗星。从20世纪60年代起，我们的领导就提出了关于工厂、研究所结合的问题。20世纪70年代西方新的斯贝加力涡轮风扇发动机，是个很时髦的飞机发动机。1973年12月，我赴英国罗·罗公司考察斯贝发动机。回国后，组织上把我从沈阳航空发动机厂调到西安红旗机械厂任副厂长兼飞机发动机设计所所长，英国专家到西安红旗机械厂搞装配、试车。1980年涡轮9发动机制造成功，使我国在20世纪有了一台推力适中的加力涡轮风扇发动机，填补了一项空缺，也才有了后来的"飞豹"飞机的动力基础。

有的同志为我从互联网上下载了这样的文字，"给战机一颗'中国心'的吴大观。""经过60年的苦苦追寻，他终于圆了一个祖国强大的梦，但是在航空发动机的发展上他还有太多未了的心愿。"我不知道这些话出自哪一位作者的手笔，但他确实说出了我的心里话，我感谢他们为我用了这样美好的语言。给中国的战机装上"中国心"——先进的航空发动机是奋战在祖国航空工业战线上的广大员工，我只不过是他们中间的一个老兵。

曹操曾经写下这样的诗句，"老骥伏枥，志在千里；烈士暮年，壮心不已。"回顾自己走过的人生道路，在我这个中国老航空人的心中，为中国制造的飞机装上中国制造的、具有世界先进水平的"心脏"——航空发动机，是我最大的心愿！

虽然自己年纪已经大了，但"长江后浪推前浪，世上新人超旧人"，在当前一派大好形势下，我相信，年轻的一代一定能够做出更大的成绩，实现我的这个心愿！（马驰整理）

（本文摘自航空出版社2019年出版的《我的中国心》）

一年出生了600多个娃，该办个幼儿园了

口述/王彦传

当年我们建厂的时候，头几年没有托儿所，也没有职工医院。因为那时候我们都是20几岁，都年轻。我们厂长郭英东才28岁，刚从苏联回来当了厂长。我当车间主任。

后来随着职工的增加，年龄的增长，不少人都结婚了，有小孩儿了，就显得后勤系统矛盾突出了。

几千青工，两年以后，突然有一年厂里一下子出生了600多个孩子。很多家庭都是双职工，工厂加班，只好把孩子放在机床旁。厂里这才意识到要办个托儿所了。

孩子们大了要上学了，工厂周边没有学校，后来厂里就自己建学校。先建的宝成小学。建了宝成小学又有了托儿所。那会我就到党委办公室工作了。这些情况我还是了解一点儿的。开始没有医院，怎么办，就在两座平房里建立个医院，有1个大夫，有几个护士。那个大夫是从沈阳过来的，姓陈，叫陈文莲，但是算最高的技术了。就有那么十几个人，后来又来了几个转业军人。组建了一个临时医院，经过三次改造建成医院。

随着工厂的发展，职工越来越多，后来到了3000多人。我为什么记得这么清呢，有一次我到宝鸡市去开会，代表1700名共青团员发过言。孩子大了要升中学了，怎么办，又办中学，在老招待所那个地方建了一个临时中学。小学、中学在一起10个班。

工厂从没有小孩，到有小孩；从幼儿园到小学又到中学，学校就是这样办起来的。当时也是很困难的。没有老师怎么办，工厂抽调一部分工程技术人员、管理人员、老干部

当老师。校长都是工厂派去的干部。

后来就业问题又突出了，又办技校。为了培养人才，厂领导从工厂里抽一批比较好的技术人员，组建了宝成工学院。我儿媳妇就是从宝成工学院毕业的骨干，充实到工厂里头。

幼儿园、小学、中学都是随着工厂的发展形势的需要，发展起来的。（马驰整理）

王彦传　陕西宝成航空仪表有限责任公司劳动服务公司原经理

捷克斯洛伐克设备的故事

口述/耿建华

我老家是河南安阳的，父亲是 1936 年跟随爷爷来到这里，1958 年 20 几岁进厂，当了电工。我到这个厂里已经有 30 多年了，我现在是这台 500 吨压力机的操作工，我前面的操作工叫武振江，再前面一点的叫石永远。

这台机器是当年二战的时候，苏联从德国缴获的，它还不是德国产的，而是捷克斯洛伐克生产的。德国人从捷克斯洛伐克购买的，被苏联当作战利品带回国。

1953 年陕西柴油机厂建厂，苏联援建 156 项目的时候，卖给我国，到了我们厂子。

这套机器算起来出厂大概能有 80 多年了，在我们这里一直都很好用，维修也很方便，到现在我们用着还很顺手。

这台机器的档案资料还很全，都是俄文的，使用说明书什么的啥都有，都在厂资料室里放着呢。设备到现在完好无损。而且特别好用，很多的工作必须经它才能成形，至今还是我们厂的重点设备。

耿建华　陕西柴油机厂工人

RECORDS OF NATIONAL
156 PROJECT
ENTERPRISES
IN SHAANXI

下

国家156项工程在陕西企业纪实

主编 ● 桂维民

陕西出版资金资助项目

西北大学出版社

·西安·

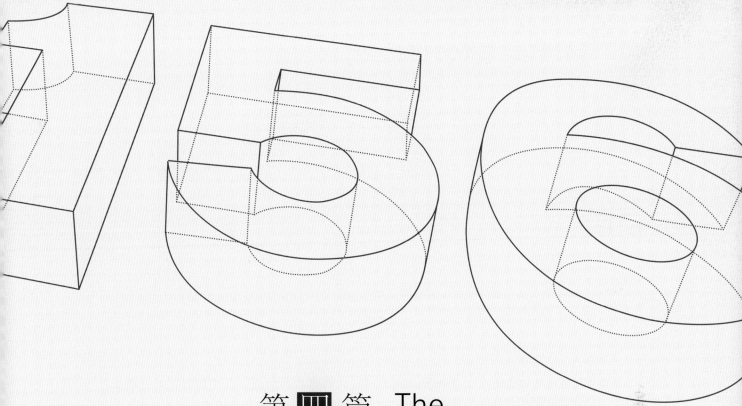

第四篇 工匠撷英

The Outstanding Craftsmen

在参加"156项工程"在陕西项目的企业中涌现出全国劳模、群英会代表、五一劳动奖章获得者23人，陕西省劳动模范、先进工作者45人。他们是那个时代工人的杰出代表，也是工匠精神的体现者。

导语

老子在《道德经》里说："天下难事必作于易，天下大事必作于细。"意思是天下的难事都要从简单的小事做起，天下的大事也都要从细微的小事做起。只有这样，我们才能在平凡的工作中创造出不平凡的业绩，细节决定成败。

工业时代，机械加工能力大幅度提高。但是，机械加工在某些关键环节上的关键工艺上还得依靠能工巧匠的双手，他们对机械的驾驭能力以及设计各种工装来完成特殊部件加工的制造，甚至有些关键部件的核心配件完全依赖手工完成。这个价值不是按部件的价值计算的，它直接关系到整个项目的成败。这时工匠精神就显示出了它特殊的价值和魅力。

工匠精神是社会文明进步的重要尺度，是制造前行的精神源泉，是企业竞争发展的技术资本，是员工个人成长的道德指引。它的精髓在于专注和创新——倾其一生专注于某一项技术，在对这门技术驾轻就熟的情况下完成对各种新产品的制造。它是职业道德、职业能力、职业品质的体现，是从业者的一种职业价值取向和行为表现。

在参加"156项工程"在陕西项目的企业中涌现出全国劳模、群英会代表、五一劳动奖章获得者23人，陕西省劳动模范、先进工作者45人。他们是那个时代工人的杰出代表，也是工匠精神的体现者。

他们中的全国五一劳动奖章获得者、西安北方光电有限公司林琦获得国家发明专利和国防发明专利、实用新型国防专利4项，其中"用于电磁螺旋铁芯筛选的方法"填补了国内空白。

在全国呼唤工匠精神的时候，我们借此章节向这些国家"156项工程"中产生的大国工匠致以深深的敬意！也以此章为工匠精神的复苏和振兴尽绵薄之力。

国家"156项工程"在陕西企业

——全国群英会代表、劳动模范、五一劳动奖章获得者光荣榜

张国文	1956年全国群英会代表（华山机械厂）
余文华	1956年全国劳动模范（东方机械厂）
唐荣学	1956年全国先进工作者（秦岭电工厂）
郑玉善（女）	1959年、1960年、1977年、1978年、1979年、1982年、1983年分别获全国三八红旗手、陕西省劳动模范（秦川机械厂）
李书田	1959年全国先进生产者（秦岭电工厂）
康义隆小组	1959年全国群英会代表（华山机械厂）
崔景彦	1959年全国先进集体代表（宝成仪表厂）
陆顺德	1959年全国先进工作者（西安电力电容器厂）
曹贵民	1959年全国先进工作者（耀县水泥厂）
彭世国	1960年全国劳动模范（华山机械厂）
张国田	1978年全国劳动模范（东方机械厂）
齐悦兰（女）	1979年全国三八红旗手、陕西省劳动模范（东方机械厂）
周仁良	1979年全国新长征突击手、陕西省新长征突击手（华山机械厂）
魏耀华	1985年全国五一劳动奖章（秦川机械厂）
彭家友	1987年全国五一劳动奖章（黄河机器厂）
王大中	1989年全国劳动模范（长岭机器厂）
任庆元	1989年全国劳动模范（东方机械厂）
吴大观	1991年被国务院授予"我国航空工程技术事业突出贡献专家"，2009年，被追授为"全国优秀共产党员"。同年，入选"100位新中国成立以来感动中国人物"（红旗机械厂）
张西源	1993年全国五一劳动奖章（秦川机械厂）
孟德权	1997年全国五一劳动奖章（户县热电厂）
苏祥林	2001年全国五一劳动奖章（东方机械厂）
韩金明	2001年国家科技进步奖二等奖和四项部级科技进步奖（惠安化工厂）
于友华	2002年全国优秀工会工作者（东方机械厂）
林琦	2006年全国五一劳动奖章（西安北方光电有限公司）
徐丽（女）	2009年中央企业劳动模范（东方机械厂）

先进事迹简介

唐荣学，1947年1月参加工作，先后在120厂、105厂和秦岭电工厂任工人、工艺员、工艺室主任、车工、车间主任、技术科科长、秦岭电工厂副总工程师和生产副厂长等职务。1956年荣获"全国先进工作者"称号。

1947年，年仅15岁的唐荣学就参加了工作。他利用闲暇积累文化知识，历经三年的求知苦学后，以优异的成绩拿到了初中毕业证。1953年，唐荣学的操作技能就已达到七级车工的水平。他的进步为工厂树立了表率，许多年轻人以他的事迹为动力纷纷加入"学知识、学技能"的行列。由于出色的表现，21岁的唐荣学又被提拔为工具车间的工艺员。

在天津105厂短暂的几年中，他就完成了各类技术革新达30余项。他的技术革新应用、推广后，减轻了工人的劳动强度，大大提高了生产效率，为促进工厂的发展起到了积极的作用。

1956年9月，唐荣学作为秦岭电工厂的第一批建设者来到陕西省兴平县。他继续保持着求实、创新的工作作风，在担任工具车间领导期间，严格教导、培育年轻的工艺员快速成长，在新的领域内又培养了一批技术骨干。

唐荣学从车间主任、科长、副总工程师到公司副总经理一路走来，岗位发生了变化，为人处事的风格却依然如故，他为企业作出了突出的贡献，却从不考虑自己的一丝利益。

李书田，1951年9月参加工作，曾先后任天津纺织机械厂定额员、秦岭电工厂制图员，陕西兴平秦岭电工厂团委副书记、厂办副主任、人事劳资科科长、秦岭劳动服务公司党支部书记、公司法律顾问等职。1956年任秦岭电工厂工艺科材料定额副组长、组长。1958年，他在任定额员期间首次提出和推行的材料定额管理建议被纳入管理制度。1958年被陕西省团委授予"青年社会主义建设积极分子"荣誉称号。1959年荣获陕西省先进工作者并出席陕西省先进生产者（先进工作者）代

表大会，同年荣获全国先进生产者并出席全国群英会。他先后十次荣获公司级先进工作者、优秀共产党员。

一个普通劳动者用毕生的智慧描绘了不平凡的人生华章。严以律己、宽以待人是他一贯的处事风格。活到老学到老，及时学以致用，排除疑难问题，热衷于管理创新，经他辛劳的领域很快绿荫遍地、硕果累累。四十余载无怨无悔地呕心沥血，用不懈的努力不断兑现了承诺，这就是李书田的朴实人生。人生不可能没有波折，面对每次挑战，他都能知难而进。"干一行、爱一行、精一行"是他永恒的从业原则，李书田用务实和创新诠释了自己的人生。

崔景彦，1956年10月，从苏联实习归来以后，分配到宝成仪表厂7车间当铣工。1958年8月任工段长。当时工段有工人86人，承担全厂仪表精密零件生产任务。崔景彦带领群众，带头搞革新，对生产中存在的问题，制定出181项革新措施，提高了班产，保证了工厂生产任务的完成。

1959年，全国群英会在北京人民大会堂隆重召开。崔景彦作为国营宝成仪表厂铣工工段先进集体的代表出席了会议。

1959年3月3日至5日，中共陕西省委工业部在宝成仪表厂召开了全省一机系统及有关工厂厂长、总工程师参加的"两参一改三结合"现场会，参加会议的代表共110名，在全省范围内推广了崔景彦工段的经验。《陕西日报》3月13日以较大篇幅发表了题为《迈开跃进步伐》的文章，介绍崔景彦工段的经验，并发了题为《学习宝成仪表厂的经验》的社论。

彭家友，1952年参加工作。1956年为支援大西北建设，从江西到西安黄河机器厂，任西安黄河机器厂五车间成型磨组组长。1975

年，解决了"延迟线"加工方法的技术难题。1987 年 4 月荣获五一劳动奖章。

从 20 世纪 60 年代至今，彭家友同志所奉献的技术革新、创造发明，大大小小，数不胜数。他的事迹无一不展现出工匠的那种不向难题屈服、在未知里不断探究新发明的科学精神。

王大中，1983 年担任长岭机器厂厂长，1989 年被评为全国劳动模范。

多年来，王大中带领长岭人，攻克了"条干仪"难关，结束了"条干仪"在世界上 40 年无竞争的局面；先后建起了三条电冰箱生产线，长岭厂由昔日的贫困户变成了陕西省的纳税大户，年收入从 2 000 多万元上升到 8 亿多元，跃入国家一级企业、中国工业技术开发百强企业行列。

王大中始终把群众的冷暖放在心上，和职工群众有着深厚的感情。每年春节他都到厂里食堂与单身职工一同包饺子过年；厂里 30 多名残疾子女，工作无着落，厂里拨款责成工会办福利厂，解决他们的就业问题；厂里建起过二栋高工楼，作为高工的他，分房打分每次都是第一名，但是他两次都没有要，让给了别人。王大中被评为先进厂长、优秀企业家，他除了留下证书之外，其他的奖品如彩电、冰箱、洗衣机、录像机等都送到了厂退休办和幼儿园。

吴大观，汉族，中共党员，1916 年出生，江苏扬州人，早年留学美国，1947 年毅然回国，曾任西安红旗机械厂副厂长兼任厂设计所所长、原航空工业部科技委常委。吴大观被誉为"中国航空发动机之父"，是我国航空发动机事业的奠基人和创始人。1949 年吴大观任重工业部航空局筹备组组长，1978—1982 年负责红旗机械厂英国斯贝发动机专利仿制工作，任斯贝发动机总装、持久试车、部件强度考核和整机高

空模拟试车台考核试验的中方技术负责人。他创造了新中国多个"第一":组建第一个航空发动机设计机构,领导研制第一个喷气发动机,创建第一个航空发动机试验基地,建立第一支航空发动机设计研制队伍。他先后组织了喷发1A、红旗2、涡喷7甲、涡扇5、涡扇6发动机的研制及斯贝发动机的专利生产,编制了发动机通用规范。1991年,国务院授予吴大观"我国航空工程技术事业突出贡献专家"。2009年,吴大观被追授为"全国优秀共产党员"。同年,入选"100位新中国成立以来感动中国人物"。习近平总书记曾评价他"充分展示了中国共产党人的先进性"。

张西源,西安秦川机械厂七分厂55车间工段长,1993年荣获全国五一劳动奖章。他主持设计、制造的12种民品胎具和6套卡具,解决了47项技术难题,带领工人降低废品率并修复1 478件待处理产品,为工厂挽回经济损失达100多万元。他带领工段连续多年优质低耗地超额完成生产任务,连续多年被评为厂级先进工段。

苏祥林,西安东方机械厂工人。2001年荣获全国五一劳动奖章。1983年至2001年,连续19年被评为厂劳模、模范党员,还多次得到上级机关的奖励。1983年新产品上马时遇到很大困难,他主动出主意、想办法,改进工艺,改造工具,使新产品很快上马,全面完成了生产作业计划。在某产品零件加工中,零件内外表面尺寸复杂、件体长、切断部位尖细,他经过刀具改造之后,一一解决了难题,使科研产品顺利完成生产任务。在掌握了进口设备操作后,他主动改进国产工艺夹具,在进口设备中使用。他对自己掌握的所有技术,从不保留,全部传授给大家。

林琦，西安北方光电有限公司高级技师，2006年荣获全国五一劳动奖章。

1993年7月，林琦进入公司装配车间从事航控光电火控产品的总装、总调工作。他在工作岗位上努力提高理论知识与实际操作技能，在中国兵器工业集团第二届职业技能大赛上夺得第一，创造了企业在该项目领域的最好成绩，获得"全国技术能手"荣誉称号。

林琦靠着工作20余年来养成的专心、专注、专业的"螺丝钉"精神，凡是交给他的工作，他总是绞尽脑汁想着如何改进工作方法，提高工作效率。他制作的陀螺铁芯选配仪获国家实用新型发明专利，该项技术成果"用于电磁陀螺铁芯筛选的方法"获国家发明专利授权，填补了国内技术空白，处于国内领先水平。

2013年，他针对重点型号某型头盔瞄准具红外发光管间距测量的难题开展了研究，经过不断努力，成功解决了该项技术难题并应用于生产当中。该项技术应用简化了调试环节，降低了调试难度，提高了调试精度，填补了该领域测量方法的国内空白。该项"使用CCD进行多红外发光器发光中心间距测量的方法"获国防发明专利授权。

徐丽（女），西安东方集团有限公司零件加工一分厂数控车班班长，2009年获中央企业劳动模范。

1986年，徐丽从技校毕业后进入企业，在生产一线当工人。由于勤奋好学，她出色地完成了"神五""神六""神七"载人航天返回舱上某部件的加工任务。

长期以来，她将"精益"的思想贯穿到各项工作的始终，提出多项建设性的改进意见，大大提升了产品的加工效率和良品率。仅她在改换装夹方式方面的节创价值就达到了8万多元。在科研生产中，她所在班组主要承担了公司军品几十种常规科研项目的生产任务，她在班组军品任务满负荷甚至超负荷生产的情况下，并没有放松对科研零件试制任务的组织和生产。

2010年,徐丽和班组成员完成科研产品20多个项目,140余种零件,共计1.2万多件的加工任务。她在班组建立健全各项考核制度,对班组成员细化工时、考勤、质量、技能、安全、违纪等方面的考核,她还不断探索创新"班组动态看板管理"内容,有效建立了数控车班成员个人绩效账户,使班组员工逐步树立起了个人经营的理念。

徐丽作为公司早期数控机床操作者,已经带徒弟50多名,她把自己所掌握的知识和在工作中积累的经验毫无保留地传授给青年职工。

国家"156项工程"在陕西企业 ——陕西省劳动模范、先进工作者光荣榜

秦川机械厂·陕西省劳动模范	1958年	赵祥林
庆安公司·陕西省劳动模范	1958年	陈志良
秦岭电工厂·陕西省先进工作者	1959年	李书田
西安远东公司·陕西省劳动模范	1959年	徐传根
西安远东公司·陕西省劳动模范	1959年	赵志刚
西安远东公司·陕西省劳动模范	1959年	潘素贞（女）
庆安公司·陕西省劳动模范	1959年	罗良友
庆安公司·陕西省劳动模范	1959年	古成章
庆安公司·陕西省劳动模范	1959年	王华封
庆安公司·陕西省劳动模范	1959年	李桂英（女）
庆安公司·陕西省劳动模范	1959年	张福财
华山机械厂·陕西省劳动模范	1959年	任允超
华山机械厂·陕西省劳动模范	1959年	曹国安
华山机械厂·陕西省青年标兵	1960年	马汉夫
华山机械厂·陕西省红旗手	1960年	陈瑞峰
秦川机械厂·陕西省先进工作者	1963年	宋全庆
陇西铸造厂	1963年	王洪彦
红旗机械厂·陕西省劳动模范	1979年	何必成
华山机械厂·陕西省劳动模范	1982年	张树权
秦川机械厂·陕西省劳动模范	1982年	郑根土
秦川机械厂·陕西省"三八"红旗手	1982/1984年	茅奕宏
国营黄河机器制造厂·陕西省劳动模范	1982年	方庆堂
西安绝缘材料厂幼儿园·陕西省劳动模范	1982年	郑淑子
秦川机械厂·陕西省劳动模范	1982年	曾德牛
庆安公司·陕西省柴油机厂	1982年	马春计
华山机械厂·陕西省卫生先进工作者	1983年	杨滨
华山机械厂·陕西省优秀团干部	1984年	张万晋
西安东风仪表厂·陕西省青年新长征突击手标兵	1985年	赵雨文（女）
秦川机械厂·陕西省劳动模范	1987年	章志贫
秦川机械厂·陕西省劳动模范	1987年	赵清明
秦川机械厂·陕西省劳动模范	1987年	宫殿璧
秦川机械厂·陕西省十佳工人、1988年全国人大代表	1988年	夏根旺
东方机械厂·中国兵器总公司劳动模范	1991年	梁文鉴
东方机械厂·陕西省劳动模范	1992年	黄二玄
东方机械厂·陕西省劳动模范	1992年	朱凤林
西安庆华电器制造厂·陕西省劳动模范	1992年	姬保平
西安庆华电器制造厂·陕西省劳动模范	1992年	喻志刚
西安高压电瓷厂·陕西省劳动模范	1992年	林淑慧
东方机械厂·陕西省劳动模范	1996年	郝晏春
东方机械厂·中国兵器总公司劳动模范	1996年	宋树彬
东方机械厂·获《兵器工业优秀企业家》称号	1997年	张桂才
东方机械厂·获《全国优秀思想政治工作研究会优秀工作者》	2001年	李增前
东方机械厂·获《国防科技工业有突出贡献中青年专家》称号	2002年	才长伟
东方机械厂·获《兵器工业优秀管理者》称号	2003年	张军虎
航空工业西飞国际银金总厂24厂·陕西省劳动模范	2012年	

先进事迹简介

陈志良，工程师，1958年荣获"陕西省劳动模范"称号。陈志良同志能积极响应党的各项号召，在各项运动中以身作则，处处起模范带头作用，在技术运动中被评为功勋运动员，在四化运动中被评为革新标兵。他工作中服从分配，任劳任怨，发扬共产主义风格。

徐传根，西安远东公司工具车间磨工，1959年荣获"陕西省劳动模范"称号。

徐传根在工作中积极肯干、善于巧干，被大家称为"革新能手"。他创造了用铣削法来加工电火花加工用的冲头，提高了产量和加工质量；还在曲线（光学）磨床上，成功地加工出多点的成型车刀，解决了油针加工的重大难题。过去加工螺纹半牙（即去"半扣"）时，都用螺纹磨床来加工，工作量既大又增加了螺纹磨床的负荷，徐传根自己设计了一个"二级工具"，使"去半牙"的工作可以在工具磨床上加工，且大大提高了工作效率。

徐传根担任班组长工作期间，处处走在群众的前面，以身作则。他主动帮助其他工作人员解决生产技术问题，积极开展技术帮学和思想教育工作，如磨齿机加工的渐开线心棒，内径达不到技术要求，他主动帮助解决，直到达到要求。在他的带动下，全组工作人员思想上进，工作热情高，月月完成生产任务。

徐传根牢固遵循全局意识，外工段、其他车间甚至外厂请托的加工，他一律主动接收，想办法提前完成加工。

赵志刚，西安远东公司机加车间主任，1959年荣获"陕西省劳动模范"称号。

建厂初期，赵志刚任公司12车间磨工。他对工作始终认真负责，任劳任怨，一丝不苟。当时夹修工段任务重、机床少，他就在午休和

晚上下班后的时间借车床干活，保证了生产任务的如期完成。

他善于动脑筋，想办法改进工具，优化生产工艺，用普通磨床干出了用光学磨床才能加工出来的产品。在制造电火花机床电极时，他又自己动手设计、制造夹具，使产品的生产工效提高了2倍。

潘素贞（女），西安远东公司15车间二工段车工，1959年荣获"陕西省劳动模范"称号。

1958年至1960年，潘素贞操作的车床承担着极为繁重的生产任务，品种多、数量大，她坚持每天工作12小时，并在"苦干"中不忘"巧干"，她运用"倪志福钻头"、先进车刀和多刀多刃等先进加工技术，提高了工效，月月超额完成生产任务。同时，她还主动帮助钳工打毛刺，建议用滚筒来打毛刺取得成功，投入使用后提高工效700多倍，每月可节省工时500余小时，每年能为国家创造财富3 600元。

潘素贞重视产品质量，即便是一件废品或返修品，她都要认真找出原因，从中吸取教训，采取措施不再重复发生。她的产品质量一贯全优，成为大家一致认可的"优质姑娘"。

罗良友，庆安公司车间主任，1959年荣获"陕西省劳动模范"称号，同年荣获"航空航天部劳动模范"称号。

罗良友在工作期间，提出合理化建议多项，重点解决了某发射架锁弹仓费工费料、油泵柱塞和转盘轴承寿命短等问题，并牵头开展锌基合金加工模具的新工艺研究和应用。他一年完成四年工作量，仅改进锁弹包一项技术，就节约了100多吨进口钢材，还彻底解决了费时费工的难题。他的多项成果获当时厂党委和厂部授予的特等奖和当时苏联专家的称赞。

古成章,在庆安机器厂工作,1959年荣获"陕西省劳动模范"称号。

古成章同志政治思想好,积极参加政治学习,进步较快,在"大学毛选中和张福财运动"以及"三反、一顶二无故障红旗手运动"等党的各项工作中不但自己积极参加,同时能够带动全班组每个同志投入运动。

他工作中积极肯干不讲条件,为完成任务经常早来晚走,加班加点。

他工作认真负责,主动带领班组工人搞技术革新,解决了生产中很多的关键问题,对超额完成任务起到了推进作用。他以身作则,积极带头,月月超额完成生产任务。

王华封,在庆安机器厂工作,1959年荣获"陕西省劳动模范"称号。

王华封同志思想进步,工作认真,工作中苦干加巧干,任劳任怨,生产中能起到带头作用,经常超额完成生产任务;在技术革新中能积极想办法,改进工具,改进操作方法,克服各种困难完成任务,具有较高的共产主义风格。他关心学员的生活和工作,能以老工人的优良传统教育学员,做到了技术、思想、生活全面关心学员成长。

李桂英(女),在庆安机器厂工作,1959年荣获"陕西省劳动模范"称号。

李桂英同志思想进步、政治挂帅,工作一贯积极肯干、认真负责,能超额完成生产任务;工作不但能吃苦耐劳、经常加班加点,还善于动脑筋想办法,提合理化建议。1959年四季度中她提出工艺建议六条,使生产效率大大提高。她能做到安全生产,对产品质量特别重视,是遵守各项规章制度的模范。

李桂英同志在培养学员方面认真负责,使学员的理论与实际水平不断提高,能在最短时间内独立操作。她还关心群众生活,群众关系好。

张福财,在庆安机器厂工作,1959年荣获"陕西省劳动模范"称号。

张福财同志对工作积极肯干,吃苦耐劳,任劳任怨,苦干加巧干,用一年时间完成四年零半个月的工作量。在生产紧要关头,他总是知难而进,挺身向前冲,战胜各种困难,出色完成各项任务。1960年实现重大革新11项,一般革新59项,制造土设备3台,解决了全厂无法解决的重大关键9项。

任允超,庆安机器厂工程师,1959年荣获"陕西省劳动模范"称号,1960年荣获"陕西省教育文化科学卫生体育方面社会主义建设先进工作者"称号。

任允超同志思想进步,工作积极主动。经常深入车间了解工人加工产品的过程和产品的用途,密切了计量工作与生产的关系,真正做到了计量工作为党的中心工作服务、为生产服务的方针,使计量工作走在生产的前面,以确保产品质量。

何必成,西安红旗机械厂冲焊厂31车间工艺员、工人。1979年、1982年两次荣获"陕西省劳动模范"称号。1982年、1984年,分别荣获陕西省建设社会主义精神文明先进个人、三机部标兵。

何必成同志以"铁人"为榜样,创优质,夺高产,他从不满足已取得的成绩,一个心眼奔四化,在新长征路上作出了新的贡献。

他一天工作时间经常在12个小时以上,一年完成一年零八个月的工作量;他总是急任务所急,处处从完成生产任务的全局着想,一人同时开三台螺旋铣和一台立铣,经常半个月干出两个月的工作量;他在工作中善于钻研,经过认真研究和反复实践,对加工方法做出改进后显著提高了加工效率,使班产量超过3倍左右。

方庆堂，黄河机器制造厂工艺处正高级工程师，1982 年荣获"陕西省劳动模范"称号。他在模具设计制造行业作出了突出贡献，为企业军品民品设计了大量高质量水准的产品模具。

在每项新模具试制的日日夜夜，方庆堂都到生产第一线保驾护航，处理了多种多样的技术难题，保证工厂生产正常运转。他设计的 37 厘米彩电外壳、电冰箱 F 框架在 1987 年被全国模协评为优秀模具，电冰箱手柄和装饰件模具在 1989 年分别获得陕西省模协和西北地区模协优秀奖。

在黄河厂，他是公认的业务过硬的模具设计权威，也是企业最早一批留美学习和从事 CAD/CAM 工程研究并取得显著成绩技术人才之一。他的研究成果不仅为领导的决策起到了重要参谋作用，也为企业后续模具生产提供了参考数据和技术支持。

曾德牛，陕西柴油机厂工长，1982 年、1987 年荣获"陕西省劳动模范"称号。

曾德牛是国家为支援 156 项重点工程项目抽调到陕西柴油机厂的，到厂之后，他主动要求到基层班组工作，带领大家攻克技术难关，优化生产工艺，使本班组的产品很快达到工艺公差标准，并将工艺逐一进行分解，带动全车间的工人掌握技术要领，进而为提高全厂钣金加工水平作出了突出的贡献。

赵雨文（女），西安高压开关厂工艺员，1987 年荣获"陕西省劳动模范"称号。

赵雨文同志思想上能够严格要求自己，工作上认真负责，兢兢业业，一步一个脚印，做到了年年有课题，岁岁出成果。她知难而上，创造条件亲自试验，反复研制的低渣低温磷化、自动沉积漆试验得到成

功，很快运行生产。生产工艺上，她放弃了引进中日合作产品必需的材料聚氨酯漆，毅然选择本国研制。她在查阅了大量资料的基础上，提出技术标准，与西安油漆总厂协作，经反复研究实验，终于研制出了质量符合要求的聚氨酯漆，满足了合作产品的需要。

赵雨文具有较高的实践经验，在国内同行业中享有较高的威望，在工作中作出了较大的贡献，但她从不居功自傲，始终保持着谦虚谨慎的态度，遵循着良好的职业道德。

国家"156项工程"在陕西企业

——陕西省"十大杰出工人"光荣榜

薛莹（女）	（中航西安飞机工业集团公司）
徐丽	（西北工业集团）
董培光	（西安航空制动科技有限公司）
王靖	（陕西黄河集团有限公司）
夏复山	（中航工业西安航空发动机集团有限公司）
张新停	（西北工业集团）
彭永利	（陕西长岭电气有限公司）
高喜喜	（西安西电开关电气有限公司）

先进事迹简介

薛莹（女），西安飞机工业集团西飞国际国航总厂铆工，全国劳动模范。

波音 737-700 垂尾前缘组件长 7.2 米，位于垂直尾翼的前迎风面，直接影响飞行安全，因此对产品质量要求非常高。作为垂尾前缘班班长，薛莹带领 80% 为女性的前缘班，克服困难，相互协作，努力拼搏，确保架架按节点交付。全班职工被波音公司授予"用户满意员工"。

波音质量体系要求严格，要求必须用小于 5 磅——相当于一个大拇指的推力使前缘组件上的 300 多个孔与前梁上的孔同心。由于国内工装定位采用的是卡板定位，而不是国外真空吸附式工装，7.2 米长的前缘与工装贴合不紧，装配时极易产生应力，使前缘尾部外摆。薛莹翻阅图纸和技术文件，用改变铆接顺序最大限度地消除蒙皮应力；改进车忽窝钻、钻头等工具，人为增加垫片反向校正，使工装与蒙皮紧密贴合，使蒙皮装配后力量分布均匀，保持一条线。

短短几年，波音 737-700 垂尾批量月产由 7 架份猛增到 21 架份，薛莹带领全班成员还为生产线搬迁赶制了 24 架份储备。在出色完成各项生产任务的同时，薛莹总是不忘从工作中总结经验，优化生产流程，提高产品质量。波音 737-700 垂尾前缘装配质量攻关被列为总厂重点项目，从第 400 架份以后，外商不允许有任何程度的打磨，这对她来说是一个挑战。

董培光，西安航空制动科技有限公司数控车工，技师，陕西省劳动模范。

董培光改进的"X 壳体增加工艺螺纹和定位孔""采用四爪卡盘加工 X 壳体"获公司青年创新创效成果奖。2012 年，分厂外协零件任务增多，缺少专用工装，董培光设计、制作钻模 1 套、车床夹具 7 套、专用主轴夹头 2 套，节约购买工装费用数万元。尤其是他自制的专用主轴夹头，机床原配夹头价格 2 000 多元，购买周期 2—3 个月，而他采用铝合金材料自制,费用约 10 元(材料费),加工周期 2—3 天,经济、实用效果非常明显,而且可以在同类多台设备间相互通用,还可用于其它精密零件的装夹、定位,有很好的推广价值和经济价值。大端盖是一项典型薄壁件,加工后变形大,董培光经过对工艺资料、零件材料、加工过程等分析,提出对工艺资料中的加工步骤进行细化,让操作人员明确加工要点,合格率由原来 80% 达到 100%。他的论文《薄壁曲面大端盖内腔加工方法探索》获得公司科技论文一等奖。董培光参加的航空附件厂 QC 小组,被评为中航工业 2011—2012 年优秀质量管理小组。截至 2012 年年底,工作室已完成各类技术革新 22 项。

夏复山,中航工业西安航空发动机(集团)有限公司工具分厂 53 车间钳工,高级技师,陕西省劳动模范,全国技术能手。

夏复山先后攻克了多项技术难题,完成《废磁力表架改制成快换磁力定位块》《提高叶型量规的加工质量》等项目,创造了可观的经济和社会效益;他完成的《表架底座支撑的创新设计及应用》项目,通过改造表架底座结构减少了表架底座对平台的磨损,延长平台使用寿命一倍,使车间每年减少平台刮研费用 5 万余元。他带领班组成员完成的《降低长度标准件躯座制造成本》项目,每年为公司节约工装制造费用近 30 万元;他还开展"如何做好工具钳工"等专题讲座,根据班组青工不同的技能水平,量身定制不同的培养计划,毫无保留地手把手传授技艺。在夏复山的悉心培养下,14 名徒弟已经成为独当一面的生产技术骨干。

张新停,西北工业集团有限公司工具二分厂钳工,高级技师,全国五一劳动奖章获得者。

张新停凭借着对工作的热爱,在平凡的岗位上创造出了一系列不平凡的业绩。在产品"增力夹具"装配后进行力学性能测验时发现，只能达到进口产品性能的 60%，无法满足指标要求。张新停立即带领团队对其进行技术攻关，经过反复实验修配，终于使"增力夹具"性能达到进口产品性能的 95% 以上，实现了该产品的国产化加工，为单位带来近 93 万元的经济效益。近年来，张新停完成工艺攻关项目 19 项，创造价值 300 多万元；带领的团队获得一项国家发明专利，取得 12 项经济技术创新成果。张新停享受国务院政府特殊津贴，并先后荣获全国技术能手、中央企业先进职工、西安市劳动模范等荣誉。

彭永利，陕西长岭电气有限公司科技公司 35 分厂装配班班长，高级技师，全国五一劳动奖章获得者，陕西省首席技师。

彭永利从事的是公司唯一以精密齿轮传动装配为主的装配工作，涉及公司所有的军事电子产品及民用产品。他先后组织并参与多项课题攻关和技术革新工作，创造价值 280 多万元。

公司某产品的传动分机在生产中经常性出现温度过高、声音异响的现象。彭永利认真分析、查阅资料、大胆实践，采用修刮蜗轮的方式，减小蜗轮蜗杆的摩擦面积，增大储油空间，改善润滑条件，在原结构不变的情况下，消除了传动分机的异常声响，保证了整机的温度和声音要求。此项成果获公司"技术革新优秀项目一等奖"，每年为公司创造价值 22.4 万元。

某产品减速箱是公司的主导产品，减速箱漏油是生产中存在的主要技术难题。彭永利提出改进内部局部结构的构想，通过增加回油系统使漏出的油回流到壳体内部，形成传动与润滑的良性循环。这一构想完全解决了该技术难题，提高了整机的质量与可靠性。

某产品主轴装配经彭永利改进后克服了原来因主轴不到位而使整机经常返工的技术难题。他设计制作的工装夹具，每年为公司创值 86 810 元；为重点型号产品设计制作的测量夹具被工艺正式采用，每年为公司创值38 000元，该成果获公司技术革新一等奖；参与改进的螺旋锥齿轮，每年为公司创值33万元。

在出口欧美市场的民用产品装配以及产品的开发试制工作中，彭永利带领班组员工完成了六项技术革新，年创值10万元以上，为产品"上批量，上规模"打下坚实的基础。

高喜喜，西安西电开关电气有限公司机加车间数控二组组长，高级技师，全国劳动模范。

高喜喜勇于钻研、勤奋好学，攻克了众多特高压产品零件的机加工难题。近年来，为了响应企业自主创新、节能降耗的号召，主动承担了500kV、800kV、1100kV发电机断路器，A型灭弧室，126kVGIS和252kVGIS缩小型及液压机构等产品核心零件的加工任务。这些零件结构囊括了细长轴、薄壁、深孔、异形，不仅尺寸公差严格，而且形位公差要求还很高。为了将零件由普通设备开发至数控设备进行加工，高喜喜坚持利用业余时间学习钻研进口设备资料，掌握设备各项使用功能，现已能熟练利用UG软件实现三维立体建模，通过实体模型装配来分析工装的合理与否，从而大大提高工装设计的准确率和生产效率。

国家"156项工程"在陕西企业

——陕西省"杰出能工巧匠"光荣榜

李小卫	2011年陕西省杰出能工巧匠（宝成仪表厂有限公司）
王聪会	2011年陕西省杰出能工巧匠（北方光电股份公司）
蒙胜	2011年陕西省杰出能工巧匠（北方光电股份公司）
朱宏标	2011年陕西省杰出能工巧匠（北方光电股份公司）
朱建丽（女）	2011年陕西省杰出能工巧匠（长岭电气公司）
王靖	2011年陕西省杰出能工巧匠（北方光电股份公司）
侯大年	2013年陕西省杰出能工巧匠（庆安集团）
常红安	2013年陕西省杰出能工巧匠（西飞公司）
牛广东	2013年陕西省杰出能工巧匠（西航公司）
雷锋利	2013年陕西省杰出能工巧匠（西航公司）
马永兴	2013年陕西省杰出能工巧匠（西北工业集团）
费利娟（女）	2013年陕西省杰出能工巧匠（西北工业集团）
邹凯	2014年陕西省杰出能工巧匠（北方光电股份公司）
沈晓东	2014年陕西省杰出能工巧匠（宝成仪表厂）
曹卫锋	2014年陕西省杰出能工巧匠（庆安集团）
刘宏	2014年陕西省杰出能工巧匠（长岭电气公司）
窦海洁	2014年陕西省杰出能工巧匠（陕柴重工公司）
尹克付	2014年陕西省杰出能工巧匠（西北工业集团）
何海飞	2015年陕西省杰出能工巧匠（西航公司）
龚晓玲	2015年陕西省杰出能工巧匠（长岭电气公司）

先进事迹简介

李小卫，陕西宝成航空仪表有限责任公司测试设备事业部市场室主管，高级技师，陕西省技术状元，陕西省杰出能工巧匠。

李小卫同志1993年7月毕业于宝成技工学校，同年9月进入陕西宝成航空仪表有限责任公司工艺装备制造分公司，历任工具钳工、钳工组长、冲模工段长、市场室主任。在各项工作中，他以身作则，积极主动，所在班组历年均被评为公司、分公司先进班组。

2000年初，在公司某弹载产品所需悬丝胶接夹具研制生产中，由于悬丝两外端玻璃套管直径过小，原工艺为镯床两端分别加工（小孔长径比过大，超过30倍）后再补充加工至固定形状，经反复试制均不能满足使用过程中两外端玻璃套管同轴的要求，经与工装设计、工艺反复研究，最终提出将工装中心滑块分割加工后再进行钳工拼接的工艺方案。由于分割加工后钳工拼接难度过大，李小卫同志主动承担该工装的生产研制工作，在整个过程中提出工艺改进数项、自制装配调试工装一项、提议更改设计图纸3项，均得到设计、工艺的认可。最终经过半年的攻关，夹具按节点要求交付使用单位，达到产品研制小组及公司相关领导的认可，取得了同类型工艺装备设计、施工的典范。

李小卫在担任小组组长期间，周围同志在加工过程中遇到难以操作的课题，都会找他一同研究。为在探讨过程中有效解决问题，他坚持定期前往公司技术档案馆查阅相关资料，同时参加机械专业本科段的学习。在他的带领下，小组形成了人人学习，个个提升的良好氛围。经过长期积累奠定，小组成员均取得高级工以上专业资格证书，并在公司"六型"班组评选中，第一批次被评为"学习型班组"。在带领公司成员参与2007年"宝花"杯职业技能大赛培训过程中，李小卫针对工具钳工加工含有坐标要求孔系不易保证的现象，提出利用"坐标"法结合"修正"措施的解决方案，并在所有参赛选手中进行逐项逐员培训，手把手讲解，逐条分析计算方法，挨个确认结果。最终在此次大赛中带领公司参赛选手取得优异成绩，在陕西模具工业协会参赛企业中取得综合成绩第一的优异成绩。

2005年,李小卫成为陕西省模具工业协会专家组成员,他积极参与协会专家组工作,协同协会各企业单位参与针对企业员工技能培训的活动;同期当选陕西省模具工业协会技术能手组首任组长,多次参与陕西省模具工业协会在各业务单位和院校的培训、考核工作,为协会顺利完成职业技能培训试题集增砖添瓦,得到协会领导、公司领导的高度认可。

李小卫同志热爱工作,善于学习,努力进取。1997年完成计算机控制及其应用专业专科学习;2004年完成机械设计及自动化专业本科学习;2007年3月取得中国企业联合会"企业管理岗位资格证书"高级资格;2008年取得工具钳工高级技师职称。近年来,他取得了公司及上级荣誉多项:2004年获得中国一航技能大赛优胜奖;同年荣获"陕西航空技术能手"称号;2006年荣获"宝鸡市职业技术能手"称号;2007年荣获陕西省"技术状元"称号;2008年取得陕西省劳动厅高级技师资格证书;2011年荣获"陕西省杰出能工巧匠";2012年论文《影响同轴度夹具装配精度的几个因素》被评为陕西省模具工业协会优秀论文。

王聪会,加工中心技师,高级工程师,从1999年参加工作起,一直在西安应用光学研究所科研试制生产部一线从事加工中心编程和操作,现为数控班组长、中国兵器关键技能带头人、"王聪会陕西省技能大师工作室"负责人,长期承担国家级、集团公司级科研项目中关键零件的试制任务,累计创效2 000余万元。

他熟练掌握SIMENS、HEIDENHAN、FANUC三种系统的三、五轴加工中心机床编程及操作,能熟练应用MASTERCAM、UG、CAXA等多种CAM软件进行数控编程。多年来他总结的十余项先进操作方法和特色操作法获得了陕西省、兵器集团的奖励和命名,另外获得所级和光电集团级技术革新和科学技术奖 12 项，获得中兵质协或中质协优秀 QC 成果 4 项，申请专利 2 项，发表论文 6 篇，完成技术报告 14 篇，为西安应用光学研究所核心加工能力的形成、新工艺方法的应用推广，作出了重要贡献。

作为中国兵器关键技能带头人和"王聪会陕西省技能大师工作室"负责人，王聪会积极发挥工作室的平台作用，主动追踪行业发展动态和前沿技术，注重对人才的培养和队伍的建设。他所带的数控班组已成长为北方光电集团的明星班组、品牌班组，所负责的"技能大师工作室"也成为陕西省职工创新工作室。

王聪会 2008 年获"兵器技术能手"称号，2010 年获"陕西省技术能手"称号，2011 年获"陕西省杰出能工巧匠"称号，2013 年受聘为"兵器工业集团公司级关键技能带头人"，2015 年获"最美兵工人提名奖"称号，同年"王聪会陕西省技能大师工作室"获批建设，2016 年获得"全国技术能手"称号，2017 年获得"西安工匠"称号、"三秦工匠"称号。

王聪会 2006 年参加中国兵器工业集团第二届职业技能大赛，取得兵科院第一名、决赛第一名；2008 年参加中国兵器工业集团第二届职业技能大赛，取得决赛第四名；2009 年参加第三届全国职工职业技能大赛，取得加工中心工种全国第九名；2012 年，"复杂球形壳体毛坯铸件划线操作方法"获得中国兵器工业集团第二届创新大赛二等奖，排名第三；2013 年，"王聪会在线操作法"被命名为陕西省职工先进操作法，排名第一；2014 年，"高精度弱刚性悬臂类零件加工操作法"获中国兵器工业集团第三届创新大赛特色操作法，排名第三。

王聪会近几年的成果还有：2012 年，"缩短光窗骨架零件加工时间"获兵器优秀质量管理小组成果一等奖，排名第一；2013 年，"提高关键五轴机床整体设备效能"获得中国质量技术奖精益管理优秀项目，排名第一；"巧用螺杆组合使零件变废为宝"获西北兵工局合理化建议优秀成果特等奖、陕西省节能减排创意大赛铜奖，排名第一；2014 年，

"提高上盖板零件的加工中心工序表面质量"获兵器优秀质量管理小组成果一等奖，排名第一。2015年，"五轴加工集成后置处理创新方法"获陕西省职工优秀科技创新成果技术改进金奖，排名第三。

蒙胜，中国兵器工业北方光电集团有限公司钳工高级技师，全国技术能手，陕西省首席技师，陕西省技术能手。1988年参加工作至今，一直坚守在钳工岗位，在单位各项武器装备的科研试制及军品生产任务中，承担着关键、重要零部件的加工任务。

工作中，蒙胜身为班组长、技能带头人，他一直是身先士卒，带头加班加点，带头攻坚克难，为各项科研试制及军品生产任务的完成作出了坚实的贡献。蒙胜工作作风严谨，技艺精湛，解决了一系列科研项目中关键、重要工件的加工难题。他独创复杂球形壳体毛坯铸件划线检查的操作方法，检查各种复杂畸形毛坯工件，规避问题毛坯进入加工现场，节约了大量加工成本和加工时间；利用传统刮研技术，修刮机械设备加工难以达到技术要求的难加工零件，保证了各种产品零件的高精度尺寸及形状、位置公差要求；通过丰富的操作经验，解决各种军品零件生产和产品装配中的突发技术难题，保障各军品项目按节点顺利完成。

蒙胜技能水平突出，一直是集团公司的行业领军人，曾代表单位、陕西省多次参加技术比武并取得优异成绩。2005年参加陕西省职工技能大赛获钳工决赛第五名；2006年参加全国职工技能大赛获钳工决赛第八名；2012年，在中国兵器工业集团第二届创新大赛暨第五届职业技能竞赛中，技能创新项目《关于复杂球形壳体毛坯铸件划线检查的操作方法》被评为二等奖。蒙胜还荣获"陕西省优秀高技能人才""陕西省能工巧匠""西北兵工十大杰出工人""西安工匠""陕西国防科技工业十大技术能手"等荣誉称号。

蒙胜2013年被聘为中国集团兵器关键技能带头人，带领团队围绕科研及军品生产工作，创新进取，取得国防发明专利一项、陕西省职工先进操作法四项、专业技术论文三篇、兵器行业优秀质量管理小组成果一等奖一项、陕西省职工优秀发明创新成果铜奖一项，其他还包括五项 QC 活动成果、百余项合理化建议及五小成果等。

朱宏标，陕西黄河集团有限公司雷达调试工，1997 年毕业于黄河技校，同年进厂参加工作，现为陕西黄河集团有限公司 24 车间雷达调试高级工，2015 年以来担任黄河机电有限公司"朱宏标创新工作室"带头人。他先后获得 2010 年无线电调试工种"陕西省技术状元"称号，2011 年陕西省"职工发明创新成果银奖"、陕西省"杰出能工巧匠"荣誉称号、陕西省"青年岗位能手"称号，2015 年西安市劳动模范称号，2017 年西安"质量工匠"提名等多项荣誉。

一、勤于思考，勇于创新

朱宏标同志从事雷达调试工作 20 年来，始终坚守在一线岗位中，忠诚于军工事业，勤于思考、勇于创新。经过多年不懈的努力，他在军品调试业务上创造了新突破，先后总结出了"黑盒子定位法""偏置定位（短路点）法""对称结构法"等行之有效的调试技巧，在日常调试工作中对单元电路、总线电路、数字及模拟电路和各类信号电缆故障的无损定位（精度可以小于 0.5 米）均有独到方法，可显著节省人力，提高工效，减少废品。历年来产品一次交验合格率为 100%。

为了精心打造雷达电路设计，保证产品质量过硬，朱宏标作为雷达调试工作的排头兵，雷达电路出现的任何问题都离不开他。电路故障千奇百怪，层出不穷，有时故障部位不够明确，他就带领小组人员将各个单元或部分看作是一个黑匣子：不用拘泥于相对复杂的各种信号波形，而是从外部向里看，只关心信号接口类型，因为不同的电路类型，其静态电阻特征相对是固定的，这就为在不加电的状态下判断故障创造了条件。运用从外向里看的方法，能快速分清上下级故障部位，对电路的制造缺陷、器件损坏，能快速确定方向，缩小范围。在调试工作中，他认识到许多电路故障的排除并不是孤立存在的，只有深入了解生产工序的多个环节，理解并掌握雷达任务、雷达基本原理及现代雷达电路组成，熟练应用电阻法、电容法测量等方法，真正做到干一行，爱一行，钻一行，才有可能更有效地解决看似复杂、难以着手的调试问题。

在生产中朱宏标经常研究琢磨，观察生产环节中影响质量、阻碍进度的薄弱环节，善于探索创新，勇于动手实践，能够及时提出合理的工艺整改建议；他平时也经常利用自己积累的电路知识，积极动手，进行小改小革技术创新活动。某雷达产品外场地，在光电轴调试受天气环境影响使生产进度严重滞后的情况下，他成功解决了阴雨天夜晚光电轴校准难题，并荣获当年中国电子信息行业QC成果一等奖。2013年，某项海军装备协作生产中有一块视频处理跟踪模块，该模块属外购件，价格昂贵，生产周期最短要一个多月，且降价的余地非常小。在这一外购件严重影响进度的情况下，朱宏标不断试验、变通，经过合理假设和求证，巧妙改变几种电路信号连接方向，在满足产品技术性能的前提下节省了视频处理跟踪模块。这一革新方法，省去了七八万元的生产成本，同时又保证了产品的按时交货。

为了紧跟雷达技术知识的不断更新，能够顺利完成军品生产任务，朱宏标经常购买专业书籍，并利用业余时间学习电路知识、雷达原理，认真抄写笔记，绘制各种典型电路，主动购买电子元件，搭建试验电路，经过长期的学习和实践，深入理解了多种多样的电路形式，熟悉了各种典型电路的工作条件，从而为调试工作打下了一定的理论基础。2016年年底，某军贸产品组合因频繁的不明原因烧器件而拖延工期近两个月，他通过理论分析和现场试验，一举解决了烧功率集成块的批次问题。2018年3月，某新品的组合在高温试验过程中经常烧毁电解电容，朱宏标曾研究过这种模块，熟悉它的电路特性和工作条件，他协助设计师一举解决了该故障。

二、搭建平台，攻坚克难

2015 年以来，在集团公司的大力支持和推广下，"朱宏标创新工作室"在公司内开始有序运行。作为创新工作室的带头人，朱宏标为工作室制定了完善的组织机构和工作制度。工作室下设"红旗产品创新小组""地炮产品创新小组"两个团队，立足于解决生产实际问题，创新创效，通过刻苦钻研，破解工作难题，提高工作效率，增强自主创新能力建设，培养一大批爱岗敬业、勤奋钻研、勇于创新的高技能专业人才和高素质科研创新人才。

朱宏标带领创新小组结合生产实际，定期组织技术培训和现场教学，定期组织学习研究、技术攻关生产，针对某系列地空制导雷达计算机系统在生产中的实际困难，设计制作了"VGA 多路复用器"，通过不懈努力，大幅度简化计算机系统的调试设备数量，节省了很多人力物力、功耗和试验场地。现在已有 3 套推广应用到生产实际中，按每年 4 套暂计，经济效益近 3 万元。朱宏标创新工作室又与其他创新工作室相互协作，不断革新，先后取得了"全天候光电校准板""电缆故障快速定位""3B8 配相代码调试法""电子码盘""4.2KW 宽电压光伏太阳能板配套直流电源"等多项创新成果，解决了诸多制约雷达调试的技术难题，为公司直接或间接创造价值 300 余万元。为充分发挥工作室的创新引领作用，2018 年年初，朱宏标创新工作室组织工艺、调试等技术人员参加课题研究，技术攻关，经过充分研究论证，确定了工作室的四个攻关项目：多用途仪表车、跑合试验台可靠性提升、应力筛选实验电缆柜、图片化装配工艺制作，这些正在有序展开。目前跑合工装机构已经完成并投入生产一线，其他项目现正在稳步进行，完成后有望改进阻碍生产的瓶颈问题。

近年来，工作室结合生产需要，针对不同授课对象先后编写完成《无线电知识》《雷达调试技巧》《现代雷达原理》等 PPT 培训课件十余种，通过"模拟训练法""岗位实施培训法"等案例讲解，对入职新员工的岗前教育起到了积极的促进作用。

三、从严带徒，育人成才

2013年到2016年，集团公司组织了两届"名师带徒"活动，朱宏标作为第一届名师，几年里带动了一批年轻职工尽快掌握调试技能，尽早独立解决工作中的难题。带徒期间他对新进厂的徒弟在思想上严格要求、技术上热情传授，无私地将多年积累的工作经验、理论知识传授给他们。

为了带好徒弟，他认真制定教学计划，编写教程，明确教学任务，采取从总体到局部的教学方式：先帮助学徒建立比较完整的雷达总体知识体系，再逐级分解各种电路模块，并且根据徒弟自身的实际水平，为他们定制不同的学习计划，要求徒弟多提问、多看书、多动手，不搞学术崇拜，坚持真理，充分讨论，共同进步。在具体调试工作中朱宏标注重引导他们发现问题，鼓励他们遇到问题多质疑、多讨论，适时深入进行讲解，深入分析各类电路故障模式和故障产生的机理，引导他们理论联系实际，形成良好的互动关系，直至解决实际问题。

朱宏标注重培养徒弟们在日常工作中吃苦耐劳、一丝不苟、认真严谨的工作作风，在调试工作中要求严格按照技术规范进行操作，对徒弟们不定期检查调试笔记、进行指导，要求他们及时进行100%的质量检查，树立在本人确认工作质量无误后才能进行下一工序的质量意识，否则绝不放过，尽量用主动出击的办法尽可能去诱发、暴露故障，对电路隐患做到早发现、早处理，努力避免流向下一道工序造成返工。为了跟上新产品、新理论、新技术的发展，他要求学徒不断给自己"充电"，掌握现代先进的雷达调试技术，认真分析电路原理，并在各种故障中不断提高，才能尽快形成军品调试的中坚力量。

"业精于勤荒于嬉，行成于思毁于随"是朱宏标一直坚守的信念。20多年来，他默默踏实肯干、爱岗乐业、甘于吃苦、勤于钻研，抱着对企业高度负责的工作态度，发扬工匠精神，尽心尽力、尽职尽责地做好每一天的工作，充分发挥自身优势，力争在平凡的岗位上创造出不平凡的成绩。

朱建丽（女），陕西长岭电气有限责任公司高级技师，先后为公司提出有影响合理化建议20多项，通过她装配的整机不计其数，为公司的发展作出了不小的贡献。

当谈及她的成长成才史时，她脸一红说，这都源于自己当初的一次经历和教训。那是刚进厂时，不懂军工产品的重要性，在工作上总是差不多凑合就行，对于师傅的话也不当回事，结果在一批活中因一个器件装错出了个批次性错误，当时就傻眼了，师傅很严厉地批评说"军工产品质量是关键，也许一个小小的疏忽都关系到将士的生死存亡，收起你的差不多，要做就要做到最好"。这句话深深地印在了朱建丽的脑海里，永远刻在了她的心里。经历了这件事以后，她彻底认识了自己，为什么别人能做好的工作自己做不好，不如别人吗？从此以后，她认真翻书本，加强学习，多练习，多思考，积极参加公司各类技能培训。成功不是偶然的，在她多年认真学习、刻苦钻研、勤奋工作、精益求精、日积月累后，终于成为公司电装的技术能手。在2007年公司举办的无线电技术比武中，她取得了第一名，同时被评为公司青年岗位能手。朱建丽2010年再创佳绩，在陕西省职业技能大赛中取得了第一名，并获得了"技术状元"的称号，同年被评为"陕西省青年岗位能手"；2010年公司无线电技术比武中又获得第一名，并被评为2010年"公司青年岗位能手"；2011年获得"陕西省杰出能工巧匠"；2013年获省国资委颁发的"科技创新技术革新奖"，同年再次获得"宝鸡市十大杰出工人"称号。

"问渠那得清如许，为有源头活水来。"这一系列成绩的取得，缘于她在工作中持之以恒地刻苦钻研、大胆创新、不断完善并超越自我，善于学习，勤于积累和总结，并勇于创新，才能做到厚积薄发，这是她岗位成才的真实写照。

在完成某新研制产品的装接任务时，根据产品需要，设计将原有的某印制板做改动，其中的一种集成电路设计为双面焊接，即在印制板上有一个直径5毫米，深度2.5毫米的方形焊接孔，需要和器件背面的方焊盘焊接在一起，这种两面焊接的集成电路朱建丽以前从未接触过，高密度器件对焊盘要求比较高，接地孔的焊接更是要求严格，必须控制好温度、时间，否则就会对印制板和器件造成损害和报废。综合考虑后，她决定先从接地孔的可焊性下手，对其涂少许助焊剂，接着对集成电路的接地焊盘进行镀锡处理，再将锡撒平，同时保证可焊性和器件的贴合度，用棉签蘸上助焊剂涂抹在焊盘上，将元器件对准焊盘放好，注意方向，然后用少量锡焊住芯片对角线上的两个引脚，使芯片被准确固定，然后给其他引脚均匀涂上助焊剂，再逐个焊牢，也可以在烙铁头上稍微多点锡，在元件管脚上轻轻拉过，完成焊接，再进行反面焊接，在元件背面涂少许助焊剂以增加焊锡流动性，快速完成焊接，使接地孔平滑、无气孔、接地牢靠。这样的方法得到了工艺的认可，顺利通过调试环节。

总装车间分厂承担国家某重点工程项目，朱建丽作为装配线上的骨干，深知这些项目的重要性。为保证任务能保质保量按时完成，在项目实施过程中，她提前消化和分析图纸、熟悉流程。在装接过程中，由于是新产品，设计图纸没有完全细化，没有导线长度和具体的扎线图，导线走向杂乱无章，而且空间小，稍不注意机器合拢时就会压到线束。她边干边摸索，凭着多年的装接经验，避开整机锐利的棱角、毛边，本着电气性能许可的条件下，将不同用途、不同电位的导线分开绑扎，减小相互干扰，对低频、低增益的同向接线尽量平行靠拢，上下排列使分散的接线组成整齐的线束，并减小布线面积减少占用空间，并按防止电磁干扰的原则将所有屏蔽线排列整齐紧贴底板。此项任务的顺利完成，保证了国家重点项目的圆满。长岭科技该型产品优良的品质、可靠的性能得到了上级机关的高度评价。

一花独放不是春，万紫千红春满园。在日常工作中，朱建丽常与同事交流和分享工作经验，做好传、帮、带。带徒的一种基本形式就是学习、实践，然后总结、学习、实践。在引导徒弟的过程中，朱建丽虽然将经验、知识教给了徒弟，但是徒弟在用自己的学习方法学习时,总会遇到障碍,因此作为师傅要经常和徒弟交流,使徒弟在学习知识的同时学到学习的方法。在日常工作中,朱建丽要求徒弟们要做一个有心人,工作的同时了解自身的不足,做到学习强化、不懂就问、共同交流、共同总结,让他们在不断反思、积累中成长。在这几年,徒弟不仅从朱建丽的指导和书本上汲取养分,还谦虚地向周围理论水平高、业务能力强的同志学习,努力丰富自己、充实自己、提高自己。经她带出来的多名年轻人,有的已经取得了高级工等级证书,同时在技术比武中有着突出表现,而且在她的帮助下也写了两三份技术革新;有的成为无线电装接岗位上的技术骨干,为长岭创业创新发挥了积极的作用。

在平凡枯燥的岗位,朱建丽用心做出了不平凡的业绩,她立足岗位,刻苦学习,用过硬的技能展示了长岭新一代技术工人的风采,也使自己的人生更加精彩。

王靖,陕西黄河集团有限公司工模具公司模具钳工,高级技师,工段长。自参加工作以来,凭借勤奋好学、刻苦钻研的进取精神,精湛扎实的专业技能,丰富的生产实践经验,吃苦耐劳的工作作风和爱厂如家的敬业精神,王靖逐渐从一名模具新兵成长为技术过硬、业绩突出的模具行业的行家里手,成为集团公司众多青年职工极力效仿的技术明星。他先后主持了 10 余个军、民品模具技改技革项目,为企业创造直接经济效益 80 余万元。由于工作成绩突出,王靖连续多次被评为集团公司"优秀共产党员""先进工作者",代表公司参加省市组织的技术比武活动中更是屡次斩获钳工工种第一名的好成绩。2011 年他被省委组织部、省总工会、省人社厅、省科学技术厅、共青团陕西省委授予钳工"陕西省技术能手"称号,同年 9 月被省总工会、省科学技术厅、省人社厅授予"陕西省杰出能工巧匠"称号,2011 年被聘为"西安市职业技能带头人",2012 年获省总工会、省人社厅、共青团陕西省

委、省科学技术厅等授予"陕西省技术能手"称号，2013年被陕西省政府授予的陕西省第三届"十大杰出工人"称号，2014年被陕西省委、省政府授予陕西省首席技师，2016年获国务院授予政府特殊津贴荣誉，同年被陕西省人社厅授予"省级技能大师工作室"称号，2017年被国家人社厅和财政部等授予"国家级技能大师工作室"称号。

一、勤学苦练，自强不息铸就过硬本领

作为企业的"工二代"，王靖不仅从父辈的言传身教中懂得"工人"的责任和忠诚；在工作中，他更是遵循着父辈"干一行，爱一行，精一行"的谆谆教诲，虔诚地传承着"技艺高信誉就高，绝活多市场就大"的信念，勤学善思、精钻益研。

1992年10月，风华正茂的王靖从黄河技工学校毕业分配到了陕西黄河集团有限公司工模具公司模具制造岗位。刚参加工作的王靖，很快就清晰地看到自己文化程度偏低的短板，也认识到学习积累、实践总结的重要性，所以以一股子不达目的誓不罢休的"牛劲"不断为自己"加油充电"。他放弃业余休息时间，自掏腰包购买了大量专业书籍，尽情地徜徉在知识的海洋里，努力汲取自己所需的养分，一铿一凿地打造自己的梦想。他常说："既然当工人，咱就要当一个既能动手又能动脑的高级工人，勤奋、钻研，就是出路！"为了不断提高自身的理论知识水平，他先后自学了《钳工工艺学》《金属材料学》《模具设计》《模具工艺学》《机械基础》等专业教科书。除了精通钳工外，他还先后掌握了车、铣、刨、磨、焊等加工技术，并于2010年取得了叉车、行吊等特种设备的操作资格证书，是公司有名的多面手。王靖注重学习记录和总结，总是随时随地记录着在工作中、在完成某一项模具加工任务时的经验和小心得，他还利用多次参加省市的各类专业技术比武，比赛间隙，抓住机会仔细观察参赛选手的技术特点，并请教学习、仔细揣摩，将其善加利用于工作中。王靖利用业余时间整理总结出长达数万字的钳工技术资料，为自己的技能提升打下了坚

实基础。

二、善于攻坚，勇挑重担力克技术难关

钳工是机械工人中的万能工种。在很多人看来，钳工枯燥乏味，又苦又累，但在王靖眼中钳工是一个充满艺术灵感和生命活力的小世界，通过打磨、加工，会赋予冰冷的零件以生命和情感。

2007年，工模具公司接到某航天研究所的一份保密模具订单，该零件是720毫米×480毫米×140毫米的航天铝钛合金腔体，材料薄且硬，延展性较差，加之委托方对该订单的模具尺寸、几何形状以及光洁度等要求极为严格，加工难度非常大。为满足客户需求，公司领导经过慎重考虑，决定把此项任务交给经验丰富的王靖。面对前所未有的高规格、高精度、高标准任务，王靖毅然选择了直面困难、迎难而上，经过反复的实验和论证，他大胆地采用"紧密排点、逐点修研法"的方法，结合为产品局部加热，慢慢用手工去延展的技术手段逐步提高了型面与数模的符合率，消除了零件压制过程中不时产生的裂纹、皱褶等问题，保证了产品光洁度，完全满足了委托方的要求。后来公司在接到国家航天部发来的贺电时，才豁然明白，原来该"保密"零件竟是用于我国神舟七号宇航员翟志刚漫步太空时航天服背包的壳体。现在，某航天研究所新型航空航天产品正在黄河工模具公司紧锣密鼓地加工中。

江铃汽车公司为早日将某轻型卡车打入国际市场，但面对油底壳模具加工一次拉延210毫米这个拦路虎，使他们束手无策。为解决这一难题，他们迫切需要一家能与之"琴瑟和鸣"的国内模具制造企业共同合作研发生产，作为江铃汽车长年的合作伙伴，他们第一时间想到黄河工模具公司，并专门派遣专家来公司考察研究，考察的结果使他们非常满意，合作协议的签订便顺理成章。接到订单后，工模具公司高度重视，第一时间成立项目攻关小组，王靖为主要负责人。为满足客户提出的"技术先进、性能优良、成本经济"的要求，王靖根据这

套模具的特点和加工要求,与设计人员反复论证该产品的加工工艺方法,调试、改进精密修配间隙、修延型面、提高光洁面等方法,经过无数次的论证和修改,最终通过修改不同截面的流料 R 弧度和出模斜度、变"单动为双动"的"吊楔侧翻边模"设计工艺改进方法,成功解决了产品冲压成型中皱褶、裂纹压痕、缩颈等非常规现象的出现。零件成型后,当黄河工模具公司按期保质保量交付给江铃汽车厂时,驻江铃的日本技术顾问十分惊奇地赞叹:"这简直是一件艺术品,真不可思议!"后来,该日本技术顾问还专程来到黄河工模具公司,会见了王靖和他的团队成员,对他们竖起了大拇指。

三、大胆创新,降低成本提升企业竞争力

王靖在工作中勤于思考,善于钻研,经常有一些"奇思妙想"的创造性思维,能将复杂的生产工序尽可能简单化,既节省时间,经济性又高,是公司有名的创新能手。

2010 年,工模具公司与陕汽集团签订了某重载车型车桥中、后盖零件的供件合同。为确保工期,满足客户需求,王靖带领班组成员迅速投入到了"抢时间、降成本、保质保量完成任务"的生产大干热潮中。他们共同探讨、反复论证,制定出将模具原有的平面改为弧面的方案,减少加工工序、缩短加工路线,在保证产品质量的前提下,有效释放材料延展引申带来的变形,消除内应力,从而使该零件每个成品的加工工序在原计划的时间节点上均提前 20 分钟完成,大大地缩短了原加工时间,提前 3 天全面完成了公司供货合同中签订的所有任务。

合金工具钢(cr12mov)因具有高强度、高硬度、高耐磨性和良好的淬透性、淬火变形小的性能特点,成了模具行业中最常用的材料之一。如果在机械加工中出现加工方法不当、设计更改、模具调试、使用而造成的掉层、崩刃、断裂等都会造成其损坏,若报废重制不但浪费很大,还会延误模具交付日期。为了找到破解"魔咒"的好办法,王

靖经过反复实验，终于发现了"D322"这个既经济且能满足crl2mov各项性能要求的焊条型号，在通过将材料和焊条加热后进行焊接等技术手段的改进后，可以有效摒弃传统焊接工艺中焊条价格贵、焊接工艺复杂烦琐、零件报废率高的难题，此项技术的推广使用，使公司每年仅在这方面节约焊条材料费达4万多元。这一技术革新成果获当年集团公司职工经济技术创新优秀成果奖。

四、立足岗位，授业解惑培育技能人才

为了提高职工队伍素质，加快职工队伍知识化进程，王靖身体力行去影响和带动身边的工友们钻研技术、学习技艺。

2011年，王靖被聘为西安市职业技能带头人，并签订了为期两年的《西安市职业技能带头人师徒带教协议书》。同时期，黄河集团正在开展首届"名师带高徒"活动，王靖充分利用契机，把自己的工作经验很快地融入带教的过程中。他认真分析每个徒弟的现状，及时了解和掌握10名徒弟的技术水准和思想状态，因人而异地制订出了详细的教学计划和大纲。带教实践中，他制定了详细的带教计划，明确带教节点时间、目标和责任，精心备课，除了安排每季度不少于12小时的授课时间外，他还学习自制教学PPT，创新带教方法和形式，模拟设计演练现场，精心指导教学。他除了传技授艺，定期察看徒弟的工作情况，认真检查、批改学习笔记，还主动与公司职工培训中心联合出题，考核徒弟们学技的状况。他不仅毫无保留地把自己多年积累的绝技专长经验一点一滴地传授给徒弟，还谦虚地告诉徒弟们，自己从他们的身上也学到了不少东西……

经王靖所带的10名徒弟，均取得了中高级技能认证资格，有的已成为单位的生产骨干，在工作中已经能独当一面；有的已走上单位班组长、工长等基层管理岗位，个个都很优秀，皆有所作为。

五、科学管理，发挥团队整体战斗力

王靖同志特别重视班组的管理，多年的基层工作经验，使他明白要造就一支高素质的职工队伍，首先要提高班组的管理水平，因为班组是企业管理中最基础的管理，是企业组织生产经营活动的基本单位，是企业一切工作的立足点。2012年5月，"全国优秀班组——袁政海班组"来公司交流经验。王靖抓住这次难得的机会，认真聆听袁政海班组的事迹和经验，感慨和惊叹他们所取得的成绩和荣誉，并激动地表示，要以创建袁政海式班组为目标，在工段大力实施"六型红旗班组"（学习型、安全型、环保型、创新型、效益型、和谐性）的建设。他以提升班组管理水平为核心，以提高班组成员整体素质为重点，不断加强班组制度化、规范化、科学化和民主化建设，切实提高班组执行力、创新力和凝聚力。他还摒弃了工段原有的奖金分配制度，制定了新的工段奖金分配制度，使多劳多得深入人心，在工段内形成了一个你争我赶积极向上的良好竞争氛围。在王靖的带领下，工模具公司模具钳工工段正在朝着"制度健全，管理规范，素质过硬，业绩突出，团结和谐"的目标坚实的奋进。

一直以来，王靖同志拥有脚踏实地的工作态度和科学严谨的工作作风，认真把握着自己工作的尺度，并始终以忘我的工作热情奋战在生产一线，为公司年年全面完成生产任务作出了突出的贡献。在王靖同志的身上既能看到黄河人特别能吃苦特别能战斗的可贵精神，也能看到共产党员那种不畏困难、无私奉献的高尚品质。如今，王靖带领着本工段的同事们正信心满怀，昂首阔步，在推动企业健康和谐发展的道路上高歌前行！

侯大年，庆安集团有限公司2厂206车间3工段车工，中航工业首席技能专家，车工高级技师。

一、勤奋敬业业绩突出

27年来，侯大年同志始终倾心于自己从事的车削加工工作，只要加工车床不停转他的身影就不会远。他的女儿曾调侃："爸爸爱车床超过了自己女儿。"是啊，只要任务需要，他克服重重困难，想方设法满足生产需要。在型号试制过程中，他凭着高度责任感和丰富的工作经验，给出了很多可行性方案和宝贵意见，"车削加工有困难就找侯大年"这是职工对他由衷的赞誉。除了本职工作外，他曾多次协助其他工段职工完成急、难、险等复杂零件的加工任务，为公司生产任务的完成作出了突出贡献，得到了领导的肯定和同事的好评。他先后获得多项荣誉：2011年，荣获陕西省国防科技工业技术能手大赛车工组第六名，两项成果被命名为陕西省职工先进操作法；2012年，被陕西省国防科技工业授予"科技之星"称号；2013年，被授予"陕西省杰出能工巧匠"称号，同年被授予中航工业首席技能专家和陕西省国防科技工业"十大技术能手"称号；2014年被评为中航机电系统优秀共产党员；2015年获陕西省"五一劳动奖章"，同时该年度他的两项成果获得陕西省职工科技节先进操作法。

二、善于思考攻坚克难

侯大年同志在多项重点型号任务试制中，勇挑重担，以"型号成功我成才"为座右铭，主动请缨、刻苦钻研排解难题。2012年某重点型号工艺路线调整到他所在的单位加工，该产品是由电器元器件、金属件、非金属件等多材质构成的组合件，在切削过程中产生的热量易致使电器元器件损毁，非金属件变形，甚至使整个产品报废。同时由于各种材质切削性能的不同而产生间断切削，会导致刀具磨损较快，大批量加工刀具成本很大。该产品不光对尺寸要求极高，而且材料特殊，不能赤手接触，加工环节也必须紧凑。为解决这一难题，他查阅了大量资料，并多次与工艺人员交流、请教，最终找到了有效的加工方法。他打破常规，首先用普车代替数控车床加工，然后在优化了加工参数的基础上用带涂层数控车刀替代原来的硬质合金普通车刀加工。经验证，这套加工方法不但加工尺寸非常稳定，而且大大减少了对刀时间，加工效率大幅提高。在他的指导下，其他几名工友也很快掌握了操作要领，均能顺利完成该产品的加工任务。鉴于这种加工方法的良好可靠性和较高效率，工艺人员依据他实践的数据，将这种加工方法进行了工艺固化，纳入了工艺文件，用于指导日常生产工作。

在某航空零件加工中，因零件材料为某种新型航空材料，此前公司没有加工此类材料的加工经验，质量很不稳定，废品率一直居高不下，严重影响产品配套，给公司年度任务的完成造成"威胁"。这种情况下，有人提出让侯大年试试。当车间领导找他时，他没有退缩，欣然领命："这个任务我接了。"他随即从零件的加工工艺、前期的切削参数等方面着手分析，并与设计、工艺、质量控制等相关人员进行"会诊"，查找原因以及寻求合理的加工方法。功夫不负有心人，经过细致的分析和多次的试验，终于查找到了"病因"，原来在粗车时产生的应力不能及时释放，而在钳工加工时又产生应力集中，最终造成精加工时产生鼓包、变形等现象。他通过调整部分工艺次序，改进加工方法，有效解决了加工中鼓包、变形等问题，使该零件废品率由原来的20%下降到1%。侯大年所在单位承担的产品均是尺寸较小的零件。某些航空材料加工内外螺纹时，因为尺寸小（M2\M3），材料难加工而影响进度，废品率也居高不下。他经过查阅资料、参加展会等渠道，获得某厂家有此类问题的解决方案，随与相关领导沟通，引进了柔性攻丝和数控车滚压内外螺纹这项技术。在试加工过程中，他亲力亲为，自己调试设备，摸索加工参数，编制加工程序，最终解决了这个老大难问题。调试过程中，他的参数设定方法是供货方都没有的。对方工程师事后反馈，他们在以后对新客户的调试均是按照侯大年的方法进行。侯大年耐心细致的工作作风、持之以恒的奉献精神、倾入工作的满腔热情，深受大家好评。

三、拓展思路变废为宝

提高资源综合利用、降低生产成本是侯大年工作中的"必修课"。他所在车间多以小型航空回转体零件的加工为主，承担着多种接管嘴等复杂零件的加工。此类零件品种繁多、外形复杂，加工时多以四爪加持来完成，但找准定位始终是一件头疼的事情。定位如果不准确，产品质量难以保证，且易发生零件飞出造成人身伤害或设备故障。此类零件的加工一直以来都是由经验丰富的老师傅在普通车床上操作。随着此类零件批产任务及科研试制项目的增多，计划节点要求越来越紧，按照以往的生产能力很难完成任务。"没有做不到，只有想不到。"侯大年潜心学习数控操作技术时发现，数字化的机械加工仍是以传统操作方法为基础，他试着将自己普通车床操作技能与数控车床操作结合以及普车夹具应用引入数控车床加工中，使其高质高效。经过对这类航空接管嘴零件的特性分析，他还发现只是因零件型号不同导致外形变化但角向变化仅有几种，如直形管嘴，角形 70 度、90 度、120 度等。他以此为突破口，查阅相关资料和向他人请教，用业余时间绘制了大量试验工装草图，磨出了一手泡、熬红了一双眼，最终制作出"靠谱"工装，并在普车上不断尝试、不断改进，制造出了可在数控车上使用的夹具，并成功向数控车加工推广，为完成当期任务奠定了基础。他思路清晰，不骄不躁，顺利突破了车间的这一瓶颈问题，后期又悉心钻研，通过过度套进行装夹，实现了用一套夹具加工多种零件，免除了重复拆装夹具的环节，节约了成本，赢得了时间，提高了效率。现在该工装已改进成为快速、安全的装夹标准工具，任何加工者对零件都能迅速精准定位，独立完成零件加工。

2014 年，某两项转包零件加工深孔内端面槽所需刀具十分特殊，经调研多家专用工具制造商，仅有一家在不保证加工效果的前提下愿意供货，但供货周期要 3 个月以后，远远超出了产品的交付节点。而且报价十分昂贵，仅刀柄就每把 10 000 多元，刀片费用另计。在这种产品交付节点迫在眉睫的情况下，侯大年同志决定自行设计和制造合适的刀具，攻克这一难关。在通过查阅资料和多次试验后，他最终利用两把报废合金立铁刀，亲自动手磨出两把刀具。用其加工的零件经过计量，完全符合图纸要求。这两把刀具不但确保了转包产品的按期交付，同时为公司节约了两万余元的刀具采购资金。侯大年同志充分发挥了一个共产党员的先锋模范作用，为自己所从事的事业作出了最大的努力。

四、言传身教督促指导

侯大年同志技能精湛、经验丰富，被评为高级技师、技能专家的他，对自己掌握的技能和绝活从不保守，并始终认为"一枝独秀不是春，百花齐放春满园"才是好。他通过"以老带新、师徒结对"和大师讲堂、班组学习等活动将自己的技能和绝活传授给徒弟和工友。虽然在他的耳边总有一种声音——"教会徒弟，饿死师傅"，但他却不这么认为并在很多场合解释道："师傅饿死只能是师傅掌握得太少，而当徒弟超过师傅，师傅为什么不能向徒弟学呢，从来没有笨徒弟，只有笨师傅。"在生产现场经常可以看见他忙碌的身影，拿着图纸站在机床旁边与徒弟进行交流探讨；指导徒弟调试设备，调整加工方法，解决加工中的难题。在长期的师带徒中，他把徒弟像兄弟、像朋友一样的对待，根据每个人性格、文化程度、动手能力的不同因人施教，并整理出符合各自特点的传授方法，使徒弟爱学、愿学。在他的徒弟中，已涌现出 3 名技师、多名高级工，他们现都已成为公司科研生产一线的中坚力量。

侯大年是庆安集团有限公司国家级技能大师工作室主要成员之一。他在大师工作室中积极参与其中的创新科研工作，与其他几位成员协作，解决生产中的难点难题。在工作室这个平台上，他参与大师讲堂、分厂 SKC（数控车）攻关小组等一系列活动，带动大家营造出想学技术、能学技术、会学技术的良好氛围。对现场操作者尤其是年轻操作者，他还以喜闻乐见的形式进行培训和交流。通过系列活动的开展，他培养出了 1 名技能专家、2 名高级技师、7 名技师、10 多位高级工。

五、不骄不躁谦虚谨慎

近年来，侯大年同志虽然获得多项荣誉但从没有放松对自己的要求，他依然保持着自己朴实上进的本色。在平凡的工作岗位上，他始终如一，严谨求实，勤奋刻苦，兢兢业业。他除了在日常工作、生活中做好表率，还时常主动找工友、党员诚恳征求意见，查找自身存在的不足，接受职工的监督，以此来提升自己。他真诚的行为，获得职工的认可和支持，不仅从职工那里为自身的不断提高求得了良方，而且同分厂、车间的同事成了朋友。他总是精神饱满地出现在工作岗位上，用自己的实际行动带动和影响身边的工友，为公司科研生产作出贡献。

作为一名共产党员，他具有较高的思想政治觉悟，时时处处以党员的标准严格要求自己，做好表率。这就是侯大年，一位纯朴、踏实、有责任感、有水平的技术专家。

常红安，航空工业西飞型架夹具厂车工班长、车工高级技师。2012年 10 月被聘为"中航工业特级技能专家"。

自 1993 年参加工作以来，常红安长期从事车工作业，热爱本职工作，具有良好的职业道德和敬业精神，力求"干一行，爱一行，专一行"。他工作中恪尽职守、兢兢业业，积极主动配合分厂攻坚克难，及时解决生产中的急活、难活，紧跟生产技术发展的脚步，多次为单位相关机床及零件的生产加工作出应有贡献。他作为班组长，能够团结和带领组员，克服困难，加班加点，完成单位各项任务指标；身为党员，能够起到党员模范带头作用，在思想上积极主动帮助入党积极分子，并感染带动周边更多的职工。

一、工作业绩方面

工作中，常红安主要承担车工的精加工和关键件的试加工。他积极主动，加班加点，攻坚克难，按时完成分厂交给的各项任务指标，完成总工时高于同工种平均工时的25%以上，从未出现偏离、报废品，一次交检合格率99%。身为班组长，他积极配合分厂推进SQCDP管理工作，把出现的问题第一时间暴露和反映在SQCDP可视板上，使相关人员能够及时了解情况、解决问题，使此项工作在班组运行良好。

二、技术创新方面

车工工作对工人的技术水平及综合素质要求很高。面对分厂零件种类多、加工难度大、精度要求高等问题，常红安通过努力学习相关业务技术知识，积极搜索加工零件的新技术、新方法，针对相关零件加工过程中可能遇到的问题，总结出了一套行之有效的加工方法，提高了工作效率及质量。

（1）模锻件锥体螺母是厂里的一项长期产品，通过自制锥体工具定位，三爪导力原理加工，缩短了装夹时间及找正时间，效果明显，被分厂广泛应用。

（2）针对零件加工，自制车制模锻件的内螺纹及外锥度的工具，此方法被单位推广并一直被采用，节省了成本，保证了质量，提高了效率，为单位节省了生产时间和制造成本。

（3）在工装制造中，经常遇到配车主轴法兰，由于机床主轴圆锥部无法准确测量，因而无法准确配制。结合多年工作实践，经过反复研究、实践，总结出一套合理加工方法（先车后打表，算出余量，再磨掉多余部分），解决了精加工难题，提高了工装制造质量。

（4）自制研磨工具，解决小孔（2.5毫米）的研光问题，圆度可达到0.003毫米，光洁度可达到0.2，提高了零件制造的精度和光洁度。利用胶皮张力，完成小于0.15毫米的薄壁零件的加工。制定合理加工方法，解决特殊表针加工难题。

(5)针对不同的特殊材料,摸索总结出了加工刀具的选取方法,选择合理的刀具材料,磨制合理角度,选择最佳切削速度及相应的切削液,使其切削更加顺畅。

三、学习提升、传承技艺

常红安注重自身素质和技能水平提升,努力加强学习,在工余时间努力学习文化和数控专业知识,取得了西北工业大学网络教育学院机械制造及自动化专业大专学历。他还先后到成飞、贵航学习兄弟单位的经验,通过在成飞、贵航学习"侯成车刀的制作""张林车细丝""陶安车细胶条"等加工方法,拓宽了思路,受益匪浅。2014年4月和2015年5月,他先后参加了中航工业"车工技术推广班"和"难切削材料车削加工"高技能人才培训学习,取得中航工业发放的培训证书。

常红安善于言传身教,积极将自己丰富的工作经验传授给年轻人,用自己总结提炼的技术知识全方位培养新人。针对单位青工技能的实际,他积极在青年职工中组织开展技能演示,以技能演示为契机,提高新职工的技能水平,营造学技术、强技能的浓厚氛围,为单位青年职工提供了一个精炼业务、提升技能、相互学习的机会,为提高员工岗位业务技能水平,争创岗位能手提供了广阔的平台。

2013年4月,常红安取得国家职业技能鉴定高级考评员资格后,积极参加公司的职业技能鉴定评审活动。2014年,他参加了公司车工高级技师的评审与答辩工作,并负责完善了车加工技术论文及先进方法的推广,如"利用先进刀具,以车代磨""45°橡胶压模型腔加工工艺方法改进"等。

四、生产质量和安全保密

航空质量无小事,件件连着生与死,航空零件制造必须严谨和细致。常红安在工作中,注重自身质量意识的提高,注重产品加工过程的质量控制，杜绝低级错误的发生，绝不糊弄质量，以"质量是西飞人的生命"为准则，严格要求自己，无一项偏离报废品；严格遵守安全生产规章制度和安全操作规范，无生产安全事故，无生产现场违章；严格遵守公司保密制度，增强保密意识，提高防范意识，不打听、不传播涉密内容。

在领导和同事的帮助下，常红安先后荣获多项技术比武的荣誉证书：2004年荣获中国一航首届职工技能竞赛陕西2区比赛第六名；2005年荣获西安市职工高技能人才技能大赛第六名和"西安市技术标兵"称号、2005年度集团公司车工技术比武第三名；2009年荣获了陕西省烽火华星陕工职院杯模具钳工车工技能大赛"车工技术状元"的称号。2012年8月，常红安被聘为中航工业公司车工工种特级技能专家以来，他不敢有丝毫懈怠，加倍努力提升自己，又先后在2012年10月被授予"中航工业技能能手"，在2013年10月被授予"陕西省杰出能工巧匠"，在2014年3月被授予"全国技术能手"等荣誉称号。2014年7月，在公司创先争先优活动中常红安被评为优秀共产党员。

车工，这是一个平凡的岗位，但也是一个值得骄傲的事业。常红安深深体会到科技是第一生产力，只有通过不断的学习，掌握先进的技术，才能提升我们的加工能力，提高产品的质量，提高生产效率，提升我们的国际竞争力，才能成为制造强国，才能实现"中国制造2025"目标。常红安继续努力，充分发挥技能带头人的作用，以自己对航空事业的情感，以自己的青春、汗水，不分白天、黑夜，争取为国家航空事业作出更大的贡献。

牛广东，中国航发西航机械检查工高级技师，中国航发首席技能专家，先后获得国务院政府特殊津贴、全国技术能手、全国质量工作先进个人、航空报国动力先锋先进个人、陕西省杰出能工巧匠等荣誉。他把工作岗位作为施展才华的舞台，刻苦学习先进检测技术，熟练掌

握三坐标测量机、平台万能检测和可倾分度圆盘、万能工具显微镜等先进检测设备的使用，学习并应用计算机设计软件完成多项高精度涉及交点尺寸、空间双斜面、双斜孔角度转换的复杂航空发动机工艺装备的精密检测，成为一名兼备技术和技能的复合型人才。

一、学以致用，以精湛技能攻克技术难关

在 20 多年的工作中，牛广东严格要求自己，勇于技术创新，注重学习和总结，在参加公司举行的多次职业技能竞赛中多次取得好成绩。2009 年他参加中航工业首届职业技能大赛，一举夺冠，成为行业技能的佼佼者。他先后获得西航青年岗位能手、西航技术能手、中航工业青年岗位能手、中航工业技术能手、全国技术能手、陕西省杰出能工巧匠，并享受国务院政府特殊津贴。

作为一名检测技能专家，牛广东深知质量的重要性，在长期的质量工作中，发现堵住多起质量问题，养成了严慎细实的工作作风，先后获得西航"质量先进个人"、西航"质量标兵"和西航"质量工作特别贡献奖"。2011 年 9 月，在北京人民大会堂，他荣获了共和国质量最高奖项，被授予"全国质量工作先进个人"荣誉称号。

在专业技能方面，牛广东技能精湛，勇于技术创新，能够熟练掌握多种先进检测设备，真正成了检测方面的"多面手"，攻克了多项检测难题，编制改进多项先进检测方案；他编写的合理化建议《某机涡轮盘拉屑夹具检测方法的改进》，解决了变形大、不易测量的难题，并获得陕西省第二届职工科技节优秀科技创新成果合理化建议铜奖。

牛广东提出了利用拉床自刨加工和在设备上动态检测的方法，解决了长度为 6 000 毫米，平行度和垂直度要求为 0.01 毫米的某机涡轮盘的拉削夹具的检测，攻克了公司瓶颈攻关项目；独创的自制测量杆与标准件配合检测的方法，解决了在大型零件上交点尺寸检测难题，在 1 200 毫米范围内，检测数据准确度可控制到 0.02 毫米；利

用三坐标测量机对某多孔位高精度位置度测具的检测方法进行改进，总结出了"化整为零"的先进检测方法；并建立了三坐标测量机自动检测程序数据库，研究编写各类典型复杂工装测具的检测程序，进行归档，检测精度和检测效率大大提高。某机涡轮盘拉屑夹具断屑环，变形大，检测合格率低，他设计了断屑环检测塞规，有效克服了变形因素，减少了误判，使工装合格率由原来的 74% 提高到了 98%，检测效率提高 4 倍。他的日常工作中，新机科研型号多、检测难度大，但技术难关在他的不懈努力下被逐个攻破，为新机科研型号的按期交付提供了保障。

二、发挥优势，带领团队创辉煌

作为一名技能专家和班组长，牛广东通过学习不断地充实自己，先后参加国资委、清华大学举办的班组长远程教育培训班，中航工业精英研修班，中航工业高技能人才培训班，中航工业精益班组长培训班，国家职业技能鉴定考评员培训班等，他通过干中学、学中干，开阔了自己的视野，学会了如何在班组推进精益 6 西格玛项目，懂得了如何带领班组成员共同进步。针对车间制造的工装无偿返修率较高现象，他组织班组成员，根据工装的种类，到多家工装使用单位了解学习工装的使用方法，找出返修率较高的问题，追根溯源分析原因，集思广益寻找措施，有效降低了无偿返修率。他提出的"提高产品的工序质量"合理化建议被工厂采纳，通过建立"产品工序超差记录明细账"，对持续改善和提升产品质量发挥了重要作用。针对典型零件的检测技术，他利用即时培训的方式，对班组成员现场通过实物进行讲解，将先进合理的检测方法和原理与大家分享，调动了班组成员的学习积极性，提高了班组成员的整体技能水平。

三、技能传承，为公司发展培养优秀技能人才

在技能传承方面，牛广东毫无保留地将自己工作多年总结出的实际操作技能传承下去，他编写机械检查工培训教材《形位公差检测与平台测量》获得了西航培训工作"优秀教材"奖励。他站在西航讲坛对公司 200 余名检验员分批进行技能传授，他的培训独特新颖，培训教材里所讲到的实例，都制作相应的实物课件，尺寸、形位公差等一一对应，真正做到了理论联系实际的培训方式。结合不同类型零件，他到公司多家单位生产现场开展注重实效的实战培训，效果非常明显，并有多名学员经过考评已成为技师或高级技师。通过技能培训，他对公司检验员整体技能水平的提高起到了推进作用。他深知"一支独放不是春，百花齐放春满园"，班组有 9 人，其中 6 人都是他的徒弟，并实现一专多能，成为单位的绝对主力军。

"师傅，帮我看看这个尺寸怎么检"，牛广东就是这样忙碌着，忙着解决科研复杂工装测具的检测难题，忙着改善优化检测方法，忙着将经验传授给大家，忙得不亦乐乎，而且乐此不疲。他正以饱满的工作热情和积极的工作态度，立足岗位，带领团队，为中国的航空事业默默奉献着。

雷锋利，中国航发西安航空发动机集团有限公司工具厂 53 车间磨工，高级技师，发动机一级技能专家，现主要承担航空发动机专用精密量具的精加工工序，个人在着色规、细长轴、高精度环规、高精度球面量具制造、多孔位置度保证等方面具有独特的加工技巧，并在同行业处于领先地位。进厂 20 多年来，雷锋利同志刻苦钻研，大胆创新，他的《提高偏心工件加工效率的方法》《多孔位置度测具加工效率的提高》《细针同心度加工方法的改进》《利用组合夹具提高多角度尺寸加工效率》《高精度量规标准件加工技巧》等多项革新发明和先进操作方法获得西航合理化奖项。

工作中，雷锋利同志一丝不苟、精益求精，加工工件效率高，工件质量好，其高超的技能得到大家的公认。在 1996 年西航高级磨工组技术比武中雷锋利获得第一名，被授予西航"技术能手"称号。2000年12月被西航聘为磨工技师，2003年7月被西航聘为高级技师，2009年获得西航"以老带新，传授技艺"先进个人，其中两名徒弟已由中级工成长为高级技师。雷锋利个人也多次被评为工具厂生产先进个人、质量先进个人、工具厂优秀班组长、西航优秀班组长。2011年他参与的《用矢量补偿法提高位置度测具制造精度》项目获得西航QC质量管理成果二等奖。他的《在内圆磨床上高效加工球面的方法》《扁球测头磨削技巧》《多孔位置度技术保证》等加工方法在陕西省第二届职工科技节中获得认可，他本人被授予陕西省"杰出能工巧匠"荣誉称号。

雷锋利同志担任53车间二工段精加工班组班组长以来，勇于拼搏，大胆创新。在他的带领下，班组由最初的合格班组不断进步，迅速成长为西航六星红旗班组。班组现有组员16人，其中高级技师5人、技师2人、高级工4人。他根据班组人员的结构情况，制定班组质量目标，并将目标分解到班组个人。班组狠抓安全生产，狠抓工序质量，建立班组内部奖惩制度，班组五大员分工明确，使得班组工作效率大幅度提高。雷锋利带领班组在2010年西航首届班组擂台赛中获得了季军，同时获评西航三星红旗班组；在2011年西航第二届班组擂台赛中获得西航第四名，获评西航五星红旗班组，同年荣获陕航局"工人先锋号"；2012年在工具厂岗位大练兵中获得团队第一名；2013年班组获得"全国质量信得过班组"荣誉称号；2014年班组获评西航四星红旗班组；2015年获评西航五星红旗班组；2016年获评西航六星红旗班组。班组管理上，他实施了高效班前会，要求组员工作中勤于动脑、善于动手，充分利用组合夹具或者二类工具来提高加工效率，降低制造成本。并且在班组内形成了"在岗一分钟，尽职六十秒""我的区域安全我负责""做精做细做到位，打造金牌团队"班组文化。班组注重技能传承，一专多能人员达到20%以上，在生产中他充分利用小发明解决疑难问题，如"多孔位置度的保证"，通过设计二类工具，解决了镯床加工过程中因更换压板而影响位置精度的问题，改进后精度由原来的 0.035 毫米提高到 0.02 毫米，加工时间由原来的 6 小时缩短至 4 小时；小革新突破老问题，如"在内圆磨床上高效加工球面"，通过对刀具（砂轮）进行结构创新，使其起到散热、排屑，增加切削刃作用，节约了制造成本，加工效率得到大大提高，用户普遍反映工件耐用度较以前有很大改善；小改革解决大问题，如"改进标准件内外 R 同心度加工方法"，原加工方法为数控坐标磨，由于加工余量大，加工中无法测量，导致同心度无法保证，影响交付节点，改进后将两工件对称组立在二类工具花盘上，再利用内外圆磨床加工，效率提高 80%，且解决了不易测量的问题，加工的同心度由原来的 0.05 毫米提高到 0.005 毫米；小建议创造大收入，如"利用废旧合金钻头、铁刀改制合金测头"，改进后每年可为车间节约成本 28 000 元。类似以上的小发明、小革新、小改造、小建议还有很多，并且在班组内已经形成一种自觉的质量意识，并将各种改进应用到生产中，提高了生产效率，降低了制造成本，班组成立到现在累计节约成本 320 万元。

雷锋利深深地体会到励志点亮人生，创新成就未来。他用爱岗敬业、攻坚克难、精益求精的工匠精神磨砺人生，也磨砺航空人的精彩。他把磨工一尺三分地作为实现人生梦想的大舞台，奋力攀登航空发动机专业制造技术的新高峰！工作中脚踏实地做好本职工作，坚持干一行、爱一行、专一行，他誓要在平凡的工作岗位上创造出不平凡的业绩。

马永兴，西北工业集团维修电工高级技师、技能带头人。他参加工作 20 多年来刻苦钻研技术，努力提高业务技能，在西北工业改革发展中作出积极的贡献，曾先后获得国务院国资委授予的"中央企业技术能手"、中国兵器工业集团公司授予的"兵器技术能手"、陕西省劳动和社会保障厅授予的"陕西省青工技术能手""陕西省杰出能工巧匠"、陕西省国防工会授予的"陕西省国防科技工业十大技术

能手"、西北兵工部授予的"西北兵器工业技术能手"等一系列荣誉称号。

由于工作成绩突出马永兴多次被公司授予"模范共产党员"及"劳动模范"称号。他所在分厂旋压机、电子束焊等进口的高、精、尖设备集中，真空炉、粒子炉、自动焊机等特种工艺设备数量众多。由于设备种类繁多、原理复杂，维修涉及知识面广，难度很大。作为专业维修人员，马永兴凭借深厚的理论知识基础，多次在关键时刻及时排除了设备在生产中出现的故障。他在维修中观察仔细、条理清晰，思路开阔、不拘一格，在备件采购困难时，使用一些自制装置使设备及时恢复正常，不但显著节约了维修费用，并且为生产任务的及时完成赢得了宝贵的时间，创造了良好的经济效益。

一、不断学习新知识，提高维修水平，拓展维修面

马永兴的维修范围已经不仅仅局限于强电电路和电子电路，在计算机系统的维护与维修上也开始涉足。

分厂的一台瑞士进口的夏米尔慢走丝逐渐出现启动过程愈来愈慢直至最后无法启动，显示系统文件丢失的故障。马永兴判断是硬盘出了问题。他用软件对硬盘进行扫描发现该硬盘有坏道，导致系统文件无法载入。对于此类故障一般维修都是更换新硬盘并重新安装系统，但由于该设备是进口设备，相关软件只有机床厂家才有。如果让厂家来维修一则费用昂贵，二则维修周期长。他经过考虑，提出了先用软件进行数据恢复，再用硬盘复制软件对该硬盘的数据进行复制，进而替换原来的硬盘。如果数据无法恢复，再考虑让厂家重装系统。就这样他用DiskGenius软件的数据恢复功能成功地恢复了该硬盘的数据，并用Ghost软件将该硬盘的数据复制到新硬盘上，修复了设备。此外分厂还有十多台线切割基本都采用PC机加专用软件组成的数控系统，操作系统存储于硬盘中，工作过程与普通计算机相近。由于操作者对设备工作原理不了解，关机时直接切断电源开关，造成硬盘损坏故

障。他一方面更换新硬盘，重新安装操作系统和相关软件，同时为操作者讲解工作原理，使其能够按照正确的程序关机，大大降低了同类故障。

二、在德国强力旋压机维修中

原控制面板电源烧毁，先用成品开关电源替换会经常出现主机与键盘通信超时报警，导致无规律停机现象，废品损失很大。马永兴用自己设计制作的稳压电源替换，消除了故障。他还用模拟电源取代故障的24V电源模块，使设备的可靠性大大增强。马永兴对影响产品质量的冷却系统进行改造，用变频调速精确控制冷却液补充泵的流量，更好地满足了产品的工艺要求，减少了冷却液对环境的污染，也使在日后的维修中易于匹配冷却液补充泵。根据设备使用情况，马永兴为主轴驱动器电子板增加隔离变压器，消除了由于电网干扰和电压波动导致的主轴驱动器报警、停机对产品质量造成的影响。他还通过合理设置主轴直流电机的运行参数，增大主轴电机的输出转矩，消除了由于过载导致的闷车现象，扩大了可加工零件的范围。经过几项改进，旋压机在之后的使用中性能稳定，故障率大大降低。

三、德国进口电子束焊机

马永兴曾及时排除了生产中遇到的偏转系统和束流控制系统的故障。电子束焊机Z轴伺服出现故障，他找到了故障原因，但因该设备是20世纪80年代的产品，市场上已无可代用的直流伺服电机，而定做电机价格昂贵、且周期长达数月，会使生产受到很大影响。他在放大镜下对测速机转子绕组进行仔细检查，终于发现故障点，修复后重新调整伺服参数，使设备恢复了正常。该设备的高压隔离开关出现故障，电子枪所需的高压加不上。该开关除了手动操作分断外还受PC控制，结构复杂，在设备出现异常报警时能够自动切断150kV高压电源。他独具匠心，巧妙地运用接触器控制的方式很快使设备得以恢复，并使原来所有的保护功能依然有效。

由于马永兴不断强化理论知识的学习,努力工作,在维修实践中成效显著。此外他还多次代表西北工业集团参加各级技能大赛,取得了优异成绩:2005年参加由团省委、省劳动和社会保障厅组织的全省青年职业技能大赛决赛,取得了维修电工第三名;2006年、2008年参加西北兵器工业职业技能大赛,两次获得维修电工第一名;2010年参加第四届兵器集团职工技能大赛决赛,获维修电工第六名;2012年参加第五届兵器集团职工技能大赛决赛,获维修电工第四名的成绩。

2013年,马永兴被授予"陕西省国防科技工业十大技术能手""陕西省杰出能工巧匠""中央企业技术能手"称号。

费丽娟(女),西北工业集团有限公司工人。在平凡的岗位上用一双慧手描绘着创新的美丽画卷。

一、立足岗位,小人物大作为

近几年,装配一分厂承担的生产任务异常繁重,作为一名维修人员,她深知工装、量具等出现任何小小的故障,都将会严重制约生产的顺利完成。为保障生产的畅通,她时时跟踪在生产一线,对易出现问题的工装提前进行检查和维修,她就如同一名道路清理工一样,细心、认真地清理掉前进道路上的一切障碍,让行者毫无羁绊地高速前进。生产一线的操作者只要提起她,就会想到她的积极主动、她的一丝不苟、她的不厌其烦……

二、勇于创新,小点子大智慧

为提高分厂装配过程中的产品质量和生产效率,她积极参与到分厂开展的精益提案与合理化建议活动中,在技术创新的道路上一步一个脚印地前进着。每年她都提出多项合理化建议,改进后的措施解决了分厂实际工作中遇到的许多难题和瓶颈,所完成的项目具有独创、高效、科学、实用的特点,受到职工的认可。某些技术创新项目经反复论证后已纳入生产工艺。她所提的合理化建议在分厂的年度评比中多次入选"十大金点子"。在公司百名女职工技术创新成果展示活动中,她多次被评为"百名女职工明星"。

某产品是分厂的重点产品,工序多、精度要求高,但近年来由于许多工装磨损,致使所装配的产品质量达不到工艺要求。她与技术人员一起细心琢磨、钻研,对该产品易磨损且消耗量较大的工装进行改进,极大地提高了该产品多个部件的良品率,为分厂每年全面完成该产品的生产任务作出了积极的贡献。

分厂所承担的一些常规产品中的许多工装原来都是采用传统的杠杆压力机、螺旋压力机以及人工锤击等方法来进行人工压铆,不但产品质量一致性不好,而且生产效率非常低,常常制约着分厂的生产进度。针对这些在生产装配过程中出现的生产效率低、装配质量不高的问题,她急生产所急,想生产所想,充分发挥自己的聪明才智,经过认真钻研和多次实验,将传统的杠杆压力机和螺旋压力机及人工锤击压铆改进到气动压力机上进行压铆。气动压力机由两次冲击压力,压合、铆接一次完成,而且冲击力大,对压铆销子工序可以压1—4个销子,从而极大地缩短了生产周期,提高了操作者的生产效率。其中,对某一产品部件点铆工序的改进,按年产1万套计算可为分厂节约近0.5万元的资金;对某一产品部件压铆销子工序的革新,按年产1万套计算为分厂节约2万余元资金。

分厂的产品在生产过程中所用的一些工装、夹具由于定位不准,导致加工出来的产品一致性不好、合格率低。善于钻研的她,通过增加定位元件来提高工装、夹具的准确性或根据产品的工艺性能,重新设计工装、夹具,使操作时方便、省力、迅速,从而提高生产效率和产品质量。其中,对某产品拆退修品所设计的定位工装,减少了退修零件的划伤,按该产品年产3万套计算可为分厂节约近2.5万元的资金。

费丽娟努力付出，在平凡岗位成就自我。从一名普通工人成长为分厂一名业务能力强的技能型工人，她付出了比别人更多的努力与艰辛。为保证分厂生产的顺利进行，她在修理好出现故障的设备后，总是时时跟踪在生产一线，询问操作者哪些点容易出现问题，然后琢磨和研究出改进的方法。当别人都下班后，她依然在生产线上忙碌着，完全不顾自己有病的身体。在分厂生产任务繁忙的时候，她克服自己和家庭的困难，始终与生产线的职工一起加班加点，每天下班后，她不是沉溺于韩剧中而是不顾一天的劳累手捧专业书籍为自己充电。

最触动分厂职工的是她那双手，常年的修理设备和工装，使得那双原本应是精致好看的双手布满老茧。但就是这双手，让生产一线处于病态的设备正常运转；就是这双手，调整好了存在质量隐患的工装；就是这双手，解决了许多制约分厂生产进度的瓶颈问题；也正是这双勤劳、有力的双手，让她取得了一个又一个荣誉：

2006年第一届集团公司技能大赛中荣获引信装配系统第一名，取得"技师"称号；2010年第四届中国兵器工业集团职业技能竞赛暨首届创新大赛荣获引信装试工第三名，被授予"技术能手"称号；2013年被聘为公司级技能带头人、被公司命名为"杰出能工巧匠"称号；2013年在陕西省总工会、陕西省科学技术厅、陕西省人力资源和社会保障厅联合举办的省第二届职工科技节活动中，荣获"陕西省杰出能工巧匠"称号；2014年3月又荣获陕西国防科技工业"十大技术能手"荣誉称号。

面对所取得的成绩和荣誉，她非常平淡地说，这些都是她应该做的，既然选择了这份工作，就要时时刻刻想着自己肩上所担负的使命和职责，就要尽职尽责地做好这份工作。

多么平凡的话语，但却折射出了一位普普通通的女工心灵深处对兵器和国防事业最诚挚的热爱！这也是一位默默付出和无私奉献的女工，对公司创新文化和执行文化最好的诠释！

邹凯，陕西黄河集团有限公司十六车间数控铣工，高级技师。在近30年的工作历程中，他秉承"爱岗敬业、勤奋工作、乐于奉献、开拓创新、务实争先"的工作信念，以对国防事业、对企业发展高度负责的态度，任劳任怨、尽心履职，用实际行动诠释着当代大国工匠的责任与担当。他以厂为家，在工作中开拓进取、拼搏奉献、孜孜以求，经过不懈努力与奋斗，终于使自己由一名普通职工成长为一名优秀的数控加工能手。邹凯同志在政治上始终与党中央保持高度一致，发挥好党员的先锋模范作用；在专业技能上深入钻研、潜心修炼、精益求精；在日常工作实践中关心同事、传道授业解惑，帮助大家成长进步；在生活上勤勉简朴、乐于助人、品质高洁。经过多年的砥砺前进和自我修为，培养了高尚的思想品质和对工作高度负责的主人翁责任感，使他的工作技能和业务水平不断提升，取得了一个又一个可喜的荣誉。他先后荣获：黄河集团标兵、黄河集团劳动模范、陕西电子信息集团"四有"模范职工、陕西电子信息集团标兵、陕西省劳动竞赛标兵、陕西省总工会杰出能工巧匠等多项殊荣。

一、坚定理想信念，树立党员形象

作为一名党员，邹凯同志深刻知道自己的一举一动都会直接或间接、部分或全部地影响到身边同事的工作激情。所以在平时工作和日常生活中，他不断坚持学习党的路线、方针、政策，在日常工作中时时刻刻以党员标准严格要求自己，凡事以大局为重，服从组织安排，听从组织指挥，以学促做、学做结合，不断提高自己的政治素养。除了参加党组织的各种学习教育活动外，邹凯同志还系统学习习近平新时代中国特色社会主义思想、党的重大会议精神、重大理论成果，使自己在政治上、思想上、组织上、行动上与党中央保持高度一致，确保了自己的职业品格、职业素养、职业修为能够全方位体现一名共产党员的时代性、先进性。

二、埋头苦干，勤勉敬业，磨砺自我

作为一名铣工高级技师，从事铣工岗位近 30 年，邹凯同志经常放弃休息时间，加班加点，年均工时 10 000 小时以上，连续多年综合考核名列车间前茅，为车间生产任务的顺利完成作出巨大贡献。邹凯同志结合自己多年加工经验，不断钻研和思考，积极探索，从小改小革做起，把每一个可能提高生产效率的方法都进行稳妥大胆地尝试。他不仅担负着企业批产任务零部件的加工任务，还常年担负企业新品科研试制件、关重件的生产加工任务。每当遇到重大紧急任务，邹凯同志总是能够沉着冷静、缜密思考，积极与车间工艺人员共同钻研，找出最佳的加工方法，加班加点确保任务顺利按时完成。这种紧急加工情况对别人是一种重大挑战，只是偶发情况。但对于他来说，却是多年从业生涯中的经常性情况。就是这种重要的紧急的非常规因素，不断磨砺提升着邹凯同志的技术业务水平，终使他成为车间里不可多得的数控铣工能手，成为车间数控加工的一面旗帜。

三、名师带徒，言传身教，硕果满园

邹凯同志在长期的工作实践中积累了大量实践经验，他把这些经验也毫不保留地传授给徒弟们，不仅教会他们实践加工技巧，而且引导他们树立做事做人的高尚品德。邹凯同志对待每位徒弟都是细致耐心、言传身教、手把手指导，确保每位徒弟都能掌握核心技术。作为师父，邹凯同志有自己独特的教学方法，他能够根据每个徒弟的知识储备、技术能力、操作水平因材施教，采用引导式、激励式、考核式、竞赛式的教学方案，引导徒弟养成独立思考的习惯和勇担重任的决心。邹凯同志采用周记考核和月记考核制度，对徒弟们存在的不足进行指导，对徒弟们好的作为给予鼓励。经过他指引和教导，徒弟中已有 2 名成为技师，有 3 名成为高级工。邹凯同志在工作上能够一专多能，满足车间多工种的需求，能够自始至终践行着"无私奉献、忘我工作"的优良传统和个人高尚的职业道德理念，发挥着传、帮、带传承精神的带头作用。

邹凯同志坚信，只要踏实勤奋、善于钻研、不断总结、肯动脑筋，就能成为一名优秀的技术工人，就能为企业贡献自己的力量，就能实现自己的人生价值。他在这个平凡的工作岗位上"铢"出精彩人生，奏响了自己华美的人生乐章。

沈晓东，陕西宝成航空仪表有限责任公司制造二部快反车间压模组工具钳工，高级技师，航空工业集团特级技能专家，陕西省劳动模范。

沈晓东同志爱岗敬业，每月都超额完成各项任务。他还充分发挥技能专家的技术引领和共产党员的先锋模范作用，影响和带动周围的同志积极投身于完成公司生产经营任务的热潮中。沈晓东同志2012年解决了某型号模具型芯型环的加工难题，保证加工尺寸公差在0.001毫米以内；2013年改进某型号塑压模具的定位，模具成型合格率99.9%以上；2014年合理改进某压铸模的浇注系统，使加工合格率由原来的60%提高到96%以上；2015年解决了某大型磨床夹具平面度0.006毫米，垂直度0.01毫米的加工难点，赢得了客户，赢得了订单；2016年生产某高精度大型车床夹具，保证了垂直度和位置度0.005毫米要求，变不可能为可能。他发表专业论文《模具镶件锥面的加工》等2篇，收集于航空工业宝成"五小"读本的选编。近年来他担任主讲开展技术讲座12次，编写多篇讲义共30 000多字，还担任技能鉴定考评员、技术比武教练，培养了一批技能骨干的成长。他带徒传艺11人，3人已晋升技师。作为一名技术工人，他懂设计会设计，近5年设计模具40多套。作为原工装分公司分会委员、主席，他热心工作受到了领导和职工群众的好评，2016年他所在的分会被陕西航空工业工会授予"模范职工小家"称号，他本人被授予"优秀职工代表"称号。

沈晓东热爱党、热爱航空，是一位勇于挑战、开拓创新、与时俱进的现代技术工人。2006年荣获"陕西省青工技术能手"称号；2007年被中共宝鸡市委授予"宝鸡市党员高技能人才标兵荣誉"称号；2008年荣获"陕西省技术能手"称号；论文《确定合理浇注系统，提高产品质量》《模具制造中的几点体会》《研磨定位板》分别在 2008 年、2010 年和 2015 年被评为陕西省模具工业优秀论文；2012 年被中航工业集团聘为集团特级技能专家；2014 年荣获"陕西省杰出能工巧匠"称号；2015 年被中航工业集团续聘为中航工业集团特级技能专家；2015 年荣获"中航工业航电股份敬业好员工"称号；2016 年荣获"中航工业技术能手"称号；2017 年被中共陕西省委、陕西省人民政府授予"陕西省劳动模范"荣誉称号，同年被陕西省总工会授予"陕西带徒名师"称号；参与设计的 IC 托盘大型精密注射模具获陕西省模具行业优秀模具。

面对成绩他更加努力，始终默默地在为航空工业宝成的发展作贡献。

曹卫锋，中航机电系统特级技能专家，庆安集团高级技能专家，数控车工高级技师，任庆安集团有限公司 19 厂数控车工班组长、第六党小组组长、曹卫锋创新工作室组长、航机公司数控车技能指导培训师。获陕西省"杰出能工巧匠"、陕西省国防科技工业十大"技术能手""中航工业技术能手"、中航机电系统"优秀共产党员"、中航工业"特级技能专家"等省部级荣誉 10 项；获西安市"劳动模范""五四青年奖章""曹卫锋创新工作室""西安市首席技师""西安市技能带头人"等西安市荣誉 9 项；获庆安集团有限公司"优秀共产党员""先进党小组""优秀班组""优秀党员师徒"等 28 项；获庆安集团有限公司 19 厂"优秀党员"等荣誉 12 项。

曹卫锋自 2002 年进厂以来，不断加强理论学习，自觉增强政治修养，廉洁从业，时刻与党中央保持高度一致。他带领第六党小组积极开展党内各项活动，党建工作扎实，基础过硬，党小组内党员示范性强，多次受到上级党支部和分厂党支部的嘉奖和表扬。第六党小组是19分厂党支部的一面旗帜。曹卫锋同志工作上积极主动，努力钻研，不断提高技能水平。在转包生产中，随着新材料、新技术的引进和应用，在好多技术都没有现成可借鉴的情况下，他带领团队攻克了一道道技术难关，使庆安集团转包的加工能力得到了大幅提升，能够承接的零件日益复杂，得到了上级各部门的高度认可和肯定。多年来如一日，他立足工作岗位，强化自身内功修养，不仅着力为公司解决了技术难题多项，还一步步通过师带徒、技术广泛传授为庆安19厂和庆安集团培育了一批又一批优秀的人才队伍。身为数控车工的他，技能方面一层带一层，通过几年的努力，打造了19厂坚实的数控车工技能金字塔结构。但是加工中心和钳工方面，相比较下是比较落后的。曹卫锋通过曹卫锋创新工作室这个平台，把加工中心和钳工较好的师傅吸收在工作室内，选定各工种讲师每年进行技能培训，让他们参加省市技能大赛。获得好成绩且技能全面的人员定为该工种的讲师和技能带头人并报分厂备案，杨宝军、同航飞已定为加工中心讲师和技能带头人，徐新斌已定为钳工讲师和技能带头人。目前，通过技能鉴定和大赛，两个工种已有10余名职工取得了好成绩。

19厂是庆安集团有限公司的一家对外合作转包厂，坐落在西安市凤城十二路出口加工区内，分厂现代化的装备和生产管控环境不仅在庆安集团有限公司首屈一指，而且在外商眼中也是出类拔萃的。最初公司决定由曹卫锋组建公司第一个以劳模名字命名的创新工作室，目标是复杂大型筒体类、耳环类零件以及复杂壳体等为主的研制生产，一边解决生产上的技术瓶颈，进行技术上的积累，一边总结经验，形成规范的技术指导资料。工作室在曹卫锋的带领下，每年平均提出合理化建议300余项，群策群力10多项，集智攻关20余项。其中大型筒体修基准、大型盲孔筒体车内槽等十项技术的研发促进了分厂制造水平大幅提升，他带领团队研发出12种不同类型筒体和活塞前沿先进加工技术，多项技术已经形成操作法广泛应用于生产，多种技术的实际应用都陈列在工作室的展柜中供大家学习提高。通过多年的技术积累完善和实际经验总结，曹卫锋编著了许多生产指导技术资料，如《数控车床培训专用教材》《FANUC数控车床编程技巧》《数控车床刀具的选用技巧及常用参数的计算》《典型问题解决案例》《数控车床应试技巧》《磨刀技术》《数控车编程案例》等11余项技术文件。这些实用技术与书本上不同，紧密结合生产实际，学了就能用，在生产提质增效中发挥了巨大作用，同时对新技术的广泛应用和推广起到了积极的作用。他先后多次给员工进行了培训，培训人数100余人，为分厂培养了数控车工29名中级工、13名高级工、9名技师、2名高级技师。

曹卫锋攻克了多项技术难题，为公司赢得UT、BAR、SLS、PK、GE筒体新客户订单。他通过刻苦钻研，创新了UT两种深盲孔细长型活塞杆及两种深盲孔细长型外筒加工方法，通过创新思路，能够顺利实现逆向思维，找偏加工把超声波测厚仪应用于其中，解决加工难题多项，夺得批产订单，赢得UT客户高工的高度赞可。BAR大型筒体遇到的难度是前所未有，在别的分厂试制全部失败且还没有解决思路的情况下，引起了庆安集团公司领导高度重视，临阵换将，把此项重要任务交给19厂来办。19厂领导接到任务更加重视，虽然深知难度非常大，但是此项筒体的加工能体现19厂的加工实力。领导要求曹卫锋带领团队全力以赴，想尽办法进行首件研制。经过全员的齐心协力，成功地完成了研制任务，实现了顺利交付，为19厂争得了荣誉。他通过设计改进组合夹具定位元件，提高了定位精度并且方便操作，质量稳定，效率提升了4倍，年节约生产成本8万元。19厂成立初期，SM深盲孔大型筒体内槽请托外厂加工，每班仅能加工1.5件，一段时间内，该筒体车内槽成了瓶颈工序造成了严重欠交。迫于交付压力，19厂决定由曹卫锋组建团队攻克此项难题。试制初期很不顺利，曹卫锋突发奇想，彻底改变了加工思路，一举攻下了难题。经过优化班产量9个，筒体效率提升了6倍，最后形成操作法普遍推广，化难为易，员工们已经都会加工。曹卫锋解决了铝制夹持盘浅盲孔小公差加工中测量难题。此零件公差小于0.02，在机床上现有的检测方法无法使用。经过仔细研究，他终于探索出可靠的可以方便操作的控制方法，该法在集团公司测量方面史无前例。GE大型筒体同轴度差，曹卫锋自行设计制造大型工装，取得了显著实效，年节约成本12万元。他解决钛合金薄壁件加工变形难题，实现了加工上的一项重要突破，将产品合格率从20%提高到100%。他撰写论文论述了变形的主要原因，两项论文获庆安集团公司科技论文一、三等奖。他四项操作法获得公司一、二等奖。目前，数控车工种共有9项操作法，在实际加工中都起到了积极的作用。大型筒体修基准、大型盲孔筒体车内槽等10项技术年直接创造利润100余万元。

曹卫锋把自己掌握的技能积极地教给公司的其他员工，历年来亲自带徒弟16人，多数徒弟成绩都很突出并且在关键岗位发挥了积极作用。为了广泛提高全员技能水平，曹卫锋立足生产实际需要，总结多年积累自编《数控车床培训专用教材》《典型问题解决案例》《磨刀技术》等11余项技术文件。这些成果应用于现场实际培训中，有力促进了数控车工技能水平持续提升。数控车工技能稳固的金字塔结构已经全面形成，有力地促进了生产任务顺利完成。他开办了青年学堂，利用该平台进行培训及成果分享，培训方式多样，取得丰硕成果，培训实用性得到公司团委领导的高度赞可。

曹卫锋所带的曹卫锋创新工作室、19厂四工段螺母单元班组、19厂党支部第六党小组三个团队已经成为庆安集团公司和19厂的一面面标杆性旗帜，处处发挥着重要的模范带头作用。他长期以来坚持不懈，带领一批又一批人员奋战在分厂生产线上，做出了优异的成绩。更加难能可贵的是在曹卫锋团队的努力下，创新超越、顽强拼搏、精益求精逐渐成为一种文化，已经逐渐融进了广大职工的日常行为习惯中。

刘宏，陕西长岭电气有限责任公司科技公司36分厂数控铣高级技

师。1994年参加工作，扎根生产一线，在平凡的岗位做出了突出的成绩。在工作中他勤勤恳恳，虚心好学，经过20年的工作积累和实践，如今他已经成为分厂生产的技术骨干。

2008年参加由陕西省信息产业厅组织、省电子工会主办的陕西省信息产业系统职工技能大赛，荣获数控铣组第二名，并晋升为技师。同年在公司举办的职工技能竞赛中荣获数控铣组第一名。2008年刘宏还被公司评为创新能手。2010年参加陕西省电子系统职工技能大赛，荣获数控铣组第一名，被中共陕西省委组织部、陕西省总工会、陕西省人力资源和社会保障厅、陕西省科学技术厅、共青团陕西省委联合授予"陕西省技术能手"称号。2011年在公司举办的职工技能大赛中，他再次获得了数控铣组第一名，被授予"公司青年职工技术状元"称号。2012年他入选宝鸡市高技能人才风采录。在2013年公司开展的精益制造推进工作中，他积极响应、踊跃参与提案改善活动，全年上报了22份改善提案，节约费用16 159.4元，被公司评为"改善之星"，同年获得精益生产特等奖；2014年被陕西省总工会授予"陕西省杰出能工巧匠"称号。

刘宏在生产中始终服从班组安排，坚持更快更好地完成生产任务的同时，始终坚持以分厂利益为重。2014年全年完成军品10项75件，民品78项833件，模具149项201件，纺电12项83件，全年无质量事故，合格率100%，共完成工时15 000多小时。

工作中，刘宏不断地总结经验，进行了许多技术革新，在"五小"创新活动中获得三等奖。两年来提出了31项技术革新、改善提案36项，大幅缩减生产成本，为公司节约了资金，为分厂创造了效益。

刘宏不仅能按照图纸要求加工出合格的零件，更能解决实际生产中的问题。公司纺电某产品中的摆臂支座壳零件，毛坯为铸铝件，工件变形大、刚性差，不易加工，容易撅活，废品率高，加工效率低，是分厂机加零件中难啃的硬骨头。接到任务后，他仔细消化了图纸，经过分析和测量，发现工件毛坯铸件的一致性较好。于是他摒弃原加工方法，设计了一个工装夹具，改变了装夹时工件的受力结构，在增加压紧力的同时不会造成工件变形，并提高了加工效率。同时，采用夹具装夹，快捷简便，定位准确，并且侧面可一次装夹加工成形，不用接刀，平面度很好。通过采取以上措施，从而彻底解决了加工难题，生产出了合格的零件，从而保障了这项纺电产品的顺利完成。

陕西得瑞公司是 36 分厂对外加工业务中的大客户。36 分厂长期为其配套加工零件，其中小凸轮批量大，常年加工，年产五六千件。小凸轮毛坯外形为气割面和锯割面，原加工方法为顺铣，刀具磨损严重，不耐使用，容易断刀，消耗太大，费用高。通过对加工过程的观察、分析，刘宏发现刀具磨损断刀是因为铣到氧化硬层造成的，于是他做了一些加工改进，钻定位孔时，注意选择方向，使零件装到夹具上时，进刀方向避开硬化层，并且采用逆铣粗铣，始终不接触氧化硬层，大大减少刀具磨损。改进后，加工 100 件零件，由原来需要 10 把 D18 波刃刀减少为只需用 2 把，大大降低了费用，仅此一项每年为分厂节省资金近 10 万元。

36 分厂生产任务重，工作量大。刘宏同志主动放弃节假日及周末休息时间，坚持加班加点，及时完成了分厂生产部门下达的各项生产任务。尤其是在 2012 年 11 月，他突发肾结石，疼痛难忍。当时他正为分厂赶制一批客户急需零件，工期紧、任务重、难度大。经过仔细研究，他自己设计了工装夹具。为了不耽误生产，他忍痛坚持完成夹具设计图，交给调度安排制作工装后，才去医院看病，晚上又继续上夜班。就这样他白天去医院看病、输液，晚上坚持上夜班。经过十余天的不懈努力，利用自制工装，大幅提高效率，终于按时保质保量地完成了两种型号共 30 套箱体的加工，及时交付到客户手中，得到客户一致好评。

"作为一名一线员工，就要从本职改善开始，从一点一滴做起，只要我们不断地改进，生产成本一定会降低，生产效率一定会提高，精益制造工作也会见到成效。"这句话是 36 分厂刘宏同志的肺腑之言。紧张忙碌的工作造就了刘宏高超的技艺和良好的职业素养，他谦虚谨慎，严于律己，脚踏实地的在自己的工作岗位上辛勤耕耘，得到了分厂领导和员工的交口称赞。

窦海洁，陕西柴油机重工有限公司众多一线技术工人中的普通一员，是一位有着从事铣工工作30年经历的技能专家。从参加工作至今，他多次获得陕柴重工"先进生产工作者""优秀共产党员""质量管理和劳动竞赛先进个人"及公司"质量标兵""技术能手"称号。多项QC成果和"五小"项目获得公司表彰。2012年获"陕西省技术能手"称号，2014年获"陕西省杰出能工巧匠"称号，2017年被中国船舶重工集团公司聘为技能专家。多年来，窦海洁始终扎根国防军工产品生产一线，练就了一身过硬精湛的铣工技术，尤其擅长加工各类薄壁零件和异形零件。

一、过硬的技术

铣工被誉为"万能工种"，但要学好它、用通它却并非一朝一夕之功。当学徒、独立干活、解决加工难点，是窦海洁工作上一路走来的轨迹，但在这条轨迹线上，窦海洁付出了比他人更多的艰辛和努力。平时专业知识的自我学习积累、各类培训、技能比赛他总是认真、积极，并与自己在产品加工中遇到的问题相结合、相印证，加上刻苦和悟性，使他成长为铣工加工生产的能人。工作中，有了急难任务，领导第一个想到的就是他——窦海洁，"交给海洁就行！"每一次的任务就在这样的一声交代中画上了句号。

在某型军品柴油机零件摇臂加工铣槽时，刀具出现异常磨损，加工效率很低，合格品低，不能满足装机要求。干活的职工不愿意接手，一时间该零件的加工成了令人头疼的难题。窦海洁从加工工艺、工装选用、刀具使用等方面认真分析，采用"立铣刀插补"加工方法，不仅解决了加工中损耗大的问题,而且使合格品出产效率提高了4倍。新方法的运用,使工友们争着抢着干过去没人愿意干的活,这个产品的加工也成了大家愿意干的"香饽饽"。这种加工方法很快被推广运用到钢轮毂减震孔和轴承座双联孔的加工,取得了满意的加工效果。

针对某柴油机摇臂材料硬度高、黏性大、加工难度大的问题,特别是细长深孔钻削中合金钻头易断,而使用高速钢刀具遇到硬点又出现"让刀"这样的头疼情况,窦海洁采用替代的、廉价的、又能满足加工要求钻头进行加工的方法,既提高了加工效率又降低了废品率。

在某型摇臂钻斜孔工序中,窦海洁采用U钻代替普通钻头,大大提高了加工效率,同时避免了普通钻头容易断且加工质量难以保证的难题。

这样的事例不胜枚举。他工作中勤于动脑、善于动脑,有了新的加工方法他总是毫无保留地与大家分享。在公司铣工、镗工和数控工这些行当中,窦海洁成了同事中的技术"大拿",提到窦海洁同事们总会伸出大拇哥由衷地为他点赞。

二、产品质量见真章

经窦海洁加工的产品从没有发生质量超标和质量损失,他也成为公司产品质量的标兵和质量管理先进个人。

加工某机轴承用板过程中,通过对工艺的深入研究,窦海洁凭借自己多年来积累的机械加工经验,自主设计并制作工装,将立式加工挖槽、钻铣工序转换为车床加工,缩短了加工周期、节约了刀具费用,使生产成本大幅度降低。同时,将零件合格品率从70%提高到90%以上。

这些年经过他技术革新的零件有几十种之多,解决技术难题、提高加工效率、设计改磨刀具和制作简易工装等。从超大进给铣刀的推广应用到加工程序的编制再到加工调试,他总是那个第一个吃螃蟹的人。

陕柴重工 QC 成果和"五小"成果发布榜上总会有他的名字出现,"16/24 摇臂分流调效""DK-20 凸轮轴工序提效""MTU 检视孔盖攻关"等项目都是他带头拿下的攻关项目。这些成绩如果没有过硬的技术积淀是不可能取得的,而说到这些的时候,他总是憨憨地说:"这没有啥,应该做的。"

三、技能比赛勇争先

2011 年,陕柴重工举行数控工技能大赛,当时从事普通铣工加工的窦海洁积极报名参加,取得了数控铣工第三名的好成绩,获"数控铣工技术能手"称号。别人问他:"你又没有干过数控工,怎么还取得了这么好的成绩?"窦海洁开心地说:"我平时偷着学的!"他就是这样一个平时不显山不露水,默默下功夫的有心人。

2012 年,通过公司的层层选拔,窦海洁以综合能力第一入选参加陕西省技能大赛,并在本次大赛的全省众多好手中杀出重围获得了"陕西省技术能手"称号。

四、带徒授艺

窦海洁不仅技术精湛是生产骨干,而且言传身教,带徒授艺,他带过的 5 位徒弟中,1 个技师和 4 个高级工现在都在关键的生产岗位。身边的年轻人只要问到他,或者被他发现问题,他都积极耐心地去指导,在技术上毫不保留。窦海洁赢得了同事的尊敬。

尹克付,西北工业集团有限公司工具一分厂铣工高级技师,先后从事万能工具铣床、数控铣床操作。他从事铣工岗位 31 年,主要承担模具夹具零件加工生产及复杂形状成型加工。通过不断钻研技术,在陕西省及全国职工职业技能大赛中多次取得优异成绩,先后荣获"陕西省铣工状元""陕西省技术状元""陕西省技术能手""陕西省国防

工业系统优秀共产党员"称号，荣获公司级"先进生产者"称号 12 次、"优秀共产党员"称号 4 次。2004 年 1 月，尹克付参加陕西省人才工作会议，作为全国技术能手被省委省政府奖励 1 万元（获此奖的全省共 10 人，工人仅 2 人，尹克付是其中之一）。2007 年第 8 期《当代陕西》三秦技能人才谱专版对尹克付做了详细报道。2012 年，他代表陕西省参加第四届全国职业技能大赛获得全国第 12 名，受到全国总工会嘉奖。

一、勤奋好学，志存高远，在普通一线岗位中磨砺成才，顺利保障重大演练任务的完成

2004 年，尹克付开始从事数控铣床操作岗位，通过努力学习计算机和数控机床知识，学习高精度设备的操作方法和加工理念，很快熟悉了两台数控设备的性能特点、数控铣床加工工艺、计算机编程、数控铣床刀具选用方法及设备的操作方法。2007 年 12 月，在陕西省高技能人才演示活动中，他进行现场演示操作。该演示为一异形凸模加工，外形为 95 毫米×50 毫米×45 毫米，精度要求在 0.015 毫米，要加工出两边 30 度的斜面，并在顶部加工出沿台和凸半圆形状，各位置、形状、尺寸都必须保证在 0.015 毫米以内，铁半圆用的成型刀要自己动手磨成。演示中，经过试加工，测量后，根据尺寸调整相关刀具角度和形状，再通过用油石修磨，顺利完成了所需的半圆成型刀具，在万能铣床上依次加工出外形、凸台、角度、异形等，演示精彩，圆满成功。

在国家某重大演练项目中，尹克付担负了该项目发泡模、压铸模、注射模等位置精度高、加工难度大且生产线急需的模具零件加工，为该项目的全面完成作出了贡献。2007 年在某演练行动中，他承担某产品模具工装的铣工任务，克服了加工难度大、精度要求高等因素。特别是在该产品 631083 塑料模具生产中，针对形状复杂、尺寸要求严等特点，他积极与技术人员研究，他共同设计加工工艺路线和方法，终于如期完成了该模具生产。演练行动中，他共完成 341 件工装模具的零件任务，保证了演练工装按节点完成。

二、大胆创新，努力攻关，为某产品实现国产化作出了突出贡献

模具生产是多品种单件生产，工艺过程复杂，制造精度要求高，需要在消化理解图纸上下功夫，且加工方法变化多，装夹工件难度大，没有固定的模式，个人的工作经验积累十分重要。尹克付通过细心地观察、琢磨、学习，积累了丰富的理论知识和实践经验，不但能够解决生产中出现的疑难问题，并且能够指导和带领其他同志共同工作。

在万能铣床操作中，他多次参加了军品常规、科研精冲模的项目攻关工作。2001年6月，作为某产品进口压铸模国产化攻关组的主要成员，他以精湛的技术水平、严谨的工作态度和敬业精神，一次次地设计二类图和计算相关数字，保证和促使项目顺利进行。该模具型芯形状复杂、台阶多，位置精度高，其零件各尺寸精度要求均在0.015毫米以内。为完成加工任务，他自行设计出不同形状的二类工具及夹具8种，综合考虑到了各不同加工面及相互位置，形成完整的工艺过程。在试模期间，他每天都加班到很晚，根据试模测量数据反复进行参数修改，保证了该产品国产化工作的顺利完成。该项目受到了公司的嘉奖。

三、开展工艺攻关和技能创新，解决诸多生产加工难点，产生了较大的经济效益和带动效应

通过多年的铣床加工实践，尹克付积累了钛合金、铝材料、钢材料类零件成型加工经验和技能，能够进行平行度、位置度要求很高的复杂零件加工，先后为公司军品工装生产、航空工业等客户生产。在生产中，他能够根据加工工艺自行设计和生产二类工装和刀具或者进行标准工装和刀具的选用；在技术员的指导下，他能够确定铣工工艺加工路线和方法，并且能够自行进行数据演算及计算机编程，突破了铣工生产中零件容易变形的问题。

2008年，某零件加工中出现难题。某零件加工用电火花进行成型加工，因最窄的部位不到1.0毫米宽但深度却有4.1毫米，电加工零件材料变形大。尹克付决定在数控铣床上进行加工，把中心钻改制为成型铢刀，用小的进刀量多层次加工，实现了数控铢床功能的提升。

2011年，在加工某产品第一定位环时，原来是由铣床上专用定位夹具反复2次粗加工，再由数控铣床上专用夹具定位精铢。每次一件，加工速度慢，合格率仅在75%—80%左右，难以满足生产车间的需要。尹克付接到任务后，他认真消化图纸，仔细分析零件的加工特性，自行设计专用二类工装夹具，一次装夹6件，由数控铣床一次精铢完成。这样合格率提高到96%—98%，节约了大量的人力和时间，提高了质量，同时也保证了生产所需。

2013年7月，某所产品后舱段焊接件出现质量问题，给该所造成较大损失。对方求助分厂。尹克付接到零件后，仔细研究结构，确定了合理的加工路线，用16天修理了34件零件，为对方挽回30余万元的经济损失，为公司赢得了声誉。

2014年，在某一产品技术攻关中，该零件形状为扇形，中间凸出部分在数控铣床最后精铣时变形大，尺寸控制不稳定，平行度和对称度更难以保证，零件最初合格率为50%—60%。尹克付经工件试制后，和技术人员协商，采用合适的切削速度和切削用量，并调整刀具及机床的参数以减少零件变形，通过增加工艺及二类工装夹具调整各种切削用量等措施，使零件的加工稳定性有了很大的提高，合格率提高到90%—94%。

四、带徒传艺，培养人才，徒弟多人成为企业技术骨干

尹克付总是毫无保留地把自己的知识和技术传授给年轻工人。为了把知识和技术传授给更多的工友，他认真整理自己20年来在加工中所积累的知识和经验，毫无保留地传给徒弟。近几年来，他带了五六个徒弟，个个都已成长为子公司的顶梁柱。其中徒弟魏晖，目前技术资格已晋升为技师，在生产中能独当一面，2012年魏晖被陕西省模具协会纳入"高级人才库"；徒弟白杨，也在省级一类技能大赛中，取得第10名的好成绩。

"岗位就是责任，工作就是奉献。"尹克付严于律己，不断进取，在平凡的岗位上兢兢业业做事，踏踏实实做人，从不计较个人得失，舍小家顾大家，一心扑在工作上，施展自己的聪明才智，体现了新时期高技能人才的价值风范，彰显了当代军工战线上"金领工人"的风采，为国防事业、公司的发展作出了积极的贡献。

何海飞，中国航发西航数控车高级技师高级技能专家。作为公司技能专家，他还是工段年轻人口中的老师傅，经常毫无保留地向单位里的年轻人传授操作技能。面对徒弟们一个个从"新人"逐渐成长为能够独当一面的骨干，何海飞满心高兴，他说现在的年轻人聪明、好学，一教就会。徒弟们对何海飞也是充满了感激之情，他们表示，何海飞为人亲切，总是手把手地指导他们，使他们快速进入岗位、融入工作，成为不可或缺的力量。

何海飞完成单位安排的科研批产零件的生产任务，针对问题能够及时解决，通过优化加工工艺等，改善加工质量及效率。全年无任何质量呈报、质量事故。何海飞还完成了单位青工、制造工程师的现场操作培训任务。针对单位才成立时，组成人员对零件特点、加工方法的不同，他进行了现场操作指导，促进技能积累，保证零件加工质量。针对设备漏油漏液情况，他寻找招数查找漏油漏液的根源，并想办法解决问题，使漏油漏液情况得到很大改观，提高了5S建设工作。

作为一名党员，何海飞在工作中任劳任怨，敢为人先，能一人多机操作，同时工段里的一些关键工序也都是由他完成。赶抢任务时，他也是急工段之所急，想工段之所想，积极出谋划策，为工段任务完成贡献自己的力量，展现出一名共产党员的模范带头作用和无私奉献的品质。

何海飞同志能从各方面很好地完成单位交给的各项任务，工作勤勤恳恳、兢兢业业，起到了一个党员的模范带头作用。

一、扎实工作尽心尽力

何海飞完成了某型零件的加工生产任务以及科研产品的试制加工任务。在生产加工过程中，他能认真思考，善于总结，主动和同事进行沟通，改善加工中的一些难点问题，进一步提高加工质量及效率；曾多次提出夹具改进、程序优化、加工方法改进等关系到加工质量的问题，并得到了有效的处理，改善了零件的生产质量及效率情况。在加工某机内套零件时，由于零件装夹刚性差，加工中让刀严重，多数特性尺寸无法测量，送检后合格率较低。他针对问题进行深刻分析，首先优化加工工步，分粗、精加工，控制变形量，在粗车过程中摸索让刀量及刀具切削寿命；其次在加工过程中采用可以测量表面为基准面。选用代用标准件测量，精确控制刀具精度，通过摸索的让刀量及精确刀补的结合方法，有效控制了零件的尺寸精度及变形量，使零件送检合格率大幅提高。在参加科研试制任务中，他能多思多想、善于总结、不断改进更好的加工方法。在试制过程中，他胆大心细，多次发现影响加工质量的一些问题，并得以很好的解决；能针对生产现场出现的质量问题及隐患进行分析、判别，并进行质量改进。加工某零件精车内外型时，外支撑无法正常装卸，需进行二次装夹，影响加工精度；增加装卸次数，不但增加劳动强度，且需要反复进行，费时费力；外支撑不适合无法正常使用，且支撑过高，影响零件装夹刚性，加工效率低。他建议调整工艺路线，分工序加工，分别保证加工精度，这样零件装夹方便，刚性提高，尺寸容易控制，生产效率高。后支撑可做成快卸支撑，保证零件不再二次装夹，不需反复调整装夹，零件精度容易保证，且减轻操作者劳动强度，方便快捷，效率高。加工某零件精车大端内外型，精车余量过大，加工时存在大量空走刀。加工时需要五把刀，刀台受限制只能装四把刀，需反复装卸刀具，费时费力。他建议适当调整粗精加工余量，调整安装边工艺尺寸，优化程序改用切刀加工，可减少一把道具，提高刀具耐用度，提高生产效率。遇到生产任务紧时，何海飞能主动加班加点，工作兢兢业业，确保生产任务从不在自己手中晚点。

二、以老带新成效显著

针对西航近年来产品质量问题的分析总结，何海飞结合有关文件汇总编写了数控车数控程序刀补防错防误指导书，并在工段推广应用，收到显著效果，对提升产品质量起到了积极作用。在参加单位技能培训工作中，能按照单位培训的要求，为单位青工、毕业大学生等进行了相关技能的培训学习；能按照单位质控室定期的质量汇总情况，对生产零件的主要质量问题进行总结分析，并对相关人员进行培训学习，努力提高大家的技能水平。在现场技能辅导过程中，他以对青工解决现场技术质量问题为核心内容，使教与学变得直观鲜活。在此期间，长期接受各大院校在校大学生到西航的实习学习任务，并能很好地完成任务。在西航举办的中航工业西航第一届职业技能大赛中，他利用业余时间辅导本单位选手理论知识的学习与应用，刀具、量具的准备与调试，考前的强化培训与训练，以及比赛当中的尝试与要领，最终单位参加数控车的选手有两人进入决赛，取得了数控车工组第三名和第十名的好成绩，并被西航予以公司级技术能手及青年岗位能手的称号，为单位争得了荣誉。

何海飞能认真对待中心交给的带徒任务，在带徒弟的过程中能严格按照单位要求来要求学员，在学习过程中能把自身所学传授给徒弟，并努力摸索带徒弟的技能技巧，使徒弟尽快成才。他所带徒弟上手能力快，能快速融入单位中，回报单位及公司。在生活中，他也能很好地关心徒弟的日常生活，引导徒弟茁壮成长，传授给徒弟的不仅仅是技能和技艺，更是把对工作的认真、负责、担当的精神旗帜传承、延续！

在西航的技能鉴定中，他培训指导的人员已有 8 人晋升技师，10

多人升为高级工，大部分青工已达到中级工水平。在公司进行的第二工种的学习中，他先后辅导 3 名同志完成了数控车工第二工种的学习考核任务，并顺利通过考核取证，取得高级工 1 人、中级工 2 人。

三、扎实学习提升技能

何海飞曾先后参加了中航工业第一期数控技术培训班的学习和中航工业高技能人才培训班的学习。通过学习了解了更多的数控加工技术，尤其是参数编程的应用，以及与同仁们的宝贵交流，取长补短，使他增长了见识，业务技能得以提高，为新的制造技术迈向智能制造指明了方向。他通过努力学习，顺利拿到了结业证书。在西航人力资源部与张家界航院的合作中，他通过努力顺利通过了入学考试，并顺利完成了航空发动机装配与试车专科专业学习，顺利结业。在公司第二工种的学习培训工作中，他通过学习培训，顺利完成了第二工种的学习考核任务并取证。

四、所获荣誉

何海飞曾先后代表公司及陕西省参加了陕西省职工职业技能大赛、全国数控大赛、中航工业第二届职工技能竞赛等，取得了优异成绩，先后荣获"陕西省技术状元""陕西省技术能手""陕西省青年岗位能手""陕西省国防科技工业技术能手""陕西省杰出能工巧匠""中航工业职业技能竞赛优胜奖""西航公司'十一五'科技工作者技术能手""西航公司优秀培训师"等荣誉称号。

五、其他方面

何海飞一直遵守公司及单位的各项规章制度，积极参加中心组织的各项活动。他在 5S 工作中能认真对待，积极落实；在日常工作中能团结身边同事，关系融洽，能够以集体利益为重，积极向上。

作为技能专家，何海飞深深感受到在西航的关心和帮助下，自己才茁壮成长，立志在以后的工作岗位中，兢兢业业工作，踏踏实实做事，老老实实做人，勤奋学习，爱岗敬业，相互学习，取长补短，在平凡的岗位上再接再厉、再创佳绩，为西航发展、为两机专项贡献自己的智慧和力量。

龚晓玲（女），陕西长岭电气有限责任公司工作检验员，先后获得"陕西省杰出能工巧匠"称号、陕西电子信息集团公司优秀技能创新成果奖1项、公司技术革新一等奖5项、公司职工"五小"创新劳动竞赛一等奖1项、公司技术革新二等奖2项等荣誉。

1993年，她从长岭技校毕业后就走上了无线电装配岗位。俗话说："师傅领进门，修行在个人。"在这里，她从一个懵懂的学徒，一点一点的成长和蜕变。数九寒天，零下20摄氏度的厂房四处透风，她在工业酒精里清洗几百个线圈，一刷就是几个小时，双手被泡得红肿过敏，人也被酒精熏得晕晕乎乎，可她还是咬牙坚持。炎夏酷暑，在40摄氏度的密闭房子里，她用100多度的油锅做密封性试验，尽管油烟熏得眼睛红肿、嗓子干痒，却还要盯着油锅里的器件，一旦有器件漏油，需要立即返工修补。常年的繁重工作、时间紧、设备简陋、工艺简单，使龚晓玲深刻体会到操作工人工作的艰辛，也从那时起，她便萌发了通过创新改变操作难度，提高工作效率的决心。她先后参与到各种新品的试验试制生产之中，完成了焊接定位工装盘、某专用检测架、某隔离变压器测试工装等13项工装的制作，还有"银接点抛光方法的改进""某高度表收发模块装配改进""某收发机装配改进"等6个工艺方法的改进，为企业创造了较高的经济价值。在公司技术创新活动中起到了模范带头作用，为公司技术革新水平的提高作出了突出的贡献。

某机电系列组件是电机的核心，因此它的绝缘性及技术指标也会相应提高。加工时要在圆形的零件上焊接玻璃材质的元件，焊接时必然产生位移，玻璃管遇高温也容易断裂，相关尺寸精度偏移要求小于一张银行卡厚度的一半，单靠人工操作很难保证，工作效率极低。如果真空灌封了开裂偏移的元件，通电时的大电流会使其瞬间击穿爆炸。龚晓玲利用硅橡胶可塑性强、流动性好、干燥成型快的自身特性，制作焊接定位工装盘。将线圈卡在工装槽内，一次就可完成30只组件的焊接。产品表面无损伤，焊接速度快，简便易操作。当赶工时工装还可分割成两个同时使用。该工装被评为2010年度公司技术革新一等奖。产品进入批量生产以后，新的问题接踵出现，玻璃管只有芝麻大小，两个焊接成型要达到图纸要求尺寸，需反复比对加工，由于玻璃管材质易碎、体积又小，非常容易折断，只能专人专干，但还是有不少报废品。研究所对送交的产品提出严重质量反馈后，她和同事们立即带上备用材料，随同经理、设计及工艺人员赶往研究所。经过数小时的奔波，大家都没心思吃饭，直接上现场了解情况，立刻确定返工方案，直到晚上10点全线返工完毕，才带着行李找旅馆。第二天一早产品通过验收。回来后，她利用业余时间查阅相关资料并与设计工艺人员进行沟通，确定了工装制作思路，再与数控机床的师傅一起对各零件尺寸进行测量、反复修改试验，加工制作了二极管压接成型工装，可一次完成20只元件的压接成型，成倍增加功效。由于每批次采购的元件尺寸不同，增加调整板后工装可压接三种不同尺寸的元件，降低了采购难度，每年可为企业产生可观的经济效益。为保证产品性能及外观达到设计图纸及相关总装工艺要求，她向工艺提出内控改进建议6项。受温度影响，冬天和夏天的数值变化很大，产品到用户单位往往参数不合格。她与工艺人员一起做温度记录，通过大量的数据，确定线性温度数据表，将数值从几十度范围控制到几度，这样就可以保证产品送到厂家验收的时候，也能合格。她还建议增加工艺附图确定导线引出端位置、尺寸等，均获得工艺采纳，以通知单形式对工艺要求进行量化。产品也从开始的厂家拒收整批次返工，到现在成为免检产品得到用户高度赞扬。该产品为航空航天器的平稳运行及精准度提供保障，也成为打开航天研究所门户的一把钥匙。

2012年，龚晓玲在检测某系列变压器绝缘电性能时，有部分产品通电击穿。通过各道工序巡检发现，灌注前线圈插针与铁芯开口槽错位，部分紧贴在一起，套管无法推至插针根部，是导致产品短路击穿的要因。由于铁芯和外壳所用特种材料经热处理之后变软，装配时没有工装辅助，操作工只是用榔头一点一点敲击，用力不匀极易变形，废品率较高。她通过反复观察，查阅相关资料，并向工艺咨询材料特性及影响，测量各零件数据后，制定方案。在成套工装制作初期，经常是一手拿个馒头随便啃啃，一边学习3D制图软件的功能，遇到瓶颈时，则拉着相关工艺人员请教直到弄懂为止。通过一个多月废寝忘食的练习，她运用软件对工装进行3D图形绘制及运动演示，经过反复改进，在成组铆压端，用线切割对称铣出开口槽，再各增加2个带槽定位销，得到设计人员认可。经车间各工序验证，使用配套工装产品一次铆压合格100%，提高变压器的绝缘性能和电气性能，工作效率提高6倍。该工装产品既节省了制作成本，又减少加工周期，每年可为企业产生经济效益数十万元，被评为年度公司技术革新一等奖。

这一年某种产品批次生产量是历年来最多的，有近500只，并且要在一个月内完成所有数据检测。当时正值每年双过半工作任务最多的时候，龚晓玲身体透支，没有胃口吃东西。她带着重感冒坚持工作，随后咳得喘不过气，去医院检查，确诊病毒性感冒、咽炎、鼻窦炎、中耳炎、重度耳聋。医生让她住院，可她想着工作还没完成，硬是带着针剂和药回到工作岗位上，按时完成了生产任务。工作结束后回顾总结：变压器引出插针间距狭小造成短路，会损坏三相程控功率电源、万用表及电流表等仪器仪表，每年维修费用几千元。每次短路也降低产品的绝缘性能和电气性能。每测一个数值，需要重新搭接仪表，重新调校，大批量生产时效率太低。她得到设计人员认可，经过多次改进，增加绝缘保护和加装测试端，可同时加载6种仪器仪表，用于十几种电气参数的直接检测。经车间工序测量验证，使用测试工装与直接测试各项参数无差异，检测架测量参数精确稳定，无短路，对产品无损伤，无仪器仪表损坏。军验时，只要在搭接好的检测架上直接插入变压器即可，缩短了检验时间且操作简便，工作效率提高 6 倍。经过她的革新，提高了产品的绝缘性能和电气性能，消除了产生不合格品的隐患，降低了生产成本及人工费用，降低了仪器仪表采购及维修费用，为产品国产化替代提供了质量保证。"SOCOT 专用检测架"被评为 2013 年度公司技术革新一等奖。

作为一名检验员，龚晓玲不放过检验工作中出现的每一个细小的问题。2018 年，在工作中她发现某高度表收发机大底板漏喷漆，大地板作为收发机所有分机板的插座连接板，一旦短路整机将报废。该产品本身要求就高，如果进入外厂总装出现质量问题，会给企业造成几千万元的损失。她向技术员及工艺人员说明现象及危害。处长严令质量问题绝不放过，提出本批次 107 部整部件全部返工，工艺制定返工方案将所有已装配整部件重新拆装补漆。她和同事加班加点配合车间完成返工工作，确保了产品的安全稳定性。

龚晓玲还非常注重团队的建设，通过传帮带经常做演示和讲解，积极鼓励和引导周围的操作工人，不断提高操作技术水平。在她的带领下，小组人员的操作技能都有明显提高，在车间里急难的工作都由这个小组承担。对于新分配来的装配检验员，她更是从器件型号、设计工艺要求到检验记录的填写、故障出现原因及危害和现象，事无巨细一遍一遍耐心地讲解，使其能够迅速地适应高强度的检验工作。她拟制的《检验实测数据原始记录表》记录第一手试验内测数据，方便产品质量问题的查找。各种账表、记录的拟制、编号、登记、归档，使工作更加方便快捷。对于军代表提出的问题，利用自己对各种相关工种的知识积累，进行详尽的解答，使军代表对产品质量满意放心。工作中一旦发现问题，她及时提醒、提出建议，以确保出厂合格产品。

龚晓玲同志 27 年来始终奋斗在生产一线，精湛的技术能力，不断突破的创新精神，良好的职业操守，感染和团结了一批从事一线的工作人员，为公司发展作出了重要的贡献。

国家"156项工程"在陕西企业

——陕西省三秦工匠光荣榜

张新停	2016年三秦工匠（西北工业集团）
李世锋	2016年三秦工匠（西飞公司）
彭永利	2016年三秦工匠（长岭电气）
夏复山	2017年三秦工匠（西航公司）
朱力	2018年三秦工匠（西北工业集团）
高喜喜	2018年三秦工匠（西电集团）
张勇峰	2019年三秦工匠（西安航天发动机有限公司）
王卓岗	2019年三秦工匠（庆安集团有限公司）
林琦	2019年三秦工匠（北方光电股份有限公司）

先进事迹简介

李世峰，航空工业西飞飞机钣金工，高级技师。参加工作以来，他始终执着于飞机钣金成形技术和工作台上各种各样的零件，三十年如一日，精益求精，匠心如初，坚持不懈地磨砺和提升技艺。他从一名普通工人一步步成长为高级技师、全国技术能手、航空工业首席技能专家、三秦工匠，直至走入央视专题片，成为举国皆知的大国工匠。

走近李世峰，我们所能感受到的，是一种源于热爱、梦想和坚持的震撼力量，以及一种能够激起人心底由衷敬意的工匠精神、大师精神和航空人精神。

一、志之所向：从被榔头"打脸"到"驯服"榔头

20世纪50年代，来自五湖四海的第一代西飞建设者们来到陕西阎良，手拉肩扛，挥汗如雨，把生命熔岩的光与热，毫无保留地挥洒在这片曾经见证了大秦帝国变法图强、成就霸业的热土上，为新中国迈向蓝天的征程筑基。

李世峰的父母是当年从沈阳来到阎良支援建设的第一代航空人。李世峰在阎良出生，在阎良长大，作为第二代航空人，他就像雏鹰，从小就对天空有着深深的向往。

1987年，刚满18岁的李世峰从西飞技校毕业，在父辈期许的目光中，如愿以偿地走进西飞，成为一名飞机钣金工。

工长给李世峰分了一位技术水平响当当的师傅。上班第一天，师傅就告诉李世峰，一架战机的机身有40%到70%的零件都出自钣金车间，咱们钣金工的一双手，机器永远都无法替代。师傅的话，落进李世峰的心里，一种自豪感油然而生。

钣金成形最常用的工具是各式各样的榔头。刚开始跟榔头打交道的李世峰，干什么都新鲜，他站在钣金工作台边，煞有介事地逐个抓起大大小小的各色榔头，对着工作台上的零件轮番敲打。可榔头们欺生、不听话，总是和工作台上的零件合起伙来跟他别劲。敲废零件或是砸伤手都是常有的事，甚至有一次一个不小心，榔头还从零件上反

弹起来碰青了他的脸。

被榔头打脸的李世峰倔劲上来了，驯服手中的榔头，成为他心中强烈而又迫切的愿望。可令人始料不及的是，在他仅仅跟着师傅学习了两个来月的时间后，师傅却因为身体原因无法上班了。这样一来，李世峰在还没有跨进钣金成形技术门槛的时候，就成了没人带的徒弟。看着一同进厂的伙伴们在各自师傅的带领下纷纷登堂入室，技术水平日益提升，李世峰不禁又是羡慕又是着急。

飞机钣金手工成形是一门复杂程度和灵活程度都很高的技术，技艺传承多年以来都是遵循师傅带徒弟的模式，如果没有师傅的指点，光靠自己揣摩是远远不够的。李世峰急于学艺，可令他郁闷的是，技术好的老师傅们大都很忙，不太愿意劳心费神带徒弟，更别提主动去教"门户"之外的人学习技术了。

学艺心切的李世峰没有知难而退，他一边暗暗给自己打气，一边千方百计寻找学技术的机会。别的师傅教徒弟的时候，他就跑去帮忙打下手，厚着脸皮"蹭课"；其他学徒都躲着的脏活、苦活、累活，他来者不拒；上班，他总是第一个到单位，提前收拾好工位开工；下班，他总是最后一个离开，坚持把"蹭"到的技术再练一遍……

有志者，事竟成；苦心人，天不负。

李世峰的技术水平提升很快。而当初老跟他别劲的榔头们，也仿佛有了灵性，变得越来越听话，越来越乖巧，在他手中或疾或徐，上下飞舞，伴随着韵律分明的敲击声，将工作台上的金属材料神奇地变成一件件无可挑剔的精美零件——它们，终于成了与李世峰灵犀互通的亲密伙伴。

二、学自百家：从以众为师到众人之师

李世峰的勤快、踏实和肯钻研，博得了老师傅们的赞许和喜爱，大家都很乐意把自己的拿手技术教给这个"编外徒弟"。几年间，李世峰几乎把工段里中老年师傅们的技术学了个遍，经过反反复复的实践、思考、梳理、咀嚼、消化、吸收之后,他的技术水平突飞猛进,就像武侠小说中博采众家之长融会贯通的少年侠士,不仅练就了一身过人的本领,还隐然自成一派。

李世峰对钣金成形技术有着一种常人难以理解的痴迷和热爱。在工作中,他习惯以超高质量标准和严谨细致的态度对待加工中的零件,把每一项零件加工任务都当作一次提升技术的机会,对出自其手的每个零件都精益求精,力求完美。

处处留心皆学问。李世峰不仅乐于以人为师,也长于以物为师。他以众人为师的勤奋好学在厂里是出了名的,他喜欢收集和研究废品的"怪癖"在厂里也是出了名的,就连他自己,偶尔也调侃自己是"从废品堆里爬出来的高级技师"。

飞机钣金零件加工工艺细致复杂,对技术工人的技能水平和专业素质要求非常高。一个零件,从原材料到成品,大多要经过几道甚至十几道工序,特别是手工成形和热处理后的校形工序,更是考验操作者技能水平的难关。有时候,一件倾注了工人师傅大量精力和心血的零件眼看就要完工了,可要是在最后关头加工方法选择失误或是操作失误,同样意味着所有付出瞬间归零。

如何杜绝零件报废,是李世峰长久思索的问题。

李世峰不仅喜欢研究自己的废品,也乐于捡别人的废品来研究。在工段,大家经常会看到他手里拿着报废的零件,要么端详比画,要么蹙眉沉思,有时候在原地一站就是一两个小时。刚开始大家都觉得他"怪怪的""呆呆的",后来时间长了,才知道他是在分析查找零件报废的原因,总结经验教训。那些因加工失败而失去价值的零件被他变废为宝,成为深挖技术问题的利器。

有时候,遇到弄不清、想不透的问题,李世峰就反复查图纸、翻资料、找工艺、分析工艺流程,直到把原因彻查清楚才肯罢休。通过研究这些废品,他不仅学到了真正实用的知识,积累了各种致使零件报废的案例,还创新了多种工艺方法,有效提升了产品质量,有力杜绝了零件报废。

时光不负耕耘。

对于一个执着而勤奋的人来说，随着年轮的转动，生命的线穗必然会渐次厚重，一路走来，于时光深处，勾勒出最为撼动人心的风景——进厂第二年，李世峰就在公司举办的青工技术比武中脱颖而出，一举夺得第二名；进厂第六年，就考取了技师资格证书。技师，代表着这个年纪轻轻的小伙子，技术水平已经达到了一个令大多数同行仰望的高度。

渐渐地，拿着图纸和零件向他求助的工友们越来越多，就连其他单位的人也频频找上门来，请他帮忙解决各类棘手的钣金技术难题，而李世峰也从来没有让求助者失望过——过硬的专业技能，层出不穷的绝技妙招，无不证明技师的称号，他当之无愧。

三、锋出磨砺：从战胜自我到超越自我

少年成名，往往难免滋生傲气，这一点，李世峰也未能例外。有一次，李世峰代表航空工业西飞参加三年一届的全国飞机钣金工技术比武大赛，本来自信满满、一心夺冠的他，因为错失了赛前训练机会，结果铩羽而归。

这次意外遭遇的滑铁卢，让痛定思痛的李世峰真正明白了满招损、谦受益的道理。他在心底告诫自己，技术之路，精益求精，永无止境，这个世上没有真正意义上的绝顶高手，在向着巅峰目标攀行的路上，任何人都没有资格骄傲懈怠。

挫败的经历犹如一次伐骨洗髓，虽然过程非常痛苦，却促使他一下子褪去了身上的毛糙与傲气，变得益发谦虚谨慎、成熟沉稳起来。

时光荏苒，转瞬三年。

全国技能大赛再次举行。三年来心无旁骛苦练技术的李世峰整装重来，一路过关斩将，技压群雄，最终利用自己独创的工艺方法一举夺得大赛冠军。

三年拭剑，一朝夺冠，虽来之不易，却是意料中事。站在冠军领奖台上的李世峰，没有激动不已，没有喜出望外。他云淡风轻地回到了工作岗位，又默默拿起心爱的榔头，一如既往地向着认准的目标前行。

面对荣誉抱有一颗平常心的李世峰，对于技术攻关和难题挑战，却如同一位天生的战士，怀着一种永不消减的兴趣和期待。

挑战无时不在。

2010年，李世峰参与了一项钛合金板材冷成型应用研究大型课题。这项课题的研究单位分布全国，航空工业西飞负责其中两项复杂零件研究。

"新材料、新工艺……课题难度特别大，而且没有任何加工经验可供借鉴，"李世峰回忆道，"当时，课题组尝试着用常规的方法和现有设备做了一系列试验，结果完全失败。"

时间一天天过去，课题组虽然仍在坚持用各种方法做尝试，但试验还是原地踏步、毫无进展。随着时间的流逝，整个课题组的气氛越来越沉闷，大家都是又急又愁，一筹莫展。

山重水复，柳暗花明。

作为课题组的核心成员，那段时间，李世峰就跟走火入魔了一样，满脑子想的都是怎么做实验的事情，甚至好几次直接从睡梦中给憋醒了。

就在他觉得快崩溃的时候，有一次忽然无意间看见闸压机床上放着的一个R形模具，瞬间，他的目光就像粘在上边似的，再也移不开了。

一个念头在他脑海瞬间闪过，"滚弯就是连续不断地压弯"，自己之前的思路一直局限在滚弯上，为什么不能改变思路，采取压弯成形呢？！为了验证自己的想法，李世峰立即找来一小块实验材料进行原理性试验，实验结果表明，这种工艺方法完全可行！

课题研究取得圆满成功，西飞课题组成为全国众多参研单位里第一个完美交卷的。李世峰创新的这种工艺方法随后也在全行业得到了推广应用。

在李世峰看来，这样的棘手问题最终能以轻松的方式迎刃而解，期间灵光闪现的神奇瞬间，就像是佛门教义中的顿悟或日本实业家稻盛和夫所说的"神的启示"，那种思维突破藩篱之后的豁然开朗，那种吹尽黄沙始到金的惊喜感受，简直妙不可言。

与此类似的思维突破，李世峰经历过许多次，每当受阻于困难挑战之时，他都会以此激励自己咬紧牙关坚持下去，最终冲破所囿、达成目标。凭借这种长于打破固有界限的习惯和能力，他总是能够不断推倒心中的高墙，在界限之外找到全新的阳光，从而不断跨越前行之路上的各种关隘，不断突破局限，超越自我。

四、义不容辞：从小我到大我

一个寒冷的冬夜，时近凌晨，万籁俱寂，一阵电话铃声骤然响起，惊醒了睡梦中的李世峰和妻子。

拿起电话，里面传来单位领导的急促声音："某型机明天首飞，但飞机今天在滑跑时出了一些故障，急需现场解决。为了不影响明天的首飞，今晚必须完成排故。"

挂了电话，李世峰一把抓过妻子递过来的棉衣，一边穿一边往外跑。

路灯昏黄，寒风凛冽。李世峰一路飞驰到了现场。

幽深的夜色里，一架飞机静静地伫立在停机坪上，在周围灯光的照射下，犹如一只敛翼休憩的巨鹰。飞机旁边站了好多人，一个个眉头深蹙，神情焦灼。

"李世峰来了！"仿佛看到救星一样，众人朝李世峰围过来。李世峰一边使劲搓着已经冻得发麻的双手，一边快速爬上飞机工作梯，仔细观察故障区。

故障区域的情形使他心里一沉：那是一片处于封闭区域的凹陷，常规排故方法需进行部件分解，最起码得两天时间……天亮前完成排故，几乎是不可能的任务！

"怎么样，有把握吗？"

李世峰从工作梯上下来时，等在飞机下面的人们立即向他围过来。

看着众人充满焦急、信任和期待的眼神，李世峰稍顿了一下，却还是微笑着答道："没问题。"

李世峰知道，人们等的就是这三个字。首飞现场没日没夜地连续鏖战，大家的神经已经绷得够紧了，既然这次专业排故是今天无论如何都要完成的铁任务，那就让自己一个人扛起来吧！

李世峰说出的"没问题"，宽了众人的心，却把所有的压力放到了自己肩上，他这是要逼自己破釜沉舟，背水一战。

借着取工具的由头，李世峰一个人在厂房外的寒风中徘徊，紧张地思索着最可行的排故方法。

怎么办？

时间在一点点流逝。直至脑中灵光一现，他终于想到一个较为可靠的办法：凹陷在封闭区域无法敲击，但如果拆掉几个铆钉，自制一个专用工具从开口处伸进去，然后敲击别的区域，将力通过工具传导到凹陷处，就有可能排除故障！

拿定主意的李世峰不再犹豫，他飞快地做好专用简易工具重新回到现场，爬上七八米高的工作梯，开始小心翼翼地排故。

受故障区域位置所限，李世峰几乎将身躯扭转到极限，才能保证榔头的每个落点都精准无误。在时疾时徐的敲击声中，飞机上的凹陷区域仿佛被一双神奇的手轻轻抚过，慢慢变得平整如初。良久，李世峰缓缓直起腰来，长吁了一口气，脸上露出满意的神情。

经过设计人员和检验人员的验证，确定修复区域完全满足飞行状态，故障完美排除！

回到家时，已快凌晨两点。卧室的灯亮着，妻子还在等着他。李世峰心里一暖，记忆中这样的深夜等待，已记不清有多少次了。

人的心是有根的，李世峰爱自己的小家，也爱自己的事业。三十年的砥砺追求，航空报国的信念早已融入血脉，化为心灵深处奔涌不息的潮声。他很庆幸能够拥有这样一位理解自己、支持自己的人生伴侣。携手相伴二十多年，从当初意气风发、以梦为马的少年，一路跋涉，一路磨砺，直到现在的航空工业首席技能专家，妻子的陪伴和鼓励，始终是他前行之路上最温暖的力量之源，而他所能报答的，就是在航空报国的战队里，做一名令之所向、战即能胜的勇士。

五、本立道生：从匠之大者到师之大者

爱因斯坦曾经说过，不要希求做一个成功的人，要努力成为一个有价值的人。而在李世峰眼中，钣金成形技术的传承和创新、更多青年技能人才的加速成长成材和航空制造业的加速腾飞发展，就是比个人收获荣誉和成功更重要、更有价值的事。

手工技能领域历来都有"教会徒弟，饿死师傅"的说法，高水平的师傅们对于技艺传承，大都十分谨慎和保守，尤其对于一些独门秘技，更习惯留一手。

对此，李世峰却是反其道而行之。

李世峰乐于授徒且从不藏私，多年以来，他带过的众多徒弟，都已成为技术骨干，有的已经成为行业高级技能人才。不仅如此，他还受聘担任西飞技术学院首席专家，通过出版教科书、制作音像课件等方式，系统总结了自己多年来在钣金成形技术方面取得的经验成果。这些萃集了他多年心血和智慧的结晶，为航空工业西飞钣金技能人才培养和钣金技术提升发展，奠定了更加坚实的基础。

2015年，"李世峰技能大师工作室"获陕西省命名，成为省级航空钣金制造技术重要培训平台，从而在人才培养、技能攻关、技艺传承、技能推广等方面，发挥了更加重要的作用。一大批青年技术人才在李世峰及其工作团队的指导下快速成长，成为支撑和引领钣金技术发展的生力军。

作为航空工业首席技能专家，李世峰多次受聘担任各类技能大赛的培训讲师和实习教员，为行业内选拔的优秀青年技能人才提供技术指导。近年来，经他指导的参赛选手数不胜数，其中多人在各级赛事中创下佳绩。2017年9月，中国技能大赛——航空工业第五届职业技能竞赛决赛在航空工业西飞举行。令李世峰欣慰的是，在这次全国航空制造技术精英云集的盛会上，他的两名高足——来自"李世峰技能大师工作室"的张立和尹延纱，一举夺得了大赛钣金专业组冠、亚军。

爱植新苗三千圃，喜看青枝入云天。

看到自己指导的年轻人荣获全国赛事大奖，李世峰比自己当年拿到大奖还要高兴。为了钣金技术的传承和发展，他愿意为之付出更多的心血和努力，引领更多年轻人在追求技术提升的道路上，成功定位人生的坐标和方向。

有人说，使命、责任和梦想的力量，能够唤起人深藏心底的一种清澈而辽阔的、深沉而炽烈的高贵情怀，不带功利色彩，甘于付出和奉献。

李世峰做到了。

寒暑交互，春华秋实；初心不改，梦想前行。

在李世峰低头默默耕耘的时候，各种荣誉接踵而来。

全国技术能手、国务院特殊津贴、陕西省五一劳动奖章、陕西省首席技师、三秦工匠、航空工业首席技能专家、航空报国突出贡献奖、航空工业优秀共产党员标兵……这一连串闪烁着华彩的荣耀，是国家给予一位顶尖技能人才的激励与褒奖，也是一个加速腾飞的伟大时代对于工匠精神的推崇和尊重。

而他，就像一位心怀无限风景的攀行者，正站在新时代航空工业蓄势腾飞的新坐标上，遥望前方的目标，准备开启新的征程。

朱力，中国兵器西北工业集团有限公司零件加工五分厂加工中心高级技师。2003年被聘为首批"中国兵器关键技能带头人"；2004年，获得首届中国兵器工业集团职业技能大赛加工中心组第4名、首届全国数控技能大赛第15名、首届陕西省职工技能大赛加工中心操作工第2名并获"陕西省技术能手"称号，同年进入第二批国防科技工业"511

人才工程"高技能人才库；2005 年获"国防科技工业技术能手"；2008 年获"全国技术能手"；在 2010 年第四届全国数控技能大赛陕西赛区获"优秀教练员"；2012 年获"国务院政府特殊津贴"。2013 年以他名字命名的"朱力工作室"获"陕西省职工技能创新工作室"，2015 年获"陕西省十佳职工创新工作室"；2016 年获"陕西省示范性职工（劳模）创新工作室"，同年被陕西省人社厅命名为"陕西省技能大师工作室"；2017 年获"全国示范性劳模和工匠人才创新工作室"，同年朱力获得"陕西省带徒名师"称号；2018 年，被评为中国兵器集团"兵器大工匠"，同年获得"西安市首席技师（数控加工）"称号。2018 年 4 月在国家网信办和全总联合开展的"中国梦·大国工匠篇"大型主题宣传活动中，朱力的事迹被央视网、中国经济网、工人日报、百度等主流媒体进行了广泛宣传。

朱力同志在数控加工岗位上一干就是 32 年，他先后承担着国家级、集团公司级末制导系列、红箭系列、霹雳系列等多项导弹核心零部件的科研生产加工任务，多次圆满完成了国家高新工程、重点阅兵等项目的科研生产任务。工作中他以"忠诚专注、追求卓越"的工匠精神，诠释着一线兵工人"精加出精品，精品铸国防"的无私情怀。他立足岗位不断学习和进步的奋斗历程，已经成为公司技能人员成长成才的一面旗帜。

一、将"立足岗位，持续创新"融入血脉中，在"攻坚"中历练成长，在"破难"中体现价值

朱力同志自 1986 年参加工作以来，刻苦钻研数控技术知识。公司先后派他前往德国、瑞士、韩国等国家学习数控设备的操作、编程及维修。通过 32 年的学习实践，他不仅能操作一系列的数控设备，并且在工艺优化、数控加工、计算机自动编程、现代刀具应用、高速切削等方面拥有丰富的机械加工和工艺编制经验。在生产过程中他进行了大量的工艺创效和技能创新，攻克并解决了许多导弹精密零件加工的关键技术难题，取得了很好的经济效益。据统计，他进行技术攻关和技能创新达到 180 余项，通过工艺创效带来的经济效益 1 000 余万元。2015 年，按照国家"两化融合"的推进步骤，公司提出要建立一条导弹盘类零件数字化柔性加工自动生产线。他带领项目团队经过半年多的调研论证、方案设计、项目实施，将原来需要 4 台卧式加工中心、两班 8 人完成的工作量，采用他们优化设计的"导弹盘类零件柔性加工单元"，两班 2 人就能完成，且产量提升 60%，实现了高效化、少人化、柔性化、数字化加工。该项目得到了中国兵器集团公司尹家绪董事长的高度评价。同时，针对这条生产线朱力带领团队完成了"盘类柔性加工单元标准作业工艺研究"的工艺科研项目，该项目设计加工完成成组加工工装 6 套；设计、编制了一整套自动生产线标准化作业指导书，为公司实施数字化、智能化工厂建设积累了宝贵经验。

二、将"朱力工作室"平台做强做大，推动形成"一主两翼"的人才育成格局

2013 年，为了更好地进行技术攻关和创新，解决生产技术难题，发挥好高技能人才在传承技艺上不可替代的作用，公司成立了"朱力工作室"，将"攻难关、创效益，促革新、重交流，传技艺、育人才"作为工作室定位，形成"工艺+技能"协同创新的工作特色。据统计，近四年里，工作室共完成 80 余项工艺攻关改善项目，其中公司级项目 36 项，节创价值 360 余万元。完成工艺科研项目 4 项，其中"薄板类零件变形工艺研究"获得西北工业创新大赛一等奖，"冷挤压无屑加工术推广与应用"获得二等奖。总结提炼了 14 项先进操作法，其中：朱力工作室加工中心团队主创的"钛合金筒体外表面相贯深斜孔加工操作法"在中国兵器工业集团第三届创新大赛中获"集团公司特色操作法"；朱力高精度薄板复合斜面高效加工操作法、数控铣床铣削螺纹（通孔）尾扣毛刺去除方法、后封头类零件数控加工坐标设置法、细长轴类零件的数控分层分段车削法、合力拆卸法、金属模压件高效加工法、冷挤压内螺纹操作方法、军平深孔加工方法、加工中心刀具测量法和关于高精度深窄槽高效加工操作法等 10 项获"陕西省先进操作法";关于薄板类零件铣加工的操作方法、关于加工大导程异形螺纹操作法和关于立式加工中心圆锥铣削法等 3 项获得公司优秀操作法。

在人才育成方面,他以"朱力工作室"为平台,探索形成了"一主两翼"的人才培养格局。"一主"就是以"导师带徒"为主线,进行人才梯队建设的顶层设计;"两翼"就是以攻关项目来历练提高职工的技能水平,以践行"忠诚专注、追求卓越"工匠精神来凝聚智慧力量、体现自身价值。也就是说,在青工培养上,大力实施"导师带徒"计划,除确定团队中公司级以上技带"点对点"与青工签订师带徒协议外,还把技术培训的课堂搬到生产现场或设备旁边、搬到了每次青工技术比武后的总结反思会上、搬到了给徒弟点题压担子搞展示活动上,为青工制定了"半年胜任,一年熟练,两年优异"的目标。通过多种机床的操作培训、多种数控软件的应用培训,营造了师教徒学、比学赶帮超的氛围。在高技能人才的持续培养上,朱力主要是带领他们在承担的工艺创新项目中历练,在生产科研难点关键点的突破中历练,在精益改善和工业工程项目的实施中历练,在层层推选参加技能大赛和对外学习交流中历练,并将自己的知识积累毫无保留地与大家分享。在他及团队的不懈努力下,"工艺+技能"协同创新团队的品牌逐步树立,工作成效逐步显现。

据统计,他先后为企业培养了 20 多名数控领域的高徒,这些人现都已经成为生产技术骨干。其中徒弟李振宇已是"中国兵器关键技能带头人""陕西省首席技师""陕西省劳动模范";徒弟孙军平是"陕西省创新创业人物""陕西省技术状元""陕西省五一劳动奖章"获得者;徒弟郭磊和张彬现已是"陕西省技术状元""公司级关键技能带头人"、高级技师;徒弟李玉婷现为 GP6 项目主任工艺师、高级工程师。他们这个团队在历年全国技能大赛陕西省赛区多次获得各工种第一名,特别是在 2010 年第四届全国技能大赛陕西省赛区选拔赛中,他的徒弟李振宇、孙军平、郭磊、张彬分别包揽了陕西省各工种（五轴加工中心、加工中心、数控铣、数控车）的第一名，同时他们在历届中国兵器集团技能大赛中取得了第二、第四、第六、第九、第十的好成绩。

三、坚守"忠诚兵器，扎根一线"的工作态度，在推动企业发展中展现"忠诚专注，创造卓越"的工匠精神

今年49岁的朱力，虽然年龄不算大，但在企业已经是老员工。他从17岁顶替母亲进厂的一名学徒工已经成长为技能大师，一路走来，他说："有自己对技术的酷爱和艰辛的努力，有企业搭建的成长成才平台和太多的机遇，也有面对诱惑的艰难抉择和企业事业情感留人的胸怀。更重要的是荣誉激励我必须更加干好工作，激发我不断地要去创新。"

朱力的父母都是这个企业第一代创业者，作为第二代兵工人的他，从骨子里对兵器有着深深的热爱。朱力1986年进厂后的第一任师傅就是他有着数控维修经验的父亲，父亲看着儿子被选调到当时企业仅有的几台进口数控设备操作岗位上工作后，义不容辞地担任了儿子的启蒙师父。朱力说最初自己并没有什么宏大的梦想，就是一心想着把铁疙瘩变成各式各样的零部件，当看到自己亲手制造的合格零件后，心里就充满着成就感。随着成功和荣誉接踵而至，私企高薪聘请和各种诱惑也接踵而至，但都被他婉言谢绝了。他说："我是喝着兵工水、吃着兵工饭长大的，我对兵工企业有着深厚的感情。军工事业成就了我，我愿意在这块热土上继续走完我的人生之旅。"他是这样说的，也是这样做的。西北工业集团公司李良董事长说："朱力同志既能干好工作，也能带好团队，是一名难得的高技能人才，在他身上充分体现着我们倡导的'工匠精神'。"

王卓岗，航空工业庆安集团有限公司二厂研磨工、技师，曾先后被授予全国技术能手、陕西省劳动模范、陕西省杰出能工巧匠，享受

国务院特殊津贴。他领衔的工作室被授予西安市"王卓岗大师工作室"、陕西省国防工会"劳模创新工作室"。

作为精密研磨技术带头人,他精通阀组件的研磨配套以及同步性的研配和液压伺服阀精密加工及平面、球体、内孔以及有色金属铝合金、铜合金、橡胶圈、粉末冶金、石墨等高精度研磨,主要从事阀类零件的精密研磨配套工作,同时致力于王卓岗劳模创新工作室的建设与发展。他以实际行动诠释了工匠精神,为航空工业庆安的科研生产经营计划目标的实现作出了突出的贡献,赢得了领导和同事的一致好评。

一、致力科研创新,注重实际成果转化

王卓岗善于思考,刻苦钻研,多年深耕生产一线,不断致力于科研创新与生产实践,承担了重点工程的技术工作及立项论证等关键任务和重大工艺技术攻关,并取得了多项国家技术专利和省级技术创新成果。一是球体及内球面精密研磨。通过分析传统的研磨工艺加工原理和内、外球面的研磨加工的特点及现场加工时所面临的问题,采用双轴转动的展成法加工球面的方法,优化研磨球面的加工方法和工艺流程,更科学、合理、高效地实现了高精度内、外球面的加工。二是高精密旋转阀、滑阀气动配磨装置研发。高精度阀类零件的加工精度要求高,细微孔口毛刺及清洗都有可能造成零件性能故障。如何提高阀类零件的精度和加工生产效率,减少生产周期和故障率,控制好产品性能和主要性能参数,是加工时面临的问题。王卓岗牵头与技术人员经过大量试验论证,最后采用了气动密封实验模拟液压性能,并研制了阀气动密封试验装置,成功运用到科研生产中,有效地降低了阀类零件的返修率;同时完成了该类阀零件的参数采集与分析,积累了大量的液压和气动参数,为该类零件的工艺改进提供了有力支持,并成功申报了"旋转阀、滑阀气动配磨装置"技术专利。三是非金属研磨工艺技术研究。在橡胶圈密封研磨攻关中,王卓岗牵头主导,不断创新,最终凭借过硬的技术能力和丰富的经验,如期保质地攻克了此

项研磨难题。不仅实现了该技术在生产中的应用与推广,更是填补了航空工业庆安在该领域的技术空白,形成了"某型橡胶圈研磨密封方法",并荣获"陕西省职工先进操作法"。四是铝合金阳极化表面研磨抛光技术。铝合金阳极化表面的光整技术一直是一个难题,王卓岗带领着他的团队,从全过程进行分析,全流程设计方案,研究阳极化前表面质量与阳极化后的关系并进行有效控制,同时不断改进研磨工艺,最终实现表面粗糙度达 Ra0.2 微米技术难题,实现了该技术的突破。

二、发挥创新平台,培育精密制造人才

王卓岗不仅自身技术水平精湛,拥有镜面研磨的特色绝活,更注重技能传承与发展。他借助工作室的示范引领作用,打造了人才发展与培养平台,编撰了多本专用培训教材,以传、帮、带的形式充分地发挥了技术领军人带头作用。数年来,他躬身为梯,亦师亦友,通过师徒结对为企业培养了 20 多名研磨高技能人才。他曾赴韩国参加精密制造技术交流学习,并多次参加航空大学技术技能培训,注重传授所学技能,分享所获经验。目前他已通过课堂讲授和现场实操的方式,累计开展培训授课 60 多次,讲授内容涵盖《精密研磨》《难加工材料的研磨与抛光》《壬行磨》等。同时为了将理论技能与实践操作相结合,培养科研技术能力,他曾多次与徒弟共同撰写科技论文、先进操作法等并获得荣誉,如"球体及内球面研磨操作法""柱塞滑靴车工收口法"被评为"陕西省职工优秀操作法",《精密随动活门密封技术研究攻关》《某型橡胶圈研磨密封及应用》荣获航空工业庆安科技论文一等奖,良好的践行了以学促知、以知促行、以知促实的工作方法。

在他的带领和指导下,新一批的年轻骨干已经能胜任高精密产品的生产制造,实现了平面度要求 0.001 2 毫米的某高精密液压马达、平行度要求 0.001 毫米的某复杂舵机产品组件、球组件,球体轮廓度 0.001~0.000 5 毫米,Ra0.04~0.05 微米的某型液压马达滑靴和柱塞加工、圆柱度 0.002 毫米的长径比大于 10 某型滑阀等精密零件的生产。

相应的研磨技术已经成为航空工业庆安精密制造的核心能力之一。

三、引领技术融合，提升核心制造能力

王卓岗精通阀组件的研磨配套以及同步性的研配、液压伺服阀精密加工、平面、球体、内孔以及有色金属铝合金、铜合金、橡胶圈、粉末冶金、石墨等高精度研磨，为企业的发展作出了突出的贡献。2018年获得西安市"王卓岗大师工作室"授牌以及陕西省国防工会"劳模创新工作室"授牌。平凡岗位中，王卓岗以精益求精的工匠精神，多纬度融合发展。他联合车削技能专家邓强、铣削技能专家陈栓、技术骨干宋宝龙等，进行多项攻关，全流程分析，全面诊断，其中典型成果"铝合金筒体内孔表面粗糙度攻关"被评为航空工业机电系统工艺创新大赛三等奖，提升了企业的核心制造能力。

四、发扬工匠精神，传播技艺传承匠心

王卓岗作为一名制造工匠，精密研磨技术带头人，日常工作勤勤恳恳，善于发现问题，勤于思考研究，能够专心投入工作并享受工作中的乐趣；同时他极具工匠情怀，坦坦荡荡做事，谦和友善待人，能够将自己积累总结多年的经验方法毫无保留地传授他人，并以充满正能量的性格传染、影响着身边的同事。每当生产现场出现难题或者他人需要帮助时，王卓岗总是第一时间赶到现场，并迅速给出解决问题的办法，得到了一线同事的一致好评。此外，围绕生产现场低效零件提速与加工方法改进工作，王卓岗全身心扑在了生产一线，点对点地查难题、想办法、提效率，在生产现场言传身教进行实操指导，开辟出了"第二课堂"。他影响身边的同事进行改进、创新，避免思维僵化，攻克了传统研磨技术难以达到的要求和精度，为公司科研生产任务的完成作出了突出贡献。

"王卓岗师傅研磨出的零件平面光度比镜子还要光，都能当镜子使用，"这是工友们对王卓岗技能水平由衷的赞赏与肯定，也让他成为工

友心目中的榜样与楷模。他以"人人能创新,事事能创新"的创新理念,寻求突破,攀缘高峰;他以"在工作中学习,在学习中工作"的学习理念,致力实践,强练内功;他以"力求极致,精益求精"的工匠精神,成就平凡,创造斐然。

Powerful Equipment of China

第 五 篇 国之重器

"156项工程"在陕西的24个项目中，大多数项目体量大、技术新、设备全，许多产品的产能属于当时全国最大甚至亚洲最大。这些大型企业开启了陕西工业化转型的大幕，构建了共和国防御力量的盾牌，创造了我国工业史上的诸多第一。陕西也正是在建成国防工业大省的同时，培育起了实力雄厚、门类齐全的工业体系。

导语

所谓"国之重器",原指表达国威、代表国家形象的宝物,也包括为国家作出重要贡献的贤能之士。本篇使用这个概念,特指肩负国家荣光,成就民族梦想,承担国民经济基础性产业的重工业企业。

"156项工程"在陕西的24个项目中,大多数项目体量大、技术新、设备全,许多产品的产能属于当时全国最大甚至亚洲最大。这些大型企业开启了陕西工业化转型的大幕,构建了共和国防御力量的盾牌,创造了我国工业史上的诸多第一。陕西也正是在建成国防工业大省的同时,培育起了实力雄厚、门类齐全的工业体系。

本篇介绍了其中几个代表性企业的辉煌历史和杰出贡献。耀县水泥厂以生产425号高端水泥产品和年产70万吨水泥规模号称"亚洲第一号"。西电集团公司先后建成我国第一条330kV、550kV超高压交流输电工程,第一条800kV特高压交流输电工程,第一条1100kV特高压交流输电工程,第一条±100kV直流输电工程,第一条±500kV超高压直流输电工程,第一条±800kV特高压直流输电工程,第一个西北至华北联网背靠背直流输电工程。陕西黄河集团有限公司致力于军事电子装备的开发研制与生产,形成了地空制导雷达、炮瞄雷达、装甲侦察车三大系列产品,为我国空军、陆军、装甲兵提供了总计40余种2 800余部(套)的装备。西安飞机工业集团公司先后研制生产了运-7、运-8、轰-6(包括空中加油机轰6U和战神轰-6K)、新舟60、歼轰-7及运-20等30多种不同型号军用和民用飞机。西安航空制动科技有限公司研制出了中国最早的铁基和铜基粉末冶金刹车材料以及第一套扇形片结构的航空用碳/碳刹车盘。陕西柴油机重工有限公司是国内规模最大的中、高速大功率船用柴油机专业制造和柴油发电机组成套制造企业,是海军舰船动力主要供应商。

如今,陕西依然是中国军工产品研发和生产门类最齐全的省份,核工业、航空工业、航天工业、船舶工业、兵器工业以及电子信息六大类集于一身。在中华人民共和国成立50周年阅兵受阅的装备中,陕西承担了23项武器装备总系统或分系统的研制生产任务,占全部项目的48%,其中陕西省抓总项目9项,占全部项目的19%。

中国"9910"行动
——国庆50周年阅兵装备陕西科研生产巡礼

□ 白阿莹

公元1999年10月1日，是一个辉煌的日子。

蓝天之下，1万余名官兵组成的11个徒步方队，迈着矫健的步伐排山倒海般地过去了；一辆辆坦克、装甲车，一门门高炮、火箭炮，一台台指挥车、导弹发射车组成的方阵，以雷霆万钧之势，豪迈地驶过来了。

蓝天之上，132架飞机组成的十个梯队挟风携雷闪亮登场，一架架轰炸机、歼击机、加油机、直升机以优美精湛的队形飞过金水桥上空，向以江总书记为首的党中央和人民致意……

这支神圣的军队，已经掌握了具有世界先进水平的战术和战略武器，已经跨入了高科技、信息化、电子化的新时代，已经拥有了空中、陆上、水下全方位的打击和防卫能力，浩荡的铁流正是信心和力量的展示！

此时此刻，在天安门广场东侧的一个观礼台上，十几位来自陕西军工企业、研究所的领导禁不住内心的激动，兵车一过，便互相握手、拥抱以示庆贺，泪水也就毫无顾忌地顺着脸颊淌了下来。

此时此刻，三秦大地上，正坐在电视机前注视着阅兵场面的陕西军工系统的工人干部们，也不免心潮起伏，思绪万千。这些军工人真切地感到，他们离天安门并不远，他们似乎也在接受着检阅，接受着党和人民的检阅……

上篇

威武的阅兵仪式激动了亿万人的心灵，但为了让最好最新的装备在长安街上闪亮登场，以壮国威扬军威，陕西军工人以惊人的毅力和胆略，在烈日炎炎的南国，在白雪皑皑的北疆，用刚毅的双手奏响了一支支含泪的赞歌。

一

那是1997年秋季的一天。一群将校军官从绿树环拥的景山脚下一栋楼里匆匆走出来，凝重的脸上洋溢着微笑。中央军委已经决定报请党中央批准在中华人民共和国成立50周年之际举行盛大的阅兵式。这将是我国第三代领导集体第一次在天安门检阅我军威武文明之师的雄姿和我军武器装备现代化的最新成就，此举必将受到国内外的密切关注。

中央要求国庆阅兵展示的装备必须是过去没有亮相过的，必须是可以装备部队的，必须能够展示打赢一场高技术条件下局部战争的力量。显然要在短短的两年时间里完成这样的任务，担子不轻！

在宽敞的办公室里，拟订的阅兵装备已经布满了整整面墙，几位负责装备建设的将校军官在这堵墙前研究了好一阵儿，便将一面红色的三角旗贴到了墙面的地图上。那上面清清楚楚地印着：陕西，西安。

不知从什么时候起，罩在陕西大地上的一层神秘面纱被悄悄地揭开了，人们常常在一些场合赞叹陕西是我国第一军工大省。不过这次阅兵的要求之高是共和国历次阅兵所未有过的。在初步确定的阅兵装备的名单中，陕西占了长长一大串，从地面到空中，涉及全部阅兵装备的五成，还有约20%的装备要从西安的车站和机场开出来。然而，那一大溜新式装备，那一大堆棘手问题，那一大片尚未走出困境的企业，似乎都在发出一个共同的询问：陕西能行吗？几位经历过许多次硬仗恶仗洗礼的将军默默地交换了一下凝重的目光，握紧拳头，在会议桌上敲出有节奏的声响。

从此，这项被命名为"9910工程"的机密行动就在中国大地上悄悄地开始实施了。

一个难得的机遇便飞临古老的三秦大地,从而使陕西的军工企业和研究所进入了一种近乎战备的状态之中。

在古城大雁塔脚下一座绿树掩映的小院里,省委书记李建国、省长程安东接到中央要求全力支持阅兵装备研制工作的通知后,以特有的政治敏锐,立即感觉到了肩上担子的沉重。当即决定成立以副省长、国防科工办主任巩德顺为组长,以国防科工办副书记、副主任张涛和国防科工办副主任白阿莹为副组长的陕西省阅兵装备研制工作领导小组,把这项似乎属于企业生产科研范畴的事摆到了省委、省政府重要的议事日程上。

二

当那些干练的军官们还在忙忙碌碌地争论着阅兵装备具体项目的时候,陕西一些经历沧桑的老军工觉察到一个难得的机遇正在执着地向他们大踏步地走来。这些被市场经济的大潮多少洗褪了荣耀的军工领导人心旌荡漾,因为他们早就盼着这扬眉吐气的一天了。

然而,一些正在科研定型的产品,能否进入阅兵的行列,却让我们的一些将军和领导眉头紧锁。

那天,在兵器工业总公司召开的领导干部会上,陕西青华机电研究所的王兴治,就有一种感觉:他担任总设计师的重型反坦克导弹系统能否参加阅兵还画着一个硕大的问号。

按说他主持的反坦克导弹系统已经出过轰轰烈烈的风头,共和国35周年国庆阅兵时,他主持设计的红箭-8反坦克导弹在长安街上一亮相,就被国外的兵器行家看上了。那年亚洲西部一个国家的总参谋长率领军事代表团在华山脚下的兵器试验基地观摩导弹表演,三发弹打得非常成功。但掌声过后,这位参谋长突然要求换射手让他自己的两位随从军官试试打靶。显然他是想检测一下这种装备的操作性能。王兴治只分别对他们训练了15分钟,便抽签决定由一人打靶,只打了一发,竟命中靶心。这位参谋长当即决定购买两万发,这可是一笔价值十多亿人民币的大买卖!随后在迪拜举行的世界武器装备博览会上,连十分傲慢的美国代表团见到这个导弹也禁不住伸出大拇指表示祝贺。而这正在定型的新型导弹是中国的新式反坦克武器,在射程和威力上大大高于西方国家同类导弹水平,技术难度更是上了一个大台阶。但令人焦虑的是不久前在宁夏青铜峡进行的抗干扰试验中有一发弹飞行中失去目标落到一堆沙滩里,试验失败了。

这天晚上，这位中国工程院院士看了那部名噪一时的影片《红河谷》。那些靠点燃药捻发射子弹的藏族同胞们面对的是手持机关枪的侵略者，中国人的尸体和侵略者的狞笑，令这位导弹专家不能自已。早晨他只对一位熟悉的朋友说了一句话："养兵千日，用兵一时。我们是搞装备的，关键时刻拿不出新东西，愧对领导和军队的将士啊！"

那次，四天的工作会王兴治只开了一天就跑回所里，研究试验事宜。有人建议：春节将临，天气寒冷，第二次试验最好改在陕西的兵器试验场进行。但王兴治断然否定："我们在哪里跌倒，就在哪里爬起来，我们要理直气壮地参加国庆阅兵！"

这样的决定是需要勇气和胆略的。因为不但那里的试验条件恶劣，而且重弹研制配套单位在陕西就涉及兵器、航空、船舶系统的工厂、研究所多达十多家，特别是王兴治这次的决定离春节只有十几天了。由18台发射车、测试车和支援车辆组成的试验队像奔赴疆场的壮士，在阴雨蒙蒙的清晨驶离西安，奔赴旷无人烟、风沙弥漫的戈壁滩。谁也没有料到，队伍一进永寿县境内老天突然变了脸，纷纷扬扬的大雪洒落在大地上，随之又结成了冰。路滑坡陡，危机四伏，稍有不慎发生一点儿事故，都可能使他们精心准备的试验付之东流。长长的车队小心地护卫着三辆导弹发射车，一点一点地向前挪行，本来只有两三个小时的路程，竟然走了整整一天。

第二天，车队小心翼翼地沿着崎岖的山路出发了。当天晚上，他们赶到青铜峡，已是晚上10点多了。那"天苍苍，野茫茫"的戈壁滩，一望无际，只有星星点点的骆驼草在带着哨音的狂风里拼命抖动，而来自青华机电研究所、东方机械厂的参试人员就是在这样的环境下，开始了揪心的抗干扰试验。

当我们的导弹迎着火红的太阳，迎着闪烁的火堆和冲天的爆炸顺利地击中靶标时，在浩浩的戈壁滩上，风沙依旧，万籁无声，但人们听到了几声并不热烈却豪迈而又悲怆的呼喊。

那天试验成功后，有一位老同志禁不住双泪长流。他叫于世英，是反坦克导弹战斗部的技术负责人，谁都知道为了今天，他几乎拼出了老命。那年在做导弹威力试验时，一发弹飞行中出现故障落地，按常规完全可以用物理方式或枪击引爆，但那样就会炸废落弹点附近一台价值几百万元的测试设备，重新订购会影响半年进度。就为了这个要命的"进度"，于世英决定亲自去排除故障。几位年轻的工程师跃跃欲试，老于深沉地摆摆手，对他的战友说："我年龄大了，你们不要争了，我去！"众人听后眼泪直往肚里流，谁都知道一旦排故失败，那会是怎样一种血淋淋的场面。那年正是老于的本命年。一位年轻的助手帮他紧了紧腰上的红腰带，用民间最纯朴的方式护佑我们这位英雄般的老工程师一路平安。

大家站在掩体里望着老于一步一步地迈向那颗故障导弹，心都提到了嗓子眼。要知道老于手下的那枚导弹，保险已经打开，任何一点细微的抖动都会发生爆炸。这种生离死别在战争故事里我们听到过、感动过，而和平时期听到这个动人心魄的情节，依然让良知感到击打灵魂的震颤！故障是顺利地排除了，年轻人欢呼起来，但老于却一个人蹲到一边闭上了眼睛，似有泪从那刚毅的眼角溢出来，夕阳里居然泛出了血色。

然而这样的危险，在重型反坦克导弹研制过程中，曾经有四五次之多，闻之令人惊悸。但我们必须发展这种精确制导武器。美国在越南战争中发动的"后卫Ⅱ"战役中，11天在河内投下了1.5万吨炸弹还没有达到目的，而在"沙漠风暴"作战中仅投放了286吨精确制导弹药就使对手丧失了还手之力，后者只是前者的1/52。我们怎能轻视这种导弹的发展呢？

试验终于成功了！有位一直跟随试验的年轻中校军官在军委确定将重型反坦克导弹系统列入阅兵装备的名册以后，在庆功会上握住麦克风，十分动情地说了一句话："重弹的研制，我用两个字概括——悲壮！"

三

重型反坦克导弹系统威风八面地进入了阅兵装备的行列之后，西安电子工程研究所牵头承制的新型牵引高炮的火控系统还没有定型，而没有定型的产品毫无疑问是不能参加阅兵的。

这种火控雷达系统，配备在防空反导火炮上代表了当今世界现役装备的最高水平，我国曾经准备到西方一个国家成套引进购买。但是这项技术太敏感了，当研究所组织人员去学习时，外方狡黠地将他们分成了若干个组，授课的人不但全部是工人，而且不允许一个人参加两个组培训。尤其令人愤慨的是各组之间不进行接口培训，让你无法掌握全套技术。一位对华友好的工人看不过眼，仅仅跟他们说了一句"你们这样学是掌握不到真正技术的"，就被公司解聘了。

然而军令如山，那天国防科工委负责阅兵装备的一位将军来到所里将总设计师张冠杰叫到跟前说，咱们在系统前照张相吧。我们这位年轻的"少帅"不知其意，笑眯眯地跑到那套高炮前。但相机闪过，没等他走开，将军便扳过他的肩头严肃地说："你可看好了，这套系统没有雷达，如果下次我再来还装不上去，我就把你挂上去阅兵！"现场的人一下怔住了，因为将军一脸的严肃。

将军的话当然是戏谑，但却重重地砸在了这位年轻总设计师的心上。他知道将军心里着急不仅仅是因为要阅兵。一个时期以来，周边都在加速发展航空武器和进攻性的弹道导弹。如果我们没有先进的雷达火控系统，我们岂不是保卫不了国防吗？那天晚上他彻夜未眠，伏在案头把试验方案修改了一遍又一遍，一上班就递到所长的办公桌上。

但是，科学研究并不是按着人们的意愿进行的。当试验进入寒区以后，好端端的雷达系统居然不听使唤了。监测屏上的信号像一个活泼的小精灵，乱糟糟地跳跃着，似在嘲弄着我们这位年轻的总设计师。那里地处北国边陲，是我国最权威也最寒冷的武器试验场。气温降到了零下30多度。楼房每个窗台都挂着一两米长的冰溜子，人们穿得再多，一爬上富达车，就感觉风层层地刮掉了身上所有的衣服，似赤身站在风雪里，冻得人都不知道疼痛了。许多人眼睛肿了，嘴里起泡了，觉睡不着了，穿的衣服被风沙侵蚀得又旧又破，大伙常常自嘲地说一群标准的"叫化子"摆弄起高科技雷达来了，这大概也是中国一道独特而又亮丽的风景线。

功夫不负有心人，经过许多次模拟试验，问题的症结终于找到了，解决起来竟异常的轻松，试验从此像乘上了快车，一路飞驰直奔终点……

中篇

沉甸甸的历史赋予了三秦军工光荣的使命。彻夜长明的工房里，工人们光着膀子，嚼着在车间蒸的馒头，喝着退休的父辈们熬的绿豆汤，疲惫的脸上笑了。这是一个创造奇迹的年月，本来半年的工作量，竟然在一个月里实现了。本来可以安稳地在病床上休养生息，却要在白衣天使的注视下研讨生产方案。

四

寒风凛冽的北国白城试验场，漫天冰雪已经在不经意间开始悄悄地消融。来自陕西的一批批武器装备经受住了严寒的蹂躏，开始雄赳赳地班师凯旋。而古老的三秦大地这时已驱散了冬日的霜冻，涌起了一股为"9910 工程"而战的浩浩热潮：一块块以 1999 年 3 月 30 日为最后期限的倒计时牌，在车间最醒目的地方闪动着耀眼的光……

然而，陕西有眼力的企业家明白，在这轰轰烈烈的后面，隐藏着不容回避的危机和困难。一些三、四级配套单位很难得到资金方面的有效支持而频频告急；有些军工厂由于长期亏损没有资金用于前期投入；有些军工厂因欠电费而受到拉闸的威胁。这些单位尽管在整个工程的实施中是少数，但现在的武器系统庞大、复杂，缺少一个部件全系统就运行不起来。

时任省委书记李建国在一个兵器企业了解到这些情况后要求迅速处理，绝不可贻误工作。

这里笔者只无奈地告诉大家两件事：一个承担着坦克关键部件生产的企业，长期拖欠职工的医药费，无奈之下只好做出了令人哭笑不得的决定，报销不给现金，发厂里生产的摩托车，一时间到厂里低价收购贩卖摩托车的人来来往往竟形成了一个小小的市场。更有甚者，有一家生产飞机机轮的企业，连续五六年亏损，厂里拖欠数月工资，有些工人连在厂区前的小吃摊上吃碗面条的钱都拿不出来了。一时赊账成风，且一到发工资的日子，那些手持欠账条的小摊主们就眼巴巴地盯着厂门口，期望着在这一天能把几百碗的面条钱兑回来。而这些情况在陕西省阅兵装备工作领导小组会上一露头，便被副省长巩德顺抓住了。他召集金融和电力部门的同志开了一个协调会，晓以利害，动之以情，特事特办，强硬要求给予这些困难企业以资金和电力的实际支持。

事情终于有了突破性进展，金融部门特事特办，破例由国防科工办作为担保向承制单位发放贷款，从此 1 亿元的资金如久旱的甘露流进了一些承制单位的内部循环之中；而电力部门经与国防科工办多次协商形成了一个"历史性"的纪要，规定不以拉闸停电的方式催要电费，对所欠电费分门别类缓期处理。此项决定意义深远，受益单位多达 20 余家。千万不要轻视了这些看似具体的积极运作，一个企业若没有资金没有电那就是一座废墟，谁也别指望里边会生产出合格的让军人心动的玩意儿来。

陕西省的这一项举措给原总装备部的将军们以极大的鼓舞，阅兵装备领导小组常务副组长王统业中将曾深情地说："有你们做后盾，阅兵装备还能完不成吗？"从此他到其他省市检查工作，常常会十分欣赏地对当地的官员提起陕西省的措施和办法，而且挂在他口头的总喜欢是那句话："你们看看人家陕西省！"

五

似乎是在一个早上，人们撩起车间门帘惊奇地发现坚决完成9910这项伟大政治任务的口号印在红红绿绿的彩纸上，挂满了厂房的每个角落，谁置身在那样一种氛围里，都会感到心里沉甸甸的了。

是的，那个已经定格的历史至今让人想起来仍感到荡气回肠。在那个连在小摊吃碗面条都要赊账的华兴公司，工友们每月只有两三张百元大钞，还常常拖欠二三个月才能慢悠悠地发到手里。但一听说这个被冠以政治任务的世纪工程是为国庆阅兵生产武器装备，从两鬓飞霜的厂长到年轻的机加工从心底里蓦然升腾起一种特别的自豪和激情。一群习惯了赊账的青年工人围住车间主任说，"我们要求不高，只要能吃饱肚子……"

民以食为天哪，谁都知道这个古训！

为了摆平那个"天"字号问题，几位车间主任一合计，想出了一条妙计。他们腾出一间办公室改成了临时厨房，车间的领导们轮番下厨房帮着擀面条、蒸馒头、包包子。这种在战争年代司空见惯的故事，而今换了一个背景又轰轰烈烈地演绎开了。千万别小看这间厨房的"历史"作用，每当疲惫的工人们带着满身的油渍，用那尚未洗净的双手抓起热腾腾的馒头，端起盛满面条的大碗，大口大口地嚼着充满"共产主义"味道的饭菜，一个个脸上都是知足的笑容。

不过，别以为这是一群只知饱食终日的工人，他们熟稔美国在伊拉克发动的"沙漠风暴""沙漠盾牌"行动，他们对年底发生的"沙漠之狐"也能评论个一二三。他们知道这一系列军事行动玩得最多的是"飞机"，拿不出像样的机轮来还叫什么男子汉？但他们最可贵的是胸中那么一股子爱国主义的情怀。工资啊、奖金啊、补贴啊，什么都不说了，只关注着早日拿下机轮任务。这种"共产主义"伙食的工会在厂里组织的劳动竞赛热潮，此起彼伏。

1998年10月，车间的工人们来不及洗去满身的疲倦，便抖擞精神，敲锣打鼓，将按时完成任务的大红喜报贴到了办公楼前。我们眼前的这张喜报跟在陕西军工企业陆续出现的其他数以百计的喜报没什么两样，但却让北京几位航空界的领导惊愕不已。这个厂的经济可是持续多年的老大难了，已有几年没有按时完成过军品计划了。有几次兄弟厂把一架架飞机都干出来了，因为没有机轮，只好令人难堪的将飞机用钢架支在那里，那情形历历在目，令人汗颜。而这次的任务比起以往在量上增加了几个数量级，能否按期交付，着实叫京陕两地的领导和空军的将士们为之捏了一把汗。然而他们不辱使命，精心组织，硬是把那上百套机轮干出来了，按照那刚性的节点计划将机轮配件发往了总装工厂。

这的确是一件值得总结和大写的故事！曾有善良的同志建议把厂里过去的困境模糊处理，而笔者认为如此更透出这座工厂的豪气和骄人的素质。

西安电子城里应用光学研究所的技术人员也已经近一年没尝过星期天的味道了。这个所是给海陆空三军的装备生产"眼睛"的，世纪工程涉及5大项目13个品种，200多台套。开始往下压任务的时候，连他们自己也不相信会完成这份艰难的工作。曾有人关切地对负责生产指挥的副所长李仲青说："小心哪！这次任务肯定完不成，你们小心做替罪羊。"

然而这位中年知识分子以特有的自信和朴实莞尔一笑，算是回答了这个问题。当那个灿烂的笑容还没有在人们脑海里褪去，他却在一次新型坦克车长镜自行高炮稳瞄具的调试过程中，因劳累过度，倒在了轰鸣的厂房里。随后四医大的大夫发现他的心脏多了一条回路，十分危险。不久，对他施行了一次高科技的心脏"焊接"手术，堵住了那条令人恐惧的通道。

李仲青啊李仲青，这下你完全可以避开充当"替罪羊"的苦恼，安安稳稳地在医院、在家里休养生息了。但是，我们这位在南国出生的汉子，刚刚从手术台上下来睁开眼，就关切地问起所里那一大堆光电器件进展如何。谁也想不到这位脸色苍白的重症病号居然在医院的病房里召开了一次次没有名称的"调度会"，从此手边的那部手机，便成了他指挥"作战"的锐利"武器"。

终于西安应用光学研究所按计划将车长镜、稳瞄具等部件交给了总装厂。产生过中国军工偶像吴运铎的研究所终于生产出了成套的新型自行高炮系统。这种自行高炮一个系统13部车辆，在一个雷达系统的指挥下，可以同时防卫多个目标，是世界上最先进的自行高炮防空武器。其威武的雄姿令人注目，在后来的阅兵式上，被香港凤凰卫视主持人誉为中国装备的"美男子"。这天，程省长高兴地握住总设计师李魁武的手，在吴运铎的铜像前照了一张合影，并连声说："你们是老陕的光荣！"

六

1998年6月15日，人们会很随意地翻过这页轻薄的日历。但在西飞集团公司董事长杨忠和总经理高大成的台历上却重重地写下了一笔。

那天，阅兵装备的重点项目"飞豹"在试飞员谭守才的驾驶下，一跃便冲向浩瀚蓝天。那良好的性能使我们的试飞健儿在空中如鱼得水，各种数据参数顺利地传输到了地面指挥系统的网络里。这个型号的飞机是由西安飞机设计所设计、西安飞机工业公司制造的新型歼击轰炸机，具有良好的轰炸和格斗功能，武器配套威力强大，是我军捍卫主权的主力战机之一。

记得前些年，"飞豹"刚出世的时候，曾有台湾特务冒充记者，企图潜入试飞院拍摄"飞豹"未果。那一年在珠海航展上一露脸就被世界各国媒体盯住了，惊呼中国新一代战机闪亮登场！

然而，"飞豹"的试制充满了风险与曲折。这一天本应该是一个可以畅怀喝酒的日子，但在飞机进入低空做一飞行科目时，突然机舱里一阵异样的声响，头顶的舱盖不翼而飞，两位试飞员猛然受到强大气流的冲击，轰鸣声立即灌满了双耳，整个人就像被什么东西紧紧地压在了椅背上想转动一下都极为艰难。

这时候，试飞员可以跳伞，但他们没有选择跳伞，那样不但会损失一架价值近亿元的"飞豹"，而且会损失机上千万元的仪器设备，更重要的是会丧失寻找问题的机会。英雄的试飞员以惊人的毅力和果敢，顶着巨大的气流压力，紧紧地握住操纵杆，降低高度，使飞机安全地降落到了机场跑道上。

西飞公司的领导清楚现代战争争取制空权是掌握战场主动的最有效的措施，而飞机在这个过程中将起着至关重要的作用。我们交给空军将士的战机必须是质量信得过产品。西飞公司挥泪斩马谡，处理了几个直接当事人，然后举一反三，全厂动员进行质量整顿，短短一个月里，清查了上千道工序的质量控制规程，从根本上保证了飞机整体状态的可靠和优良。而且西飞公司的质量整顿延伸到了配套单位。一次,"飞豹"飞机的软油箱发生漏油现象,国防科工办立即在负责承制的化工系统西北橡胶厂召开质量分析会,迅速解决了问题隐患,保证了飞机的整体质量水平。王统业中将得知后连连称道:"这事办得好啊!"而这一切的一切,都是为了每一位干部和工人把质量意识真正扎进脑子里,溶化在血液中。

在那众多激动人心的事迹里,我们记住了一个人的名字——舒明金,飞机部装分厂的工段长。公司质量整顿后,他发誓严防死守,对任何一个细小的纰漏都不放过。飞机上下架总是工房里最忙碌的一个,跑上跑下长时间劳作,他疲惫不堪,每顿只能吃下半个馍。脸色也变得黄蜡蜡的。从总经理到朝夕相处的工友们都劝他到医院检查一下,他却说不着急,要把阅兵装备中最后一架"飞豹"交出去。后来,最后一架"飞豹"在空中接受了党和人民的检阅,而我们这位老工长在医院里接受了现代化仪器检查后发现竟是患了癌症。家人嘤嘤地哭了,他没有掉泪,却在手术后几个月就找到总经理要求重返一线……

是啊,有这样的职工,什么困难我们不能克服,什么难关我们不能攻克?在兵器系统、航天系统、航空系统、电子系统实施世纪工程的过程中确是举不胜举啊!

这次承担重型反坦克导弹发射车生产制造的西北光电仪器厂。过去只生产过光电仪器系统,且全是给总体配套的。现在他们成了"牵头羊",要保证整车质量,里边的学问可就多了。因为这是刚定型的新产品,采用了激光、电视、红外等一系列高新技术,是我国正在装备部队的威力强大的反坦克导弹武器系统,其性能优于美国的"陶式"导弹。

那天离最后交装的期限还有十多天,在欧洲中部,已经是剑拔弩张,以美国为首的北约在向主权国家南斯拉夫共和国周围调兵遣将,一场实力悬殊的战争一触即发。然而这一切并没有影响到共和国西部一座工厂"正在进行的汇报表演"。西光厂前区的广场上布满了鲜花彩旗,一辆辆重型反坦克导弹发射车身着迷彩,掩映在明媚的春光里,显得格外威风豪迈。原总装备部部长曹刚川,在时任副省长巩德顺陪同下,在工厂会议室里听取国防科工办副主任张涛关于在陕阅兵装备工作进展情况的汇报,随后兴致勃勃地"检阅"了这支没有领章帽徽的"士兵"驾驶的重型反坦克导弹发射车长阵。

这位三星上将笑了。他一定多次检阅过部队的军容,但今天检阅的是将要形成战斗力的新装备,怎能不让我们搞装备的将军感到欣慰呢?不久前他在陕西省国防科工办有关阅兵装备工作进展情况的报告上写下了一段至今让人想起来还感到自豪和舒畅的话:"陕西省领导重视,科工办同志抓得有力,'9910工程'取得重大成绩,对此我表示衷心的感谢和祝贺。"司令部的同志告诉我们,这是曹部长在有关阅兵装备工作的报告上所做的最热情的批示。如今他又亲眼看到了陕西这一大片军工单位的累累硕果,不禁感慨说:"干得比我预想的还好。"

然而,未等我们细品这胜利的喜悦,以美国为首的北约在夜幕的掩护下,对南联盟发动了代号为"盟军力量"的军事打击行动。第一天美军80架F-118战斗机、6架B-52轰炸机从意大利阿维亚诺空军基地起飞向南联盟发动空袭,处于亚德里亚海的六艘北约战舰一昼夜向南联盟发射了近百枚战斧导弹。一场具有高技术特征的空袭与反空袭的战争打响了。这些,更使每一位投身这项阅兵装备工程的人更加真切地感受到这项世纪工程的伟大和急迫。中国百年来的历史和今天强权政治的劣迹都直白地告诉我们,一个国家和民族要自立于世界民族之林,要想永久地平静地分享和平的快乐必须时刻准备着!

下篇

总书记来到西航集团公司,谆谆告诫我们要集中精力搞好国防,三秦军工为之振奋。两个月以后,一枚远程地地导弹划破长天,落到预定区域,为共和国的阅兵增添了无限风光。陕西省的阅兵装备工作表彰会自然就开得热烈而圆满。

七

1999年6月16日,是陕西军工最难忘的一天。江泽民总书记来到在中国的航空界负有盛名的西安航空发动机集团公司。

这个公司坐落在渭河南岸,承担着轰炸机和"飞豹"发动机的生产和保障任务。

那天总书记在发动机总装车间,听到年轻的党委书记介绍工厂已经可以生产最先进的航空发动机时,不禁满意地点点头说:"我们要集中力量搞好国防,落后就要挨打啊!"那天总书记兴趣盎然地在留言簿上留下了一行墨迹;那天工厂的电视新闻把总书记的话播了一遍遍;那天总书记在西航视察的消息传到了秦川大地每座军工单位,也深深地埋进了军工战士的心里。

此时，全省承制的航空、兵器系统的阅兵装备项目已经全部交付受阅部队，这些军工单位的任务已经转入技术保障阶段。局外人绝想不到，几个企业与研究所以实际行动落实江总书记指示，精心安排，甚至对奔赴阅兵村的技术保障队伍发出了条冰冷的指令：如果完不成任务，如果被技保大队辞退视同下岗开除！

这不是太残酷了吗？而这才真正体现了陕西军工的拳拳爱心。谁都懂得，真正的爱是完成保障任务，为祖国为陕西赢得无上荣誉！

足足八个多月下来，陕西派出的近十支技保小队，没有退回来一个人，而且值得庆贺的是在阅兵村隆重的总结大会上，十多位将军将唯一的技术保障奖牌颁给了由陕西军工牵头的技保小队。这绝不应该是偶然！

技术保障也有惊心动魄的时候。

那天离阅兵时限只剩下不多的日子，一架"飞豹"飞机训练时发生意外故障。飞机落场停住了，但起落架不到位，机身擦伤，万分危险的是发动机还在运转。机场所有的警笛都响了，救火车呼啸着飞驰而来。那时每秒都可能爆发惨烈的后果。正常情况人要立即疏散才好，但这时，西飞公司负责现场技保工作的试飞站站长于德才，义无反顾地飞跑到飞机跟前凭着他精湛的技术和对飞机的熟稔，果断地撕开一块蒙皮，关住发动机的油路。飞机顿时安静了，现场的人们长长地舒了口气。但未等他们的喘气声平息，部队要求这架飞机必须在36小时之内修复。西飞公司等一批航空单位一夜之间不约而同接受了一道指令，在十个小时之内便急匆匆赶到北京阅兵训练场。

那天西安飞机设计所所长李洪毅本来是乘车赶往甘肃酒泉的。车到杨凌听到这个消息，便掉头立即飞赴北京的训练机场。他当然心急如焚，人还没到训练场系列"指令"就开始下达了。

陕西军工人真是好样的，故障很快按时排除了。国庆日，空中梯队是以零秒的误差通过了天安门上空，博得了人民的赞誉。而且笔者要特别大书一笔的是，当庆贺的酒香还没有消弭，陕西军工又创造了佳绩，几架受阅部队的"飞豹"空中对海实弹演习也进行得令人陶醉。那天我国南海一个试验基地集聚了几十位将军，当监视大屏幕显示数架"飞豹"同时携导弹攻击海面目标靶舰，发发命中，军委副主席张万年、海军司令石云生与"飞豹"总设计师陈一坚紧紧地拥抱在一起，竟像孩子一样欢快地喊叫起来。

这喊声，仿佛是贝尔格莱德那栋染满鲜血的废墟又一次发出的抗议，仿佛是全国人民愤怒游行的咆哮。1999年啊，中国人太需要这样酣畅淋漓的感情宣泄了！

八

历史不会忘记任何一项成功的实践。

西安机电信息研究所坐落在古城的南侧，那纷繁嘈杂的小贩们在他们所四周形成了一道并不雅致的景观。然而，谁也想不到这个所承担了阅兵装备工程里的重要项目——某型地地导弹引信的研制任务。

那年，这项任务是时任国防科工委副主任的王统业中将亲自在北京向他们交代的。"引信"这种火工品模样不大，却是决定这项武器系统战术指标的关键部件。因此世界上几乎所有武器生产国在进行武器技术转让时都严禁引信技术的交易。而这导弹又是现代所谓非接触战争、不对称战争方式的最有效的。那年北约在南斯拉夫发动的"盟军力量"行动中，就发射了1 600枚导弹，比"沙漠之狐"增加了三倍。倘若南联盟也拥有地地导弹，可直接攻击集结战机的意大利阿维亚诺空军基地，那么整个战争就会是另一种样子。因此没有导弹的阅兵是不可思议的。

这型导弹引信的试制，科技人员把命抓在手上。冒了多少次险，流了多少泪，已经很难回忆清楚了。但他们都记得那一次在甘肃酒泉基地做试验，一发导弹战斗部钻进地里没有爆炸。要查清原因，最便捷的方法就是找出"沉默"的实弹，剖开引信。天哪，这可是一次生命的赌博，是一次科技人员献身精神的生动写照。有人劝说："保险已经打开了太危险，一动锹挖土随时可能炸开花，况且再打一发不过是多花几个钱。"但一位年轻的项目负责人坚决不同意，找不到瞎火的原因，故障以后还会发生，研制就可能搁浅，必须现场排故。

这时，基地一位担任总指挥的大校军官见状看着他说："其他人都退后，我跟你一起挖。"这真可以用领袖那句"军民团结如一人，试看天下谁能敌"的诗句了。那天我们的工程师细心地一锹一锹地挖着，大校就紧站在他身边，目不转睛地注视着他的每一个动作。躲在掩体里的同志眼巴巴地从瞭望孔里盯着他们，周围静得只有风的沙沙声。整个过程进行了一个多小时，两个人居然没说几句话，似乎他们把心跳都抑制着，唯恐会激活那枚敏感的引信头。有的只是交换一下眼神，那种默契，那种警惕，那种紧张，不在其中是难以体会的。这些忧患意识强烈的军工人告诉笔者，美国一位国防系统分析专家披露，1991年的海湾战争，精确制导武器所占比例仅占9%，到1998年"沙漠之狐"行动，制导武器已达69%，而在科索沃进行的"盟军行动"中，制导武器已达99%。如此天下，中国不发展精确制导武器行吗？发展高技术武器没有一点牺牲精神行吗？

终于，在1999年4月的一天，巍峨耸立的西岳华山迎来了一批来自部队和航天系统的专家，大家神情严肃地聚集在一个国家武器试验场。所里的参试人员更是忐忑不安，三年磨一剑，锋利与否就看这次的打靶了。

一发发携着新型导弹引信的试验弹犹如一团团火球飞向目标深处的靶板，历经几个波折，他们研制的这种导弹引信以令人信服的战术数据赢得了在场观摩的首长和专家的高度评价。

庆功宴上我们年轻的李强所长怎么也想不到，在他给特邀的专家和首长敬完酒回来，满瓶的酒没喝，满桌的菜没动，所里的人都不见了。所长心里纳闷，端着酒杯四下找寻，在招待所的楼道里，蓦然听到一阵阵呜呜的哭声，循声找去，天哪，几乎所有的参试人员都趴在房里动情地哭起来了。

这哭声是历经磨难后的回味，也是一种胜利后的宣泄！细心的人可以不费周折地从中体会他们这几年来的艰辛和苦楚。

当然，对于负责我国新型导弹动力系统研制的航天人来说，胜利似乎还要晚几天。

航天向阳动力公司是我国火箭动力研制单位，阅兵装备工程他们是压轴戏。在任务开始下达的时候，曾有位负责阅兵的老将军面对着航天人不无忧虑地说："国庆50周年的阅兵，若没有新型导弹，影响会减一半！"此话一出把问题的实质可就点得够清楚了。

记得一位美国的战争问题专家说过，掌握了导弹的敌对国家，即使是三等力量也将构成一等的威胁。因此发展我国自己的导弹是保卫我们国家安全的重要保证。以美国为首的北约敢于违背国际法准则轰炸南联盟，开创了以"保护人权"为借口干涉别国内政的危险先例。因此，每一位航天人都清楚自己肩上的重任，而且明白我们应该怎样去维护和平，怎样去为中国人争气！

历经十多个寒暑，攻坚现已到了最后的时刻。他们把那张上级下达的军令状镶到一块玻璃里，端端正正地摆到办公桌上，天天像一条鞭子抽打着他们，进度啊，质量啊，一点不敢马虎。的确，航天的细致是著名的，他们发明的无缺陷操作法，一人念工艺，一人操作，一人记录，一人检验，已严格谨慎到了极致。然而每一点进步都伴随着失败的回忆。1998年5月在阅装备工程开始实施不久，一次发动机地面联试遭遇失败，推器烧坏了，试验架炸毁了。偌大的试验台一片狼藉，全院上下为之震惊。一切都烧毁了，找不出原因怎么做试验，试验不成功怎么过天安门？

终于他们经过各种分析和模拟试验，初步判定是发动机头部的隔热层出了问题。为了最终确定分析的正确性，科学家们决定把燃烧室内头部的装药挖出来。这可是一项艰难的决策，然而，不入虎穴，焉得虎子，人要钻进发动机躺在里边，一刀一刀地挖，而且必须十二分的小心，稍不留神擦出火星就可能引发一场灾难性的事故。况且燃烧室内的装药散发着浓烈刺鼻的有毒气味，人趴在里边干一会儿就会感到头晕。然而航天人把危险和艰辛抛到了脑外，一周之后完成了清理，准确地找到了故障点。当复现试验确认之后很多人才宽宽展展地睡了一个安稳觉。

1999年8月2日，中国人牢牢地记住了这一天。外国的军事机构也把这一天输入了庞大的计算机。航天向阳动力公司生产的发动机成功地将一枚远程导弹送入了预定轨道。那天中午，在宽敞的试验基地的指挥大厅里，拥坐了大片战功卓著的老将军和硕果累累的科研人员。十多年了，人们翘首以待的时刻来临了！

随着指挥员清晰的倒计时指令，大厅里万籁无声，人们紧紧地盯着电视屏幕里依偎在发射架上的那枚草绿色导弹。只听"十分钟准备""一分钟准备""五、四、三、二、一，点火"，只见那枚承载着中国人希冀的巨型导弹腾空而起，直刺云霄。

"第一级火箭点火成功"，全场一阵热烈的掌声。"第二级火箭点火成功"，掌声一浪高过一浪。"第三级火箭点火成功"。掌声中，猛见一位白发苍苍的老将军站起来喊了一声："可以阅兵了！"

全场一片欢呼。是的，可以阅兵了，可以在天安门前扬眉吐气地让全世界的人看看我们中国人的志气和智慧了，多少年了中国航天人就期待着这一天啊！

这一天标志着陕西承制的阅兵装备项目全部完成。

当那枚导弹还在蓝天里精心地画着优美的弧线，发动机试验成功的消息便传到四院，整个大院顿时沸腾了。人们不约而同地鼓着掌，敲起锣鼓，放着鞭炮，以自己特有的方式庆贺这一期盼已久的胜利。

新华社在第二天郑重地向世界宣告，我国成功地进行了一次新型远程地地导弹的试验。

九

金秋的季节，是秦岭山麓果实落坡的时候。

随着那威武的世纪阅兵已经锁进人们的记忆，已经永远地存入了胶片与磁盘，几位在陕西国防科技工业战线上的领导抵达北京来到原总装备部汇报工作。中央军委委员、原总装备部曹刚川部长抽暇会见了这几位没挂奖章的功臣。会见是热烈而又难忘的，且临别又把几位陕西人从五层楼上一直送到楼外大院里。晚上李继耐政委又特意设宴招待了这几位来自秦川大地的军工人，出席作陪的军职以上领导就来了七位。

这特殊的礼遇，让我们这几位陕西人回味不已。当然，我们都明白，如此规格的礼遇是因为阅兵装备进行得完美，是因为陕西数十万军工战士为国防现代化所付出的青春和生命。

1999年11月26日，是陕西军工为之自豪又为之陶醉的一天。

陕西省人民政府在位于古城中心的人民大厦召开了陕西参加国庆50周年阅兵装备工作表彰大会。首都阅兵装备领导小组常务副组长王统业中将、军兵种部姜来根部长、陆军装备科研订购部韩延林副部长和国防科工委毛德华副秘书长，专程从北京赶来参加会议。李建国、程安东等陕西党政军七大班子的第一把手都到会祝贺，高朋满座啊。会场上座无虚席，秩序井然，精神饱满。巩德顺主持大会，张涛做报告。几位离休的老军工欣欣然告诉笔者，这样的规格在陕西军工的历史上还是第一次。这无论如何应该是对陕西军工拼搏奉献的赞誉和欣赏！

陕西数十万军工人醉了！

在那簇簇红花的掩映下，我们看到文中的和没有提及的那些功臣们绽开的笑脸。省委书记高兴地说："'9910工程'是对陕西军工才华、品质和能力的检阅，是一次成功的爱国主义教育的生动实践。请党中央放心，陕西将在西部大开发中再展雄风，将拿出更多更好的军工产品来保卫我们共和国的神圣主权。"

陕西军工既然已经为中国的国防和经济建设以浓墨重彩写出了动人的序篇，那就请同胞们耐心地等待着阅读后面灿烂的华章吧！

有不息的渭河为证，人民将不会忘记！

有巍峨的秦岭为证，历史将写下辉煌！

用一生熔铸"中国心"
——记"中国航空发动机之父"吴大观

□ 钟祖文

2009年3月18日,一位老人静静地走完了他93年的人生历程。他一生中有68年与祖国的航空发动机事业紧紧相依,甚至在弥留之际,心里想的仍然是航空发动机事业。他就是"全国优秀共产党员""100位新中国成立以来感动中国人物"——吴大观。

作为新中国航空发动机事业的奠基人之一,曾任西安红旗机械厂副厂长兼任厂设计所所长的吴大观,被称为"中国航空发动机之父",他一生的奋斗历程和新中国航空发动机事业的许多个"第一"联系在一起:组建第一个航空发动机设计机构,领导研制第一个喷气发动机型号,创建第一个航空发动机试验基地,主持建立第一套有效的航空发动机研制规章制度,建立第一支航空发动机设计研制队伍,主持编制第一部航空发动机研制通用规范……为新中国航空发动机事业的发展打下了坚实基础,探索了发展道路。他择一事、终一生,国为重、家为轻,用爱党爱国的不渝之心,铸就了护卫祖国蓝天的"中国心"。

初心不改坚定不渝立壮志

吴大观,原名吴蔚升,刚入大学学的是机械,看着日本侵略者的飞机在祖国的天空肆意横行,他立志航空报国,向学校提出转入航空系。1942年,他从西南联合大学航空系毕业，选择到贵州大定航空发动机厂工作。在这里，他潜心研究，掌握了当时世界上先进的航空发动机工艺技术。1944年，他被选送到美国深造，在美国学习期间如饥似渴地学习先进知识，这为他以后从事航空发动机事业奠定了理论基础。

刻苦学习就是为了报效祖国，吴大观初心不忘，矢志不渝，拒绝了美国企业高薪聘任，于1947年3月毅然回国。当他和家人来到位于解放区的石家庄时，他心情万分激动，对家人说："我们现在到了我向往的世界，祖国的航空事业、繁荣昌盛全靠共产党的领导，我要为她而献身。"从此，吴大观走上了创建与发展祖国航空发动机事业的道路。

铸心不移动力强军奠基石

吴大观受命于国家困难之时，航空发动机研制一切从零起步。面对国家资金短缺、国外技术封锁、技术力量薄弱等重重困难，他"摸着石头过河"，千方百计克服阻碍，带领年轻的发动机设计队伍，开始了自力更生研制发动机的奋斗历程。

在条件极其艰苦的情况下，吴大观受命在沈阳筹备组建新中国的第一个航空发动机设计室，在毫无设计基础和经验的情况下，完成了我国第一台喷气教练机发动机研制并试飞成功。靠着一点一滴地攻关，他带领研制人员不断突破，组织了多型航空发动机的研制工作。他深深体会到，研制先进发动机必须有先进的试验手段，提出要建设航空发动机试验基地。他边做科学研究，边搞基础设施建设，不遗余力地推进型号研制和基础条件建设；主持建立了航空发动机研制第一套有效的规章制度，制定了比较完整的发动机设计、试验标准"八大本"；领导建立了第一部航空发动机研制国军标，为研制可靠、管用的发动机提供了技术基础。这一系列开创性的工作，不仅为当时的科研工作拼出了一条出路，更为后来"昆仑""太行"等发动机的研制成功奠定了坚实基础。

为探索出中国人自行设计航空发动机的道路，在发动机人才奇缺的情况下，吴大观拉起了新中国第一支航空发动机设计研制队伍。这支当时不到100人的队伍披肝沥胆、忘我拼搏，以设计室为家，全身心推动发动机研制工作。1978年底，已经年过六旬的吴大观从沈阳606所调到西安430厂。他说："我62岁要当26岁来用。"他把自己当成一台发动机，高负荷、高效率运转，技术上精心指导，工作上严格要求，学习上分秒必争。吴大观曾说："投身航空工业后，我一天都没有改变过自己努力的方向。"即使在最艰难的日子里，他的初心也从来不曾动摇。

壮心不已忠党爱国展风骨

1982年，吴大观调到航空工业部科学技术委员会任常委。他说："我有看不完的书、学不完的技术和做不完的事。"他用5年时间钻研新技术，写下上百万字的笔记，总结了几十年的工作心得，提出了很多宝贵的建议，尽心竭力为航空发动机事业思考、谋划。在决定"太行"发动机前途命运的关键时刻，他大声疾呼"我们一定要走出一条中国自主研制航空发动机的道路，否则，战机就会永远没有中国心！"于是，吴大观等9位资深专家联名上书党中央，"太行"发动机项目得以立项。18年后"太行"终于研制成功，实现了我国从第二代发动机到第三代发动机的历史性跨越。

吴大观从1963年起每月多交100元党费，从1994年起每年多交党费4 000多元，为希望工程等捐款9万多元，在生命进入倒计时的日子里交纳最后一次党费10万元。在他病重入院治疗期间，领导指示要送他到最好的医院接受最好的治疗，吴大观却拒绝了。他说："不要浪费国家的钱。"当听医生说要请外面医院的专家给他会诊时，他再次拒绝。

吴大观对党的无限忠诚、对祖国的无比热爱、对航空发动机事业的卓越贡献，为航空发动机研制的后来者树起了一座永远的精神丰碑。他用自己毕生的奋斗，诠释了"人生是施与不是索取"的赤子情怀。

回首凝眸看"东方"
——新型特种装备研制纪实

□ 王 舜 赵建华

公元1999年1月21日。

北国靶场，千里冰封，寒风刺骨。

这里，将进行"9910工程"项目新型特种装备武器的寒区靶试。解放军总装备部和原中国兵器工业总公司的有关领导专程来到这里，一睹我军"杀手锏"的风采。

夜幕降临，靶场最寒冷的时刻到了，然而，在靶场的人群中，一个身材高大的中年人，却扯下了戴在头上的棉皮帽，焦灼地来回踱步，他脚下的草地很快便被踩出一条不长的小道。

少顷，空旷无垠的草原深处，新型特种装备武器拖着耀眼的火尾，带着隆隆的呼啸，向预定目标飞去。一次次巨大的爆炸声后，喜讯频频传来：中靶！中靶！再中靶！

当最后一个目标被击中后，那个高大的中年人兴奋地迅速将帽子扣在头上，转身与随行的同事们紧紧拥抱在一起，用颤抖的声音喊道：东方人成功了！

才长伟厂长，在成功的瞬间，他想到的却是——失败！

从失败中站起来

1997年炎夏时节，才长伟从另一个军工厂调到西安东方机械厂任厂长，当他在厂里走了一圈后，不知怎的，他感到一股寒气袭身。原来，由东方厂参加试制的国家重点科研项目一种新型特种装备武器正样机在靶试中出了故障，试制工作处在了被迫停顿的危难关头。

这是让东方人至今谈起都极为沉痛而汗颜的事情，因为这几乎断送了东方厂的前途与命运。

难道东方人就只能在这失败的阴影中徘徊吗？第二天，在东方厂新型特种装备武器的研制会议上，才长伟神色凝重地听着主管该产品的人员汇报情况。听着汇报，才长伟厂长想起了接到委任通知的那刻，同时也看到桌上的五星红旗……祖国的召唤，组织的嘱托，还有东方厂万名职工那希望的目光，一下子在心里激荡起来。他"霍"地从座位上站了起来，斩钉截铁地说："东方厂必须尽快走出失败的阴影，东方人必须站起来！我首先和这个项目同在！"在座的其他厂领导和中层干部、技术人员也似乎被厂长的英武之气所感染，也不约而同地站了起来。才长伟伸出的大手上，一只、两只……会议室里每一个人的手都握在了才长伟的手上。会议室里鸦雀无声，只有一双双紧紧握在一起的手和凝视着五星红旗的一道道坚毅的目光。这次会议上才长伟厂长只讲了那几句话。也就是那几句话，一扫笼罩在东方人心中的阴影。东方人站起来了！

东方的地平线上，一缕曙光顽强地撕裂黑黑的云层，向大地展示着光明的希冀。

正当东方人紧锣密鼓为新型特种装备武器而日夜奋战的时候，1998年初，新型特种装备武器被列入国家"9910工程"，但由于正样机在靶试发生故障，使上级领导对东方厂能否继续承担此项责任愈加重大的任务深感怀疑。犹豫不定之时，才长伟赴京请命，并为自己立下了一道没有退路的"军令状"：若完不成总装任务，愿接受免职的处分。

才长伟的坚毅和真诚，感动了上级领导，任务终于定了下来。

国家之信任，人民之重托，让东方人备感光荣和自豪。任务之艰巨，责任之重大，时间之紧迫，也使东方人备感焦急和沉重。

经历了坎坷总会使人从中汲取到经验和教训，才长伟心里深深地知道，质量是东方人完成使命的"生命线"。

在部级鉴定总装过程中，一次发现了一个部件的导线束没有套热塑管，经技术部门分析，这会影响新型特种装备武器的性能。才长伟紧紧抓住这一点纰漏，多次召开分析会，查原因、定措施，全厂行文对当事人进行了严厉的处理，对相关领导进行了扣发当月岗位工资的处罚。而对他自己则进行了最严厉的处罚：扣发当月全部工资。

提起这件事，许多人到后来才逐渐明白，从严管理对一个工厂的发展何等重要。而在当时，人们还没有从思想深处认识到这点，只感到才长伟未免过于强硬了，丝毫不留情面。而才长伟面对来自各方面的人情压力表现出了一个领导者应有的气度和勇气，他说：管理是残酷的，企业需要严格的机制来约束，这是企业生存的必要条件。人们终究会明白这一点。

这件先从才长伟本人下手实行的严厉处罚事件，在职工中引起了不小的冲击波。在装配车间焊接班，操作工人看到产品焊接时，线头非常多，常常是焊这个碰到那个。心细的女工们为此苦思冥想，也不知是谁先提出的，她们给产品缝一个套子，然后在套子上开一个口，像给病人做手术一样，在哪儿操作就把留好的开口对到哪儿，这样就不会直接碰到其他焊线。她们用自己的智慧为产品质量筑起了道天然的屏障。由于新型特种装备武器是重中之重的项目，各级领导的检查参观是常事。一次，一位参观者把已装配好的导线束从产品中拿出来，看完后又随手放了进去。这被一位女工发现后，她毫不客气地向这位参观者提出"抗议"。当看到参观者不解时，她说你这么做和手术后把病人的伤口再次打开，取出肠子然后再随意放进去没什么两样。此后，焊接班便将放产品的祛湿间锁了起来，每遇参观，她们都要派人严加"看护"，生怕产品受到一点点细小的"伤害"。

作为一位工厂的主要领导，才长伟凭着他的胆识和智慧以及魄力，凭着他的"科学组织，从严管理"的治厂之本，除了抓好工厂的总体改革和全盘工作，他的心每时每刻都牵挂着新型特种装备武器研制这个项目。在项目研制的行政指挥系统中，才长伟担任着总指挥的重任。很多工作千头万绪，改革解困和日常工作使他的时间以分秒计算。但是，当扑在新型特种装备武器上的时候，他顾不上休息，多少次从外地回厂，下火车直奔厂里，水也顾不上喝一口，就仔细询问产品的进展情况。即使在京开会，他打回的电话也常是询问新型特种装备武器。在寒热区试验用产品紧张装备的那个1998年的12月份，他除了出差和处理日常事务外，日夜在一线督战。才长伟的爱人在中学任教，那一个月，除了才长伟匆匆回家拿件棉衣外，她再也没见过丈夫的面，难怪才长伟的多年好友造访时，她连才长伟人在什么地方也说不清楚。

热区试验是在海南岛进行，因为这是新型特种装备武器最后一次"大考"，才长伟再度亲自前往。所有去过的人都能回忆起，那是个闷热潮湿的深夜，才厂长和大家早早来到那个杂草丛生、蚊蝇乱飞的河岸。为了不错过产品发射的那一刻，才厂长带头和大家站在杂草丛里，蚊虫不知疲倦地"围攻"着他们，大家叫苦不迭。才长伟想出了个办法，他把两个裤管紧紧地塞进袜子里，旁边的人也纷纷效仿他这个"刀枪不入"的做法。靶试虽然成功结束了，但他们仍让蚊子饱餐了一顿。他们一边挠着奇痒无比的身体，一边共同分享着成功的喜悦。

隆冬，吹来暖暖的风。

采访中，当说起其他厂领导、技术人员和工人们时，才长伟感慨万分。他说："同志们在'9910工程'中，付出了艰辛的劳动，他们是这场战斗的功臣。"党委书记李增前自始至终关心和支持新型特种装备武器项目的研制。副总工程师、军品开发中心主任李汉文，自这种新型特种装备武器项目到厂之日起，就一直负责该项目的协调、调度工作，他亲身经历了该项目靶试失败时那令人痛心的一幕，对荣辱两字他更有深刻的理解。任务确定后，这位性情开朗的老国防，叮咛退休在家的老伴，要照顾好心爱的孙子，不要惦记他，然后，抱上一床被褥，就扎进厂里。一连三四个月，他蹲点在生产车间办公，各个生产班组留下了他匆匆的身影和坚实的脚印。晚上九十点钟，当他回到属于自己的办公室时，饥饿便无情袭来，这时他就像散了架似的靠坐在一张长沙发上，行动迟缓地打开一个皮包，从中取出一袋黑芝麻糊，用温水冲冲，一勺一勺喝下。而这张长1.8米、宽0.6米的沙发几乎就是他每天栖身的床。在那段日子里见不到爷爷的小孙子隔几天就把电话打到厂里找爷爷，说好想爷爷，让爷爷回来吃饭吧！小孙子哪里知道，他的爷爷经常顾不上吃晚饭，而常常以冲黑芝麻糊来充饥。

设计一所所长杨忠孝，是一名科研领头人。1999年元月，根据新型特种装备武器寒区试验的靶试需要，由宋银生副厂长带领杨忠孝等技术人员前往北方的靶场进行靶试。空旷无垠的靶场寒风凛冽刺骨，有天靶试，按照安排杨忠孝和年轻技术人员曾宪铮一早带着干粮，冒着寒风将靶试产品提前送到靶试地点守候。刺骨的寒风阵阵袭来，把杨所长和曾宪铮冻得浑身发抖，牙齿打战，御寒的棉衣、棉帽此时好像也毫无作用，他们就在靶场来回跑步驱走寒冷，饿了就吃点同样冻得发硬的干粮。就这样，他们连续四天都在零下20摄氏度以下的靶场上工作着。

寒冷可以抵御，但靶场随时可能出现的险情却是无法抗拒的。在一次鉴定靶试的时候，一切都和往常一样，靶场工作人员发出指令后，惊险的一幕却猝然出现了：产品在发射架上动也没有动……怎么办？这时，杨忠孝挺身而出，他用深情的目光望着同事们，自信地挥挥手，快步跑向随时有可能再发射或爆炸的产品跟前……事后问他怕不怕再也回不来，杨所长的表情平静如水，淡淡地说："看到我们的产品出了故障，我急着想知道原因，哪有时间多想？"

提起新型特种装备武器的零件供给，资本经营规划处计划员石磊的雅号能带出一段感人的故事。

主管新型特种装备武器外协外购件的石磊，在总装的紧要关口，要及时把工厂高质量的要求传递到配套厂。为了找到一个零件的最好加工单位，他一天之内就在几个兄弟厂所往返了三趟。为了一个急件，他干脆就一屁股坐在兄弟厂的机床旁，眼盯着机床一刀一刀地加工，吃饭也不走开。拿到急件后，又匆匆往回赶，坐守在生产线看着零件投入装配。从此，他那"坐地炮"的雅号便在同事们中间传开了。

李大钊曾说凡事都要脚踏实地地去做，不驰于空想，不骛于虚声，而唯以求真的态度做踏实的功夫。以此态度求学，则真理可明；以此态度做事，则功业可就。

1997年四季度，质量整顿后产出的新型特种装备武器正样机靶试取得佳绩。

1997年年底，新型特种装备武器部级鉴定各项指标达到要求，靶试取得好成绩。

1998年二季度，新型特种装备武器设计定型通过军工厂所联合验收，标志该产品通过部级鉴定后又进入崭新阶段。

1999年元月21日，新型特种装备武器以其稳定的飞行轨迹和精确的命中率，取得了寒区试验的圆满成功。

1999年6月，这种新型特种装备武器热区试验再次取得圆满成功。这标志着该产品设计定型试验和用户使用试验胜利结束，正式转入设计定型报批阶段。

这成功的喜悦，让东方人品味到太多太多的滋味，他们于炎夏起步感受的是失败的寒冷，他们于隆冬接受最后的考验，却迎来了成功的暖暖春风。

东方红日升，春风知时节。

亲情与爱国情的交融

从1997年6月下旬到1999年元月21日，这久久被东方人刻骨铭心的500多个日夜，凝结着东方人怎样的心血，又蔓延着怎样的幸福？

可惜，我们的笔力不能如摄像机那样，实录下这500多个日日夜夜的每一时刻、每一角度、每一细节，我们只能尽力从中剪辑下极为珍贵的一些画面、一些情节，以及一些人物。

儒雅得有些书生气的宋银生是被才长伟厂长视为值得信赖、办事细致周到的副厂长。在新型特种装备武器试制期间，他突然感到肝胆部位疼痛难忍，虽经全面检查，可大夫却没有向他讲明检查结果。带着极度的思想压力，宋银生每天都强打精神，出现在生产现场。李汉文副总回忆说：宋副厂长如果疼得实在受不了了，只好悄悄告诉我，忍不住了，要到医院打吊针止痛……在后来，宋副厂长的两只手背上就成了针眼的世界，有时两只手背无法再打了，护士就只好向两臂"进军"。今天谈起那段日子，谈起他的身体时，宋银生只是淡然笑说："我那时的思想负担很重，大夫越神秘，我越紧张。好在当时'9910工程'让我割舍不下，一看到火热的生产场面，我的思想负担也就被冲淡了。"他最后笑着说："我真得感谢'9910工程'呢，不然的话，我真会垮下来的。"

为了新型特种装备武器，杨忠孝忘我地工作在科研生产一线，很少顾及家庭。1998年春天，他在外单位工作的爱人分了一套住房，当时新型特种装备武器正在进入设计定型批的最紧张阶段，为了工作他连续一个月没顾上回家，有人问他房子怎么样，他却连房子分在哪里都不知道。他爱人眼看着别人家都大搞装修，搬进新居，而自己家却无人问津，一气之下把电话打到了厂里，问他还要不要这个家。望着案头上那一摞摞图纸、资料，他对着话筒动情地说："小家、大家我都要。"搬家那天，杨忠孝特意请了假，以求"将功补过"。但当他们一家随装满家具的"搬家车"正准备乔迁新居时，厂里突然来电话，让他立即去靶场参加试验。杨忠孝二话没说转乘出租车回厂及时赶赴靶场，一路上，爱人临别时那无奈的叹息总在他耳边回响……

在总装任务十分吃紧的日子里，检验处副处长冯勋建由于连日的劳累，精神日渐疲惫。一天深夜11点多钟，他拖着沉重的身子骑自行车往家赶，在一施工地段，不慎连人带车重重地摔在了水泥地上，右臂一股撕裂的剧痛使他几乎昏厥过去。黑暗中，他试图举起右臂，但那只是一种奢望。第二天，大夫对他那红肿的右臂下了肌肉严重挫伤的结论。于是，绷带缠身，医嘱静养。三天过去了，伤势不见好转，而三天里，他家的电话却响个不停，新型特种装备武器的检验事项都需要他来定夺。第四天，冯勋建再也躺不住了，让孩子推来自己的"坐骑"，他一手扶着车把，极度艰难地跨坐到车上，将自行车缓缓地骑向工厂……一天过去了，一个月过去了，冯勋建始终是一手扶着车把骑车。有时车胎没气了，他就多给修车人五角钱，让其代为打气。产品总装任务终于完成了，而他的右臂仍没能如愿抬起来。

"积力之所举，则无不胜也；众智之所为，则无不成也。"女工王凤春是新型特种装备武器总装焊接班的班长，四十出头的她泼辣、干练，干起活来巾帼不让须眉。1998年冬天，王凤春的爱人去贵州出差，一去就是四个月。当时新型特种装备武器的总装已进入"白热化"状态，一边是上学无人照看的孩子，一边是放不下的产品，亲情、爱国之情使王凤春那晚彻夜难眠。第二天，她早早起来，简单安排好孩子的生活，满眼噙着泪水往厂里赶……这一走就是八天八夜，她和她的姐妹们在生产线上忍受着松香和焊锡刺鼻的气味，一个又一个线头，一发又一发产品地忙碌着。饿了泡一包方便面充饥，结果，不大的休息间里，时时充斥着方便面的味道，难怪那段时间工友们一见到她们就戏称"味道好极了"。到了第二天凌晨一两点钟王凤春才和姐妹们在用椅子拼成的"床"上休息。一天晚上，王凤春的哭声惊醒了旁边的姐妹，第二天大家问起时，她红着眼睛说："我梦见孩子抱着我的脖子说，她好想吃我做的饭。"几个母亲忍不住哭成一片。

在这500多个日日夜夜里，正是东方人用自己的行动和心血诠释着情感交融的深刻内涵。日出东方，彩霞满天。历史不会忘记他们，党和政府不会忘记他们。

1999年11月26日，省政府表彰了参加国庆阅兵装备工作的先进个人，才长伟、宋银生、李汉文、杨忠孝、王凤春受到了表彰奖励。当站在领奖台上，他们的心底不约而同地流淌过了那段艰辛又充满幸福的500多个日日夜夜，他们是代表着东方人。他们知道，此刻乃至将来，世人将凝眸回首看"东方"，他们对此无比欣慰。

东方，一个令人神往的天地！

"飞豹"昂首冲霄汉
——中国第一代超音速歼击轰炸机研制纪实

□ 高壮斌

浩茫大地，孕育我的生命之源

巍峨峰峦，闪射我的精气之辉

闪电，炼我以火霹雳，锻我以雷

风雨无情亦多情

淬我的筋骨与魂魄——淬硬度之刚：于血，淬韧性之柔：于泪

——引自诗人王德芳《国徽上的齿轮》

一

凛冽的寒风在黄土高原上吹过。而几位中央首长和共和国将帅却迎着寒风向高原走来。

他们是来看"飞豹"的！中国第一代超音速歼击轰炸机的首飞，牵动着中央领导人的心。

宽绰的跑道上"飞豹"正整装待命，准备接受共和国与人民的第一次检阅和"洗礼"。

而"飞豹"的研制者——西飞集团公司全体职工更是以惊喜而焦灼的心情期待着那一时刻的到来。

发动机轰鸣起来，转眼间，"飞豹"如闪电般从人们的眼前掠过，昂首直冲霄汉。

"好漂亮的爬升！"人群中发出一声由衷的赞美。人们的目光追逐着"飞豹"的身影，而那"飞豹"潇潇洒洒地在蓝天白云下绕场一周，然后又从容自若地回望大地……顷刻，暴风雨般的掌声和潮水似的欢呼声响彻机场。

回到大地的怀抱，它从尾部放出朵漂亮的花伞——它的设计、研制者们也都心花怒放。成功的喜悦，胜利的微笑，使无数颗心颤栗了、陶醉了。

北京来的客人们手指"飞豹"，谈笑风生。这一时刻，庄严地载入了中国的航空史册："飞豹"首飞成功！

二

在试飞现场临时布置的主席台上，正襟危坐着一位面容清癯、身着羽绒服的老人，他就是航空管理专家、后来的航空金奖获得者、航空航天部任命的"飞豹"工程现场指挥部总指挥——陆颂善。

为了这一天的到来，他和同志们已经并肩奋斗了数个春秋。

早在20世纪80年代初，中央军委便决定依靠我国自身的力量，设计研制代号为"飞豹"的超音速歼击轰炸机。设计师们为此付出了巨大的心血，终于取得了设计的成功。然而，要将设计图变成成品，还有许多道关隘需要跨越。这个艰巨的任务，历史地落在了西飞集团公司的肩上。而作为航空航天部的重点型号，"飞豹"被公司不容置疑地排在了重中之重的位置。陆总则挑起了现场指挥部总指挥的重担。

陆颂善搞了一辈子飞机，他对飞机太有感情了！

1952年，他从沈阳空军工程部转业到国家航空工业局，不久参加了我国首架喷气式飞机的试制。来到大西北后，他前前后后参与了数种飞机的研制生产，曾任总工程师、代厂长。"飞豹"的研制，是年逾花甲的陆总站的最后一班岗。他在现场指挥部经常出差，却从未坐过出租车，总是一手拎一个小包，一个装衣服，一个装洗漱用品，来往去挤火车或公共汽车。指挥部多年无宴请，唯有的一次是花100多元搞春节"招待会"，买了少量的糖果、瓜子，"招待"各有关单位和部门的同志，参加者有100余人。

"要抠紧！"陆总经常在会议上捏着拳头说。

是啊，系列飞机的改进改型，哪一个型号不是能省的省，而把有限的资金用到刀刃上去！"飞豹"也不能例外啊！

然而，国防建设是需要雄厚的资金投入的，这一点"飞豹"更不能例外！

为了确保"飞豹"按时上天，经上级批准发行新机研制厂内债券。一时间，厂内外一片支持的呼声。职工们纷纷去银行提款，多年来的老底被抖搂出来，准备买冰箱的款子也换成了债券。三个债券销售点前排着长长的队伍，一千、两千、一万、两万……数钱的财务人员累得满头大汗，眼花缭乱，最多的一天接待了200余人次，售券70万元。

"囊中羞涩"是现实，但炽热的爱国情怀和崇高的历史使命感却能使我们战胜困难，这也是中国的现实！他们做到了！

三

某年夏，烈日当空的上午。试飞站的一排大树底下，桌椅摆出了一个会场的模样。不一会儿，西飞集团公司总经理邵国斌、总工程师易志斌等公司领导和各厂厂长、各部门负责同志等近百人，纷纷就座。

前一天，准备交付中国飞行试验研究院的一架"飞豹"出现故障隐患。总经理决定召开现场质量分析会。

"质量是产品的生命，也是公司的生命。"邵总挥动着手臂，"谁砸了公司的牌子，公司就砸他的饭碗！"铿锵有力的话语，警钟般地震撼着干部们的心灵……

邵总下令：对已交付的新机进行全面质量检查，发现问题和隐患及时予以排除，举一反三，全力以赴。

上天不易，定型更难。这是人们对新机研制的经验总结。

为了配合"飞豹"的设计定型试飞，西飞集团公司派出了跟飞服务组，就在机场上一间30多平方米的平房里安营扎寨。空旷的机场无遮无掩，夏天，阳光晒透了屋顶，屋内燥热难耐；冬天，寒风穿透了墙壁，屋内冷如冰窖。而"飞豹"的设计定型试飞又一波三折，历时数载，跟飞服务组的一干人长年驻守在此（有人就从这里退休的），其中甘苦，寸心可知！

四

参与设计图纸工艺性审查的技术人员,不顾严寒酷暑,不计较报酬多少,整天沉浸在与设计人员的商讨之中。不算口头提出的数千条意见,光《工艺性审查记录单》就填了近万份,审查图纸文件约 13.3 万页。这些数字,如果是一位作家的著作,那可真叫"著作等身"了!

作为国家级专家的副总工程师胡世荣,主管"飞豹"研制的技术工作。每当生产现场遇到技术难题,他准会出现在那里。他胸怀坦荡,鞠躬尽瘁,在科学和真理面前从不让步,更不计较个人的得失。但是,任何技术上的问题他都死较真,谁也别想跟他打"马虎眼"。

高级工程师唐瑞润,因劳累过度而晕倒在数控厂房的工作岗位上,被救护车送进了医院。但两天后,他又出现在工人们面前。

为了赶制一项急件,西飞集团公司新任总经理王秦平亲自挂帅,督促奋战,从设计到制造夜以继日地埋头苦干,只用了 8 天就把零件生产了出来。这 8 天里,有因画图劳累而三次跌倒在工作岗位上的设计人员,有连续工作 72 小时不下岗的工人……

是什么在支撑着当代中国航空人的价值观体系?是崇高的爱国主义精神点燃起的生命之火!

五

"飞豹"的研制,是一部爱国主义行动的大合唱!它调动了几乎整个航空工业的力量,数百家辅机厂为它提供材料和成品,同时,它也调动了其他工业领域一些企业的神经和机器研制出中国的"好飞机",是一代又一代航空工业建设者们的夙愿和理想。正是这种美好的夙愿和崇高的理想,紧紧地将"飞豹"的设计、研制、配套服务单位及相关的行业捆在一起,形成了一支无坚不可摧的钢铁之旅,促使"飞豹"上天,且一鸣惊人!

"飞豹"通过机体设计定型后,经上级批准,进入了批量生产。

六

"飞豹"采用了"四新":新材料、新技术、新工艺、新成品。它要达到一个全新的设计和制造水平,必须实行全新的管理,进行科研攻关和技术改造,运用现代化的设计和制造手段,如数控加工技术、CAD/CAM 技术等。

为加快"飞豹"研制进度,设计工作进行不久,以西飞集团公司的工艺审查工作组为主的联合工作队便宣告成立了。人员由开始的十几人,一下子扩充到上百人,再到详细设计阶段的近千人。这种做法,后来在企业管理上叫并行工程(CE)。

上级明确要求,型号研制必须做到三个"三结合":航空工业部、军方、研制单位三结合,设计、制造、试飞三结合,干部、设计人员、工人三结合,形成一个"联合舰队"。这种思想于 20 世纪 90 年代被上升到理论上,称为系统工程。"飞豹"研制是航空工业系统率先运用的系统工程和并行工程,此举开创了飞机研制的新路子。

实践证明,新机研制走这个路子是符合客观实际与我国国情的。特别是在无工程样机、无功能样机的情况下,不但缩短了研制周期,而且减少了研制费用。

"飞豹"采用 CAGD 技术,有关工作人员经过 5 个多月的艰苦努力,完成了 100% 理论模线和 85% 结构模线的绘制。这比过去提高工效两倍,节省设计工时费十几万元,大大减轻了设计人员的劳动强度。

航空工业部鉴定认为,西飞集团公司在国内第一个对"飞豹"全机采用 CACD 技术,其水平在国内居领先地位,对航空技术的发展有重要影响和促进作用。该科研攻关项目被授予航空工业部二等科技成果奖。

七

让我们还是来听听关于工人的几个故事吧。

故事一:银金工手与足

三伏天,在炉膛温度高达摄氏 700 度的热成形机旁,攻关小组在冯振强的带领下,进行着反复试验，银金工们一个个汗珠儿吧嗒吧嗒地朝下掉，工作服像被水浸透了似的，却顾不上拿毛巾擦洗一把。他们的双手忙着呐！

为了保证零件的质量，李定柱用木榔头敲击几万次，手酸了，臂麻了，终于敲出了合格的零件。

现场导管取样时，田宏伟等在飞机上对合画线后，返回车间进行定位，再去飞机上试装，一个零件做好导管取样得来回跑十几趟，一批零件下来，腿脚好像已不是自己的了。

故事二：航空煤油不能白白浪费

中外翼架外工段工长黄恩发伫立在机场旁陷入沉思：机翼整体油箱每次清洗要耗费十几吨航空煤油，由于没有清洗设备，必须人工进行。多流汗、多受累倒没什么，耗费大量煤油却使他心疼。用过的煤油能循环使用该多好啊！经过绞尽脑汁地苦思冥想，有办法了。听了对工厂的合理化建议，韩印维、郑景华、薛志斌、林洪涛4位老师傅齐声叫好。大家你一言，我一语，把实施方案补充得更趋完善。这样不但省油，而且提高工效一倍以上。他们行动了起来，不怕脏累，不顾令人窒息的煤油味多么呛人，也不顾煤油溅在皮肤上奇痒难忍，从早晨8点一直干到深夜11点。最后一算，节油6 000公斤。

故事三：巾帼不让须眉

贾彩萍是架外班班长，留着与男同志一样的短发，干起活来也像男同志一样不惜力气。架外的头道工序历来由男同志干，她却挑起了这个重担。中午晚间经常加班，家中的小宝贝被冷落了。一天，小宝贝由爸爸领到车间，一见到浑身铝屑、汗流满面的妈妈，孩子哇地哭了……小贾禁不住泪水流了下来。终于，小贾眼睛肿了，腰疼得直不起来，平时爱说爱笑的她变得没话了，可干起活来却依然风风火火。身边的男青年不由地打心眼里佩服：了不起，不愧为巾帼英雄！

故事四："火线"上的小两口

王卫国和高红是一对青年夫妇，一个是机翼总装的工艺员，一个是装配检验员，小两口在同一条生产线上摸爬滚打，尝到的酸甜苦辣比别人更多。夫妇俩久住农村，好不容易在家属区借到间小房，便利用双休日搬家。正准备收拾行李，厂里来人叫高红，说生产线有急事，需要检验配合。这一去，就忙到第二天的凌晨3点。平时由于工作紧张，两人谁也顾不上照管孩子，孩子就只好乖乖地与爷爷为伴了。加班、熬夜，有多少次也记不清了。大伙称他俩是一对生产线上的"比翼鸟"。

故事五：师傅与徒弟

部级技师程先生是公司级双文明先进个人。他一门心思用在工作上，经他改进后的装配方法，使他负责的下壁板装配由以前的50天缩短到30天左右。他带着徒弟李艳，又承担起油箱的铆接工作。在只有手掌大的空间里，他用两个手指的力量托起顶把，承受着铆枪的强烈冲击。每钉一个铆钉，手臂就会被周围的铆接件烙出血印，活全部干完时，他的胳膊已变得伤痕累累。再看看徒弟，一身油污灰屑，女娃儿的爱美之心早已被铆枪击飞了。

公司级优秀党员、高级技师钱阳正和徒弟王建龙从周六上午10点干起，一口气干到下午4点。刚吃完饭爬上飞机，意外发生了：钱师傅的右手掌不小心让锯条划了一寸多长的大口子，鲜血顿时渗透手套流了出来。他没有吭声，将手高举着让血尽快凝固。右手不能用力，他就用左手画线、装零件、钉铆钉。血再次渗出来的时候，他被送进了医院，伤口缝了八针。星期天上午，徒弟一个人悄然走到现场，没想到师傅早已下手干活了……

故事六：身先士卒的厂长

部装十五厂厂长叶锡林，抓生产有他的一套：整天泡在现场，什么问题也甭想逃过他的眼睛。那阵特忙的日子，他的嗓子喊哑了，痔疮也犯了，别人怎么劝，他也不上医院去。骑不成自行车，走路一瘸一拐。鲜血将裤子染红了，就把衣服往下拽，生怕别人看见。

部装十一厂副厂长李振亚身患糖尿病，仍身先士卒，与总装工人们滚在一起蹬着三轮车往返送胶，任人怎么劝他休息，也决不离开现场。

八

隆隆的发动机试车声，挟雷霆万钧之势，响彻晴空。从现场前走过，你浑身的热血会被这声音震撼着而沸腾起来。负责地勤的同志们，正冒着初夏下午的日头，进行交付前的最后一项工作——试车。

"飞豹"一到试飞站，军机大队的同志们在大队长李杰的带领下就会主动扑上去。停机坪上露天作业，冬迎风雪，夏斗烈日，那滋味并不好受。

可为了圆满完成"9910工程"所下达的任务，西飞集团公司已经明确提出要求："我们要把'飞豹'当作一项政治任务来完成，谁拖了后腿拿谁是问！"李杰和他的战友们岂敢有丝毫怠慢！

军机大队的同志们终于没有辜负公司领导的期望和重托，创造出"飞豹"地勤工作的新纪录：仅用8天时间就保质保量完成了任务。

这天下午，李杰早早来到办公室。他忽然想起了安徽老家，想起了年迈的父母，已经有一年多没有回老家了，此时此刻，他多想回家看看啊！

去年夏天那场百年不遇的大洪水，使他的老家也遭受了损失。李杰闻讯后心急如焚，可工作又让他脱不开。如今该怎么办才好呢？前思后想，他抓起电话，拨通了老家一位老同学的号码。他说："我眼下工作忙，先从你那里借100元，麻烦送到我父母手中，拜托了。"

九

"飞豹"进入阅兵村后，西飞集团公司董事长、党委书记杨忠在一次专题会上明确提出：要加强外场服务，安排一名副处级以上干部带队，并成立现场临时党支部，切实做好组织、协调、牵头工作；人员配备要精干，坚持外场第一的原则；保证资金到位，决不允许因资金问题而延误训练飞行工作一分钟；各级领导要关心外场工作人员的生活和疾苦，让他们安心做好外场服务。

春节刚过，上级要求西飞集团公司外场技术服务组的同志必须限期到达。

西飞售后服务处，副处长万兴林一行九人，开着一辆面包车立即出发了，一天一夜的时间，跑了1 200多公里，如期赶到了部队驻地。司机说："这真是破天荒啊，创出了我开车的最高纪录。"

在零下十几度的寒风里，服务组的同志脱掉羊皮袄，穿上单鞋，钻进飞机里进行排故。空间狭小，只能容下两个人，一旁的同志看着干着急。干的人浑身是汗，而腿和脚却冻麻木了。"飞豹"，成了联结部队和企业的光明使者。一方手把手地教，一方倾心地学。遇到问题，技术服务组回答三个字："立即办！"他们得到部队的欢迎和支持，并赢得了官兵的尊敬和钦佩。

4月中旬,服务组"换班"时,万兴林仍留了下来。可没过几天,他的女儿打来长途电话,说妈妈生病住院了。老万心里一惊,老伴,你可千万不要有事呀!得知爱人没有什么危险,老万在电话里告诉女儿:"爸爸现在不能回去,妈妈就交给你照管了。"

那天,谁也想不到会出事。一架飞机发生事故后,技术服务组年过五十的于德才,立即拦车赶到事故现场,发现左发动机仍在工作,尾喷口喷出的气流,使尘土飞扬,浓烟滚滚。此时,情况万分危急!于德才不顾个人安危,一面指挥关掉电源,一面去关发动机。他凭几十年工作经验,急中生智,采取果断措施,控制了事故向更严重的方向发展。

星空下,"飞豹"睁亮机敏的眼睛,注视着祖国的万里长城……

飞向太阳
——阅兵战机技术保障中的风雨历程

□ 付兆平

"无论你在什么地方,只要抬起头来,就肯定能够看到一架飞机或是一颗卫星在你的头上盘旋。"在过去的78天里,南联盟人民就是用这样的语言来描述这场可悲的空袭之战……科索沃战争似乎向人们昭示,存在的威胁来自空中,走路的时候不要总低着头!

——摘自张召忠《下一个目标是谁》

一

这是一个令全世界都翘首以待的日子。

1999年10月1日凌晨,几乎彻夜未眠的宝成通用电子公司外场室主任李福堂匆匆走出机场招待所的大门,焦急地仰望着天空,铅一般沉重的乌云和不知什么时候下起的小雨,使他本来亢奋和激动的神情稍显忧虑。1998年,在上海召开的一次新型战机现场会上,当李福堂听到军队和航空工业总公司的领导正式明确多种型号的战机将参加国庆50周年阅兵的消息后,一年多来,他和同事们辗转奔波在阅兵村,为参加阅兵的132架飞机进行技术保障服务。因为这所有受阅飞机上,都配套着宝成公司生产的航向姿态系统、综合罗盘、飞行指引系统等航空仪表,仅32架受阅武装直升机配套产品就近几百种。宝成公司的产品覆盖面如此之广,在整个航空工业系统也是绝无仅有的。这些产品结构复杂,交联关系和技术指标要求精确,保障难度很大。在繁忙中期待,在期待中辛劳,多少个日日夜夜的含辛茹苦,李福堂就盼着在50周年国庆大典开始时,矫健的战机轰鸣着飞过天安门广场的那一刻。尽管李福堂对工厂的产品深信不疑,对一年来技术保障工作的成果满怀信心,但这种"不友好"的天气却会给飞行带来难以想象的困难。高空中,飞机的飞行航向和姿态全靠仪表指示,嘘为风雨,吹为雷电,当挟风携雷的10个梯队,前后距离10米、间隔8米的空中机群用6分59秒的时间飞过天安门时,哪怕是丝毫的误差,都会带来极为严重的后果,其损失和影响不堪设想!

似乎是征战前一次隆重的洗礼,或许是对一年来训练和保障工作的考验,凌晨4时,机场上空的细雨悄然而止。凌晨5时,受阅部队进入机场,上午9时30分,飞机从能见度极低的机场起飞,掠过机场大道旁高高的白杨树,开始进行空中编队。上午11时30分,当空中编队在国庆阅兵中表演成功后,中国航空工业第一集团公司总经理刘高倬亲自向进行现场保障服务的人员发来贺信,祝贺他们为圆满完成国庆50周年阅兵任务,扬国威、壮军威作出的贡献。此时此刻,李福堂悬着的心才放了下来。此刻,他多想让仍在风中伫立、仍在机场旁的小道上跋涉、在机场保驾、在北京航空工业第一招待所的宝成公司跟保飞人员和他共享这盼望已久的喜悦,多想让返航的雄鹰把这喜讯快点带给为"9910工程"倾注了全部心血的郭斌总经理和龙平副总经理,带给曾为工程项目呕心沥血、辛勤劳作的驻厂空海军代表和工厂的4 000多名职工……

机场招待所砖墙上枝蔓交错的爬山虎上,那残留的水珠,仿佛也闪着晶莹、喜悦的泪花……

二

秦岭苍茫,姜水横流。

在秦岭的蒙峪沟一带,相传在很久以前,居住着一个姜姓部落,其中有个叫少典的,娶了一个名叫安登的妻子。一天,安登去天台山莲花峰踏青时,忽然看见一条神龙向她扑来,不久,安登便因受到龙的感应而怀孕,三年后生下了中华民族始祖炎帝。从此,从秦岭中流出的这条清澈的河水就叫清姜河,而被姜水环绕的村落就叫姜城堡。

中国最大的航空陀螺仪表研制、生产企业，航空工业第一集团公司宝成通用电子公司，就坐落在秦岭山下、清姜河畔这神奇美丽而又充满灵气的土地上。

宝成公司有过辉煌的历史。1955年12月，新中国第一代航空仪表就是从清姜河畔跃上蓝天的。几十年来，宝成公司为祖国航空陀螺仪表事业的发展作出了巨大的贡献。但是，在风雨历程中，她也有过彷徨，有过停滞不前。1995年，郭斌总经理临危受命后，擎起了"突出军品，占领主干道"的大旗。宝成公司在改革的大潮中又一次脱颖而出，她的产品不但装备了国内所有型号的军用飞机，而且装备了部分舰艇、战车、民航及外贸飞机。重新焕发了勃勃生机的宝成公司，如一架傲视长空的雄鹰，正跃跃欲试，听候着祖国的召唤，而"9910工程"的实施，正好给宝成公司提供了显示企业综合实力的良好机遇。

又一个晨光熹微的早晨。站在公司生产调度部调度台前的郭斌，虽然一夜未睡的倦意，使他棱角分明和充满刚性的脸色格外的凝重，但他注视着厂区的目光却依然闪着自信和坚毅。厂区异常寂静，寂静的如同刚经过一场惊心动魄大战的战场，寂静的只能听见鏖战了一夜的机床的喘息声，寂静的只能听见装配大楼那丝毫不染的红地毯上传出的装配工们留下的匆匆行走的脚步声，寂静的只能听见总调度台那闪闪的红灯发出的"急事急办、特事特办、确保重点工程全线畅通"的调度令声，寂静的只能听见运送又一批合格产品出厂的汽车欢快的鸣笛声……

自1998年10月航空装备订货部下达了有关做好"9910工程"各项工作的通知后，与驻厂总军代表欧长来共同担任厂"9910工程"保障领导小组组长的郭斌，充分显现了他办事果断、雷厉风行的管理作风和"坐也是死，站也是死，何不冲上去轰轰烈烈地去死"的性格特征。在他的直接指挥下，订货任务保障、技术质量保障和技术服务保障三个小组迅速开展了工作：建立厂内24小时值班制度，保证外场反映问题24小时畅通无阻；故障品一律以"急件"下达返修计划，7至10日内返修合格并发往部队；外场排故人员紧急情况下24小时内出发前往排故地点。这一个个凝结着他智慧结晶的决策的相继实施，使宝成公司承担的工程项目拉开了大决战的序幕。

这是一列西去列车上发生的真实一幕：一位名叫毛群生的采购人员，正将生产急需的一种元素材料送回公司，不料在列车上被乘警扣留。乘警怀疑他带的是违禁的毒品，要予以没收，并要对他进行治安拘留。情急之下，他突生一智，说这不是毒品，只是一种生产用的元素材料，不信，喝给你们看。说着他就拿出来往嘴里倒。乘警见状，半是无奈半是同情地放了他，这才使他按时将材料带回了公司。事后当有人关心地问他喝这种有毒元素材料的滋味时，他苦笑着说："就是胃有些痛，后来喝了一个月的稀饭也就好了……"

这是设计大楼的装配工段，为在阅兵中飞行的新型战机"飞豹"配套的飞行指引指示器就是在这里组装完成的。虽然这里的大多数女工已韶华不在，但焊接用的电烙铁在她们的手中仍织锦绣花般地灵巧精致。同步器、齿轮轴、刻度盘、电流计、卷屏等组合件被她们精确无误地组装起来，那一半是蓝天一半是大地的显示屏上，每一度轻微的摆动，都被她们用发送器详细地测试下来；那方寸之大的线路板上，密集排列的数十根导线，被她们焊接得天衣无缝。她们成年累月工作在洁白的工作台旁，外面精彩的社会几乎与她们爱美的天性无缘。她们只能在那圆圆的陀螺世界去树立起自己人生的坐标，体现自己对美的追求，去领略天之广遥、地之退迥，去编织如诗如画的军工之梦！

这是一个极其普通的军品加工车间，机床的马达声、砂轮的嘶叫声、空气压缩机的轰鸣声交织成曲曲动人的工程零备件大会战奏鸣曲。平常要三个月才能完成的生产任务，在生产调度人员和车间领导科学的进度控制、流水作业、实施24小时三班倒的合理安排下，仅仅用了12天，就保质保量地完成了。

这是装配大楼一位年轻的女工。为赶装一批工程用的急件，她连续加班一个星期，天天干到深夜一两点。有一天深夜，忽然有人叫她到大门口，她不安地来到大门口时，看到婆婆正抱着她不满周岁的孩子在门口焦急地徘徊着，看到孩子冻得通红的脸蛋，她鼻子一酸，泪水夺眶而出……

这是一个周末的晚上。23时，陆航机关电话通知郭斌，说某受阅部队急需一只陀螺仪表。郭斌马上和龙平副总经理召集会议，安排装配车间的工人和技术人员加班，从工厂现有的五只产品中筛选出一只性能指标最好的，及时送到了部队。而为了这一只表，公司的领导和工人们，在零下5度的低温室和60度的高温室穿梭做试验，忍着冰天雪地的寒冷和灼热的烧烤，整整忙碌了十多个小时。

1999年9月20日，机场跟飞人员急电公司：机场需要紧急排故！在短短两天时间内，设计所的两名女工带着设备昼夜兼程地赶往机场排除了故障。当她们从机场返回时，那俊秀白皙的脸庞已被海风吹得黑黑的，而其中一名女工一路上还一直患着重感冒……

在这检阅宝成公司军品平时保障能力、战时应急能力的大会战中，公司的各个部门、每个职工就如穿越险山峻岭中的一根铁链，一环紧紧地扣住一环，没有也不敢有丝毫的松动。工程的急件从计划单列、特种标注,到零件加工,装配调试,交付成库,组织货运,信息反馈,严密跟踪控制,几乎每一环都被宝成公司职工的心血染过,汗水淬过!党委书记娄永年、航空产品分厂厂长许卫东、副厂长黄岁海、生产调度部部长申敬煜、质检处处长万文山,生产管理人员张进生、倪引召等人都为这链条的构架付出了辛勤的劳动,而技术处主管设计员、高级工程师王建勤则为这根链条中一个环节的设计留下了恢宏的一笔,是王建勤对武装直升机配套产品综合罗盘质量问题进行了系统的原因分析和试验,解决了一系列技术问题,使整个系统在飞行训练中趋于稳定。而作为这根链条的总设计师,郭斌总经理在为自己的工厂和产品感到自豪的同时,也时时为有这样一批高素质的管理人员、技术人员和职工队伍而十分的欣慰。当然,有时也有不尽如人意的事情发生。在东北某机场,一位排故职工为了工厂利益,曾同部队有过短短的几句争执。郭斌知道此事后,决定让这位职工下岗一个月。他深情地说:"什么叫讲政治,树立用户第一的意识,保障工程顺利完成,就是最大的讲政治!"总经理的行动昭示了:在经济仍然困难的宝成公司领导和职工的心目中,金钱的价值和政治的高度是无法等同的。正是怀着这种崇高的信念,宝成人不计代价、不讲条件,确保了空、海军的五批约 1 200 万元的追加订货任务提前完成,陆航的电话追加订货任务也提前交付使用。在工程保障工作中,郭总经理根据受阅部队维护条件差、备件缺乏、工程难以完全保障的状况,在资金十分紧张的情况下,毅然决定工厂自投资金建立了工程应急备件库,首批备件包括成品产品、外购器材、零组件,价值约 400 万元。航空产品分厂、供销分公司、生产调度部、质量保证部等单位认真组织、精心安排,争时间、抢速度,甚至调整正常生产计划,全力以赴地保证了备件 6 月份全部完成并投入使用。为确保万无一失,8 月份工厂再次投入第二批备件,价值约 100 万元。至 8 月底,两批备件分别发往各受阅飞机训练地点,为保障受阅飞机的训练和阅兵飞行起到了至关重要的作用。

然而,又有谁知道,宝成公司的全体职工,在这最紧张的 5、6、7 三个月中,为了偿还一笔到期的债务,每人每月只拿 50% 的基本工资……

这是古雅典一个悲壮的神话故事:故事中的主人公伐达罗斯为了离开幽禁他的那个四周环海的小岛,便采集了许多羽毛,用线和黄蜡把它们粘连起来,形成鸟的翅膀,分别装在自己和儿子伊卡洛斯的双肩上。于是,他们就双双飞离小岛,穿越波涛汹涌的大海,怀着对生的希望,直向太阳飞去……宝成公司也在向着太阳飞翔。如果说,伐达罗斯的飞翔只是为了逃离苦难,宝成公司的飞翔却是为了感受辉煌!

三

烈日熔金。1999年8月的华北平原，罕见的高温无情地灼烧着每丝空气。就在这热浪的追逐中，傍晚时分，风尘仆仆的龙平副总经理和他带领的质量外访组又一次赶到了阅兵机场。

有位哲人说过，太阳在任何时候，总是呼唤光明。勇气十足的人，不会在黑暗中停步，他们懂得黎明都是从黑夜里诞生的。因而，跃动着、奔走着、挣扎着、呐喊着、希望着对太阳，龙平或许会有更深的感受。这位从小生长在渭河边上的年轻的副总经理，那夸父逐日，喝干渭河水而化作灼灼桃林的故事，一直激励着他，使他无悔地前行着。

作为公司主管质量的副总经理、工程保障小组副组长、跟飞保飞小组组长、郭斌总经理的助手，龙平在整个工程保障工作中起到了举足轻重的作用。是他运筹帷幄，亲自策划了公司整体保障方案；是他深谋远虑，提出了建厂以来首次大规模、远距离的质量外访活动；是他具体部署在阅兵机场一线跟飞，在北京设联络站进行二线保飞，在公司大本营进行全方位保障的计划。宝成公司能保障受阅飞机安全、准确、万无一失地完成受阅任务，龙平功不可没！

在"9910工程"受阅飞机中，部分机种的配套产品工作时间长，已接近首翻期甚至大修期，而本次阅兵的重点直升机、"飞豹"战机、空中加油机等均为近几年装备部队的新型飞机，飞机飞行时间短，系统质量不太稳定。

因此，保障工作的成败，直接影响到阅兵能否成功，关系十分重大。在工程保障工作中，宝成公司的重点就是跟飞保飞。

海南岛的椰树林记得、湖南崎岖的山路记得，这些汇集了公司管理、技术、生产精英的外访组成员，先后在这里留下了他们的足迹和汗水。从1999年5月下旬到6月上旬，由副总经理龙平和总军代表欧长来带队，外访人员肩背沉重的设备和产品，几乎坐遍了包括架子车在内的所有交通工具，对驻广东、湖南、安徽、海南等地的南线部队进行了质量走访；7月份由总工程师陈宁和副总军代表张礼带队，对部分研究所和工厂进行质量走访，了解与工程配套产品的质量状况；8月初由龙平和副总军代表张礼带队，对北京周围6个机场的13个受阅部队进行了质量走访。质量外访组每到一个单位，都与部队机务人员、航材人员及飞行人员进行座谈，详细询问、了解产品的使用情况及保障情况，查阅故障返修记录，向部队介绍公司的质量保证体系及新产品的研制、开发及技术攻关情况，听取部队对公司产品的评价及质量改进的建议，对部队出现的故障产品及二线检测设备进行了现场修复和维护。这次质量走访活动历时三个月，横跨祖国东西南北，行程数万里。公司在资金困难的情况下，拨专款支持这项工作。驻公司军代表室在人力、物力上给予了大力支持。外场人员冒酷暑、战高温，圆满完成了质量走访任务，密切了公司与部队之间的合作关系，建立了新的质量信息网络，对工程后续保障工作及今后与部队之间长期的合作与交流奠定了基础。质量外访工作结束后，龙平亲自到陆、海、空军机关和中航总公司汇报公司质量外访工作情况，征求部队和上级机关对公司产品的意见及改进建议，体现了宝成公司对工程保障工作的重视和对军工产品质量一如既往的严肃态度，树立了良好的企业形象。

华北某机场的跑道记得，在机场的跟飞人员杨滨从1999年4月来到机场后，连续半年没有回过家。每天，他不知在那2 000米长的跑道上要往返多少次，仅脚上的解放鞋就穿破了三双。8月份，机场跑道上的地面温度高达60℃，他为了观察飞机在起降中的姿态，有时要在跑道旁的草丛中蹲上几个小时。而在这草丛中，不时还有鼠蛇出现。当龙副总经理外访来到机场看到他艰苦的工作环境，专门为他配备了一辆自行车时，他憨厚地笑着说："和每天辛苦训练的飞行员相比，就这点苦算得了啥！"

某机场的指挥塔记得，"飞豹"战机自1998年11月转场来到机场后，宝成公司的跟飞人员就日夜坚守在机场，进行跟踪保飞。为了保障这种新型战机能顺利完成阅兵任务，龙平对跟飞人员下了"要不惜一切代价保证'飞豹'正常飞行"的死命令。在所有的阅兵机场，这个机场的条件最艰苦，冬季那凛冽的海风常常会穿透跟飞人员身上厚实的地勤服，使他们感受到彻骨的寒冷。高清和马汝林两名跟飞人员，每天早晨5点起床去机场，一直到下午才离开。工作之余，他们只有在机场的指挥塔下站立一会儿，望着远处的山峰遐思……

机场招待所那盏台灯记得，那是个睡下来连凉席都能渗出汗珠的夜晚，来机场进行质量外访的质检处处长万文山、高级工程师董辰光和技师南志荣等人为了解决一个产品偶尔发生的故障，在机场没有维修设备的简陋条件下，在招待所搭起了临时战地救护所。他们以地板做手术台，以台灯当无影灯，用了整整一晚上的时间，硬是从狭窄的产品空隙中完成了连线、测试、调整等排故工作，保证了受阅部队第二天的正常飞行。

北京航空第一招待所那长长的楼梯记得，为了保证产品能24小时不落地地送到受阅部队，北京联络站的保飞人员王朝阳每天要搬着沉重的产品在楼梯往返无数次，这枯燥而又繁重的工作使那些南来北往的客人也为之动容。

蓝天不会忘记，大海不会忘记，历史不会忘记。在历时一年的工程保障工作中，宝成公司以她严格科学的管理水平、精湛高超的技术服务、精确可靠的产品质量向党和国家、军队和人民交了一份满意的答卷。国务院、中央军委阅兵装备工作领导小组授予宝成公司在建国50周年国庆首都阅兵装备工作中作出突出贡献奖。国防科工委、中航第一集团、空军、海航、陆航机关领导对宝成公司在保障工作中的突出成绩也给予了高度评价。这崇高的荣誉，宝成公司得之不易，自然也受之无愧。

厂区，绿草如茵，鸽群飞翔，针叶松高高挺立，棕榈树随风摇曳。站在新世纪的起跑线上，宝成通用电子公司的决策者们又将目光投向新的制高点，他们将进一步探索适合现代高科技形势下新的保障模式，向着更新、更高的目标迈进！

一种精神的诠释
——阅兵飞机电源装置攻关写实

□ 陈 浩

爱国主义，一个古老而又永远年轻的理念。

一想到它，闪现于我脑际的，便是喋血疆场抵御外侮的悲壮，便是叱咤赛场为国争光的雄风，便是抗灾抢险慷慨解囊的义举，便是注目国旗泪盈双眶的激情……总之，它与伟大联姻，它与崇高并存，它与辉煌同在，它无论如何都与平凡无缘。

然而，随着我为写这篇报告文学所进行的采访层层推进，那一件件扑面而来的感人事例，却逐渐打破了我的偏执与浅薄。我像一位掘金者，对脚下的大地有了新的发现和感悟。

于是，我谨以我的虔诚，献上这篇笨拙的文字，借此表达我业已升华了的观念和对平凡的爱国者们深深景仰之情。

一

1998年4月。

一项代号为"9910工程"的任务，带着中南海的殷殷嘱托，下达到秦岭航空电气公司。任务的内容，是为在1999年10月1日国庆大典中受阅的我军最新式武器提供电源产品。

"忽如一夜春风来，千树万树梨花开。"一时间，这项为国争光的工程成了秦岭人议论的中心话题。那溢于内心的自豪之情代替了曾笼罩在脸上的苦闷与彷徨，人们神采飞扬，意气风发，俨然都成了时代的宠儿、命运的骄子。

"丁零零……"公司总经理兼党委书记国岩家的电话这几天分外地多了起来，电话基本上都是打听工程项目的，而每次回答完人们的询问，国岩的心情都要激动上一阵子。咨询者都是基层的干部和工人，有的熟悉，有的陌生；有的是积极上进的先进分子，有的是前几天还在骂娘的"牢骚大王"。尽管每个人的境遇不尽相同，但此时所表现出的那份火样的热情足以使铁石心肠者都为之动容。

国岩不是铁石心肠者。他为人们的热情而激动，为公司被荣幸地委以重任而激动，为即将到来的辉煌盛典而激动。

然而，这激动却是短暂的，随之而来的则是沉重的思虑。一组数字使他无法安然入梦：五年的连续亏损，7 000万元的亏损额，四个月的拖欠工资……

一个现实更使他无法回避：资金严重短缺，效益普遍低下，企业机制老化，社会负担沉重，所有国有企业面临的难题，这里一道也不少。

生命无法承受之重，把这句话用在今天的秦岭人身上已并非夸大之词了。

"男儿有泪不轻弹"，可有谁知道，工厂的困境竟使他多少次独处一隅时潸然泪下大放悲声。作为一名共产党人，他不相信有什么救世主，但却又真希望能有个"救世主"出来挥洒甘露，使秦岭公司枯木逢春。

今天，"救世主"没有等到，等到的却是要在一年半的时间内，为受阅空军的七个机种及主战坦克、新型防空自行高炮、导弹等武器装备提供几十个品种、几千台套电源产品的艰巨任务。且不说这些产品大部分是近年来新研制和改进的，结构复杂，加工难度大；仅就从任务量之巨、生产周期之短来说，在秦岭公司的历史上都是绝无仅有的。

这是一场硬仗，而且是只能胜不能败的硬仗。因为，"政治任务"的意义高于一切，祖国的荣誉高于一切，在它们面前，任何理由都不能称其为理由，任何失误都是犯罪。

二

又是一个鲜活的清早。晨号伴随着曙光在厂区上空高亢地响起。国岩融入上班的人流，走在他们中间，他感到种脚踏实地的沉稳。

于是，在公司领导班子会上，人们听到的是一个洪亮而充满自信的声音：纵有天大的困难，也要完成党和人民的重托，决不能让工程在我们这里卡壳！

于是，在专题动员会上，以国岩为组长，王宝泰、李凤岐为副组长的工程领导小组宣告成立，并以立军令状的形式表达其必胜的信心。

帷幕已拉开，秦岭人将在新的历史条件下上演出一幕有声有色、慷慨激昂的话剧来。

"兵马未动，粮草先行"是自古用兵之道。

可秦岭公司却反其道而行之，在"粮草"尚无踪影的情况下，便将"兵马"开到了会战的前沿。

是主帅不谙此道，还是将领疏于运筹？都不是。原因在于任务所迫，他们不能不破釜沉舟，背水一战。

然而，前方已经"开火"，承担募集"粮草"的财务部岂能按兵不动？

总会计师宁福顺，这位公司班子里最年轻的成员，素以精明的头脑、超群的能力所著称，是深为人们倚重的"财神爷"。可此时，"财神爷"为财所困，竟到了如坐针毡、一筹莫展的境地。几天下来，那张"贫瘠"的小脸儿，便令人不忍一睹了。

不过，宁福顺毕竟是宁福顺，经过一番殚精竭虑的思考，他又精神抖擞地主持了财务会议，有条不紊地布置安排工作，一派处变不惊、指挥若定的大将风度。

财务部紧急出动。

作为国家重点工程，省上和上级有关部门给了工程项目部分贷款，但却不能及时到位。于是，他们把目光投向了银行，三番五次地登门游说，讲工程的意义，讲工厂面临的困境，讲职工们高涨的爱国热忱，终于得到了银行的理解和支持，贷款开始流入公司的账户。但这仍是"杯水车薪"。

盘活现有存量资产，是宁福顺的又一高招儿。有的单位欠账七八年，仍苦于无钱可还。他便说服其用冰箱、冰柜、汽车、空调等商品抵了债，转手又将这批商品抵了购买工程材料的款项，从而缓解了工程资金的紧张状况。

在财务部，至今还流传着"总师汗洒筹资路，部长自垫材料钱"的佳话。

前者说的是：一次为一笔贷款，宁福顺一大早便拽着财务部副部长赶到市工商银行，可人家的主管领导却已去了地区，等他们追到地区时，人家又到了省上。总是慢半拍，总是撑不上。人到这份儿上，最容易泄气了，可宁福顺哪敢呀？追，非追上不可！就这样，一路马不停蹄地追呀追，从省上一直追到了太白山。等追上那位领导时，已是中午时分了。望着风尘仆仆、口干舌燥的他们，这位领导非常感动，当即签了字。在风景如画的太白山旅游胜地，他们甚至连水也没顾上喝一口，就如获至宝般地急急往回赶，终于抢在银行下班前提到款。而此时的宁福顺，大汗淋漓得像从水中捞出来一样。副部长吓了一跳，连声问宁总你没事吧？宁福顺只是摇摇头，连说话的劲儿都没了，只有肚子咕咕地直提抗议。一整天了，他们竟粒米未进。

宁总师如此敬业，下属更不含糊。某分厂在购买材料时，对方要求现款支付，该分厂七凑八凑还缺 2 000 元。副总经理王宝泰找到财务部，又恰逢财务结算，眼看着材料到不了手，进度将受到影响，情急之下，部长董会昌和副部长林宏、赵炜从怀里掏出自己的钱，解了燃眉之急。要知道，他们也是几个月没有领到工资了，这些钱都是从牙缝里抠出来准备为居家度日派用场的啊！而在董会昌拿出的购买材料的现金中，就有准备买一辆儿子在梦中都企盼了许久的童车的钱。

至今提起，这稚气十足的小家伙似乎还有些耿耿于怀。可当笔者问道，爸爸的做法对不对时，他却又毫不迟疑地点了点头。

多么可爱又令人肃然起敬的孩子！由此，我们又想到了另一个孩子，这个孩子在作文中称参与研制工程产品的爸爸是位伟大的父亲。感谢那位老师，他理解孩子的心情，没有以修饰不当来批评孩子，并且说：当他把全部的热情投入一项伟大的事业中去时，平凡也就显出伟大来！

三

"飞豹""空中美男子"，不用看，仅从这响亮的名字，就可以想象出它们威震长空的雄风和强悍。在国庆大阅兵的盛典上，它们同其他机种一道，以矫健的英姿，将祖国的骄傲写在了万里蓝天，写入了人类航空史，并且写进了全世界人的眼中，不管那目光是友好的，还是敌视的！

这骄傲的书写，也有着秦岭人重彩浓墨的一笔。

装备在"飞豹"上的我国第一套恒速恒频交流电源系统及为其配套的我国第一套油冷航空发电机就是他们的杰作。

这是一项具有世界先进水平的技术。采用循环油冷却，工作转数高，高达摄氏100多度的油温对发电机绝缘性能的要求几近苛刻，加之体积小、重量轻、结构紧凑，故而制造工艺难度非常大。目前，世界上只有美、俄等少数几个国家可以生产。它的研制，凝聚了秦岭人十几年的心血。今天，当它就要作为工程的一部分，接受祖国的检阅，向世界试锋芒之际，秦岭人又以高度的使命感和责任心，对其进行了最后的磨砺。

公司47所主管质量和工艺技术的副所长刘跟东亲任攻关小组组长。主攻目标：产品制造工艺性较差而对其可靠性造成的不利影响。

这里虽然没有战争的硝烟，却有着战争的游戏规则，那就是一往无前，攻求必克。

从此，这里的灯光与晨曦吻别，与晚霞拥抱。

眼熬红了，人累瘦了，15条可靠性改进措施先后列出并被落实到后续产品的研制生产中。

难关终于在盛典的前夕被攻克，"飞豹"终于在辉煌的时刻显神威。

在这次阅兵飞行中，强击机也是大出风头的机种之一，但多年来它却一直为空中断电问题所困扰。为此，刘跟东受命主持了该机电源系统调压控制保护器可靠性研究与改进工作，率攻关小组进行了全面的试验论证，终于找到了根源所在，并提出了相应的改进方案，使该产品的平均故障间隔时间观测值由原来的200小时左右，提高到目前的上万小时。该研究成果也因此获得了部队科技进步奖三等奖。

望着荧屏上"飞豹""强击机"的矫健身姿，刘跟东欣慰地笑了。

这位平时滴酒不沾的汉子，第一次端起了酒杯，冲着北京的方向，一饮而尽。旋即，眼角处渗出两个晶莹的亮点。

"我是国家培养，人民养育的知识分子，对国家和人民应该有个回报。"当中航第一集团授予的二等功奖章闪耀在他的胸前时，这句朴实的话语道出了他的心声。

朴实的语言，耀眼的奖章，形成了强烈的反差，在这反差的对比中，一个爱国者的形象叠印于时代的底片上。

中国的知识分子哟！

在秦岭公司，这样的知识分子何止一个刘跟东。翟平安、张德禄、孙学京、刘富平……正是因为有了他们的奉献，才有了国庆盛典上战鹰的矫健、导弹的壮观、雷霆万钧的强悍、高炮的威严，才有了中国军队威武之师、精锐之师的盖世风范。

这是秦岭公司召开的一次表彰大会，表彰会开得热烈而隆重。

然而，面对着鲜花、掌声、证书和奖金，获得者们竟无一人表现出沾沾自喜的兴奋和受之无愧的泰然。

一位获奖者在谈到当时的感受时，这样对笔者说："我虽然站在领奖台上，但浮现在眼前的却是同伴们的身影。事实上，他们付出的并不比我少。因此，荣誉应该属于所有的会战参加者，属于所有的秦岭人。"

可以相信，这绝非矫情之语，因为事实证明：工程项目作为一种情结，已深深地植入了每一个秦岭人的心中，并转化成强大的动力。

正是这种动力，推动着秦岭人于逆境中奋起，挑战艰险，铸造辉煌。一块块来自国务院、中央军委和中航集团公司的奖牌就是最有力的佐证。

四

1998年，一场罕见的洪水，考验了一个坚强的民族，也造就了一种著名的精神——抗洪精神。

这种精神被秦岭人注入"9910工程"的壮举中，便演绎出了一个又一个动人的故事。

故事一：大校雨夜闯雄关

9月15日，山海关地区。夜色浓得伸手不见五指，滂沱大雨倾盆而下。

从公路上走来三个人，没有任何雨具的他们已被淋成了"落汤鸡"，但这并未阻挡住他们的步伐，仍深一脚浅一脚地向前走去。

他们是海航驻地区军事代表室总代表赵恒宽大校及所率领的排故小组。此行的目的是排除在机场合练的"飞豹"出现的发动机空中断电故障。

军情紧迫。14日接到部队通知，15日即赶到了机场。

此时已是午夜12点多了，他们顾不上喘口气，挡辆出租车直奔目的地，孰料却被拉到了一个民用机场，待他们再欲乘车寻找时，车已经离去。同志们考虑到赵总代表的年纪和身体状况，提出在机场休息一下，可他却把眼一瞪："都啥时候了，还敢休息？"话音刚落，人已融入茫茫夜色之中。

毕竟50多岁了，又患有糖尿病，走不多久，他便感到双腿发软，腰酸背痛，眼前直冒金星，但他硬是咬牙坚持着。因为他知道，肩头的重任不容他有半点的懈怠。

偏偏在这时，老天也开始捉弄起他们，"浇你没商量"，将雨水一股脑儿地倾泻下来。这段路前不挨村后不着店，连个避雨的树都没有，同志们埋怨他，他却嘻嘻一笑："这点雨管啥，大风大浪咱见过。"便讲起他随舰出海的经历。谁知刚讲几句，却是一连串的喷嚏，打得惊天动地，打得酣畅淋漓……说来也怪，当他最后一个喷嚏打完时，雨竟突然地小了起来。同志们说：这叫真情动天！

任务提前两天完成。赵大校的军人生涯中又平添了一道传奇色彩。

故事二："拼命三郎"舐犊情

"拼命三郎"是同志们送给李竹的褒称。自打会战开始，这位主管生产调度工作的生产部副部长，便一头扎在工作上了。有人给他做了个统计，从去年以来，他独自加班就达 1 120 小时，是全厂义务加班时间最长的一位中层干部。

用他妻子的话说是：整个卖给厂里了。

好在这位贤惠的女性理解自己的丈夫，为支持他的工作，默默地承揽了全部家务。可再好的脾气也有急躁的时候，终于有一天，妻子的怨气按捺不住了。

那是去年 7 月，会战正酣的当口，他的小女儿突发心肌炎住了院。妻子急得团团转，可人家却好，安置妥孩子就要返厂，说有事儿正等着他处理呢。

妻子这下可真火了，扯住他的衣服就是一顿"血泪控诉"，连岳父都看不过眼了，指着鼻子把他好一顿数落。

这一切，他虽无言以对，但却也能承受得住，可当他与女儿相视时，心不禁为之一震。这是怎样的一种目光啊，它交织着渴盼、恳求、哀告甚至怨恨，这是发自孩子那天真的双眸吗？

他心底的父爱被深深地触动了，许给孩子的诺言一个个翻腾在脑际，倏然间，一种沉重的负债感压得他喘不过气来，腿一软，跌坐在女儿的身边。

女儿满足地进入了梦乡。他的心却又飞回了厂里。

第二天，女儿醒来时，看到的是堆满床头的各种食品和玩具，却没有看到爸爸的身影。

女儿笑着对妈妈说："我知道，爸爸又到厂里去了！"

还有一位风烛残年的老妈妈，为支持女儿进厂加班，抱病照看小外孙，直到累倒在床。即便如此，她也死活不肯住进医院，不为别的，只是怕影响了女儿的工作。

青工小李，因赶任务而屡次失约，女友非但没有埋怨，反倒送上一个甜蜜的吻。爱情的力量使小伙子如虎添翼，会战结束后，他回送给姑娘的是一本鲜红的、倾注着小伙子无限深情厚谊的立功证书。

限于篇幅,还有许多故事不能一一列举,但是,它们并不会因此而消失在人们的记忆中,因为,它们已与秦岭公司的荣誉一道,被铭刻在了这举世瞩目的工程的历史丰碑上。

历史将永远铭记他们的功勋。

五

关于什么是爱国主义,学者们可以就此喋喋不休地高谈阔论一番。

然而,当我们就这个问题请教王宝泰副总经理时,这位为工程倾尽心血的指挥员,却只是指着窗外轰鸣的厂房说了一句:"问问他们吧,他们会告诉你,什么是爱国主义。"

是啊,秦岭人不是已用自己的行动,对爱国主义及其精神,做了最好的诠释吗?而他们,正是一群平凡的人!

"飞豹"诞生记
——中国首架自主知识产权歼击轰炸机

□ 马 驰

人物：总设计师：陈一坚

试飞英雄：黄炳新

陈一坚：一个成功的飞机它的寿命应该是40年到50年。人的感情就是怪得很，对于"飞豹"就是总放不下来，随时都想着，到时候一谈一说"飞豹"有事儿，我的心里就咯噔一下子。"飞豹"对我来说，算是干了二件事儿。造了一架飞机；造了一架能造飞机的飞机，团队有延续了。

旁白：西安阎良这个以航空闻名的小城，对很多普通的人会显得有些陌生，我国一系列国产飞机"飞豹""空歼2000"等的横空出世，使这个小城的地位丝毫不亚于美国的西雅图或是欧洲的图卢兹。在这里有一位无人不知无人不晓的飞机总设计师，这座距离古城西安50千米的小城，是他和他的"飞豹"成长的地方，十年之城，十年西飞，在中航设计研究院研究的二十年中是陈一坚一生最辉煌的岁月。

在一次军事演习中，我国第一架拥有自主知识产权的军用飞机对地、对海中远航突袭能力让人耳目一新。它有一个霸气而响亮的名字——"飞豹"。"飞豹"怒吼冲天，引起万众瞩目，这就是中国的歼击轰炸机。

歼击轰炸机又称战斗轰炸机，最初都是由歼击机改装而来的，主要用于突击敌战役、战术纵深类的地面、水面目标，并具有空战能力的飞机。在20世纪六七十年代的越南战场上，美军率先使用了这种既能克敌又能自保的飞机，使人们看到了它的巨大威力和光明前景。这场战争被称作为美国新式武器的试验场，战争的主角是美国空军的 F-4 "鬼怪"。在 60 年代 F-4 "鬼怪"称得上一种十分先进的战斗机，它装备了雷达系统和先进的火力控制系统，在这两个系统的控制下，空对空武器和空对地武器可以准确无误地射向目标，是美国空、海军六七十年代的主力战斗机。

陈一坚：歼击轰炸机的特点就是能带很多武器，飞机的重量是 34 吨，这个量级的武器带弹量很大、品种很多。把这些攻击性的武器都释放完了以后，它自己还是个歼击机，还能够执行歼击机的任务。歼击轰炸机大概一两次出动，扔一两个弹，激光弹就可以破坏一个战略桥梁，所以这个作战效率提高了很多。这种飞机对于打击地面的指挥部、通信中心、弹药库、运输桥梁等可以发挥非常大的作用。

旁白：歼击轰炸机在越南战场上的出色表现，让人们看到它的巨大威力和光明前景。此后为了赶上美国的步伐，其他国家也开始了歼击轰炸机的研制工作，苏联的 Su-24 "击剑手"和欧洲的"狂风"很快投入了设计和生产。而当时中国的歼击机就显得有些单调，一旦发生战争，空中防线极其容易被突破，国产歼击机不能进行远程飞行，无法携带太多武器；而强击机虽然能进行定点攻击，但是腿太短，载弹量有限，无法形成有效打击。而就在同一时期，在西沙海战中暴露出来的一系列问题，让中国海军方面对新型飞机的设计和研发提出迫切的要求。

这场后来被称作黄沙之战的海上冲突，发生于 1974 年 1 月 20 日，交战双方是中国海军南海舰队和南越海军。1974 年 1 月初，南越当局单方面提出在距越南以东 362 千米中国称为西沙群岛的海域勘探石油。南越海军向该地区派遣一支小型舰队形成一条封锁线，在此作业的数名中国渔民被杀害。1974 年 1 月 20 日中国海军采取行动，取得击沉击伤敌 4 艘巡逻艇的战绩，但也同时暴露出缺乏海军航空兵空中支援的问题。这主要是因为，当时海军中队的歼击机基本没有对海攻击能力。因此，设计研制适合海军航空兵使用的新型攻击机成为空海部队的急切需求。

陈一坚：我们国家本来是一个防御性的军事原则，但是你只有防御没有打击力量的话，这种防御是被动的。因为你没有打击敌人的能力你没有办法防御，那只有被动挨打。

旁白：从人类有了灵感设计飞机开始，世界航空工业就在不停发展。1956 年新中国制造完成了我国第一架喷气式战斗机——歼-5战斗机。20世纪50年代我国研制了初教-5、歼-5、运-5，这3个机型的飞机开创了中国航空工业从无到有的黄金时代。1958年7月26日歼教-1飞机试飞成功，在中国航空工业奠基人总设计师徐舜寿带领设计的工作中积累了一架新机研制全过程的资料和宝贵经验。这是中国人第一次开始走独立设计飞机的道路，陈一坚就是设计团队的其中一员。

陈一坚选择造飞机，源自小时候的一段痛苦回忆。

陈一坚：我小的时候是挨过日本人轰炸的，那时躲在棺材洞里面，挺惨的。那时候国民党顾不过来，日本人猖狂得不得了，飞机飞得非常低，老百姓怕小孩的声音被上面的飞机听到，老百姓无知吗，科技上无知，就把小孩捂死了。这种事，那时候非常难受，对我的刺激非常大。那时就感觉怪得很，人家有飞机，咱们自己怎么就没有，挨欺负吗。就跟一个人挨打是一个样的一种感情，切肤之痛。到了后来上大学报志愿，我的三个志愿都是航空。这种对一个人的刺激，大刺激，是一辈子的，解脱不了。

旁白：这是陈一坚对飞机的第一印象，坚定了他对造飞机的理想和信念。1952年他从清华大学航空学院飞行设计专业毕业，走上了航空报国的道路。1964年陈一坚调到中国航空工业集团公司第一飞机设计研究院的前身西安飞机设计研究所工作，参与了民用飞机运-7的跟踪设计，而他一直念念不忘的理想，是设计中国自行研制的军用飞机。1977年西安飞机设计研究所踌躇满志地承担了中国首架歼击轰炸机的设计任务，这项任务也同时落到了陈一坚的头上。当时中国空军和海军航空兵纵队装备的歼击机歼-5存在着作战半径短、载弹量小的缺陷，而轰炸机轰-5、轰-6又无法自我保护，不具备全天候作战能力。唯一的解决办法就是设计一种同时具有对海精确打击能力和自我保护能力、攻防兼备、规模更大的飞机。

陈一坚：歼击轰炸机它又是超音速飞机，又能够自卫，导弹武器一扔，就是个歼击机；第二个要求就是，你全天候的白天黑夜、下雨下雪都得能干；第三个就是低空性能非常好，这飞机只要在这盲区里面，雷达就找不着，没有显示。因此，要求飞机低空就是这样子，你出动的时候一直贴着海面飞，快到目标了，你拉起来，那时候雷达发现已经晚了，这是最好的保护。

旁白：那时正值改革开放初期，百废待兴的年代，人才和设备都非常匮乏。技术难度大，设计涉及数百个部门，是大的系统工程。而技术要求需要从零跨越到第三代，陈一坚和他的团队面临着前所未有的挑战。1979年，陈一坚和其他几位设计师肩负着特殊使命出访欧洲，一方面去了解西方发达国家军用飞机发展水平，一方面也在寻找与国外合作的可能。在这一次欧洲之行中，身为总师的陈一坚看到了欧洲先进的飞机技术，也感到了巨大屈辱。

陈一坚：我们跟MBB公司去谈判，能不能请他们协助帮我们搞一个方案。那时候他们的"狂风"已经搞出来了，他还带着我们去看了一下"狂风"。但是不让我们靠近的，它放在楼下总装厂里面，楼上有一圈走廊，这走廊全部用玻璃封闭起来的，你从走廊走一圈，你看底下，你能看到它，但是你摸不着它。他们不让你靠近它，别的飞机允许你看，允许你摸，就这个不行。

旁　白：在20世纪70年代，美国的F-15是世界上公认的优秀机型，而"狂风"曾和F-15一样是欧洲研制的最先进的机型之一，能够亲眼见到它深受启发的同时也感受到了技术上的巨大差距。在这一次欧洲之旅中的另一项重要工作就是寻求合作，如果能请到外国专家一同参加研制对我们来说无疑是个巨大的技术保障。然而，欧洲开出的合作条件十分苛刻，核心技术不给，要价21个亿，谈判最终不欢而散。

陈一坚：21个亿，那时候人民币21个亿那是不得了的钱，相当于现在几百个亿人民币，领导人一下子就摇头了，说这承担不起。可是，气可鼓不可泄呀，我当总设计师都讲不行的话，那大家更没有信心了，所以那时候心里是藏着这么一块石头吧，也只能往下咽了。这个设计队伍是牵涉到几百个工厂、设计所，整个团队，几万人的团队，一下子后路给他断掉了，就是失去了外援，完全自力更生。

旁　白：国外的技术买不来，白手起家自主创新的巨大压力就落在陈一坚和设计团队的肩上。陈一坚认为自己初期的最主要工作，就是把大家从20世纪50年代开始跟踪研制苏联的设计程序转换到西方的设计轨道上，陈一坚大胆地提出修改飞机的设计规范。

陈一坚：按我个人的判断，还用苏联的那一套，可以搞出来，但是要完成军委给的那一本战术技术要求，那个很具体呀，飞多远、飞多快、飞多高、多少机动、多少武器、多少油全规定死了呀，我估计是完不成这个任务的。因为，那个时候的这个要求在世界上应该说是最新的要求了。因此那时候就提出组织一批设计人员，叫作笨鸟先飞吧，用这个苏联规范重新整个算，算一算，用美国的军用规范也算一算，一看就不得了，就是这一试算就是先进了。随便一个载荷都先进了百分之一二十，那这飞机就轻了百分之一二十，这东西太厉害了！你要说那时候我们这些人胆子也够大的，那时候确实是逼上了梁山了，你不走这条路你就必死无疑了，那时候就拼了！

旁白：然而，陈一坚的大胆想法，却遭到很多保守同行的质疑。

陈一坚：反对的人多了，说你这胆子也太大了，我反正是咬着牙把这个包袱背起来了，就感觉到成了上面肯定会高兴，我也会有利，这个正常。败了那就起码是身败名裂吧，我这辈子就完了，你说那个时候几十岁的人了，国家给你一个这么重大的新任务你完不成，由于你决策的错误，那不就交代了吗？

旁白：从修改规范开始陈一坚心里就知道他的命运已经和这架不知何时能够完成的歼击轰炸机紧紧地绑在了一起。面对重重困境，陈一坚还是坚持带领团队人员进行转轨工作。两种规范的优劣，结合飞机设计中的实际问题，取长补短。他说，这叫笨鸟先飞。

陈一坚：王震是这个型号的最高领导，他那个时候是副总理，这型号也是他管的。他急了，他也很急，就说部队急着要，你们什么时候能干出来。说到最后，他不经常拿着拐棍吗，拿着拐棍就捅地，你们赶紧干，我闭上眼睛以前你们飞机得弄出来。那个时候正好我们国家计算机起步了，有个C2机，最早的第一代C2机。我们说这玩意买吧，不吃饭也得买。

旁白：让大家意想不到的是虽然好像一切工作已经步入正轨，但"飞豹"的坎坷之路才刚刚开始。20世纪80年代，我国改革开放刚刚起步，国防建设不得不给经济发展让步，众多在建的新型号都被迫取消。"飞豹"也从过去的国家重点型号变成了量力而行，同时为"飞豹"飞机服务的基建项目也因此停建，往日熙熙攘攘的建设工地一下冷清下来。这一突如其来的变化一时间让陈一坚陷入低谷。

陈一坚：所谓"量力而行"不就是中国人一句话，里面含义太多了。中心含义就是上面不给钱了，你们自己看着办。我们说停了不就是没事儿干吗，这个所就完了吗。我们就做了个决策，单位就做了个决策，说上面要"量力而行"，我们补一句话叫作"大有作为"。所谓"大有作为"就是你不给钱我也干,简单一点说就是这个意思。还真的通过大家的努力呀,初样打出来了。

旁白：陈一坚带领团队人员在国家资金极度紧张长达一年的情况下,画出了一幅又一幅设计图,最终感动了上级决策部门,让"飞豹"命运出现转机。1983年4月19日由于邓小平的批复,"飞豹"重新列入国家重点型号,研发工作转入了全面详细设计阶段。陈一坚带着手下年轻的设计人员艰难探索,力图弥补与国外飞机设计水平近20年的差距。而在攻克技术难关的同时,他们还承担着来自四面八方的质疑和压力。

陈一坚：刚开始说要搞歼击轰炸机他们就感觉没必要,我这个歼击机十几吨也可以带一枚弹,也可以带两枚小导弹,为什么要投资搞这个大的,又是轰炸机又是歼击机的,反对派比较多。外人反对,我不委屈,因为他不了解；行家反对,干活的人就一定会委屈。

旁白："飞豹"研制初期所经历的坎坷就是人们经常说的"三起三落"。1985年中央军委决定裁军百万,军队的很多费用都削减了。歼击轰炸机的研发经费也受到了严格控制,难以为继。但陈一坚并没放弃,每次开会他都带着设计图样方案汇报,甚至求人开个党委会听汇报。他的唯一心愿就是一心一意把飞机干下去。

陈一坚：去求情嘛,就是求爷爷告奶奶要干活,比今天还厉害一点,那时候已经下马了吗。那难受的很,说着说着,那个陆颂善,陆总跟我一样,他也流泪,我也流泪。部长们那时很能理解,他们说反正我们跟你们一样,是一个心眼一个心,机种没了单位就没了。

旁白：84岁的陈一坚现在家中与老伴儿安度晚年,家中到处都是"飞豹"的影子,陈一坚用十年的时间陪伴它诞生,又用十年的时间陪伴它稳定成熟,"飞豹"带给了他太多的感触。"飞豹"飞机采用的许多先进技术,在国内都尚属首次。为确保设计正确、稳定和使用安全,飞机从方案开始,一切都要通过试验来论证。从1978年到1988年陈一坚用他的坚持,经历了几次下马后,用十年的时间终于迎来了飞机的首飞。1988年12月24日歼空-7"飞豹"歼击轰炸机首次试飞,试飞英雄黄炳新是"飞豹"首飞的试飞员,陈一坚在试飞前亲自把黄炳新送上了飞机。

陈一坚：我让我女儿把救心丸给我带着,我的心脏有点不好,我就怕出事儿。

黄炳新： 当时陈一坚虽然他心里没有底，但他对首飞起码有百分之八十的把握，对我来说，我有百分之百的把握，这架飞机能飞回来。当时我告诉陈总，我说只要你这架飞机是双台发动机，只要有一台发动机在空中工作，我都可以把它飞回来。

陈一坚： 中央的一大堆领导人来了，我们这些人就坐在旁边陪着。领导看要败的话，那就是彻底的败了。下午三点飞机开始缓缓滑出停机坪，进入起飞线，按照训练计划飞机要升至一千米逐转平飞，沿着阎良上空环绕后落地。然而升空后不久，意外就突然发生了。飞机开始在空中猛烈的颤抖，剧烈的震动震得黄炳新无法坐住，双眼昏花，他强压住自己，使出全身解数保持航向。座舱里的许多仪表也不动了，能动的高度表和速度表像风车一样飞转，紧接着火警信号灯也亮了。整整十八分钟的飞行表演，让在场内观看的陈一坚"度秒如年"。

陈一坚： 我问黄炳新，怎么样？他说，够呛。他说不行，我都看不见你这个仪表板。我心里说，坏了！

旁白： 没有仪表飞行员在空中无法判断飞机的高度，这是飞行的大忌，后果可想而知，难道十年的努力就要在此功亏一篑？就在紧张中惊喜出现了，带着惊险，黄炳新驾驶着"飞豹"安全地着陆了。

陈一坚： 挺惊险的，他说仪表板都是模糊的，飞机摆得很厉害，就是摆振吗，前面摆振，是振动太厉害。

旁白： 在一片掌声中，陈一坚悬着的心落了下来。首飞成功的喜悦，霎时间被冲淡了。飞机发生了强烈的震颤，陈一坚认识到要么是起落架的传感器出了问题，要么是机身设计不合理引起了共振。那么首飞暴露的问题到底是什么呢？

陈一坚： 那我们一回来就研究呗，结构是不是刚度不匹配，还是起落架里面系统设计阻尼不够，各种各样的问题都提出来。但是，后来就发现谁也没有估计到的问题，埋了一个阻尼，某一种状态下阻尼不够，阻尼是偏低。

旁白： 在一次又一次的试飞和排除故障的过程中，陈一坚和试飞员们建立起了深厚的友谊。他们与"飞豹"共同经历了成与败、生与死的考验和喜悦。1998年又一次试飞任务落在黄炳新身上，这一次的任务是认证飞机震动的原因，"飞豹"再次试飞上天。

黄炳新： 大概是表速1150，马赫数1.15的时候，就听见一阵响声，我就告诉后舱的一个领航员你看看是不是导弹飞掉了，因为我在前面看不清吗，他告诉我导弹没有飞掉。当时等了一段时间就是这个蹬舵，这个舵不太起作用，就判断飞机方向舵肯定是飞掉了。

旁白：方向舵是安装在飞机垂直尾翼上指引方向的装置，失去了它的飞机就如同飞机没有方向盘，而就像高速行驶的汽车一样极难控制，一不小心就会机毁人亡。危急关头经验丰富的黄炳新没有选择弃机出伞，而是想方设法控制飞机的速度，他们都知道这架飞机对国家和设计团队的来之不易。

陈一坚：这个方向舵很重要，没有它是不能飞的。这个黄炳新是个非常有水平的人，一个是胆子非常大，英雄嘛，他还是有办法把它驾驶回来了，高超的飞行员才有这个本领。

旁白：面对"飞豹"这一次最严重的故障，陈一坚身上的压力不言而喻。那段时间他与团队吃住在现场里，对飞机的故障进行排查。

陈一坚：就是它摆振，原来预先设计的时候就是这个措施，有十几个阻尼器跟结构连在一起，跟液压系统连在一起，这阻尼器阻尼一直在，某个状态下阻尼偏小，一偏小它就麻烦，就摆起来了。后来把这个东西一改，到现在再也没有，就一次，到现在为止再没摆了。这个问题找得很准。

旁白：经历了 1 600 多次试飞，"飞豹"飞机暴露的问题都得到解决，终于为飞机定型装备部队做好了准备。

在西安阎良的老区仍然保留着当年的厂房和办公楼。退休后，陈一坚很久没有回到这里，他说回到这里就会想起往事，人老了怀念时会感到悲伤。

老厂区的一切记录着陈一坚和他的团队的过往。从方案设计开始一路坎坷，点点滴滴都沉淀在这些陈旧的设备和器械中，十年铸剑，十年等待，记录着西飞院中他和他的团队的汗水与泪水的交融。

1995 年"飞豹"飞机全武器系统设计定型。1998 年 11 月 15 日，来自国内及世界 70 多个国家和地区的参展商云集珠海，中国第一代超音速歼击轰炸机 FBC1 以代号中国"飞豹"的响亮名字，首次向全世界解开它的神秘面纱。

半径可以达到 1 650 公里，能装备 6.5 吨的炸弹，航程远、载重大、威力强，这是"飞豹"的三个突出的特点。

对于陈一坚来说，这是一个令他和他的团队扬眉吐气的日子。"飞豹"的问世，不仅填补了我军的空白,更标志着我国飞机设计实现了从跟踪研制到自主研发的跨越,这一天陈一坚已经等得太久。

陈一坚:过去人家都说我们是抄苏联的,抄美国的。这个飞机没有人说你抄我美国的,他说不出来这话,因为跟他不一样的。美国人的F-15在20世纪70年代末期80年代初期他就投了72亿美元,而我们用了10亿元人民币,就是美国人投资的七分之一,第一次干这么个飞机,就把它搞成了。

旁白:1999年中国首架完全依靠自己的力量研制拥有自主知识产权的"飞豹",获得国家科技进步奖特等奖,就在同一年,"飞豹"的总设计师陈一坚当选中国工程院院士,走过20年风风雨雨的陈一坚终于登上了科技荣誉的顶峰。

同年的共和国50周年华诞庆典,世界的目光再次聚焦在中国的天空上,国庆看阅兵,阅兵看飞行,飞行看"飞豹"。当天"飞豹"不辱使命,以箭形编队秒米不差地飞过天安门广场,创下了数个第一,同时也创下了参阅机型最新、改装时间最短、飞行密度最大、编队难度最大、阅兵航程最远的五项新纪录。这令人骄傲自豪的一刻,为它付出20年心血的老人颤抖着双手举起照相机,记录下了这一时刻,他就是已经年逾七旬的"飞豹"飞机总设计师陈一坚。

陈一坚:非常激动,那是不叫做揪心,就是心跳非常快,我本来就是心率不是太齐的人,那时自己都感觉到心跳了,那简直是抑制不住。

旁白:晚年的陈一坚和老伴儿过着安逸的生活,他说自己因为工作对家里亏欠太多,所以做饭干家务活都自己来做。虽然已经退出飞机设计的一线工作,但是陈一坚依旧关注着我国航空事业的发展,依然关心着"飞豹"的后续研发和改型升级,团队中许多当年的幼苗已经成为今天的骨干栋梁。只要单位有需要,陈一坚依然会随时出现在一些大小会议上,给予一线设计人员一些意见和建议。

"飞豹"的诞生对整个航空中队和部队的装备升级,对航空技术的发展和进步,都作出了不可磨灭的贡献。2008年新一代"飞豹"在陈一坚培养的接班人手上腾空而起,实现了对海攻击、打击海面舰船、滩涂阵地精确打击,使陈一坚和他的团队20年的坚持有了延续。

陈一坚:开始交了飞机,国家多了个机种,现在这个队伍很强大了。现在哪个任务他们都敢拍胸脯,把它承担下来,所以最可贵的是这个收获。我说我这辈子没有白过,我把自己团队的飞机给设计成功了,这个飞机真的能起点作用。到现在还能起作用,还在前面战斗值班。我说我这辈子没有白过,是说我对国家可以有交代了。

旁白:航空报国情难绝,"飞豹"横空扣天阙。

本文摘自中央电视台《大家》栏目

"铁甲华佗"
——新型步兵战车电气控制系统再生记

□ 秦时月　王美萍

1998年初，昆仑机械厂接到中国人民解放军装甲兵局送来的一面锦旗，旗上有四个金光闪闪的大字格外醒目——"铁甲华佗"。

华佗是中国历史上知名度最高的神医。关于他妙手回春的医术、救死扶伤的医德，已经在民间流传了近两千年。其中尤以为一代名将关云长刮骨疗毒的故事最为动人。因为这中间既展示了华佗精湛绝伦的医术，更张扬了这位神医无私无畏的情操。

华佗是为人治病的。

那么，"铁甲华佗"呢？"铁甲华佗"为谁治病？

让我们走进获得这个神奇称号的昆仑机械厂，并且请记忆荧屏上的时光倒回20世纪末的1997年，借此以揭开"铁甲华佗"之谜。

也许，这是个比刮骨疗毒更有意义的故事呢！

一缕隐患困铁甲

关云长凭胯下一匹追风赤兔马，手中一把青龙偃月刀而纵横天下，万马军中取上将首级如探囊取物，可谓神勇！但那是冷兵器时代。现代战争玩的是高科技装备起来的武器。即使进入短兵相接的阵地战，步兵战士也是乘上铁甲战车发起冲击。战车上备有凌厉的小口径火炮，一路扫荡着阻击之敌，为冲锋陷阵的步兵开道。

新型步兵战车就是一种具有当代先进水平的铁甲战车。昆仑厂是生产这种战车的二级配套单位，承担着火炮操纵系统即炮塔下面的电气控制系统的生产任务。这是火炮的"指挥中枢"，它指挥着炮塔的俯仰、旋转，决定着火炮射击的方向。这就是说，它的"机敏"或"痴愚"是决定火炮能否真正地起到为步兵扫清道路，掩护步兵完成攻城拔寨任务的关键。如果到了战场上，它"发傻犯浑"，那场面将不堪设想！

1997年以前，昆仑厂就已经为数百台战车配好了这套"中枢"，并且这数百台装着昆仑厂研制的电气控制系统的新型步兵战车已经走进了兵营。

昆仑厂应当为此而自豪，因为这种战车填补了我军军事装备上的一项空白，它将为提高我陆军的战斗力起到不可估量的作用。而这其中，昆仑厂功不可没。况且，这种战车用途广泛，部队需求量大，继续生产下去，将会给正在困境中苦苦挣扎的昆仑厂带来新的生机。当然，一种军品是八方联手的杰作，一荣俱荣，受益者自然不止昆仑一家。

然而，没等昆仑厂笑出声来，现实便狠狠地敲了他们一个"闷棍"。1997年，昆仑厂没有接到军方有关炮塔电气系统的一份订单！显然，军方不买账！

不仅不买账，有消息还说：驻厂的陆军代表室竟然为这套产品而受到了上级的通报批评。批评什么？那是军事机密，厂方不知道，但与军方不买账的事联系起来就不难推测出上级肯定是嫌驻厂军代室没有把好关，购进的这套产品不尽如人意。那一阵子，驻厂陆军代表的脸色很少有"多云转晴天"的时候。

挨了"闷棍"的昆仑人自然心里也不好受。然而，他们却不知道哪儿出了毛病。于是，他们主动与军方联系，力图解开这个令人困惑的谜。

谜，终于解开了。原来，那些战车进入兵营后，部队进行了多次实战演习。西藏、新疆、石家庄、济南……各路演习部队均发现：这种位于当代先进武器装备之列的"玩艺"并不那么得心应手，总感到有点"蹩脚"，有点"愚"！问题出在哪儿，谁也说不清，但连普通的战士也隐隐觉出：如果打起仗来，这玩意能否"横扫千军"？值得怀疑。须知，战场是不允许"老虎打盹"的呀！

为此，各部队都心存疑虑。但这玩意毕竟是高科技装配起来的新式武器，没有认清它的庐山真面目之前，部队又不敢贸然向厂方退货。于是，这玩意就似"鸡肋"食之无味、弃之可惜，令军方举棋不定。这真是：一缕隐患困铁甲，直叫三军失笑颜！谜底解开之后，昆仑人坐不住了。

这昆仑厂，是我国"一五"期间建立起来的大型军工企业。中华人民共和国成立50年国庆大阅兵中飞过天安门广场的130多架战斗机上，均装有昆仑厂生产的产品。40多年的风雨历程，不仅为祖国的国防建设作出过重大贡献，而且造就了一支技术精湛、作风过硬的军工队伍。

近些年，虽然企业陷入困境，但在厂长刘长林的带领下，昆仑正在"突围"。炮塔电控系统产品虽算不得昆仑厂的"重拳"，但也是"突围"中一个不小的动作。如此举失败，士气必然受挫。然而这还不是最重要的，最重要的是作为一个老牌大型军工企业，给部队提供的不是让将士们"放一百二十个心"的精品，你的颜面往哪里搁？将士心神不宁，你的良心何安？现在是市场经济，任何一家民品生产、销售企业都敢拍着胸口说："不满意便退款。"难道我们军品生产厂家就能眼瞅着我们的产品使军方"不满意"而装聋作哑么？为军方负责就是对未来有可能发生的战争负责，就是为千百万战士的生命负责，更是对祖国负责啊！这天大的干系，岂可漠然！

于是，厂里立即组织有关技术人员，对这套产品进行彻底检查，一定给军方一个明确的交代。

两方联手闯险关

盘查隐患的工作并不难，但查出隐患后的工作却使人陷入尴尬境地。

原来，这套产品在设计定型时，其"心脏"部分用的是大功率电子管，这种电子管是由江南某厂生产的，质量的确"不敢恭维"。由这种"不敢恭维"的产品主持"心室"，就不得不令人担忧。加之，随着电子科技事业的发展，国外同类武器早已将电子管"驱逐出境"了，我们还用这"过气"的明日黄花，战士们当然会感到"别扭"。

查出后的尴尬是因为：军工生产有一套严格的程序，而且设计定型，哪一个部件由哪一个厂家生产也以类似军令的形式确定下来，任何单位、任何人都无私自改动"移情别恋"的权力。

那么，已经查明铁甲隐患的昆仑厂该怎么办？改，是肯定的。问题是怎么改？

呈现在昆仑人眼前的是两条截然不同的途径：一条是写出报告，层层上呈，请求更换电子管生产厂家，更换原来的电子元件。但换谁来干？换什么顶替电子管？你能说清吗？你能拿准吗？科学面前可是容不得一丝一缕的含糊啊！

那么，另一条途径呢？就是昆仑厂要组织科技攻关小组，采用高新技术，找出解除隐患的办法，拿出成功的样品再向有关部门申报。但是，对于尚在困境中挣扎的昆仑厂，投入巨资进行科技攻关，一旦攻关的试验结果不被有关方面认可，岂不要冒更大的风险！

是维系现状，还是开拓创新？在这虽弯曲但平坦、既崎岖又荆棘丛生的道路之间，昆仑人毅然决然地选择了后者。

连续五年亏损，职工工资都无法正常发放的昆仑厂，你能冒得起这样的风险吗？

刘长林厂长没有犹豫，以他为首的厂领导班子没有犹豫，因为他们深深地懂得，保军是昆仑人神圣的天职！尤其是在市场经济条件下，唯有开发生产出科技含量高的军品，走科技兴厂之路，才能保证部队在新形势下打赢一场局部战争，才能提高工厂的效益和竞争能力。因此，再大的风险也要干！因为只有昆仑厂冒了风险，才有可能解除军方的风险！几乎与此同时，驻厂陆军总代表陈明阳也在苦苦思索，这套产品究竟该怎么办？不动手术是不行的，但动手术就必须由昆仑厂人"主刀"，昆仑人能下得了这个手吗？

正当陈总代表犹豫之际，"主刀"找上门来了。刘厂长向总军代表陈明阳谈了他们的打算。

陈明阳异常兴奋：你们既然敢冒这个险，作为军方代表，我们也不能袖手旁观，风险投资，算我们一份！

军人的手和军工人的手紧紧握在一起！

1997年，在春风送暖、河岸上柳絮轻扬的时节，由昆仑厂、驻昆仑厂陆军代表室联手组成的炮塔电控系统攻关开始了。这一工程，风险投资数十万元，由厂、军两方共同筹措，攻关期限为一年。昆仑厂副总工程师杨宏会、陆军总代表陈明阳担任攻关领导小组组长。担任"前部先锋"的是总装分厂技术室主任、高级工程师刘双岩，由刘双岩牵头组成的攻关研制组，成员为：总装分厂技术室高级工程师于宏永、刘云兰，技师张征宇，陆军代表韩天峰。

这可正应了毛泽东同志的一句名言了：军民团结如一人，试看天下谁能敌！

三百风雨兼程路

在昆仑机械厂，提起高级工程师刘双岩，6 000名职工几乎是无人不跷大拇指。一是因为这位20世纪70年代毕业于东北重型机械学院自动控制系的高才生技术精湛，尤其是电气控制技术在厂里独领风骚；二是这位年过半百的高工对工作兢兢业业，一丝不苟，从而功绩卓著，曾多次获厂级"劳动模范"称号；三是此公儒雅温文，对人友善，极受工人尊敬。

接到这个任务后，刘工的感情是很复杂的。一方面，他觉得自己就是干这个的，由自己担任这个大手术的"主刀"自然是责无旁贷了。另一方面，厂里在如此困窘的状况下，抽出资金、人力进行这项攻关，对厂里是一种风险投入，对自己也是一个严峻的考验。刘工的确感到了压力的沉重。

这沉重的压力不仅来自对厂方"只许成功、不许失败"的承诺，更重要的，一个神圣的使命与接到厂方指令的同时，摆在了昆仑厂全体职工的面前——"9910工程"明确指出：昆仑厂要为中华人民共和国50周年庆典大阅兵提供包括炮塔电控系统在内的多种军品配套产品。这就标志着新型步兵战车已被列入阅兵武器之列！

难道能让带着隐患的战车驶过天安门，在那个举世瞩目的日子里接受党和人民的检阅吗？

当然不能。

这就给为解除隐患的"手术师"们提出了更紧迫、更高的要求。因为手术的成败不再仅仅是厂里能否涉过险关，而是新型步兵战车能否以骄人的姿态驶过天安门了！

刘双岩啊，你必须慎之又慎！刘双岩和他的同伴们再次解剖炮塔；刘双岩和他的同伴们开始挑灯夜战，反复琢磨"手术方法"。在此期间，他们翻阅了大量国内外资料，设计室的灯火彻夜不熄。

一个多月后，他们向总厂呈上了一个反常规的设计方案，这个方案的核心是：为炮塔的控制系统换一副"心脏"。请注意：这里说的是核心，而不是全部。方案中新涉及的内容，所要跨越的关隘当然还有很多很多！

厂领导、军代室召集各路专家，对刘双岩提出的反常规方案进行了认真论证，得出的结论是：此计可行。

于是，由炮塔电控系统项目技术负责人、厂副总工程师杨宏会出马，与科技实力雄厚的西安电子研究所签约，由他们根据厂方的要求，为炮塔研制全新的集成电路模块。随后，杨宏会又"快马加鞭"地赶到内蒙古，请那里的一家特种电机厂为炮塔研制新电机。

这些事，让我们这些摇笔杆子的人写起来似乎很轻松，其实，科学的路上，每前进一步，甚至挪动一丝都是异常艰难的！古今中外无数事实说明：为了那一丝的挪动，许多科学家青丝熬成白发，甚至蜡炬成灰而泪犹未干。

刘工素有洁癖，平日不仅衣着整齐，而且唇上不让一缕残须留存。但是，为了拿下这个"手术"，人们常常见到他胡子拉碴的。久而久之，人们总结出一个规律：刘工的胡子长长了，准是攻关中遇到了拦路虎；刘工的胡子刮光了，准是又闯过了一道关了……有一次，为了攻下一道难关，研制组的人整整十天没有离开现场，你可以想象，刘工又胡子拉碴的模样了。

刘工一方面要在厂里率众攻关，一方面还要操心外加工的炮塔"心脏"是否能酣畅地搏动。

于是，他和杨副总走马灯似的往电子研究所跑，与那里的工程师们一遍一遍、一点一点地研究方案。研究所的人说："你们都快成俺所里的人了！"

内蒙古的电机也让他萦挂于心，于是又风尘千里地奔赴内蒙古大草原。

1997年10月，第一台样机研制成功。昆仑厂自信地请来兵器工业总公司军品局和总参兵种部装甲兵局，请他们对这个"先斩后奏"的样机进行鉴定。

从立项到样机，整整半年。

鉴定者的目光是挑剔的，但挑剔的目光却掩饰不住内心蓦然升起的那种"意外的惊喜"。

更为这"意外的惊喜"而感动的是位于山城重庆的新型步兵战车总装厂，因为，昆仑厂攻关的胜利，也根除了他们的心病，新型步兵战车将以整体优良而赢得广阔的前景。

总装厂发来贺电，送来锦旗，惊喜、感谢之情溢于言表。而被请来做鉴定的要员们，在高度评价、赞扬了新改进的炮塔电控系统后，于微笑中，早已忘却了对昆仑厂"先斩后奏"的"弹嫌"。

多年来如铁的定点生产程序被打破了，被打破的岂止是生产程序。计划经济体制下，军工单位的任何一项科研项目，都是"先喂食，后下蛋"，即先由国家投资，再展开研制。这种做法实际上阻碍了科技强国、科技兴厂的步伐。昆仑厂与驻厂军代室联手，自己掏腰包对炮塔项目进行科研攻关，打破了计划经济下传统的科研管理模式，闯出了一条科技兴厂的新路。这个"险"冒得值！

当年，华佗为关羽刮骨疗毒，目的仅是为了从骨缝里取出留下的余毒；而昆仑厂对炮塔电控系统的"手术"，不仅重换了"心脏"，而且对各个"神经"都进行了重新调理。杨副总对此做了如下概括——

> 研制了新的调速系统，使火炮的可靠性提高了；
>
> 研制了新的线路，使火炮射界扩大了；
>
> 研制了新的电气，使火炮的扬弹率更准确了；
>
> 简化了结构，使炮塔的可维修性增加了；
>
> 改进了整体，使电气系统的工艺性更高了……
>
> 如此，千古神医华佗真该自愧不如了！

鉴定通过后，昆仑厂立即投入到为国庆阅兵赶制炮塔电控系统的新轮攻关中。300多个日日夜夜，昆仑人是怎么度过的？刘双岩和他的研制组是怎么度过的？谁没有妻儿老小？谁不受疾病困扰？谁没有瞻前顾后忧？谁没有花前月下情……

但是，昆仑厂人日夜兼程，风雨兼程，抛却身前身后事，我以我血荐轩辕，终于胜利地完成了"9910工程"所下达的各项任务。采访中，主管生产的副厂长李俭告诉笔者：在全省乃至全西北，昆仑厂是第一个向"9910工程"交工的单位！

四路出征奏凯旋

"铁甲华佗"妙手回春，彻底根除了新型步兵战车的隐患。当若干台装有新型电气控制的"铁甲"昂首驶过天安门时，刘双岩和他的伙伴们无不热泪盈眶，昆仑厂一片欢呼。

然而，早在国庆阅兵用的若干台套炮塔电控系统交付总装单位之后，厂里就开始考虑一个问题：1997年以前出厂的那些令军方忐忑不安的战车怎么办？

"货物出门，概不负责"是早已被市场经济抛弃了的陈腐观念，昆仑人不会这么干。昆仑人早在几年前就确立了"军品也是市场"的观念，并且正按照这种观念，奋力地突破计划经济下设置的重围，开拓着市场。如今，市场已开始向他们微笑了，这种时候，怎能对"顾客不满意"的产品甩手不管呢？何况，这是军事装备，事关国家安危！

昆仑厂于 1999 年夏天组成了四个小分队，冒着炎炎烈日，分赴西藏、新疆、济南、石家庄等地，上门对当地驻军的炮塔电控系统进行改造。

很遗憾，笔者在采访时，因瑞雪纷纷、联系不便加之时间仓促，没能采访到那些为部队进行技术改造的工程技术人员。而报告文学不同于小说，不敢凭空杜撰情节，但笔者在无意中翻到的一份《昆仑报》上却看到了一封来自军方的感谢信，从中我们可以看出昆仑人是如何对待这项改造工程的，不妨抄录如下：

感谢信

尊敬的昆仑厂领导和同志们：

你们好！贵厂的相林、刘培杰、杨玉民、张西梅四位同志，到我部改装某产品电传装置，他们都是首次来到雪城高原西藏。

我部所在地海拔 3 700 多米，空气稀薄，缺氧严重，紫外线强，他们四位同志忍受着强烈的高原反应，边吃药边工作。环境艰苦，但他们不怕吃苦；高度缺氧，但他们不缺精神。在他们的身上，我们看到了贵厂职工热情为部队服务的工作态度和脚踏实地、精益求精的工作作风。在 60 多天的时间里，共为我们改装电传装置××个，排除故障××多起，培训业务骨干 10 多名。他们在工作中不计得失、一丝不苟，在生活上不讲条件、勤俭节约，始终保持了优良的技术作风，堪称楷模，给我部官兵留下了深刻印象。为此，我部全体官兵特向贵厂领导和同志们表示最诚挚的感谢！

驻西藏拉萨市某部队

四路人马，以"脚踏实地、精益求精"的精神对上百台战车的电气控制系统逐个动了"手术"。这又是一群"铁甲华佗"！

正是由于这些"华佗"们的不懈努力，昆仑机械厂被国务院、中央军委阅兵装备领导小组授予"在建国 50 周年国庆首都阅兵装备工作中作出突出贡献单位"光荣称号，厂长刘长林还被国防科工委邀请参加了共和国 50 周年首都国庆阅兵观礼活动。与此同时，炮塔电控系统项目又获得了"军队科技三等奖"的殊荣。

采访中，昆仑厂的厂长助理马卫民告诉我：炮塔电控系统的改造，只是我们厂这些年攻关中的一项，像这样的攻关我们进行了许多次了。昆仑厂正是有了这样一种精神，这样一种信念，这样一支队伍，重围才正在被层层打破。我们已经为自己闯出了一片天地，这块天地将越来越广阔。1999年，我们已经甩掉了连续多年的亏损帽子。而实现经济效益的增长，也是指日可待的事！

我相信马助理的话，因为我从对炮塔电控系统项目的采访中，已经感受到了昆仑厂、昆仑人正在张扬的士气。

毛泽东诗云："横空出世，莽昆仑"，昆仑既能"横空出世"，又有什么能挡住她"阅尽人间春色"的豪迈呢？

重新起飞的日子
——阅兵航空机载设备研制纪实

□ 郭 节

这是一座巨大的石雕像，巍然矗立在古城西郊。一群剽悍勇猛，而又带有一股悲壮苍凉神态的勇士，骑着高大威猛的骆驼，手中执着光彩夺目的丝绸彩缎，直视遥远的彼岸，义无反顾地向前、向前……

在这座丰碑的南侧，坐落着一家大型航空企业，这就是庆安集团公司。

庆安集团公司始建于1957年，承担着国家航空机载设备的生产、研制任务。昔日的辉煌使它成了古城妇孺皆知的明星，而近年来的低迷徘徊又使它举步维艰！

庆安人常常站在厂门口凝望那座群雕：先辈们骑着骆驼跋涉万里，蹚出一条辉煌千古的丝绸之路；我们这些现代人，难道就不能为自己闯出一条路来吗？

能！庆安人不乏勇气，不缺智慧。问题是当中国经济体制处在一个大转轨、大变革的历史关口，他们必须重新做出选择。而这种选择，需要一种提示，一个契机。

庆安人曾经有过一次成功的选择。20世纪80年代初，公司瞄准和平年代搞现代化建设的切入点，率先出击，实施"保军转民""以民养军"的战略转变，创造出这一时期军工企业的辉煌。那个契机是党的十一届三中全会，那个提示是三中全会号召的战略转移。

然而，社会主义市场经济浪潮所带来的巨大冲击使庆安人又一次面临着严峻考验。

1998年初，43岁的曹怀根走上总经理的位置。这是一位从基层摸爬滚打中锻炼出来的硬汉子。他坚信庆安一定能再次起飞。于是他首先稳定干部职工情绪，然后，想方设法谋划着重振庆安雄风的战略，他也在寻找着契机。

恰在此时，1998年，原中国航空工业总公司下达了"9910工程"指令。庆安集团公司将参加为共和国50周年庆典大阅兵研制、生产高科技、现代化武器的大攻关中。

这指令犹如一道闪电，在曹怀根眼前闪出耀眼的光亮！作为一名优秀企业家，曹怀根立即掂出了这个任务的分量！同时，也清醒地意识到：契机来了！

"众里寻他千百度，蓦然回首，那人却在灯火阑珊处。"而身经百战，又历经磨砺的庆安人也看出来了，这一仗非同凡响。

对公司来说，作为国家重要航空机载设备的生产厂家，接受"9910工程"是一项政治任务，负有义不容辞的责任，且"9910工程"对提高产品质量，加快企业发展速度，具有重要意义。对职工来说，"9910工程"是强力黏合剂，它卓有成效地把全体职工凝聚在爱国主义旗帜之下，从而引发强烈的爆发力。大战即将开始的前夕，丝绸之路起点的群雕前，常常有庆安人站在昂首云天的丝路群雕前照相，挺胸昂首，似乎在向路人昭示着什么……

运筹帷幄

按常理"9910工程"所涉及的产品，公司以前都生产过，并不陌生。但是，随着国产化进程逐步加快，一些高精尖产品需要我们自行设计研制，加之国家正式命名的"9910工程"必须在1998年底完成主机厂配套，时间显得非常紧张。公司所担负的国庆阅兵机种的六个机种的配件，都是当年研制、当年生产、当年完成飞行的关键零部件，任务就显得非常重了。

在这种形势下，面对公司经济形势异常严峻的局面，公司成立了以总经理曹怀根为首的"庆安集团有限公司'9910工程'领导小组"，并及时召开公司领导会议。

会上，当公司领导坐在一起，商讨如何进行"9910工程"大会战的时候，曹怀根突然发现：整个领导班子没有像往常开生产作业会那样，喋喋不休，讨价还价，各自都想为所负责的那一块多要一些优惠条件的局面，而是不约而同地想到了一起，那就是齐心协力完成"9910工程"任务。领导班子已走出了经营形势所带来的阴影，敢于面对现实，能很清醒地分析目前的形势了。

经过分析，大家认为，资金短缺，固然是一个重要的不利因素，但是要把这不利因素转化成动力，不能等靠要，而是主动出击，充分挖掘现有潜力，凭借"9910工程"这强劲东风以获取最大的支持。

会议的高潮在不经意中出现了，人们的着眼点和兴奋点放在了今后重振辉煌的美好前景上。正是这次会议，使公司这班领导人在思想上和行动上保持了空前的一致，他们达成了企业在改革发展道路上的共识：全体职工对企业的美好前景所表现的热情，是克服一切困难的原动力。只要为了"9910工程"任务的全面完成，一切都可以忍让，一切都可以奉献。

会议制定了三项具体措施：一是及时调整生产作业计划，在诸项工作中突出"9910工程"；二是一切工作必须为"9910工程"让路；三是工程所涉及的人员、设备、财力在这个时期内全部畅通无阻。会议决定从1998年初开始到年底，为主机厂及部队配套的第一阶段。要求完成配套任务十多项，共200多台套。第二阶段从1999年初到9月底为技术服务保障阶段。要以最大力量满足主机厂及部队需要，做到随叫随到，坚持"急事急办、特事特办"的原则，不讲价钱，不推诿扯皮，绝不能出现一点差错。

这次会议，从某种意义上讲，无疑是公司的"遵义会议"，他们非常机敏地抓住了"9910工程"这个重要契机，用中国航空工业大协作的优良传统，为庆安集团有限公司重新起飞建造了良好机遇。

曹怀根意识到：即将开始第二次起飞的重要契机，即将出现的真正高潮。对那些为航空事业决心贡献一生的航空人，如果仅仅灰着脸说些安抚的话是决然激不起他们的热情的，关键是如何激励他们重振雄风，夺回失去的东西。而这次"9910工程"是一次绝好的机会，它将会让公司置之死地而后生。如果公司领导加强引导，那么一支背水列阵的队伍就会在生死存亡的较量中披坚执锐，奋勇争先。

曹怀根认为：公司今后航空产品任务的重要来源，就是社会化大生产，需要精诚团结，大力协作，互通有无，取长补短。21世纪，在汹涌澎湃的社会主义市场经济浪潮冲击下，更需要同行业甚至是跨行业针对市场所急需的某种产品实行社会化大生产，这在当今美国、日本等发达国家都不乏成功的典范。所以，我们一定要集中优势兵力，打好"9910工程"这场攻坚战，以此提高企业的知名度和企业的凝聚力以及辐射力，最终提高企业的经济效益和社会效益。

眼前，最重要的是打好"9910工程"这一仗。否则，一切美好的设想都将化为泡影。

为此，曹怀根果断拍板将"9910工程"指挥部设在一线，亲自任总指挥，并且每天24小时都有一位公司领导坐镇一线。

攻克难关

公司会议之后，各分厂、所的领导们回到了各自的岗位，按照公司安排，部署各自的工作。然而，"9910工程"不仅仅是整个行业厂际间的社会化大生产，细分到庆安集团有限公司，同样离不开团结协作、密切配合。一个零件的投料、机械加工、热处理到装配发货一整套过程都需要密切相连。如何处理关键环节的卡壳现象就成为重中之重。

为此，主管协调安排、督促检查的生产处在这一段时间里，就显得非常繁忙。每天的生产作业会上，生产处长许峰就必须对下属所报告的情况进行逐一分析、排查，然后落实到具体的业务主管人员头上。一丝不苟，绝不能出现半点差错。再加上公司领导现场办公，有问题，现场解决，有难点，现场排查。于是，每天的生产作业会都开得紧张而激烈。令行即出，必见成效。难怪机关楼上的其他办公人员都戏称生产处的作业会是"过堂会"。由此传出的调度指令，全公司为之震动。

蔡浪珍是公司"9910工程"副总指挥，他一米八的大个子，往人前一站，器宇轩昂，工作起来雷厉风行，善于快刀斩乱麻。

1998年底，某机种的某型号产品出现了技术难关。106所组织技术人员连续攻关，但苦于找不到原因，造成该零件成批报废。这时，离交付产品所规定的时间已所剩无几，公司领导和技术人员、操作工人吃住在厂，寸步不离现场。当时106所两名检验人员由于连续观察、抽检，竟相继患了梅尼埃病住进了医院。

蔡浪珍在这紧要关头没有慌乱，没有一筹莫展，而是把自己关在办公室里冷静思索。

万千思绪就像电影镜头一样出现在眼前……他猛然想起自己曾担任14分厂厂长时，曾有一种民品的加工方法与此类似。但是，工艺要求极高的军品能否如此加工呢？

为什么不敢试一试呢？

于是，他力排众议，决定先拿出一部分试验件在14分厂的滚光机上进行滚动抛光试验。

有人劝蔡浪珍还是不要冒这个险吧？蔡浪珍答："哪有那么多顺手拈来的便宜事啊！"

试验从白天直到凌晨1点钟。望着滚筒里不停翻转的零件，在场人员的心里无不在默默地祈祷：成功吧，成功吧！

蔡浪珍面色严峻。他想：这次试验是我亲自指挥的，如果失败了，我个人受处分是次要的，关键是这次航空工业厂际间的大协作，会因公司这个环节出了问题而造成脱节，公司会名誉扫地，后果将不堪设想！然而，不冒这个风险，这一关又如何能过呢？

时间在人们焦急的等待中，一分一秒地过去了……当晨曦透过厂房玻璃向操作平台洒下一片光亮的时候，检验人员和军代表做完了最后一组数据的测量。

"光洁度、尺寸完全符合设计要求。"听到这个结果，厂房里沸腾了，每个人的脸上都荡漾着成功的喜悦。

蔡浪珍来到厂房外，点上一根烟，深深地吸了一口，仰起头，朝着高远的天空长长地吐了出去……

谁也不曾想到，此次试验居然获得了一次性成功，创造了公司一周完成全年任务的奇迹！

俗话说，榜样的力量是无穷的。有这样一批胆识过人的领导，有这样坚强的领导班子，就会带出一群冲锋陷阵的勇士。

24分厂是庆安集团有限公司航空产品重点生产单位。它担负着"9910工程"任务的重头戏。分厂在承担某机种三项助力器产品交付任务中，所遇到的困难是前所未有的。在配套任务完成之后，交付主机厂总装的三项助力器由于超差处理影响了该产品性能，公司决定重新加工。此时，离规定期限已不足两个月。往常加工这项产品，需要半年时间。怎么办？贻误战机，要以军法惩处的啊！

为此，曹怀根总经理和蔡浪珍、刘辉副总经理等公司领导及驻厂总军代表汪长清多次组织召开现场办公会，制定详细的生产实施方案。

分厂厂长雷延玲按照公司的总体部署，带领职工组成一支强有力突击队，队员大都是科技人员、生产骨干。他们经验丰富、政治觉悟高，是一支战斗力极强的队伍。在一个半月的生产过程中，攻克了一道道艰难险关，硬是从零件生产到产品交付用最短的时间完成了以往半年的工作量，且取得了产品合格率前所未有的好成绩。

在那段紧张的日子里，分厂厂长雷延玲，这位为航空事业贡献了三十个春秋的硬汉子，为了保质保量地完成任务，硬是在自己的腰上裹上一块钢板，强忍着多年的腰疼病，日夜奔波在生产线上。

工长刘金铭抽不出一点时间去照顾生病住院的小孩。而且他劝妻子在孩子打完吊针以后，接到家里以便于照看。可是为人父的刘金铭却连续一个星期昼夜不归。那一段时间，装配工段的同志在凌晨一两点的时候，常常会接到一个奇怪的电话。话筒里传出的是一个稚嫩的童声"叫我爸爸回来看看我吧……"这可是一个患病的孩子思念自己父亲的呼声啊！

实验工李宝英，连续一个星期加班，在紧张的装配任务稍稍停顿的当间，嗫嚅着向工长请一个小时的假，也不说干什么。工长看她也累得够呛，便破例准假。到胜利完成任务的那一天，大家才知道李宝英是去医院打吊针的呀！

有这样一组数据，装配工段在那连续奋战的日夜里，有三分之二的职工都累病了，但百分之百的同志没有休息过一天！

这组镜头，只是庆安集团有限公司全体干部、工人会战"9910工程"的一个缩影。但它浓缩了庆安人的拳拳报国之心！

在进入总装阶段时，他们又一鼓作气，连续奋战六天五夜完成了这一艰巨的任务。这时已是1999年9月20日。

106所是公司的航空产品研究所。1998年，当职工们听说所里研制生产的产品要装在我国目前最先进的飞机上，在国庆节接受党和人民的检阅时，都兴奋极了。大家一致表示，时间再紧，任务再重，我们也要保质保量完成任务。

机加任务下到106所车间后，全体职工团结一致，发扬了奋勇拼搏、敢打硬仗的精神。所里组织的青年攻关组里有一名青年女工名叫刘春杰，是一名钳工。她参加工作十几年，多次被评为先进生产者、优秀共产党员。在"9910工程"攻坚战中，她和攻关组其他成员一道，攻克了一道道技术难关。

某产品在加工过程中，难点就卡在了钳工工序。在工装量具不能及时到位的情况下，小刘敢于正视困难，并且虚心向设科人员和工艺人员请教，通过认真消化图纸，熟练掌握了这项产品加工中的每一个关键部位。她不仅攻克了长13米孔径口有3.5毫米的78度小斜孔技术难关，而且在加工某零件环形孔多次试验没能成功的时候，她动脑筋、想办法，将专用车忽刀经过改制，终于干出了合格产品，一举突破了该产品三多、三严（即孔系多、相交孔多、螺纹孔多，孔径要求严、孔距要求严、光洁度要求严）的技术难关。她的革新使得加工保质保量提前完成了任务。

1998年底，正值"9910工程"的冲刺阶段，刘春杰的婆婆因病住院了。婆婆非常疼爱她，十分希望她能在自己的身边，怕万一自己不行了，连儿媳的面都见不着。但是，刘春杰这位刚强的女性，咬着牙，狠着心，日夜坚守在自己的工作岗位上。直到工程胜利竣工的那一天，当攻关组全体成员举杯相庆的时候，突然发现刘春杰不见了。他们哪里知道，这时小刘只身一人悄然来到了婆婆的病床旁，亲手捧着一碗自己煮的鸡汤，一勺一勺喂着婆婆。望着慈祥的婆婆，小刘的泪水一滴滴地洒在病床上。

婆婆望着自己心爱的儿媳那憔悴的面庞，心疼地问道："杰儿，你病了吗？"

小刘再也控制不住自己的感情，失声痛哭。

她紧紧地握着衣兜里的病情诊断书，心中一次次告诫自己：一定要忍住，绝不能让婆婆知道自己马上也要做手术了。

当刘春杰离开婆婆一步步向住院部走去的时候，她拿出这张已被汗水浸湿的诊断书，在心里默默念道："婆婆，从现在开始，我将在医院日夜陪您……"

尾声

"9910 工程"经各方努力，终于胜利竣工了。党和国家对在此次工程大会战中表现卓著的先进集体和先进个人进行了隆重的表彰。

大会战结束之后，航空工业第一集团公司和省政府分别召开"9910 工程"总结表彰大会。

庆安集团公司被评为先进集体并荣立集体功。

当曹怀根、蔡浪珍、许峰、刘春杰、吴兰英、郭文田、苏福兴、孙勇荣、郭向春、郑德健等同志披着红绶带，戴着大红花站在主席台上时，全公司为之欢欣鼓舞。他们是"9910 工程"中脱颖而出的杰出代表。他们的周围站立着一大群精诚报国的航空人。

6 分 10 秒是国庆阅兵仪式上战鹰飞过天安门的确切时间，它的确很短暂。然而，当笔者写完这篇文章，掩卷长思的时候，仿佛看见了两年来庆安集团公司为"9910 工程"作出贡献的多少个 6 分 10 秒啊！而这其中，又有多少幅感人画卷历历在目……

毋庸置疑，国庆大阅兵那威武雄壮的场景，那一排排、一队队、一行行由中国军工自己研制的新式武器壮了国威，壮了军威！而那些为这一刻而付出过艰辛努力的军工企业，哪一家不由此而重振了厂威呢？

有消息说"9910 工程"胜利完成之后，庆安集团公司声名再度鹊起，各种军品订货单纷至沓来,庆安集团公司重振辉煌指日可待!

庆安,重新起飞的日子已经伴随着 21 世纪的春风来临了,于是,庆安门前那雄壮的群雕前,又多了许多照相的人。不用问,多数是庆安人!

铁马萧萧唱"大风"
——记重型反坦克导弹发射车生产攻关的日日夜夜

□ 涧 鸣 张新民 张佩玉

20世纪中叶，当新中国刚刚跨入第20个生命年轮的日子，我们与曾经被我们尊称为"老大哥"的国家在一个叫珍宝岛的地方开了一仗。这场战争的是非成败，历史已有明断，本文不再赘述。想说的是，在这场夺"珍"护"宝"的战争中，我们曾在局部受过重创。那是一种叫 T-62 的现代化坦克，滚动着宽大的钢铁履带，搅起漫天烟尘，发出狼吼虎啸般的嘶鸣，排山倒海地向我军压来……我军战士奋勇阻击，然而手中拥有的老式反坦克武器却一时无法扫灭那群庞然大物的骄横气焰……战士的热血洒在北疆的土地，祖国母亲的心在痛苦地战栗……硝烟未散，共和国总理周恩来拍案而起，他向主持国防军事科研的国防科委、第五机械工业部发出指令：一定要尽快拿出我们自己的反坦克导弹。

从那以后的20多年中，我国军事科技工作者、军工战士为此进行了艰苦卓绝的探索，虽有多层突破，但放眼世界武器发展潮流，我们的进程仍显得步履蹒跚。直到20世纪90年代初在中国西部的青华山下，一个名称为青华机电研究所的军事科研所里，周总理的遗愿才得以实现。在后来成为中国工程院院士的导弹专家王兴治的主持下，重型反坦克导弹研制成功了！对于中国军事工业，这无疑是一个石破天惊的壮举。

然而，科学要转化成生产力、战斗力，仍需要一个过程，那就是，把科研的成果推向生产。那么，由谁来承担"重弹"的总装总调任务呢？

经过一段缜密的考察之后，导弹专家王兴治把睿智的目光定格在西北光电仪器厂。

就是它了！王兴治果断地说。

功绩卓著的导弹专家没有看走眼！

西北光电仪器厂是我国"一五"期间国家 156 项重点建设项目之一，在我国兵器工业生产中有着举足轻重的位置，6 000 多名员工曾为中国的兵器工业创造过辉煌的历史。虽然，近十余年由于军品任务的锐减，西光厂也曾有过举步维艰的尴尬，但西光人对事业忠贞不渝的情操，西光人敢打硬仗的精神却是名满天下的。特别是自 1991 年初，以李忠义为首的新一届领导班子组建后，励精图治，奋力拼搏，使西光厂很快结束了徘徊，西光厂的又一个春天已经乍现鹅黄了。

也许是缘分，也许是心有灵犀一点通，以李忠义为首的西光人也看中了青华机电研究所的"重弹"。

他们"掂量"了一下"重弹"：这是中国军事工业的划时代产品，它将为中国国防力量增加一个重重的砝码！

他们又"掂量"了一下自己：尽管会有困难，但我们一定能拿得下！

科学家与企业家的目光在长安大道上相遇了，热切的目光一撞，就是一束耀眼的火花。

这火花，不仅照亮了"重弹"的生产全过程，而且汇入了中华人民共和国 50 年庆典的漫天朝霞之中……

西光"特字第一号"

作为厂所联手的第一步，青华机电研究所将"重弹"发射车初样机图纸郑重地交给了西光厂。

西光厂 6 000 多名员工，筚路蓝缕，历时三载，成功地生产出"重弹"所需的多种重要部件，组装的初样机经受了来自各方近乎苛刻的目光审视后，赢得一片赞赏之声。

1995 年，青华机电研究所召开了重弹武器系统工作会议。在这次会议上，西光厂与青华机电研究所实现了历史性的"第二次握手"，正式确立了西光厂作为"重弹"总装总调厂的地位。就是说，将全国数十家为重弹生产零部件厂家的产品汇集起来，组装、调试成拉出去就能"挥刀斩得小楼兰"的重型武器。

当王兴治、李忠义在合作书上郑重地签字之后，科学家和企业家同时意识到这绝不是一个商业性的合作，而是一项身系国家安危的政治使命！

对于西光厂来说，更是一种历史的机遇，是"天降大任于斯人也"！

为此，西光厂将"重弹"，命名为"特字第一号"产品。

这也是一次挑战。兵器行业、光电行业诸多厂家都把审视的目光投向西光厂。因为，这个曾享有东方"蔡司"美誉的企业，从未领衔主演过如此重大的"剧目"。西光的6 000多名职工将面临严峻的考验。李忠义向全厂职工发出了一个看似饱含刚性的口号："首次成为总装厂，质量要力争先进！"

从零部件生产厂到整车总装厂，西光厂尚有许多难关需要跨越。譬如，场地的建设；譬如，工装设备及技术力量的扩充……而这一切，对于尚未彻底摆脱资金困扰的西光厂都是很艰难的。

但西光人挺过来了。1996年底，以总装总调身份试制的第一台整样车威风凛凛地开出了西光大门。

至此，中国军工史翻开了崭新一页。这台具有20世纪90年代先进水平的反坦克"铁骑"将能对任何来犯之坦克实施"穿肠破肚"的打击。我军历史上被"铁壳虫"欺侮的日子将一去不复返了。把酒祭英灵，周总理也会九泉含笑的！

1997年，正当西光厂按兵器总公司和总师单位要求，将另外三台"重弹车"交付使用时，西光人隐隐约约听到一个消息："重弹车"有可能被列入共和国50年庆典大阅兵的受阅项目。

虽说，这消息在当时当属"小道消息"范围，但西光人仍为此而暗自欢呼：倘真如此，西光厂、西光人将是何等的荣耀！

西光厂的一位老师傅告诉笔者："真的，那段日子，我们连做梦都梦见由我们装起来的'重弹车'驶过天安门广场哩！"

时间仅过了两个多月，西光人的梦想得到了证实。在全厂的新春联欢会上，李忠义厂长郑重宣布："北京消息，由我们西光厂承担总装总调的重型反坦克装载车，已经正式列入国庆50年大阅兵的工程中！"

霎时间，联欢会成了"狂欢节"！

狂欢总是短暂的，大战即将拉开帷幕。24台全新的重弹车将要通过天安门广场，接受党和人民的检阅。向世界展示中国军工的风采和实力，责任如山，使命如山！西光人迅速收敛了狂喜的心情，以战士的姿态投入新的征战……

"特字第一号"的内涵在扩延,它已经不再是西光厂的荣辱得失,而是与祖国的荣辱紧紧地捆在一起了!"政治任务"这个词组已经不仅仅是一种"意识"了。

西光人明白!

月伴攻坚几度圆

尽管早在一年前,当第一台重弹车通过质量评审后,兵器工业总公司、陕西省国防科工办曾满怀豪情地向国务院、中央军委报告了这一特大喜讯,西光厂也得到了中央的通报表扬,但面对"9910 工程"下达的阅兵车,西光人仍不敢有"轻车熟路"的自负。

厂里成立了以厂长李忠义为组长,党委书记顾永江、驻厂陆军总代表胡崇安为副组长的"9910 工程"指挥组,调集各路精兵强将,组成精干的技术、质量、生产、后勤、管理、技术保障队伍,开始了新一轮"攻坚战"。

尽管厂里的资金捉襟见肘,厂领导仍果断拍板,筹资 300 万元,对重弹生产场地及各个重要工序、工件进行风险投入。

6 000 多名西光人厉兵秣马,"抛家舍子",一场气壮山河的"攻坚战"全面打响。

以有限的篇幅描摹这场紧张有序又充满高新技术的攻坚战,笔者显然力不从心。还是让我们从这场没有硝烟的战斗中,采撷一些花絮来,看看能不能收到"窥斑知豹"的效果吧。

为了确保重弹产品的质量,主要部件必须经超高温和超低温的模拟测试。厂里原本没有测试设备,拉到外面,既要耗费大量资金,又要延误工期。厂里便投资 130 万元,以最快的速度建起了高低温测试室。高温是多少?50℃。低温是多少?零下 40℃。如此酷热与酷寒,是长期生活在气温相对平和的西安人无法想象的。然而,测试紧张阶段,我们的测试人员竟在测试室一待就是两个多小时,目不转睛地观测变化,一笔一画地记录数据。从冷温室出来的人,个个鬓发凝霜;从高温室出来的,人人汗雨滂沱。有时,防寒工作服不够用了,测试人员竟穿着单薄的工装,一头扑进低温室,在场的领导拉都拉不住。外面的人在喊:"快出来,我来换你!"里面的人答:"时间耽搁不起啊!"

是的,时间耽搁不起!从一开始,厂里就对"9910 工程"的进度实行了倒排工期,并严令各部:不能返工,我们没有时间!

所有的工期都被以军事术语确立下来，如425高地（4月25日），630主峰（6月30日）……

为了攻占"高地""主峰"，西光人夜以继日地"玩命"。有的工人已经连续工作了24小时，车间领导连推带拉地把他们朝回撵，工人们期期艾艾说："回去也睡不着啊……"

"重弹"的零部件配套生产单位，几乎是遍布全国，成都、重庆、上海、昆明、广州、武汉、北京、长春……作为总装总调厂家，西光厂不仅统揽八方，而且情系八方。他们知道，任何一个厂家的产品出现分毫差错，都会给"重弹"带来无法弥补的隐患。于是，一支支由技术人员、质量检验人员组成的小分队出发了，他们风尘千里，长期奔走在各协作厂家之间，协调进度，检测产品质量，实施技术指导。在一家协作单位里，西光厂的技术人员，不仅帮助那家工厂解决产品质量问题，而且亲自动手对该厂的设备进行了技术改造，一干就是两个多月。这个厂的干部和工人对西光人这种无私的奉献精神赞叹不已！在一家老军工厂内，为了解决斜坡齿轮的加工难度，西光的技术小分队与该厂的技术人员、工人日夜厮守在一起，反复琢磨，反复修改操作工艺，直到拿出合格的产品。而质量检验人员则跟班检验，不放过任何蛛丝马迹。局外人根本看不出他们竟是外厂的来人。而西光厂的人则风趣地说他们是："攻坚攻到别人厂里去了！"

这种"攻坚到外厂"的做法，放在正常情况下是很难让人理解的。然而，所有的兄弟单位都理解西光人的情怀，给了他们真诚的合作。因为大家都知道：这才是真正地"为了一个共同的目标"，让"重弹车"成为经得起祖国检验、经得起现代战争考验的"中国造"！

1998年10月的一天，凌晨2点，第一台阅兵重弹车在一片欢呼声中调试完成。守在这台车前的数百名干部、工人都已经一夜没有合眼了，而9个小时后，即当日的10时，还有另一个阅兵项目的产品等着他们做最后测试（除"重弹车"外，西光厂还承担了牵引高炮、新型坦克等重点科研项目部件的研制生产任务）。强烈的使命感使他们忘却了疲劳。厂"9910工程"领导小组副组长、党委书记顾永江当即下令，将第一台受阅车开往数百公里外的某靶场，做行进测试。

一声轰鸣，我们的"铁骑"出发了。这天凌晨，第一场冬雨竟一改往日的缠绵，顷刻间变成瓢泼大雨。夜色苍茫，"铁骑"一路长啸，在冥无人迹的公路上迤逦东去。这是一种野战用车，平坦的高速公路无法测试出它的"野性"，所以他们选择的是那条几近被淘汰的老式公路。雨，越下越大；路，越走越泥泞。而跟车检测的技术人员却要不时地趴在地上，拧亮手电筒，仔细地检查每一根车轴、每一寸车身。每个人都滚成了"泥猴"，淋成了"落汤鸡"。随行车辆的驾驶员不时用手拧自己的大腿，生怕自己有片刻的"老虎打盹"。顾永江书记坐镇指挥部，不停地用手机询问行进状况。车到靶场时，军用靶场因大雨而关闭，车队沿原路返回。车到渭南，全体参试人员这才感到了饥饿的袭击。冷雨寒风中，饥肠辘辘的他们将渭河桥头的几家小吃铺的各类食品一扫而光。小吃铺的摊主们看到这样一群满身泥污的人却开着一个从未见过的"怪物"，一个个惊诧地合不住嘴……他们从哪里来？又把这"怪物"开向何方？

向他们道一声辛苦吧，我的父老乡亲们！他们是在为祖国永远的艳阳高照而在风雨中奔波的军工战士啊！

上午9时30分，在风雨中跋涉了数百公里的"铁骑"回厂了，所有测试数据都告诉西光人：一切正常。驻厂军代表代表军方向军工战士致敬。然而，以李忠义、顾永江为首的厂领导并没有在胜利的喜悦中陶醉。虽然"重型导弹是完全合乎要求的"，但西光厂认为尚未备齐，此次试行时车上还有几个弹单架空置着。按常规，战争的残酷性要求参战的武器必须适应"满负荷"运载才算真正的合格。于是，当晚他们又进行了第二次行进测试，导弹全部上车，沿着坎坷泥泞的道路又走了个来回。

仍然是一切正常。西光人这才露出了喜悦的笑容。

铁马萧萧唱"大风"

八百里秦川，因有黄河、潼关作天然屏障，虽历经几千年风云岁月，却极少领略过战争的壮阔。公元1999年3月的一天，初春的秦川大地上突然出现了一队人马，12辆满身披挂着导弹的战车隆隆地沿渭河浩浩东去。这12辆战车加上前呼后拥的汽车，组成一支气势恢宏的长阵，白天，像一条金龙盘旋；夜间，如一条火龙飞舞……所到之处，路人驻足翘首，惊叹之声、响遍秦川。

"这是什么玩意？"

"听说是一种新式武器，专门收拾坦克的！"

"百步穿杨吧？"

"去去去！老皇历早就过时了，这玩意一弹出去，好几千里哩！"

"好乖乖，这下咱中国人再不怯火洋鬼子了！"

这是西光厂 6 000 名员工向 50 年国庆大阅兵献出的第一批厚礼。12 辆重弹车编队测试的成功，再一次向世人昭示了西光人是一支能打硬仗的队伍。虽几度浮沉，却雄风不倒！

然而，意想不到的"事故"发生了。靶场上，由总师单位青华机电研究所主持的实弹靶试正在进行。靶试是产品定型鉴定关键测试。来自国防科工委和全国各大军区的将校军官们云集靶场，数百双"火眼金睛"齐刷刷地投向重弹车。导弹响了，一发、两发、三发……突然，一发导弹"脱轨离谱"了……全场哑然。青华机电研究所的高工们快步奔向发射车，一查，原来是试验人员的操作不当，导致了这个不该发生的事故发生了。责任不在总装总调厂。试验的主持者感到了难堪。无奈中，他们将那辆"眼睛"被打瞎的重弹车运回了西光厂。没等他们说清原委，西光人立即说："坏了就修。事关'9910 工程'，没啥说的！"

连续两天两夜，西光人修好了这台车，黎明时分便派车送到了靶场。

除了重弹车，西光人还为"9910 工程"做了些什么？枯燥的数字却能说明鲜活的事实：上千种零部件，包括了"天上飞的、地上跑的"各种现代武器。

而西光人为此付出的心血，洒下的汗水又该用什么样的数字来展示呢？没有。只有 700 多个日日夜夜，那出没在万里长天的太阳知道，月亮知道，星星知道！

大概正是因为这种精神，当参阅的重弹车投入阅兵封闭训练之后，阅兵村那台用来检修装备的行车前，几乎见不到西光厂技术保障队忙碌的身影。

有兄弟单位的人好奇地问西光人："为什么不见你们在这里忙活呢？"

西光人答道："我们把忙活截在厂里了！"然而，由西光厂牵头、各协作单位参加组成的重弹装载车技术保障组却获得了由阅兵指挥部颁发的金牌。

这是全部参加技术保障服务的队伍中唯一的一块金牌。纯金铸造，上面镌刻着的图案，正是那个西光人为之奋斗，又为之骄傲的重弹装载车。

1999 年 10 月 1 日，当重弹装载车威风八面地驶过天安门广场时，站在国庆观礼台上的李忠义禁不住热泪盈眶……

眼看就要跨入花甲之年的李忠义清楚地知道，等阅兵结束，他也该悄然隐退了。但是，在他最后的岗位上，他和 6 000 多名员工栉风沐雨，胜利地完成了祖国和人民的重任，这是他此生最值得向后辈子孙炫耀的辉煌吧！

匆匆写完这篇不尽如人意的文章，时间已是深夜，推窗望去，今夜星光灿烂……这是 21 世纪的第六个黎明，新世纪的日月之光已经在我们这片神圣而神奇的土地上照耀了六个日日夜夜了。未来的阳光属于我们，未来的星辰属于我们，未来的纯净天空也将永远属于我们。因为，我们有千千万万个为捍卫阳光星辰而奋力拼搏着的民族精英。西光人就是其中的佼佼者之一。

我忽然想起了纪元之初的那个年代。那位提三尺龙泉而平定天下的汉高祖刘邦，在登上龙位又荣归故里的途中，曾踌躇满志地登高放歌。

"大风起兮云飞扬。安得猛士兮守四方。"

那是一支回荡在冷兵器时代的壮歌。而今，当整个世界已经与冷兵器挥手告别时，我们的"大风歌"该唱什么？

让空中闪电般掠过的"飞豹"告诉我们，让地上萧萧长吟的"铁马"告诉我们……

夕阳的风采
——记歼击机燃油系统主任设计师冯云鹏

□ 惠碧成

华北某机场,一支空军部队正在这里进行世纪大阅兵前的训练飞行。

一条宽阔的水泥路,在空旷的田野中还没有延伸到位就中断在天地之间。一座数十米高的楼房,酷似擎天之柱影响着银燕起飞。

不够长的跑道、酷热的环境,使强击机只能从同一方向起降。由于不能有效地利用风力迅速升空,只好打开加力泵才能确保零米零秒的精度训练。

超强训练和频繁试车,加力泵的一次次打开,一次次关闭,加上机场50多度高温,强五飞机出现了加力接不通或加力进入缓慢的状态……

停机坪上高高耸立着倒计时牌,分分秒秒地闪烁着,飞行训练的不顺利使参训官兵愈来愈感到焦虑。

很显然,毛病在燃油泵身上,为了适应大阅兵的特殊形势,强击机的燃油泵需要改进!

信息,通过电波迅速反馈到远东公司。

远东公司是飞机燃油泵的专业生产厂家,听到这个信息后,他们立即组织改进燃油泵的攻坚战,总经理向全体职工发出动员令:一切服从于"9910工程"的需要,不惜一切代价打好这一仗!

然而,一个尖锐的问题却摆在分公司领导面前:人才青黄不接,该由谁从技术上主持这项攻关?

飞机发动机是一个复杂的系统,涉及数十个厂家的产品。如果把发动机比作飞机的心脏，那么燃油泵则是心脏的心脏。要对如此重要的部件进行改进，没有真功夫是不行的。

情急之下，大家不约而同地想到一个人——冯云鹏。

这是一位在军事航空工业战线奋斗了35个春秋、曾为航空发动机燃油系统攻克过无数道难关的专家，研究员级高工。有了他的参与，何愁攻关不成？遗憾的是老人因年事已高，退休了！

深知老冯秉性的公司领导说："请他出山吧！他会来的。"

重新披挂，老将雄风不减

老冯到河北一座小县城探亲去了。

7月的一天。清晨，一阵清脆的铃声把冯云鹏从睡梦中惊醒，老冯拿起电话。电话是远东公司打来的。"什么？国庆阅兵……攻关……噢，我明白了。告诉领导，我立马赶回！"

放下电话，老冯翻身下床，心中蓦然涌起一种"老夫聊发少年狂"的冲动……

退休离岗之后，老冯有过苦闷，有过烦恼，而一切苦闷与烦恼都源于对事业难以割舍的情结。难道我真的是"廉颇老矣"！难道我再也不能为国出力了吗？

啊，如今好了！公司又想起了我，国家又想起了我……历史又给了我一次机遇！

他推开窗户，晨风扑面而来，淡淡的晨曦映出他满目的刚毅。

"老冯啊，你可不敢'马失前蹄'！"他告诫自己。

没有惊动亲人，也顾不上给家里带点土特产，老冯急匆匆地赶奔车站。列车一路长啸，从河北直扑古城。到达古城时已是华灯齐放，他不顾疲劳，也顾不上洗去一路风尘，径直来到公司，对公司领导说："要我干什么？说吧！"

领导告诉老冯受阅的成功与否，直接关系着国家的声望和部队的军威，但原来的燃油泵不能适应这种特殊的需要……

中国的知识分子，一旦明白了自己肩上担子的分量，便会忘情地投入，把自己的一切都溶化在他所忠诚的事业中。冯云鹏就是这样的人。

第二天一大早，老冯便走进了他久违的车间。

工作台上，燃油泵像一尊钳金铸成的兵马俑，犬牙交错，环孔连套。

老冯太熟悉它了，这是在他当设计室主任时设计定型的，凝结着几代远东人的心血和汗水。

为了这个产品，有的同事甚至长眠在绿水青山之中。就是这些为之奋斗的远东人，就是这个重中之重的产品确立了远东公司在航空工业中的坐标。

作为高工的冯云鹏，当年曾是燃油泵的"助产婆"，如今，要对这位"骄子"进行新的改造。老冯深知，难度不小！

公司领导当然也知道，要改造这种研制多年的定型产品确有难度，于是便从北京、沈阳、贵阳等地请来几位航空发动机专家，对燃油泵进行会诊。

在红地毯和灯光的映衬下，专家们个个神色凝重。

经过几天苦苦思索后的冯云鹏，欠了欠身子从座椅上站起来，用干瘦的手指撩了撩散落在前额的银发，用那带有磁性的河北腔，有条不紊地阐述自己的观点。

有理有据的数字计算和技术推断，使在场的专家大为叹服。人们向他投来赞许的目光。

通过专家们分析讨论，找到了问题的症结，于是技术攻关工作进入了高潮。

多少个日日夜夜，冯云鹏如同一台不知疲倦的机器，全天候地思考着、运转着。每天睡眠时间仅有三四个小时，体重一下子减轻了十多斤。

人们经常在晨雾里、花坛前、月色中看到他苦思冥想的身影。无论在家里或办公室，只要谈及"9910工程"和航空产品时他都是如数家珍、神采飞扬，而论及家长里短，他却相顾无言。

了解老冯的人，非常清楚他这种大脑的"静止状态"，其实充满着激烈地厮杀；而不了解的人，觉得他似乎有些古怪。

超负荷的用脑时常引起大脑缺氧，食欲不振，生理功能也随之紊乱，家里人常常被他半夜的突醒所惊吓。吓醒了别人，他却喃喃自语道："我想……是不是这样……"

家人长叹："唉，老神经，没治！"

老冯却说："思考是一种乐趣！"

军品所大楼一盏耀眼的灯窥探着黑夜的神秘。闷热的工作室里，老冯为解决加力泵厂内试验时出现的高空油量振动减少的毛病，整整在这里熬了十多个小时，直到通过查阅资料、数据计算和原理分析拿出改进回油活门弹簧方案，用全面质量管理法绘制出"故障因果图"，列出可能影响产品质量的11种因素后才走出大楼。这时，已经到了日上三竿的时候了。

灯火辉煌的装配厂房，一派繁忙景象。老冯又一次来到现场，对11种因素进行逐条试验。

为找出弹簧改进方向,他亲手测量了近百个弹簧,进行精心挑选,对不同刚性的弹簧进行对比试验,从而找到了产品技术质量问题的解决途径。

时针,已指向了凌晨 3 点多钟。老冯的萎缩性胃炎在长时间的饥饿中开始发作。他习惯性地从衣袋里摸出"逆转乐",用开水冲了下去。排故试验的难度不亚于新品的开发,经常会出现意想不到的干扰和假象。在试验器改进换成金属管后,又出现异常振动现象,使试验难以继续下去。冯云鹏凭着多年的经验,顺着进出口管路用手摸,靠感觉终于找到了问题,并采取措施解决了共振问题。

就这样,日复一日,夜复一夜,一道道的技术难关在这位花甲老人的面前退却了。

公司的人说冯工真是雄风不减当年啊!可谁知道,老人为此付出了多少超越自我的努力啊!

风尘千里,洒下一路真情

8月,骄阳似火。

列车呼啸着奔驰在富饶的东北平原。从黄土地到红土地再到黑土地,老冯马不停蹄地穿越着地域和时空,与配套厂家和军方探讨解决产品使用过程中出现的技术难题。

来也匆匆,是因为他知道军情紧急;去也匆匆,是因为他知道,时不我待。

此刻,老冯紧倚车窗,双目微闭,正在思考着如何把各种零散的判断联结成一个系统完整的方案,脑海里翻滚着膜盒室会不会进油、泄油槽能不能在空气里冲压等飞机动力控制的概念。

这次他肩负使命,刚从沈阳开完会又奔赴机场,印证复试结论,解决飞机空中跟随性差的问题。

硬座席位上,他几个小时一言不发,好心的旅客以为老同志遇到想不开的事,试探着和他搭讪,他不是双目茫然便是答非所问,惹得同车人窃笑不已……

机场,无遮无掩,引擎的轰鸣声震耳欲聋。起落架下,一位干练的老头正和一帮生气勃勃的年轻官兵簇成一堆,好像在讲故事,又好像做交流,气氛和谐,场面热烈。

阳光下,他那满头银丝与闪亮的机身浑然一体,似乎有着不解之缘。

航空发动机燃油附件产品，结构复杂，精密度高，加工难度大，有的零件几何偏差仅一微米，都会造成停飞或事故。加速缓慢将导致跟随性差，直接影响参阅飞机能否一秒不差、一米不差，准时、安全地通过天安门上空。

为此，老冯要亲临现场，与飞行员交谈，并且要钻进机舱，进行实地观察。

发动机散发出的热量，使机舱变成了蒸笼。他和年轻人一样忍受着令人窒息的烘烤，用棉球紧塞双耳，每隔几分钟到舱外换换气……他揣着工厂的结论报告，通过实地观察、询问和分析，证实空中加速缓慢并非膜盒室积燃油所致，而是挡板活门座严重磨损造成的。随后，他对膜盒室积燃油的现象进行了技术上的解释。根据他的意见，从承制厂到修理厂更换了挡板活门杠杆，解决了训练中的燃眉之急。部队同志十分感慨地说："老冯真不愧是专家！"

技术和思路，作为一种无形资产，看似平常浅显，一点即通，然而却又不是一般人所想得出和做得到的，因为这是心血的凝聚和知识的结晶。

凌晨3时，北京。空旷的大街上，两位年过六旬的老人，急匆匆地奔向空军招待所。他俩就是前来参加故障分析会的冯云鹏和驻厂军代表苏宗武。

参加完会议，老冯又接到工厂的命令奔赴华北某机场执行任务。

一辆蓝白相间的中巴在高速公路上奔驰……

这些日子，他和攻关组的其他成员为了抢时间争速度，火车、飞机、汽车、人力车，碰着什么坐什么。

机场。一群蓝天骄子正在加紧操练。临时搭建的营房里，座无虚席。

根据专家会议纪要精神，为落实外场服务确立的一系列措施，老冯专程来到这里，给机场的机械师、大队长等有关人员讲解、交流产品技术问题。

他从产品结构原理到故障分析，从典型事例到操作规程，深入浅出的道理，严密的逻辑推断，使新一代官兵无不感受到这位航空老兵的丰富阅历和渊博的学识。

这次交流既是一次技术的交流，也是一次心与心的交流。通过交流进一步密切了军队与工厂的关系，在许多技术问题上达成新的共识，为军企长期合作拓宽了广阔的空间。

金秋十月。当人们还在回味着气势恢宏的阅兵盛典时，冯云鹏和攻关组的同事们又以"不用扬鞭自奋蹄"的精神，迈开了新一轮跋涉的双足。

他们在一个多月时间里，通过调研、分析、试验等大量工作，又相继查出导致某型加力接不通的其他三项原因。此举不仅受到空军装备部队领导的表扬，更重要的是为今后的设计、制造、服务和使用积累了宝贵经验。

回首来路，更觉夕阳壮美

初冬的古城，朝阳含笑，彩旗飘拂长街。

人民大厦，这座曾经让古城人引以为豪的建筑，于古朴典雅中散发着热烈奔放的气息。

省人民政府"9910工程"表彰大会正在这里举行。与会的省委书记、省长，来自北京的部长、将军们和即将受到表彰的功臣们一样，个个脸上都洋溢着光彩。

冯云鹏作为受表彰的先进个人步入会场，而他的思绪却在鲜花和掌声中驶回遥远的岁月……20世纪60年代初，他刚跨进大学门槛不久，为了实现自己的蓝天梦，背着家里偷偷地将冯长山改名为冯云鹏。

"云鹏"，不仅表达了鲲鹏展翅、搏击云天的宏伟志向，更蕴涵着他献身航空事业的远大抱负。

1964年，他放弃了母校北京航空学院的挽留，告别了亲人，孤身来到大西北，把自己的青春年华和聪明才智奉献给祖国的航空事业，奉献给远东公司。

几十年来，他矢志不渝、无怨无悔，饱尝了攀登航空科技高峰的酸甜苦辣，也赢得人们的信任，成为享受国家特殊津贴的有贡献的专家。

一步步攀登，一项项成果，一道道光环，他的热梦伴着生命的年轮成为现实。

经他主持和参与设计研制的航空产品达百项之多，先后有20多项成果被国家有关部门和航空系统分别荣记二等功和各种奖励。他直接主持和参与的燃油附件研制、某型附件测试性能，多次受到嘉奖表彰，其中有的产品研制开创了当年研制、当年投产、当年出成果的历史纪录；有的燃油泵调节器经过改进改型，使用寿命延长了四倍，为国家和军队节约了巨额资金，而且性能稳定，技术档次提高。

他撰写的《对柱塞式燃油泵斜盘轴承转动规律的探讨》一文在《中国航空科技文献》杂志发表后，引起了国内外专家的关注，此成果对柱塞泵延寿和排故产生了重要影响。

1996年，冯云鹏从为之奋斗了35个春秋的岗位上退了下来。但他仍怀着对远东的一片赤诚和对航空事业的执着追求，以热切的目光关注着公司的新品开发、新项目攻关，焦灼地等待着公司的呼唤。

如果把人生比作日出日落，那么，跨越了 64 个春秋的老人就是暮霭中的夕阳。而老冯在"9910 工程"中散发出的光和热，却让人领略了"夕阳无限好"的风采。

冯云鹏的爱人是个退休教师。她豁达明理，尊重和理解丈夫的事业，支持他的选择。虽然她自身患心脏期前收缩和高血压等疾病，但为了不让老冯分心，她长年累月默默地包揽了全部家务。

攻关三个多月来，超负荷的脑力和体力支出，老冯变得更加消瘦。看着他恍惚的神情和充满血丝的眼睛，家里人急得不知如何是好。为了安全起见，遇到天气不好和晚上加班，老伴和孩子们总要像护送小学生那样轮流把他送过马路。

冯云鹏，作为一个党培育起来的老牌大学生，在他的眼睛、灵魂乃至每一根血脉里好像生来就具有一种为追求而存在的基因。

他淡泊名利、乐于奉献。当财会人员拿着返聘的津贴让他签字时，被他谢绝了。他觉得有一份退休工资够了，现在自己所做的一切，只是在回报兑现了自己理想的事业。

"清清白白做人，兢兢业业工作，老老实实学习，平平凡凡生活。"

几十年来，他始终遵循自我设计的准则。在他的影响和带动下，军品所连续多年被评为先进单位。他本人数十次被各级机关授予"先进工作者""模范党员""双文明个人"等称号，先后去美国、俄罗斯等国学习考察，并被省机械工业工程学会、中国航空学会、航空工业企业管理协会吸纳为理事和会员。

有位文学家曾经说过："生活的方式有两种，一种是腐烂，一种是燃烧。随波逐流，知难而退，就会腐烂；冲破险阻，知难而进，就会燃烧。燃烧的痛楚是常人难以忍受的，燃烧的辉煌又是人们所敬仰的。"

冯云鹏选择了燃烧，用真情点燃生命之火。用生命之火铸造事业的辉煌。

掌声再次响起来，表彰大会开始……

惠安化工厂的故事
——为中国航天事业研制第一代复合固体推进剂

□ 张爱娟

在中华人民共和国70年工业建设发展史上，除了有关国计民生的工业建设之外，最让国人关注的就是那些被称为"保密工厂"的国防军工企业了。它们之所以让共和国上至最高领导下到平头百姓都寄予很大关注，其原因就在于"落后就要挨打"的道理已经深入到每一个中国人的骨髓里，特别是中国共产党人对此更是有着刻骨铭心的记忆。艰苦的战争年代自不必说，中华人民共和国成立后的抗美援朝战争中，时任志愿军副司令的陈赓将军回国汇报时一针见血地指出，志愿军是"气多钢少"，美国是"气少钢多"。钢少，兵器落后，让志愿军付出了沉重的代价。但是我们不能永远"钢少"啊！痛定思痛，建国伊始，我们在苏联的帮助下，从无到有地建立了完整的国防军工体系。直到现在，国庆70周年大阅兵时足以让世界为之一惊的新锐兵器，还是那时所建的军工厂经过发展改造后生产出来的。

那些如617、132、447、724、296等代号的兵工厂，现如今仍然是大名鼎鼎。有些工厂从共和国第一代到第四代领导人都视察过，提过词，世人皆知。但有一家位于秦岭终南山下，也是"一五"期间的156项工程之一，为国防建设作出了突出的贡献，但一直默默无闻，就连1965年钱学森在该厂主持召开"1·15会议"这样的大事，都鲜为人知。这家工厂就是现如今中国兵器工业集团有限公司所属的惠安化工厂。

今天我们就是要带读者朋友走进这家工厂，听一听他们的故事。

1953年6月8日，第二机械工业部（当时主管国防军工）奉党中央之命，在苏联的帮助下筹建一个国内最大的单基发射药厂——即惠安化工厂。记者前几年曾经采访过在惠安化工厂工作多年，后任兵器工业部副部长的庞天仪老人。回忆往事，他告诉记者惠安化工厂不仅是中国，也是亚洲最大的单基发射药生产厂。"1954年到1955年，他任组长，还有几个人，到苏联单基发射药工厂学习了一年。"记者采访庞老时，老先生已年近九旬高龄了（现健在），但仍清晰地记得当年的苏联卡道夫斯克工厂的总工对中国人非常好。"文革"期间，庞老又任中国专家组组长，带领我国技术人员，为罗马尼亚建设了一条硝化棉生产线。在罗期间，由于工作成绩优秀，他还两次受到罗马尼亚当时领导人的接见和宴请。

什么是硝化棉和单基发射药？

可能读者朋友对单基发射药、硝化棉还有些不明白，那我们就先科普一下。

单基发射药是只含一种能量组分的火药，它的主要成分就是硝化棉，所以也称硝化单基药。这种火药的发明还有一个故事：1845年的一天，瑞士化学家舍斯做实验时，不小心把一瓶硝酸和硫酸混合液弄洒了，情急之下，他连忙拿妻子的棉布围裙擦，结果围裙被弄得湿淋淋的。他怕妻子责怪，就到厨房想用炉火烘干。可是刚靠近火炉，围裙噗的一声被烧得干干净净，连一点灰儿都没有剩下。他由此得到启发，发明了这种火药。因为围裙是棉花织布做成的，他就称之为"火棉"。后来法国科学家维埃耶在火棉中加入稳定剂，使棉花变成胶状物，可以碾压、切片、造粒或卷成各种形状的固体单基发射药，成为广泛用于各种武器的发射药。

这里还有必要讲讲发射药和炸药的区别，这也是一般读者容易弄混的两种东西。如果我们拆开一枚炮弹或子弹，装在药筒里的就是发射药，而装在弹丸中的则是炸药。

如果把它们换一下行不行呢？不行！药筒装上炸药，一开火，没等弹丸推出去，药筒就被炸碎了。而弹丸如果装入发射药，被点燃后只是冒火不会爆炸。相信从中读者会看出两者的区别。

惠安化工厂是发射药生产厂，由苏联援建。当初选址就费了很大的周折，中方陪着苏联专家跑了很多地方都不合适。一来因为单基发射药生产是高危行业，不能建在人口密集的城镇和乡村。二来硝化棉的生产需要大量的水。挑来选去，厂址最终定在秦岭终南山下的这个地方。

厂子建成以后，快马加鞭全力生产，为全国的军工企业提供了足够的单基发射药。利润也比较丰厚。用厂党委工作部副部长张爱娟的话来说，到20世纪80年代初，单基发射药仍是惠安化工厂的主要产品，直到开始大批量生产高能复合固体燃料以后，才陆续将硝化棉、单基发射药生产转到兄弟厂家。

峰回路转

如果惠安化工厂到现在还是按部就班、循规蹈矩地生产单基发射药，那么钱学森先生1965年就不会来惠安化工厂了，我们也就没有必要写这篇专栏报道了。

1958年8月，中国第一家复合固体推进剂研究所在惠安化工厂"秘密"成立了。为什么这样讲呢？因为当时硝化棉发射药刚刚建成投产，研究所成立根本没有得到上级的批准，而且还瞒着苏联专家。当时的所长是工厂的副总工程师朱瑛、副所长是厂技术科科长刘茂功，另一位副所长何纪增主持科研所工作。朱瑛曾参加过解放战争，刘茂功是留过洋的技术人员，他们深刻认识到要建设强大的国防，生产精良的武器，只有单基药是不行的，必须要搞复合推进剂。当时的工厂领导通过各种渠道了解到国家有搞"两弹一星"的计划，而搞卫星发射必须要有性能更好的推进剂。于是，他们就想在工厂成立复合推进剂研究所，利用工厂现有的技术、人员、设备条件进行复合固体推进剂的研究。

当时的研究所顶着压力秘密进行复合固体推进剂的研究。苍天不负有心人，复合固体推进剂的研究取得了成果。1959年钱学森先生在国防部第五研究院任院长，负责我国火箭和导弹研制工作。他得悉惠安化工厂复合固体推进剂的研究取得成果后，非常高兴，马上派人来厂考察，很快签订了合作议定书。为什么好事来得这样快呢？原来当时国防部第五研究院也正进行复合固体推进剂的研究，但是该院是个科研机关，钱学森先生1959年在"1·15"会上讲道，"750部队（称总字750部队，既国防部第五研究院四分院，现在航天四院的前身）没有条件单独开展研究工作"，现在惠安化工厂初见成果，自然一拍即合。

1961年，兵器工业部（当时的五机部）来惠安化工厂选址定点，确定在科研所的基础上利用厂里原来生产迫击炮发射药的车间，设惠安化工厂固体发动机推进剂试验基地。

古语有云："工欲善其事，必先利其器。"固体火箭燃料是高科技产品，要制造出来，除了有必要的原料配方之外，还必须有相应的设备。

由于那时我们国家的工业基础，尤其是化学工业水平还是很弱的，所以要搞成固体火箭燃料，第一步还需要搞成所用的辅助原料、工具，甚至包括基建特殊用材等。比如丁醇，它是一种无色液体，有酒味，容易与乙醇等多种有机溶液混合，其产生的蒸汽与空气会形成爆炸性混合物，是现在很常用的普通化工厂都能生产的化工基本原料，可那时国内不能生产。惠安化工厂从1958年开始收集资料进行研究，到1960年开始广泛生产。

科研所成立的时候，有各种反对的声音，为了在短期内见到成效，科研人员开展了一系列的产品研发，比如胶片、醋酸纤维、聚四氟乙烯等。先说胶片，即黑白摄影的光学胶片，惠安化工厂因为有硝化棉加工的基础，从1958年开始试制，还到广东学习过，最后试制成功正负照相胶片、X光透视胶片和在500米空中试验用的高空摄影胶片。后来建立了一个土洋结合的中型胶片厂，所生产的胶片满足了未来产品试验和X光探伤的需要。

醋酸纤维是香烟过滤嘴里的重要材料，醋酸纤维塑料也不少见了，但让你造出长277毫米、宽374毫米、厚0.35毫米，外观无色透明且无斑点的醋酸纤维塑料桶，就不是轻而易举，随便哪个工厂都能做得出来的！更何况那是在60多年前。聚酯树脂塑料、环氧树脂、硅橡胶等都是现在司空见惯的化工原料，但在60多年前都是惠安化工厂人努力钻研才搞出来的，当然有些化工原料与现在通用品比还是有些不同的。

聚四氟乙烯，惠安化工厂从1958年底开始试制，进行14次试验之后第一次搞出了26.3克样品，在实验室建立了日产1千克的生产线，最后进入工业化批量生产。我们想对这种号称"塑料王"的化工产品多说几句。它在零下264度的低温下不会变脆，零上250度的温度中也不会变形变软，在王水中都不会被腐蚀。而且它对任何物质的黏合力都很小，现在广泛使用的不粘锅里就涂覆有一层聚四氟乙烯。它产生于1936年美国杜邦公司，二战中多用于军用，美国人对它严格保密，1946年才公开。我国在1964年工业化生产成功，成为当年工业生产的成就之一，很轰动的。记者那时正上初中，因为比较关注时事，对这件事记忆很深。不知当时上海方面化工厂所与咱们惠安化工厂有没有这方面的技术合作，因为我们的惠安化工厂在1959年就搞成了。

在当时物资极为匮乏的年代，惠安化工厂敢为人先研发了一系列的产品，其中取得了一些成效。但是由于精力有限，在与国防部五院共同研制502产品之后，他们最终将主要的研究方向放在了复合固体推进剂的研制上。历史证明，这个选择是正确的，它为惠安化工厂以后的发展奠定了坚实的基础。

从1962年4月开始，惠安化工厂进行业务重组，与来厂协作的五院一道进行新产品的研制工作。随着502项目研制经费由五院拨付，研制进度大大加快了。8月，502生产线建成。接着代号502的产品（聚硫橡胶过氯酸铵复合火药）研制成功。它成为我国固体火箭燃料的第一个"金娃娃"，并成功用在后来"东方红"卫星的转移轨道发动机上。1962年11月9日，装药97千克、直径300毫米的固体火箭发动机终于组装成功。当时工厂里没有符合试车的安全场地。工厂科研技术人员和五院的同志们，决定到工厂南边终南山山里做热试验。通往山里没有公路，他们就拉上两个轱辘的架子车往山里走。遇到小河，他们就挽起裤腿，赤脚下河，抬着发动机过河。没有试车台，他们就在山里找了一块断崖形的大石头，把发动机固定在上面，把测试仪器放到附近的土地庙里，人在外面操纵（旧中国各地的土地庙都很小，人是进不去的，搁小件仪器没有问题）。试验取得了预期的效果。

历史不会忘记

1962年12月6日，上午10时10分，科研所502固体推进剂某工序发生严重爆炸事故，造成严重伤亡。几十年的时间去了，当张爱好副部长去航天四院采访从工厂走出的阮崇智（火箭专家，原航天院副院长）老人时，提到那次事故，老人家还是老泪纵横。那一次事故，陈素梅、韩玉英、王增媛、刘恩科4位同志牺牲，常西平和朱月恒身负重伤，终身残疾。昔日里并肩作战的同志瞬间失去生命，这令阮崇智很难接受这样的现实。他说："历史永远不会忘记那些为中国固体推进剂事业作出牺牲和贡献的人们！"

事后经过两个月的缜密调查，事故的技术原因是硫化机搅拌翅轴与轴孔之间间隙漏药，停车40天后发射药已经硬化，当满负荷启动整理时瞬间摩擦，203千克料浆在桨叶转动时瞬间燃烧。一周后，主管国防科研工作的张爱萍上将来厂视察，研究所所长朱瑛同志主动提出请求处分。张爱萍对在场的技术人员说："我们对研制固体推进剂没有经验，研制中出现伤亡在所难免。现在重要的是找出问题的所在，采取改进措施，尽快恢复生产。"

科研所于1963年7月10日恢复了502生产。

1965年8月，502用于直径300毫米的发动机，装药由五院在酒泉发射场进行。固体发动机工作正常，试验取得圆满成功。

1965年1月15日，五院四分院第二次技术工作会议在惠安化工厂召开，会上钱学森对惠安化工厂所作的贡献给予高度评价。这次会议史称"1·15会议"。

1965年惠安化工厂与五院的协作结束，更确切地说，五院已经掌握了硫化橡胶生产的全部技术，到呼和浩特再建新厂去了。接着为了支援以发射第一颗人造卫星为首要任务的我国航天事业，惠安化工厂陆续向各相关单位送出多批技术人员。他们是惠安化工厂培养的优良"种子"，过去、现在、将来都在生根发芽、茁壮成长。

在国庆70周年大阅兵导弹火箭开进的隆隆巨响中，我们依然能够听到发自惠安化工厂铿锵有力的回声。

吹尽黄沙始到金
——记耀县水泥厂前副厂长赵瑞春

□ 沈 颖

狭窄阴暗的楼道，水泥台阶的边缘在岁月的磨砺中已经残缺不平，暴露了这座楼房的楼龄——还是20世纪80年代盖的，至今已然30多年。赵瑞春，曾经的厂级干部，现在还住在这里，显示了他的清廉和坚守。"是啊，其他的厂级干部都搬到西安了"，说起这个话题，赵瑞春的语调里透着几分苦涩、几分无奈。没有在这个话题过多的盘桓，他就切入了采访的正题。"我的老家是辽宁黑山县，小时候，因生活困难，全家从黑山搬到北镇县（今北镇市，全书同），那还是中华人民共和国成立前。"赵瑞春略带东北口音的普通话说得一板一眼，不紧不慢，正好是便于采访者记录的节奏。"我的父母并不保守，送我上私塾，我记得那时坐在大炕上念《三字经》《百家姓》。1949年中华人民共和国成立，继续上小学，毕业后到阜新县中学学习三年，考上了沈阳建筑材料工业学校。"

开明的父母使赵瑞春的命运因教育而得到了跃迁，从此他和建材工业结下了不解之缘。1956年毕业后，他分到了北京琉璃河水泥厂学校教书，一年后，被调到陕西省耀县（今耀州区，全书同）水泥厂筹建处，那时叫"西安水泥厂"。他的人生旅途开始了在黄土高原的跋涉并定格在这片皇天后土之上了。

"天地玄黄，宇宙洪荒"是《千字文》的第一句，他曾在私塾背诵过，但几岁的孩童当然对其懵懂不知。天是青黑色的，地是黄色的，宇宙形成于混沌蒙昧的状态中。大概就是这个意思吧？为什么说地是黄的，而不是黑的？他的出生地东北，就是黑土地。他找了些资料，对这片将和他相依为命的土地有了初步的了解。中国的传统文化，从某种意义上，也可以说是黄河流域的文化。黄河是母亲河，从昆仑山（约古宗列盆地）发源，汇集于星宿海，过矶石山，经九曲十八弯，从西北高原流淌下来，同时带下来黄土形成了冲击型平原。那水的颜色是黄的，土的颜色也是黄的，农作物黍、稷都是黄的，所以说"地黄"。耀县地处鄂尔多斯地台与渭河地台之间，具有高品位石灰石资源，更有取之不尽的黏土和丰富的煤炭资源。西铜铁路从境内穿过，可以直达陇海线。陕西又处于我国中心，辐射全国各地，具有巨大的依托作用。

"亚洲一号"的庞大计划正雄心勃勃地在黄土地上实施。待赵瑞春来到耀县，才知道筹建处确是名副其实，一切尚在筹划而没有落实，他们这第一批建设者们，连起码的居住条件也没有。他被临时安排在火车站的机车库里住，同行者有的住民房，有的住窑洞。筹建处分为人事、材料、设备供应三个处，赵瑞春分到了设备供应处。耀县厂三台 3.6/3.3/3.6×150 米的窑筒体，就放在用铁丝网围住的厂区内，有公安处的战士持枪守卫，这使得"亚洲一号"多了些神秘色彩。在国家制定的"一五"计划中，大同、昆明、江油、永登、耀县等几家水泥湿法生产线列在 156 个重点项目之中，采用的均为东德的设备。耀县厂三条生产线，设备规模、年生产能力（69 万吨水泥）均居首位，是不折不扣的"亚洲一号"，这些元素都是触发赵瑞春自豪感与兴奋点的引信，而生活上的诸多不便引发的负面情绪就在这样的感觉中消散了。人和设备正陆续到来，空旷的厂区一天比一天热闹。

1959 年，土建施工完成，家属宿舍也盖起来了。赵瑞春调入生产准备科。1961 年初，三号窑设备安装完毕，准备试生产。同时二号窑、一号窑也在建设中，这种边建设边生产的施工方式，可以节省时间，加快节奏，但也容易造成某些工程环节不到位的隐患。一切不和谐的因素都淹没、消弭于热气腾腾的社会主义建设的高潮中了。至 1962 年底，三台窑都开始了正式生产，经过一年的调试，1963 年全部达产达标，生产出来的 42.5 号水泥专供三线建设。在三条生产线的建设中，赵瑞春一直以技术员的身份历经磨炼与锤炼，有焦虑、劳累、痛苦和烦恼，更有收获、成果、思考和升华。社会的跌宕，厂区的变化，职位的升迁，学习的困惑，都尽在其中。他的"历史"在悄然改写并被再度辨识。厂领导对他的使用是"尽其道以求而试之，试之之道，在当其所能而已"。

随着工程进度的变化，赵瑞春的角色也不断在生产者和管理者之间切换。他由生产准备科调到了生产科，又从生产科调到了机动科，专司设备制造、供应、维修包括大、小修的施工管理工作。不知不觉中，他已经成为一名"全能型"干部，符合了一个合格的水泥生产者和管理者的特质与品性，他的思维也日渐广阔与深刻。

未出几年，赵瑞春由生产调度提升为车间副主任。原来的钳二班班长升为调度，二班班长空缺。二班何人可堪一用？赵瑞春看中了苏盛柱。老苏是复转军人，论人品、能力自然没得挑，但老苏顾虑二班十几个工种，技术要求太高，怕自己无法胜任。几番相劝不成，赵瑞春着急了说："那就投票选举吧！"选举的结果还是苏盛柱。苏盛柱没有辜负赵主任的期望，钳二班在他的带领下，生龙活虎，团结一致，月月超额完成任务。那个年代从未有过"民选干部"，赵瑞春可谓是"不拘一格降人才"，敢开风气之先。

耀县水泥厂从建设阶段平稳过渡到生产阶段，三座高耸入云的烟囱，三台缓慢旋转的回转窑，挺拔的圆筒仓，壮观的联合储库，还有隆隆作响的磨机，架空索道上穿梭往复的料斗，无一不在显示"亚洲一号"的雄姿与力量。即使在暴雨骤降之时，工厂也没有一刻的停歇。即便如此，厂门口每天那长龙般的待装水泥的车辆，还是最引人注目的一道标识。水泥是国民经济的先行官，无论干什么，缺了它都不行。

时间如白驹过隙，已经来到了20世纪70年代。对于那场轰轰烈烈的运动，赵瑞春作壁上观，从不参加什么派别。他恪守着做人的底线——好好干活就是拥护党。在那些混乱的日子里，最令他刻骨铭心、无法忘怀的是四号窑工程了。

1972年，为提高水泥年产量，经厂领导研究决定，一个大胆的设想横空出世——筹建四号窑。说其大胆，并非是因为全部采用国产设备的巨大风险，也并非是面临从资金到安装到施工到生产的无数困难，而是因为这个决定是在那个特殊时期做出的。由于众所周知的因素干扰，1967年全厂水泥产量从64.5万吨下跌至28.4万吨，1968年仅生产水泥17万吨。在如此动荡的时局之下，一顶"用生产压革命"的帽子，就足以让所有的努力付之东流。这个与国家五年计划有着思想上的传承、与当时的形势完全对立的决策，其中的逻辑关系怎样搭建，论证过程如何完成，由于当事人大多离世，似已无从知晓，赵瑞春只记得，没有人提出不同的意见。

然而，设备运来，却迟迟没有安装，原因是安装公司要价太高，是否还有其他原因，不得而知。反正一年多的时间里，窑筒体、托轮等部件横七竖八地躺在荒地草丛中，像乱葬岗子遗弃的骨骸，风吹日晒，霜降雨淋，蒙尘藏垢，锈迹斑斑。

四号窑何时才能安装？

在一次中层干部会上，时任党委书记兼厂长的杨治政提出，能不能自己安装四号窑？一句话，仿佛点燃了耀水人心中的火焰，机修车间工人杨恕海向厂党委写公开信，"把战斗任务交给我们吧"，从此，揭开了耀县厂自力更生安装四号窑的序幕。机修车间成立了四号窑安装指挥部，党有智任总指挥，赵瑞春任副总指挥，下设安装大队、工程安装组、宣传组、后勤保障组。扩建四号窑说起来是一句话，可干起来困难重重，要解决好一边生产一边安装的矛盾，拖运、吊装、焊接的困难，还有生产与扩建场地衔接的难题……

具体的筹建任务落在了赵瑞春的肩头。之所以敢接手这项工作，是因为他心里头有一本账。机修车间的工人大部分参加过建厂时的设备安装，宋兴虎的焊接技术还受到德国专家的称赞，磨机安装交给经验丰富的宋长有，还有，每年的设备大修都是机修车间承担，什么样的难活没干过？四号窑工程最关键的是窑体安装，安装上了窑体，任务就完成了一大半。建厂时的三座窑都是经他手安装的，所以，他有底气，有信心。这困难，那困难，最大的困难还是资金问题。如何解决这个难题？赵瑞春在思考中发现，人们都易在特定的现实中，遵循特定的思维范式，被特定的程序系统操控。即便不喜欢，大多数人也不会去诉求改变，从这个意义上说，正是前人在塑造着后人。现在需要的，是重新切回到自我的视角，找回符合现实的精神依托，催生个体的主动行为。

赵瑞春上学的时候，看到同学穿新衣服，有零花钱，从不开口找父母要。他知道，父母供他上学已经很不容易了，不能再给他们增加负担了。现在，在物是人非的恍惚中，同样的感觉又回来了，国家，就是母亲的同义词啊！国家贫穷落后的面貌尚没有改观，依然处在一穷二白的阶段，一切都要因陋就简，土法上马，决不能和厂里讲任何条件。只要完成任务，就没有掉链子，就没有辜负领导的信任，就称得上"水泥工作者"的称号。他找到了久违的真诚与真实，怀着同样的"不给母亲添麻烦"的心情担当起四号窑工程的领导职责。

为贯彻少花钱、多办事的原则，他决定除大部件外，能自己制造的，尽量自己解决。有道是兵马未动，粮草先行，四号窑的粮草库是机修车间。扩大了车间面积，原有的3吨吊车更新为5至7吨的吊车，有了大厂房大吊车，赵瑞春松了一口气，75%的窑配件都可以加工制造了。此时的赵瑞春，是一身兼二任，边负责四号窑的建设，边负责机修车间的扩建。

为了加工托轮，定制了2.5米立车，后又增加了5米的立车，并自制了镗床、刨床、滚齿床和2.0和3.0车床等，中小型配件的毛坯、成品均可以加工制作，大的配件如大牙轮，小的配件如窑用铆钉，都不在话下。这里又是一句古语："工欲善其事，必先利其器。"

当然，指望一蹴而就解决全部问题也是不切实际的一厢情愿。由于经验不足，他们也遇到过困难、挫折。譬如，窑大牙轮的毛坯没有回火就加工为成品，导致变形。通过这个事故，他才对热处理的四种工艺（退火、正火、回火、淬火）有了深刻的领悟。淬火后的钢件一般不能直接使用，因为淬火钢的硬度高、脆性大，直接使用常发生脆断。通过回火可以消除或减少内应力，降低脆性，提高韧性，使工件在使用中不发生组织改变，保证工件的形状、尺寸不变。接受了这个教训，以后所有的钢配件加工前回火成为必需的一道工序。

大牙轮的整形，他也是边干边摸索，一点点地找出规律，找到方法。先是根据系数，算出胀缩数据，通过几次加热，达到合适尺寸，再行冷却，经三次测定变形量，均小于一个毫米，才算成功。整形需要一周的时间。

四号窑的安装更成为当时语境下的一个奇观。四号窑工地在三号窑旁边，每天，一边是喷吐着烟尘的回转窑，轰鸣的磨机；一边是上百人嗨哟、嗨哟的劳动号子，此起彼落的指挥吊车的哨子声。夜晚，生产线与工地的灯光交相辉映，上下呼应，一边是繁星点点，一边是溢彩流光。生产与扩建，诸工种交叉作业，给施工调度带来意想不到的难度。在四号窑安装现场，看不到结构庞大、机构复杂且充满现代化魅力的门座起重机或桥式起重机，甚至连一台电控机构的升降机也没有，看到的仅是"蚂蚁搬家"的场景。窑体运输采用卷扬机牵引拖排滑移递送的方法，这种方法需要设计一只钢拖排，放置在多根Φ200厘米的钢管上，前面用一台牵引卷扬机拉动拖排，每前进一步，最后的那根钢管就脱离了拖排，几个工人赶紧将沉重的钢管抬到拖排前，如此周而复始，将筒体一点点、一寸寸地运到目的地。每件筒体几十吨重，从火车站台运到安装现场，有一公里路远，途中还要经过原料车间和化验室两个90°大弯。拐弯不同于直走，需多个卷扬机从不同方向拖动，甚至用人绞的绞磨生拉硬拖，拖排下的钢管要铺成扇形，才能转过。

窑体吊装是四号窑扩建工程的关键，此关过不去，后面的活就无法接续。厂里借来大同水泥厂自制的龙门吊，粗重的4根立柱和横梁，都是工人用绞磨和拔杆，将大型龙门吊安装起来。吊车的安装位置至关重要，这是技术活，又是力气活。指挥窑体吊装，更来不得丝毫马虎大意，否则，就会酿成大祸，需详细观察现场，考虑筒体的支撑点放在何处，切口在什么位置，都要一一确定好。为保证新筒体一次吊装到位，预留的尺寸必须准确，既不能太大，太大焊缝太宽，不仅延长焊接时间，更保证不了焊缝质量；也不能太小，太小筒体不容易吊上去，有可能卡在两节筒体中间。起重班班长吕永福负责窑主体安装，老起重工宋纪元师傅负责辅机安装，他们站在高台上，嘴上噙着铜哨，一手持红旗，一手持绿旗，巨大的窑体随着哨声前后左右地移动……

窑体的安装，现在广泛采用激光经纬仪找正筒体，气体保护药芯焊丝自动焊接，而在当时，却是个非常棘手的"大活儿"，既需要扎实的理论知识，又需要丰富的实践经验。建厂之初，赵瑞春曾经历过三台窑的安装，他心里有数，手下有活，既是指挥者，也是施工者。筒体焊接找正，145米的窑长误差仅几个毫米，否则就得返工。找正的测量工具都是赵瑞春根据经验琢磨出来的，现画图现制作。铆、钳、电、焊四大工种是主力军，干完一天的工作量才能回家，很多工人干完已是午夜十一二点，累得饭不吃、澡不洗，回家倒头便睡。赵瑞春看着实在心疼，以后工地上安排了一顿饭，那就是工人的加班补助。

焊接工作是三班倒，连续焊，焊接时要加热保温，焊接后还需用碳棒再保温；对焊接精度的要求一点也不能马虎，技术人员拿着放大镜检查焊点。他们同样是白天黑夜地跟在工人的后面连轴转。

世界上真的有纯粹的人么？无论如何，起码在四号窑的工地上，赵瑞春是纯粹的，工友们是纯粹的。他们如同战场上的董存瑞、黄继光，早已置生死于不顾，只一门心思完成任务。

什么是纯粹？一言以蔽之，就是拥有一颗干净的心，世俗不是羁绊，名利不是约束，明白自己内心最需要追求的是什么。一群辛勤忙碌、吃苦耐劳的"工蚁"，围绕着体积巨大的待运设备，采用简易、简单、简陋的方法，凭着实干、苦干、巧干的劲头，把自己的聪明才智发挥到了极致，把吃苦耐劳的精神发挥到了极致，把对国对厂的耿耿忠心发挥到了极致。使人想起了小米步枪与飞机大炮的比喻，金戈铁马的战争岁月已过去十多年，我们依旧需要战场上的精神去支撑、承担、应对一个个战役的严峻考验，这种精神叫作：一不怕苦，二不怕死。

四号窑建设从1972年筹建，1974年正式安装，1976年9月点火试产，达标达产后年产量22万吨。全厂水泥年产量达到了90万吨。4年时间，近1 500个日日夜夜，赵瑞春无时无刻泡在工地，一个月一个月地不回家。家就在厂区对面的工人村，相距不过六七百米，骑自行车回趟家不过5分钟，大禹治水三过家门而不入，他是守在家门也不入。筒体吊装、焊接、找正，现场只有他一个技术员，也只有他负责。施工管理两肩挑，生产设备一肩扛。白天施工在现场，晚上绘图在车间。还有那台国产篦冷机，也让他耗尽了心血。

昔日一切渐渐消逝，但关于四号窑的故事始终处于现在与过去的双重时态的转换之中，由一个个相互交错的情节层垒堆积而成。逐渐展开难以忘怀的历史场景，你会发现，"文革"中的四号窑工程之所以能够知难而进，砥砺前行，厂领导的决心、工友们的干劲、赵瑞春的坚持起了关键性作用。如果让故事的时间退回40年前，重现当年场景，可以看到一条"文革"后期关于工业路线的独特光谱，与当时报纸、电台时兴的宣传口号恰成鲜明对比。赵瑞春自然没有想这么多，更无任何堪称远大或形而上的追求，他所能做的就是克勤克俭，行胜于言，事无巨细都要预料到、操心到。他只知道，完成四号窑工程是国家的需要，也是正在失血的母亲的需要。所有后来的褒奖都是迟到的馈赠，仅是在提醒人们，在当时的处境下，做这样的事是有意义的。在这个意义上，四号窑工程是对有名无实的"抓革命，促生产"口号的一个逆袭，既寄托了他们的个人情怀，也日渐成为耀水人的集体记忆。

四号窑工程也是一个现代化的隐喻。它所折射的，是现代的工业文明对传统的农耕文明的切割与重组，从而昭示，倒退是没有出路的。

四号窑工程还是个载体，让耀水人压抑几年的对于劳动的激情，对于工厂的热爱，对于共和国苦难的思考，得到了一次彻底宣泄的机会。赵瑞春从中也得到启迪，或说是一种精神上的洗礼、升华。他有理由感到自豪，在那样简陋的条件下，他完成了任务，他和其他工友们的汗水连同心血，浇灌在四号窑上，浇灌在从熊熊窑口流淌出来的青灰色的料子中。

无论如何，四号窑的建设在耀县水泥厂厂史上都是值得大书特书、永垂史册的一件大事。它的意义在于：是在"文革"这个特殊时期决策的；基本上是利用本厂资金和技术力量，在本厂人员的统筹管理之下兴建的；有力支援了当时西北地区的建设，并重新夺回当时全国水泥年产量第一的桂冠。

采访中初次见面的礼仪性渐渐消散，漫谈式的交流主导了谈话氛围，这更有利于获取被访者的一些细节。是的，有个细节笔者刚刚得知，指挥四号窑安装的赵瑞春，只有一个肾。

一个肾？赵瑞春有些不太情愿地谈起了事情的缘起。

话要从那个饥荒时期说起。1960年为解决职工的吃饭问题，厂里在照金办了个农场。赵瑞春正值年富力强之时，被派去"劳动锻炼"。一年后回厂，突发疟疾，冷，盖几床被子也不行，后吃了几片消炎片才算消停。但从此种下病根，成了感冒的伴侣，只要感冒便发作，但他也没太放在心上。把全部身心都用在事业上的人，一般都有这个共性，从不注意自己的存在状态，小至吃穿用行，仪表外貌；大至家庭、身体，以致小恙拖成大病。一次出差，他在火车上发现小便带血，这才到西安中心医院检查，化验结果是泌尿系统有问题，住院再查，是肾结核，需做手术摘除。赵瑞春万没有料到自己会得这么一个大病，他年轻时也算是个运动员，好打篮球，开运动会拿手的项目是五千米长跑。

这肾病从何而来？大夫仔细研究了他的病情病源，得出结论：在农场劳动时常喝地坑里的脏水，感染了肺结核菌，结核菌落在肾上，导致了肾结核。分析的结果，还是工伤。但他没有将病作为和厂里讨价还价的理由，肾少了一个，活却不少干。虽然说肾本身具有代偿功能，但笔者宁愿相信，做人的标准，内心的信念，才是代偿功能的来源所在。

1984年赵瑞春当上了主管设备的副厂长，他提出了"设备是基础"的理念，并持之以恒地贯彻在日常工作中。他经常说水泥厂的生产线就是由设备组合的，从石灰石开采到水泥出厂，都是设备转出来的，如果设备三天两头出事故，水泥厂谈何正常生产？谈何经营？谈何效益？所以，他上任后的第一件事就是完善设备巡检责任制度，并制定了设备大、中修责任书和设备检修、试车档案等规章制度。每次检修，他都要深入现场，不忽视任何一个环节。在试车过程中，他严格按照方案，指挥有序，精心安排，直至达到检修标准，才交给车间，而且随叫随到，"半夜出诊"是常有的事。他主管设备期间，1986年二号窑安全运转454天，创全国同类窑型最高水平，不但增产1.57万吨，还节约检修费用10万元。不能不说，这是他"设备是基础"理念的结晶。

赵瑞春并不愿意过多地谈自己，清癯的面容有些严肃，也带着几分困惑、几分苦闷。也许，事物的发展变化是不以人的意愿为转移的。以下的记录，是笔者通过采访他人，或从有关资料中撷取而得。在厂里，赵瑞春的"倔"是出了名的。所谓的倔，就是严于律己到了不讲情面的地步。他任副厂长期间，分管设备、生产、劳动人事、基建、武装保卫等工作。当时，妻子三班倒，二女儿在服务公司三产上班，他只需稍许动用点权力，让她俩调换工作岗位乃轻而易举之事，但他对"制度"的遵守到了执着、执拗的地步，尽管这些"制度"在某些官员的心目里不过是标签化形式化的阐释。老伴临到退休还是三班倒，女儿还是在服务公司退的休。如此行事，难免要受家里人埋怨，他却坦然：宁让家人埋怨，也不能让员工埋怨。

熟悉他的人都知道，他给自己定了条规矩：洽谈工作请到办公室，家中概不接待。他嘱咐家人：吃人嘴软，拿人手短，任何时候都不能收礼。他要求下属：文明做人，磊落做事，不吃请，不收礼，回扣要交公。在当今社会，他是个有底线的人，更是个心中有数的明白人、干净人。

当干部 30 年，不知经过了多少次调动、分房、调资，但利用权力"打招呼"，是他最不屑于、不齿于干的事；厂领导上下班，按照规定是可以坐专车的，他从来不坐，无论严冬酷暑、刮风下雨，总是骑着一辆破旧的自行车，穿梭在人流中。每年的设备大检修，是他最忙碌、最辛苦的时候，个把月见不着面，家里人早已司空见惯。而检修后的奖金，他这位总指挥却分文不取，全都发给了一线检修人员。一身正气，两袖清风，物欲横流之世，尚余几人许？

1996 年，赵瑞春到了退休年龄，按照有关政策，他可以再干几年，但他说还是给别人腾位子吧！老马不恋栈，准点退休了。一个漂亮的转身，一个完美的句号。

一件件看似普通、平淡的事情，归拢到一起，却都像血液般地流淌在他 82 岁的生命里。赵瑞春的正派、正气、正直，耀水厂的员工有目共睹，首肯心折。他获得了多个荣誉称号：厂级先进、优秀党员、全国建材行业先进管理者、全国五一劳动奖章，国务院第一批政府特殊津贴获得者。

赵瑞春是幸运的，他得到了一个可以施展才能的舞台；但他的生命也有缺憾，如果单纯以价值评判，他的付出似没有得到相对应的回报。这是一种具有人类学意义的家国命运的个人承担状态，宿命论的诠释亦失之穿凿，我们只能寄希望于时代更加文明、开放。在与赵瑞春握手话别之时，笔者感到，他在岁月中积淀的睿智，在内心中永驻的善良，已经呈现、转化为一种波澜不惊的淡定，一种历经沧桑的释然。

我国航空工业有突出贡献专家陆颂善

□ 周 莉

陆颂善，飞机制造技术专家。从事飞机制造技术管理工作近40年，先后参加组织和主持歼-5、歼教-1、轰-6、运-7、运-8、"70工程"等多种飞机的试制生产技术工作。主持轰-6、运-7飞机的改进改型，组织攻关解决了技术关键，发挥了技术决策作用。20世纪60年代初，从英国引进用明胶板绘制模线及用光学望远镜安装型架技术，用于轰-6机试制取得成功，很快在全行业推广。坚持"航空为本，飞机为主"，积极开拓国外民用飞机零部件转包生产，对推动企业技术改造、质量管理、技术进步，起到积极作用，取得显著技术经济效益，为航空工业的发展作出了重要贡献。

陆颂善原籍浙江吴兴，1919年9月28日出生于上海市。他自幼勤奋好学，1936年毕业于上海大同大学附中，1940年毕业于上海交通大学机械系，获工学士学位。1940—1945年，陆颂善先后在上海中央机器厂、重庆民生机器厂等几家私营工厂供职。目睹日本帝国主义对中国人民的欺凌和重庆国民政府的腐败，他积极探索人生之路。1945年，他通过了教育部的出国考试。1945年11月至1949年9月，陆颂善由教育部和英国工厂联合会资助，先后在英国柴油机厂、水泵厂和卡车厂等厂实习，并在曼彻斯特大学学习。1949年10月，中华人民共和国成立，陆颂善怀着报效祖国的赤子之心，回到了祖国，这是他人生道路上的一个重要转折点。1949年11月，他经归国留学生接待处介绍，分配到国家重工业部计划司任工程师。1950年，美帝国主义发动了侵朝战争，全国掀起了轰轰烈烈的抗美援朝运动。陆颂善怀着满腔热血，报名参加了中国人民志愿军。1950年11月，陆颂善被分配在沈阳空军工程部修理处订货科工作，负责前线作战飞机所需备件和材料的供应。1952年，陆颂善从沈阳空军工程部转业到第二机械工业部四局，先后任计划处、供应处代科长。1954年，陆颂善调任沈阳112厂副总工艺师，先后参加组织歼-5、歼教-1的试制，主管机加钳焊工艺技术工作。1957年12月，陆颂善光荣加入了中国共产党，实现了多年的夙愿。"二五"期间，国家决定在西安建设轰炸机制造厂，代号为172厂（现中航西安飞机工业集团股份有限公司），由沈阳112厂抽调人员对口支援。1958年10月，陆颂善作为首批技术领导干部之一，由112厂调到172厂。1958年12月，国家派代表团赴苏联谈判图-16轰炸机生产技术转让问题，陆颂善随行，并考察了苏联喀山飞机厂的生产情况。1959年2月，陆颂善被任命为西飞总工艺师，全面主管轰-6试制工艺工作。1961年6月，陆颂善被任命为西飞副总工程师兼总工艺师。1962年9月至1963年7月，陆颂善作为中国民航总局组织的子爵号飞机验收小组的成员赴英国考察。他考察了英国维克斯飞机公司赫恩分厂的生产组织情况，写出了《子爵号飞机制造工厂生产组织情况》《对英国航空工业的分析》等约15万字的考察报告寄回国内，详细介绍了英国用明胶板绘制模线、用接触照相法复制模线、用光学望远镜及长杆千分尺安装型架等新工艺技术。10个月的技术考察，陆颂善获益匪浅。1963年9月，陆颂善在总结经验教训基础上，集思广益，起草了《201号机试制总方案》（当时试制的轰-6飞机代号为201号机）。该方案从试制总进度、试制技术原则、主要生产条件的安排、试制管理工作等方面做了详尽的筹划，切实可行，表明这时的陆颂善已能对一个大型飞机制造厂的生产技术管理进行通盘考虑。西飞公司后来编制后续机种试制总方案时，也都以该方案为基本模式。1964年2月，陆颂善当选为中国航空学会理事，任理事直至第四届，第五届任名誉理事。1965年，陆颂善组织编制了苏联未提供的轰-6机全套静力试验、强度计算、气动计算等专用资料。"文化大革命"中，陆颂善受冲击，有几年实际上处于无职无权的地位。1971年3月，工厂购进一台国产DJS-21电子计算机，并组织开办了业务人员学习班。陆颂善预见这种新技术将极大提高工厂管理水平，遂决定抽调专人组建计算机辅助管理室，以后陆续补充新型计算机设备，进而扩建为计算站，为以后工厂广泛应用计算机奠定了基础。1975年1月，陆颂善当选为第四届全国人民代表大会代表。1976年，粉碎"四人帮"之后，陆颂善全身心投入到工厂的技术管理工作，工厂的新工艺、新技术、科技成果层出不穷。1978年3月，陆颂善出席了全国科学大会。工厂的轰-6甲型机、空中试车台、喷丸技术应用、干涉配合自封铆接整体油箱、飞机外形数字模型及其应用、数控机床自动编程技术、钛合金成形设备及工艺、胶接点焊工艺等16项科技成果受大会表彰，陆颂善本人同时获科学大会奖。1978年11月，陆颂善任西飞副厂长兼总工程师，全面主持工厂的生产技术管理工作，先后主持了多种飞机的研制生产。1979年6月，陆颂善受聘为第三机械工业部科学技术委员会委员、飞机专业组组长、特邀委员。1979年7月，陆颂善赴联邦德国MBB公司考察"狂风飞机"，并探讨双方合作研制新型飞机可行性。1980年11月，陆颂善随中国航空技术进出口公司代表团赴美国波音公司考察，与波音公司签订了总值约125万美元的机加零件来图来料加工合同。1981年7月，陆颂善套改为高级工程师。1982年6月，陆颂善任西飞厂代理厂长。10月，国防科学技术工业委员会在西飞厂召开有国防工业各部的领导和有关省市经委负责人等共78人参加的现场会议，陆颂善代表工厂向与会代表介绍了西飞厂通过来料加工进行技术改造和管理改革方面的经验。从此，西飞公司国外民用飞机零部件转包生产的规模不断扩大，有力地推动了企业的技术进步。1983年6月，陆颂善任航空工业部"70工程"现场指挥部总指挥。陆颂善1988年荣立部一等功，1989年晋升为教授级高级工程师，1993年2月光荣退休。陆颂善对他所献身的航空事业怀有深厚感情，退休后坚持天天到办公室走一走，与他过去的同事或下级接触交谈，时时刻刻关心着西飞公司的发展。为了表彰陆颂善对中国航空工业作出的杰出贡献，党和国家给予他极高的荣誉。1991年，陆颂善获航空工业最高奖"航空金奖"和"为航空工业作出杰出贡献者"称号。1992年，还先后获"航空航天部有突出贡献专家"称号和"陕西科技精英"称号。

在几十年的工作中，陆颂善参加组织和主持了多种飞机的试制生产技术工作。20世纪50年代在112厂期间，陆颂善即参加了歼-5和歼教-1的试制，作为副总工艺师负责组织工艺方案的论证、制定，对图纸资料进行工艺性审查，独当一面地主管机加钳焊工艺工作。歼5是一种高亚音速歼击机，是当时世界上比较先进的喷气式歼击机之一。该机于1956年9月试制成功，从而使中国跨入喷气时代，跻身于世界少数能制造喷气式飞机国家的行列。喷气式歼击教练机歼教-1，是我国第一架自行设计、自行制造的飞机，于1958年7月首飞。

调西安西飞厂后，陆颂善先后组织和主持了轰-6、运-7、运-8、"70工程"等多种飞机的试制生产技术工作，还主持了轰-6机的改进改型。轰-6是一种高亚音速中型轰炸机，是我国仿制的苏制图-16飞机，是当时中国试制的吨位最大的飞机，全机零件多，结构复杂，技术难度及工作量大。在试制过程中，陆颂善组织技术力量，补齐了苏联未提供的强度计算等资料，编制了新工艺和关键技术资料，攻克了多项技术关键，应用了多项新技术。该机于1968年试制成功，结束了中国不能制造中型轰炸机的历史，填补了航空工业的空白。轰-6原型机转入批生产后，为了进一步提高飞机的战术技术性能和飞机的生存力，根据部队使用要求，陆颂善参加组织了对轰-6机的改进改型。

早在1963年，为配合原子弹的研制和试验，上级要求西飞厂将一架轰-6飞机改装成核武器运载机，总体方案要求改装和增装投放挂弹系统、加温保温系统、防辐射系统和临时性试验设备。1964年完成改装。1965年5月14日，经改装的轰-6飞机携带原子弹在我国西部上空成功地进行了第一次空中核试验，为我国国防科学试验写下了光辉的一页。1969年，把一架图-16飞机改装成供试验发动机用的空中试车台。1970年，把一架轰-6飞机改装为靶6母机，即可携带高空高速无人驾驶靶机的运载母机。为了提高轰-6飞机的领航精度，减轻领航员的负担，从而提高作战能力，1981年在轰-6机上加装第二代自动领航轰炸系统，深受部队欢迎。为了提高轰-6机的自卫生存能力，1980年完成了轰-6机加装自卫干扰设备的改装。轰-6丁型机在左右机翼下各挂一枚空舰导弹，用于攻击敌人的舰艇，为此该机增加了导弹瞄准火力控制系统、自动领航轰炸系统、导弹加温系统和新式雷达等，并对一些结构作了加强。该机于1981年改装完毕。在遥测实弹打靶中取得四发四中的可喜成绩，飞行性能良好。1987年获国家科技进步奖二等奖。通过以上改装，大大拓宽了轰-6机用途，使轰-6产品不断更新，逐步发展为一机多用、一机多型的系列飞机。

陆颂善在组织军机生产的同时，还积极组织了民用飞机的研制生产。运-7是一种中短程旅客机，该机于1970年12月首次试飞，1982年完成设计定型，投入批生产。1985年获国家科技进步奖二等奖。1986年运-7正式投入航线载客运营，填补了国产支线客机的空白，结束了中国主要支线上全部使用外国飞机的局面。运8飞机是一种军民两用中型运输机，该机于1974年12月首飞成功，1975年转汉中陕飞生产。1980年设计定型投入批生产，1985年获国家科技进步一等奖。

"70工程"是我国自行设计研制的一种新型飞机。作为"70工程"现场总指挥，陆颂善负责研制的主辅机厂、所之间的协调，以花甲之年经常奔波于航空部和有关厂、所之间，上情下达，下情上达，落实试制计划，保证了试制进度。

生产制造飞机，是一种极复杂的技术工作，需要大量的人力、物力、财力，涉及设计、工艺、冶金、工装制造、冷热加工、特设等多方面技术。在以上各种型号飞机的试制及生产中，无论是试制方案的论证、制定，还是对重大技术问题的协调处理，陆颂善长期作为西飞主要技术负责人,发挥了重要的组织领导作用和技术决策作用。从1969年交付第一架飞机开始,至1994年,西安飞机公司共生产交付各型号飞机数百架。由于坚持军工产品质量第一,严格质量管理,保证优质交付,加强售后服务,西飞公司批生产的各种飞机没有因为制造质量问题发生过等级飞行事故。这些成绩的取得,固然是西安飞机公司全体干部职工共同劳动的成果,但也是与陆颂善的出色贡献分不开的。

在轰-6、运-7等飞机的试制生产中,应用了多种新工艺、新技术、新材料,突破了多项技术关键。轰-6垂直尾翼的翼尖,原为木质结构,对材质要求苛刻,结构复杂,成形困难,工艺方法落后,生产效率低。在试制第一架时,从大量的木材中才勉强选取了一架份材料,取材率很低。我国木材资源并不丰富,将来批生产,材料供应将成为关键问题,必须另找出路,决定用玻璃钢代替木材。经一年多时间,设计制出了玻璃钢翼尖,强度、电性能均满足设计要求,证明结构改进设计是成功的。又如轰-6天窗骨架零件,由GC-4高强度钢制成,是一项结构复杂、协调关系多、成形难度大的关键零件,后采用热成形工艺方法解决了该项技术关键。运-7驾驶舱用的定向有机玻璃,尺寸精度要求高,成形难度大,必须在一定拉伸应力状态下加热成形。运-7整体油箱的制造,关键是解决密封工艺问题,同时要有适合的密封材料,在制造中采用了干涉配合自封铆接技术。此外,还有整体壁板的化学铣切加工及喷丸成形、钛合金板件热蠕变成形、数控加工和计算机辅助制造等技术。在对这些新技术的应用及组织攻克技术关键方面,陆颂善都亲自过问,直接参与和组织,以其广博的知识和丰富的经验,发挥了重要的技术指导作用。

制造大型飞机,采用模线样板与型架装配机相配合的工作方法来安装型架。当时只能借助拉线吊线的方法来建立空间坐标系。这种方法不仅效率低,而且安装精度很差。在试制初期,保证型架安装精度成为一个重大的技术难题。1963年,陆颂善在英国考察期间,注意到英国飞机设计人员用明胶板绘制模线,用接触照相法复制模线。绘好的明胶板,可以复制出一张又一张模线图。不仅劳动强度小、效率高,而且精度高,易于保存,可重复晒用。用光学望远镜和长杆千分尺安装型架,安装得又快又好。他知道这是当时国际上应用不久的新技术,就给国内写回24份、长达344页、约15万字的考察报告。在报告中,他详细介绍了英国用明胶板绘制模线、用光学望远镜和长杆千分尺安装型架的使用情况,还了解了明胶板和光学望远镜的规格、生产厂家及价格。回国后未及返厂,在北京直接向部局领导汇报,并建议引进明胶板和光学望远镜,很快得到批准,将订货单寄往英国。引进的这两项新技术,首先在轰-6水平尾翼和机身三段上应用。陆颂善亲自给飞机设计员、模线设计员、型架设计员、工艺员讲课,讲解明胶板和光学望远镜的使用方法、要点及注意事项,组织工人开展技术练兵,对产品图纸做必要的更改,按新结构设计制造安装型架。经过试用,取得良好效果,提高了效率,提高了精度,缩短了技术准备周期,为我国大型飞机型架设计制造走出了一条新路子。

1965年和1973年,第三机械工业部先后两次在西飞公司召开用光学望远镜、长杆千分尺安装型架经验交流会。经专家鉴定认为:"用明胶板绘制模线,不仅使图形复制方便,简化了工艺过程,而且大大减轻了设计人员的劳动强度,提高了工作效率;用光学望远镜安装型架,与传统工艺相比,节约钢材30%,减少型架占地面积20%以上,还节约了大量的设计、安装、检修工时,技术经济效益明显。"会议决定在全国各飞机工厂推广应用这两项新技术,引起了型架安装技术的重大变革,大大缩短了我国型架安装技术与国际先进水平的差距。当年,陆颂善一人从英国引进多项新技术,并在飞机生产上广泛应用,表现出他对发展新技术的远见卓识。

进入20世纪80年代,党和国家的工作重点转向以经济建设为中心,军工企业普遍感到军品任务不足,面临着"军转民",到处找米下锅、饥不择食的严峻局面。

西飞公司这样的大型航空工厂,到底应该干什么样的民品,以什么为主?陆颂善与工厂的几位主要领导从实际出发,经过分析认为西飞公司干民品的优势在于它的航空技术。西飞公司是国家投资建设的大中型飞机研制生产基地,厂房是按制造飞机建造的,设备是按制造飞机配备的,人员是按制造飞机培训的,这是西飞的三大优势,是西飞赖以生存和发展的物质技术基础。如果舍弃自己的优势,去另搞与飞机制造技术相去甚远的产品,与民争利,在技术投入与资金投入上都是难以承受的,甚至可能对本行业的技术基础工作造成不良后果。因此,他们坚持"航空为本,飞机为主",明确"西飞公司最大的民品是民用飞机"。工厂一方面组织完成运-7飞机的设计定型和批生产,另一方面把发展技术的战略眼光转向国外。他们认为,搞国外民用飞机零部件转包生产(20世纪80年代初也叫"三来"加工),是少花钱、不花钱地引进技术,是一条高起点发展航空技术的捷径。因为外国人要我们干产品,装在他们的飞机上,他们就一定要使我们加工的产品符合他们的标准,就要向我们提供成套软技术(资料)。这样就可以促进我们提高技术和管理水平,缩短我们在飞机制造技术上与世界先进水平的差距。因此,他力主干国外民用飞机零部件转包生产。1980年12月,他应邀赴美国波音公司考察并进行商务洽谈,与波音公司签订了波音-737、波音-747飞机零件106项,总金额约125万美元的加工合同，打开了西飞通往波音的窗口。

1982年2月，当时的国务院副总理张爱萍对西飞与国外协作给予了高度评价，誉为提供了"一个实际效法的典型模式"。同年10月，国防科工委在西飞召开现场会，推广西飞的做法与经验。从此，西飞公司的转包生产不断扩大，由来图来料加工发展到来图购料加工，产品由零组件发展到大部件，有力地推动了企业的技术进步和管理水平的提高，取得显著的技术经济效益。十几年来，西飞公司航空产品的产值始终保持在总产值的70%以上。这在很大程度上得益于陆颂善当年高瞻远瞩的正确抉择。

在长期的工作中，陆颂善养成了一套良好的工作作风和道德风范。他热爱党，热爱社会主义祖国，一贯努力学习马列主义、毛泽东思想，学习邓小平关于建设中国特色社会主义的基本理论，坚持用马列主义毛泽东思想指导工作。他对党一往情深，关心党的建设，支持党的事业，从1957年入党起到"文化大革命"期间停止党的生活，他几乎每月都缴纳党费20元，1984年以来，他用所发奖金和所享受的每月100元的政府特殊津贴主动多缴纳党费，积极为灾区和残疾事业捐款，共计3 000多元。他对工作严肃认真，一丝不苟，经常深入车间基层，掌握第一手资料，作为决策和处理问题的依据。他作风扎实，平易近人，经常与技术人员、工人一起研究解决技术问题。他安排工作，有计划、有布置、有检查，谁有困难，讲在当面，一旦决定，必须按期完成。他审批文件，从不一签字了事，都是逐字逐句认真批阅，从不积压文件。他时间观念强，听取下级汇报工作，根据内容，严格限制时间，要求简短干脆，工作效率极高。他大公无私，作风正派，清正廉洁，虽长期担任领导职务，但从不搞特殊化，从不利用手中权力谋取私利。他生活朴素，以俭为荣，自觉抵制"吃喝风"。他因公出差从不坐出租汽车。他说："没那个必要。我们的经济不发达，还比较穷，工作、生活节奏不像发达国家那么快……只要时间允许，就坐公共汽车。"他曾出访不少国家，在国外过紧日子，为国家节约外汇。每次出国的置装费都有节约。他严以律己，宽以待人。平时，工作中有差错，他总是首先作自我批评，从不文过饰非，把责任推给下级或别人，即使下级有差错，在指出错误的同时，也讲清道理，使下级心服口服。

陆颂善兢兢业业，任劳任怨，数十年如一日，把自己的聪明才智和宝贵年华无私地奉献给了祖国的航空事业，以自己的杰出业绩为我国航空科技发展史写下了光辉的一页。

一位航天老专家的兵工情怀

□ 张爱娟

这位 82 岁的老人风趣儒雅，眉宇间闪烁着智慧的灵光，用他超强的记忆力向我们讲述着他与惠安的种种过往。这位老人就是航天四院原副院长阮崇智。

时隔 50 多年，提起当年在惠安的工作经历，阮老如数家珍，往事一幕幕呈现，很多人的名字以及过去发生的事情，老人至今都记得清清楚楚。说到动情处，他会热泪盈眶；提起一些有趣的事情，老人也会像个孩童似的，开心地笑起来。

这位为我国航天事业奋斗了一生的老专家出生于革命家庭，父母和兄妹七人都是早期的共产党员，大多经受了抗日战争和解放战争战火的洗礼，中华人民共和国成立后又在重要的岗位上作出了卓越的贡献。

1954 年 9 月，阮崇智留学苏联莫斯科门德列也夫化工学院化学工程系，专业是火药工艺学。1959 年 10 月，学成归来的阮崇智被分配到国防部第五研究院，开始了他的航天生涯。

说起中国的固体推进剂事业，阮老说，这得从钱学森说起。1955 年 10 月，钱学森几经辗转终于回到了他心系的祖国。1956 年 2 月 1 日，毛主席设宴招待全国政协委员，特地邀请钱学森和他坐在一起。毛主席表达了中国要搞"两弹一星"的决心。1956 年 10 月 8 日，钱学森被任命为国防部第五研究院首任院长。

1958 年的终南山脚下，惠安化工厂的几位领导人也在琢磨着一件大事情。副厂长朱瑛、技术科科长刘茂功通过各种渠道了解到国家要搞"两弹一星"的计划，于是他们就想在工厂成立复合固体推进剂研究所，利用工厂现有的技术、人员、设备条件进行复合固体推进剂的研究。为了解决人员短缺的问题，工厂从北京工业学院（北京理工大学的前身）端来一个班20个学生。这些学生加上1957年毕业来的几名大学生和理化分析人员，以及几名管理人员一共40余人，组建了科研一所。

1962年5月，25岁的阮崇智以及所在的750部队开赴惠安化工厂，开启了一项伟大的事业。那时候的阮崇智年轻帅气，一米八几的身高，在众人中显得格外的耀眼。大家都亲切地叫他"大阮"。

说起来惠安化工厂的原因，阮崇智回忆说："国防部第五研究院成立以后，我们要搞火箭发动机装药，必须要尽快找到基地。在西安三所（204所前身）所长肖淦、副所长李志刚的引荐下，我们来到了终南山下的惠安化工厂。在这里有充足的水源，厂区面积大，闲置厂房很多，是个好地方。工厂还有自己的发电厂和铁路专用线，更重要的是工厂前期已经进行了复合固体推进剂基础配方的研究。"

回忆起在惠安化工厂协作的3年时间里，阮崇智似乎又回到了终南山下的这片土地，他饱含深情地回忆道，在那个激情燃烧的岁月里，那里留下了他们奋斗的足迹，有着难忘的回忆。老人拿出一张旧照片给我们看，那是1962年他们进山做试验，十几个人抬着发动机过河的场景。阮崇智向我们介绍了这张照片的拍摄背景。他说："300毫米发动机制成之后，工厂厂长董文立不同意在厂内试车台试验。科研所的领导决定沿厂外一条小溪往将军山里去，在距厂区8公里的河湾处找到一块岩石，略加处理后成为一座试车台，不远处一座土地庙正好作测试间。设计一组负责拉架子车，到河边后，十多个人抬着几百公斤重的发动机过河。当时，有一位三所姓班的摄影师记录下这个场景。"这张珍贵的照片成为我们当时人拉肩扛、艰苦奋斗的写照。事隔多年以后，阮老在《当代中国》一书上，发现了这张照片，激动之余赋诗一首：事业初创百事艰，火箭原需抬上肩；为有牺牲多壮志，敢教日月换新天。

在惠安化工厂协作期间，阮崇智遇到了自己心仪的姑娘孙诚敏。孙诚敏是后来补充到队伍中的年轻大学生。两位年轻人在共同的事业追求中，相互理解，相互鼓励，擦出了爱情的火花。1965年2月，阮崇智和孙诚敏在惠安举行了简单的婚礼，结为伉俪。孙诚敏一生致力于火箭发动机研究，后来参与了东方红卫星的研究工作。从相识到相知，他们携手一生，50多年过去了，如今已年过八旬的两位老人依然恩爱有加。

甜蜜的回忆中，也有让阮老难以释怀的痛苦回忆。提起1962年12月6日的那场事故，阮老内心总是难以平静，甚至眼圈微红。那一天，他正在整理试车数据时，听到了消防车的警笛声，一场灾难就这样降临了。203公斤料浆在桨叶转动时瞬间燃烧。事故中陈素梅、韩玉英、王增效、刘恩科四位同志牺牲，常西平和朱月恒身负重伤，终身残疾。朱月恒是北京工业学院当年的毕业生，是河北省河间县（今河间市）一家农民夫妇的独生女。事故发生后，朱月恒母亲苍天无泪的悲苦，深深地刻在了阮崇智的心中。昔日里并肩作战的同志瞬间失去生命，这令阮崇智很难接受这样的现实。他说："历史永远不要忘记那些为固体事业所作出牺牲和贡献的人们！"

当听到朱月恒后来在工作中克服重重困难，依然坚持科研工作，并成为陕西省三八红旗手、陕西省劳动模范后，阮老深感欣慰。他深知一位从艰苦岁月中走过来，经受过各种苦难和考验的军工人一定会在历史的天空留下耀眼的光芒。

1965年12月，结束了在惠安化工厂的协作，阮崇智随队伍去往呼和浩特，开始了新的基地建设。在之后的几十年里，阮崇智致力于固体火箭发动机的研究，为我国的航天事业作出了重要的贡献。但是在惠安化工厂工作的经历以及后来与工厂的多次合作，使他与惠安化工厂、与兵器工业结下了深厚的友谊。

两次拜访阮老，他对我们总是有说不完的话，提起了当年的很多同志。他总是津津乐道，并且告诉了我们很多后来从工厂转到航天部门的同志的近况。他说："惠安化工厂为我国的航天事业作出了突出的贡献，做了无名英雄，航天人应该感谢兵器，没有它们，就没有我们今天的事业。"

第一次拜访阮老我送给他一本惠安建厂五十周年时编写的《情系惠安》一书。这次见到老人，他说他已经认真地读完了这本书，遗憾的是书里面关于当年复合固体推进剂研究所初期的内容记载得太少了。临走时，老人送了我一本他撰写的回忆录——《我的中国心》，书中详细地记录了老人当年在惠安化工厂工作生活的经历。

一位航天人，见证了兵器人在固体发动机装药发展过程中所做出的努力。深深的兵工情怀，成为老人一生最难忘的珍藏。

《中国军转民》2018年第09期

① "飞豹"歼击轰炸机　　　　　　　③ 新型反坦克武器系统方队　　　　⑤ 新型战略核导弹方队
② 导弹方队（国营昆仑机器制造厂生产）　④ 装甲运兵车　　　　　　　　　　⑥ 新型自行防空火炮系统方队

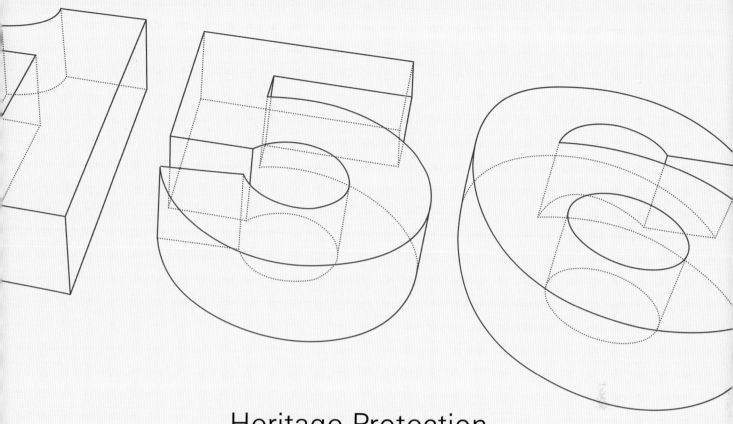

Heritage Protection

第六篇 遗产保护

本篇综述了"156项工程"在陕西12家企业工业遗产保护的成果与现状，并提出了对这些企业建筑工业遗产的保护与利用的探索思路，希望能引起社会的思考。

导语

意大利著名作家卡尔维诺在《看不见的城市》中写道："记忆的潮水继续涌流，城市像海绵一般把它吸干而膨胀起来。描述今天的采拉，应该包含采拉的整个过去：然而这城不会泄露它的过去，只会把它像掌纹一样藏起来，写在街角、在窗格子里、在楼梯的扶手上、在避雷针的天线上、在旗杆上，每个环节依次呈现抓花的痕迹、刻凿的痕迹、涂鸦的痕迹。"

随着时代的发展和城市变迁，"156工程"在陕西项目中许多企业面临升级换代、经营转型、异地搬迁重建，一些见证了新中国工业建设历程甚至代表了工业奠基时代的典型建筑，包括原有的厂房、机器、烟囱、电网等设施已经成为历史遗存。这些宝贵的工业遗产以越来越快的速度消亡，成为埋藏在城市深处不断消逝的记忆。

有识之士很早就提出要为后代保留这些历史记忆，以继续鼓舞未来建设者的继续创业热情。值得庆幸的是，这些工业遗产总体上尚未遭整体废弃之厄运，大多数的厂房还是当年的骨架。在很多工厂里，苏式、德式还有捷克式的设备还在老态龙钟地运转着。

本篇综述了"156项工程"在陕西12家企业工业遗产保护的成果与现状，并提出了对这些企业建筑工业遗产保护与利用的探索思路，希望能引起社会的思考。

发挥区域优势加快工业遗产保护和利用步伐

□ 张锦秋

工业遗产保护，是近几年来提出的课题。国家文物局关于国家文物保护方面，特别强调工业遗产的保护。北京石景山首钢迁曹妃甸以后，首钢的工业遗产怎么保护，他们邀请我参加了论证。我们要发挥西安东部地区幸福林带的区域优势，加快对国家"156项工程"在陕重点项目工业遗产的保护和利用步伐。

一、做好国家"156项工程"在陕企业工业遗产的保护和利用工作

我们不能说保护"156项目"几个点，就是工业遗产保护，其他都可以拆了，这两个厂好，我们就保留这两个厂，这两个厂的车间或者办公楼好，我们就保留。保护工业遗产不是这个概念。应该是要保全保，而不是只留一点儿我们认为是精华的最好的那点儿。其他的还可以改造利用，所以拆房率要尽量低。

我现在受聘于西部发展研究中心，这个中心的领导对"156项目"工业遗产有深厚的感情渊源，他们特别关心这个方面。但是他们不能取代政府来搞。我还是很支持他们把"156项目"工业遗产在大范围内先做一块，可以把这一片按照他们的理念来做一做。政府部门连个开发商都可以挂钩，何况是西部发展研究中心。研究中心一定要和区上和规划院衔接起来，把中心的方案纳入城市规划中来。

二、西安东部地区的开发要突出产业特色

我们西安市改革开放最早是高新技术开发区，是以高新技术开发为主。曲江是以文化旅游作为支撑。北郊的经济技术开发区有他们的主导产业，汽车等各种类型。西安东部建设的启动必须有它支撑性的产业。我们现在要进行东部地区规划的研究，就要弄清这个地区的基本功能和主要产业是什么。由于这个地区过去都是国营军工大企业，所以首先是工业遗产保护。在"一五"时期，国家"156项工程"在西安安排17个重点项目建设，所以这个工业遗产的保护至关重要。首先要保护好，同时还要利用好。我去过石景山首钢，他们的高炉变成了一个展览馆，参观者看高炉怎样生产，看整料怎样进出，钢花飞溅。高炉就是一个标志性的建筑，料库变成了文创产业的园区，有的变成了小宾馆。这些建筑不拆它还是原来的样子，还可以赋予它新的功能。我认为在西安东部地区工业遗产的保护是应尽的义务，也是首要的责任。

其次，要利用好工业遗产，让它为这个地区的国民经济作出贡献。我想这个地方要把军民融合做大做强。老工业基地，做军民融合产业更合适。军民融合包括研发、管理、招商、展览、商品交易等。要做好军民融合的商业，军转民的产品，小孩要买军装，要买腰带，都到这儿来买，多好哇！所以这商业也不是泛泛的商业，要搞老工业基地再生的商业。所以企业的策划内容是可以的，关键是要落实，要和规划院的规划对接起来。当然肯定还是要有房地产，没人住在这儿哪行啊。譬如说医院，这些老厂计划经济的时候，有些医院都是很好的。肯定还是要有住宅的建设，社区的建设，文明程度更高的建筑。除了要建造新的住宅，还要改造原来的住宅。叫幸福林带、幸福岸线，住在这儿的老百姓要幸福。

在城市规划上，在格局上要想办法。幸福路是南北走向，一直通到长乐路。在旧城的西边是大庆路，在旧城的东边是长乐路，一直通到河边。这条长乐路很长，我们东部确实缺少一个重要的节点，我建议在这个幸福林带跟长乐路的交叉点上要形成一个现代化的商场，就是一个大型的商业建筑群。在这儿还有一个好处，就是没有高度限制。过去的高度限制因为是军工厂，不能建高楼，都是要保密的。现在军工厂搬走了，就不需要保密了。这儿有没有历史文化遗产，没有什么大雁塔、小雁塔，建高楼，尽可以高。这个地方要超过小寨商圈，有很大的开发量，这是东部地区的优势。既然有优势，就要综合考虑，要搞工业遗产保护，要突出产业特色。

（根据张锦秋院士2018年3月15日在西安市幸福林带综合改造规划方案会上讲话整理）

国家"156项工程"在陕企业工业建筑遗产保护与利用探索

□ 马 驰

工业建筑遗产是城市的一种特殊语言，是一种特殊的历史记忆与景观，具有巨大的经济、社会人文与生态效益。对待已认定或尚未认定的工业建筑遗产，我们需要从更广泛的层面、采取更灵活的方式进行保护，挖掘工业建筑遗产潜在的科学价值、文化价值与艺术价值，正视民族发展进程中的文明。

一、国家"156项工程"在陕重点项目工业建筑遗产的形成

陕西是中国近现代工业聚焦地之一，20世纪50年代至70年代，国家在陕西建设了一大批具有战略意义的工厂和基地，特别是"一五"时期国家156个工程项目中有24项在陕建设，还完成了1项飞机整机和1项飞机发动机项目的建设。这些项目由苏联、德意志民主共和国设计，提供成套生产工艺和技术装备，并派遣专家援建。它们分布于西安市内、阎良及鄠邑区等周边地区，以及宝鸡、铜川、兴平等地。这些企业的办公楼、工厂车间、机械设备、专用设施等承载了一段时期工业文明的重要信息，是国家现代化进程的重要见证。

这些苏联援建的工业项目，提供了国内所不熟悉的工业建筑经验，从工业厂区规划到厂前设计、车间工艺布置、各工种的设计配合与协调、设计阶段的技术文件的编制等，都有一套完整成熟的制度。厂区进行统一规划，路网系统完整，功能分区明确（由办公区和生产区两部分组成）。办公行政楼一般为二到四层的砖混结构，木结构屋架，风格特色显著。厂房车间分生活区和生产区两部分，主体基本为钢筋混凝土排架结构，采用单层多跨体系，以形成大跨度的生产空间。

这些厂区工业建筑质量精良，规划、设计具有前瞻性，至今仍能满足现代的生产组织要求。特别是在车间、生活间、工厂绿化和工业建筑艺术面貌等方面，力图体现对工人的人文关怀。根据具体的生产工艺，这些厂的工业建筑有了更为细化的使用要求。如机械制造的热加工车间和冷加工车间、电子与仪表厂的洁净车间等，建筑主件符合现代工艺标准，属于现代工业建筑体系。

二、陕西"156项工程"工业建筑遗产保护工作进展

现阶段就全国而言，以西安等城市为代表的区域性中心城市，在进一步强化城市产业发展的同时，借鉴国外和北京、上海等特大城市的经验，逐步向综合化、规模化、多功能方向转化，城市结构与城市产业结构正在发展中调整，重点是要形成城市产业特色、城市新区建设特色，提升城市竞争力和增强城市活力。这些城市的工业企业搬迁从20世纪90年代中期开始，城市工业用地更新正处于高潮时期。

在《西安市2004—2020年城市总体规划》中关于工业布局调整要点规定："优化工业布局，对于大型工业企业，在保证其不影响城市环境的基础上有计划、有步骤地将工业企业搬出城区；对于分散的小型工业用地，利用土地级差，通过土地置换，改变用地性质。"同时，在经济技术开发区、高新技术开发区等国家和省、市级开发区内设立若干个工业园区，形成工业产业的集聚群。2006年西安市发布的《工业发展和结构调整行动方案》要求二环内及二环沿线工业企业逐步搬出市区，进入相应的开发区或工业园区。搬迁方式分为政府主导性、政府引导性和适时搬迁三种，目标是到"十一五"末基本完成为政府主导性搬迁改造，实现城墙内无工业生产企业，二环内及二环沿线无污染企业。

在城市快速发展的背景下，经过搬迁和产业结构调整后的西安城区工业用地逐渐被

置换，工业建筑和设施被遗弃和荒废，工业建筑遗产成为日益关注的话题。2008年《陕西省人民政府办公厅关于印发陕西省普查工作方案的通知》中指出："用两年时间，在全省范围内实施工业遗产普查工作，形成较为完整的工业遗产普查工作体系和相关制度，建立较为详细的工业遗产信息档案。"

2008年3月，陕西省文物局制定了《陕西省工业遗产普查工作方案》，从2009年至2014年与陕西省工信厅联合组织开展了全省的工业普查工作。2017年陕西省文物局与陕西省工信厅再次联合开展了全省的调查工作，以"一五"时期工业遗产为重点，完成了西安、宝鸡、铜川等地调查工作。秦川机械厂、西安高压电瓷厂、铜川矿务局王石凹煤矿等项目被列入工业遗产名录。

2016年7月，西北大学中国西部发展研究中心提出"幸福路地区工业遗产保护"与"建立156工业遗产博物馆"的思路与创意并展开了一系列推进工作，拉开了对西安市新城区幸福路地区156项重点工程工业遗产进行重点保护工作的序幕。

2017年4月25日，西北工业集团发布"关于下发《公司2017年工业遗产梳理与建档保护工作实施方案》的通知"，明确指出工业遗产是工业化发展的见证。西北工业集团南区、北区、843厂均是国家"一五"时期156个重点建设工程之一，均存有许多见证企业发展变化、具有时代印记和兵工特色且有一定保存价值的工业遗产。随着企业发展步伐的加快，做好工业遗产梳理与建档保护工作，对企业持续发展具有重要的历史意义、现实意义和纪念意义，并对工业遗产梳理的内容和组织机构的设置及工作职责做出了明确说明。

2018年1月26日，中共陕西省委党史研究室、陕西省工业和信息化厅、陕西省国防科技工业办公室在西北大学召开"国家156工程在陕企业工业遗产保护工作座谈会"，陕西省委原书记张勃兴、省委党史研究室领导、省工业和信息化厅领导、省国防科技工业办公室领导、陕西中国西部发展研究中心领导与在陕的156重点工程项目企业人员参加会议，国家156工程陕西项目工业遗产保护工作得到进一步推进。

2018年11月21日，国家工信部公布第二批国家工业遗产名单，陕西省的王石凹煤矿、延长石油厂两处工业遗产成功入选。2019年1月27日，陕西省政协提出关于我省工业遗产保护利用的建议。2019年3月，西安市幸福路地区工业遗产申报国家工业遗产准备工作正式启动。

三、国家"156项工程"在陕企业工业遗产构成

《有关产业遗产的塔吉尔宪章》(2003)中关于工业遗产的定义:"工业遗产指的是工业文明的遗存,它们具有历史的、技术的、社会的、建筑的或科学的价值。这些遗存包括建筑、机器、车间、工厂、选矿和冶炼的矿场和矿区,货栈仓库,能源生产、输送与利用的场所,运输及基础设施,以及工业相关的社会活动场所,如住宅、宗教和教育设施等。"从广义上讲,工业遗产不仅包括建筑(办公楼、车间、仓库)、设备、设施等物质资源,也包括工艺流程、生产技能以及存在于人们记忆、口传和习惯中的非物质资源。

(一)物质资源

工业遗产的物质资源包括工业生产的物质要素、自然要素和文化要素。

其中,工业生产的物质要素包括厂区内办公楼、厂房、库房等建筑外,还包括水池、水塔、烟囱、储柜、储罐、煤仓、传输、管廊等构筑物,以及场地、设施设备、产品、原料、废弃物等,作为工业生产状态和生产变化的见证。例如,陕西的24个国家"156工程"项目工厂的E字形生产车间、仓库、苏式办公楼、俱乐部,华山机械厂的木制水塔,东方机械厂的输气管道,秦川机械厂带有1959、1962字样的烟囱,户县热电厂老厂的热气炉、输煤桥、发电机组厂房,王石凹煤矿的立井及配套设施,惠安化工厂文化宫和兴平秦岭电工厂苏联专家别墅等苏式建筑。

工业生产的自然要素包括山、水、树木,表明工业生产环境与自然的关系。

西安市、宝鸡市、兴平市区内的工业遗产虽没有与山、水构成直接关系,但厂区内大量的植被绿化经过几十年生长已经具有一定规模,形成了良好的厂区环境与景观。

铜川市的王石凹立井、耀县水泥厂都建在山下或者山间,几十年的发展,使企业的厂房、办公楼等建筑、工厂构筑物与大自然已经形成了和谐的自然景观。

工业生产的文化要素包括报纸、雕塑、奖状奖杯、影像照片、工作服装、工具、劳动保护用品、标语口号、印刷品、网站建设等,表明与工业生产密切相关的软环境。例如,存在于工厂厂志中的影像照片记录与历史档案,一些厂房上还依稀可见的带有年代色彩的标语口号等。

（二）非物质资源

非物质资源包括与历史相关的厂史厂志、人物事迹、机构组织，与生产相关的工艺流程、科研成果、产品产量，与管理相关的规章制度、企业精神、企业文化。

国家"156项工程"在陕重点项目中，由于环境条件差，加之缺乏经验，工厂的筹建、选址、勘察工作克服重重困难，完成了大量艰巨的建厂准备工作。在苏联援建过程中，我国的建设者与当时的苏联专家结下了深厚友谊，留下了诸多美谈。另外，在生产过程中，涌现的劳动模范、生产标兵曾产生了广泛的影响，受到党和国家领导人的接见与表扬。

还有近年来对"156项目"工业遗产保护的创意、策划、规划以及以156重点工程为题材的书籍、报告和纪录片、电视剧等影视产品。

四、国家"156项工程"在陕企业工业建筑遗产类型及特点

（一）产业类型

根据对国家"156项工程"在陕企业工业建筑遗存，主要有机械类、电工电源电子类、仪表类、航空整机与附件类、矿产类、化工类等。从整体看，产业类型比较集中，且同类型工厂基本均为同一历史时期建设，甚至设计者与施工方也相同，所以工业建筑、物质遗存具有明显的产业特征。

1. 机械类

机械类工业遗存主要分布于西安市（东方机械厂、华山机械厂、秦川机械厂、昆仑机械厂、黄河机器制造厂）、咸阳兴平市（陕西柴油机厂）、宝鸡市（长岭机器厂）。

机械制造通常需要有机械加工车间、铸造车间、装配车间、机修车间，以冷加工车间为主。厂房为 E 型楼群、单层多跨度排架结构，利用上凸式天窗采光通风，内设有吊车梁、抗风柱等。

2. 电工电源电子类

电工电源电子类工业建筑遗存主要分布于西安市（电力电容器厂、高压电瓷厂、高压开关厂、绝缘材料厂、庆华电器制造厂）。

电工电源电子类产品的生产需要恒温恒湿车间，并有一定的洁净生产要求。

3. 仪表类

仪表类工业遗存主要分布于西安市（东风仪表厂）、宝鸡市（宝成仪表厂）。

仪表类生产需要恒温恒湿车间，并有一定的洁净生产要求。东风仪表厂为钢筋混凝土框架结构厂房。

4. 航空整机与附件类

航空整机与附件类工业遗存主要分布于西安市（西安红旗机械厂、庆安机器厂、远东公司）、兴平市（秦岭电工厂）。

5. 矿产类

矿产类工业遗存主要分布于铜川市（王石凹煤矿、耀县水泥厂）。

6. 热力类

热力类工业遗存主要分布于西安市（灞桥热电厂、鄠县热电厂）。

7. 化工类

化工类工业遗存主要分布于西安市（惠安化工厂）。

（二）功能类型

近现代工业体系为适应工业化生产需求，产生了许多专门的工业建筑类型：厂房车间、仓储库房、工坊、行政办公用房、服务用房以及水池、烟囱、吊塔、轨道等建筑物。

1. 厂房车间

厂房车间是近现代工业遗产的主要内容，不同生产工艺决定了不同的厂房建筑结构，不同建设年代影响了不同的建筑立面形态。

2. 仓储库房

几乎所有的工厂内部都有一定数量的仓储库房，有些还与专用铁轨站台配合布置，以方便货物装卸。这部分库房建筑也是近现代工业建筑遗产的主要内容之一。

3. 行政办公用房

行政办公用房在厂区内占有重要位置，其风格特色有明显的时代印记，西安许多历史厂区都较重视对老办公楼的保护，将它们作为见证工厂历史的代表性建筑。

4. 服务、娱乐用房

服务用房在厂内处于从属地位，常与其他功能用房综合布置。在当时企业办社会的情况下，许多企业在厂区内或者厂区外都独立设有育婴室、托儿所、食堂、卫生所等小型建筑，虽然与工业车间相比面积较小，但也成为企业的特色建筑。

很多企业还建有工人文化宫、俱乐部、医院、灯光球场、子弟学校、苏联专家别墅、苏式专家楼，大多是苏式建筑，别具特色。

5. 其他构筑物

水池、烟囱、塔吊、铁路轨道、输气管道等构筑分布于许多厂区内，虽然大都已经不再使用，但作为工业建筑景观却具有很大的再利用潜力和价值。

（三）地域类型

1. 西安市

在西安市的城市空间布局中，156项目主要集中在大庆路地区、韩森寨地区、灞桥地区和其他一些地区。

（1）大庆路地区。

该工业区位于劳动路以西，陇海铁路以南，鱼化寨以北，是大型电力机械工业区。1953年，首先有西安开关整流器厂、西安高压电瓷厂、西安绝缘材料厂、西安电力电容器厂、庆安机器厂、远东公司（今中航西控有限公司）等相继建厂。由多个电力企业构成的西电公司，占地面积2.68平方公里，建筑面积158万平方米，被称为"电工城"。工厂沿长约6公里的大庆路分布，北侧为生产区，皆与陇海铁路支线连接；南侧为集中的职工住宅区，与生产区之间有绿化隔离带；有少量的服务与商店、规模小且零散，主要为职工、居民生活服务。

（2）韩森寨工业区。

该工业区位于西安市东郊，介于现在的二环和三环之间，东起浐河，西至金花路，北邻陇海铁路，南到等驾坡，长约7.2公里，宽约3公里，面积约21.6平方公里，属于大型工业区。1954年，首先由东方机械厂（今西北工业集团东方集团有限公司）、华山机械厂（今西北工业集团华山机电有限公司）、秦川机械厂（今西北工业集团秦川集团有限公司）、西北光学仪器厂（今北方光电有限公司）、黄河机器制造厂（今陕西黄河集团有限公司）、昆仑机械厂[今西安昆仑工业（集团）有限责任公司]等6个在陕西"156项工程"重点工程企业开始建设，建成略晚于"电工城"。各个工厂与幸福路、万寿路东西并立，南北纵向排列，全长约4公里，北靠西安铁路东货站。工业区内部功能分区明确，幸福路东侧为大型企业生产区，大都与陇海铁路相连；万寿路西侧为职工住宅区，设有专门的商业服务设施。幸福路与万寿路之间规划为绿地隔离带，长期未能实施，被部分单位占用。

（3）灞桥工业区。

该工业区位于西安东郊的白鹿原，北邻陇海铁路，南至北殿村，东到新市南坊，西邻浐河，长约6公里，宽约3公里。因其具有发展纺织工业良好的自然条件，20世纪50年代初被国家列入纺织工业重要基地，在陕156重点工程项目灞桥热电厂就在工业区内。

（4）其他工业区。

渭滨工业区，位于城北渭河南岸徐家湾一带，距市中心约13公里。1958年苏联在此援建项目有红旗机械厂（今航空航天工业集团西安航空发动机公司）。

洪庆工业点，位于灞桥工业区以东，距市中心约20公里的洪庆田王村东侧，有庆华电器厂（今北方特种能源集团有限公司）。

鄠邑区工业点，位于鄠邑区南部靠近秦岭北麓的余下镇，有铁路、公路与西安相通，距市中心44公里。在陕156重点工程项目企业有惠安化工厂（今惠安化工有限责任公司），户县热电厂（今大唐西安热电厂）。

2. 宝鸡市

宝鸡市渭河以南、清姜河以东，距市中心4公里的姜城堡地区在陕156重点工程企业有宝成仪表厂（今航空宝成仪表有限责任公司）、长岭机器厂（今陕西长岭电气有限责任公司）。

3. 铜川市

王石凹煤矿位于铜川市东郊12.5公里处的鳌背山下，三面环山，背对山川，南临陈炉古镇，紧挨霸王窑遗址、周陵农业科技示范园、云梦鬼谷子庙，东西长7.5公里，南北宽3.27公里，面积24.5平方公里，矿区占地面积3 432亩。

王石凹煤矿现已停产，利用其矿区内工业遗存建立了"王石凹工业遗址公园"，已进入国家第二批工业遗产名录。

耀县水泥厂位于耀州区城东1.5公里处，药王山下。耀县水泥厂工业遗产（工人村）旅游开发项目概念设计方案得到铜川市政府的通过和认可，标志着工业遗产（工人村）旅游开发项目进入实施阶段。

4. 兴平市

咸阳市兴平市金城路一字排开有三家在陕156重点工程企业：秦岭电工厂、陇西铸造厂、陕西柴油机重工有限公司。

五、陕西工业建筑遗产保护与利用策略

（一）基本策略

1. 分级评价保护

要同其他类型文化遗产保护一样，工业建筑遗产也需要科学、量化的评价标准和保护体系，才能保证管理和设计实践的可操作性。对于遗产价值突出的工业建筑遗存，应该作为工业遗产进行保护，整体保留建筑原状，不得拆除；对于价值不高的但再利用价值突出的工业建筑遗存，应作为工业资源进行再利用。在具体的工业建筑遗产保护利用规划项目中，通过对于厂区工业建筑遗存的大量细致调研工作，制定保护等级划分的量化标准，提取有代表性的保护要素，并按不同等级确定保护和再利用策略，方案设计才更具有说服力。建议从城市和区域层面制定宏观的工业建筑遗产保护规划，对全省或片区的在陕 156 工业建筑遗存进行基础资料汇编，制定遗产的分级评价标准，为各市、各企业厂区的详细改造规划提出指导性建议。

2. 适应性再利用

工业建筑遗产的保护与一般文物保护的不同之处，很重要的一点就是要对这些企业建、构筑物进行适应性再利用，尽可能地保留、保护并开发新的功能。对在陕 156 工业建筑遗存来说，如何寻求适应性再利用的切入点、寻求新与旧的平衡点，是未来城市工业建筑遗存保护开发工作的重要课题。企业厂区再利用应该充分分析城市、区域、社区及厂区等各个层面的环境背景条件，推出合理的再利用模式，同时加入现代设计理念和构想，做到不仅是工业建筑遗存保留下来，又能实现老工业地段的整体复苏，使之真正融入现代城市生活，实现其各个方面的价值。

3. 多种再利用模式探索

国内外关于工业建筑遗产保护与再利用模式已进行了多种探索，例如遍及欧盟各国的工业遗产旅游；打造以文化创意、高新技术为主的新型产业空间；开展以功能置换、空间利用、设施利用、建筑遗产等再利用等。物展览馆、特色旅馆、市综合体、主题公园、意园等，都是普遍采用的更新方式，陕西各地也已进行相关案例探索。但是，各种方式都应当尊重工业建筑遗产的原有格局、结构和材料特色，维护原始的人流活动，并

且可能与初始或主要用途兼容；而且对于一个城市来说，只有探索更为多样的利用模式，才能保证这些工业建筑遗迹在城市中有活力地生存下去。

（二）西安工业建筑遗存的保护与再利用策略

1. 韩森寨地区

（1）现状与问题。

韩森寨工业区是大型机械工业区，主要由东方机械厂、华山机械厂、秦川机械厂、西北光学仪器厂、黄河机器制造厂、西安昆仑机器制造厂6个企业组成，号称"军工城"。其长约7.2公里，宽约3公里，面积约21.6平方公里。这些企业均为国家"一五"时期的156重点项目，统一由苏联援建。其建筑及厂区布局都比较相似，由北向南沿幸福路、万寿路依次排开，是西安现存规模最大的历史工业片区。每个厂区基本保持了建厂初期的规划格局及道路系统，主要车间厂房、行政办公楼都在原有基础上进行了翻修。

另外，"军工城"厂区绿化植被较好，例如华山机械厂绿化率达到35%左右，景观较好；东方机械厂有天然植物园之称，许多生物在此栖息；西北光学仪器厂以两排梧桐树作为与城市道路的隔离；黄河机器厂有专门花卉园供给厂内活动及其他需要等。

（2）建筑保护及更新状况不一。

工业区内各企业根据自身发展需要对厂区主要建筑进行维护与改造。其中，多数企业保留了主要办公建筑，实施结构加固，维持清水砖墙立面，也有些企业因厂区建设需要已将老办公建筑拆除。生产建筑则在保留原有结构的基础上，外立面做较大更新。如华山机械厂的车间外墙被涂成白色；黄河机器制造厂的厂房生活间立面被简化；昆仑机器制造厂将所有厂房用蓝色涂料粉刷。

（3）地区环境与开发。

韩森寨工业区以幸福路、万寿路为界，幸福路以东依次分布了6个在陕156重点工程企业，万寿路以西为职工住宅区。幸福路和万寿路之间距离百米，原规划是绿地，作为生产区和生活区的隔离区，但后来一直被各企业设施占据。幸福路两侧聚集有汽车维修、保养、零配件销售等临街商业，万寿路两侧则主要为百货、饮食、文化娱乐等商贸服务业。

2017年5月19日，西安市人民政府正式下达《关于进一步加快幸福路地区综合改造的通知》，拉开了幸福路地区综合改造、改善韩森寨地区城市面貌、加快推进城市经济社会全面发展实施的一项区域性城市更新工程序幕，这是建设西安国际化大都市和丝绸之路经济带的一项重要举措，为这一地区的工业遗产保护创造了良好的社会环境，也为这一地区的发展需求，植入了新的功能要素。

（4）保护要素的确定。

韩森寨地区企业基本格局尚在，大部分生产建筑虽有立面更新，但仍为原有结构基础。这些大厂房可以根据具体功能需求对内部空间重新划分和组合，但首先应保护好车间的原有结构体系。同时，厂区更新也应尊重原有功能布局和道路、绿化系统等，使之作为工业遗产的文脉要素得以传承和体现。工厂建筑中比较有特色的办公楼，应采取以保护为主的再利用，侧重建筑立面特色的保护。

（5）改造再利用的多种意象。

韩森寨工业区产生于20世纪50年代，工业建筑遗产多以排架结构厂房为主，跨度开间较大，建筑质量良好，具有很大的再利用空间。同时，产业景观统一，厂区格局完整，可以采用保留再利用的方式。

一是作为新型都市工业空间。韩森寨地区原以机械工业为主，功能置换可通过适应城市发展要求和利用城市生产要素，满足城市消费需求和特定市场需求，发展与城市周边产业要素相关的、低污染、低能耗的都市型工业，如技术、信息、劳动密集型工业等。

二是作为高新技术产业园。韩森寨地区的国家"156项工程"在陕军工企业均有很强的科研背景。例如：黄河机器制造厂原为军工生产科研企业，20世纪50年代初研发出的导弹制导站，成为击落美制U-2高空侦察机的利器；20世纪80年代以后开发民用电子产品，建成具有国际水平的彩电自动生产线。东方、华山、秦川、西光、昆仑等"156项工程"在陕军工企业都在研发高科技的军用、民用产品上大有作为。

三是作为文化教育展示。韩森寨地区的工业遗存以大型生产厂房为主。这些工业建筑质量良好、结构坚固、内部开阔宽敞，分隔组合后可形成灵活空间，为文化教育展示提供自由宽松的工作环境。通过对韩森寨工业片区的文化产业规划，开展教育展示、研发设计、文化传媒、咨询策划和时尚消费等活动，可形成规模化发展的文化产业片区。

四是作为军事题材、工业文化旅游园区。以在陕"156项工程"为主题，以企业工业建筑为实物主体，集156综合展览馆、兵器馆、体验馆、多媒体演示馆、156红色经典文化体验园区于一体的综合博物馆；参观者互动、体验场馆，开设武器、设备、收发电报操作等体验活动，参观者可以在此地以"156项工程"为主题，自编自导自演影视片段进行军工、军事文化体验；为热衷于军事影视文化与军事题材动漫的企业与个人提供工作场所与市场参与机会，共同打造"156项工程"影视文化品牌。

2. 西安电工城地区

（1）现状与问题。

①遗存呈点状分布，厂区更新大。

电工城是大型电力机械工业区，建于20世纪50年代，主要由在陕7个国家"156项工程"重点项目构成，占地面积2.68平方公里。以西电集团为载体的国有电工企业，厂区更新比较大，许多老厂房已被现代化的新型生产车间取代，只有若干厂区仍保存有建厂初期的生产及工厂办公建筑，分别为：高压开关厂办公楼、高压电瓷厂办公楼和主厂房。

②建筑特色鲜明，维护状况良好。

电工城与西安其他老工业区相比，其历史工业建筑有明显的苏式风格特色，虽然遗存数量较少，但因其独特的外观特点，成为地区的标志性建筑。例如紧邻城市主干道大庆路的高压开关厂办公楼，给过往行人留下深刻印象。如今，这些建筑已经受到企业的重视，反复进行多次加固维护。应尽早将这些建筑纳入城市文物建筑保护体系，避免土地开发中受到破坏。

（2）地区环境与开发。

电工城紧靠市中心，城市主干道大庆路贯穿工业区内。大庆路以北为企业生产区，以南为职工生活区，中间有宽约40米的绿化隔离带。近年来，大庆路内部企业数量变化不大，但增加了许多电气产品运输相关的商业单位及房地产开发项目，特别是大庆路南侧几乎所有的路口都变成商业中心或商业街。在西安市2008—2020年第四次总体规划中，二环以东区域转化为教育科研用地。

（3）保护和再利用对策。

①保护对象的确定。

根据电工城的具体情况，保护对象可以分为保护和更新两类，应详细划分区域内的每一栋建筑是保留、更新，还是拆除。保护建筑应尽快列入城市的文物保护单位和优秀历史建筑，使之受到法律法规的严格保护，进行积极的维护和再利用。

以下建筑可以列入保护建筑类别：

西电公司高压开关厂办公楼、高压电瓷厂办公楼。

②再利用的多种意象。

一是作为新型都市工业空间。电工城原以电力机械工业为主，一些工厂已经开始向科研试验方向转化，例如西电公司高压电器研究所。发展低污染、低能耗，技术、信息、劳动密集型的都市型工业，既适应城市用地发展要求，又充分利用厂区生产要素，是寻找产业发展的新出路。

二是作为城市公共空间。随着电工城居住用地增多，特别是大庆路以南原为工厂生活区，缺乏绿地及大型公共空间，所以可以利用大庆路以北的工业遗存，将几个连续厂区改造成为公园或广场空间，与大庆路绿化带和陇海铁路支线共同形成城市客厅。

3. 西安其他地区工业建筑遗存的保护状况

（1）庆华电器厂地处陕西省西安市灞桥区田洪正街一号，紧邻浐灞生态区。西安绕城高速公路和西潼、西蓝高速公路及陇海、西康铁路在周边构成交通运输网络。建厂时期的建筑大体上保持良好的状态，有粉刷与装饰。

（2）灞桥热电厂位于陕西省西安市东郊的灞河与浐河之间，现在隶属于中国大唐集团公司。始建于1951年，是我国"一五"时期156项重点工程之一，中华人民共和国成立后西北地区建成的第一座现代化火力发电厂，先后经过六期扩建改造，当年的工业建筑遗存所剩无几。

（3）惠安化工厂厂区的工业建筑遗存有工人文化宫、办公楼，为建厂初期所建苏式建筑。

（4）鄠县热电厂的厂区已经全部搬迁，初期的工业建筑已经整体保留。

（三）宝鸡市"156项工程"企业工业建筑遗存现状

（1）宝鸡市的宝成仪表厂建厂初期的厂房与办公楼有一部分已经重建，有一些保留。

（2）长岭机器厂的厂房与办公楼大部分已经重建。

（四）铜川市"156项工程"企业工业建筑遗存现状

1. 王石凹煤矿

企业已停产关闭，现在已经以王石凹煤矿独具特色的建设背景、建筑风格和极具代表性的发展历史，建成了"煤矿工业遗址公园"，对其工业建筑遗产进行了整体保护并成为陕西境内唯一的煤炭工业旅游景观。

2. 耀县水泥厂

将以厂内的工业建筑遗存开发建设"工业遗产（工人村）旅游开发项目"，利用现存的28幢平房、工人俱乐部、专家招待所、水泥档案馆、幼儿园楼、公寓楼，开发建设全国第一个原生态工人村，即工人生活原生态体验基地、耀县水泥厂厂史馆及水泥创意产品体验基地、工人俱乐部工人文化体验区（会议、演出、展览中心）、水泥创意（药王千金）广场、商场和商务酒店等旅游及配套项目。把工人村打造成工人文化生活体验地、后工业艺术主题公园、中医养生商业服务区。

（五）兴平市"156项工程"企业工业建筑遗存现状

工业秦岭电工厂保留了建厂以来建设的各类办公楼、厂房、库房、试验间等63座建筑物，20世纪50年代的苏联、西德以及国产的35类52台机械设备仍在正常使用，并较好地保留了建厂初期的苏联专家公寓（招待所）、职工住宅楼等外形原貌及功能。

航空工业陇西铸造厂的8号办公楼占地面积2 400平方米，建筑面积7 446平方米，地上3层，局部地下1层，为混合结构。该工程由中华人民共和国原第二机械工业部第二设计院及216号专业设计组设计，建筑工程部西北第六建筑工业公司施工，工程于1956年3月26日开工，1957年10月5日竣工。

该建筑采用"凹"字形平面，以东西为轴线，南北左右对称，内廊布局，主入口朝东，次入口面西。正立面（东立面）中央和两端各有凸出，将立面左右划分为5段；檐部、墙体、勒脚将立面上下分为3段，有起有抑，主次分明。屋顶为青瓦坡屋顶，并设老虎窗，主体与南北两翼坡屋顶交错相连，浑然一体。建筑整体方正，敦实厚重，中轴对称，平面规整，古典简约，3段式构图手法是典型的苏式（苏联）设计风格。

该建筑自竣工后一直作为办公楼使用，设有照明、动力、通风等配套设施，随时间的推移，原青瓦屋面因老化局部出现渗水现象，故用红瓦逐步替代修补。在2017年3月至7月，对办公楼进行装修改造，在原有格局保持不变的基础上，加设地面铺装、吊顶、中央空调等室内设施，并在屋顶设置防空报警装置，将原青砖外立面粉以砖红色涂料，在保留其自身材料特性与立面整体效果的同时，也避免了青砖的过度风化，起到了一定的保护作用。装修改造完成后，该建筑仍作为办公楼使用至今。

陕西重工柴油机厂是我国"一五"期间投资兴建的156项重点工程之一，其工业建筑遗产保护措施有力，对厂内所有工业建筑遗产都有专业标记，保护状况良好。

六、遗产保护与再利用探索

以上所述是陕西西安、宝鸡、铜川、兴平 156 重点工程企业所在工业片区工业建筑遗产现状的概述，由于它们的产业类型、区域环境、遗存现状等基础条件不同，未来的保护利用模式需结合具体情况进行专题研究。在具体的实践项目中，结合厂区建筑遗存特色，保护重要工业建筑遗存，充分利用现有资源，探索适宜的保护与再利用策略。总体来看，国家"156 项工程"在陕企业工业建筑遗存还有许多探索、研究和管理工作迫切需要完成。

（一）遗产价值亟须评估认定

价值评估是工业建筑遗产保护与再利用的基础与依据，经过文物部门及相关单位的评估认定，公众对遗产价值才会有更加明晰的认识，专业人员在规划设计中才有章可循，重要的工业建筑遗存才能得以保存，避免随时被拆除的危险。评估价值的存在与否是确定工业建筑遗存保留和拆除的前提，价值的等级与大小决定了保护与再利用的策略和手段。所以，制定完善合理的工业遗产评估体系，对全省范围 156 工业遗存进行全面考量，是一个城市开展工业遗产、工业文化、红色经典文化保护工作的基本前提。

2007 年我国启动了第三次全国文物普查，国家文物局将工业建筑及附属物归为近现代重要史迹及代表性建筑的重要子类予以明确，表明政府已将我国工业遗产保护列入议事日程。2010 年，上海完成第三次文物普查。经过两年多深入细致地工作，新发现 200 多处工业遗产，并分别从历史分期、地域分布、产业类型以及建筑特点等 4 个方面进行分析总结，以照片、测绘图和文字说明等形式，进行了翔实的登记。2008 年 6 月开始至 2009 年底，陕西省文物局首次对全省工业建筑遗产进行了全面普查确认，登记归档，建立全省工业建筑遗产资料数据库，确定一批亟待抢救保护的项目清单。

西安、宝鸡、铜川、兴平的地区工业建筑遗产普查起步较晚，急需进行前期调研工作，采取收集信息、记录基础资料，分析确定不同历史时期的工业遗产名录，分级分类建立档案和数据库，为编制工业遗产保护利用规划，开展评估、保护和利用研究工作提供依据。同时，要像对待古代文化遗产一样重视工业遗产的价值评估和研究工作，建立科学、系统的评估认定机制和专家咨询体系。根据西安、宝鸡、铜川、兴平工业建筑遗产的地区特点划分等级，确定地区工业建筑遗产的保护原则、范围和评估标准。目前，西安、宝鸡、铜川、兴平工业建筑遗产的评估认定工作尚未进行，应尽快制定能够反映城市工业化过程的价值评估标准，建立分级管理系统，才能使保护与再利用实现合理有效开展。

（二）法规管理体系有待完善

我国目前的历史建筑保护体系以《文物保护法》及相关法规为法律依据，主要是针对历史性建筑的保护。对于优秀的近现代建筑，法律法规对保护控制范围界定及再利用手段要求都必不可少，如何进行合理的再利用也需要很多指导。2002年《上海优秀历史文化风貌和优秀历史建筑保护条例》是国内首次在法律层面上提出对工业建筑的保护。2004年建设部颁发《关于加强对城市优秀近现代建筑规划保护工作的指导意见》，要求按照"统一规划，严格保护，合理利用，科学管理，利用服从保护"的原则，从全民普查、划定范围、建立档案、编制规划、资金筹集、实施保护等方面做好工作。文件中提到"各省、自治区、直辖市和有立法权城市的城乡规划行政主管部门，应当根据本地区的实际情况，积极推动专项的地方立法工作。通过地方立法，确立有针对性的城市优秀近现代建筑保护工作的管理体制"。

工业建筑遗产作为优秀近现代建筑的重要部分，在现行指导性法规条款中所涉及的范围仍非常有限，应对调研评估、维护管理、设计实践等一系列活动进行相应的规定和限制。所以，需要尽快制定具有针对性的地方政策法规，采取必要有效措施，对工业遗产的拆、改、毁加以限制，防止重要遗产在尚未认定前被拆迁或损毁，积极推动重要工业遗产的保护认定工作，及时确定公布为文物保护单位，通过强有力的手段使其切实得到保护。对于暂时未列入文物保护单位的一般性工业遗产，在严格保护好外观及主要特征的前提下，审慎适度地对其用途进行适应性改变。

近年来，随着国内外工业遗产的逐渐重视，一批近现代工业建筑遗存纷纷被列入城市遗产的保护名单之中。《世界遗产保护公约》的182个签约国中，有137个签约国拥有世界遗产项目，其中有23个签约国拥有43项世界工业遗产。我国目前共有37个项目列入《世界遗产名录》，其中有1处工业文化遗产。2006年，我国公布第六批全国重点文物保护单位名单，9处近现代工业遗产榜上有名，目前共有国家级工业文化遗产11处。上海市是国内开展工业遗产保护较早的城市，在632处市级文物保护单位中，近现代工业建筑遗存有29处。2009年，北京市经济和信息化委员会颁布《北京市工业遗产保护与再利用工作导则》，工业遗产保护工作逐渐规范化。

2007年，西安市人民政府公布第三批市级文物保护单位，20世纪五六十年代兴建的8处具有代表性的现代建筑被列入其中，但并未包括有工业建筑类建筑。2008年陕西省首次开展工业普查，目前西安市、宝鸡市、铜川市、兴平市尚未有已被有关部门认定工业建筑遗产，也没有相应的地方性政策法规对工业遗存的拆、改、毁加以明确限制。所以，制定相关法律管理体系，加快西安、宝鸡、铜川、兴平156工业建筑遗存的价值评估和认定，迫在眉睫。

（三）树立公众的工业建筑遗产保护意识

由于大众对工业遗产的保护意识还处于比较淡薄的认识，许多有价值的工业遗产遭受不可逆的拆毁。大量珍贵的历史档案正在流失。在城市快速发展过程中，制定工业遗产清单也只能保留住一部分极具代表性的工业遗存，而要使工业建筑遗产成为人类文明财富得到继承、融入后世的记忆中，不仅需要专业人员广泛深入的研究工作，也需要唤起民众对工业遗产保护的重视和参与。改变市民对旧工业厂区的破败印象提高对再利用形式的理解，发挥工厂职工在功能更新过程中不可替代的积极作用，让更多的人认识到工业建筑遗产应当受到与古代文明遗产一样的重视，认识到以保护为内容的工业用地更新同样可以带来地区的经济繁荣和振兴。

利用各种类型的工业建筑、场地、生产设施及产品等遗存进行专题展览，在具有独特工业氛围的场所向参观者展示城市的工业发展历程，展示工业文明给社会带来的巨大变化和积极影响。通过工业博物馆、创意产业园、工业遗址公园等城市公共空间，让城市居民和参观者能直接接近和使用这些工业建筑，由自身感官亲自体会旧工业建筑的历史和文化价值，改善和提高工业建筑遗产在市民心中的形象，这些都是提高市民工业建筑遗产保护意识的有效途径。

东方机械厂工业遗产情况

东方机械厂创建于1953年,是国家"一五"期间国家156项工程在陕重点建设项目之一,是中国兵器工业集团公司重点保军骨干企业。

东方机械厂是国家在"一五"时期建立的最大的引信生产制造厂。工厂几十年的发展历程,是发展国防工业,巩固国防,加快兵器工业建设步伐的艰苦创业史,是人民兵工奋发图强、自力更生建设强大国防力量的奋斗史,也是兵器企业在国民经济建设中历经沉浮、积极探索、改革创新的发展史。

工厂创建以来,获得国家授权有效的发明专利5项和国防专利局受理申请专利26项,掌握四轴、五轴联动加工和框架陀螺核心零件加工、微小零件精密加工、产品夹板、平衡摆及齿轮类零件加工、真空压铸技术、薄壁零件热处理、精冲加工等多项高精尖技术。曾获得29次部、省级集体荣誉,荣获10项国家级、10项国防科工委级和33项部、省级重要科技成果奖,为国家的国防建设和经济建设作出了巨大的贡献。

① 工业建筑：物流中心办公楼

② 工业建筑：生产制造一处办公楼

③ 工业建筑：行政办公大楼

④ 工业建筑：加工五分厂

⑤ 设　　备：精密单轴自动车床 CG1107
⑥ 设　　备：二十工位立式联合攻丝机 KM690
⑦ 工业建筑：服务建筑
⑧ 工业建筑：车间
⑨ 工业设施：天车
⑩ 设　　备：滚齿机 530A

华山机械制造厂工业遗产情况

华山机械制造厂是国家"一五"计划期间国家156项工程在陕西重点建设项目之一，是中国兵器工业集团公司重点保军企业，是国家大口径穿甲弹科研生产基地、航空大箭弹定点生产企业。

工厂始建于1953年，1958年正式验收投产。1998年，由原来的工厂制整体改制为国有独资公司。2003年，根据国家对军工企业实施分立破产的政策要求，实施了军民品分立，将军品核心资产和人员分离出来，组建了西安北方华山机电有限公司，其余资产（主要是民品资产）实施政策性破产，并重组为西安华山精密机械有限公司，从事民品开发经营。

工厂总占地面积5 000余亩，建筑面积约16万平方米，按照生产布局，分为东郊总厂和北郊分厂两部分。其中东郊总厂位于西安东郊幸福中路，主要从事产品研发、零部件加工；北郊分厂位于西安市未央区渭河南岸，主要从事装配和产品靶试交验。企业总资产近20亿元，从业人员3 000余人，拥有设备2 870台（套），其中数控设备400台。

2010年10月，西安北方华山机电有限公司与西安东方集团有限公司、西安北方秦川集团有限公司、兰州北方机电有限公司进行整合，组建成为西北工业集团有限公司。2010年12月，西北工业集团有限公司揭牌成立。

50年来，工厂共完成主要军品科研项目40多个，主要产品荣获国家科技进步奖（国家发明奖）7项，荣获部（省）级科技进步奖17项，为国防建设作出了积极的贡献。

目前工厂工业建筑物主要有：人力资源部、武装保卫处办公楼（20#建筑物），技术三处办公楼（19#建筑物），行政办公主楼（46#建筑物），铆焊工段厂房（13#建筑物），冷却水塔（8#建筑物），化工库，等等。这些建筑物都保存完好。

① 工业建筑：行政办公主楼
② 工业建筑：人力资源部、武装保卫处办公楼
③ 工业建筑：化工库
④ 鸟瞰华山机械厂厂区
⑤ 工业建筑：五金电料库

第六篇 | 遗产保护

①工业设施：木制冷却水塔

②设备：托夹弹铣床 B1-237

③设备：水压机 200T

④车辆：内燃机车

⑤设备：卧式锻造机 B113 400T1

⑥设备：校正机 MK-290 10-90

秦川机械厂工业遗产情况

秦川机械厂是我国第一个五年计划时期国家"156项工程"在陕西重点项目之一，中国兵器工业大型常规兵器骨干企业，曾承担75种军工产品的科研、生产任务，是常规弹药科研生产综合性企业。企业荣获省部级以上科技成果奖20余项，为国家经济建设和国防建设作出了重要贡献。目前，该厂为西北工业集团控股公司，更名西安北方秦川机电集团有限公司。

秦川机械厂经历了建厂初期的艰苦奋斗、"大跃进"、三年自然灾害支援农业、精减下放、"文化大革命"等特殊历史时期，改革开放后又进行体制改革，保军转民，先后开发了秦川汽车、龙马铝带材、纸板纸箱等项目，再到后来的兼并重组、破产重组等，发展过程跌宕起伏。特别是20世纪90年代发展滞后，经营陷入困境，造成更新改造较少，不少建筑物、设备保留了建厂初期的原貌，这为工业遗产保护创造了绝佳条件。这些留存下来的具有独特建筑风格的工业建筑群以及重型工业设备，展现了社会主义计划经济时代的宏大气势，更承载着中国工业奋力开拓的精神气魄和艰苦奋斗的光荣历程，具有重要的历史价值、文化价值和教育意义。

工业建筑遗产：办公大楼（建于1957年，3 728平方米）；冲压工房（含40米烟囱2个，建于1955年，14 688平方米）；机加工房（建于1956年，18 072平方米）。这三个工业建筑遗产保存基本完好，目前仍在使用。

① 办公楼上的时代纹饰
② 工业建筑：机加工房
③ 分别建于1965年（前）和1959年（后）烟囱
④ 工业建筑：行政办公楼
⑤ 设备：冲压机
⑥ 设备：肘杆式精压机

庆安机器厂工业建筑遗产情况

"一五"时期用名庆安机器厂,现名庆安集团有限公司(简称航空工业庆安),隶属于中国航空工业集团公司,是"一五"时期国家"156项工程"在陕重点建设项目之一,占地面积37.1万平方米,是我国唯一集航空机载武器装备、飞行器操纵控制系统(装置)两大专业优势为一体的机载设备研制、生产企业。

一、遗产项目价值

(一)历史价值

25#办公大楼是20世纪50年代由苏联援建,始建于1953年,建成于1956年11月1日,三层砖混结构,建筑面积7 094.79平方米,目前仍在使用中。大楼自建成以来一直由庆安集团有限公司办公使用,建厂几十年来,为我国航空工业的发展和国防建设作出了重大贡献。

(二)科技价值

庆安集团有限公司承担航空航天机载设备系列产品的研制和生产。经过长期的技术积累、技术引进和技术改造,已形成以飞行器、武器(发射)操纵控制系统及装置为主导的航空产品体系。

庆安集团有限公司拥有国家级企业技术中心、航空产品研究所和博士后工作站,先后通过了GJB9001B质量管理体系认证,AS9100C国际航空航天质量体系认证和无损检测、焊接、表面处理、热处理、喷丸、电加工等专业的NADCAP认证以及无损检测和热处理专业的波音认证。公司建有国家一级理化试验室、航空系统西北地区环境实验中心，可进行大型武器外挂等航空产品的气候环境和机械环境试验。在机、电、液一体化综合设计以及复杂壳体、精密齿轮、大型框架、各类液压阀、大导程多头螺旋轨道等零件加工、液压密封、特种锻铸造、焊接、热表处理等技术领域都有丰富的经验和独特的技术诀窍。

庆安集团有限公司先后荣获全国思想政治工作优秀企业、全国"五一劳动奖状"、歼-10飞机工程国家科学技术进步奖特等奖、高技术武器装备发展建设工程突出贡献奖等，取得国家级科技成果12项、省部级科技成果70项，拥有各种技术专利57项。

（三）社会价值

1. 社会价值及责任

庆安集团有限公司作为西安地区的国有企业，充分发挥带头作用，以承担社会责任为自身的工作重点，制定了专门的《社会责任管理制度》来巩固及规范社会责任的承担方式。

2. 保护措施及制度

25#办公大楼自建成以来一直由庆安集团有限公司自行管理和保护，在管理过程中制定了《生产区建筑物、构筑物管理细则》《公司6S管理制度》《办公现场6S管理办法》《生产现场6S管理办法》等专项管理规章制度，对老旧建筑物定期维护和修整。

（四）艺术价值

25#办公大楼属于苏式建筑，左右呈中轴对称，平面规整，中间高两边低，主楼突出，回廊宽缓伸展，有"三段式"结构。大楼是典型的苏联斯大林时期建筑，庄重、宏伟、高大，方方正正。苏式建筑以红色瓦片为顶，墙体以红、黄、绿三色为主。25#办公大楼继承苏式建筑的红色瓦片顶，墙体以红、黄为主，有较高的艺术价值。

庆安集团有限公司生产区建筑物以办公大楼为核心，北门口东西两侧小楼为辅，各生产厂房均为"三段式"结构，层高较高，颜色统一，规划呈对称状。办公大楼因为苏式建筑，墙体较厚，保温效果较好，冬暖夏凉。

① 工业建筑：公司办公大楼（20 世纪 50 年代）

② 工业建筑：办公大楼

二、遗产项目保护利用工作基础

（一）遗产项目保存现状

25#办公大楼历年均有小维修、保养，外形上均按原貌保存，未重建，核心建筑保存较为完整。近年来历次大修如下：2002年曾对屋面结构进行大修，并对内部进行了装修改造。2012年对屋面、墙面及内部进行了粉刷。2017年对屋面防水、保温等进行了大修。

（二）遗产项目管理制度

25#办公大楼一直由庆安集团有限公司自行维护和管理，制定了《生产区建筑物、构筑物管理细则》《公司6S管理制度》《办公现场6S管理办法》《生产现场6S管理办法》等管理和维护指定专项制度。

（三）保护利用工作成效

庆安集团有限公司自指定建筑物、构筑物管理及6S相关管理以来，对25#办公大楼及同时期的老旧建筑，定期维护，专门部门管理及使用规划，定期对老旧建筑进行修补及保持外立面完整，对厂区建筑物颜色、建筑物使用状态进行统一规划和调配。

25#办公大楼自建成至今，仍在发挥其指导庆安集团有限公司经营与生产的核心作用，目前办公人员仍在使用中，建筑物外立面完好无损，内部使用结构无大规模改动，充分保持其建筑原貌与风格。

三、遗产项目保护利用工作规划

针对庆安集团有限公司老旧遗产建筑成立专门保护委员会，负责有历史价值的建筑物的使用、维修、改造、保护工作。

加强生产区建筑资产的管理工作，并做好建筑物、构筑物检查、维修与维护，保障建筑物、构筑物使用功能与外观的完整性，创建整洁、安全的工作环境。

重点针对建筑物的结构安全，防雷设施安全，消防、人身安全，使用和改造安全做专项制度，重点管理。

惠安化工厂工业建筑遗产情况

一、惠安文化宫

惠安化工厂惠安文化宫1957年建成，是苏联援建的具有典型苏式风格的建筑，主要用于职工文化娱乐。

惠安文化宫建筑左右呈中轴对称，平面规矩，中间高两边低，主楼高耸，回廊宽缓伸展。建筑有"三段式"结构，"三段"指的是檐部、墙身、勒脚三个部分。

楼面高处的"五角星""和平鸽"都是苏式建筑那个时代的典型纹饰。

在20世纪50年代，苏联建筑界以批判结构主义为名，打出了"社会主义的内容，民族的形式"的旗号，开始了建筑复古风潮。那时在"中苏友好"的国际形势下，我国开始在社会生活的各个方面都广泛借鉴苏联建筑模式。

二、1号办公楼

惠安化工厂1号办公楼建于1954年，是苏联援建的具有典型苏式风格的建筑，共三层，上面有瞭望台，下面有地下室。

① 惠安化工厂文化宫（苏式建筑，建于1957年）

② 惠安化工厂文化宫（侧面，苏式建筑，建于1957年）

③ 惠安化工厂1号办公楼（苏式建筑，建于1954年）

户县热电厂工业遗产情况

大唐西安鄠邑热电有限责任公司老厂区，即原户县热电厂旧址，现为大唐陕西发电有限公司培训基地，是大唐集团授牌的大唐集团干部培训学院，是陕西省第一火力发电国家职业技能鉴定站。

户县热电厂是我国"一五"时期国家"156项工程"在陕西重点建设项目之一，是我国第一座高温高压热电厂。一期两台25MW机组于1954年1月开始筹建，为苏联援建的机组，1957年11月正式并网发电。经过四期建设，总装机6炉5机，总装机容量20万千瓦，5台机组于2010年5月30日全部关停。目前，关停的5台机组主设备及设施完整，是大唐集团公司在陕西唯一的文化景观。

（1）苏式建筑。目前保存完好的办公楼（3层砖混，建筑面积2 232平方米）和职工单身楼（3层砖混，建筑面积2 250平方米）建成于1957年，是厂区的配套建筑，与周边惠安化工厂的许多建筑一起都可以看到苏联建筑的风格影子。

（2）烟囱。1956年建成的烟囱，高80米，出口直径5.1米，底部直径7.42米，为钢筋混凝土结构，上部刻有"1956"字样，是国内现存较早的火力发电厂遗迹。

（3）"中苏友好"标语。一期两台2.5万千瓦机组、二期一台5万千瓦机组分别于1954年元月、1958年9月开工，均为苏制机组，都是在苏联专家的支持、帮助下建成。厂房内存有"中苏友好"标语。

（4）"自力更生"标语。20世纪60年代，中苏关系发生剧烈变化，苏联专家逐渐撤走。4号机是哈尔滨产5万千瓦汽轮发电机，1961年11月开工，是我们在经历了三年自然灾害且没有任何外援的情况下自己建成的机组，再现了20世纪60年代我们实施"自力更生"方针，确保工业发展的历史。

（5）"反帝反修"标语。5号机于1968年10月开工，为一台东德制造的5万千瓦汽轮机，1970年8月建成投产。5号机前地板上的"反帝反修"标语反映了在面对美苏争霸的严峻国际形势下我们所采取的战略方针。

户县热电厂作为我国20世纪五六十年代特定的产物，反映了历史沿革在电力建设事业中留下的深刻烙印，体现了新中国电力工业发展的艰难进程，是中国电力史上不可多得的历史遗迹，具有深刻的纪念和教育意义，也是鄠邑区的宝贵财富。

① 户县热电厂老厂区苏式建筑
② 户县热电厂废弃的输煤桥与发电机组厂房
③ 户县热电厂昔日的热气炉

秦岭电工厂工业遗产情况

秦岭电工厂始建于1955年，是我国"一五"期间建设的156项重点工程之一，现名航空工业陕西航空电气有限责任公司，是国家大型军工企业。公司是中国航空工业集团有限公司成员单位，现已发展成为中国航空电源和发动机点火系统的研发中心和生产基地。

几十年来，公司一直十分重视工业遗产保护工作，建厂以来建设的各类办公楼、厂房、库房、试验间等63座建筑物以及20世纪50年代进口的苏联、西德以及国产的35类52台机械设备都在正常使用中，同时也很较好地保持了建厂初期的苏联专家公寓（招待所）、职工住宅楼等建筑外形原貌及使用功能。

为了更好地保护工业遗产，公司将对淘汰的老旧机械设备予以评估，根据历史轨迹及在工厂发展过程中的历史意义，作为企业工业遗产进行保护、留存。

另外，完整保留铁路专用线和锅炉房，锅炉房将被打造成为公司工业遗产留存、展览、参观学习的核心场所。

采取有效措施进一步强化公司绿色文化，并将工厂环境建设、产品设计理念、生产制造过程及使用融入绿色文化，打造绿色航空企业；加强声像档案材料的抢救，充分利用数字化档案馆平台，建立信息化资源库；充分发挥老一辈航空人资源，继续加强文献材料的收集、归档和妥善保管。

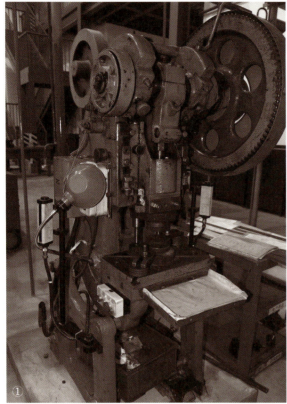

① 压力机 K231（10T）（辽宁重型机械厂）

② 普通车床 1616 苏联

③ 铁路专用线

④ 冲压机床 k262（160T）（济南第二机床厂）

⑤ 10 号办公楼（正面）

陇西铸造厂工业遗产情况

一、公司基本情况

陇西铸造厂现名航空工业西安航空制动科技有限公司（简称航空工业制动），创建于1955年9月29日，是我国"一五"期间国家"156项工程"在陕西重点建设项目之一，我国航空机轮、刹车系统及航空液压、气动产品研发和生产的大型专业化企业。2012年，公司航空业务整合上市成为中航飞机（000768）旗下的西安制动分公司。公司研发中心位于陕西省西安市高新区，生产试验基地位于陕西省兴平市和贵州省安顺市。公司占地总面积122.6万平方米，现有员工4 000余人，其中各类专业技术人员2 000余名，技师、高级技师200余名。

60多年来，作为国内军民用航空机轮和刹车系统专业化研制厂家，公司始终致力于航空机轮、刹车系统及航空液压、气动产品的研发与生产，并逐步建立了较完整的专业技术及标准体系。

60多年来，公司坚持自主创新，在新材料、新工艺、新技术的预先研究及型号应用方面取得了丰硕成果，在机轮刹车技术以及制动材料领域，始终发挥着开拓者和引导者的作用，不断填补着我国在该专业领域的技术空白。其中大型镁铸件顺序结晶技术、等温精密锻造铝合金机轮、碳/碳以及新型碳刹车材料、电子防滑刹车系统、数字电传防滑刹车系统、全电刹车系统等专业技术均为国内首创，其中"新型碳飞机刹车功能复合材料的研制与应用"项目在2017年举行的国家科学技术奖励大会上，荣获国家技术发明奖二等奖。公司机轮刹车系统配套研制，覆盖了所有国产机型，有力保障了我国各类航空装备的配套需求，为航空事业的发展作出了应有的贡献。

公司以民航维修、外贸转包为平台，积极开展国际合作，融入国际航空产业链，取得了中国民航局 CAAC 及欧洲航空安全局 EASA 的维修认可证书，与美国波音、古德里奇、穆格、UTC，法国赛峰，英国邓禄普等国际知名企业均建立了良好的合作关系。公司承担着空客、波音、庞巴迪和新舟系列等 20 多个机种、180 多个件号的机轮刹车及气动液压附件产品民航维修业务，是西北地区最大的机轮刹车维修企业。公司充分利用航空刹车技术优势，长期致力于非航空领域制动产品的研制和开发，产品涉及汽车、轨道交通、风电等各领域，长期为一汽大众等国内知名汽车厂家配套生产汽车制动系列产品，研制的新一代刹车材料成功应用于法拉利、保时捷等高档汽车，填补了国内的空白。

二、工业遗产现状

工业遗产作为公众认同感和归属感的重要基础，具有历史价值、社会价值、科技价值、美学价值、独特性价值、稀缺性价值，它不仅是厚重的历史文化资源，也是凝聚人们情感的纽带。

60 年的创建、发展、改革实践，不仅为公司培育了以"航空报国、强军富民"宗旨为核心的丰富可贵的精神文化，也为我们积累和保留了部分创建之初的工业遗产。这些工业遗产见证了新中国航空工业的艰辛奋斗历程，伴随了公司的改革发展，是激励我们不断前进、不断拼搏的有益物质资源，为公司文化的传承和未来的发展带来长久的后续动力。

（一）办公大楼

1. 工程概况

公司 8 号办公楼占地面积 2 400 平方米，建筑面积 7 446 平方米，地上 3 层，局部地下 1 层，为混合结构。该工程由中华人民共和国原第二机械工业部第二设计院及 216 号专业设计组设计，建筑工程部西北第六建筑工业公司施工，工程于 1956 年 3 月 26 日开工，1957 年 10 月 5 日竣工。

2. 建筑特点

该建筑采用"凹"字形平面，以东西为轴线，南北左右对称，内廊布局，主入口朝

陇西铸造厂 8 号办公楼（建于 1957 年）

东，次入口面西。正立面（东立面）中央和两端各有凸出，将立面左右划分为 5 段；檐部、墙体、勒脚将立面上下分为 3 段，有起有抑，主次分明；屋顶为青瓦坡屋顶，并设老虎窗，主体与南北两翼坡屋顶交错相连，浑然一体。建筑整体方正，敦实厚重，中轴对称，平面规整，古典简约，3 段式构图手法是典型的苏式（苏联）设计风格。

3. 使用状况

该建筑自竣工后一直作为办公楼使用，设有照明、动力、通风等配套设施，随时间的推移，原青瓦屋面因老化局部出现渗水现象，故用红瓦逐步替代修补。在 2017 年 3 月—7 月，对办公楼进行装修改造，在原有格局保持不变的基础上，加设地面铺装、吊顶、中央空调等室内设施，并在屋顶设置防空报警装置，将原青砖外立面粉以砖红色涂料，在保留其自身材料特性与立面整体效果的同时，也避免了青砖的过度风化，起到了一定的保护作用。装修改造完成后，该建筑仍作为办公楼使用至今。

（二）部分老设备

公司目前的老设备主要集中制造于 20 世纪五六十年代，经过统计，一共有 105 台。其中大型设备以国外制造为主，如苏联、英国、法国、西德、捷克；国内制造厂家有沈阳、上海、北京、合肥、无锡、昆明、长沙、重庆、杭州、西安机床厂；还有一部分是自制专用设备。惯性刹车试验台最有代表性，1958 年启用，苏联制造。这些设备均有统一编号及完备的档案，资料清楚，查找方便，均处于使用状态。

（三）铁路专用线

铁路专用线，从兴平火车站至本厂 5.025 公里，为我厂和玻璃纤维厂等四家共用，产权属于我公司。2016 年贯通的槐里西路与铁路专用线交叉，在工程设计之初便制定了较好的保护方案，目前状态良好。

（四）老街坊建筑物

社区十二街坊，共十二栋，三层楼，红瓦苫顶，木框窗户，无阳台，房顶有换气孔，为典型的苏式建筑风貌。现有住户 525 户，房屋年久失修，在社区属于老房子。

宝成仪表厂工业遗产情况

宝成仪表厂始建于1955年，是国家"一五"期间156项重点工程中的航空工业13个项目之一。工厂现名陕西宝成航空仪表有限责任公司，隶属中国航空工业集团有限公司，是国内机载设备骨干企业。

公司主要从事航空陀螺仪表、导航系统、惯性元器件、传感器、精密电位器等产品的研制和生产，产品覆盖了航空、航天、兵器、船舶等行业，研制生产的导航系统及仪表全部配装了我国一、二、三代战机及最新战机，累计交付产品数量40余万个/套，为国家武器装备建设作出了重要贡献。

经统计，公司仍保留着7台建厂初期（1955—1960年）的设备，这些设备多数为当时苏联制设备，用于公司生产、科研的机械零件加工。如今设备均保存完好，功能正常，处于在用状态。

1. 校直机（型号：π0-6；产地：苏联；生产日期：1956年）

设备介绍：校直机用于直径1—66毫米的钢丝、铜丝、铝丝的校直工作，可以使材料直线度满足要求。其材料主要用于公司产品上紧固件类及传动件类零件，如螺钉、铆钉、销子、齿轮、齿轮轴等的加工制作。

2. 拉丝机（型号：CT8；产地：苏联；生产日期：1956年）

设备介绍：拉丝机用于直径64毫米以下的钢丝、铜丝拉伸工作，可以使材料外圆公差满足要求。其材料主要用于公司产品上紧固件类及传动件类零件，如螺钉、铆钉、销子、齿轮、齿轮轴等的加工制作。

3. 校平机（型号：C3-1；产地：苏联；生产日期：1956年）

设备介绍：校平机用于厚度63毫米以下的钢带、铜带的校平工作，可以使材料平面

① H-473剪板机（1956年公私合营明昌铁厂产）
② C3-1校平机（1956年苏联产）
③ 冲床（1956年苏联产，存于宝成精密）
④ 摩擦压力机（1957年苏联产）
⑤ π0-6校直机（1956年苏联产）

度满足要求。其材料主要用于公司连接件类零件，如连接板、底板、盖板、弹片等的加工制作。

4. 剪板机（型号：H-473；产地：公私合营明昌铁厂；生产日期：1956年）

设备介绍：剪板机用于厚度81.2毫米以下的钢板、铜板、铝板的剪切下料工作。其材料主要用于公司连接件类零件，如连接板、底板、盖板、弹片等的加工制作。

5. 双动冲床（1956年苏联产，存于宝成精密）

6. 摩擦压力机（1957年苏联产，存于宝成精密）

7.（偏心）冲床（1956年苏联产，存于宝成精密）

王石凹煤矿工业遗产情况

一、历史背景

王石凹煤矿（原陕西同泰煤矿）最早可追溯开采时间为1821年前后，矿区312公顷，有直井两孔，井口直径1.8米，深45.53米，煤炭运输由牲口运出，主要销往西安、富平周边及关中一带。1951年1月1日，新中国制定实施了第一个国民经济五年计划，在苏联的援建下，由列宁格勒设计院设计开始筹建，1957年12月2日王石凹煤矿开工兴建，1961年11月20日建成投产，年设计生产能力120万吨，是当时我国西北地区第一座最大的机械化竖井，也是西部地区唯一一家煤炭项目，曾被陕西省誉为陕西煤炭经济建设的"台柱子"。井田东西长约6.8公里，南北宽约3.27公里，面积22.3369平方公里，煤种为贫瘦煤。截至2015年末，王石凹煤矿保有资源储量总量为7858.1万吨，可采储量4642.2万吨。企业员工最多时达到7800余人，职工家属4万余人。

在长达190多年的历史长河里，王石凹煤矿见证了历史变迁，取得了一个又一个令人瞩目的成绩。特别是在我国经济建设能源紧缺的困难时期，王石凹人和其他煤矿职工一样，以大局为先，以人民利益为重，不计得失，不怕牺牲，几代矿山人前赴后继、无私奉献，为我国经济建设特别是陕西的经济建设作出了巨大贡献。50多年来，王石凹煤矿累计生产原煤5000多万吨，上缴税金10.12亿元；完成管理创新成果84个，有150多个科技项目获得各类科技成果奖。截至关闭前，矿井连续实现安全生产3400多天。其先后涌现出了曾多次受到党和国家领导人接见的第二届全国人大代表、全国劳模张金聚，党的九大代表杨栋，具有"矿山铁人"之称、党的十大代表、全煤系统劳模梁思云，以及全国"五一劳动奖章"获得者梁岁牛等40名省部级以上劳动模范和先进人物。

2014年10月，受煤炭市场急剧萎缩影响，为积极响应国家供给侧改革，2015年元月1日起开始组织矿井回收关闭工作，2015年9月底，已安全顺利回收至矿井工业遗址公园预留位置，提前完成矿业公司下达的回收任务。2016年3月正式通过国家关井验收。至此，完成了这座煤矿所肩负的开采乌金、奉献能源的光荣使命。在关停矿井、平稳分流、转型发展中，党的组织没有散、干部队伍没有乱、职工精神没有倒，又一次展现了无私奉献的王石凹精神，谱写完成了一曲"生的伟大，退的光荣"的瑰丽壮歌。

目前，保留的各个时期采煤工艺、设备、主副井提升设备等一系列工业遗产，具有煤炭行业的典型性和稀有性，不仅能够反映我国各个历史时期煤炭开采的顶级水平，更可为了解陕西省乃至全国煤炭工业的开采史提供弥足珍贵的历史证据。

二、历史价值

（一）具有不可磨灭的历史地位和作用

1. 王石凹煤矿是中国名瓷的催化剂

据史书记载，铜川以耀州窑瓷器闻名于世，占据宋代六大名窑之一。考古资料显示，不晚于北宋，耀州窑就已经成为以煤为燃料的瓷窑了，目前我国已探明的此类窑址只有八口。王石凹煤炭的开采与使用，大大提高了生产效率。

2. 王石凹煤矿是国家"156项工程"的典型代表

国家"156项工程"的开工建设，改变了旧中国工业落后的面貌，增强了我国的经济独立性。在全国"156项工程"新开和续建的8项煤炭工业中，王石凹煤矿以年设计生产能力120万吨居第二，仅次于续建的鹤岗兴安台二号立井，占全部项目的15%，是西部建设乃至新中国经济建设的台柱子。

3. 王石凹煤矿是新中国煤炭工业发展历程的亲历者

从中华人民共和国成立初期的人拉肩扛到半机械化的人工炮采、从1975年率先推广的高档普采到100%的全机械化的综采采煤工艺变迁，都走在了全国前列，引领了行业发展。

4. 王石凹煤矿是陕西第一个由政府和铁路局合办的煤矿

1938年，由陕西省政府与陇海铁路局联手兴建陕西省政府陇海铁路同官煤矿理事会同官矿场，这是陕西历史上第一个由政府出资和铁路局合办的煤矿。

（二）具有领先全国的科技价值

1. 巷道掘进技术全国领先

1958年，主井、风井分别创造了单行月进成井92.66米、109.44米全国纪录；1959年，在巷道掘进中创造了月进尺537米的全国纪录。1965年，试验成功了石灰岩光面爆破技术，在国内处于领先地位，并在配风巷中推广应用了先进的支护形式——金属锚杆和木锚杆支护；1970年，推广使用锚喷支护技术；1974年，推广了锚（锚杆）网（金属）混（混凝土）喷支护技术；同时，在岩巷掘进中先后推广了16项掘进施工先进技术，并在全国煤矿快速掘进经验交流会上，介绍光面爆破经验。

2. 采煤技术全国领先

矿井机械化率达到100%，三次蝉联全国高档普采冠军、连续5年跨入全国高档普采前茅、连续6年获"全国甲级掘进队"称号等一系列先进集体。1968年，改装国产顿巴斯-1型割煤机为滚筒式采煤机，并在采煤五区首先使用。

3. 调度管理水平全国领先

1986年自行设计、制作安装了较为先进的调度模拟盘投入运行，煤炭部授予全国煤炭先进调度室。

4. 科技成果显著

先后共取得科技成果40余项，各类工程技术改革80余项，多项技术在全国推广使用。同时，曾以矿井规模、生产能力、井筒直径、矿车容量、主副井提升绞车、选煤楼选运能力、风井扇风机、井下主排水泵、风机能力办公楼面积"十大"闻名西北。

（三）具有值得研究的社会价值

《平凡的世界》是时任铜川矿务局宣传部副部长、著名作家路遥以王石凹煤矿生活为创作背景，以真实的矿区职工人物为原型完成的一部百万字长篇巨著。1991年3月《平凡的世界》获中国第三届茅盾文学奖，作品轰动全国，影响了几代人，让作为故事的创作地"铜城"（即铜川矿务局）一时间成了社会关注焦点。2015年，同名改编的电视剧在北京卫视、东方卫视首播后，再次掀起波澜，让铜川矿务局这个名字再次传遍全国。如今剧中许多人物原型依然可见、依然生活在他们热爱的"铜城"矿区。

因一个矿井改变了一座城市。铜川因煤而兴、先矿后市,"一五"期间,以王石凹煤矿为模板,铜川的煤矿如雨后春笋般建立起来,陈家山、下石节、玉华等大小煤矿最多时达到100多个。仅王石凹煤矿有职工家属4万余人,自建了医院、学校等民生机构,兴办了服务矿山建设的10多个小型工厂,组建家属生产队开展"三产"解决职工家属的生活需求,保证了当地的人居生活,更多地承担了地方的社会责任,带动了统筹经济。1958年,铜川撤县设市,使重工业成为铜川经济发展的基调,也曾带给这座西北小城无限荣耀。

因一座城市支撑了西部经济。作为当时西北地区唯一的煤炭工业项目和少数能源采掘项目,仅用4年时间就完成了从建矿到投产的火速"成长"。王石凹煤矿是为电力、制造、国防、航空、航天、教育等重点建设的关键配套项目。1955年煤炭工业部设立铜川矿务局,以满足陕西军民能源需求。在同期诸井中,王石凹煤矿以苏联援建的全国8对矿井中年设计能力120万吨领衔,是全国主力矿井,是陕西主力矿井。20世纪80年代,铜川煤炭产量一度占到陕西的70%,在煤炭工业的带动下,水泥和铝产量年年增长,铜川成为西北地区重要的能源建材基地,保证了充足的能源供给,促进了西部地区经济的发展和城市化进程,成了当时新中国煤矿建设的模板,奠定了西北地区工业发展坚实的基础。2004年,陕西省委、省政府决定重组发展起来的国有特大型能源化工企业,成立陕西煤业化工集团公司,铜川矿务局王石凹煤矿也就成了世界500强企业陕煤集团旗下最具有代表性的矿井。

(四)具有独特的艺术价值

高耸的井架、硬挺的绞轮机、轰鸣的蒸汽火车、千折百转的洗选煤车间以及各式提升和通风设备,都折射着新中国煤炭工业的整体风貌。矿区保存完好的办公大楼、干部公房、专家楼、单边楼、选煤楼、职工宿舍楼等苏式建筑,体现了中苏人民友好往来特殊年代的独特审美品位。遗址项目南临陈炉古镇,北望红色革命根据地照金、避暑胜地玉华宫,紧靠杨陵农业科技示范园、云梦鬼谷子庙,处于铜川市老区环形旅游经济带的中枢位置。悠久的开采历史过程中,吸引了大批国家级、省级文化名人及文艺团体先后到矿演出、创作和体验生活。职工文艺创作队伍中,有百余人次在省、市及国家级报刊发表过作品,矿小学排演的《拾豆豆》《闪闪红星》节目,被央视青少部采用,在《大风车》栏目播放;职工创作的大型幻灯故事片《013号矿灯》在全煤系统首届幻灯会演中获一等奖,幻灯教育片《卖火柴的小女孩》分获煤炭部、中央电教馆二等奖,漫画《炸鱼》

获中国煤炭新闻美术二等奖；职工编导的戏曲电视剧《云破月移》，是铜川地区的第一部电视剧，获全国煤矿"四项"首届"乌金杯"二等奖。可以说，王石凹矿文化事业的发展潜力很大，完全能够把"文化强企、文化兴企"的这篇文章做好。

三、保存开发保护情况

现矿井系统正常运转，使用的核心物项完好、齐备；矿区服务设施齐全，完善；供暖、供水、供气系统和通信设备完好。保留了采煤核心技术的发展脉络，原始掘进、炮掘和综掘和与之相应的木棚、钢梁、锚杆和锚索等支护方式在王石凹井下均有所保留，普采、高档普采、炮采和综采工艺也都能够得以体现。同时，在国家《"156项工程"工业遗产保护倡议书》的促进下，在《中共中央办公厅、国务院办公厅关于实施中华优秀传统文化传承发展工程的意见》的指导下，王石凹煤矿的发展前途得到各级领导的重视。2016年，时任陕西省省长胡和平指示："要学习借鉴国内外的成功经验，做好王石凹工业遗址旅游项目建设，实现二产向三产转变、煤炭开采向文化旅游业转变。"我们目前正在开发工业遗产公园项目，项目主要依托铜川深厚的煤炭历史文化底蕴，依托具有王石凹煤矿地域特色的矿区文化景观、苏式风格建筑群和工业遗存打造的集"吃、住、行、游、购、娱"于一体的国家5A级复合型旅游景区，规划范围包括地上和地下两大空间。整体布局为"两个空间四大板块十二分区"，地上、地下两个空间主题各不相同。地上为煤矿文化动态体验空间，地下为煤矿精神静心感受空间，初步计划建设期限为2年，项目总占地面积约134万平方米，总投资约10亿元，核心区域占地面积约33万平方米。此项目已被列入陕西省"十三五"旅游项目规划重点工程、省级领导督办项目、铜川市"十三五"规划重点工程，并被陕西省授予"中国文化遗产陕西省文化遗址公园"挂牌单位、第七批重点文保单位，铜川市文物局授予2016年全市文物工作先进单位；项目也得到了国家、省、市相关方面的高度重视和大力支持，相继有人民日报、新华网、中国煤炭报、陕西日报、陕西广播电视台等70余家新闻媒体对项目进行了全方位宣传报道，同时，2015年以来，国家相关部委、省市各级组织、领导、社会机构参观调研100多批次600余人次。

目前，矿井现有职工962人，退休职工4 000余人，职工家属3 000余人，在岗职工140余人维护矿区工业遗存设施、环境。初步完成了前期申报、请示、调研、论证、协调

① 王石凹煤矿选煤楼

② 工业建筑：苏式一字楼

③ 苏联专家楼

④ 蒸汽机车

及基础资料收集工作；编制了王石凹煤矿工业遗址公园项目可行性报告，提出了遗址保护、开发、利用的发展思路；完成了矿井主扇、副绞系统设备和动力供风系统设备以及在线监测系统、供电线路的检修工作；完成了资产设备、房屋土地的内部清查核实等基础工作，项目建设已具备成熟条件，即将开工建设。

四、开发利用的预期价值

1. 社会效益

首先，王石凹煤矿转型发展以旅游业为主导，发挥旅游产业带动作用，带动相关产业综合发展，形成较为综合的产业链条，带动规划区经济发展。其次，王石凹煤矿发展旅游不但可以解决企业未来发展转型问题，而且留守人员的生活用电、用水、用气也有了着落，矿区经济得到了可持续循环发展，矿工再就业及安置问题也得以解决，退休老职工也老有所依，保障了王石凹未来的和谐发展。预计该项目建成后可直接安置职工400余人，间接带动就业2 000余人。最后，旅游业的发展为王石凹整个区域带来人气，旅游发展中进一步推进社会发展、社会文明建设，也是填补陕西煤炭大省乃至西北地区工业遗址公园项目空白的最大优势和最好资本。

2. 环境效益

生态效益主要体现为保护景区旅游资源和生物多样性，发展使旅游景观得到美化和改善，保护自然环境，维持生态平衡。景区生态效益，包括制氧功能、保持水土、涵养水源、净化水质、调节气候、保护环境等效益。随着项目的实施，可以改善王石凹及周边地区的自然生态环境，有计划的开发活动可以保持生态平衡及经济效益的有机统一，项目通过保护树木，营造风景林、重点绿化美化等方式丰富王石凹景色，提供良好的城镇公共休闲空间，实现人们"回归自然、返璞归真"的需要。

3. 文化效益

王石凹煤矿的办公大楼、选煤楼和职工宿舍楼等，不仅充分阐释了20世纪60年代，苏联在矿井基础设施建设上的技术工艺，又是观赏性极强的人文景观，更是中华人民共和国成立初期中苏友好、国际合作的见证，即将建成的400米井下景区将成为世界之最。保护和利用工业遗产，不但可以有效减少国有资产流失，也深深地让我们认识应该保留一些珍贵的工业遗产，见证一段历史，为一个地方、一个产业的发展留下一行足迹、一份回忆，让其发挥效益最大化。

4. 经济效益

目前，矿井井下回收已预留2 000余米巷道及开采设备标本，将是世界之最。地面环境治理已建成牡丹观光园、樱花观光园，和谐文化园及餐饮、住宿、交通、停车场等一系列完善的基础设施，已具备转型发展工业旅游的实质条件。工业旅游转型发展可以实现产业经济新亮点，填补陕西区域乃至西北地区工业旅游产品的空白；可以实现铜煤新经济体，丰富铜川旅游项目，成为企业发展的一个新增长点，可有效盘活固定资产9 221万余元，最大化减少国有资产流失和浪费。

总之，中国的矿业发展史是中华文明发展的重要组成部分，矿山公园是促进工业遗迹保护的重要手段。王石凹煤矿工业遗址项目建设，不但是我国煤炭行业现代化发展的一个缩影，更是新中国煤炭事业发展的见证者，同时也对老矿井后续生态修复及再利用探索了新路径。

王石凹工业遗址公园

王石凹煤矿位于铜川市东郊的鳌背山下,属于陕西煤业化工集团铜川矿业公司,是国家"156项工程"在陕西重点建设项目之一,由苏联列宁格勒设计院和西安煤矿设计院共同设计。1957年开工建设,1961年建成投产,年设计能力120万吨,是铜川矿区煤炭生产的大型骨干矿井之一,也是当时西北地区的第一座最大的机械化竖井,有"共和国长子"的美誉。2014年10月,为积极落实国家供给侧结构性改革政策,陕西煤业化工集团出台了"十项改革措施",对王石凹煤矿予以关停。

2015年10月,矿井安全顺利完成回收工作,面对企业后续发展和富余人员安置的新形势、新挑战,王石凹人及时调整心态、转变观念,经过优势评估、科学论证,大胆提出了"四五一"转型发展思路,并以此探索出一条独具特色的转型之路。以王石凹煤矿独具特色的建设背景、建筑风格和极具代表性的发展历史,在企业、政府及有关部门的大力支持下申请"煤矿工业遗址公园"。

2015年,王石凹煤矿迅速成立了工业遗产保护工作小组,对苏联援建的选煤楼、办公楼等苏式建筑风格的矿山建筑群和炮采、高档普采、综采、仿苏制主副井提升设备等一系列工业遗产开展保护。同时,大力宣传工业遗产的历史意义和保存价值,整合工业遗产文化资源,制作了历史发展宣传片《我们的记忆》、历史文化长幅画卷《鳌背山·札》,全面展示矿井54年的发展历程。

2017年12月11日,陕西省文化遗址公园工作座谈会在西安召开,公布了第一批"陕西省文化遗址公园"名单。陕煤集团铜川矿业公司王石凹煤矿是全省首批唯一入选的煤矿工业遗址,填补了陕西省乃至西北地区煤炭工业旅游的空白。

铜川是一座依煤而立、因煤而兴的典型资源型城市,这些年来,铜川正在向旅游养生休闲城市转型，药王山、陈炉古镇、玉华宫、照金香山风景名胜区的名气越来越大，又推出了金锁关石林、孔雀谷、申河湿地、花溪谷等新景点，王石凹煤矿工业遗址将会成为铜川旅游产业链中的一个新亮点。

王石凹煤矿工业遗址项目以煤炭工业为特色，以煤矿探秘娱乐、怀旧教育体验为主，分为地面和井下两大空间、四大板块、十二大分区，可供参观的有"十大""八街"和"八景"。"十大"是矿井规模大、生产能力大、井筒直径大、矿车容量大、主副井提升绞车大、选煤楼选运能力大、风井扇风机大、井下主排水泵大、风机能力大、办公楼面积大。"八街"是爱岗路、福乐路、工业路、公寓路、敬业路、文苑路、迎宾路、正阳路。"八景"是巨鳌探海、钢缆钓日、乌金飞瀑、蛟龙潜洞、亭阁挂月、古槐迎客、缆车如梭、银河坠地。

王石凹煤矿为我国的煤炭工业发展创造了很多历史纪录，在陕西的工业史上具有举足轻重的地位。而王石凹工业遗址的建设，不仅能够再现我国各个历史时期煤炭开采的顶级水平，为了解陕西省乃至国内煤炭工业的开采史提供弥足珍贵的历史证据，而且能有效盘活固定资产，推动企业转型发展，最大化实现国有资产保值和增值，并协调带动区域内餐饮、住宿、交通、购物等多产业的复合发展，成为铜川市旅游环线上的新亮点。王石凹煤矿工业遗址将使王石凹煤矿这颗曾经闪耀在中国煤炭企业中的明珠再放光彩。

耀县水泥厂工业遗产情况

一、企业的历史贡献

陕西省耀县水泥厂是"一五"期间国家"156项工程"在陕西重点建设项目之一。1956年5月开始筹集，1959年建成投产，年产水泥70万吨，规模号称"亚洲一号"。企业经过多次扩建，2006年产能达到500万吨，职工人数7 000余人。曾经是国家大型一档企业、全国500家最佳经济效益工业企业和全国建材行业百强企业。1996年企业以主要资产发起设立了陕西秦岭水泥股份有限公司（以下简称秦岭水泥），1999年上市，是陕西省首家上市建材企业。"秦岭牌"水泥是全国首批免检产品，"秦岭牌"商标是陕西省著名商标，享誉全国。从1959年投产到2015年共生产水泥6 288万吨，累计上缴利税16.83亿元，为我国社会主义建设和建材工业的发展作出了重要贡献。

2009年8月，秦岭水泥破产重整，唐山冀东水泥股份有限公司成为秦岭水泥的控股股东。2018年12月，企业办社会职能的市政设施、"三供一业"、职工医院等移交地方政府管理。

二、工业遗址现状

2008年5月，根据国家政策，湿法生产线的核心——4条湿法窑体、烟囱及附属设备设施拆除。

2015年，耀县水泥厂根据国家政策及省市要求，对工业遗产进行了普查。工业遗产由生产区和工人村两部分组成。设备及建筑有：原料磨机及厂房、空压机及厂房、原材料联合储库及设备、水泥磨机及厂房、原材料卸料坑及设备、机修厂房及设备、火车自备专用线等7处。建筑物有：水泥库、老水泥包装站台、工人俱乐部、工人村西部平房、专家院、国家水泥档案室等6处。

三、工业遗产的保护与利用

耀县水泥厂依据国务院《全国老工业基地调整改造规划（2013—2022年）》（国函〔2013〕46号）和《国务院办公厅关于推进城区老工业区搬迁改造的指导意见》（国办发〔2014〕9号）等文件精神，积极推进工业遗址遗产保护及开发利用工作。

2013年，国家文物局责成陕西省文物局会同省工交办对"一五"期间的"156项工程"项目进行普查时，就将耀县水泥厂作为"156项工程"项目进行登记。近年来，在铜川市文物旅游部门的指导下，该厂与冀东水泥铜川有限公司（2015年，秦岭水泥更名为冀东水泥铜川有限公司）通力合作，对现存的生产区部分湿法生产线及厂房、工人村平房、工人俱乐部、专家院、国家水泥档案室等登记造册，完成了国家"一五"期间156个重点建设项目的文物普查登记申报工作。

2015年，《铜川市国民经济和社会发展第十三个五年规划纲要》中提出，建设耀县水泥工业遗产文化旅游区，打造水泥博物馆、工人村、工人俱乐部、生产遗址四个板块，创建工业旅游示范点。

2015年，耀县水泥厂聘请专业机构编制了《陕西省耀县水泥厂工业遗产旅游开发建设项目概念设计方案》。耀县水泥厂工业遗产旅游开发分三期建设：

一期为工人文化生活体验区。以药王大道以北的耀县水泥厂生活区为主。利用20世纪50年代建造的28栋职工住宅平房、工人俱乐部、专家招待所、水泥档案馆等建设工人文化体验区，把工人村打造为集文化展示、旅游休闲、养生养老、特色体验于一体的工人原生态体验地，成为中国工人文化生活体验第一村。

二期为综合商业服务区和医养结合社区。以药王大道以北工人村入口两侧区域及部分生活区域为主。建设综合服务体（药王千金广场）项目，完善基础设施，建设商场、酒店等综合服务体。利用现有职工医院，开展"智能化养生养老社区"项目试点，打造集医疗、养生、养老为一体的医养结合社区。

三期为水泥工业遗址公园。以药王大道以南的生产区为主。在原有生产区内遗留的水泥生产线和各类厂房基础上，结合铜川及药王山的历史文化，开发建设中国水泥工业（耀县）博物馆，开展水泥生产工艺线旅游及科普教育，打造以工业文化旅游为核心，集科普、教育与特色体验为一体的城市休闲公园。

为了促进规划方案落地，该厂编制完成了《陕西省耀县水泥厂工业遗产文化旅游开发一期工人文化生活展示体验建设项目》《陕西省耀县水泥厂工业遗产文化旅游开发一期基础设施建设项目》《陕西省耀县水泥厂社区基础设施改造项目》《陕西省耀县水泥厂工业遗产文化旅游开发一期综合服务体建设项目》等四个项目的可行性研究报告。

2009年8月，秦岭水泥破产重整后，生产主体部分归冀东水泥铜川有限公司管理。2018年12月，耀县水泥厂企业办社会职能分离移交完成后，工人村生活区交给地方政府管理。为了践行企业多年来保护工业遗产的努力和诺言，也为了唤醒对耀县水泥厂、对铜川老工业基地的历史记忆，2019年9月耀县水泥厂厂史馆正式建成并对外开放。

西安市区国家"156项工程"工业遗存情况

一、韩森寨工业区

（1）东方机械厂办公楼：建于1958年，位于西安市新城区幸福路1号，砖混结构，木屋架。苏联援建，横向"三段式"，中间四层，两侧三层。

（2）东方机械厂厂房：建于1958年，位于西安市新城区幸福路1号，钢筋混凝土排架结构。苏联设计建造，两栋厂房对称布置，各包括两层生活间和四跨生产车间，高窗采光通风，有组织排水。除立面粉刷外，主体结构良好，满足使用要求。

（3）华山机械厂办公楼：建于1958年，位于西安市新城区幸福中路37号，砖混结构，木屋架。苏联援建，建筑总长109.4米，宽14.5米，建筑面积5 270平方米，另有南北两座配楼，都为灰色清水砖墙，歇山屋顶。

（4）华山机械厂木水塔：建于1958年，位于西安市新城区幸福中路37号，木结构。建厂初期木水塔，现已不再使用。

（5）华山机械厂1号、2号、3号厂房：建于1958年，位于西安市新城区幸福中路37号，装配式钢筋混凝土排架结构。苏联设计的三座主要生产车间：1号厂房建筑面积29 667平方米，2号厂房建筑面积11 498平方米，3号厂房建筑面积15 959平方米。大型槽形屋面板，矩形天窗采光通风，设置毗邻式生活间。现对建筑结构维护、外墙粉刷、门窗更新外，从排水、散水、窗台等细部施工仍可看出当时工艺的精细。

（6）秦川机械厂冲压工房（含40米烟囱2个）：苏联援建，建于1955年，位于西安市新城区幸福中路。排架结构。建筑面积14 688平方米，长189.405米，宽66.33米，有

2个15米跨（檐口高8.04米）、2个18米跨（檐口高14.7米），目前为843厂三分厂工房，建筑使用状态良好，目前正在使用。

（7）黄河机器制造厂201厂房：建于1960年，位于西安市新城区幸福北路21号，钢筋混凝土排架结构。黄河厂内唯一未翻新的老厂房，保留了初期厂房基本特征。拱形混凝土排架结构屋顶，高窗采风，厂房占地面积11 700平方米，建筑面积17 827平方米。

（8）西北光学仪器厂办公楼：建于1957年，位于西安市新城区长乐中路，砖混结构，木屋架。两栋办公建筑对称分布，均为三层，局部四层，层高3.5米。清水砖墙，歇山屋顶，样式完全一致且对称。

（9）西北光学仪器厂E形楼：建于1957年，位于西安市新城区长乐中路，钢筋混凝土排架结构。苏联援建，E形楼为西光厂主要生产车间，是地上三层、地下一层的多层厂房，层高4.8米。

（10）东方机械厂E形楼：建于1958年，位于西安市新城区幸福路1号，钢筋混凝土排架结构。苏联援建，呈E字形。

二、大庆路工业区

（1）高压开关厂：建于1956年，位于西安市莲湖区大庆路509号，钢筋混凝土排架结构。苏联援建，建筑东西长99.3米，南北宽15.44米，占地面积约4 912平方米。立面为横向"三段式"，中间凸出部分有拱形窗饰和山花，托起木结构方塔。该楼已经过翻修，沿街立面贴花岗岩板材，厂内部分刷红色涂料，屋顶红瓦替换为琉璃瓦，涂防水漆。

（2）西电公司高压电瓷厂办公楼：建于1956年，位于西安市莲湖区大庆路33号，砖混结构，木屋架。中苏共同建造，原计划为七层，后改为三层。建筑东西长55.25米，南北宽18.84米，占地约1 041平方米。内走廊式，柱间距4米，房间进深6.6米，层高3.6米，保温隔热效果好。立面为"三段式"，屋顶为歇山式，红瓦上坡屋面。现除内部装修及外墙粉刷外，基本保持了原建筑特征。

（3）西电公司高压电瓷厂主厂房：建于1958年，位于西安市莲湖区大庆路33号，钢筋混凝土排架结构。中苏共同建造，厂房南北长约276米，东西宽约150米。共7跨，除西侧第一跨为24米外，其余均为18米，排架底标高5.7米，高窗通风采光。

三、其他工业区

（1）东风仪表厂行政办公大楼：建于1959年，位于西安市雁塔区东仪路，钢筋混凝土框架结构。苏联援建，共三层，横向"三段式"，风格特色显著，中间入口处顶上有山花。门窗及外立面已经过多次翻新。

（2）惠安化工厂文化宫：建于1957年，位于西安市鄠邑区余下镇惠安化工厂办公区，是苏联援建的具有典型苏式风格的建筑，主要用于职工文化娱乐。该建筑首先是左右呈中轴对称，平面规矩，中间高两边低，主楼高耸，回廊宽缓伸展。建筑有"三段式"结构，"三段"指的是檐部、墙身、勒脚三个部分。楼面高处的"五角星""和平鸽"等都是那个时代苏式建筑的典型纹饰。

西安市幸福路地区工业遗产保护工作大事记

2008年5月4日，陕西省人民政府办公厅关于印发陕西省工业遗产普查工作方案的通知。

2016年7月，陕西（西大）中国西部发展研究中心在策划、摄制大型纪录片《国家记忆/回眸156（陕西篇）》。同时，提出建立156工业遗产博物馆，以保护幸福路工业遗产的创意。

2016年8月，陕西省政府参事、陕西（西大）中国西部发展研究中心理事长桂维民组织专家对幸福林带改造及东方、华山、西光等156项重点工程项目企业调研并形成建立幸福路156工业遗产博物馆的项目建议书。

2016年8月，幸福路156工业遗产博物馆项目建议书，一份由陕西省政府参事室报省政府，一份送陕西省委原书记张勃兴，一份送时任西安市市长。

2016年9月6日，张勃兴同志就桂维民参事关于"建立幸福路156工业遗产博物馆的建议"写信给时任陕西省省长胡和平，建议用政府的力量推进此事。

2016年9月13日，时任省长胡和平将张勃兴同志的信和桂维民参事的建议批转姜锋副省长。

2016年9月14日，陕西省政府副秘书长张宗科根据领导批示当天召集省工信厅、国防工办、省文物局、省旅游局开专题会。此次专题会议印发了"陕西省人民政府专项问题会议纪要（第61次）关于开展工业遗产保护利用有关问题的会议纪要"，明确了研究筹建幸福路工业遗产保护博物馆的工作，并提出"省上可按重大文化项目予以支持"。之后，时任省长胡和平就相关情况专门给张勃兴同志写了回信。

2016年10月20日，时任西安市市长在桂维民参事的"建立幸福路156工业遗产博物馆的建议"上批示：此建议很好！并请相关领导和部门提出意见。

2017年年初两会期间，参加省人代会的桂维民参事和参加省政协会的谭凤双书记专门给时任西安市委书记王永康就建馆事宜做了汇报。王永康书记认为在"一带一路"建立这样一个红色工业遗产博物馆非常必要，当即通知新城区委与筹备组联系。

2017年4月，时任新城区委书记的李毅同表示，大力支持。

2017年4月25日，西北工业集团发布"关于下发《公司2017年工业遗产梳理与建档保护工作实施方案》的通知"，明确指出工业遗产是工业化发展的见证。西北工业集团南区、北区、秦川机械厂均是国家"一五"时期156个重点建设工程之一，均存有许多见证企业发展变化、具有时代印记和兵工特色且有一定保存价值的工业遗产。随着企业发展步伐的加快，做好工业遗产梳理与建档保护工作，对企业持续发展具有重要的历史意义、现实意义和纪念意义。并对工业遗产梳理的内容和组织机构的设置及工作职责做出了明确说明。

从2016年底至2017年4月，筹备组两次给时任西安市主管副市长汇报情况，得到了具体指导。

2017年4月，根据时任西安市主管副市长的建议，引进了大型国企、世界500强企业中国电建，投资建设156工业遗产博物馆，并组建了专项项目公司——西安壹伍陆文旅创意产业园有限公司。

2017年6月21日，国务院参事徐嵩龄一行在听取了桂维民参事关于幸福路156工业遗产博物馆项目介绍之后表示：你们发起的幸福路156工业遗产博物馆的项目非常好，出乎我们的意料，走在了全国前列；博物馆是保护工业遗产的好方式，可以考虑规模和体量再大些，尽可能多地保护156这份红色工业遗产；从国际关系和国内的宣传上看，幸福路156工业遗产博物馆非常及时与必要，条件也非常成熟，西安抢到了工业遗产保护的制高点。

2018年1月26日，中共陕西省委党史研究室、陕西省工业和信息化厅、陕西省国防科技工业办公室和西北大学中国西部发展研究中心联合召开国家在陕156工程工业遗产保护工作座谈会。会议指出，不平凡的建设历程锻造了创业者的时代风采，存史资政能够激励后人继续奋斗。为了更好服务陕西追赶超越，凝聚新时代陕西科学发展的强大合力，启动以记录"156工程"在陕建设为主题的图书编撰和纪录片《156在陕西》摄制工作，随后陕西（西大）中国西部发展研究中心和西北大学出版社开始了具体的实施工作。

2018年3月5日，西安市政府召开推进幸福路地区综合改造，幸福路156工业遗产博物馆建设专项问题办公会，时任常务副市长主持。专项问题办公会会议纪要指出："由陕西（西大）中国西部发展研究中心负责，统筹考虑幸福路地区规划城市设计方案、工业遗产保护标准和要求以及项目开发利用、投资回报等问题，对方案进一步深化完善"。

2018年3月25日，时任西安市委书记王永康批阅了中国科学院院士张锦秋"幸福林带的156工业遗产保护应作为申遗内容来定位和开发"的建议。

2018年4月，根据市政府办公会纪要的安排，筹备组与西安市规划局、规划院一同就幸福路工业遗产保护和利用问题召开了12次方案设计会议，初步形成整体保护和利用的方案。

截至2018年10月就幸福路工业遗产保护的规划事宜与省、市规划部门共召开10次协调会议。

2018年12月，申报国家工业遗产座谈会在陕西（西大）中国西部发展研究中心召开，省工信厅相关部门领导与专家介绍了第二批国家工业遗产申报、审批情况，会上达成西安市推进幸福路地区工业遗产申报第三批国家工业遗产工作的共识。

2019年1月27日，陕西省政协提出关于我省工业遗产保护利用的建议。

2019年3月，西安市幸福路地区工业遗产申报国家工业遗产准备工作正式启动。

第四批中国 20 世纪建筑遗产项目

（2019 年 12 月 3 日公布）国家 156 项目西安工业建筑群，华山机械厂办公楼、东方机械厂 "E" 字楼、陕西秦岭航空电气公司苏联专家楼动力热力（车间）系统等。

Appendices / 附录

◎ 历史文献

◎ 国家"156项工程"名录

◎ 大事记

◎ 陕西"一五"时期限额以上项目名称

◎ 历史文献

关于苏维埃社会主义共和国联盟政府援助
中华人民共和国中央人民政府发展中国国民经济的协定的议定书

(1953年5月15日)

由于本日签订的关于苏维埃社会主义共和国联盟政府援助中华人民共和国中央人民政府发展中国国民经济的协定在建设和改建国防工业企业方面给予援助，双方政府议定如下：

一、苏联机关对于本议定书附件中所列的35个中国国防工业企业，将在其建设与改建过程中保证完成各项设计工作、设备供应，并给予其他各种技术援助。对这些企业的各项设计工作、设备供应及提供其他技术援助将按照本日签订的协定所规定的条件实施之。

二、苏联方面并在原则上同意完成军舰制造厂的各项设计工作。该厂能力及其设计期限，将在苏联专家研究与其建设有关的各项问题后，由双方确定之。

三、苏联方面在完成鞍山钢铁联合厂之2800/1700毫米轧钢机车间的各项设计时，将考虑到该轧钢机生产T-34-85型坦克用甲板的可能，并供应为进行此项生产所必需的补充设备，其范围与期限由双方协议之。

四、中华人民共和国政府应负责对根据本议定书由苏联方面所得到的特种设备、仪器及武器的制造特许权、技术资料、情报和样品不转给其他国家以及外国的自然人与法人。中国政府将采取一切措施，保证根据本议定书由苏联方面所得到的制造特许权、技术资料与样品的保管、保密，并保证其按直接用途的使用。上述文件和样品只允许经过审查的人员使用。

(1953年5月15日订于莫斯科，共两份，每份均以中文与俄文书就，两种文字的条文均有同等效力。)

中华人民共和国中央人民政府全权代表李富春
苏维埃社会主义共和国联盟政府全权代表安·米高扬

对于1953年5月15日关于苏联政府援助中华人民共和国中央人民政府发展中国国民经济的协定的议定书

（1954年10月12日）

由于苏联政府同意满足中华人民共和国政府关于援助中国新建12个企业和改建1个滚珠轴承工厂的请求，以及对苏联援助中国建设的企业完成各项设计工作和供应设备的范围和期限予以修正和补充的请求，双方政府达成如下协议：

第一条 苏联政府将援助中华人民共和国政府建设以下12个工业企业：白银厂有色金属联合工厂，年生产能力：铜3万吨；有色金属加工厂，年生产能力：3万吨制品；选煤厂，年生产能力：150万吨；2个煤井，总生产能力：年产煤150万吨；7个热电站，发电能力共为16万6000瓦；并援助改建哈尔滨滚珠轴承工厂，年生产能力为1000万—1200万套滚珠轴承。

第二条 第一条规定之援助，将通过如下办法实现：苏联机关完成设计工作，供应设备和电缆制品，并根据第一号附件规定的范围和期限对第一条所列企业的施工（设计人监督和提供建议）、安装、试车和开工生产方面给予技术援助。

第三条 此外，由于1953年5月15日中苏协定中的部分变动，苏联机关将完成勘察设计工作，供应第二号附件中所列企业的设备和电缆制品，按照这一附件中所规定的范围和期限对其施工给予技术援助。

第四条 苏联机关还将在恢复和配成一台锻压机方面，对中国机关给予技术援助，援助方法为完成设计工作，供给不足的零件和部件，并根据双方商定的期限向中国派遣必要数量的专家，以帮助搜集设计所必需的基础资料，帮助安装、试车和开工生产。

第五条 对本议定书第二条和第四条所列项目施工的援助，将由苏联方面根据1953年5月15日中苏协定的条件进行，而对所供应的设备和所给予的技术援助的偿付，则按现行中苏贸易协定进行。

第六条　中苏两国机关就本议定书规定的设备供应和技术援助签订合同，并根据本议定书对以前所签订的合同予以修改和补充。

（1954年10月12日订于北京，共两份，每份均以中文和俄文书就，两种文字的条文均有同等效力。）

中华人民共和国政府全权代表
苏维埃社会主义共和国联盟政府全权代表

中华人民共和国政府和苏维埃社会主义共和国联盟政府科学技术合作协定

(1954年10月12日)

中华人民共和国政府和苏维埃社会主义共和国联盟政府根据1950年2月14日签订的友好同盟互助条约,为进一步发展和巩固两国间的经济联系,实现广泛的技术合作,达成协议如下:

第一条 中华人民共和国政府和苏维埃社会主义共和国联盟政府将通过交流国民经济各部门的经验,实现两国间的科学技术合作。

双方将互相供应技术资料,交换有关情报,并派遣专家,以进行技术援助和介绍两国在科学技术方面的成就。

双方互相供应技术资料不付代价,仅支付用于复制各种资料的副本所需的实际费用。

第二条 为制定实现第一条内所规定合作事宜的措施及便于向双方政府提供适当建议,将成立中苏委员会,由双方政府各委派委员7人组成。

委员会的会议每年至少召开两次,轮流在北京和莫斯科举行。

第三条 双方政府均有权从双方委派参加第二条内所规定的委员会的委员中派遣委员一名赴北京或莫斯科。以便双方就本协定的各种问题保持经常和直接的联系。

第四条 本协定自签订日起生效,有效期为5年。

倘双方于本协定期满之12个月前无一方提出声明愿废止本协定时,则本协定将继续有效5年。

(1954年10月12日订于北京,共两份,每份均以中文和俄文书就,两种文字的条文均有同等效力。)

中华人民共和国中央人民政府对苏联政府备忘录和苏联国家计划委员会关于中国五年计划任务的意见书的回文

(1953年5月)

中华人民共和国中央人民政府缜密地研究了经由苏联驻中华人民共和国大使库兹涅佐夫同志交来的苏联政府的备忘录和苏联国家计划委员会关于中华人民共和国五年计划任务的意见书。中国政府完全同意苏联政府备忘录中所提出的各项意见和各项规定及经苏联政府审查的苏联国家计划委员会意见书中所提出的各项原则和具体的建议。这些意见和建议都是根据30多年来苏联的伟大社会主义建设的丰富经验及其所经历的正确道路而提出的,这将启示我们在中国经济建设过程中尽可能地避免许多错误和少走许多弯路,它们对于中国政府研究和编制五年计划纲要和有计划地发展中国国民经济,有着极为重大的指导意义。

苏联政府备忘录中各项规定已经具体化在"关于苏联政府援助中华人民共和国中央人民政府发展中国国民经济的协定"及其"议定书"中,苏中两国政府的全权代表已经于1953年5月15日在莫斯科签订了这个协定及其有关的议定书。中国政府愿保证切实履行上述协定及其有关的议定书中所规定的各项义务,并做好自己的各项准备工作。

苏联政府对于建设和改建中国的91个新的企业和正在进行中的50个企业的援助以及其他方面对发展中国经济的技术援助,派遣专家来华,给予中国贷款,等等,将使中国人民能够在学习苏联的先进经验和最新的技术成就的努力之下,逐步地建立起自己的强大的重工业和国防工业,这对于中国工业化,使中国逐步地过渡到社会主义和壮大以苏联为首的民主阵营的力量都是具有极其重大作用的。

中国政府对于苏联政府和苏联人民的这种伟大的、全面的、长期的、无私的援助,表示衷心的感谢,并愿以自己的努力来加强苏中两国的经济合作与友好同盟,以利为世界和平事业的共同奋斗。

中华人民共和国中央人民政府 苏维埃社会主义共和国联盟政府关于贷款给中华人民共和国的协定

苏维埃社会主义共和国联盟政府同意满足中华人民共和国中央人民政府的请求，给予中国以贷款作为偿付苏联所同意交付给中国的机器设备及其他器材之用，据此，双方政府议定本协定，其条文如下：

第一条 苏维埃社会主义共和国联盟政府给予中华人民共和国中央人民政府的贷款，以美元计算，总数共为3万万美元；其计算法，系以35美元作为一盎司纯金。

苏联政府鉴于中国因其境内长期军事行动而遭受得非常破坏，同意以年利百分之一的优惠条件，给予贷款。

第二条 第一条中所指的贷款，自1950年1月1日起，在五年期间，每年以同等数目即贷款总数的五分之一交付之，用以偿付为恢复和发展中国人民经济而由苏联交付的机器设备与器材，包括电力站，金属与机器制造工场等设备，采煤、采矿等矿坑设备，铁路及其他运输设备，钢轨及其他器材等。

机器设备与器材的品类、数量、价格及交付期限，由双方以特别协定规定之，其价格将根据世界商场的价格来决定。

在一年期限中所未使用而剩余的款额，可移用于下年期限内。

第三条 中华人民共和国中央人民政府将以原料、茶、现金、美元等付还第一条所指的贷款及其利息。原料与茶的价格、数量及交付期限将以特别协定规定之，其价格将根据世界商场的价格来决定。贷款的付还以十年为期，每年付还同等数目即所收贷款总数的十分之一，于每年12月31日前实施之。第一期的付还于1954年12月31日前实施之，而最后一次的付还，于1963年12月31日前实施之。贷款的利息系以使用贷款的实数并自其使用之日起实行计算，每半年交付一次。

第四条　为了对本协定所规定之贷款进行结算起见，苏联国家银行与中国人民银行各建立特别账目，并共同规定对本协定的结算与计算的手续。

第五条　本协定自签字之日起生效，应经批准并在北京互换批准。

（1950年2月14日订于莫斯科，共两份，每份均以中文与俄文书就，两种文字的条文均有同等效力。）

中华人民共和国中央人民政府全权代表周恩来
苏维埃社会主义共和国联盟政府全权代表安·扬·维辛斯基

中华人民共和国中央人民政府
苏维埃社会主义共和国联盟政府之间的贸易协定

(1950年4月19日)

中华人民共和国中央人民政府与苏维埃社会主义共和国联盟政府为发展两国间的货物周转同意签订下列各条：

第一条 由中华人民共和国运往苏联及由苏联运往中华人民共和国之货物将按照双方协议及专门议定书所规定之货单执行之。双方政府将根据上述议定书保证货物之供应。

第二条 中国贸易组织与苏联对外贸易组织间，对供应前述货单中所规定的货物将订立合同，在合同中将规定货物之数量、品种、价格、交货之期限及地点。

第三条 中国贸易组织与苏联对外贸易组织之间，遵守两国关于出入口货物的现行条例及根据本协定的条件，于本协定第一条所述之货物以外有所增加及补充时，仍可订立供应货物之合同。

第四条 第一条所述货物单中货物之价格及第三条合同中所述货物之价格，皆按世界市场价格之基础规定以卢布计算之。

第五条 根据本协定所供应货物之付款，中华人民共和国将由中国人民银行，苏联将由苏联国家银行执行之。

为此目的，上述银行将相互建立以卢布计算之特别的无息账户，并即时相互通报此类账户中之一切收入。

某方银行在收到此类通知后，应立即进行付款。

除本协定第二条及第三条所述合同外，中国贸易组织与苏联对外贸易组织间，经双方主管机关之准许，可签订供应货物之其他合同，此项合同或以货易货或以黄金、美元、英镑付款，并经由中国人民银行及苏联国家银行进行之，此项付款不许入前述之账户中。

第六条　本协定第五条之规定适用于下列各项：

（1）根据本协定所供应货物之付款；

（2）两国间与货物周转有关开支之付款及船舶修理与过境运输开支之付款；

（3）银行间协议后所同意之其他开支。

第七条　除第五条末节所述之付款外，双方付款之总值应彼此平衡，同时在本协定有效期内每半年期限应使此种平衡得以保持。

不过如在6个月期限终了后，一方付款额超过另一方付款额在600万卢布以内时，则并不认为系破坏上述付款之平衡。

第五条所载账户中构成之债务经双方协议可用货物、黄金、美元或英镑偿付。

卢布折合为美元或英镑时，以付款之日苏联国家银行的牌价计算之；卢布折合为黄金时，以卢布所含黄金量计算之。

第八条　中华人民共和国中央人民政府及苏维埃社会主义共和国联盟政府分别委派中华人民共和国中央人民政府贸易部之代表及苏联驻中国商务代表，每6个月检查一次本协定之执行情况，并在必要时对本协定货物相互供应之执行及保持支付平衡提出适当之建议。

第九条　中国人民银行及苏联国家银行根据本协定相互订立有关相互间核算技术程序之书面协议。

第十条　为使本协定出入口货物按时送到，双方政府相互保证给以铁路运输及港口使用之便利条件。

第十一条　本协定规定之出入口货物其在每一方国境内之关税由该缔约方面之贸易机关缴付之。

第十二条　在本协定有效期满后，中国人民银行及苏联国家银行将继续在第五条所述之账目中接收进款，根据本协定之规定，并按照其有效期内所订立之合同进行支付。

同时为在第五条所述之账目中有一方发生负债时，该方必须在本协定有效期满后三个月期限内以双方间补充协议之办法以货物、黄金、美元或英镑偿付之。

卢布折合为黄金、美元及英镑时，将根据本协定第七条第四节之规定进行之。

第十三条　本协定自1950年1月1日起即予适用并至1950年12月31日有效。协定应经过批准。

中苏两国关于中华人民共和国与苏联之间
缔结条约与协定的公告

（1950年2月14日于莫斯科）

最近时期内，在莫斯科，一方面由中华人民共和国中央人民政府毛泽东主席与政务院周恩来总理兼外交部部长，另一方面由苏联部长会议主席斯大林大元帅与苏联外交部维辛斯基部长举行了谈判，在谈判期间，曾经讨论了中华人民共和国与苏联双方有关的重要的政治和经济问题。

谈判是在恳切与友好的互相谅解的气氛之中进行的，并确定了双方愿意多方巩固和发展他们之间的友好与合作关系，同样确定了他们为保证普遍和平与各国人民的安全而合作的愿望。

谈判经于2月14日在克里姆林宫签订下列文件而告结束：（1）中苏友好同盟互助条约；（2）关于中国长春铁路、旅顺口及大连的协定，根据此协定，在对日和约缔结后，中国长春铁路将移交为中华人民共和国完全所有，而苏联军队则将自旅顺口撤退；（3）关于苏联政府给予中华人民共和国政府以长期经济贷款作为偿付自苏联购买工业与铁路的机器设备的协定。

上述条约与协定，中华人民共和国方面由周恩来总理兼外长签字，苏联方面由维辛斯基外长签字。

由于签订友好同盟互助条约及关于中国长春铁路、旅顺口及大连的协定，周恩来总理兼外长与维辛斯基外长互换照会，声明1945年8月14日中苏同所缔结之相当的条约与协定，均失去其效力。同样，双方政府确认蒙古人民共和国之独立地位，已因其1945年的公民投票及中华人民共和国业已与其建立外交关系而获得了充分保证。同时，维辛斯基外长与周恩来总理兼外长对苏联政府将苏联经济机关在东北自日本所有者手中所获得之财产无偿地移交中华人民共和国政府的决定，以及苏联政府将过去北京兵营的全部房产无偿地移交中华人民共和国政府的决定，亦互换了照会。

上述条约与协定的全文公布如下：

中华人民共和国　苏维埃社会主义共和国联盟
友好同盟互助条约

中华人民共和国中央人民政府与苏维埃社会主义共和国联盟最高苏维埃主席团具有决心以加强中华人民共和国与苏维埃社会主义共和国联盟之间的友好与合作，共同防止日本帝国主义之再起及日本以其他任何形式在侵略行为上与日本相勾结的国家之重新侵略，亟愿依据联合国组织的目标和原则，巩固远东和世界的持久和平与普遍安全，并深信中华人民共和国与苏维埃社会主义共和国联盟之间的亲善邦交与友谊的巩固是与中苏两国人民的根本利益相吻合的；为此目的，决定缔结本条约，并各派全权代表如下：

中华人民共和国中央人民政府特派中国政务院总理兼外交部部长周恩来；

苏维埃社会主义共和国联盟最高苏维埃主席团特派苏联外交部部长安得列·扬努阿勒耶维赤·维辛斯基。

两全权代表互相校阅全权证书认为妥善后，同意下述各条：

第一条　缔约国双方保证共同尽力采取一切必要的措施，以期制止日本或其他直接间接在侵略行为上与日本相勾结的任何国家之重新侵略与破坏和平，一旦缔约国任何一方受到日本与日本同盟的国家之侵袭因而处于战争状态时，缔约国另一方即尽其全力给予军事及其他援助。

双方并宣布，愿以忠诚的合作精神，参加所有以确保世界和平与安全为目的之国际活动，为此目的之迅速实现充分贡献其力量。

第二条　缔约国双方保证经过彼此同意与第二次世界大战时期其他同盟国于尽可能的短期内共同取得对日和约的缔结。

第三条　缔约国双方均不缔结反对对方的任何同盟，并不参加反对对方的任何集团及任何行动或措施。

第四条　缔约国双方根据巩固和平与普遍安全的利益，对有关中苏两国共同利益的一切重大国际问题，均将进行彼此协商。

第五条　缔约国双方保证以友好合作的精神，并遵照平等、互利、互相尊重国家主权与领土完整及不干涉对方内政的原则，发展和巩固中苏两国之间的经济与文化关系，彼此给予一切可能的经济援助，并进行必要的经济合作。

第六条　本条约经双方批准后立即生效，批准书在北京互换。

本条约有效期为30年，如在期满前一年未有缔约国任何方表示愿予废除时则将延长5年，并依此法顺延之。

（1950年2月14日订于莫斯科，共两份，每份均以中文与俄文书就，两种文字的条文均有同等效力。）

中华人民共和国中央人民政府全权代表周恩来
苏维埃社会主义共和国联盟政府全权代表安·扬·维辛斯基

◎ 国家"156项工程"名录

国家"156项工程"在陕西项目名录

(根据2018年企业现状整理)

一、西安市

早期企业名称	现在企业名称
1. 西安国营东方机械厂	西安东方集团有限公司
2. 西安国营华山机械制造厂	西安北方华山机电有限公司
3. 西安国营秦川机械厂	西安北方秦川集团有限公司
4. 西安国营西北光学仪器厂	西安北方光电有限公司
5. 国营西安机器制造厂(西安昆仑机械厂)	西安昆仑工业(集团)有限责任公司
6. 国营西安庆华电器制造厂	西安北方庆华机电集团有限公司
7. 国营西安惠安化工厂	西安北方惠安化学工业有限公司
8. 国营黄河机器制造厂	陕西黄河集团有限公司
9. 国营西安机械厂(远东机器制造公司)	中航发西控有限公司
10. 国营庆安机器制造厂	庆安集团有限公司
11. 国营东风仪表厂	西安东仪科工集团有限公司
12. 西安电力电容器厂	西安西电电力电容器有限责任公司
13. 西安高压电瓷厂	西安西电高压电瓷有限责任公司
14. 西安高压开关厂	西安西电高压开关有限责任公司
15. 西安绝缘材料厂	西安西电电工材料有限责任公司
16. 灞桥热电厂	大唐灞桥热电厂
17. 鄠县热电厂	大唐西安热电厂
18. 853厂(因故撤销)	

(以下三家企业是国家 156 项重点工程建设后由苏联和东德援建的大型企业)

建厂时企业名称	现在企业名称
西安飞机制造厂	西安飞机工业（集团）有限责任公司
西安红旗机械厂	西安航空发动机（集团）有限公司
耀县水泥厂	陕西秦岭水泥股份有限公司

二、宝鸡市

建厂时企业名称	现在企业名称
19．国营宝成仪表厂	陕西宝成航空仪表有限责任公司
20．国营长岭机器厂	陕西长岭电气有限责任公司

三、铜川市

建厂时企业名称	现在企业名称
21．铜川矿务局王石凹煤矿	王石凹工业遗址公园

四、兴平市

建厂时企业名称	现在企业名称
22．国营秦岭电工厂	航空工业航空电源有限公司
23．国营陇西铸造厂	西安航空制动科技有限公司
24．国营陕西柴油机厂	陕西柴油机重工有限公司

苏联援建中国 156 个重点项目名录

一、辽宁省

1. 鞍山钢铁公司
2. 本溪钢铁公司
3. 辽宁 112 厂
4. 辽宁 410 厂
5. 阜新海州露天矿
6. 抚顺西露天矿
7. 抚顺第二制油厂
8. 抚顺铝厂（一、二期）
9. 抚顺东露天矿
10. 杨家杖子钼矿
11. 沈阳电缆厂
12. 抚顺电站
13. 阜新平安立井
14. 阜新热电站
15. 沈阳第一机床厂
16. 辽宁 431 厂
17. 抚顺胜利矿
18. 阜新新邱一号立井
19. 抚顺老虎台矿
20. 辽宁 111 厂
21. 沈阳第一机床厂
22. 抚顺龙凤矿
23. 大连热电站
24. 沈阳风动工具厂

二、陕西省（详见《国家"156 项工程"在陕西项目名录》）

三、黑龙江省

1. 富拉尔基重机厂
2. 哈尔滨铝加工厂（一、二期）
3. 富拉尔基特钢厂
4. 哈尔滨锅炉厂
5. 哈尔滨汽轮机厂
6. 佳木斯造纸厂
7. 兴安台二号立井
8. 鹤岗兴安台十号立井
9. 黑龙江 122 厂
10. 富拉尔基热电站

11. 鹤岗东山一号立井
12. 哈尔滨量具刃具厂
13. 哈尔滨电机厂汽轮机发电机车间
14. 黑龙江 120 厂
15. 哈尔滨滚珠轴承厂
16. 城子河九号立井
17. 双鸭山洗煤厂
18. 佳木斯热电站
19. 哈尔滨仪表厂
20. 哈尔滨碳刷厂
21. 城子河洗煤厂
22. 兴安台洗煤厂

四、山西省

1. 太原氮肥厂
2. 山西 245 厂
3. 山西 847 厂
4. 山西 743 厂
5. 太原化工厂
6. 太原第一热电站
7. 山西 616 厂
8. 山西 785 厂
9. 山西 908 厂
10. 太原第二热电厂
11. 山西 763 厂
12. 大同鹅毛口立井
13. 山西 844 厂
14. 山西潞安洗煤厂
15. 太原制药厂

五、吉林省

1. 长春第一汽车厂
2. 吉林氮肥厂
3. 吉林染料厂
4. 吉林热电站
5. 丰满水电站
6. 吉林电极厂
7. 吉林铁合金厂
8. 辽源中央立井
9. 吉林电石厂
10. 通化湾沟立井

六、河南省

1. 三门峡水利枢纽
2. 洛阳拖拉机厂
3. 洛阳有色金属厂
4. 洛阳滚珠轴承厂
5. 洛阳矿上机械厂
6. 洛阳热电厂

7. 河南407厂
8. 平顶山二号立井
9. 郑州第二热电站
10. 焦作中马村二号立井

七、甘肃省

1. 白银有色金属公司
2. 兰州氮肥厂
3. 兰州炼油厂
4. 兰州石油机械厂
5. 兰州合成橡胶厂
6. 兰州热电站
7. 甘肃805厂
8. 兰州炼油化工机械厂

八、四川省

1. 成都热电站
2. 四川784厂
3. 四川715厂
4. 重庆电站
5. 四川788厂
6. 四川719厂

九、河北省

1. 华北制药厂
2. 石家庄热电站（一、二期）
3. 峰峰通顺三号立井
4. 热河机钛厂
5. 峰峰中央洗煤厂

十、内蒙古自治区

1. 包头钢铁公司
2. 内蒙古617厂
3. 内蒙古447厂
4. 包头四道沙河热电站
5. 包头宋家河热电站

十一、北京市

1. 北京热电厂
2. 北京774厂
3. 北京211厂
4. 北京738厂

十二、云南省

1. 云南锡业公司
2. 东川矿务局
3. 会泽铅锌矿
4. 个旧电站（一、二期）

十三、江西省

1. 江西320厂
2. 江西大吉山钨矿
3. 江西西华山钨矿
4. 江西增美山钨矿

十四、湖南省

1. 湖南331厂
2. 株洲硬质合金厂
3. 株洲热电厂
4. 湘潭船用电极厂

十五、湖北省

1. 武汉钢铁公司
2. 武汉重型机床厂
3. 青山热电厂

十六、新疆维吾尔自治区

乌鲁木齐热电站

十七、安徽省

淮南谢家集中央洗煤厂

说明：

1. 以上排列以项目数量与投资额为序；
2. 在1955年第一个五年计划颁布确定的"156项"中，由于赣南电站改为成都电站，航空部陕西422厂统计了两次，造成重复计算，因此实为154项。在154项中，有第二汽车制造厂、第二拖拉机制造厂因厂址未定，山西潞安一号立井、山西大同白土窑立井因地质问题未建，实际正式施工的项目为150个。

[摘自：董志凯、吴江著《新中国工业的奠基石——156项建设研究（1950—2000）》，广东经济出版社2004年出版]

◎ 大事记

国家"156项工程"重点项目大事记

（1949—1969年）

1949年

6月中旬　毛泽东、刘少奇、周恩来在香山接见苏联驻北平总领事齐赫文斯基和苏联政府铁道部副部长柯瓦廖夫。

6月21日　刘少奇率中共中央代表团离开北平赴苏联访问。26日，代表团抵达莫斯科。

6月　刘少奇为准备访问苏联与苏共中央领导人会谈，就新中国的经济建设方针问题撰写报告提纲。

7月3日　本钢恢复生产工作取得重大进展。二号高炉流出第一炉铁水。

7月29日　东北人民政府工业部发布《关于加强经济核算制开展反浪费斗争的决定》。指出，加强经济核算制与开展反浪费斗争是我们目前工业部门经营管理上的中心一环。

7月30日　刘少奇和马林科夫分别代表中国和苏联政府签订贷款协定。

8月14日　刘少奇离开莫斯科回国。随同他一起来华的科瓦廖夫和苏联专家220人，于25日抵达沈阳。

9月13日　陈云在中财委所属部委联合办公会上讲话指出，必须认识到苏联的帮助对我国革命的重要性，以老老实实的态度向苏联学习，搞好与苏联专家的合作。

9月29日　《中国人民政治协商会共同纲领》第35条规定：关于工业应以有计划有步骤地恢复和发展重工业为重点。例如矿业、钢铁业、动力工业、机械制造业、电器工业和主要化学工业等，以创立国家化的基础。同时，应恢复和增加纺织业及其他有利于国计民生的轻工业的生产，以供应人民日常消费的需要。

同日 陈云主持中财委关于研究苏联专家工作问题的会议。会议认为，由于缺乏全国性的系统资料，致使苏联专家不能开展工作。根本解决办法是迅速建立全国性的部门，系统收集资料。目前只有通过各级财委收集几种重要资料，争取于10月份内初步理出头绪，并请苏联专家参加各种会议，以了解情况。

10月1日 中央人民政府政务院财政经济委员会（简称中财委）成立。中财委是政务院统一领导全国财政经济的机构。主任陈云，副主任薄一波、马寅初，秘书长薛暮桥。中财委是原党中央财经部和华北财经办事处合并组成的。1949年5月，陈云调到中央主持财经工作，筹组中财委机构，即着手研究解决全国面临的严重经济困难问题。8月，在上海召开五个大区财政、金融、贸易部门领导干部参加的财经会议。这次会议研究确定了财经工作方针，即全力支持解放战争彻底胜利和维持新解放区首先是大城市人民生活。根据这一方针，统筹了1949年下半年和1950年全国财政收支概算，并初步决定由各部门召开专业会议的方式，具体研究本行业的计划，以便指导和统一安排生产建设。

同日 本钢一号高炉修复投入生产。

同日 中央财经计划局成立。这个机构曾确定为政务院的直属单位，但因计划局的许多工作离开中财委很难独立进行，因而实际上作为中财委下属机构。这个机构成立初期，主要负责综合处理财经日常工作。计划局局长宋劭文，副局长曹菊如等。

10月6日 东北人民政府工业部发布《关于继续贯彻经济核算制的指示》。指出，经过初步的经济核算制，将工业建设从根本上提高和推进一步，给明年的更有计划、有组织地进行工业的恢复和发展创造有利的条件和可靠的基础。

11月17日—30日 燃料工业部召开全国首届煤矿会议，研究国营煤矿生产方针，确定煤矿生产和建设计划。到1950年5月止，燃料工业部、重工业部又先后召开专业会议，研究确定1950年钢铁、有色金属、化工、石油、电力、机器制造等生产资料的生产与建设计划。

12月16日—25日 陈云在重工业部召开的全国钢铁会议上讲话指出，现在国家财政困难，下决心在东北建设钢铁工业，这是国家大事，各地区要克服本位打算，动员专家去东北。东北方面对各地送去的人要妥善安排。技术人员是实现国家工业化不可缺少的力量，是我们的"国宝"，对他们要采取信任态度，在物质上也应有必要的保证。

12月16日—17日　毛泽东访问苏联。

1950 年

1月5日—19日　轻工业部召开首届纸张会议，了解全国纸张产销情况，确定1950年纸张生产计划。

1月26日—2月7日　全国化学工业会议开幕。

1月31日　东北人民政府工业部《发布保证与提高产品质量建立严格的检查制度的决定》。

2月6日　《人民日报》发表社论《学会管理企业》。社论指出，新民主主义的经济与官僚资本主义和一般资本主义的根本区别之一，就是新民主主义经济应当实行一定的计划性。这就首先要求国有经济各部门有统一的管理以及生产组织，有经济核算、业务经营、企业管理、工资待遇等各方面的统一的管理制度。现在中央人民政府已建立起各个产业部门的管理机关。各管理机关的首要任务，不仅要根据需要和客观的可能，将工厂企业的管理逐渐统一起来，而且要赶紧制定可能实行的各方面的统一管理制度，以制定全国统一的经济计划。

2月13日　新华社发布《接受苏联专家改进重工业技术作业建设》。

2月14日　中华人民共和国中央人民政府与苏维埃社会主义共和国联盟政府签订《关于贷款给中华人民共和国的协定》。由苏联援助中国建设与改造50个企业。其中在国民经济恢复时期开始建设的由苏联帮助中国建设与改造的企业达19项。

又据中财委1952年2月9日向中央的报告，两年来，苏联帮助设计的项目共42个，其中东北30个，关内6个，新疆5个，内蒙古1个。东北30个项目中，电力、钢铁、煤炭、制铝等20个，机械、化学、造纸等10个。关内是太原、重庆、西安、郑州4个电站，太原肥料厂及染料厂，新疆是几个电厂的医院。在42个项目中已做出初步设计并已批准的有15个，总投资额仅就关内、东北36个项目估算，共需34亿元，其中国外订货占30%。

2月19日—3月2日　燃料工业部召开全国电业会议。

2月21日　贸易部发布《关于出口货物统购统销的法律规定》。

2月28日　中财委发布《关于国营公营工厂建立工厂管理委员会的指示》，同时，重新颁布了1949年8月10日华北人民政府公布的《关于在国营公营企业中建立工厂管理委员会与职工代表会议实施条例》。文件指出，全国大部分地区中，解放战争已告结束。1950年的中心任务是恢复与发展生产。要达成这一伟大任务，进行有计划、有步骤的一系列改革。这种改革的中心环节就是建立工厂管理委员会，实行工厂管理民主化，使工人亲身感到自己是企业的主人，改变其劳动态度，发挥其生产积极性与创造性。

同日　东北人民政府工业部发布《关于普遍建立生产责任制的决定》。

3月3日　政务院通过并颁布了《关于统一国家财政经济工作的决定》。

3月10日　《人民日报》发表社论《为什么要统一国家财政经济工作》。社论指出，我们的战时财经工作从抗日战争开始直至1949年的12年间都是分散经营，是适应解放区被分割的情况的，因此获得了极大成绩。目前，除西藏外，大陆全部解放，全国都成为了解放区。适应这种情况，财经工作上统一的范围和程度也随之增加，如果国家收入不做统一使用，如果国家支出不按统一制度并在节省原则下支付，如果现有资金不加集中使用，则后果必然是浪费财力，通货膨胀。这就不但有害于战争和军政人员的供应，而且有害于国家经济和人民生活。统一国家财经工作，将不仅克服今天的财政困难，也为战后的经济建设不失时机地创造必要的前提。

3月　据中财委整理的《全国财政经济状况》统计，我国煤炭、钢、铁、电力等基本工业大都在东北，按原有设备计，全国炼铁能力年为300万吨，东北占71%；炼钢能力年为147万吨，东北占91%；轧钢能力为70万吨，东北占50%；全国现有发电设备为207万千瓦（包括台湾），东北占30%。中财委认为，全国各项主要化工工业比重大，东北资源又比较丰富，目前工业建设的重点，应放在东北。

4月13日—24日　燃料工业部召开全国石油会议。

5月11日　重工业部发出《关于建立与加强计划工作机构的指示》。

5月22日　重工业部召开全国机器工作会议。

5月　政务院财政经济委员会试编出《1950年国民经济计划概要》。

6月5日—8日　轻工业部召开全国火柴会议。

6月8日　东北人民政府颁发政务院批准的《人民经济计划委员会组织条例》，东北地区正式成立了计划委员会。东北人民政府早在1949年就指定专门机构负责计划工作，并编制了带有纲要性质的1949年东北地区国民经济计划。

6月27日—7月11日　食品工业部召开全国的油脂会议。

6月30日　重工业部副部长、代部长何长工签署《中央重工业部所属企业及经济机构统一会计制度》，自7月1日执行。

7月1日—8月6日　贸易部、食品工业部召开全国粮食加工会议。

7月15日　《人民日报》发表社论《克服工业生产中的严重浪费》指出，我们财政经济工作中还存在许多严重浪费的现象。主要的浪费有三种：第一，在财经工作中，由于管理不善，运用不当而产生的现金、物资与人力的浪费；第二，工业生产中的浪费；第三，某些公务人员和经济工作人员，不爱惜国家财产，贪污腐化或铺张浪费。为了消灭工业生产中的浪费现象，必须建立经济核算制度。应该让所有工业部门的负责人完全懂得，只求完成生产任务，不计算生产成本的做法是极端有害的。实行经济核算，最重要的是解决两个问题：一是定额管理，一是生产责任制。社论最后指出，厉行节约以积累工业化资金，这是一个长期而艰苦的斗争任务。只有把广大职工吸引到节约运动中来，认真实行经济核算制度，那么我们就一定能够克服浪费现象，一定能够加速我们国家工业化的进程。

7月15日—27日　全国橡胶工业会议召开。

7月18日—29日　食品工业部召开全国卷烟会议。

8月25日　中财委发出《关于全国国营及公私合营工矿企业建立统一的定期统计报表制度的训令》。

8月25日—9月1日　轻工业部、原卫生部联合召开全国制药会议。

8月　中财委召开计划会议，讨论编制1951年计划和三年奋斗目标。这次计划编制包括东北地区，从而形成全国统一的计划。工作步骤是：首先各部门订出三年奋斗目标和一年的计划，然后中财委计划局依据各部门的计划综合出全国计划纲要。三年奋斗目标没有形成正式计划文件。1951年计划编制了带有纲要性的年度国民经济计划。

9月29日　中苏有色金属及稀有金属股份公司在新疆乌鲁木齐成立。

11月7日　中共中央转发中财委《关于限期清理企业资产与确定企业资金的建议报告》，要求进一步摸清国营企业家底，为有计划地组织经济建设创造条件。

12月1日　政务院通过《关于决策制度、预算审核、投资的施工计划和货币管理的决定》，进一步加强财政信贷计划的管理。

12月　辽宁杨家杖子钼矿恢复投产。1951年秋至1952年，该矿务局进行了第一次生产扩建工程。1958年8月，开始第二次改扩建工程。

1951年

1月1日　海州露天矿正式开发建设。该项目是156项重点建设项目之一。1951年委托苏联设计，1953年4月设计完成。在建设中，采取了边设计边施工的方法。4月，破土动工。1953年6月22日，正式验收投入生产。

1月4日　中财委发布《关于统购棉纱的决定》。实行统购棉纱以后，对有计划供应人民需要，保持市场价格稳定，防止市场的投机行为起了重要作用。

1月21日　中华人民共和国中央人民政府贸易部与匈牙利人民共和国政府商务代表团在北京签订了1951年《中华人民共和国与匈牙利人民共和国货物交换及付款协定》。

2月2日　政务院通过《关于1951年农林生产决定》，公布农林生产计划指标，号召农林战线为努力完成这一计划任务而奋斗。

2月12日　中财委召开全国工业会议，主要讨论1951年的工业生产与基本建设计划，以及与此相联系的企业经营管理和基本建设管理问题。还讨论了中央与地方工业的划分问题。根据此次会议的讨论意见，4月6日，政务院通过了《关于1951年国营工业生产建设的决定》。

2月14日—16日　中共中央召开政治局扩大会议。会议强调，进行大规模计划经济建设的准备时间，从现在起还有22个月，必须从各个方面抓紧进行工作。会议根据周恩来的提议，决定由周恩来、陈云、李富春、聂荣臻、宋绍文6人组成领导小组，负责组织领导第一个五年计划的制定工作。

2月18日　中共中央发出《政治局扩大会议决议要点的党内通报》。《通报》提出要确立"三年准备、十年计划经济建设"的思想。关于五年计划，毛泽东主张以重工业为中心。关于五年计划的编制经周恩来提议，组织了一个领导小组，参加成员有周恩来、陈云、薄一波、李富春、聂荣臻、宋绍文。

2月19日　朱德在全国工业会议着重讲了编制五年计划问题。他说五年计划不但必须研究工业、农业等各方面的配合，还要与苏联、东欧等国相配合，使我们的订货纳入他们的计划。

2月27日　东北人民政府提出，1951年东北地区改进计划工作的几点要求：一是加强计划的全面观点；二是加强经济发展观点；三是搞好规划与掌握好季度与月度计划；四是严肃执行计划。

3月13日　政务院批准下达全国第一套计划表格。9月15日中财委又拟定了《编制国民经济计划的方法》，使经济计划的基础性工作有初步发展。

3月20日　政务院决定进一步统一币制，收回东北银行和内蒙古银行发行的地方流通券。4月1日起，东北银行和内蒙古人民银行改组为中国人民银行的下级机构。10月1日起，又限期收回今新疆维吾尔自治区银行发行的银圆票。从此，人民币成为我国唯一流通的货币。

3月29日　政务院公布1951年度财政收支系统划分的决定，规定在中央人民政府统一领导下，将财政分为中央、大行政区和省（市）三级来管理。

5月4日　政务院作出《关于划分中央与地方在财政经济工作上管理职权的决定》，于24日公布施行。

5月12日　《人民日报》报道，重工业部日前指示各直属企业实行经济核算制，该部直属各企业接管两年以来，清洗了坏分子，对工人、技术人员进行了政治教育，初步地推行了民主管理，工人群众已基本发动起来，随着竞赛运动的发展，不断地出现新纪录。各企业都制定了各种初步定额。1950年第三季颁发和试行了统一会计制度，并已确定企业为独立核算单位，独立计算盈亏。为确定企业资金，各企业曾进行了二次清点、三次估价，为实行经济核算制准备了条件。重工业部规定各企业在1951年上半年以编好企业计划为中心环节，应在1950年清理仓库估价的基础上，适当调整不合理的估价。在5月底以前，将资金初步确定，审定现有的定额，逐步调整现有机构，建立以企业为独立单位的会计制度。结合各业务部门的要求，逐步建立责任制，争取实行八级工资制，在可能条件下试行计件工资制。吸取先进工人经验，制定技术操作规程等。

5月　中财委计划局试编出1951年国民经济计划要点，这是我国第一次编制出全国性的经济计划。

6月1日　中财委发布《关于国营企业清理资产核定资金的决定》。

6月4日　《人民日报》发表社论《清理资产核定资金是实行经济核算制的第一步》。社论说，我们现有的国营企业小部分是在解放战争中人民政府自己建立起来的，大部分是随着战争的胜利自日伪和国民党官僚资本手中接收过来的。前者，大部分是军事工业，是在解放战争过程中为满足不同时期的军事需要,建立与发展起来的。在经营上,一般都带着供给制的特点。在供给制下面培养起来的有一部分企业管理人员,不重视资产的清理估价与资金的管理运用。至于原属官僚资本的企业,在长期的恶性通货膨胀的过程中,对资产的估价已无从做起,官僚资本家的主要精力又是用在囤积居奇与投机倒把上面,而不是用在企业经营的本身。我们接管了这些企业之后,初步地进行了一些清理资产的工作。但是由于供给制思想的影响以及清点经验不足和方法不一,对资产的清理与估价,大都是不准确的。关于流动资金的情况,则更加混乱。很多企业的经营者总以为流动资金越多越好,存料越多越方便,这完全是在流动资金问题上的供给制观点。换句话说,我们大部分的国营企业基本上还是在"心中无数"基础上进行经营管理的。

清理资产与核定资金在技术上最重要的是估价工作。资产估价的高低,严重地影响了正常的正确的计算。这不仅影响成本的计算,而且影响到资产的重新购置。

6月28日 中财委为及时检查基本建设计划执行情况,为避免严重的损失和浪费现象,发出《关于加强基本建设定期统计报告工作的指示》,颁发了统一的基本建设定期统计报告表式、说明及实施方法。表式比过去简化,实施范围除原定工业系统建筑单位须实施外,并扩大至中央的铁道部、交通部、邮电部、水利部、农业部所属建设单位。

6月29日 国营112厂正式命名,其前身是"满洲航空株式会社"。1952年7月,国家决定将112厂扩建成为新中国第一个歼击机制造厂,并列为苏联援建的156项重点工程之一,计划在1957年前建成。1956年7月13日完成了第一架歼-5飞机的总装。9月8日,国家验收委员会验收签字。9月9日,《人民日报》以《我国试制成功新型的喷气式飞机》为题,在头版头条做了报道。

7月7日 中财委发出《关于编制1952年国民经济计划程序的通知》,要求7月30日前,中央财经各部及大区财委(包括东北计委,华北财经工委)提出对1952年控制数字意见。9月15日由政务院批准中财委编制的控制数字草案。11月15日前中央财经各部及大区财委根据控制数字编制计划草案。经中财委综合平衡后,12月30日政务院批准颁发1952年国民经济计划。《通知》还规定了1952年控制数字的内容及中央财经各部与各大区之间的关系。

7月15日 重工业部发出《关于直属厂矿基本建设的检查报告》。《报告》提出,1950年及1951年上半年,我们在基本建设中主要发生以下缺点或错误:在旧企业的恢复发展中,(1)不经批准预算即行实施;(2)不切实际的"好大"倾向;(3)调查研究不准确,仓促施工，事后改变计划；（4）计划不周全，数次追加预算。在新建企业中，（1）产品品种中途改变，设计方针中途改变，以致前功尽弃、重新开始；（2）工作步骤不够适当，有某些前后倒置现象；（3）指导思想中有"一面设计一面施工"的倾向。

7月 第一个五年计划草案第二次编制完成。1952年，由于国民经济的恢复比预想的顺利得多，朝鲜战争大局已定，中央决定加快第一个五年计划的编制，并决定计划编制好后8月份送到苏联征求意见，争取他们的帮助。在陈云领导下，中财委开始第二次编制第一个五年计划草案。尽管时间仓促，经验不足，但这个计划还是较为详细。计划印出来以后，共有25本小册子，主要包括《关于五年计划轮廓的方针》《中国经济状况和五年建设的任务》，以及钢铁、有色金属、机器、汽车、船舶、电器、化学、建筑材料、电力、煤矿、石油、纺织、轻工业、交通、邮电等发展计划。五年基本建设计划投资505亿元，拟请苏联援助我国工业建设项目91个。7月1日计划草案印出来后，陈云致信毛泽东，对这个五年计划的编制情况进行了说明。他说："这次写的五年计划的要点是在今后五年中要办些什么新的工厂。因此在这一方面花的工夫较多，原有工厂的生产方面，也写进去了。但估计这一方面的生产数字一般是低的，可能超过，将来需要好好再讨论的。所以首先集中力量研究今后五年中新办工厂，是为了七八月间可以向苏联提出五年中供我装备的要求。"这个计划报到中央后，中央政治局进行了讨论，认为可以将这个计划带到苏联征求意见，并作为向苏联提出援助的基本根据。

8月9日—22日 轻工业部召开首届轻工会议，确定了目前轻工业生产的任务和方针，拟定了1952年各种主要轻工业生产控制数字的草案。轻工业的任务第一是保证军需；第二是适当满足民用，特别是农民的需要；三是降低成本和价格，加速资金积累。

8月10日 中财委发布《关于改进与加强基本建设计划工作的指示》。

8月15日 周恩来率中国政府代表团前往苏联访问。周恩来为团长，陈云、李富春为副团长，带领30多名专家访问苏联。

8月17日—30日 第一次全国国营企业清理资产核定资金会议在京召开，讨论了该工作的方针和任务、条例和办法，组织了报表、估价、会计三个小组。会议决定，从9月至12月中心任务是编制1952年计划与清产核算工作。如能做好这两件事，全国国营企业即有可能于明年实行计划管理和经济核算制。

9月26日—10月5日 燃料工业部召开全国煤炭基本建设会议，决定今后数年内以恢复改建为主，发挥现有设备的潜在能力，有步骤地选择重点进行新井建设的准备工作。

9月28日　中共中央发出《关于国营工厂管理的决定》。

11月　中财委召开全国计划工作会议。12月19日将会议研究确定的1952年工业生产和基建控制数字向中央做了报告。

12月24日—31日　中财委召开全国财经会议，主要讨论了1952年财经工作方针、财政概算和物资调拨计划。

12月　中苏双方批准铝厂初步设计任务书，设计任务由全苏铝镁设计院列宁格勒分院承担。

1952年

1月9日　中财委颁发《基本建设工作暂行办法》。决定将建设单位分为"限额以上"和"限额以下"两种；限额以上又分为甲、乙两类。限额以下分为丙、丁两类。并规定了各种事业基本建设的限额。

1月26日　中共中央发出《关于在城市中限期展开大规模的坚决彻底的"五反"斗争的指示》，要求在全国大中城市，向违法的资本家开展一个大规模的坚决的反对行贿、反对偷税漏税、反对盗窃国家财产、反对偷工减料和反对盗窃经济情报的斗争。

1月　中财委颁发《关于国民经济计划编制暂行办法》，这是我国第一个比较系统的计划工作制度。

2月1日　阜新发电厂恢复建设工程正式动工。该扩建工程是156项重点建设项目之一。至9月17日，一号汽轮机和一号锅炉安装完毕。9月25日毛泽东主席给高岗转阜新发电厂全体职工发来了嘉勉电。阜新发电厂扩建工程至1961年4月底正式完成，是当时全国具有中温中压和高温高压综合性的最大的火力发电厂之一。

2月9日　中共中央批准中财委党组关于哈尔滨铝合金加工工厂初步设计的审查报告。

同日　中财委向中央报告两年来苏联帮助和新建工厂的设计情况。报告指出，两年来，我国工业恢复的规模，是在解放战争胜利后工厂原有装备的基础上进行的。从抗日战争胜利到全国解放战争胜利，关内工厂装备未受损失，关外工厂装备则失散甚多。东北两年来在工业恢复上虽然做了大量工作，取得了很多成绩，但就装备而论，远未恢复到日本占领时期的水平。两年来，苏联帮助设计的项目共42个，其中东北30个，关内6

个,新疆5个,内蒙古1个;东北30个项目中,电力、钢铁、煤炭、制铝等占20个,其他10个是机械、化工、造纸等。关内是太原、重庆、西安、郑州4个电站及太原肥料厂和染料厂,新疆是几个电厂和医院。总投资仅关内和东北36个项目估算,共需34亿元,其中国外订货约占30%。报告提到,在42个设计项目中,目前已做出初步设计并已经批准的有15个,其中已签订订货合同的,只有一部分。

2月20日 陈云致信李富春,同意发出中财委草拟的《关于加强计划工作大纲》并请各大区提补充意见。3月7日,中财委发出此《大纲》,并要求各大区财委于6月底分别做出本区五年计划和十年远景的方针任务、主要指标及轮廓计划,提出对全国长远计划的建议。

同日 陈云致电东北工业部负责人,在与苏联协商援助项目过程中,苏方再三建议我们,要派被援助项目的厂长和工程师作为总订货人,常驻苏联,与他们指定的总交货人密切联系。建设一个工厂,从勘察、设计、施工、安装、试运转到开始生产,需要几年时间,如果参加了整个的设计工作,也就学会了今后如何设计与建厂。但今天,中国不仅没有胜任的总订货人,连一些零星辅助材料也要苏联供给,增加了双方工作的困难。这些问题我们应慎重考虑。

3月5日 陈云同薄一波、李富春向周恩来并中财委党组干事会讨论张闻天两封来信的情况报告。报告说,张闻天所提出的意见基本精神是正确的。为改正在请苏联专家设计和对苏订货工作中的缺点,决定了下列办法:(1)凡要建设重要性质、其产品在我国尚未生产过的新工厂,或改建和重新安装设备而我无改建把握者,均应聘请苏联设计组。(2)初步设计批准后,凡我不能自制的装备必须依靠苏联供应,凡我能如期制成有符合质量者,不应推脱自制的责任。(3)为了做好向苏联、东欧国家订货的工作,贸易部进口公司在业务知识和业务分工上要尽快适应需要。(4)凡属向苏订购成套设备或订购大量器材的厂矿,必须派出该厂矿的第二负责人常驻苏联接洽订货和催货。(5)对于重要工厂的设计和订购装备工作,财经各部负责人必须十分重视,必要时要亲自赴苏接洽。(6)在中苏商务谈判中,我方订货单一经双方签订协议书后,不能随意变更。(7)各部门、各厂矿向苏联提出的订货单的金额和主要装备,必须由中财委批准。(8)加派四位来往于我国和苏联的外交信使,专送财经信件。(9)派往苏联接洽订货问题的旧技术人员,在政治上必须倾向我们,在"三反"中确系愿意进步,并必须在驻苏商务参赞处的领导下工作。(10)克服满洲里口岸接受分拨进口货物的紊乱现象。7

日，中央向张闻天和各中央局转发了这个报告。

3月7日 中财委下发《关于加强计划工作大纲（初稿）》，征求各地、各部意见。

3月19日 中财委党组向毛泽东并中央提交《关于全国钢铁工业的发展方针、速度与地区分布问题的报告》。《报告》指出，鉴于钢铁工业在国家工业化中的重要性，在第一个五年计划期间，必须把鞍钢的建设作为首要任务，集中全国力量如期完成，以奠定全国钢铁工业进一步发展的基础。除此以外，为了改变我国钢铁工业的落后状态，于八年之内达到年产500万吨至600万吨钢，于十二三年之后达到1 200万吨钢，有必要进行第二个大钢铁厂的建设。从经济上、国防上考虑，第二个钢厂建在大冶为宜。5月6日，中央批转了这个报告。

3月20日 中央批准抚顺制铝厂初步设计，1956年6月苏联专家组来到抚顺铝厂调查有关资料，看了工厂的恢复工作。

4月1日 航空工业管理局决定，将121厂飞机修理部分划出正式成立122厂，即国营伟建机器厂（1985年改名为哈尔滨飞机制造公司），1953年伟建机器厂被列为国家"一五"计划确定的156项重点建设项目之一。至1957年，工厂已初具规模，成为航空轰炸机修理基地，并为从单纯修理过渡到飞机制造创造了条件。

5月5日 中共中央批转中财委《关于钢铁工业的发展方针、速度、地区分布问题的报告》。中财委认为，钢铁工业是企业工业的骨干，没有钢铁工业就谈不到机械制造工业，也就谈不到国家的工业化。钢铁工业的方针和地区分布问题决定了，才能对其他工业，特别是机械工业作合理的配置。在第一个五年计划时期，必须把鞍钢的建设作为首要任务，集中全国的力量，如期完成。

5月15日 周恩来在中共中央军委会议上传达中央根据朝鲜局势和国内情况而提出的"边打、边稳、边建"方针。

5月21日—6月5日 中财委召开全国财政会议。会议比较详细地研究了第一个五年计划。李富春报告了五年计划的指导思想和分行业计划的提要。

6月14日 《人民日报》发表社论《把专门技术人才放到经济建设最需要的岗位上去》。社论指出，我们伟大的祖国即将开始大规模的经济建设；而大规模的经济建设必须有足够数量的专门技术人才。没有足够数量的技术人才，就不可能使我们的国家由农业国变成为工业国。但是，目前我国技术人才的数量，远不能适应经济建设的需要。我们在短时期固然不能培养出大批由工农出身的技术干部，而更明显的是在目前十分缺乏技术人才的情况下，却又有一部分技术人员和高等学校的理、工、农、医各科毕业的学生，被不合理地使用着、浪费着。为着合理地使用有专门技术人才，各个部门的领导干部和掌管干部工作的机关，首先应该切实了解本部门技术人才的使用情况，如有不合理的现象，应决心加以调整，不应有丝毫犹豫。必须把专门技术人才放到经济建设最需要的岗位上去，放到基本建设和直接进行生产的工厂、矿山中去。

6月16日　阜新平安竖井（投产时叫新平安矿）主井破土动工。该项目是苏联帮助建设的156项重点工程之一，是中华人民共和国成立后建设第一对年产150万吨现代化的大型竖井，设计服务年限90年。该矿从掘进、采煤到井上，全部采用机械化设备，设备大部分是从苏联引进的，1957年6月16日经国家验收后正式移交生产。

7月13日　抚顺发电厂第一期扩建工程拉开序幕。该工程为我国第一个五年计划时期苏联援建156项目之一。整个扩建共分为五期。1952年7月至1957年底为一至四期，1957年底至1959年为第五期。至第四期完成时，抚顺发电厂已成为东北电网的主力发电厂之一。

7月14日　鞍钢无缝钢管厂破土动工。

7月　沈阳风动工具厂扩建工程正式破土动工。该厂是苏联援建的156项重点工程之一。按照计划，将该厂扩建为年产2万台凿岩机械和气动工具的专业化工厂。1955年1月21日，改扩建工程结束，经国家验收，即日开工生产。

8月1日　鞍钢大型轧钢厂破土动工。

8月10日　鹤岗兴安台竖井建设工程破土动工。此矿是苏联援建的156项重点建设项目之一。1956年7月20日，年设计能力为150万吨的兴安台竖井移交生产，并改称兴安台煤矿。

8月15日　以周恩来为首席代表，陈云、李富春、张闻天、粟裕为代表的中华人民共和国政府代表团启程前往苏联访问。17日，代表团成员抵达莫斯科。

8月　中财委颁发《关于编制五年计划轮廓的方针》《中国经济状况和五年建设的任务及附表》。文件规定今后五年建设的基本任务是：为国家工业化打下基础，以巩固国防，提高人民的物质与文化生活，并保证国家经济向社会主义前进。建设方针是，工业建设以重工业为主、轻工业为辅，工业的发展速度应在可能的条件下力求迅速，工业的地区分布应有利于我国国防和长期建设。

9月3日　中国政府代表团征询苏联政府对于中国第一个五年计划草案的意见。斯大林表示：中国三年恢复时期的工作给我们的印象很好，但五年计划规定的工业总产值年递增速度是勉强的。应由20%降为15%或14%；要按照一定可以办到的原则来作计划，不能打得太满，要留有后备力量，以应对意外的困难和事变；对中国第一个五年计划所需要的设备、贷款和专家一定给予援助，但具体给什么不给什么，现在还不能说，还需要经过工作人员用两个月时间加以计算后才能说。

9月6日　周恩来将抗美援朝作战订货单、委托苏联帮助设计的建设项目名单、聘请专家名单、国防工业各系统的发展计划、各军兵种五年建设计划所需装备的订货单等项文件送交苏联方面。

9月8日　政务院发布《各级政府所经营的企业名称的规定》指出：（一）凡中央及大区各部门所经营的企业（包括大区委托省市代管的企业），称"国营企业"；（二）凡省以下人民政府所经营的企业，标"地方国营企业"；（三）政府与私人资本合资，政府参加经营管理的企业称"公私合营企业"。

9月15日　中苏两国政府代表团举行有关协定的签字仪式。

9月22日　周恩来等中国代表团成员离开莫斯科回国，李富春和代表团的部分工作人员留在苏联，继续同苏方有关部门广泛接触，征询对中国五年计划的意见，商谈苏联援助中国的具体项目。

9月24日　中共中央召开书记处扩大会议。会议听取周恩来关于"一五"计划轮廓问题同苏联商谈情况的汇报，讨论了"一五"计划的方针和任务。

10月2日　李富春在《人民日报》发表《三年来我国工业的恢复与发展》。

10月10日　中财委颁发1953年对35种重要物资实行全国统一分配办法（试行草案）。凡需用国家统一分配物资计划的企业部门，均应按照其生产计划与基本建设计划以原材料、燃料、电力的消费定额，核算全部需要，逐步审核汇总，分别由中央各部及大区财委、计委向中财委统一申请并负责供应。

10月22日—23日　中财委召开1953年基本建设工作会议。陈云到会讲话指出，1953年将是大规模进行经济建设的一年，其任务较以往任何一年都要复杂和繁重。今后几年，基本建设将在经济工作中占头等重要的地位，有关部、局应把领导重点放在基本建设工作上，目前的主要矛盾是基本建设任务和充实基本建设机构。生产和基本建设二者比较起来，生产部门的干部和技术人员比基本建设部门多得多。如果不从生产部门大量抽调干部和技术人员到基本建设方面去，基本建设必垮无疑。陈云在总结讲话中又强调，工业与交通部门必须纠正两种错误思想：等待人事部门分配干部，而不积极地从生产方面抽调；依赖建筑工程部门设计、施工，不积极地组织自己的设计和施工力量。

10月　陈云副总理代表中央正式批准齐齐哈尔钢厂第一期工程初步设计，开始了中国最大的、设备先进的特殊钢厂的建设。

同月　据东北人民政府发布的《三年来东北工业建设获得伟大成就》，东北地区的工业建设，经过三年多来的艰巨努力，已经获得了伟大的成就。到1952年底，东北工业的恢复改造工作基本完成，工业生产总值超过战前（1943年）最高生产水平的10%以上，各种主要工业，如钢、机械、电器、化学、纺织、橡胶、造纸和玻璃等的生产量，以固定价格计算，已超过了历史上的最高生产水平，煤、铁、发电也接近战前最高水平。自1952年起，全区开始了有重点的大规模基本建设，基本建设工作提到了首要的地位。

11月3日　中财委下达1953年工业农业生产、交通运输及贸易控制数字。因为没有经验，以及组织不好、力量薄弱等原因，1952年基本建设成果较差。为此，1953年国家大力组织培养基本建设的力量，进行有重点的建设，并为今后大规模建设创造条件。

11月7日　《人民日报》发表社论《加强国家工作的集中性迎接大规模经济建设》。社论指出，经过了三年来的各项社会改革运动及经济恢复与改建工作以后，目前我们正面临着一种新的形势和新的任务。这就是从1953年开始，我们即将结束国家经济的恢复和改建工作，开始全国大规模的有计划的经济建设与文化建设，以便尽快地使我国走上工业化的道路。

为了顺利地进行国家的经济建设，我们需要做很多的准备工作。首先，必须加强国家经济的计划性。对于经济建设有计划的领导，乃是新民主主义和社会主义国家经济优越性的集中表现。我们必须根据计划经济原则，来组织我们的生产。而为了加强计划性，又必须加强中央的统一和集中的领导，以便及时了解各方面的情况，确保各个经济环节之间的应有的合作。因此，三年来地方分权较多的情况就不能够适合今天的形势了。过去，军事工作的领导、外交工作的领导、公安工作的领导都是统一和集中的。今后，其他各方面的工作也都要进一步加强统一和集中。经济工作如此，文化教育工作如此，政治工作也应如此。

加强统一和集中的第一个措施，就是精简政权层次，加强中央和省、市的领导，加强统一和集中的另一方面工作，就是调整与增设中央机构、中央领导机构的充实和健全。

社论最后指出，中央人民政府委员会的决定和决议，完全符合于目前形势的需要。这些都是进一步加强国家统一和集中的重要措施。因此，我们必须保证其彻底实现，以便接受国家大规模的经济建设的任务。

11月9日　中财委党组发出《关于迅速准备基本建设的指示》。《指示》指出，基本建设工作已经在经济工作中占有头等重要的地位。过去从来没有过的、复杂的、规模庞大的、对中国工业化具有决定意义的工厂，要在今后几年建设起来。要改变基本建设力量十分薄弱的状况，迅速建立或健全基本建设机构，充实基本建设力量，从生产部门抽调人员，克服等待依赖思想。

11月11日　东北工业部提出《关于基本建设情形的报告》。中财委于12月3日将该报告批转中央各部及各大区财委。批语指出，这一报告系统地总结了东北工业三年多来基本建设的历史，并详细叙述了为1953年基本建设所必需的今冬准备工作。

11月15日　中央人民政府委员会第十九次会议通过决议。决定增设中央人民政府国家计划委员会。高岗任主席，邓子恢任副主席，陈云、彭德怀、林彪、邓小平、饶漱石、薄一波、彭真、李富春、习仲勋、黄克诚、刘澜涛、张玺、安志文、马洪、薛暮桥任委员。秘书长马洪，副秘书长王光伟。

11月16日　《人民日报》发表中央人民政府燃料工业部煤矿管理总局局长刘向报告《苏联专家的帮助对中国煤矿工业的恢复和发展起了巨大作用》。

11月17日—12月8日　全国地质工作会召开，决定地质工作要有个大转变，要根据国家建设的需要，在一定时间内，探明一定储量。

11月18日　《人民日报》发表社论《把基本建设放在首要地位》。社论指出，目前我国国民经济的恢复阶段即将宣告结束，新的大规模的建设即将开始。今后我国的建设，其规模是空前的，我们要完成过去几十年的工作量。我国前所未有的规模巨大的对于我国工业化有决定意义的某些复杂的现代化企业，将在今后逐渐地建设起来。这些企业建设的迟早，将决定我国工业化的程度和速度。因此，把基本建设放在整个国家工作中的首要地位，是今后全国要共同执行的方针。要贯彻这一方针，我们必须反对两种倾向：一种是左的冒进倾向，另一种属于右的保守倾向，这两种倾向都是错误的。我们必须继续反对左的冒进倾向，同时又必须反对右的保守倾向。

11月19日　一机部党组提出《机械工业的主要情况及当前任务与工作布置报告》。12月4日，中财委将该报告转呈中共中央，并表示原则同意该报告，但认为1953年新建任务过重，拟削减部分项目，集中力量搞必要的和大的工厂。

12月12日　财政部在《三年来使用苏联专家的检查报告》中指出，三年来，在苏联专家的帮助下，我们已有一套自己的基本财政法规，涉及20多种重要法规。如果没有苏联专家的帮助，是不可能获得如此成绩的。

12月15日　全国统计工作会议要求加强统计工作，在集中统一的原则下，建立科学的统计制度。

12月21日　东北计划委员会在《财经部门三年来苏联专家的检查报告》中指出，苏联专家对于我们提高自己的业务水平帮助很大，对节约人力、物力、财力、发现潜在力量，作出了重要的贡献。苏联专家通过讲课、著述、开办训练班、带徒弟等办法帮助我们培养了大批开始熟悉业务的干部。

12月22日　中共中央发出《关于编制1953年计划及长期计划纲要若干问题的指示》。

12月23日　中财委提出，到明年第一季度，应该抓紧三个环节进行基本建设的准备、当前工作的重点设计。

12月26日　《人民日报》发表社论《抓住决定环节，发掘潜在力量》。社论指出，正确地制订国家建设计划，是我国政治生活中头等重要的工作。正确地制定国家建设计划的两个关键性问题，就是善于抓住决定环节，善于发掘潜在力量。决定的环节就是发展重工业，特别是那些对我们的国防建设和国民经济起决定作用的重工业。事情很明白，首先发展重工业即五金、燃料、电力和机械工业等，是我们实现国家工业化唯一正确的道路。正是重工业这一环节，才足以对我们国家国防的巩固和经济发展起决定的作用，才足以改变我们国家的面貌，使我们的国民经济起到质的变化，变农业国为工业国，达到经济上的独立。我们的建设必须集中力量去进行，把有限的资金和建设力量使用于主要的和急需的地方，坚决削减那些可以推迟的建设的投资、削减那些对国家建设并不起重要作用的工程的投资，以全力保证重工业建设，特别是那些对国家起决定作用的、能迅速增长国家工业的基础和国防力量的工程的完成。

12月28日　《人民日报》发表社论《推广五三工厂的经验》。社论指出，全国国营企业的恢复与改造工作已经完成，大规模的经济建设已经开始。建立厂矿企业和基本建设中的基层工作的正常秩序，并取得企业管理和党与群众工作的完备经验，是当前的一个刻不容缓的任务。

东北五三工厂在3年来的工作中，初步掌握了现代化企业的领导艺术，建立了基层工作的正常秩序，在经济工作与政治工作方面都获得了卓越的成绩，并积累了一套比较完备的经验。在全国多数厂矿企业由改革运动转向生产并开始进行大规模厂建设的目前时期,这些经验对于推动厂矿企业基层工作及早走上正常轨道,具有重大意义。

12月31日 基本建设投资原计划15亿元,因基本上没有设计及施工计划,加之缺乏经验,实际完成10.4亿元,计划没有完成。

同日 中苏两国关于苏联将中国长春铁路移交我国最后议定书的签署仪式在哈尔滨举行。

1952年 经济工作的重点开始从恢复生产和进行生产改革转移到基本建设方面。1952年11月,中共中央和政务院发出了"把基本建设放在一切工作的首位"的号召。

1952年 中国第一个大型轻加工厂成立建厂机构,定厂名为哈尔滨铝加工厂,代号101厂。

同年 中共中央在《关于编制"一五"计划中若干应注意的问题》的指示中明确指出,工业化的速度首先决定于重工业的发展,因此必须以发展重工业为大规模建设的重点,以有限的资金和建设力量首先保证重工业的基本建设。特别是确保那些对国家起决定作用的,能迅速增强国家工业基础的主要工程的完成。一些次要的、可以推迟的建设必须推迟。一切对国家不起重要作用的工程投资必须削减,盲目铺摊子的现象必须克服。

1953年

1月1日 《人民日报》发表社论《迎接一九五三年的伟大任务》。社论指出,1953年向全国人民提出了三项伟大的任务:第一,继续加强抗美援朝的斗争,争取更大的胜利;第二,开始执行国家建设的第一个五年计划,完成和超额完成1953年度建设计划;第三,召集全国人民代表大会通过宪法,通过国家建设计划。

同日 东川矿务局成立。

1月8日 政务院发布《关于充实统计机构加强统计工作的决定》指出,国家大规模的有计划的经济建设即将开始,没有比较健全的系统的统计机构和比较完整的科学的统计制度,就不可能制订正确的计划,不可能及时检查计划的执行情况。为此,必须加强各级政府及各业务部门的统计机构和统计工作,并须统一制定全国性的统计制度和统计方法,使我们的统计工作能适应大规模经济建设的需要,逐步发挥统计工作在经济建设中的监督作用。

2月13日　中共中央发出《关于建立计划机构的通知》。《通知》说，为适应国家有计划的大规模建设的需要，中央人民政府已成立国家计划委员会，中央以及各经济部门和文教部门，必须迅速加强计划工作，建立起基层企业和基础工作部门的计划机构。各大区行政委员会和各省、市人民政府的财经委员会应担负计划任务，其有关业务的计划，应受国家计委的指导。各省、市的财经委员会，应按照国家计委与省、市党委及人民政府的指示，综合编制各行业长期和年度计划，并检查计划执行情况，积极推动国营经济和合作社经济的发展壮大，保证各社会经济成分逐步按比例发展。

2月14日　《人民日报》发表社论《掀起学习苏联的高潮，建设我们的国家——庆祝中苏友好同盟互助条约签订三周年》。社论指出，在《中苏友好同盟互助条约》签订之后，苏联政府就以优惠条件贷款给我国，大批的苏联专家应邀来到我国，帮助我们迅速修复了京汉、粤汉等铁路，迅速建成了成渝、天兰等铁路，迅速完成了第一期治淮的工程和荆江分洪等水利工程，迅速完成了塘沽新港的建设工程，迅速完成了内蒙古等地的鼠疫防治，并将苏联的各种先进经验无保留地介绍给我们，引起了我国许多企业部门生产技术和经营管理方面的一系列的改革，获得了很大的成绩。苏联的同志们以忘我的劳动和自我牺牲的精神，带动和培养了我国工人阶级的大批积极分子和不少的劳动模范，为我国今后大规模的五年计划的建设创造了良好的条件。社论援引毛泽东在中国人民政协第一届第四次会议上发出的"向苏联学习"的号召，我们要在全国范围内掀起学习苏联的高潮，来建设我们的国家。

3月28日　《人民日报》发表社论《中苏经济合作关系的新发展》。社论指出，中苏两国间一系列议定书和协定规定了中苏间贸易的进一步扩大。苏联在1953年内将供给我国以冶金、采掘、机器制造、化工、电力和其他工业部门所需要的设备，以及工业和运输所需要的材料，新式的农业机械、种畜、种子和许多其他货物。我国则以有色金属、大米、植物油、油籽、肉、烟叶、茶叶、水果、绒毛、黄麻、生丝、绸缎、皮革及其他货物供给苏联。

3月30日　李富春与苏联领导人会谈中国五年计划问题。1952年8月，以周恩来为首的我国政府代表团到莫斯科与苏联政府商谈对我国经济建设予以援助的问题。原则确定后，周恩来、陈云等先行回国，李富春和若干助手继续与苏联领导人商谈对我国经济建设援助的具体细节。前后历时8个月，对每个项目都进行了比较详细周密的研究。

3月　辽宁省抚顺发电厂扩建的5万千瓦机组投产发电。

4月25日　我国第一台自动化大型水力发电机组（7.25万千瓦水利发电机组）在吉林丰满电厂安装成功，27日开始送电。

同日　中央批准下达1953年国民经济计划提要。该提要是根据中央"边打、边稳、边建"的方针和党在过渡时期总路线的精神编制的。该提要要求，为了我完成1953年计划，必须做好下列几项工作：一、建立和加强计划管理。健全全国自上而下的计划、统计系统。加强企业的计划管理机构。二、建立和健全责任制。一切经济部门均应逐步建立科学的管理制度，特别要注意建立安全生产、产品质量、设计工作、原材料和设备供应、施工等项责任制。三、大力提倡学习苏联和推广先进经验。四、一切国营企业应逐步实行严格的经济核算制度。五、加强基本建设工作，保证基本建设任务的完成。

4月28日　国家计委向中共中央报告《关于工业、运输技术人员的现状和培养办法》。

同日　《人民日报》发表社论《必须量力而行》。社论指出，在我们的基本建设中，由于有些计划不切合实际，每年都有大量应该完工的工程不能完工，尤其是一些主要工程不能完工。这样不仅积压了国家大量的资金，而且影响到其他重要工程的进行和其他部门的正常生产。我们必须进行许多具体而复杂的工作，必须采取一些具体的措施来克服贪多冒进、盲目建设的倾向。这些措施是：调查和研究每个新建的或扩充建设的单位的建设条件——资源埋藏、资源品质、资源的配合条件，可能达到的技术力量及技术水平、设备供应的可能，等等；排好每年每季每月的具体工程进变计划，努力争取解决必须解决的问题；计算各种定额投资定额、建筑安装中的定额、劳动定额、所需技术人员的类别及定额，等等，以便摸清计划的根据；研究主要工程逐年的进度和逐年工作量的各种平衡；同时还须采取有效措施，壮大基本建设力量，特别是壮大设计力量和提高设计水平。社论最后指出，计划工作和经济工作中的贪多冒进倾向，不仅存在于工业基本建设部门，而且也存在于农业生产的领导部门和其他部门，它已成为我们当前主要的危险。

5月15日　中苏两国政府签订《关于苏维埃社会主义共和国联盟政府援助中华人民共和国中央人民政府发展中国国民经济的协定》（简称"五一五协定"）。《协定》规定，对上述项目，苏联负责完成各项设计工作和设备供应，在施工过程中给予技术援助，帮助培养这些企业所需干部，并提交在上述各企业中组织生产产品所需的制造特许权及技术资料。中国政府组织现有企业生产一部分供141项所需配套用的辅助性的半成品、成品和材料；完成建设上述企业的技术设计与施工设计工作。

同日 以协定、议定的形式规定苏联对中国 35 个国防工业项目保证完成现成各项设计工作和设备供应,并给予其他各种技术援助。为了保证我国国民经济各部门的互相配合及需要,并根据苏联政府派来我国的 5 个综合专家组对发展各部门工业远景计划的研究,1954 年 10 月 12 日,苏联政府又增加设计和帮助建设 15 个项目。中国聘请了北京市规划顾问、铁道部设计与施工专家。至此,中苏共签订 156 个苏联援助我国的建设项目。

5 月 28 日 重工业部发出《关于在生产厂矿建立责任制的指示》。

5 月 30 日 中共中央颁发《第一机械工业部党组对目前国营机械工业基本情况和今后工作部署的意见》,指出我国机械工业今后的任务是对现有工厂的基础加以调整和进行可能的技术改造,配合苏联援助,为国家实现第一个五年计划提供必要的设备,并把原有企业的改造和生产活动与新企业的建设很好地结合起来,使机械工业成为独立、完整的机械制造工业。

5 月 沈阳第一机床厂作为苏联援建的 156 项工程之一,其改扩建工程正式破土动工。1955 年 12 月 29 日,沈阳第一机床厂举行隆重的开工剪彩典礼。改建后的沈阳第一机床厂,是全国最大的车床制造厂,当时企业管理水平、技术水平和产品质量水平均居国内领先地位。

6 月 9 日 中共中央批转《国家计委关于编制 1953 年度计划工作的报告》。《报告》在肯定成绩的同时,着重检查了编制工作中存在的缺点及问题。

6 月 14 日 全国财经工作会议在北京召开。这次会议听取了高岗《关于编制五年计划几个问题的意见》的报告和李富春作的题为《与苏联商谈我们五年计划问题的几点体会》的副报告,以及李维汉《关于利用、限制、改造资本主义工商业的意见》的报告。

6 月 15 日 毛泽东在中共中央政治局会议上讲话,提出了党在过渡时期的总路线和总任务,要在十年到十五年或者更长一些时间内,基本完成国家工业化和对农业、手工业、资本主义工商业的社会主义改造。他批评了"确立新民主主义社会秩序""由新民主主义走向社会主义"和"确保私有财产"的三种说法。

6 月 21 日 李富春在全国第二次财经会议上介绍商谈五年计划的几点体会。其中谈道:学习苏联,以求达到自力更生。苏联对我们的技术援助是从确定企业的设计任务书、进行设计到新产品的制造。但我国建设毕竟是我们自己的事情。我们自己需要担负地质勘查、供给设计基础资料、选定厂址、制定设计任务书,担负 20%—30% 的设计工作和 30%—50% 的设备制造,用自己的人力物力进行建筑安装,组织现有企业生产配套用和辅助性半成品、成品和材料，培养自己的专家和技术工人掌握生产。

7月1日　辽宁阜新海州露天煤矿竣工投产。该矿于1950年1月开始施工，建设规模年产原煤300万吨；建设周期三年半，投资1.9亿元，吨煤投资65元。

7月6日　齐齐哈尔市富拉尔基发电厂一期工程破土动工。此项目是苏联援建的156项重点工程之一。1955年12月10日，完成了第一期工程建设任务。

8月1日　政务院下达《关于1953年暑期全国高等学校毕业生统筹分配工作的指示》，基本方针仍是"集中使用，重点配备"。配备的重点是基本建设的施工、设计方面和高等学校的助教、研究生。

8月5日　中共中央批转试行国家计委《关于编制经济年度计划试行办法（草案）》。

8月17日　国家计委召集各大区、省、市及中央有关各部对计划工作、地方工业、物资调拨和统计工作等问题进行座谈。

9月4日　中共中央发出《关于城市建设中几个问题的指示》。

9月7日　中共中央作出《关于中央建筑工程部工作的决定》，为了使建筑工程部集中力量执行工业建设任务，决定将该部担负的国防工程任务，移交军委有关部门；一般民用建筑企业的管理，移交地方。同意建筑工程部报告中提出的整顿队伍的意见，以现有8个建筑工程师及一部分较有基础的企业为骨干，组织一支具有良好政治素质与高度技术的工业建筑队伍。

9月17日　国家计委会同中财委初步确定了1954年国家财政预算方案，决定发行6亿元公债，做到财政收支平衡。1954年全国职工平均工资拟增加4%，重点在重工业及知识分子。

9月25日　中共中央发出《关于颁发1954年度国民经济计划控制数字的指示》，指出了1953年经济工作出现的六个问题，提出编制1954年国民经济计划的具体方针。首先要坚定不移地不断增长社会主义经济比重和集中力量发展重工业，从各方面积累资金，适当提高经济建设投资比重，优先保证工业建设。1954年国民经济计划的控制数字为经济建设拨款72亿元，较1953年略低。重点保证141项中续建的28个项目和新开工的12个项目。

9月　沈阳电缆厂的改扩建工程正式开始施工。沈阳电缆厂的改扩建工程是156项重点工程建设项目之一。该厂原名沈阳电线厂，前身是"满洲电线株式会社"，1956年7月14日，被正式命名为"中华人民共和国第四机械工业部沈阳电缆厂"。1956年9月12日，沈阳电缆厂改扩建工程验收开工生产典礼大会隆重举行。

10月1日　《人民日报》发表国庆社论《为着社会主义工业化的远大目标而奋斗》。社论说，在今年国庆节的前夜，在我国经济发展方面有两件令人注意和兴奋的事：一件是国家统计局发表了1952年国民经济和文化教育恢复与发展情况的公报，一件是人民政协全国委员会和中央人民政府委员会讨论了我国过渡时期的经济建设的总路线。根据国家统计局的公报，以1952年和1951年相比，全国国营工业的总产值增加了45%，粮食总产量增加了13%，棉花增加了24%，铁道运输发送货物吨数增加了19%，国营商业国内收购总值增加了56%，销售总值增加了62%。国家基本建设的规模也扩大了，去年中央六个工业部完成的投资总数，较1951年增加了210%。我国社会主义经济的迅速发展保障了国民经济的迅速恢复。1952年国营和公私合营的大型工业的总产值，占全国大型工业总产值的66%，国营和合作社商业在国内商品销售总额中占50%以上。社论指出，我们正在执行第一个五年计划的第一个年度计划。上半年的执行情况，一般说来是令人满意的。但在个别工业生产部门中有几种产品没有完成计划，也有些部门的利润上缴计划没有完成；基本建设工程大部分挤在下半年，时间很紧；税收任务有半数以上要在下半年内加紧完成。本年度的时间只剩下三个月了。要在最后一个季度内保证完成并争取超过计划，就必须加紧开展增产节约运动。我们的增产节约运动不但是解决目前的问题所必需的，而且也是今后长期建设所必需的。

10月9日　我国西北第一座现代化自动火力发电厂西安第二发电厂建成发电。该厂于1952年11月动工兴建。

10月10日　陈云在全国粮食会议上讲话，要求实行粮食统购统销。10月16日中共中央做出《关于实行粮食的计划收购与计划供应的决议》。

10月30日　《人民日报》发表社论《为了建设祖国，提倡艰苦奋斗和服从计划的精神》。社论指出，从今年开始实行的第一个五年计划，目的是要首先集中主要的力量，来发展重工业，为社会主义的国家工业化打下巩固的基础。苏联政府帮助我们建设的141项大规模的工程，大部分也就包括在我们的第一个五年计划当中。这些都是非常重要的重工业，比如新建的钢铁公司、机器制造厂、拖拉机制造厂、汽车制造厂、炼油厂、煤矿、铝矿、锡矿、发电站等。这些重工业建设完成以后，我们就将不但能够制造各种轻工业的机器，去发展纺织、食品等轻工业生产，以满足人民日常生活的需要；并且能够制造拖拉机等农业机器和化学肥料，使新式的农业生产大规模地发展起来。同时，有了这些重工业，我们的现代化的交通运输业也将大大发展，我们的国防也将更加巩固了。

要得到工业化所需要的大量资金，当然是不容易的。苏联人民为了进行工业化建设，全国精兵简政，节衣缩食，艰苦奋斗，积累资金，并且竭力做到严格地合理使用资金，一个钱也不浪费。苏联在第一个五年计划时期，国家用于经济建设的支出增至国家总支出59.7%，文化建设的支出合占34.3%，而行政费则降至5%。由于人民生活改善，购买力提高，由于城市人口随着建设发展而迅速增加，又由于农业的发展赶不上人民的需要和工业生产必须首先着重于生产资料而不能着重于消费资料，苏联人民在国家工业化时期曾经遭受农产品和日用品不足的困难，并且由于这种情况而长期实行购物证制度和配给制度。正是因为苏联的艰苦奋斗、勤俭节约，他们才能够在帝国主义包围当中，在极端困难的条件下，完全没有外来的帮助，完全依靠自己的努力，迅速地把苏联建设成了伟大的富强的社会主义国家。我们要学习苏联，集中力量进行建设，实行适当的节约，来推进我国的工业化建设。

11月8日　中共中央同意国家计委关于有新厂建设的城市中组成城市规划与工业建设委员会的建议。

11月12日　《东北日报》发表《重视与培养生产革新者的首创精神进一步发挥工人阶级的积极性与创造性》。

11月20日　国家计委批准成立全国矿产储量委员会。

11月25日　《人民日报》发表社论《巩固工农联盟是实现总路线的保证》。社论指出，我们必须首先着重发展工业特别是重工业，并且必须保持现在的工业发展速度，因为只有这样才能保证我国走向富强，人民走向幸福。不这样做，整个国家都要受损失，农民也要受损失。我们国家并没有采取加重农业税、降低农产品价格和提高工业品价格的政策；而是恰恰相反，采取了稳定农业税、保持农产品的合理价格和逐渐降低工业品价格的政策。工业化的资金主要依靠国营企业自身的积累。我们国家的财政收入，国营企业和合作社缴纳的税和利润，1950年占34.8%，1952年已经达到56.33%，在今年预算中占59.79%；农民缴纳的农业税，1950年占29.63%，1952年占17.08%，在今年预算中只占14.56%。当然农民除了缴纳公粮以外还把大量粮食棉花和别的农产品卖给了国家，农民对国家是有功劳的；但国家收购农产品的价格是完全公平的，决不会让农民吃亏。

11月27日　哈尔滨电机厂试制成功我国第一台大型6000千瓦水轮发电机。

11月28日　轻工业部党组提出《轻工业部三年来基本建设总结报告》。

11月30日　国家计委向中共中央报送《关于各工业部检查和总结1953年工作，抓紧进行1954年计划草案编制工作的部署报告》。

12月9日　我国决定发售6亿元公债。

12月12日　国家计委报送关于出国实习生派遣工作的报告。三年来，我国派遣出国的实习人员共计354人。

12月26日　中央人民政府重工业部鞍山钢铁公司大型轧钢厂、无缝钢管厂、七号炼铁炉开工典礼，在钢都鞍山隆重举行。这是我国五年建设计划中苏联帮助建设的重点工程首批开工生产的喜日。人们热烈地庆祝我国第一个五年建设计划第一年的重大胜利。

12月31日　中国建成第一座现代化纺织机械厂国营山西榆次经纬纺织机械制造厂。

12月　中苏两国政府换文，苏联将制造喷气式飞机米格-15（含发动机）和教练机雅克-18（含发动机）的制造权转让给中国，并提供成套技术资料和样机。

1954年

1月1日　《人民日报》发表元旦献辞《一切为了实现国家的总路线》。献辞说，1953年国家在基本建设方面的投资约占全部财政支出的1/3，重要的建设项目有130个，其中包括最近已经开工生产的我国第一个完全自动化的鞍山无缝钢管厂、大型轧钢厂和七号炼铁炉。九条新的铁路和五千多公里的公路也已经施工。1954年国家将进一步集中力量进行重工业的建设和铁路的建设，将有近70个新建和扩建完成了的工厂、矿山投入生产，其中包括煤矿、发电厂、油矿、钢铁厂、有色金属矿、机器厂、纺织厂、造纸厂等。这些工厂、矿山的投入生产，有可能使工业生产进一步提高，进一步满足国家建设和人民群众在生产上、生活上的需要。为了进一步达到工业增产的目的，我们要用最大努力去提高质量，降低成本，挖掘现有企业的潜在力，保证工业生产进一步的增长。

同日　重工业部发出《关于学习王崇伦首创精神的通报》。

1月4日　中共中央批转《中财委关于1954年扩展公私合营工业计划会议的报告》和《中财委关于有步骤地将10个工人以上的资本主义工业基本上改造为公私合营企业的意见》。

1月13日　《人民日报》发表社论《加强国民经济各部门间的配合和协作》。社论指出，某些新建、扩建的企业，由于在地质、设备、材料、交通等方面得不到其他部门的密切配合，拖延了设计或施工的期限，无法确定设计任务书；某些生产厂矿，由于在原材料供应和产品推销方面得不到其他部门的配合，设备效能不能充分发挥，甚至要停工减产，使那些为国家和人民急需的产品不能得到充分的供应；某些基本建设项目的地质勘查、搜集资料及设计等工作由于没有互相协作进行，往往工作重复，浪费人力、财力，而且因为技术力量的分散使用，不能很好地完成任务。

从整个国民经济部门来说，在工业和农业之间，工农业生产和商品流转及交通运输之间，经济建设和其他各项建设之间，在配合和协作上尚存在着不少问题。从工业内部来说，采掘工业和加工工业之间，或这一采掘工业和那一采掘工业之间，这一加工工业和那一加工工业之间，也常发生缺乏协作配合或协作配合得不好的问题。社论指出，加强国家计划对国民经济活动的控制和指导作用，对克服国民经济各部门之间、各项经济工作之间的某些脱节现象是有重要意义的。

同日　中共中央批转鞍山钢铁公司赴苏实习团《关于实习经验的报告》指出，一切苏联设计的和供给设备的新的重要企业，凡不能掌握新的操作技术者，主管部门必须正确及时地挑选人员成批成套地组织赴苏学习，以便保证新建企业及时、顺利地进行生产。1954年赴苏实习生约有1 300人。

1月21日　政务院通过《关于修建武汉长江大桥的决定》。该项目1955年正式开工，1957年9月建成。

2月1日　中共中央发出《关于建立与充实各级计划机构的指示》。中共中央政治局召开扩大会议。会议决定成立由陈云（主持人）、高岗、李富春、邓小平、邓子恢、习仲勋、陈伯达、贾拓夫组成的编制五年计划纲要八人工作小组。

2月20日　陈云主持中央编制五年计划纲要八人工作小组会议并讲话，陈云指出，五年计划已在1952年年初、1953年2月和6月编过三次，这次是第四次，年内必须编好，提交全国人民代表大会。现在的问题是，财政收入越算越少，而投资越算越多，因此要确实计算每个项目的单价。各部门不要把次要项目算进去，而把重要项目有意调掉。如果财源真的不够，就要考虑哪些项目缩小，哪些项目延期。

2月　吉林化工厂、吉林染料厂、吉林电石矿开始建设。

3月19日　《人民日报》发表社论《充分发挥技术人员在国家工业化建设中的作用》。社论指出，国家实现社会主义工业化，在有了一定的资金，有了苏联的技术装备援助之后，人才问题，特别是技术人才问题，就被提到了头等重要的地位。苏联援助我国建设的141项巨大工程，都是世界上最新的技术设备。要使这些技术设备能够安装成一个个工厂，而且在安装起来以后能够顺利地进行生产，就需要有一大批熟悉技术和使用这些设备的人才。建设一个年产三万辆汽车的汽车制造厂，在苏联帮助设计的条件下，大约需要总工程师、工程师和技术人员600多人，助手（大、中学毕业生）800人；开工生产又需要工程技术人员1600多人。鞍钢大型轧钢厂、无缝钢管厂、七号炼铁炉三大工程，仅在基本建设中，就组织了一支数千人的技术队伍。因此要完成141项工程，并进行正常生产，就需要很多的技术人才，其数字不是几千，也不是几万，而是更多。因此技术人才问题，已成了当前国家工业化中主要问题之一。

解决技术人才问题，一方面要在学校和厂矿中不断地培养新的技术人才，这是主要的，但是需要较长的时间；另一方面，就是要团结与教育已有的技术人员，迅速提高其思想与业务水平，使其能够担负更多的工作，这是立即可以做到的，也是目前的迫切任务。

3月20日　中财委决定地方国营企业超额利润可以作为地方工业投资。

3月31日　国营410厂成立。该厂即为后来的沈阳黎明发动机制造公司，是专门生产航空喷气发动机的军工厂。该厂被列为第一个五年计划时期由苏联援建的156项重点工程之一。该厂的基建工程，于1954年6月1日破土动工到1956年9月底止，历时两年多。1956年5月，生产出首批发动机5台。6月12日，国家验收委员会签字验收。至此，国家提前一年零四个月完成了第一个五年计划中规定的任务。

3月　大连第二发电厂开工扩建。该项目是苏联援建的156项重点工程之一。大连第二发电厂先后进行了三期扩建工程。第一期工程于1955年12月竣工。1957年8月30日大连第二发电厂进行第二期扩建工程并于1959年1月13日投产。该电厂的改扩建，为缓解辽南地区，特别是大连地区的工业、军事用电作出了巨大贡献。

同月　白银有色金属公司开始筹建。1954年11月，确定距矿区较近的郝家川为建厂区和生活区。白银公司是"一五"计划期间全国156个重点项目之一。1956年3月2日，露天矿开始施工。1958年3月，选矿厂、冶炼厂的电解系统、硫酸系统全面开工；机修、电修、供水、供电等辅助设施也陆续开工。1959年10月1日，露天矿提前5个月建成投产。1960年6月14日，冶炼厂比计划提前9个月建成投产，炼出了第一炉铜水。至此，一座拥有采、选、冶现代化设备的大型铜基地初具规模，巍然屹立于陇中黄土高原之上。

4月10日　哈尔滨铝合金加工厂基本建设第一期工程正式破土动工。该厂当时是苏联援建的156项重点工程之一，也即是后来的东北轻合金加工厂。工厂于1950年初开始筹建，1954年破土动工，1956年第一期工程完成投产，1962年完成第二期工程，该厂是国家的特大型企业、全国最大的铝镁加工基地。

4月19日 中共中央正式发出关于成立编制五年计划纲要草案八人工作小组的决定，陈云任组长。决定指出工作小组的任务是：进一步研究第一个五年计划纲要的工业发展速度，苏联援助的141个建设项目，投资比例，农业、手工业和私营工商业社会主义改造的程度及稳定市场等问题。

4月22日 陈云主持召开编制五年计划纲要草案工作小组第一次会议，并对五年计划纲要编制过程中的一些主要问题做了说明。主要是：与苏联的计划相比，我国的计划间接部分很大，对农业、手工业和资本主义工商业都是间接计划，这可能影响计划的可靠程度。五年计划的主要内容，一是苏联援建的141个项目和限额以上的598个项目；二是工业发展速度；三是对农业、手工业和私营工商业社会主义改造的速度；四是市场的稳定。这四个方面也是将来检查五年计划落实情况的主要内容。

4月29日 兰州炼油厂开工，1959年6月该厂建成投产。

5月1日 《人民日报》发表社论《庆祝"五一"，争取全面完成国家计划》。社论号召全国的工人、工程技术人员和职员们，必须高度发挥积极性和创造性，进一步开展技术革新运动，使劳动竞赛和科学技术相联系，并把它推向更高的阶段。这是实现国家计划的重要保证，也是生产技术上的重大变革。我国目前技术革新的技术基础和运动的广阔程度，还远不及苏联的斯达哈诺夫运动，但是，根据全国著名的生产革新者张明山、王崇伦、唐立言、黄荣昌、刘祖威、朱顺馀、傅景文等的经验，也充分说明了技术革新的重大意义。张明山改造旧有设备，减少劳动力44.4%，提高生产率22.5%；王崇伦改进工具，提高工作效率六倍至七倍，一年完成四年多的工作量。如果全国工人都能学习他们的榜样，我国现有企业的生产面貌将发生空前巨大的变化，国家的建设计划将更有保证地加速实现。

5月3日 陈云主持召开编制五年计划纲要草案工作小组第二次会议。陈云在发言中指出，中国还很穷，计划搞到现在这样的建设规模已经不得了了，不可能再增加建设投资。我们要避免冒险主义，当然，也要防止有钱不用的保守主义。

5月6日 陈云主持召开编制五年计划纲要草案工作小组第三次会议。会议着重研究了计划中的重大问题和纲要草案如何修改。陈云指出，农业增产靠大规模开荒和兴修水利，现在都不具备条件，而且投资多、时间长。剩下的办法只有搞合作化。只要工业建设的292万亿元投资计划不被超过很多，财政就没有大问题。熬过第一个五年计划，第二、第三个五年计划就有了稳固基础。

5月12日　李富春在第二次全国宣传工作会议上作《关于社会主义工业化问题的报告》，论述了141项工程对我国社会主义工业化的作用。这141个建设项目全部建成需要14亿元投资，建成以后将奠定我国社会主义工业化的基础。

5月28日　中共中央转发华北局《关于在国营厂矿企业中实行厂长负责制的决定》。中央要求在条件允许的情况下，全国各国营厂矿实行厂长负责制。

6月10日—28日　建筑工程部召开全国第一次城市建设会议。会议明确了：（1）城市建设必须贯彻国家过渡时期总路线、总任务，采取与工业建设相适应的重点建设、稳步前进的方针。（2）第一个五年计划时期，城市建设应把力量集中在141项所在地的重点工业城市，以保证这些重要工业建设与生产的主要工程项目。

6月29日—7月1日　中共中央召开政治局扩大会议。会议讨论了编制第一个五年计划的问题。29日、30日，陈云就计划编制情况向会议做了汇报。其中对五年计划执行情况的估计中谈道：五年中，工业生产速度的增长主要靠原有工厂和自己设计的工厂，这些企业增加的产值约占全部增加产值的75%；新建和改建的工厂增加的产值仅占25%。工业基本建设方面，在141项工程的建设全面铺开后，全国支持的力量会更加分散；而在"一五"后两年基本建设大规模铺开，会遇到更多困难。因此，有些项目（包括141项）要推迟。轻工业目前主要问题是缺少原料。五年计划中规定的轻重工业投资1∶73的比例，仍维持不变。重工业内部存在的主要问题是国防工业突出，石油工业落后，煤、电紧张，且这种状况目前无法改变。

7月26日　南昌教练机制造厂（现南昌飞机制造公司洪都机械厂）制造的首架国产飞机试飞成功。第二机械工业部部长赵尔陆参加剪彩。试飞员为24岁的段祥录和刁家平。8月1日毛泽东兴奋地签发了给全体职工的嘉勉电。

8月3日　中共中央批准国家计委于4月份提出的《关于1953年度国民经济计划执行的基本情况及1954年度国民经济计划中的几个问题向中央的报告》和《1954年年度国民经济计划提要（草案）》。其中指出，基本建设以141项工程的建设和准备工作为中心，更有效地、集中地使用资金。基本建设投资76.2亿元，占56%（其中生产资料的企业建设投资占86.3%，生产资料的占13.7%）；农林水利投资5.9亿元，占7.8%；交通运输邮电部门投资15.2亿元，占20%。12月26日中共中央同国家计委根据上述精神和各地区、各部门 1954 年国民经济计划作出修改,其中包括基本建设投资由 76.2 亿元增加为 78.3 亿元,限额以上项目由 418 个增加为 437 个。

8月5日 《人民日报》发表社论《节约物资,克服浪费》。社论指出,节约是领导社会主义经济的最重要原则之一。实行严格的节约,对于扩大资金积累、加速国家的社会主义工业化有着决定的作用。社论指出,目前在我们国家中,节约并没有成为一切部门所严格遵循的管理经济的原则。许多技术上管理上的先进节约经验,没有系统地总结和推广;物资技术供应工作,就全国范围来看,仍然是一个极为薄弱的环节。一方面经常出现供应脱节的现象使某些生产单位的设备能力不能充分发挥;另一方面,材料、设备的积压和浪费现象又极其严重。根据中央一些部门的统计,1953 年基本建设中积压的建筑材料占全年材料预算的 30% 以上;不少部门的生产储备大大超过正常的储备量。东北地区 1953 年的统计,只中央各部所属企业和基本建设单位的呆滞物资,经过东北地区大力组织调剂之后,到年底仍有三万多亿元。这都是由于缺乏严格的计划管理、计划不周、盲目备料的结果。这种情况,不仅妨碍了企业资金的正常周转,使大量的资金不能发挥应有的效能,而且使许多物资因积存日久,保管不善,逐渐腐蚀变质,造成了极大的损失。物资使用上的浪费也是严重的。许多厂矿和建筑工地往往是凭生产、施工部门随便要材料,要多少就给多少,至于该用不该用,实际用了多少,就不进行监督和检查。社论最后指出,各企业生产部门和基本建设单位,应经常地检查材料管理和材料使用情况,动员职工群众揭发官僚主义、本位主义,向浪费国家资材的现象进行不懈的斗争。同时,还应制定奖励办法,对节约物资有显著成绩者,给以必要的奖励。

8月11日 《人民日报》发表社论《贯彻重点建设城市的方针》。

8月13日 《人民日报》发表社论《大力加强新工业区的建设》。社论说,以 141 项工程为主的重点建设工程,是我国第一个五年建设的中心。这些重点工程有一些是在原有的工业城市中改建、扩建和新建的;而更多的工程则将在原来没有近代大工业的城市附近建设起来。这些新建企业不仅对保证我国工业发展的速度,初步奠定我国工业化基础有着决定的作用,而且将大大改变旧中国生产力分布不合理的状况,更有效地发挥国民经济各方面的潜力。

我国过去从来没有进行过有计划的工业建设,现在要从平地上一下子建立起来许多个新工业区,因为缺乏建设经验和技术干部,而且各方面的工作都是一齐开始,齐头并进,就更使得时间十分紧促,大大加重了工作中的困难。再加上对厂外工程和新城市建设工作的复杂性认识不足，对现有的技术力量也没有及时地集中和很好地组织起来，有些单位在配合协作上又强调困难，不积极主动，表现了或多或少的本位主义思想，结果就使得目前厂外工程的建设准备工作很多都不能按照计划进行，处于十分落后的状态，远不能适应工厂建设的需要。

9月9日　政务院第224次会议通过《关于设立中国人民建设银行的决定》。

9月15日—28日　第一届全国人民代表大会第一次会议通过《中华人民共和国宪法》。宪法承认五种经济成分。政府工作报告指出，第一个五年计划集中力量发展重工业，即冶金工业、燃料工业、化学工业、动力工业、机械制造工业。

9月20日　第一次全国计划会议召开。会议讨论了1955年计划控制数字，指出继续贯彻重点使用投资的方针，抓紧重点工程及其配套设施的建设。1955年计划投资88.79亿元，比上年预计完成增长25.9%。中央8个工业部计划投资50.6亿元，比上年预计完成增长43%。141项工程中，有30个继续施工，有35个开始施工。中共中央10月13日和11月10日先后批转了国家计委《关于1955年国民经济计划控制数字的报告》和《关于召开第一次全国省（市）计划会议的报告》。关于1955年的计划，中共中央强调指出，1955年国民经济各方面，特别是141项工程为骨干的工业建设必须达到五年计划所要求的进度和速度，同时还要克服1954年水灾所造成的困难，这就使1955年国民经济各方面，尤其是国家财政收支颇为紧张，农业生产发展不能适应工业发展的矛盾也将扩大。

9月29日—10月2日　苏共中央第一书记赫鲁晓夫率领的苏联政府代表团访问我国。双方举行了会谈，并签署了一系列宣言和公报。

9月　白银有色金属公司在甘肃兰州成立。

同月　石家庄华北制药厂开工，1958年6月投产。华北制药厂是我国最大的一个以生产抗生素为主的联合企业，它是第一个五年计划期间由苏联和德意志民主共和国帮助设计和建成的，是苏联援建的156项重点工程之一。该厂主要生产青霉素（盘尼西林）、链霉素、维生素乙12和医用葡萄糖、淀粉等。

10月12日　中苏两国签署《对1953年5月15日苏联援助中国发展国民经济的议定书》，并签订协议，苏联政府帮助中国新建15项工业企业。

10月13日　《人民日报》发表社论《无比深厚的伟大友谊》。社论指出，在以赫鲁晓夫同志为首的苏联政府代表团访问我国的期间，中苏双方举行了会谈，取得了具有重大意义的结果。这次会谈，公布了下列文件：《中华人民共和国政府和苏联政府关于中苏关系和国际形势各项问题的联合宣言》《关于对日本关系问题的联合宣言》《关于苏军共同使用的中国旅顺口海军根据地撤退并将该根据地交还中华人民共和国完全支配的联合公报》《关于将各股份公司中的苏联股份移交给中华人民共和国的联合公报》《关于签订科学技术合作协定的联合公报》《关于修建兰州—乌鲁木齐—阿拉木图铁路的联合公报》《中苏蒙三国关于修建从集宁到乌兰巴托的铁路并组织联运的联合公报》；同时还签订了《关于苏联政府给予中华人民共和国政府五亿两千万卢布长期贷款的协定》《关于苏联政府帮助中华人民共和国政府新建15项中国工业企业和扩大原有协定规定的141项企业设备的供应范围的议定书》，这是中苏两国之间无比深厚的伟大友谊的新发展的标志。

10月19日　抚顺铝厂生产出新中国第一批铝锭。

10月29日　中共中央将五年计划草案（初稿）发给各地区、各部门进行讨论，征求意见。提出，根据党在过渡时期的总任务，第一个五年计划的基本任务是：集中主要力量进行以苏联帮助我国设计的141个项目为中心的工业建设，建立我国的社会主义工业化和国防现代化基础。

10月　根据苏联政府建议，中国政府决定停止试制米格-15，改为试制米格-17及其发动机。

11月8日　国家建设委员会正式成立。薄一波任主任，王世泰、孔祥祯、孙志远、安志文等任副主任。

11月12日　据《人民日报》报道，属于156项重点工程之一的沈阳风动工具厂的改建工程，经两年零十个多月的施工，除厂内马路工程外现已基本竣工。新建和改建的机械装配、热处理、锻压、切料、工具等车间和中央化验室都已正式投入生产。

11月15日—25日　陈云主持中共中央讨论五年计划草案的会议。会议对五年计划纲要草案所规定的方针、任务、发展速度、投资规模、工农业关系、建设重点和地区布局等问题进行了仔细的讨论。

12月3日　中共中央发出《关于进一步编制地方经济五年计划纲要的工作的指示》。

12月10日　中共中央书记处召开会议。会议讨论了有关五年计划的准备问题。

12月20日　我国煤炭建设重点工程之一的抚顺老虎台矿扩建工程完工投产。

12月25日　辽宁新邱竖井正式开工。该项目是苏联援建重点建设项目，但由于苏联第一次初步设计作废，第二次初步设计1954年5月才正式完成。因此开工时间比原来设想推迟了两年。

12月31日　我国当时规模最大的火力发电厂——太原热电厂建成发电。它于1953年10月24日动工兴建。

1955年

1月1日　《人民日报》发表社论《迎接一九五五年的任务》。社论指出，1954年的工业生产和基本建设有了显著的发展。在这一年新建、改建和续建的有300个重大工业建设项目。其中有鞍钢市银金厂、太原电热厂、量具刃具厂、风动工具厂等许多规模巨大的新建工厂，也有抚顺石油二厂、丰满水电站、玉门油矿等许多改建和扩建的工厂，它们正在开始为国家和人民的需要而生产；700多公里的新建铁路线按计划完成了，康藏、青藏两公路最近已正式通车。

1955年之所以是我国第一个五年计划建设具有决定意义的一年，首先因为今年基本建设的工作将远比过去任何一年为多，国家对基本建设的投资，约比去年增加40%以上；我国第一个五年计划的骨干——苏联政府帮助我国建设的141项重点工程，已经开工的今年将进入最紧张的施工阶段，未开工的今年大部要完成准备工作。同时，五年计划的最后两年还将完成基本建设的50%左右的工作量，如果今年赶不上进度，把工程推迟下去，就会严重影响后两年基本建设计划的完成。社论指出，为了完成1955年的建设任务，我们必须加强计划性；必须厉行节约，克服浪费；必须努力提高技术水平，增强技术力量。

1月6日—8日　第二次全国省（市）计划会议确定1955年计划方针是：全国平衡，统筹安排，增产节约，重点建设。针对经济建设要求有更多的资金而国家财力又有限的情况，会议要求增收节支，保持建设规模和国家财力的平衡。国家财力应主要用在保证重点建设，要严格控制基本建设规模和标准。4月12日，中共中央批准李富春在这次会议上的总结报告。报告指出，解决国家资金积累的缓慢同集中力量建设重工业的矛盾，最主要的办法是"在进一步发展生产的基础上增加收入和在保证建设事业的条件下厉行节约"。要求一切基本建设项目必须分别编入计划，按规定经一定领导机关审查批准。在建设速度上，必须作全盘的合理安排。一切工作必须坚决地降低造价，今后三年在原有预算标准的基础上，至少降低造价10%。

1月18日　我国第一座精密机械工具制造厂——哈尔滨量具刃具厂，隆重举行工程验收和开工生产典礼大会。该厂是以苏联最先进的技术和苏联头等机械设备装备起来的，其中有些设备是1954年出品的第一号。产品品种规格繁多，仅刃具的规格即达2 000余种。该厂于1953年5月开工建设，建设周期一年半，投资5 500万元，生产各种量具、刃具1 000吨。

1月　沈阳风动工具厂建成投产，设计规模为凿岩机、风动工具万台，6050吨。该厂1952年兴建。

2月20日　毛泽东致信刘少奇、周恩来、陈云、邓小平、彭真。信中说："五年计划纲要第二稿，我已看过一遍，有些意见，已告陈伯达同志。请你们即于日内分别找陈伯达谈一次，将你们看过后的意见告诉他，或将你们修改的本子交给他，连同其他同志的意见，由他汇集起来，加以修改，加上地方计划一章，于本月底或下月初印出第三稿。那时我们可以看第三遍，可于3月10日左右印第四稿，即可作为基本定论。"

3月14日　中共中央书记处召开扩大会议。会议讨论了有关第一个五年计划（草案）的修改问题。

3月15日　重工业部召开基本建设工作会议。会议指出，重工业部过去两年中完成了五年计划草案中26%的任务，还有74%的任务要在今后三年完成。1955年工业建筑和设备安装的工作量，比1954年增加一倍以上。根据基建规模扩大和技术日趋复杂的情况，会议认为，今后重工业部基本建设部门的基本任务是改进基本建设单位及建设安装企业的组织和工作方式，使它们从过去适合于民用建筑及一般的工业建设的组织形式和工作方式，走向更适合于担负复杂的工业建设，并努力争取全面完成国家建设计划，保证建设工程按期投产。

会议指出，一些单位在执行国家计划中存在保守倾向和本位主义；有些干部对重工业建设的复杂性认识不足，实际工作中缺乏通盘筹划，缺乏按期完工的计划观念，因而许多工程未能按计划要求投入生产，在计划、设计、施工方面仍然存在着许多严重的浪费现象和违反财政纪律的现象。今后必须首先加强基本建设工作中的通盘筹划和相互协作，使地质、设计、科研、施工、生产准备等各部门，都按着统一的计划和进度协调地进行工作，保证按期使固定资产投入生产。特别要求各级领导干部十分注意合理地动用国家资金，掌握国家投资计划，加强投资效果的分析，纠正和避免投资使用上的浪费现象。

3月18日　中共中央政治局会议决定基本通过陈云《关于发展国民经济的第一个五年计划的报告》，提交党的全国代表会议讨论；基本通过《发展国民经济第一个五年计划

(草案)》。

3月21日　中共全国代表会议开幕。陈云在会上作了《关于发展国民经济的第一个五年计划的报告》。

4月7日　《人民日报》发表社论《第一个五年计划的基本任务》。社论指出,第一个五年计划的基本任务,概括地说来就是:集中主要力量进行以苏联帮助我国设计的156个单位为中心的、由限额以上的694个建设单位组成的工业建设,建立我国的社会主义工业化的初步基础;发展部分集体所有制的农业生产合作社和手工业生产合作社,建立对于农业和手工业的社会主义改造的初步基础;基本上把资本主义经济分别地纳入各种形式的国家资本主义的轨道,建立对于私营工商业的社会主义改造的初步基础。为了在我国建立社会主义工业化的初步基础,我们的首要的任务就是要迅速地建立和扩建电力工业、煤矿工业和石油工业;建立和扩建现代化的钢铁工业、有色金属工业和基本化学工业;建立制造大型工作母机、动力机械、冶金机械、矿山机械和汽车、拖拉机、飞机的机械制造工业。一句话,就是要进行以重工业为主的工业基本建设。

4月8日　中共中央批转国务院副总理陈毅《关于扩展公私合营工业计划会议和关于召开私营工商业问题座谈会的报告》。

4月25日　中共中央批准国家计委党组提出的1955年度国民经济计划草案,同意计委党组《关于1954年国民经济计划执行基本情况和1955年国民经济计划中几个问题的报告》。这个《报告》提出,1955年基本建设的特点是基本建设任务大。基本建设总投资额为98亿元,比1954年增长31.5%,占五年计划纲要草案总投资额的22.9%。当年施工的限额以上的建设单位有1 079个,其中苏联为我国设计的有91个。为保证1955年计划的完成,建议各级党政部门加强对经济工作的领导,并要求国家工作人员和国营企业部门如同对待法律一样来执行国家计划,合作社营和公私合营企业部门也应逐步做到这点。

5月5日　《人民日报》发表社论《贯彻重点建设的方针》。社论说,工业的基本建设,特别是以苏联帮助我国设计的156个企业为中心的工业建设,是我国第一个五年计划的中心和重点。我们必须集中力量,保证如期完成这些工程。但是,建设这些企业,并不是一件容易的事。它需要大量的资金、设备和技术力量。例如建设一个年产150万吨规模的钢铁联合企业,就需要18亿元—20亿元的投资,15万吨重的设备,需要3 000到4 000人设计6—7年,1.8万到2万人施工6年。资源勘探所需的人力还未算在内。因此,我们应集中主要力量首先建设重点工程,并按照比例地发展为保证重工业建设所不可缺少的其他经济的和文化的建设，除此以外的建设则暂时放下不办。采取这种做法，我们就能够保证按照既定计划建成这些重点工程，在第一个五年计划期间为我国的社会主义工业化奠定初步的基础。

5月12日　中共中央批转国家计委《关于重工业产品价高利大问题的报告》。由于中华人民共和国成立前重工业产品绝大部分从国外进口，中华人民共和国成立后，西方国家封锁禁运、抗美援朝和各地开展基本建设，重工业产品供不应求；加之这几年成本有所下降，税金又较轻，因此，重工业产品价高利大问题普遍存在。如钢铁产品的平均利润率为57%，机械产品的平均利润率为37%，重化工产品平均利润率为38%。为此，中央同意国家计委提出的方案，即1956年和1957两年，重工业各部门调拨价格每年下降5%—10%，经过两三年后基本上达到合理的比价。9月，国家计委党组向中央提出的《关于1956年度国民经济计划的控制数字的报告》，提议国营工业主要产品的出厂价格比1955年总的平均降低6.2%，总降低额8亿元。

5月14日　《人民日报》发表社论《展开全面节约运动》。社论指出，到1954年，我国现代工业的总产值已等于1949年的四倍多，工农业总产值等于1949年的两倍多。经过几个五年计划，我们就能够建成个强大的现代化的社会主义的工业国家。但是，实现我国的社会主义工业化，绝不是一件轻而易举的事。我国社会主义工业化的计划，是以大力发展重工业为中心的计划。根据五年计划草案的规定，五年中国家拨给重工业部、燃料工业部和机械工业各部的基本建设投资，约占工业基本建设投资总数的80%左右，其中2/3以上是集中在后三年支出。一方面投资数量一年比一年增多，一方面新的企业又不能很快地发挥投资效果，这一矛盾应当怎样克服呢？唯一的办法就是要动员全国的力量，在进一步发展生产的基础上增加资金的积累和在保证重点建设的条件下厉行节约。目前的浪费现象是相当普遍的，特别是在工业、交通运输业和商业部门中，又特别是在这些部门的基本建设工程中，浪费更是严重。为了建设我们的祖国，各部门和各地方的领导机关必须合理地节约地分配和使用国家的资金；必须充分地利用原有的生产、运输和商品流转的设备；必须最大限度地降低建设和生产成本，降低各种流通费用；必须立即着手精简机构，确定定员定额制度，合理地使用人力；必须从各方面设法提高工作效率和劳动生产率。

5月　兰州化肥厂、兰州合成橡胶厂、兰州热电站开始建设。

同月　规划按照苏联专家为该厂改扩建所制定的组织、技术措施计划，沈阳第二机床厂开始了第一期改建工程。该项目被列入苏联援建的156项重点工程之一。计划在1956—1958年进行总体改扩建，使之成为一个现代化的中型加工机床厂。但由于在1954年，国家有关部门抽查产品质量，发现该厂所有的产品质量均不合格。调查发现，该厂在组织和技术管理等方面都十分落后，所以后来国家有关部门推迟了该厂的改扩建计划。1956年11月，党中央提出勤俭办企业的方针后，一机部转报国家计委同意，取消了第二机床厂作为国外援助的总体改建项目，改由国内自行设计，并继续采取组织、技术措施，进行企业技术改造，填平补齐。到1957年5月，第二机床厂第一个五年计划的各项指标全面完成。

6月28日　薄一波向中央报告《关于目前重工业生产中的几个重要问题》。

7月4日　中共中央发布《关于厉行节约的决定》指出，在基本建设中存在着严重的浪费现象，这是违背社会主义工业化和社会主义改造要求的，同中央历来强调的厉行节约的方针和我党一贯的艰苦奋斗作风不相容的，必须坚决加以纠正。《决定》要求，从1955年下半年到1957年的基本建设投资（生产用的必需设备和国外设计的厂房投资除外）和各种费用，必须在现有计划的基础上，再削减15%—20%。要求各经济部门改善经营管理，贯彻经济核算制，加强财务成本工作，节约资金，杜绝浪费，降低成本，增加上缴利润。严格遵守老企业、老单位增收不增人，新企业、新单位增人从老企业、老单位多余人员中调配和优先录用复员退伍军人的原则。

7月12日　国务院常务会议通过颁布关于《基本建设工程设计和预算文件审核批准暂行办法》的通知。指出，按照管理程序严格审核批准基本建设工程设计和预算文件，是国家统一管理基本建设工作、保证工程质量、节省建设资金、避免浪费现象的一项重要制度。

7月21日　陈云在一届全国人大二次会议上作《坚持和改进粮食的统购统销》的发言。

7月30日　一届全国人大二次会议通过中华人民共和国发展国民经济的第一个五年计划，并同意李富春副总理作的《关于发展国民经济的第一个五年计划的报告》。《报告》指出，第一个五年计划的基本任务之一，是集中主要力量进行以苏联帮助我国设计的156个建设项目为中心的、由限额以上的694个建设单位组成的工业建设，建立我国的社会主义工业化的初步基础。五年内，全国经济和文化教育建设的支出总额为766.4亿元。其中，基本建设投资为427.4亿元。工业是建设的重点，占总投资的58.2%；农林水利占7.6%；运输和邮电占19.2%。五年内，我国限额以上的基建单位共有1 600个，其中建成

1 271 个；限额以下的建设单位 6 000 多个，绝大多数可以建成。运输方面，五年内新建铁路干线和支线共 4 000 公里以上，加上恢复改造，共增加约 1 万公里。农业和水利方面新建国营机械化农场 91 个，建设 13 个大型水库，并开始进行黄河的治本工程。五年内房屋建筑面积约 1.5 亿平方米。

同日 《人民日报》发表社论《努力培养建设干部》。社论指出，要建设，第一要有资金，第二要有干部。国家建设事业需要大量的各种专门人才特别是工业建设所必需的科学技术人才和管理人才。我国的社会主义工业化建设，不仅规模很大，而且在苏联援助下的技术装备，也是世界上最先进的。这就是说，我们不仅需要大量的技术人才，而且需要掌握现代最先进科学的高级技术人才。为了逐步满足我国建设事业对各种专门人才的需要，发展国民经济的第一个五年计划规定了巨大的培养建设干部的任务。这个任务的完成，首先要依靠高等学校和中等专业学校。根据五年计划的指标，1957 年的在校学生要达到 434 000 多人，比 1952 年增加 127%，作为发展重点的高等工科学校则增加 166.8%，综合大学理科增加 183.4%。其中为工业化迫切需要的专业，如电机制造和电气器材制造增加 770.2%，冶金增加 298.4%，机器制造和工具制造增加 295.2%。

8月5日 国务院全体会议第 17 次会议通过《农村粮食统购统销暂行办法》和《市镇粮食定量供应暂行办法》，并于 25 日发布执行。

8月8日 黄河规划委员会根据国家批准的黄河综合利用技术经验报告，上报《黄河三门峡水力枢纽（包括水电站）设计任务书》和《初步设计编制工作分工》两个文件，作为治黄的第一期工程。三门峡水力枢纽工程确定 1957 年开工，1961 年竣工。水电站分两期修建，第一期装机容量为 40 万千瓦，第一台机组投入运行的时间确定在 1961 年的一季度。水电站总的装机容量约为 100 万千瓦。后来，由于含沙量太高，水库淤积，1969 年三门峡水利枢纽工程改造第 2 次会议决定，放弃原设计高坝蓄水方案，改为径流发电，装机容量为 25 万千瓦（5×5 万千瓦），1973 年 12 月第一台机组投产，1978 年 12 月 26 日最后一台机组投产发电。至此，全部工程竣工。

8月9日 《人民日报》发表社论《做好设计预算是节约资金的重要环节》。社论说，编制设计预算，在我国基本建设部门中还是一项新的工作。1954 年以前，由于编制设计预算的经验和条件都不具备，我国的很多建设单位只有设计工作量而没有周密的预算，花钱是采用实报实销的办法，用多少算多少。这种情况，曾经造成了很大的浪费，例如辽源中央竖井，于 1950 年动工，预计 1955 年底移交生产，投资达 5 000 万元，如果在开工前能做好设计预算的编审工作,则至少可节约投资 600 万元。1954 年下半年开始,各部门和某些省市的设计机构同预算机构开始建立起来了,工程没有预算的现象开始有了改变,但是由于编制设计预算的组织机构仍不充实,制度还不健全,没有设计预算或预算没有批准就开工的现象仍然没有完全消除。今年到 5 月底为止,已开工建设的 4 100 多个单位中,就有一半是只凭施工文件甚至连施工文件也没有就拨款施工了。这种情况当然是极其严重的和极其有害的。

8 月 26 日　我国第一座高温高压热电站鄠县热电厂在苏联专家协助下正式投产。

9 月 15 日　中国第一个拖拉机厂动工兴建。

9 月　国家计委党组向中央提出《关于 1956 年度国民经济计划的控制数字的报告》,并于 10 月 4 日经中央批准。为了保证五年计划的完成,《报告》要求各部门和各地方提出的 1956 年计划"应该在可靠的基础上订得更积极些,尽可能地超过控制数字所规定的指标"。1956 年计划控制数字中提出:全国基本建设总投资额为 112.7 亿元,施工的限额以上厂矿建设单位为 555 个(包括新开工的 161 个),其中年内建设完工的 162 个。鉴于前三年共完成计划总投资额的 51% 左右的情况,为了保证五年计划的完成,并避免建设任务过多地集中到 1957 年,《报告》要求各部门不仅应达到控制数字的指标,而且应该把那些在五年计划内有条件提前施工的建设单位提早施工。社会商品零售总额为 451 亿元,商品的供应量同社会购买力还存在一定差额。

同月　我国第一座大型立井——鹤岗东山煤矿移交生产。

10 月 4 日　中共中央下达《关于编制 1956 年度国民经济计划草案的指示》,批准国家计委党组提出的 1956 年度国民经济计划的控制数字及其报告。中央指示:鉴于有些经济部门 1955 年预计完成的主要计划指标有可能达不到"一五"计划所规定的当年水平,同时,"一五"计划又只剩下两年的时间,因此,各部门、各地方在编制 1956 年度计划草案时,必须具体地分析情况,利用各种有利因素,发掘潜力,克服困难,在全国平衡的基础上,尽可能地提高计划指标,努力争取实现。

10 月 26 日　国务院常务会议批准《中华人民共和国国家计划委员会暂行工作条例》,12 月 7 日发布依照执行。

10 月　太原化工厂动工兴建。该厂与太原肥料厂、太原制药厂三大化学工厂组成太原化工区。这三个项目都是苏联援建的 156 项重点建设项目。从厂址选择到设计、施工,都得到苏联的帮助。苏联还供应大批关键性的机械、电气设备。1958 年,太原化工厂、太原制药厂建成,至 1960 年,太原肥料厂建成投产。

11 月 1 日　国务院发出《关于试行轻工业计划产品分工管理办法的通知》。

11 月 19 日　国务院发布《关于基本建设工程设计任务书审查批准暂行办法》的通知。《暂行办法》规定了设计任务书的审查和批准权限。

11 月 29 日　中央同意国家计委党组《关于修改 1955 年国民经济计划的请求报告》。《报告》指出,由于贯彻厉行节约的方针,削减了非生产性工程的投资和降低了工程造价,减少了投资。全国基本建设总投资额计划由 979 亿元,修改为 917 亿元。

11 月　沈阳冶炼厂在冶金系统首先研制出硒。

12 月 29 日　改建完成的沈阳第一机床厂隆重举行了开工生产典礼大会。该厂是我国第一座新型工作母机制造厂。苏联政府对沈阳第一机床厂不仅提供了最先进的设计和最新型的设备,而且派出了三批专家,具体指导建设工作。该厂是从 1953 年 4 月 16 日开始改建的。这个厂从原材料入厂到成品出厂,完全是流水作业。全厂 80.1% 的机器设备,都是苏联、德意志民主共和国、捷克斯洛伐克等国家供给的。这个厂达到设计水平以后,生产能力将比改建前的 1953 年至少提高 6 倍以上。它不但可以生产速度快、能力强、用途广、精密度高的各种规格的中型车床,还可生产我国国民经济各部门迫切需要的特殊机床。

12 月　国务院将大连造船厂第一期扩建改造工程列入 156 项重点建设项目之一。到 1960 年,项目基本完成,1962 年最后完成了扫尾工程。项目完成后,改变了以修船为主的局面,成为中国北方的造船工业基地。

1956 年

年初　渤海造船厂生活区建设正式破土动工。渤海造船厂于 1953 年开始筹建,1956 年破土动工,是苏联援建的 156 项重点建设项目之一。渤海造船厂是中华人民共和国成立后,我国自行建设的唯一的军工船舶生产基地。

1 月 10 日—2 月 7 日　第三次全国计划会议在北京召开。国家计委提出 1956 年全国基本建设总投资 148.5 亿元,比控制数字增加 31.9%,一年之内要完成五年计划的总投资额的 36.95%。

1月　　云南锡业公司试炼一号锡（纯度99%）成功。

2月1日　　国家计委根据第一届全国人民代表大会第二次会议的决定，发出《关于第一个五年计划下达问题的意见》。

2月14日　　苏共二十大在莫斯科召开。赫鲁晓夫向大会作了长篇总结报告和"秘密报告"。

2月18日　　国务院常务会议批准《地方各级人民委员会计划委员会暂行组织通则》。

2月22日　　国家计委向中共中央报送《关于1956年度国民经济计划草案的报告》。其中指出，1956年度国民经济计划草案，是在国民经济全面高涨的新情况下根据中共中央关于反对右倾保守主义，计划既要积极又要可靠的指示和提前完成五年计划的精神编制的。基本建设总额147.35亿元，增长70.6%。鉴于基本建设投资增长过快，当年要完成五年计划总投资额的35%左右。报告指出，设备和建筑材料的供应同需要还有相当的差额，资金、技术力量和人民负担能力也有限度。

2月22日—3月4日　　国家建委在北京召开全国第一次基本建设会议。会议着重讨论了今后若干年内设计、建筑、城市建设的初步规划以及改进基本建设工作的基本措施。会议拟定了《关于加强新工业区和新工业城市建设工作几个问题的决定》《关于加强和发展建筑工业的决定》《关于加强设计工作的决定》等草案。5月8日国务院常务会议批准下达。

2月26日　　《人民日报》发表社论《加强整体观念，反对本位主义》。社论说，各工业部门最近的工作检查告诉我们，不少单位和企业由于缺乏整体观念，而按照本位主义思想去处理局部和整体、这一单位和那一单位的关系，使我国的工业生产和基本建设受到了一些严重的损害：有些单位的建设进度推迟了，生产速度降低了，产品质量也变坏了。社论最后指出，本位主义，在思想上破坏整体观念，在组织上妨碍集中统一，在经济上损害责任制、经济核算和协作制，这一种思想对我国社会主义工业化和社会主义经济的发展，在客观上起到破坏和危害的作用。

3月18日　　哈尔滨电刷厂正式动工建设。该厂是苏联援建的156项重点工程之一。1958年6月28日，经国家验收，正式生产。同年8月，根据工厂已初具综合性电碳制品研制和生产能力，第一机械工业部决定将该厂更名为哈尔滨电碳厂。

3月28日　　内蒙古第一座热电厂——包头第二热电厂破土动工。该厂第一台机组（2.5万千瓦）于1958年7月建成投产。

4月6日　　中国和苏联政府签订经济合作协议，规定建设55个新的工业企业，作为对于根据以往签订的中苏协定正在建设中的 156 个项目的补充。

4 月 14 日 国务院批准国家计委《关于 1956 年度基本建设和物资平衡问题的补充报告》。国务院指示指出，1956 年度物资供应情况是很紧张的，钢材和水泥的供应情况尤为严重。各有关部门应该从努力提高生产、节约使用等方面来缩小物资供应和需要之间的差额，并且尽可能解决品种和时间方面的矛盾。同时，各部门、各地方必须根据现在已经确定的分配数目，核实需要，精打细算，降低消耗定额和克服某些人为的紧张现象。

4 月 25 日 毛泽东在中共中央政治局扩大会议上作了《论十大关系》报告。他说："提出这十个问题，都是围绕着一个基本方针，就是要把国内外一切积极因素调动起来，为社会主义事业服务。"这十大关系具体是指：一是重工业和轻工业、农业的关系，二是沿海工业和内地工业的关系，三是经济建设和国防建设的关系，四是国家、生产单位和生产者个人的关系，五是中央和地方的关系，六是汉族和少数民族的关系，七是党和非党的关系，八是革命和反革命的关系，九是是非关系，十是中国和外国的关系。《论十大关系》的发表，初步总结了我国社会主义建设的经验，提出了探索适合中国国情的社会主义建设道路的任务。

5 月 19 日 国家计委向国务院提出《关于 1956 年度计划的修改问题和编制 1957 年计划控制数字的进度安排问题的报告》。

5 月 哈尔滨电表仪器厂建成投产。该厂 1954 年 4 月兴建。

同月 国务院召开全国体制会议。

6 月 1 日 国务院常务会议通过《国务院关于检查第一个五年计划执行情况的几项规定》。

6 月 8 日 国务院发布《关于委托各部、委、局和各省、自治区、直辖市人民委员会审批设计任务书的通知》。《通知》指出，根据以往经验和基本建设项目逐年增多的情况，限额以上基本建设工程的设计任务书全部由国家计划委员会审查报国务院批准，避免发生误时误事的现象，从而影响设计工作的进度。国务院同意国家计委的提议：设计任务书的审批主要根据建设工程的资源、协作配合条件等批其规模和设计能力，以便及早设计。至于建设项目的审批及其建设进度、总投资、分年投资等问题，应该在审查长期计划和年度计划时确定。

6 月 18 日 李富春在第一届全国人大第三次会议上谈《关于我国发展国民经济第一个五年计划的执行情况》。他提出，根据过去三个年度计划的执行结果和 1956 年计划的预计,"一五"计划所规定的任务,能够提前完成和超额完成;但也发生过一些缺点和错误,主要是:对人民群众的社会主义积极性估计不足,社会主义改造的进度和某些生产指标的增长速度规定得低了一点;在基本建设方面,对于勘察、设计、供应设备和材料、组织施工等环节的衔接和平衡注意不够,全面的组织工作做得不好。

6月20日 《人民日报》发表社论《要反对保守主义,也要反对急躁情绪》。

6月21日 薄一波在一届全国人大三次会议上作《今年是国民经济趋于全面高涨的一年》的发言。

6月23日 王鹤寿在一届全国人大三次会议上作《执行1956年基本建设计划中的情况和问题》发言。

6月29日 据新华社报道,哈尔滨电表仪器厂基本建设工程验收完毕,国家验收委员会委员们在验收鉴定书上签字。验收鉴定为:这个厂的工程质量是优等的,工艺是先进的,技术装备和生产组织合乎现代化的技术要求,土木建筑和设备安装工程的质量也符合质量标准。哈尔滨电表仪器厂的建设工程,从1954年4月动工到1956年5月基本建成,历时两年零一个月。这个厂在建设当中,由于采用了68%的国内设备,并且采取有效的节约措施,使建设投资比原计划节约了304万多元。

6月30日 上午和下午,哈尔滨电表仪器厂分别举行了开工剪彩仪式和庆祝开工生产的典礼大会。

7月6日 我国第一座用自动控制的高温高压热电厂——吉林热电厂第一台锅炉和发电机投入生产。

7月15日 长春第一汽车制造厂生产出中国第一辆解放牌汽车,从此结束了中国不能生产汽车的历史。

7月 黑龙江兴安台10号竖立井建成投产。

8月28日 据新华社报道,4台1.2万千瓦大型水轮发电机组(包括水轮机、发电机等)已经全部在哈尔滨电机厂试制成功。

9月12日 我国改建的最大的电缆工厂——沈阳电缆厂正式投入生产。上午9时,在厂里举行正式移交生产的剪彩仪式后,全厂的机器都迅速转动起来。沈阳电缆厂是在1953年7月开始改建的。在几十位苏联专家相继帮助下,用了短短3年时间,沈阳电缆厂由一座破旧不堪的工厂改建成为一座现代化的工厂。电缆厂的主要车间和辅助车间共13个。在改建过程中,这个厂共安装了1 500多台新机器。改建工程完成以后,它可以生产出

30 多种电缆、电线，年产量将比改建以前增加六倍。

10月15日 长春第一汽车制造厂正式建成移交，开始了大批量生产。该厂投资总额6.5亿元，年产载重汽车3万辆。长春第一汽车制造厂是中国第一个大型汽车制造厂，被誉为中国汽车工业的摇篮。它的建成投产，揭开了中国汽车制造工业的第一页。

同日 156项重点建设项目之一的北京电子管厂正式开工生产。这是我国第一座现代化的电子管厂。国务院副总理李富春出席开工典礼庆祝大会。他说：为了在我国实现社会主义工业化，我们必须积极地建立和发展无线电工业。北京电子管厂的建设成功，就为我国无线电工业的发展创立了一个良好的开端。

10月18日 国家经委向国务院提出《关于1956年度国民经济计划执行情况的估计和对1957年度计划控制数字意见的报告》。

11月7日 国家计委拟出《计划方法工作的初步总结》。

12月4日 国务院下达关于编制1957年度国民经济计划草案的指示。

12月13日 洛阳滚珠轴承厂厂区建筑工程基本完成。该厂的生产车间正在安装机器设备，辅助车间在3个月以前已经开始投入生产。该厂是苏联援建的156项重点建设项目之一，全面投入生产以后，能够生产标准级的滚珠轴承。按照它的设计能力，一年生产出来的滚珠轴承，可以装配十多万辆拖拉机。

12月19日 《人民日报》发表社论《增产节约必须保证质量》。社论说，各地对于质量问题，曾一度引起注意，但后来又不很重视了。今年的产品质量和工程质量，虽然比去年有所改进，但是，有的质量很不稳定，有的反而下降了。

在重工业产品方面，今年有不少的单位生产的生铁、转炉钢、优质钢材、水泥、原煤等，完成产量计划的情况很好，而质量却比去年下降。太原钢铁厂在第一季度内电炉钢的废品率，占钢铁工业管理局全季特殊钢废品总额的1/4，大连机车车辆制造厂在今年第一季度制造的15台机车中有1/3需要返修，全季废品损失达20多万元。特别值得注意的是原煤质量自1954年以来一直没有达到国家计划指标，1954年平均灰分为20.46%，1955年上升到21.53%，今年1月到9月份实际灰分为21.19%，比1955年降低0.34%，但与国家要求国营煤矿原煤灰分20.4%的指标比较，还未达到要求。

在轻工业方面，据辽宁、广东、陕西、上海、天津、重庆等10个省、市第一季度对产品质量的检查，在600多种主要产品中，有40%处于落后状态或者是质量低。工程方面，今年质量事故还很多。建筑工程部统计，今年1月到10月建筑安装工程共发生大小事故 11 188 次，损失 41 万余元。

12月　石油工业部 25 号文正式批准《石油二厂页岩油加工扩建和原油加工第一期改建工程设计任务书》。按照设计任务书，第一期改扩建工程完工后，年处理油母页岩 1 600 万吨，生产页岩原油 60 万吨。同年，国家计委批准了页岩油扩建工程并列为国家 156 项重点工程之一，由苏联援建。抚顺石油二厂六、七部页岩油干馏装置的建设于 1959 年年底开始，但由于中苏关系恶化，苏联单方面撕毁合同，撤走专家，停止提供技术装备器材，致使改扩建工程被迫停止。1962 年，随着大庆油田的开发，石油二厂也由生产页岩原油转向加工大庆原油。

1957 年

1月1日　《人民日报》发表元旦社论《新年的展望》。社论说，1957 年是我国第一个五年计划的最后一年。在这一年内，我们将有充分的可能完成和超额完成国民经济发展的各项指标。1956 年的基本建设比 1955 年提高 64% 左右，相当于 1953 和 1954 两年工作量的总和。基本建设战线上的全体职工作了巨大努力，使第一个五年计划规定的重点工程，特别是 156 项工程绝大部分可以如期完成。社论最后指出，我们应该总结过去一年的经验和教训，合理地安排今年的工作，把 1957 年的年度计划放在充分可靠的基础上。我们要保证完成和超额完成第一个五年计划，并且积极为第二个五年计划做好各种准备。

1月3日　国家计委提出《关于第一个五年计划执行情况和十五年远景计划及第二个五年计划的基本任务的报告》，并经周恩来审阅。

1月18日　陈云在全国省、自治区、直辖市党委书记会议上发表题为《建设规模要和国力相适应》的讲话。

1月27日　陈云在省市委书记会议上讲中央和地方体制问题。

2月22日—3月11日　第四次全国计划会议召开，会议安排了 1957 年计划。

3月29日　国家计委关于检查国营企业第一个五年计划完成情况的标准问题向省、市、自治区和各部发出通知。

4月14日　中共中央批转国家计委党组《关于初步总结"一五"计划和研究"二五"计划的有关重大问题的报告》。

5月1日 《人民日报》发表社论《勤俭建国》。社论说，今年是我国的第一个五年计划的最后一年。我们要在今年完成第一个五年计划，并且为第二个五年计划做好准备。四年多以来，开始施工的限额以上的建设项目累计达到750个左右（包括非工业部的建设项目），预计到今年底将达到820多个，其中竣工的将有400多个。这就大大改变了我国落后的经济面貌。钢铁的年产量，已经由解放以前最高的90多万吨增加到400多万吨。机器制造工业，已经能够制造过去我国根本不能制造的飞机、汽车、若干大型和精密的工作母机、冶金设备、矿山机械、发电设备、精密仪器等。其他电力、煤炭、石油、化学工业，也都获得了显著的发展。轻工业部门的投资，逐年有所增加，单是纺织工业，第一个五年计划期间建设限额以上的项目由36个增加到46个，只是棉布的年产量，已从5 000多万匹提高到1亿7 000多万匹。到今年第一季度，五年计划规定的工业部门基本建设投资254亿元（包括原计划以外的新的工业部门的投资），已经完成了200亿元左右，预计到今年底将超额完成4.5%。社论要求，全国人民要艰苦奋斗，辛勤劳动，精打细算，少花钱，多办事，发挥每一元资金最大的作用，认真执行党的勤俭建国的方针，尽快地把我国建成先进的工业国。

5月22日 《人民日报》发表社论《在建设中要注意组织企业之间的协作》。社论指出，许多企业在进行建设的时候都要求"全能""单干"，都要求建设可以共同使用的辅助车间和实验室，而不肯同有关单位组织协作。例如，中央有一个工业部在西安新建的11个工厂，几乎都有很大的近代化的木工车间和机修车间以及实验室。把各个工厂的木工车间的建筑面积加在一起就有七万平方米，等于一个大型工厂的全部建筑面积。而这些辅助车间的生产任务，本来应该而且完全可能依靠地方原有的企业来解决，或者只要一个或两个工厂建设，其他工厂协作共用，就完全可以了。但是，许多紧邻的工厂却各自建设了一套完整的木工车间和机修车间。这些工厂虽然机器之声相闻，而彼此却老死不相往来。由于重复建设辅助车间的结果，不仅原有的同类工厂的生产能力不能充分利用，而且新建的这些辅助车间也闹"吃不饱"的问题。社论最后指出，在社会主义制度下，每个生产单位和事业单位都是社会主义社会有机的组成部分之一，只有相互支援，相互协作，才能搞好社会主义建设。任何把自己的企业和事业单位看作"独立的小天地"，而对要求协作的单位拒之于门外的态度，都是对社会主义建设事业的发展有害的。

6月5日 在苏联帮助下，我国设计了第一座水力采煤的开滦唐家庄矿，该矿年产品为60万吨。该矿于1958年7月31日建成投产。

6月11日　辽宁省阜新煤矿一座年产150万吨的大型矿井平安竖井建成投产。

7月1日　国务院副总理兼国家经委主任薄一波向一届全国人大四次会议提出关于1956年度国民经济计划的执行结果和1957年度国民经济计划草案的报告。

7月15日　大会批准了该报告。

7月17日　哈尔滨锅炉厂首期工程建成投产。它是国家在第一个五年计划中新建的第一个现代化的锅炉厂，是国家的重点建设工程之一，分两期建成。第一期工程在1954年10月4日正式开工，1956年底基本建成。该厂是苏联以最先进的技术标准进行设计的，并以头等的设备装备了这个工厂。该厂的诞生，使我国的锅炉制造能力一跃而具有世界上最先进的技术水平。该厂将同哈尔滨汽轮机厂、哈尔滨电机厂配合，向新建、扩建的电站供应全套的发电设备。该厂开工生产以后，就从根本上改变了国家不能制造中压、高压锅炉的落后局面。

8月15日　我国第一座现代化的新型机车制造工厂——大同机车厂正式破土动工。

8月16日　据《人民日报》报道，大连造船厂开始大规模扩建。扩建工程是按照建造300马力、排水2 000吨的大型货轮设计的。扩建完工后，这个厂年产船舶的排水量可达10万吨。

8月20日　我国新建的一座最新型的电厂——武汉热电厂一号机组试运转后，正式移交有关部门开始发电。该机组投入发电使武汉电力增加一倍。

8月25日　我国第一座制造合成纤维的工厂——国营北京合成纤维厂动工兴建。

9月19日　我国第一座现代化的制造自动电话交换机工厂——国营北京有线电厂，提前两个半月正式开工生产。

9月23日　我国第一座现代化的炼油化工设备厂——兰州炼油化工设备厂动工兴建。

10月1日　我国第一座高水头电站——以礼河水电站的第三级电站，正式开工兴建。

10月5日　国营华北无线电器材联合厂正式投产。这是我国第一座制造无线电器材的综合性工厂。

10月8日　我国第一个天然石油基地——玉门油矿已经基本建成，它是一座拥有地质勘探、钻井、采油、炼油、机械修配、油田建设和石油科学研究部门的大型石油联合企业。

10月15日　中苏两国政府协议决定，苏联对中国无线电工业部门建立四个研究所给予技术援助和技术资料。苏方指定695号无线电负责帮助我方西南电子技术研究所；34

号无线电零件研究所负责帮助我方北京无线电零件与材料研究所;160号电子管研究所负责帮助我方北京电子管和半导体晶体管研究所;244号雷达研究所负责帮助我方南京电子技术研究所。

10月25日　苏联帮助我国建设的吉林肥料厂、吉林染料厂、吉林电石厂三大化工厂提前完工投产,举行了开工生产典礼。这标志着我国的化学工业由此向前迈进了一步。这三个规模巨大的、现代化的化学工业企业的建成,不仅将供给农村大量的化学肥料,供给人民大量色彩鲜艳、不会褪色的染料,而且还为发展合成纤维、塑料、合成橡胶等有机合成化学工业提供了原料,使得其他工业部门所需要的某些原料和人民生活所需要的某些日常用品可以获得新的来源。因此,吉林化工区的建成,对于发展国民经济,对于满足人民生活的需要,对于发展化学工业本身,都具有深远的影响。

11月6日　我国目前最大的新闻纸厂——广州造纸厂扩建完成,举行开工典礼。

11月7日　我国第一对水力采煤竖井——河南鹤壁四矿的风井工程动工兴建。

11月16日　甘肃工业的主要动力基地——兰州热电站正式发电。兰州热电站是苏联援建的156项重点建设项目之一。建成后,该厂是当时西北最大的热电站,它的机器设备是当时世界上最先进的。

11月23日　佳木斯综合纸浆造纸厂隆重举行了工程验收和开工生产典礼大会。该厂是第一个五年计划时期由苏联援建的156项重点建设工程之一。该工厂于1950年开始选择厂址,1953年动工兴建。这座现代化工厂投入生产以后,每年生产5万吨工业技术用纸。

12月4日　国家计委传达了毛泽东关于"二五"计划的指示。

12月12日　我国最大的变压器制造厂——沈阳变压器厂已经改建完成,投入生产。

12月16日　我国最大的火力发电厂——辽宁发电厂正式破土动工。

1958 年

3月18日　新华社报道,我国最大的现代化精密机械工具制造厂——成都量具刃具厂建成投产。

3月28日　吉林热电厂第一期工程的最后一台锅炉,正式投入运行。至此,这个厂的第一期工程已全部建成。吉林热电厂是在1955年1月动工建设的。随着吉林地区工业发展的需要，这个厂还将继续进行扩建。该厂是我国第一座电子自动控制的热电厂。

5月12日　国产第一部"东风牌"小轿车在一汽诞生。

6月28日　我国第一座现代化的哈尔滨电碳厂开工生产。哈尔滨电碳厂的建成和开工生产，将根本改变我国在电碳制品方面依赖国外进口的局面，它标志着我国工业走向独立自主、全面发展的又一重大胜利。哈尔滨电碳厂分两期建成。第一期工程在1956年3月8日正式开工，提前半年建成。由于采取了边建设、边试制、边生产的办法，它已经在建设过程中试制成功18种产品，供给许多厂矿企业。第二期扩建工程在1960年建成。

6月30日　据新华社报道，我国第一座规模最大的现代化综合性绝缘材料制造工厂——哈尔滨绝缘材料厂，已经建成并正式开工生产。哈尔滨绝缘材料厂投入生产后，可以生产电机、电器、开关、仪表和航空工业用的高级绝缘材料。它为我国今后电气工业的发展提供了条件。哈尔滨绝缘材料厂从1956年7月1日正式开工兴建，两年来采取边建设边生产的措施，不仅如期完成了建设任务，而且试制成功了95个品种、1700种规格的绝缘材料。该厂是我国工程技术人员自己设计，用苏联、捷克斯洛伐克、民主德国的现代化的设备装配起来的，绝大多数设备都是高度机械化、自动化的。这个厂生产的绝缘材料，有一部分还销到苏联、朝鲜、越南、缅甸、英国等国家。

7月1日　中国第一座现代化滚珠轴承制造厂——洛阳轴承厂建成投产。该厂于1955年5月兴建。

7月15日　我国最大的炼钢厂——武汉炼钢厂开工兴建。

7月19日　我国第一个水力采煤矿井在开滦唐家庄实验成功。

7月30日　我国自制的第一艘载重5 000吨的海轮在大连造船厂全部完工，比计划提前8个多月。船长115.5米，宽16米。满载排水为8 730吨，船速每小时12.5海里，主机为2 400马力。这艘海轮的建成，标志着我国造船工业的技术有了飞跃的发展。这艘海轮在设计和制造工作中，都采用了世界造船的新技术。船上的主机、辅机、发电机、锅炉、尾轴等，都是由国内工厂自制的，建造的质量都很好。

9月13日　武汉钢铁公司一号高炉炼出第一炉铁水。武钢一号高炉是苏联帮助我国设计的世界第一流的高炉。它一天可出生铁200吨以上，等烧结车间投入生产后，还可以达到2 500吨以上。曾被英国几种冶金杂志称为"西欧最大的高炉"的英国威尔思公司四号高炉，日产量仅为1 500多吨。美国最大高炉当时的平均日产量，最高也不多于2 000吨。当武钢一号高炉的生产调整正常后，它的生产能力就超过英美，站在世界高炉的前列。在此期间，近百位苏联专家热情帮助，全国共18个省市200多个工厂倾力支援武钢。

9月26日　武汉重型机床厂建成投产。

9月28日　据新华社报道，我国第一艘万吨级远洋巨轮今天在大连造船厂开工建造，这使我国造船业一跃进入世界造船业的先进行列。

10月　兰州氮肥厂建成。

同月　洛阳热电站投产。

11月25日　西安黄河机器制造厂建成，经国家验收，正式投产。

12月10日　哈尔滨汽轮机厂经过国家验收投入生产。在这之前，这个厂根据边建设边生产的方针，已经试制成功2.5万千瓦汽轮机2台。

12月31日　哈尔滨电机厂职工生产出了我国第一台7.25万千瓦的水轮发电机，作为向1959年元旦的献礼。这台当时国产最大的水轮发电机，是为当时正在建设中的浙江省新安江水电站制造的。这台水轮发电机安装发电后，每天能发出16万度电，可供500多万人口的大城市照明用。

1959年

1月4日　我国第一台高温高压5万千瓦汽轮机，在哈尔滨汽轮机厂试制成功。经过多次试车，证明质量良好。

5月15日　据新华社报道，哈尔滨电机厂为新安江水电站制造的我国第一套7.25万千瓦的水力发电设备，已在14日全部完成。这套大型发电设备重达1 000多吨，它发出的电力足够拥有600万人口的大城市照明之用。这套重大设备的试制成功，标志着我国动力机械工业在制造大型水力发电设备方面向前迈进了一大步。

6月4日　新华社报道，我国第一台2 800千瓦大型直流电动机，已在哈尔滨电机厂试制成功。这台电动机的总重量达100吨，用它带动700毫米的轧钢机，每年可以为国家轧制50万吨到70万吨钢材。

9月26日　包头钢铁公司一号自动化巨大高炉投入生产。它比原计划建成时间提前了一年。包钢一号高炉是我国当时最大的自动化大型高炉之一。它的生产规模只有鞍钢十号高炉可以同它相比，但在技术上，它比鞍钢十号高炉还先进。它采用了炭砖炉底、炉底强烈通风冷却、高压炉顶等最新技术，装料、出铁和调剂鼓风等都采用电气自动化操作，开闭出铁口和运输设施等也全部是机械化的。无论从哪方面讲，它都称得上是当时世界第一流的大高炉。9月27日《人民日报》发表社论《祝包钢出铁》。

9月27日　据新华社报道，我国第一台5万千瓦用氢气冷却的汽轮发电机本月26日在哈尔滨电机厂试制成功。经过各项性能试验，加上第一机械工业部组织的鉴定委员会的鉴定，证明这台发电机的质量合乎要求，可以成批投入生产。这台汽轮发电机的试制成功，标志着我国电机制造技术水平又向前推进了一大步。

11月1日　洛阳第一拖拉机制造厂已经建成，正式投入生产。中共中央政治局委员、国务院副总理谭震林参加了11月1日的落成典礼大会，并且讲了话。他说第一拖拉机制造厂的建成投入生产，是我国今后十年沿着农业现代化道路迈进的一个胜利的开端。我国农民早已盼望着的"耕田不用牛、点灯不用油"的伟大时代已经开始来到了。该厂是一座现代化的年产1.5万台54马力柴油拖拉机的工厂，生产"东方红"牌拖拉机。

12月　富拉尔基第一重型机器厂建成投产。该厂是苏联援建的以生产大型轧机、冶炼设备、锻压设备和大型铸锻件为主的重型机器厂（简称第一重机厂）。

1960 年

1月　哈尔滨汽轮机厂试制成功中国第一台10万千瓦汽轮发电机。

3月　哈尔滨锅炉厂试制成功中国第一台高压每小时410吨蒸汽的锅炉。

4月　西安仪表厂建成投产。该厂1956年兴建，是民主德国设计的项目之一。

5月18日　大众机械厂建成投产。

6月　河北峰峰三号竖井建成投产。该矿于1957年11月兴建，总规模为120万吨，建设周期为3.5年，总投资4 100万元，平均每吨煤投资34元。

7月16日　苏联政府突然照会中国政府，单方面决定召回苏联专家。这是1960年6月底布加勒斯特会议结束以后，苏共领导把两党关系的恶化扩大到国家关系上来，对中国施加的压力。7月25日，未等我方答复，苏方又通知中国政府：自7月28日至9月1日期间，将撤回全部在华专家1 390人，终止派遣专家900多名，并撕毁了343个专家合同和合同补充书，废除了257个科学技术合作项目。据统计，第一个五年计划以来，苏联援助中国的项目共304项。到1960年上半年，已建成103项，还有201项正在建设中。苏联在华专家分布在中国经济、国防、文化教育和科学研究等部门的250多个企事业单位中，在技术设计、工程施工、设备安装、产品试制和科学研究等方面担负着重要任务。这些苏联专家聘期未满，合同没有到期，中国政府虽然多次挽留，苏方始终坚持其决定，苏联专家撤走时带走了全部图纸、计划和资料，并停止供给中国建设急需的重要设备，大量减少成套设备和各种设备中关键部件的供应。苏联的这一举动，使中国一些重大设计项目和科研项目被迫中断，一些正在试验生产的厂矿不能按期投入生产，250多个企业和事业单位处于停顿、半停顿状态。苏联政府这种背信弃义的行动，不仅严重地打乱了中国发展国民经济的计划，加重了中国当时的经济困难，给中国的社会主义经济建设事业造成了重大损失，而且进一步破坏了中苏两国之间的关系。

12月　西安绝缘材料厂建成投产。该厂1955年兴建，建设规模6 000吨，建设周期6年，投资2 500万元。

同月　西安电磁厂建成投产。该厂1956年兴建。

同月　洛阳矿山机器厂制成中国第一台5米双筒卷扬机。该机自重175吨，在500米左右的深井可以一次提升8—10吨原煤。

1961年

8月3日　北京电子管厂与三机部精密机械研究所、一机部机械研究院共同研制成功电火花仿形线切割机。

1964年

1月20日　西安电力电容器厂试制成功中国第一套11万伏和22万伏的电容式电压互感器。

9月　以8 000吨车轮模锻水压机为主体设备的整体锻轧火车轮生产线在马鞍山钢铁

公司车轮轮箍厂建成投产。这是中国第一条火车车轮生产线。参加这项工种设计、制造的有太原重型机器厂、沈阳重型机器厂等192个单位。

12月　第二砂轮厂建成投产。该厂1956年兴建，是民主德国设计项目之一。

1965年

年初　在我国建设初期，特别是在抗美援朝期间，当时斯大林领导下的苏联曾向我国提供过一些援助贷款，本息总共14.06亿新卢布。此项外债，我国一直按期归还，并且已经在1965年初提前全部还清。

12月　兰州石油化工机器厂建成。该厂1956年10月兴建，建设规模为年产石油化工机器设备41 510吨，建设工期11年半，完成投资1.7亿元。

1969年

三门峡水利枢纽工程竣工。该项目是全面治理黄河的第一个工程，在1957年4月13日举行开工典礼。1973年12月第一台机组投产，1978年12月26日最后一台机组投产发电。至此，全部工程竣工。它是苏联援建的156项重点建设工程项目中最后竣工的项目。

国家"156项工程"陕西重点项目暨
重点配套经济建设大事记

（1950—1964年）

1950年

1月10日　陕西省人民政府宣告成立，随即成立了陕西省财政经济委员会，内设计划局，负责计划工作。

2月15日　中共陕西省委宣布成立。

2月29日　全国首次电业会议决定，在西安建设新的发电厂。由中央燃料部订购设备，邀请苏联专家到西安勘察厂址。

1951年

1月5日　纺织工业部批准，国营咸阳棉纺织厂在咸阳筹建。

5月5日　国营咸阳棉纺织厂破土动工，12月更名为国营西北第一棉纺织厂。

5月17日　西安第二发电厂（现西安灞桥热电厂）一期工程（国家设计编号362号），由苏联电力设计院莫斯科分院承担设计，成套设备由苏联供给。工程规模为2×6MW汽轮发电机组，锅炉3台（35T/H），总容量12MW。

1952 年

4月14日　西北军政委员会与国家财政委员会就西安第二发电厂厂址问题进行研究。研究决定：厂址选在西安灞桥。发电厂为中温中压火力发电厂，并审查通过了计划任务书及初步设计。

5月　宝鸡新宝烟厂由部队交地方管理，更名为公有西北烟草公司，并在宝鸡市人民街38号修建新厂。1954年12月，更名为地方国营宝鸡市烟草厂。1986年改称宝鸡卷烟厂。

5月17日　国营西北第二棉纺织厂建成投产。工厂总投资2 386万元，占地1 080亩。该厂是我国在国民经济恢复时期，自己设计、自己制造机器、自己施工建设的四个现代化大型国有棉纺骨干企业之一。

7月2日　宝成铁路动工兴建。

8月1日　国营西北第二棉纺织厂开始施工，1953年12月25日通过验收，正式投产。

8月27日　省财委编制《关于1953年国民经济计划草案的概括说明（草案）》。

9月8日　省财委提出《陕西省1953—1957年经济建设计划控制数字意见（草案）》，即第一个五年计划。

9月18日　第二机械工业部勘测总队，根据新厂建设大纲和调整方案，来西安为苏联援建的156项重点工程建设项目二机部二局所属的工厂进行选址、勘测。勘测总队初步选择了郭杜镇、百石桥、阿房宫、未央宫、惠家庄等地并进行勘测。

9月19日　陕西省劳动就业委员会成立，陕西省副省长韩兆鹗任主任委员。

12月22日　中央发出《编制1953年计划及长期计划纲要若干问题的指示》，提出"边打、边稳、边建"的方针。指出，经济建设必须以发展重工业为建设的重点，集中有限的资金和建设力量，首先保证重工业和国防工业的基本建设，特别是那些对国家起决定作用的，能迅速增强国家工业基础与国防力量的主要工程的完成。

1953 年

1月8日　西北地区第一个自来水厂——西安市自来水厂建成，开始供水。

3月　纺织工业部投资，西北纺织管理局在西安东郊纺织城动工筹建国营西北第四棉纺织厂。

同月　西北纺织印染股份有限公司同长安棉纺织厂合并，成立西安纺织厂。1966年12月，更名为国营陕西第十棉纺织厂。

4月　二机部副部长万毅偕苏联专家来西安，对二机部新建厂址进行考察。确定二机部所属的西北光学仪器厂、西安昆仑机械厂、西安东方机械厂、西安华山机械厂、西安秦川机械厂、853厂、西安庆华电器制造厂等7个厂在西安东郊建设。

5月2日　陕西省人民政府第十次会议通过了《陕西省1953年计划大纲》。

5月15日　中苏两国政府在莫斯科签订第一批援建中国建设项目协议《关于苏维埃社会主义共和国联盟政府援助中华人民共和国政府发展中国国民经济协定》。协议规定，连同过去三年来帮助中国设计的50个企业在内，到1959年为止，苏联将帮助中国新建和改建141项大型建设项目，与后来增加的15项，共计156项。

5月21日　中国同苏联专家商定，由国家计划委员会审查同意，筹备国家精密光学仪器工厂，第二厂名为国营西北光学仪器厂。

5月　国营804厂筹备处在西安成立。

6月8日　二机部批准单基发射药厂，在甘肃省兰州西固地区探测选址，后落户西安鄠县余下镇；批准新建第五厂为航空仪表厂，对外称国营宝成仪表厂；批准筹建的高射炮炮瞄雷达制造厂为国营黄河机器制造厂；批准钢弹体厂为国营华山机械厂；批准航空发动机附件厂为国营庆安机械厂；批准火工品厂为西安庆华电器制造厂。

同日　二机部批准，成立国营西北光学仪器厂筹备组。

6月15日　省财委发出《陕西省1952年工业生产完成情况9月及1953年工业生产计划编制说明》。

6月20日　国营西北第三棉纺织厂破土动工。1954年12月8日通过验收，纳入国家生产计划。

6月26日　二机局批准正式成立国营东方机械厂，隶属于二机部二局管理。

7月1日　国营华山机械厂筹建处正式成立，隶属于二机部二局管理。

7月18日　秦川机械厂筹备处在西安西大街722号宣布成立。

7月23日　秦川机械厂筹备处开始在西安市西郊白石桥、简家桥一带选址。

7月　绝缘材料厂筹备处由上海迁来西安，更名为西安绝缘材料厂筹备处。

8月1日　西安市公私合营新西北印染厂举行开工典礼，总投资441.27万元，年产纯棉印染布可达4 800万米。

8月7日　1953年度陕西省经济计划由省财委下达执行。

8月13日　中苏两国政府签订西安绝缘材料厂设计合同。

8月25日　一机部电工局编制出《西安绝缘材料厂计划任务书》，并以（53）机密基字第129号批准在案。

8月31日　一机部电工局正式命名西安电力电容器厂。

9月7日　二机部四局与原一机部电器管理局联合指示，将天津电工西厂正式划归二机部四局领导，后西迁陕西兴平县，第二厂名为秦岭电工厂。

9月10日　省财委发出《关于贯彻西北财委建立计划管理指示的情况》，要求各企业制定实施计划以保证年度计划的完成，并为以后计划管理工作奠定基础。

9月21日　中苏签订第07055号合同，规定了苏联向庆华电器制造厂援助的具体项目。

9月30日　国家计委决定，国营西安机械厂（远东机械制造公司）、庆安机器厂厂址设在西安。筹备组由北京迁往西安，联合筹建。

9月　苏联向我国提交宝成仪表厂初步设计规定，宝成仪表厂为综合性航空仪表制造厂，工厂人数2 517人，总投资2 365.55万元。

同月　一机部十局确定国营黄河机器制造厂厂名。

10月3日　国家计划委员会副主任李富春带领二机部、铁道部、水电部负责人及中苏双方技术专家来西安选厂定点。

10月9日　西北第一座现代化火力发电厂——国营西安第二发电厂建成发电。

10月19日　省政府颁发关于执行中央人民政府政务院《关于编制国民经济年度计划暂行办法（草案）》的规定。

10月28日　114厂筹建组由北京迁至西安。

10月　援建秦川机械厂的苏联专家工作组来西安。

同月　国营黄河机器制造厂筹备组在北京成立。

11月　国营秦川机械厂厂址委员会同苏联专家确定西安东郊韩森寨地区为厂址，并开始钻探、测量和清理古墓。

12月27日　国营西北第二棉纺织厂建成并正式投产。工厂总投资3 105万元，纱锭50 800枚，织机2 000多台，厂址占地面积539.74亩，是西北地区规模最大的棉纺织工厂。

12月29日　一机部电工局肖陈大副局长召开有苏联专家、有关单位参加的座谈会，从工业布局、产品运输、生产协作等方面考虑，建议高压电瓷厂改在西安西郊建设。

1954 年

1月27日　秦川机械厂厂址委员会与苏联专家工作组安排厂区布置，并将主厂区原定坐标位置南移250米。

1月　在苏联外贸部副部长建议下，国营惠安化工厂放弃在甘肃建厂的设想，出陇入陕，在关中地区南山北麓一带选点。

同月　湘潭高压电瓷厂筹备处同苏联专家来西安选择厂址，收集有关建厂资料。

同月　为解决陆续建设的工业企业对电力和热力的需求，国家初步选定在西安西郊枣园附近筹建大型热电厂西安第三发电厂，并在西安成立电厂筹建处。

2月7日　国家计委副主任李富春带领专家组来西安审定西北光学仪器厂厂址。因有铁路专用线从厂区内穿过，不符合精密光学厂生产静态环境要求，否定了光学厂第二厂址方案，重新选址在西安东郊，即现厂址。

2月15日—18日　陕西省宝成铁路筑路委员会召开会议，安排支援宝成铁路修建工程。

2月16日　二机部批准黄河机器制造厂在西安东郊建厂。

2月24日　一机部电工局转达国家计划委员会电报，批准湘潭高压电瓷厂筹备处搬迁西安建厂。

2月25日　西安市建设委员会以市建城字174号协议，划拨电瓷厂建设用地28.4公顷。正式确定厂址在西安市西郊西站大街（现大庆路）以北，人民面粉厂以东，沣惠渠以西，与西安开关、整流器厂毗邻。

2月　二机部七局、华山机械厂驻京工作组、苏联设计专家完成了华山机械厂《计划任务书》和《选厂报告》编写任务，经国家计划委员会审查、二机部部长赵尔陆批准后，提交苏联作为初步设计的依据。

同月　西安市第二发电厂二期扩建立体工程由苏联火力发电设计院莫斯科分院设计，主设备由苏联提供。二期工程规划为3×12MW，双抽汽轮发电机组，5台锅炉。

同月　国家计划委员会批准了庆安机器厂计划任务书。

3月1日　二机部批转国家计委批准西安机械厂计划任务书。

3月3日　国家计委批准西安绝缘材料厂、西安开关整流器厂计划任务书。

3月7日　铜川火力发电厂正式发电。

3月8日　西北规模最大的陕西耐火材料厂竣工。

3月9日　二机部正式批准了东方机械厂设计任务书。

3月13日　二机部批准西安昆仑机械厂（代号847）在西安东郊建厂。

3月15日　二机部正式批准了秦川机械厂设计任务书。

3月17日　二机部正式批准东方机械厂厂址选择地，批准庆华电器制造厂在西安东郊建厂。

3月23日　苏联专家来西安，为西安第三发电厂勘选厂址。

3月24日　二机部批准西北光学仪器厂计划设计任务书。

3月25日　陕西省水利局决定，在全省20条河流上建防洪工程，投资90亿元，工程土方200万立方米。工程建成后，可使25万亩农田、6座城镇和100多个自然村免受洪水威胁，还可利用水源灌溉。

3月30日　国家计委批准西安电力电容器厂计划任务书。

4月2日　一机部电工局正式确定西安电力电容器厂厂址建在西安市西郊。

同日　湘潭高压电瓷厂筹备处搬迁西安，并按一机部电工局〔1954〕基计字1281号文正式改名为西安高压电瓷厂。

4月8日　为了保密工作的需要，经陕西省邮电总局批准，东方机械厂对外启用"西安市第十二号邮政信箱"代号。

同日　以苏联贸易部长为首的考察团，由中国燃料工业部电业管理局总局长陪同，来陕检查苏联援建的重点工程进展情况。

4月　西北电业管理局转发国家计委关于正式批准西安第二发电厂二期工程计划任务书的通知。要求第一台机组1956年三季度投产发电，第二台机组1957年二季度发电，第三台机组1957年四季度发电。

5月14日　二机部西北办事处西办计字第3号通知：784厂离开西安，其原在东郊的厂址移交给华山机械厂使用。

5月25日　第三发电厂厂址确定，由北京电力设计分院初步勘测。

5月　三机部所属国营惠安化工厂定在鄠县城南建厂，需电力2万千瓦，蒸汽185

吨/小时，热水 40 百万大卡/小时。国家计委决定，原报在西安市西郊筹建的西安第三发电厂，改在鄠县惠安化工厂附近建设。燃料工业部提出的建设西安第三发电厂工程计划任务书，经国家经委批准，确定第三发电厂初期容量为 5 万千瓦，最终容量为 10 万千瓦。

6月 苏联电器工业部、国家动力工业设计院完成西安电力电容器厂部分设计任务。

同月 国家计委正式批准惠安化工厂厂址由兰州改建在鄠县苏泉乡。

7月1日 秦岭电气工厂、陇西铸造厂建厂联合办公室在西安成立。

7月2日 苏联向国营开关整流器厂交付初步设计书。

7月6日 二机部西北办事处召开由华山、东方、秦川、黄河、西光、惠安厂参加的临时筹备处主任会议，就西安东郊各厂宿舍区建设工程项目作统一安排。会议决定从各厂抽调 60 至 80 名干部，参加此工程。

7月8日 二机部二局通知各新建厂参加七局审查国外初步设计之负责人员名单。

7月13日 西安高压电瓷厂筹备处副主任参加二机部初步设计审查团，赴莫斯科市筹备苏联电工陶瓷研究院完成的西安高压电瓷厂初步设计。

7月21日—31日 中共陕西省第一次代表大会在西安召开。大会号召全党团结一致，密切联系群众，在党中央和毛主席领导下，克服一切困难，胜利完成各项任务，把社会主义建设和社会主义改造事业稳步推向前进。

7月 苏联编制的华山机械厂初步设计完成，该厂驻京工作组在二机部七局的领导下，对初步设计进行了审查。

8月1日 西北第一对现代化煤矿竖井在铜川三里洞破土动工。

8月9日 苏联完成秦川机械厂初步设计，包括总论、总图、工艺、运输、动力、建筑、人防等共9册，15万字，54张图，送达中国待审。

8月 西安开关整流器厂、西安高压电瓷厂、西安绝缘材料厂、西安电力电容器厂、西安低压技校，从一机部西安办事处西安电工新厂总筹备处分出，成立西安电工新厂总筹备处。

9月5日 陕西省计划委员会成立。原由省财委联系指导的工业厅、统计局、劳动局、建工局、物资供应局划归省计委指导。

9月19日 二机部部长赵尔陆同苏联政府代表签署《宝成仪表厂初步设计备忘录》。

9月30日 二机部批准秦川机械厂初步设计。

9月 国家计划委员会批准惠安化工厂总体设计。

同月　苏联提出西安绝缘材料厂初步设计。

10月15日　西安第三发电厂一期工程设计合同在莫斯科签订，由苏联电站、莫斯科火电设计分院承担设计，工程编号298。

10月17日　一机部批准西安绝缘材料厂总概算书，确定西安绝缘材料厂总投资为3 042万元。

10月　省计委编制1954年国民经济计划（草案），经批准下达执行。

同月　一机部审查通过了西安电力电容器厂建厂初步设计。

11月5日　二机部二局正式下达东方机械厂生产方案，同时批准东方机械厂初步设计方案。

11月13日　国家计划委员会正式批准了秦川机械厂建厂初步设计。

同日　二机部批准了华山机械厂建厂初步设计。

11月19日　陕西省人民委员会下达1954年工业产品成本计划。

11月25日　国家计划委员会、纺织工业部正式批准筹建国营西北第五棉纺织厂。

11月26日　国家计划委员会批准西北光学仪器厂建厂初步设计。

12月3日　一机部设计总局第四分局协同一机部西北办事处开始编制西安开关整流器厂初步概算。

同日　我国与苏方换文，对宝成仪表厂设计进行修正。

12月15日　国营西北第三棉纺织厂举行开工典礼，正式开工生产。工厂拥有纱锭5万枚，布机1 580台。

12月23日　国家计委批准庆华电器制造厂建厂初步设计。

12月25日　省委第一书记张德生在全省计划工作会议上做总结讲话。主要阐述：①关于讨论五年计划纲要中的几个问题。②关于1955年第一季度几项主要工作的安排。③关于改进和提高领导工作问题。

12月　苏方完成并递交了298工程初步设计文件。

同月　国家计委批准惠安化工厂建厂初步设计。

同月　陕西省红旗水泥制品厂开始筹建。

1955 年

1月6日　为了加快工程进度,二机部西北办事处统一成立了东郊新建厂厂外工程施工总甲方委员会,协调厂外工程的施工。

2月18日　燃料工业部代表在莫斯科批准了298工程初步设计。确定第一期工程安装BRT-25-3型汽轮发电机两台,170型锅炉4台。

2月　西安绝缘材料厂动工兴建。

同月　由苏联编制的华山机械厂技术设计到华。二机部七局及803厂驻京工作组参加了技术设计审查。

3月5日　中共西安市委研究决定,在西安的二机部各筹建厂建立临时党委。惠安化工厂临时党委成立。

3月9日　经中共西安市委批准,西北光学仪器厂临时党委成立。

3月12日　115厂在天津停建。

3月28日　中苏两国政府协议确定由苏方援助中国建立402厂。

3月　国营黄河机器厂破土动工兴建。

同月　中央决定长岭机器厂改迁内地建设。

同月　庆华电器制造厂正式通电通水。

同月　843厂筹备处开始征用土地。

4月上旬　秦岭电工筹建处,先后在虢镇、马嵬坡地区测量。

4月25日　西安高压电瓷厂按规定先后派出16名工程技术人员、管理干部赴苏实习培训。

同日　中共中央政治局决定,为了国防安全,宝成仪表厂停止在北京建厂,迁往西安,铁路路线另选新址。

4月30日　陕西省人民委员会批准西安第三发电厂在鄠县征用土地。

4月　陕西省人民委员会批准迁至东郊第四工区。

5月9日　惠安化工厂筹建处在西安市第六工地办公,赴宝鸡选址。

5月14日　省计委提出关于1954年国民经济计划执行情况和1955年国民经济计划

纲要。

5月30日　西安第三发电厂铁路专线铺设完毕。

5月31日　二机部四局转发二机部指示：陇西铸造厂、秦岭电工厂、长岭机器厂、宝成仪表厂厂址初步确定在西安地区，决定在二机部西安办事处下设第四局新厂筹备组。

5月　西北光学一球厂厂区建设开工。

同月　苏联电器工业部、国家动力工业设计院完成了西安电力电容器厂技术设计。

同月　国营西北第五棉纺织厂破土动工兴建。

同月　长岭机器厂开始从苏联引进仿制的PB-2型无线电高度表技术资料。

6月24日　国家计委、建委批准宝成仪表厂在宝鸡兴建，并指定二机部第四设计院承担技术设计修改任务。

6月25日　陕西1955年国民经济计划经省人民委员会第六次会议通过。7月3日由省人委颁发执行。

同日　国家计委、建委批准秦岭电气工厂在陕西兴平县西郊兴建。

6月底　苏方提交了西安第三发电厂298工程技术设计书，并陆续提交施工图。

6月　西安第二发电厂由电力工业部西安基本建设局312工程处开始施工。

7月1日　844厂74号铁路专用线开工兴建。

同日　秦川机械厂铁路专用线开工兴建。

同日　秦岭电工厂、陇西铸造厂建厂联合办公室在西安成立。

7月3日　国营西北第五棉纺织厂土建工程全面开工。

7月　东方机械厂接受"1956年苏联计划供应设备清单"。

8月1日　秦川机械厂筹备处由市内大湘子庙街迁至东郊厂址31街坊办公。

8月22日　国家计委批准陕西柴油机厂设计任务书。

8月　秦川机械厂第一批企业管理干部赴苏联学习。

同月　庆华电器制造厂派遣干部、工人赴苏联实习，先后3次共39人。

同月　西安绝缘材料厂技术设计完成，经一机部批准，施工设计从1956年年初开始陆续完成分批交付。

同月　西安至鄠县铁路全线施工。

同月　华山机械厂技术和生产管理干部16人赴苏联学习。

同月　宝成仪表厂派32人赴苏联学习。

9月17日　陕西省召开第二次计划会议。会议讨论确定了1956年各项计划指标，研究了实现指标的措施，座谈县（市）计委的工作任务和工作方法，要求建立健全县（市）的计划工作机构，加强计划工作。

9月29日　秦岭电工厂、陇西铸造厂建厂联合办公室由西安市迁至兴平县办公。

9月　西安中兴电机厂在西安建成投产。该厂1962年8月与西安电机厂合并，1965年3月接收大连电机厂直流电机车间，1996年又整体接收了原西安东方电机厂，现厂名为西安电机总厂，是全国中小型电机行业三大支柱厂家之一。

10月4日　陕西省一届人大三次会议讨论通过了陕西省发展国民经济的第一个五年计划，并号召全省人民为完成和超额完成第一个五年计划而奋斗。

10月7日　一机部电工局（55）电办秘字242号文，决定西安绝缘材料厂筹备处代号为462厂。

10月11日　苏联援助东方机械厂的第一批技术设计图纸资料到厂。厂筹备组组织力量进行翻译出图。

10月20日　宝成仪表厂由西北第三建筑公司第四工区负责，正式破土兴建。

10月　西安机械厂、庆安机器厂同时动工兴建。

同月　国家轻工部批准宝鸡酒精厂立项建设，1959年11月建成，年产酒精8 000吨。

11月12日　国务院总理周恩来签发特急电，即"国务院关于检查工业产品质量和基本建设进度与工程质量的指示"，要求在基本建设方面的检查，应该从设计设备供应和施工管理方面着重检查工程进度，厉行节约和保证质量。

11月19日　一机部电工局又将西安绝缘材料厂的代号，由462厂改为446厂。

11月　苏联援助的秦川机械厂"建厂技术设计书"送达该厂。

12月10日　苏联专家与东方机械厂代表在北京签订《苏方设计分交和设备分交》等技术文件。

12月16日　一机部电工局批准了与苏联在莫斯科签署的西安高压电瓷厂技术设计议定书。

12月7日　宝成仪表分厂试制成功我国第一个陀螺仪表YⅡ-46型电动转弯倾斜仪。

12月27日　宝成铁路重点工程之一秦岭一座盘山大隧道全部打通。

12月　惠安化工厂向西安铁路局申报编组站，站名定为"马营车站"。

同月　宝鸡发电厂经国家计委批准，开工建设。1967年4套机组先后建成投产，电厂设备由捷克斯洛伐克提供，总容量15万千瓦。

1956年

1月1日　宝成铁路广元到略阳段通车典礼在略阳隆重举行，省长赵寿山参加剪彩仪式并致辞祝贺。

1月9日　西安第三发电厂同苏联签订一期工程的设备与供应合同，主要设备由苏联成套供应。

1月18日　西安第三发电厂主厂房破土兴建。

1月19日　二机部批准西安机械厂初步设计，总概算为4 503.5万元。

1月24日—2月2日　中共陕西省委在西安召开陕西省工业会议。会议传达了中央召开省、市工业部部长座谈会会议精神。会议一致认为，提前一年左右时间完成陕西省的第一个五年计划是完全有可能的。会议还详细讨论了改进企业管理，逐步建立和加强一长制问题。

1月　陕西柴油机厂筹备处在西安成立并开始办公。

同月　西安电力电容器厂从电工新厂总筹备处中分离出来，成立独立的西安电力电容器厂筹备机构，开展工作。

同月　航空发动机厂获二机部批准，在甘肃兰州市成立筹备组。

2月10日　西安第二发电厂3号汽轮发电机组开始安装，5月27日启动，经72小时试运转后，移交生产。

2月17日　毛泽东主席在听取二机部工作汇报时指示，国防工业应学会军用和民用两套生产技术和本领。

2月24日　中共陕西省直属机关委员会批准陕西柴油机厂筹备处成立党的临时支部。

2月　二机部批准了苏联编制的华山机械厂技术设计。

3月4日　二机部批准庆华电器制造厂技术设计方案。

3月15日　华山机械厂重点工程一号厂房开工。

3月18日　西安高压电瓷厂正式破土兴建，建厂概算为3 858万元。

3月24日—4月2日　陕西省第三次计划会议传达贯彻全国第三次计划会议精神，讨论陕西省 1956 年国民经济计划。会议一致认为 1956 年的各项计划指标，总的方面是积极的、可靠的。

3 月中旬　撤销秦川机械厂筹备处，正式成立国营秦川机械厂。

3 月　中共电工新厂委员会成立，下辖西安绝缘材料厂、西安电力电容器厂、西安开关整流器厂、西安高压电瓷厂、西安低压技校的党组织。

同月　西安远东公司、庆安公司厂分家，各自独立。

同月　西安开关整流器厂正式破土兴建。1964 年通过国家验收，正式投入生产。

4 月 1 日　二机部正式批准东方机械厂技术设计总预算。

4 月 7 日　根据中苏两国签订由苏联援助中国发展国民经济的补充协议，中苏双方签订了 872 厂（西安东风仪表厂）建设补充协议书。

4 月 11 日　西安绝缘材料厂党支部成立。

4 月 13 日　二机部通知，秦岭电工厂与陇西铸造厂联合办公室撤销，分别以两厂名义独立对外。

4 月 14 日　西安高压电瓷厂党、团、工会组织相继建立，开始对外招工。

4 月 24 日　二机部二局下达命令，东风仪表厂在山西省侯马地区建厂，并成立了筹备组。

4 月　苏联专家陆续到西北光学仪器厂，开始指导生产准备工作。

同月　苏联提供的 CPO-1 型产品全套资料送达 782 厂。

同月　西安仪表厂由北京迁往西安，正式命名建厂，1960 年 4 月建成投产。

4 月　西安电力电容器厂党支部成立。

4 月　国营西北第六棉纺织厂破土建设，1958 年 8 月 3 日建成投产。

5 月 10 日　陕西柴油机厂武功县普集镇厂址因紧靠武功军用机场，相互影响安全，国家建委批准将陕西柴油机厂迁至兴平县建厂。厂址选定在陇海路兴平火车站以西约 7 公里处。

5 月 12 日　陕西省人民委员会批转省计委编制的《关于 1956 年度经济计划纲要》。

5 月 26 日　西安水泥制品厂（西安电力机械厂）建成投产。

5 月　苏联专家组进驻秦川机械厂开始工作。

同月　西凤酒厂经陕西省人民委员会批准，在陕西省凤翔县柳林镇西凤酒原作坊的基础上兴建。1957 年 5 月建成，年生产能力 900 吨。

6月9日　二机部批准秦岭电工厂初步设计方案。

6月14日　西安第二发电厂4号汽轮发电机组开始安装。

6月22日　国家经委批准庆华电器制造厂初步设计。

6月27日　我国第一个电气化铁路枢纽站在宝鸡动工兴建。

6月27日—7月5日　中国共产党陕西省第二次代表大会在西安召开。省委第一书记张德生代表省委作《调动一切积极因素，为提前和超额完成第一个五年计划而奋斗》的报告。

6月　中共中央政治局委员、国务院副总理邓小平视察西安高压电瓷厂工程建设工地。

1957年

1月10日—19日　陕西省第四次计划会议召开。会议检查了1956年度经济计划的执行情况，讨论安排了1957年计划。

1月16日—23日　中共陕西省委召开基本建设工作会议。会议总结了1956年的工作，布置了1957年的基本建设任务。

1月　786厂在基本条件具备后，全面开始试制产品COH-9A。

2月6日　中共西安电工新厂筹备处党委批准446厂成立党总支委员会。

2月　中共西安电工新厂筹备处党委批准西安电力电容器厂成立临时党总支。

3月5日　陕西省人民委员会下达陕西省基本建设工程设计和预算文件审核批准暂行办法。

3月15日　长岭机器厂仿PB2无线电高度表8部样机在南京试制完毕并通过正式鉴定。

3月19日　惠安化工厂铁路编组站验收并启用，定名马营车站，后改为余下车站。

3月23日　党中央副主席朱德和中共中央总书记、国务院副总理邓小平到847厂视察。

3月27日　朱德视察庆安机器厂。

4月15日　邓小平视察西北化学仪器厂。

4月16日　西安第二发电厂5号汽轮发电机组开始安装。

同日　电机制造工业部批准西安446厂技术设计预算。

4月29日　陕西省人民委员会下达陕西省1957年度地方经济计划。

4月　西安机械厂从331厂接收第一个试制品。

同月　国务院副总理李富春、国家建委主席薄一波来庆安机器厂视察。

同月　苏联向我国交付东风仪表厂初步设计方案。由于国家建设计划的改变，二机部二局通知拟将东风仪表厂迁至西安建设。

5月3日　经二机部四局批准，"国营宝成仪表厂""国营秦岭电工厂"厂名正式启用。

5月　中共中央总书记、国务院副总理邓小平到庆安机器厂视察。

同月　西安机械厂从111厂接收过来的4种燃油附件投入试制。8月完成试制任务后投入小批量生产。

7月1日　铜川三里洞煤矿建成投产。这是西北第一座现代化竖井，设计能力为年产原煤60万吨。

7月10日　二机部批准陕西柴油机厂项目任务书。

8月9日　212厂试制成功第一个航空仪表电阻式温度传感器。

8月14日　中共西安市委基建部批准西安电力电容器厂成立。

8月28日　陕西省计划委员会报告，第一个五年计划期间，国家在陕西地区基本建设投资额为17.3亿元。这批建设项目对陕西工业体系的建立，对改变陕西经济面貌起到了决定性影响。

8月　苏联专家来西安电力电容器厂帮助工作。

同月　苏联专家陆续来宝成仪表厂帮助工作。

同月　国营烽火机械厂动工兴建，1963年12月20日通过国家验收开工生产，主要产品为通信设备。工厂先后改名为国营宝鸡无线电厂、国营烽火机械厂、国营烽火无线电厂。1983年10月，经省人民政府批准，成立陕西烽火企业集团。

9月4日　212厂传感器鉴定报告经二机部批准，该产品进入批量生产。

9月26日　国家验收委员会对工厂试制的4种型号的燃油附件进行验收。鉴定结论指出：国家验收试车成功，附件可以交付。这是我国航空工业史上自己生产出的第一台喷气式航空发动机燃油附件。

9月　西安电力电容器厂根据"边基建、边安装、边试车、边试生产"的精神，开始试制各种型号的电力电容器。

10月18日　陕西省人民委员会通知，撤销省计委和省建委，建立陕西省计建设委员会，统一掌管原计委和建委的工作。

10月　西北工业大学在西安建立，成立时校名为西北工学院。

同月　西安第二发电厂开始向韩森寨地区军工区5个厂（黄河、西光、昆仑、华山、秦川）供热。

11月1日　国家验收委员会进驻西北光学仪器厂。19日验收委员会在西安人民大厦举行工厂建成签字仪式。验收委员会主任委员、二机部副部长刘寅，苏联驻西光厂专家组组长沙佛诺夫，代表中苏双方在验收书上签字并互换文本。验收结果，西光厂建设为"优质工程，批准动用"。

11月4日　西安第二发电厂5号汽轮发电机在苏联专家的监护下，一次通过72小时试运转，11月7日正式移交生产。

11月14日　国家验收委员会对西安机械厂进行全面检查验收，对建筑安装工程的施工质量检查总评为优良，同意验收，正式移交生产动用。

同日　国家验收委员会进驻庆安机器厂，对工程进行全面验收，国家验收委员会主任刘寅代表国家同意验收。

11月16日　省计建委党组向省委报送《关于改进限额以上基本建设项目设计任务书审批办法的规定》，省人委1958年2月批转各地执行。

11月19日　昆仑机械厂正式建成交国家验收。国家验收委员会鉴定，工程质量评为优良。国家验收委员会主任刘寅代表国家同意验收。

11月20日　秦岭电工厂通过了国家验收委员会对工程建设的总验收。秦岭电工厂建厂期限较国家规定的建设期限提前一年零三个月。

11月21日　宝成仪表厂举行国家总验收签字仪式暨开工典礼，国家验收委员会主任刘寅代表国家对宝成仪表厂基建工程进行全面验收。

11月23日　西安第三发电厂一号机组经过空载试运行后，正式投入运行。这是陕西第一座高温高压热电厂。

11月24日　黄河机器厂建成投产，中苏两国代表签署了开工生产证书。

11月27日　宝成仪表厂电动转弯仪和指示器试制成功，二机部批准同意批量生产。

11月30日　西安第三发电厂隆重举行剪彩典礼，庆祝陕西省第一个高温高压热电厂的建成投产。中共陕西省委书记方仲如为电厂剪了彩。

11月　东方机械厂完成建筑工程任务，办公地址由原31街坊迁到厂区办公。

12月2日　铜川王石凹煤矿矿井破土动工，预计1961年建成，年产原煤120万吨。

12月4日　西北光学仪器厂、昆仑机械厂联合举行开工典礼，中共陕西省委书记赵伯平，二机部副部长、国家验收委员会主任刘寅参加典礼并剪彩。

12月24日　中共中央副主席、国务院副总理陈云来陕，视察建设中的苏联重点援建项目。

12月28日　昆仑机械厂试制成功我国第一门23-HP产品。

12月31日　二机部四局确定将原西安853厂资产分别向二、四局移交，其向红旗机械厂移交的资产于1958年1月6日全部移交完毕。

1958年

1月2日　宝成铁路全线通车。这条铁路贯穿陕、甘、川三省，全长668公里，是我国第一条盘山铁路，也是我国第一条电气化铁路。

1月15日　陕西省第五次计划会议召开。会议总结了"一五"计划执行的主要经验，讨论了1958年经济计划。

1月18日　二机部四局以（58）四办字5号文，发给"国营第红旗机械厂筹备组"印章，要求自文到之日起，即以红旗机械厂名义工作，853厂印章停用。

同日　王石凹煤矿筹建处成立。

同日　西安第二发电厂开始向西安东郊国棉三、四、五、六厂及西北第一印染厂供热。

2月11日　二机部二局通知，批准西安火工品厂第二厂名为国营庆华电器制造厂。当月庆华电器制造厂由二机部二局领导改为一机部五局领导。

2月24日　一机部批准陕西柴油机厂技术设计。

3月1日　电力部撤销西安电业局西安第三发电厂名称，改为陕西省电业局鄠县热电厂。

3月11日　苏联经济代表团、苏联大使馆驻西安商务代表到庆华电器制造厂了解设备供应工作。

3月17日　东风仪表厂由原二机部二局领导改属一机部五局领导。

3月　西安电力电容器厂开始全面试生产。

4月12日　中共陕西省委全体会议通过《陕西省1958年到1962年发展地方工业规

划要点》，决定在5年内把地方工业总产值提高到45亿元以上，到1962年生铁产量达到50万吨、钢达到30万吨、钢材达到20万吨。

同日　中国科学院陕西分院正式成立。

4月15日　二机部批准单击发射苗厂第二厂名为国营惠安化工厂。

4月21日　秦川牌拖拉机在国营西安机器制造厂试制成功，这是西北地区制造的第一台拖拉机。

5月5日　全省第一座铜矿——安康中山铜矿建成。

5月6日　苏联专家到庆华电器厂工作。

5月13日　西北光学仪器厂试制成功世界稀有的高抛光粉。

5月　西安油脂化工厂建成。1972年改制后为西安市日用化学工业公司。

6月3日　陕西省人民委员会转发计建委《陕西省建设工程验收暂行办法》。《办法》简化了验收手续，规定限额以上的建设工程由省人委批准成立的验收委员会进行验收；限额以下建设项目分别由各厅（局）、西安市及各县市人委验收。

6月10日　陕西柴油机厂成立临时党委。

同日　西安绝缘材料厂由一机部下放自西安地方工业局领导。

6月11日　一机部五局正式确定西安引信厂第二厂名为国营东方机械厂。

7月1日　西安电力电容器厂正式验收批准鉴定书，签字仪式在西容厂举行。

7月19日　西安电力电容器厂正式交付国家验收。

7月　782厂正式接受"1059"产品的试制生产任务。

同月　王石凹煤矿主井创造单行作业月成井92.6米的全国纪录。

1960年

8月　一机部八局确定10月份对西安高压电瓷厂进行国家动用验收。后由于国民经济出现暂时困难，加上基建收尾工作尚未完成，动用验收工作未能如期实施。

1961 年

1月18日　王石凹煤矿矿党委成立。11月17日王石凹煤矿工程正式命名为铜川矿务局王石凹煤矿，11月20日国家验收委员会对王石凹煤矿工程建设进行了全面验收后正式移交生产。

8月1日　红旗机械厂在原853厂基础上正式动工兴建，当月一机部批准了红旗机械厂设计任务书。1966年10月，红旗机械厂建设工程完成，三机部批准进行总交工验收。建设期间，430厂边建设边试制生产，先后试制、仿制了"2345"产品和涡喷5甲丁发动机并获批准投入批生产。

8月20日　经中共西安市委批准，成立了中共西安绝缘材料厂委员会。

8月31日　东方机械厂提前一个月试制完成第一套"巨龙牌"计量块规，质量达到国内先进水平。

8月　苏联专家进驻陕西柴油机厂工作。

9月　西安绝缘材料厂各车间相继进入试生产，并于1959年元月正式承担国家下达的生产任务。1964年12月18日一机部副部长、国家验收委员会主任白坚代表国家对西安绝缘材料厂进行动用验收，工程质量总评为"良"。

同月　陕西柴油机厂厂区基建工作全面展开。

10月7日　陕西省第一座钢厂——西安钢厂建成投产。

10月15日　一机部决定将中速柴油机厂改名为陕西柴油机厂。1958年，陕柴厂进行了全面基建的准备工作，部分厂房开始动工。1959年3月，开始全面基建工作。9月苏联专家进厂工作。

10月21日　苏联国家电工陶瓷研究所5名专家，先后进驻西安高压电瓷厂帮助工作，当月西瓷厂试制车间投入生产。11月烧出第一窑瓷件。

1964 年

11月13日　陕西省决定修建陕南石泉水电站。设计坝高120米，总库容量45亿立方米，装机容量60万千瓦。

11月23日　华山机械厂举行正式开工动用典礼，国家验收委员会刘寅来厂主持总体验收并参加签字仪式。

11月　中共中央副主席、国务院副总理陈云视察西安高压电瓷厂工程建设。

12月8日　我国第一台自行设计的23万伏磁吹避雷器在西安试制成功。

12月18日　西瓷厂举行国家动用验收仪式，一机部副部长白坚任国家验收委员会主任，经审查批准，西瓷厂正式验收动用。

12月　惠安化工厂精制棉生产线投产。

同月　东方机械厂部分车间建成投产，其规模比原计划缩小。101号产品试制成功，转向正规量生产。

◎ 陕西"一五"时期限额以上项目名称

1. 铜川矿区（三里洞立井、王家河一号立井、高平沟平洞、矿区机修厂、铜川—王石凹铁路支线，1954年8月—1957年7月）
2. 宝鸡电厂（1955年12月—1961年）
3. 宝鸡—成都铁路（1952年7月—1957年12月）
4. 西安—鄠县铁路（1955年5月—1956年2月）
5. 宝鸡—天水铁路（1954年7月完成改造工程）
6. 西安西站（货运）
7. 户宝输变电工程
8. 西铜输变电工程
9. 西户输变电工程
10. 铜川耐火材料厂（1953年建成投产）
11. 耀县水泥厂（1956年—1959年）
12. 西安仪表厂（1957年12月—1960年）
13. 陕西红旗水泥制品厂（1955年—1956年6月）
14. 陕西钢绳厂（1956年—1958年）
15. 西北第一印染厂（1956年4月—1957年）
16. 宝鸡酒精厂（1955年—1959年）
17. 陕西第十二棉纺织厂（1953年改造）
18. 陕西第三印染厂（1953年8月投产）
19. 宝鸡工程机械厂（1955年—1958年）
20. 西安市污水处理厂（1956年—1958年）
21. 西安市排水工程
22. 西安市自来水工程（改建）
23. 西安制药厂（1953年—1954年11月）
24. 西安电力机械厂（1954年—1957年）
25. 西安近代化学研究所（1955年—1957年）
26. 西安石油仪器总厂（1955年—1956年）
27. 西北金属结构厂（1954年—1958年）
28. 西北国棉三厂（1953年6月—1954年8月）
29. 西安纺织厂（改建）
30. 西北国棉四厂（1954年3月—1956年4月）
31. 西北国棉五厂（1955年7月—1957年1月）
32. 西北国棉六厂（1956年4月—1958年8月）
33. 西安电机厂（1956年—1958年10月）
34. 西安煤矿机械厂（1953年—1954年）
35. 西安农业机械厂
36. 西安汽车修理厂
37. 西安车辆厂
38. 渭河公路桥（1953年4月—1954年8月）

文纯祥　整理提供

说明："一五"时期，陕西限额以上建设项目初定35个，在实施中远远超过了，而且后来并没有明确界定哪个项目是35个以内。还有一些非工业项目。此处列出的项目都是"一五"重点项目。供参考。

跋

留住城市记忆是文化自信的题中之义

■ 王亚杰

我们西北大学的陕西中国西部发展研究中心（以下简称"中心"），对"一五"时期苏联援华的"156项工程"作了一个系列的文化工程。首先推出的就是这本史诗般的巨著——《国家156项工程在陕西企业纪实》，这是一件值得庆贺的事情。

"156项工程"对我国工业化的进程具有奠基的作用，其中一批项目在陕西的落地，是我省发展的一个重大机遇。对这一段历史做一次复盘和梳理，有助于我们在文化自信上增加新的砝码。

四年前，中共陕西省委党史研究室、陕西省工信厅、陕西省军民融合办公室和中心共同发起了这本书的编撰工作。

在这个过程中，这项工作得到了西北工业集团、西飞、西航、秦岭、华兴、庆安、远东、惠安、庆华、长岭、陕柴、西电、户县热电厂、耀县水泥厂等企业和相关人员的大力支持。谨向支持本书编撰的所有单位和每一位同志表示衷心的感谢！尤其要感谢中共陕西省委党史研究室，为本书的最后定稿给予了严格的把关；中共中央党史研究室副主任李忠杰同志亲自撰写长文，全景式地展现了"156项工程"的历史背景，还对全书进行了审读并提出重要修改意见；省委老书记张勃兴同志已经90余岁高龄，仍为本书撰写序言并给予精心的指导；陕西省国防科工办的"军工活字典"文纯祥先生，耄耋之年几易其稿完成了《国家"156项工程"陕西项目的建设与贡献》一文，并对相关内容提供了重要的佐证；西安市人民政府原副秘书长兼研究室原主任梁锦奎撰写的《没有"156项目"，就没有大西安》一文，深入阐述了"156项工程"对西安发展的重要意义；省工信厅副厅长赵东撰文对新时代陕西工业的发展作了反思和展望；西安市委党史研究室原主任靳秀珍对全书进行了认真的审核和梳理；中心刘惠纯和靳坤同志做了大量的沟通协调及文字录入工作……

很明显"156项工程"客观上对中国经济社会转型和陕西的现代化进程起到了基础性的重大

作用。

编撰的主导思想就是让城市留住156和工业文明的记忆。记住重大的机遇对一个地方的发展和转型是多么重要；记住那些为共和国工业化奠基付出辛勤汗水的建设者们。同时提醒我们，站在历史和文化的高度，对工业遗产要心存敬畏，切实保护和利用好这笔国家财富。

为了准确地反映工业2.0的真实状况，我们特意搜集整理了部分企业厂房建筑的照片和机器设备。这些是工业2.0的硬件。为了让这本书有温度，让读者真切地感受到大国工匠精神和那个激情燃烧的岁月，我们增加了"156项工程"亲历者的口述历史。一篇《一年出生了600多个娃，该办个幼儿园了》《黄河子校一年出了两个状元》，生动地反映了那个年代企业的真实状况：156项目都是大企业，每个厂都有成千上万名来自全国四面八方的年轻的建设者。他们生产工业产品，也结婚组建家庭，生育了后代。于是工厂需要办幼儿园、办子弟学校、办职工医院，最终变成企业办社会。这是由当时特定时间、地点所产生的真实场景。据一位著名城市规划师说，一个企业就是一个社区、一个小城镇、一个五脏俱全的小社会，这在二战后的城市规划和恢复重建中是一种先进的理念。

20多年前，由中共陕西省委原书记张勃兴同志、原常务副省长张斌同志和西安交通大学原党委书记潘季同志发起成立了"陕西中国西部发展研究中心"这个高规格的智库。自从2016年中心转隶到西北大学以后，对156这个工业遗产的保护和利用，花费了很大的力气进行研究论证，期间经历了许多艰辛，更是得到了省市时任党政主要领导的大力支持。我们坚信，在十九大"文化自信"方针的指引下，陕西省对包括156工程在内的工业遗产的保护一定可以走在全国的前列。

国务院工业和信息化部、国家发展和改革委员会、教育部、财政部、人力资源和社会保障部、文化和旅游部、国务院国有资产监督管理委员会、国家文物局八部委联合印发了《推进工业文化发展实施方案（2021—2025年）的通知》。这是为深入贯彻习近平总书记关于建设社会主义文化强国的重要讲话精神，落实党中央、国务院关于实施中华优秀传统文化传承发展工程的意见的重要工作部署，它为更好发挥工业文化在推进制造强国和网络强国建设中的支撑作用，制定的一个五年的实施方案。

这个方案的主要目标，是通过五年努力，达到工业文化支撑体系基本完善，理论研究与应用实践进一步深入，工业文化新载体更为丰富，初步形成分级分类的工业遗产保护利用体系和分行业分区域的工业博物馆体系；打造一批具有工业文化特色的旅游示范基地和精品路线，建立一批工业文化教育实践基地，传承弘扬工业精神；推动工业文化在服务全民爱国主义教育，满足并引领人民群众文化需要，增强人民精神力量等方面发挥积极作用，推动形成工业文化繁荣发展的新局面。重点是弘扬工业文化价值内涵。深入挖掘工业文化内涵，以社会主义核心价值观和爱国主义教育为引领，弘扬企业家精神、创新精神、工匠精神、劳模精神、诚信精神等，与时俱进、集成创新，阐释工业文化当代价值，提升中国特色工业软实力，为制造业高质量发展提供强大精神动力。深化工业文化基础研究，丰富和完善工业文化理论体系，加强研究成果转化应用，夯实工业文化发展基础。这些都为我们推进工业文化建设提供了政策依据和方向引领。

值得肯定的是，有关工业文化体系建设的内容，中心和相关的机构在5年前就开始探索并启动，经过5年的不懈努力取得了初步成果：《国家156项工程在陕西企业纪实》即将出版；反映"156项工程"的电视剧《共和国基石》已和陕西电视台签约合作拍摄；中心指导与合作的西安市工业遗产保护协会已正式成立，协会的多个工业文化专业委员会正在筹建之中……

有一个细节值得一提：这本书中，我们确定了原来"156项工程"中的853厂是停建了的。一直以来一些出版物都误认为商洛的853厂是"156项工程"项目中的853厂。其实原"156项工程"中的853厂的厂址后来调整建设了西安航空发动机公司。

"156项工程"距今已经快70年了。她给新中国留下了许多宝贵的物质和精神财富。在共和国步入第十四个五年计划的时候，我们对"一五"时期的建设者以及大国工匠们表示深深的敬意！

由于时间和水平的关系，这本书还有不尽如人意的地方，还有一些章节的内容可以更丰富完善，如果有机会我们将在后期再版时加以弥补和修正。

• 作者系西北大学党委书记

图书在版编目（CIP）数据

国家156项工程在陕西企业纪实 / 桂维民主编 . —西安：西北大学出版社，2021.12
ISBN 978-7-5604-4897-8

Ⅰ.①国⋯ Ⅱ.①桂⋯ Ⅲ.①苏"援"—中国—1949－1960②工业企业—企业史—陕西—现代 Ⅳ.①D822.351.2②F427.41

中国版本图书馆 CIP 数据核字（2021）第 271006 号

责任编辑　张　静
装帧设计　单于津　郭学功

国家156项工程在陕西企业纪实
桂维民　主编
西北大学出版社出版发行
（西北大学校内　邮编：710069　电话：029-88302589）
http://nwupress.nwu.edu.cn　E-mail: xdpress@nwu.edu.cn

全国新华书店经销　陕西龙山海天艺术印务有限公司印刷
开本：889毫米×1194毫米　1/16　印张：54.5

2021年12月第1版　2021年12月第1次印刷
字数：1070千字

ISBN 978-7-5604-4897-8　　定价：428.00元
如有印装质量问题，请与本社联系调换，电话029-88302966。